惠民

乡村记忆
HUIMIN XIANGCUN JIYI

上 卷

政协惠民县委员会 / 编

中国文史出版社

图书在版编目（CIP）数据

惠民乡村记忆：上下卷 / 政协惠民县委员会编 .

北京：中国文史出版社，2024. 10. -- ISBN 978-7

-5205-4887-8

Ⅰ . K295.25

中国国家版本馆 CIP 数据核字第 2024X6N279 号

责任编辑： 牟国煜

出版发行：中国文史出版社

社　　址：北京市海淀区西八里庄 69 号院　　邮编：100142

电　　话：010-81136606 81136602 81136603 81136605（发行部）

传　　真：010-81136655

印　　装：济南乾丰云印刷科技有限公司

经　　销：全国新华书店

开　　本：787×1092　1/16

印　　张：61.25

字　　数：1150 千字

版　　次：2024 年 10 月北京第 1 版

印　　次：2024 年 10 月第 1 次印刷

定　　价：198.00 元（上下卷）

《惠民乡村记忆》编纂委员会

/ BIANWEIHUI

序言 / PREFACE

传统村落是农耕文明留下的珍贵遗产，中华文明那遥远绵长的根就在村落里，大量历史人物和历史事件都跟村落有着密切联系。乡村承载着历史记忆，寄托着浓浓乡思。乡村记忆文化是"记得住乡愁""留得住乡情"的载体，更是实施乡村振兴战略中乡村文化建设的重要基石。我们深入挖掘乡村传统文化蕴含的优秀思想观念、人文精神，努力保持传统乡村文化的完整性、真实性和延续性，让乡村传统文化与时代精神对话融合，赋予乡村记忆文化蓬勃生机与活力，助力乡村振兴战略。

惠民县历史悠久，5000年前就有氏族部落聚居，夏属兖州域，商为蒲姑国地，周为齐国境，秦始置厌次县。清雍正十二年（1734年），武定州升为武定府，始置惠民县。惠民县历为郡、州、府、治所，专署驻地，是省级历史文化名城，曾长期为山东省北部的政治、经济、文化中心。素有"鲁北首邑""燕齐门户"之美誉。

境内文化遗址众多，有省级以上重点文物保护单位5处，建于清光绪年间的魏氏庄园系国家级文物保护单位。现已发现的古文化遗址近60处，包含龙山文化、岳石文化和商周文化，其中大商氏族部落遗址，为研究古人类活动和黄河下游的历史发展提供了珍贵的实物资料；大盖奴隶主墓葬遗址，填补了济南以北地区商代青铜文化的空白。渤海革命老区机关旧址、宋代古城墙、武定府衙等文化遗存佐证了惠民绚烂的历史，孕育了不朽的老渤海精神和惠民品格。此外，惠民县非物质文化遗产种类丰富，如著名的胡集灯节书会、河南张泥塑、清河镇木版年画、魏集烧鸡驴肉、东路梆子剧种、大鼓子秧歌等民间艺术争奇斗艳，异彩纷呈。

历史的洗礼和文化的熏陶，孕育了众多杰出人物。春秋时期军事家、兵圣孙武，汉代文学家、智圣东方朔，开一代画风先河的隋代著名画家展子虔，元代杰出剧作家康进之，清代文华殿大学士兼吏部尚书李之芳，清末铁路工程师陈西林，现代植物学家李忠宪，新时代青年科学家的楷模、中国科学院声学研究所研究员胡可欣，中国科学院院士、西北工业大学副校长魏炳波等名人先贤都诞生在这片古老的土地上。

全县许多村庄在漫长的历史发展中，形成了不同的自然风貌、人文景观、传统习俗、特色文化、传统美德和家国情怀，所以挖掘、保护和传承好这些传统乡村记忆，是一项功在当今、惠泽后代的文化传承工程。斗转星移，沧海桑田。当前，随着城镇化的速度加快，那些熟悉的乡村景象正在淡出我们的视线，渐渐成为一种淡淡的乡愁，成为一种遥远的记忆。基于此，我们秉承存史资政、团结育人的原则，编撰《惠民乡村记忆》一书，以图片、文字的形式记录了村庄的历史沿革、发展变迁、重要事件、重要人物、民俗风情、传说故事、特色成就等，旨在让惠民人铭记历史，留住记忆和乡愁，以此激发惠民人热爱家乡、建设家园的热情，助力惠民乡村的振兴和繁荣。"举头望明月，低头思故乡"，浓浓的乡愁就是我们的根和魂，乡村的古老文明需要我们一代代弘扬传承。

　　《惠民乡村记忆》是惠民县第一部对全县行政区域内村庄的历史文化进行全面系统整理和挖掘的书籍。县政协充分发挥人力和智力优势，以高度的历史使命感和责任感，组织专门力量，协调相关方面，克服各种困难，对县境内200余个乡村历史进行了全面深入挖掘，系统收集整理，内容丰富、系统全面、真实可靠。可以说，该书的出版对于传承发扬中华优秀传统文化，推动乡村文化振兴，必将产生积极而深远的影响。

　　《惠民乡村记忆》出版在即，在此对该书的编撰工作者，各镇、村资料的搜集整理者，支持、帮助县政协文史工作的单位领导、离退休老同志以及社会各界文史爱好者，致以崇高的敬意和诚挚的感谢。

　　是为序。

中共惠民县委书记

2024年9月

目录 / Contents

04 桑落墅镇
SANGLUOSHUZHEN

05 麻店镇
MADIANZHEN

06 皂户李镇
ZAOHULIZHEN

目录 / Contents

10 魏集镇 WEIJIZHEN

11 清河镇 QINGHEZHEN

12 李庄镇 LIZHUANGZHEN

目录 / Contents

01

孙武街道
SUNWUJIEDAO

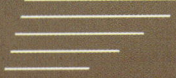

□ 孙武街道办事处

孙武街道
SUNWUJIEDAO

　　孙武街道，隶属山东省滨州市惠民县，是我国大军事家、一代兵圣孙武的故乡，经济和交通区位优势明显，历史和文化底蕴深厚。地处惠民县境北部，东与武定府街道为邻，南隔沙河与皂户李镇相望，西与石庙镇毗连，北与何坊街道和阳信县翟王镇接壤，辖区东西最大距离12.4千米，南北最大距离14.7千米，版图面积107.3平方公里，耕地面积5326.35公顷，下设15个社区（联村），辖132个村（街）和203个住宅小区，总人口14万人。街道办事处驻东关大街12号。

▶▶ 历史沿革

　　孙武街道在民国年间曾属惠民县第一区。1945年8月，惠民光复，9月建惠民市，孙武街道大部划归惠民市管辖。1948年4月，撤销惠民市，原市属城关区、龙池区、省屯区归县。1949年8月，省屯区、龙池区合并为"城郊区"。1950年5月，城关区改称"一区"，城郊区改称"二区"。1955年3

月，一区改称"城关镇"，9月，二区改称"城郊区"。1956年3月，城关镇与城郊区合并为"城郊区"。1956年5月，城郊区分化为城关镇、昭田乡、省屯乡、后王乡四个县直乡、镇，并分别建立乡、镇党委，人委。1958年2月，城关镇、昭田乡、省屯乡、后王乡合并称"城郊乡"。1958年9月，城郊乡改称"惠城公社"。1961年12月，惠城公社改称"惠城区"。1962年1月，惠城区改称"城郊区"。1969年9月，城郊区改称"城郊公社"。1971年12月，城郊公社分划为城关、省屯两个公社，并分别建立党委、革委，城关公社机关驻惠民城东门街，省屯公社机关驻钓马杨村。1981年1月，城关公社改称"惠城公社"。1982年7月，惠城公社改称"城关镇"。1984年5月，城关镇改称"惠民镇"，省屯公社改为"省屯乡"。1994年3月，省屯乡机关迁驻台子崔村西。1997年1月，省屯乡改为"省屯镇"。2001年3月，惠民镇与省屯镇合并为惠民镇。2006年2月，惠民镇更名为"孙武镇"。2010年6月，孙武镇改为"孙武街道"。

▶▶ 文物古迹

三学资福禅寺 三学资福禅寺俗称大寺。三学资福禅寺以戒、定、慧这三学而取名。据光绪三十年（1904年）所修《惠民县乡土志》记载，寺内原有唐代"画圣"吴道子所塑观音像与转轮藏画及赵孟頫所书的"藏经碑"，今已遗失。1920年左右，前大寺破烂露顶，只有后寺匾额上竖写"千佛宝殿"，落款是"梁武帝书"。梁武帝名萧衍，"武帝"是他死后的谥号，可能是原匾已坏，后人重修时写的。正史上说萧衍崇信佛教，大修佛寺。"千佛宝殿"四字是欧体，而不是南北朝的字体，那时应该是隶而接近楷体的字体。三学资福禅寺的建筑，上限推至南宋。1916年、1917年拆了前寺的物料修建大寺商场，从前寺正中大佛肚子里掏出有铜镜和文契（已早无下落）。大寺北至东门大街，西至南门大街，东临商业总公司宿舍院和晨光实验学校，南至故园路，占地约125亩。

武定府城 武定府城即惠民城。北宋大中祥符八年（1015年），棣州城迁址于阳信县属八方泊南岸的乔家庄，即今天的惠民城址。自北宋大中祥符八年上溯十一年，宋朝与契丹（后称辽国），在澶渊（濮阳）一带进行了一场中国历史上有名的战争，史称"澶渊之战"。这场战争以宋朝大获全胜而结束。双方订立了"澶渊之盟"，此盟为宋朝带来了近百年的和平发展期。盟约中明文规定：两国沿边城池，一切如常，不得筑城隍。所以在盟约十一年后新建的棣州城，虽处于北宋北郭边关地域，而有城无守。

宋徽宗崇宁元年（1102年），此时宋辽"澶渊之盟"已过去九十八年（也就是棣州城建城八十七年）。随着时代发展，边境盟约已名存实亡。辽国不断南侵宋朝，屯兵已至津南达庆云地域，棣州有城无守，暴露于北宋抗辽前沿。宋徽宗登基后整肃边防，急派工部尚书牛保亲赴棣州督筑城墙防御工事。宋城墙高10米，顶宽5.1米，底宽10米多，周长6000米，南、北、东、西四门设瓮城。外设护城河，河宽27米，城外有郭，现

□ 靖安门

□ 魁星阁

马家堤口、闫家堤口系原城郭通道处。至清末，城内有红楼、魁星楼、鼓楼、大士阁、文台、武台、凤凰台、文庙、太和元气坊、李之芳石坊、汉王府旧址、双忠祠、三学寺、真武庙、三皇庙、六角庙、东方朔庙、药王庙、校军场（内设演武台和姜太公庙）等建筑，现均无存，北部尚存古城墙残墙两处。

城墙遗址　惠民城墙在城市规划后改为环城公路，现存遗址仅有三处，一是西北角有一段残缺的城墙，在残缺处和城墙根下绿树成荫，现已成为月亮湾湿地的一部分；二是东北角，外是护城河，内是原来的校场，有城墙原貌感；三是东南角现存的高土台子，与原城墙同高，此处原建有魁星阁。新中国成立后拆除，在此处设置了30米高的三角铁架（军事设施），现重建为魁星阁。

▶▶ 民间传说

仁义胡同　现在的惠民城，过去曾是州、府所在地，当时城内有36条街，72条胡同，其中一条胡同叫"仁义胡同"。

4

清朝康熙年间，武定府出了个汉族在朝廷最大的官儿，官至文华殿大学士兼吏部尚书正一品加三级，名叫李之芳，当地人尊称"李阁老"，与明朝大将傅友德之后、清朝御史傅东文为邻。有一年，李阁老家中大兴土木，修缮宅邸，将原来与邻居只有两墙之隔的胡同占去了一半。傅家论官职虽不如李之芳大，但其妻是小皇帝的奶妈，论权势在朝廷也屈指可数。傅家见李家仗势欺人，也不示弱，就将本不该修理的南院墙推倒，又向南挪了一墙，把本来就不宽的胡同堵了个严严实实。

当时的黎民百姓对此非常生气，因这条胡同是宅后街通往南门大街的主要通道，但忌惮两家权势，都敢怒而不敢言。两家在施工中，因墙挨墙同时施工，地槽便成了一道深沟，弄得两家都不能施工。双方互不相让，告到官府。府衙慑于权势，一推了之。李家见无人敢管，便修书一封，命家人送京，请阁老做主。阁老看完信思忖片刻，提笔赋诗一首，命家人将信封好，火速返回武定府。信中写道："千里捎书为一墙，二虎相斗必一伤。万里长城今犹在，不见当年秦始皇。谨遵圣训和为贵，让他一墙又何妨。"李家人遵照主人意见办理，傅家见李家如此仗义，便也让出了两墙。这条小胡同，不但人走畅行无阻，而且能走马车。当地百姓便把这条经争执后拓宽的胡同取名为"仁义胡同"。

要茶 相传大文学家蒲松龄与文华殿大学士兼吏部尚书李之芳，有同年之交。有一次，蒲松龄戴着草帽，骑着毛驴，云游来到武定府"相国第"门前，把毛驴往拴马桩上一拴，上得台阶也不言语，就骑在大门槛上。守门的家人一看这老头仪表不凡，没敢小瞧，便客气地问道："这位老先生有事吗？"蒲松龄眯着双眼一语不发，催了几遍也不作声。家人一看这人必有来头，赶紧到内堂向李之芳禀报。李之芳听后，先是一愣，思索片刻，便吩咐家人："沏一壶龙井茶给先生送去。"家人疑惑不解，只得按令行事，将香茶毕恭毕敬地捧到蒲松龄面前："先生，请用茶。"蒲松龄喝罢，骑上毛驴扬长而去。老家人怀着不解向阁老交差，未等家人开口，李之芳便笑哈哈地讲了起来："根据你所讲的年龄、相貌、衣着等特征，我断定他是蒲松龄老先生。"家人问："你咋知道他是要茶呢？"李之芳说："你仔细想来，他头戴草帽，骑在咱的大门槛上，这草帽代表草字头，这'人在草木中'是个啥字啊！"家人听后恍然大悟。

▶▶ 历史人物

● **孙武** （约公元前545年—约公元前470年），字长卿，春秋末期齐国乐安人。著名的军事家、政治家，被世人尊称兵圣或孙子（孙武子），又称"兵家至圣"，被誉为"百世兵家之师""东方兵学的鼻祖"。

孙武大约活动于公元前六世纪末至前五世纪初，由齐至吴，经吴国重臣伍员（伍子胥）举荐，向吴王阖闾进呈所著兵法十三篇，受到重用为将。他在柏举之战率领吴国军队大败楚军，占领楚国都城郢城，几近覆亡楚国。

其著有巨作《孙子兵法》十三篇，为后世兵法家所推崇，被誉为"兵学圣典"，置于《武经七书》之首，在中国乃至世界军事史、军事学术史和哲学思想史上都占有极为重要的地位，并在政治、经济、军事、文化、哲学等领域广泛运用。被译为日、法、德、英等国文字，该书成为国际最著名的兵学典范。

□ 孙武不夜城夜景

● **李之芳** （1622—1694年），字邺园，谥号文襄公。今惠民县城南门街人。明崇祯十五年（1642年）中举人。1644年明亡后，李之芳于清顺治四年（1647年）进京考中进士。历任浙江金华府推官、刑部主事、刑部郎中、广西道御史、湖广道御史、吏部右侍郎、兵部左侍郎兼都察院左副都御史等职，对顺治、康熙两代皇帝"忠诚勤慎"。清康熙十二年（1673年）六月，李之芳以兵部侍郎身份离京去杭州总督浙江军务，继而平定耿精忠之乱。前后历8年，率不足4000人马奋战大小140余役，打败了降清后又叛清独立的耿精忠数万之众，维护了国家统一。三藩之乱平定后，李之芳于清康熙二十一年（1682年）八月应诏回京。因其出师年逾五十，还朝须发皆白，公卿士大夫莫不相顾叹息，康熙皇帝亦为之动容。回朝不久，即上书请命发还难民子女，赈济战祸灾民，发放耕牛和种子，使灾民迅速恢复生产。是年晋升兵部尚书，不久托病辞职回家。康熙二十三年（1684年），康熙皇帝南巡，李之芳前往"迎驾"。不久又被召回北京，官拜文华殿大学士兼吏部尚书，"入阁办事"，被尊为"阁老"，成为清初汉族人中职位最高的官员。1688年被命离职归乡。家居期间，著有《棘厅草》十二卷。病逝后，惠民籍进士、江西赣县知县俎如惠为其整理了《李文襄公诗集》，传于世。

□ 李之芳

▶ 经济发展

　　孙武街道深入实施"1142"发展战略，即抓住党建一个核心，突出服务老城区一个定位，狠抓财源、项目、载体、机制四项支撑，构建民生、底线两大保障，奋力打造"产城景文"融合发展现代化新孙武，先后培育和美集团、惠博新材料、春晖福利等规模以上工业企业13家，引进恩盛教育集团综合学校、汽车销售企业、巴黎金街商贸综合体等服务企业，荣获中国美丽乡村建设示范镇、省精品文旅名镇、省卫生乡镇、省民族团结进步模范集体、省级创业型街道和省社会科学普及示范街道等荣誉称号。

　　孙武街道农业生产条件较好，4.3万亩耕地普遍达到了"四高八化"方田标准。工业渐成体系，食品加工、家纺服装、木器制作、新型建材、塑钢制作等传统行业优势凸显。旅游业发展迅速，辖区内有山东省重点旅游景点、大型园林式仿古建筑群孙子故园，历尽千年沧桑的北宋棣州古城墙和护城河，深蕴兵学智慧的国家AAA级旅游景点孙子兵法城、生态园林旅游观光地武圣园、渤海革命老区机关旧址及武定府衙等自然和人文景观。

▶ 非遗介绍

　　武定府酱菜　武定府酱菜起源于明代，距今有四百余年，历史悠久，文化底蕴深厚。明朝时期，惠民县城就出现一些酱菜作坊，清朝鼎盛时酱菜作坊已发展到二三十家，其中"仙泉居""元香斋""福元居""大同""天顺栈""福泉永""万顺成""春和祥"八家酱园规模名气较大，尤以"仙泉居"的酱菜最有名，清朝（康熙、雍正、乾隆）年间，曾多次作为贡品进贡朝廷，有"进呈小菜"之美称，牌匾由当朝阁老李之芳题写，名气青云直上，誉满京城，驰名神州。因惠民县城曾为武定府治所，故以"武定府酱菜"冠名。

1955年，仙泉居等八家酱园经公私合营成立惠民县酱菜厂，2003年改制为山东武定府酿造有限公司，注册商标"仙泉居""武定府"。武定府酱菜做工考究精细，以天然面酱和新鲜蔬菜为主要原料，辅以独特的制作工艺，在百年的生产积累中形成了武定府酱菜特有的色泽鲜艳、咸中带甜、酱香味浓、清香可口品质和鲜、甜、脆、嫩四大特点。武定府酱菜以其独特的风味及鲜明的特色赢得广大消费者的称赞，是山东地方名特产品之一，更被认定为山东省传统技艺类非物质文化遗产，授予"中华老字号"称号。

黄家烧鸡 黄家烧鸡最初为武定府旁一家深受当地达官显贵青睐的黄家馆的主菜，由当地名厨黄长荣老先生创立，烹饪技艺世代传承。其制作的烧鸡以用料讲究、原汁原味而名传四方。1946年后，黄家烧鸡第二代传人黄德元先生子承父业开始专门经营烧鸡店，他掌握了黄家烧鸡的全部制作技艺，并且在继承传统秘方的基础上又不断创新，改进配料秘方，让黄家烧鸡逐渐成为当地名吃。黄家烧鸡选用一年半以上的蛋鸡，以23味名贵中草药，辅以循环使用的陈年老汤煮制，秉承料制无添加，慢卤清鲜纯的本味原则，再加上恰到好处的火候，使得黄家烧鸡肉质劲道、色泽鲜亮、形如元宝、味道鲜美，让人回味无穷。

目前，黄家烧鸡制作技艺的主要传承人是黄勇波。他坚持品牌化运作，注册了"黄浩"品牌，成立山东惠民黄浩食品有限公司，建成了滨州市首家拥有食品安全许可证的传统烧鸡熟食正规化食品生产企业。2006年，黄家烧鸡被孙武街道评为孙武名吃；2011年，黄家烧鸡被评为"到山东不可不品尝的100种美食"之一；2020年，黄家烧鸡制作技艺被列入"惠民县非物质文化遗产名录"。

▶▶ 领导更迭

孙武街道历任党组织领导一览

姓　名	职　务	任职时间
徐冠宇	一区委书记	1949年10月—1949年12月
张建华	一区委书记	1949年12月—1950年5月
高　千	一区委书记	1950年5月—1950年10月
郑玉坤	一区委书记	1950年10月—1951年11月

姓　名	职　务	任职时间
郝玉坤（女）	一区委书记	1951年11月—1952年11月
赵英元	一区委书记（代理）	1953年5月—1953年10月
	一区委书记	1953年10月—1954年9月
赵春生	一区委书记	1954年9月—1955年3月
	城关镇委书记	1955年3月—1955年7月
满少卿	城郊区委书记	1955年9月—1955年12月
	城郊区委书记（兼）	1955年12月—1956年3月
曹维新	城郊区委书记	1956年3月—1956年5月

1956年5月，城郊区分划为四个县直乡（镇），并分别组建党委，曹维新、刘钦先后任城关镇党委书记、第一书记，周保善任昭田乡党委书记、第一书记，贾云太任省屯乡党委书记、第一书记，李风贵任后王乡党委书记、第一书记。1958年2月，上述四个乡（镇）合并为城郊乡。

姓名	职务	任职时间
刘　钦	城郊乡党委第一书记	1958年2月—1958年9月
李玉堂	惠城公社党委第一书记	1959年5月—1960年2月
赵双泉	惠城公社党委第一书记（代理）	1960年2月—1960年3月
	惠城公社党委书记	1960年3月—1961年12月
	惠城区党委书记（兼）	1961年12月—1962年1月
	城郊区党委书记（兼）	1962年1月—1962年6月
崔竹林	城郊区党委书记	1962年6月—1965年4月
赵学诚	城郊区党委书记	1965年4月—1967年1月
	城郊公社革命委员会党的核心领导小组组长	1969年12月—1970年11月
孙玉佃	城郊公社革命委员会党的核心领导小组组长	1970年11月—1971年3月
	城郊公社党委书记	1971年3月—1971年12月
	城关公社党委书记	1971年12月—1975年11月
宓新泽	城关公社党委书记	1976年4月—1977年9月
张桂武	城关公社党委书记	1977年9月—1979年10月
崔竹林	城关公社党委书记	1979年10月—1981年1月
	惠城公社党委书记	1981年1月—1982年1月
肖化岭	惠城公社党委书记	1982年1月—1982年7月
	城关镇党委书记	1982年7月—1984年5月
王润环	惠民镇党委书记	1984年5月—1985年12月
吴佃军	惠民镇党委书记	1985年12月—1987年4月
梅宝信	惠民镇党委书记	1987年4月—1987年11月
刘鲁生	惠民镇党委书记	1987年11月—1989年11月
张本胜	惠民镇党委书记	1989年11月—1992年12月

姓 名	职 务	任职时间
张延才	惠民镇党委书记	1992年12月—1997年12月
张世芳	惠民镇党委书记	1997年12月—2002年2月
王 忠	惠民镇党委书记	2002年2月—2006年9月
	孙武镇党委书记	2006年9月—2009年3月
胡俊生	孙武镇党委书记	2009年3月—2010年6月
	孙武街道党工委书记	2010年6月—2013年9月
袁光新	孙武街道党工委书记	2013年9月—2016年12月
刘新国	孙武街道党工委书记	2016年12月—2019年1月
付 军	孙武街道党工委书记	2019年1月—2021年12月
李 赫	孙武街道党工委书记	2021年12月—2022年11月
石 涛	孙武街道党工委书记	2022年11月—

孙武街道历任行政领导一览

姓 名	职 务	任职时间
张建华	一区区公所区长	1949年10月—1949年12月
郑玉坤	一区区公所区长	1949年12月—1950年5月
田振远	一区区公所区长	1950年5月—1951年11月
周连伦	一区区公所区长	1951年11月—1955年3月
	城关镇人民政府镇长	1955年3月—1955年7月
王其生	城关镇人民政府镇长	1955年7月—1956年3月
张君生	城郊区公所区长	1956年3月—1956年5月
1956年5月，城郊区分划为四个县直乡（镇），并分别成立人民委员会，刘好德任城关镇人民委员会镇长，杨子炳任昭田乡人民委员会乡长、张清廉任省屯乡人民委员会乡长、王连合任后王乡人民委员会乡长。1958年2月，上述四个乡（镇）合并为城郊乡。		
杨子炳	城郊乡人民委员会乡长	1958年2月—1958年9月
崔竹林	惠城公社管理委员会社长	1958年9月—1959年3月
张炳诚	惠城公社管理委员会社长（兼）	1959年3月—1960年4月
贾云太	惠城公社管理委员会社长	1960年4月—1961年12月
	惠城区公所区长	1961年12月—1962年1月
	城郊区公所区长（兼）	1962年5月—1965年6月
苏明纲	城郊区公所区长	1966年1月—1967年1月
	城郊区革命委员会主任	1967年3月—1968年4月

姓 名	职 务	任职时间
赵学诚	城郊区革命委员会主任	1968年4月—1969年3月
刘洪泉	城郊区革命委员会主任、群众代表	1969年3月—1969年9月
赵学诚	城郊人民公社革命委员会主任	1969年9月—1970年11月
孙玉佃	城郊人民公社革命委员会主任	1970年11月—1971年3月
	城郊人民公社革命委员会主任（兼）	1971年3月—1971年12月
	城关人民公社革命委员会主任（兼）	1971年12月—1975年11月
宓新泽	城关人民公社革命委员会主任（兼）	1976年4月—1976年10月
	城关公社革命委员会主任（兼）	1976年10月—1977年9月
张桂武	城关公社革命委员会主任（兼）	1977年9月—1979年5月
梁克俭	城关公社革命委员会主任	1979年5月—1980年12月
陈培成	惠城公社管理委员会主任	1981年1月—1982年7月
王本云	城关镇人民政府镇长	1982年7月—1984年5月
田丰和	惠民镇人民政府镇长	1984年5月—1986年7月
张新华	惠民镇人民政府镇长	1986年7月—1987年11月
陈汉秀	惠民镇人民政府镇长	1987年11月—1990年3月
刘曰贵	惠民镇人民政府镇长	1990年3月—1993年1月
吴宪亭	惠民镇人民政府镇长	1993年1月—1996年1月
刘汝民	惠民镇人民政府镇长	1996年1月—1998年2月
刘登林	惠民镇人民政府镇长	1998年2月—2001年3月
王 忠	惠民镇人民政府镇长	2001年3月—2002年1月
赵永晖	惠民镇人民政府镇长	2002年1月—2006年2月
张光月	惠民镇人民政府镇长	2006年2月—2006年9月
	孙武镇人民政府镇长	2006年9月—2008年2月
张文岭	孙武镇人民政府镇长	2008年2月—2009年2月
张志光	孙武街道办事处主任	2009年2月—2011年11月
吴表辉	孙武街道办事处主任	2011年11月—2013年9月
李长宝	孙武街道办事处主任	2013年9月—2016年12月
付 军	孙武街道办事处主任	2016年12月—2019年1月
肖军伟	孙武街道办事处主任	2019年1月—2021年12月

姓 名	职 务	任职时间
张保健	孙武街道办事处主任	2021年12月—2023年12月
张 伟	孙武街道办事处主任	2023年12月—

▶▶ 附：省屯镇

省屯镇历任党委书记一览

姓 名	职 务	任职时间
郭洪礼	公社党委书记	1971年12月—1980年11月
倪之常	公社党委书记	1980年11月—1984年5月
徐廷荣	乡党委书记	1984年5月—1989年11月
袁培国	乡党委书记	1989年11月—1991年9月
程发顺	乡党委书记	1991年9月—1992年11月
霍新国	乡（镇）党委书记	1992年11月—1997年12月
杨清泉	镇党委书记	1997年12月—2001年1月

省屯镇历任行政领导一览

姓 名	职 务	任职时间
郭洪礼	公社革命委员会主任（兼）	1971年12月—1979年5月
倪之常	公社革命委员会主任	1979年5月—1981年1月
	公社管理委员会主任（兼）	1981年1月—1984年5月
张敬明	乡长	1984年5月—1986年7月
袁培国	乡长	1986年7月—1990年3月
刘宝友	乡长	1990年3月—1992年3月
霍新国	乡长	1992年3月—1993年1月
刘希安	乡长	1993年1月—1993年10月
霍新国	乡长	1993年10月—1995年9月
杨清泉	乡（镇）长	1995年9月—1998年2月
刘书信	镇长	1998年2月—2001年3月

撰稿：王忠红

□ 堤上李村航拍图

堤上李村
DISHANGLICUN

堤上李村，位于孙武街道办事处驻地西北 12 公里沟盘河故道北岸大堤之上，地势低洼，东南与王茂神村地域相连，西北靠王家集村，东北与王辛庄村相邻。140 户，640 口人，以李姓居多，此外还有张、刘、贾、侯等姓，汉族村落。房屋以平房为主。有理发店 2 个，粮油店 1 个，东营银行代办点 1 处，超市 2 个，小卖部 2 个。耕地 1414 亩，以农业为主，主产小麦和玉米，另种植豆角、西红柿、菠菜、西瓜等。

▶▶ 历史沿革

堤上李村，原名"李家"，曾名"楮树李"。该村李姓始祖于清康熙年间（1662—1722年）从当地史家庄迁居至此，建立了李家村。由于村中种植了大量楮树，村庄一度被称为"楮树李"。清光绪年间（1875—1908年），村庄因遭受水患，村民迁移至沟盘河北大堤上建房居住，因此改村名为"堤上李家"，并沿用至今。

▶▶ 文物古迹

槐树 俗称国槐，在我国有着很深厚的文化底蕴，自古就有"门前有槐，升官发财"的说法，在古代被视为"吉祥树"。这棵古槐高约10米，位于村南，用白色的栅栏护围，远近闻名。据村民说，这棵古槐树属于姓李的一大家人所有，距今已有几百年历史。古槐枝干粗壮，树叶茂盛，春末夏初，槐树花开，香气阵阵。村民们会用槐花做各种美食，包槐花饺子、槐花炒鸡蛋、面粉蒸槐花、凉拌槐花等等，深受村民的喜爱。冬天的时候村民会在树上挂满葫芦，寓意"福禄"。

□ 古槐

▶▶ 烈士名录

● 李永杰 1929年出生，1947年参加革命，生前为华野四纵队战士，1947年牺牲于孟良崮战役。

● 李永海 1928年出生，生前为华野四纵队战士，1947年牺牲于诸城县。

▶▶ 特色产业

堤上李村集市 每月农历逢五、十开集，距今已有几十年的历史。摊位向马路南北两侧摆放延伸。集市上人来人往，叫卖声、讨价声、嬉闹声不绝于耳。商品琳琅满目，大到几万元的轿车，小到针头线脑、碗筷杯勺，应有尽有，令人目不暇接。很多风味小吃也出现在集市上，里脊肉饼、特色炸串、狗不理包子、麻辣烫等，味道鲜美，让人回味无穷。集市上的水果市也是四季繁盛，福建的芒果，海南的香蕉、菠萝，新疆的哈密瓜，还有荔枝、柚子等等，叫人眼花缭乱。当然，更多的商品产自本地。集市贸易的开展推动了当地人流、物流、信息流的高效流动和经济社会的健康发展。

▶▶ 卫生事业

堤上李村卫生室 卫生室位于堤上李村委会南侧、路西，面积约200平方米，坐北朝南，共3个房间，房间宽敞明亮，诊室布局合理，血压计、听诊器、诊查凳、诊查桌等诊查用物摆放规范，诊查记录书写及时、清楚、详细。治疗室各种型号的输液管、注射器、针头、消毒棉签等配备齐全。药柜整齐清洁，中药、西药分类分开摆放。卫生室有2名医生，主要为村民提供药品和输液服务，为本村和附近村的村民看病问诊，针对老年人、残疾人等困难群体，提供上门医疗服务。

▶▶ 村干部任职情况

历任村党支部书记一览

姓　名	任职时间
李永和	1980—1996
李永义	1996—1999
李云岗	1999—

历任村行政负责人一览

姓　名	任职时间
李永义	1980—1996
李云岗	1999—2018

撰稿：孙　杰

□ 闫家堤口村航拍图

闫家堤口村

YANJIADIKOUCUN

　　闫家堤口村位于惠民县城武定府路与车站路交会处，是一个典型的城中村。全村无耕地，占地 138 亩，共有 113 户，总人口 386 人。村"两委"班子共 4 人，有党员 28 人，入党积极分子 3 人。

　　村民经济来源方面，30% 靠做生意，70% 靠打工，年人均收入 1.3 万元左右。在集体经济方面，闫家堤口村农贸市场占地 8000 平方米，设有经营房屋和摊位 200 余个，吸引投资 500 余万元，日均客流量 1 万余人，日均销售果蔬近万斤，年收入近 200 万元。

▶▶ 发展历程

　　相传，明洪武年间（1368—1398年），闫姓始祖（名失考）由直隶省枣强一带（现河北省衡水市枣强县）迁此立村，因村址在护城河外防水堤的一道堤口处，故取名"闫家堤口"。

长期以来，全村绝大多数人以种地为生，也有少部分人农商兼之，但整体收入较低，生活相对困难。先辈中有人曾中举人，任武官青城巡检一职。早年间，村中设有私塾学堂，女孩也能读书认字，教书先生身着长袍大褂，因此被人口口相传为"大褂子闫家"。

日寇侵华期间，村中有3人被日本侵略军打伤、打死，7人被迫到东北当华工（苦力），且有4人死于外地未归。全村被汉奸队扫荡抢劫3次，珍贵物品、衣服被褥、粮食牲畜等被洗劫一空。

新中国成立后，闫家堤口村在全县率先实行土地改革，生活质量逐步改善。

1958年，县供销生产合作社生产科，投资65万元在闫家堤口村建成惠民县造纸厂，并购置圆网造纸机1台，有职工71人，惠民县造纸业实现了从手工制作向机器制作的转变。

三年困难时期，全村生活极度艰难，1962年起略有好转。

1966年"文化大革命"开始，造纸厂受到干扰，生产处于停顿状态，闫家堤口村经济发展基本停滞。1968年，造纸厂停产，厂址迁往县城南。

1966年，青岛国棉八厂在闫家堤口村建厂，1968年，青岛东方红棉织厂接建；1971年7月，移交惠民地区，改名为"山东惠民棉纺织厂"；1973年，增建染色车间，改名为"山东惠民棉纺织染厂"（以下简称惠纺）。至此，闫家堤口村全部耕地被占用，大部分村民到惠纺做工，男工日平均工资为1.49元，女工日平均工资为1.25元。

20世纪80年代改革开放后，闫家堤口村解放思想、发展经济，实现了由务农向多产业经营转变，兴办起了运输业、养殖业、棉花加工业及小型工商业，村民彻底解决了温饱问题，基本过上了户户有经济来源、多数有存款的日子。

20世纪90年代初，闫家堤口村已有在校大学生6名，全村普及义务教育，没有文盲。

21世纪初，闫家堤口村"两委"紧抓县城开发改造的有利时机，积极开展村容村貌整治工作。村集体为每户补助100元，建成"鲁北通信电话第一村"，家家户户用上了有线电话。村"两委"筹措资金20万元铺设管道，全村通上了自来水。此后，又建成了闫氏祠堂，硬化了村内道路，修整了排水系统，村容村貌得到大幅提升。

2001年，文安路开工建设，劳动局、农机公司等多个单位征地建设办公场所，闫家堤口村回迁安置40户村民。

2008年，闫家堤口村作为典型的城中村，纳入全县城市整体规划，投资900余万元，建成7000平方米的闫家小区。该小区包括2栋楼5个单元，安置村民50户。

2010年，闫家堤口村持续扩

□ 村民委员会办公楼

大区位优势，建成2000平方米的健身广场，配套建设活动室、农家书屋、篮球场、羽毛球场、健身按摩池等设施。该村的农家书屋被评为"全省示范农家书屋"，所组建的100余人的秧歌队和30余人的旗袍队，每年参加各类演出200余场次，多次应邀赴济南等地演出。截至目前，村集体固定资产达到5000万元。

近年来，为积极应对人口老龄化，解决空巢老人、孤寡老人等群体的用餐问题，闫家堤口村开设了老年人"孝善食堂"，为本村60岁以上的老年人提供免费用餐服务。闫家堤口村"孝善食堂"不仅解决了年轻人的后顾之忧，同时成为弘扬孝善文化的重要载体，为营造良好社会风气发挥了积极作用。

▶▶ 集市贸易

为解决文安东路马路市场占道经营的问题，2010年，经县委、县政府批准，闫家堤口村投资2000万元自主建设闫家堤口农贸大市场。市场于2010年春开始建设，拆迁住宅27户，腾空土地15亩，于2011年4月10日竣工并投入运营。

闫家堤口农贸大市场使用面积8000平方米，设商铺119间，经营摊位136个，涵盖粮油、水产、蔬菜、水果、熟食等10余个商品类别，水电、排污、公厕、停车场等配套设施一应俱全，建设初期每年为村集体增收100余万元。

2019年，闫家堤口农贸大市场完成升级改造，增加房产出售租赁、物业与市场管理等多个服务项目，被山东省市场监督管理局认定为"省级规范化农贸市场"，年收入稳定在每年200万元以上，为保障惠民县"菜篮子"工程发挥了重要作用。

▶▶ 村干部任职情况

历任村党支部书记一览

姓　名	任职时间
闫绍玉	1980—1996
闫福光	1996—2004
闫合全	2004—2021
闫洪三	2021—

历任村行政负责人一览

姓　名	任职时间
闫福光	1980—1996
闫合全	1996—2018

撰稿：胡向前

□ 南门街航拍图

南门街
NANMENJIE

南门街，南北走向，位于惠民城南北中轴线之上，北起十字街路口，南至县住建局，全长930米，面宽30米。街道两侧多商铺、超市、旅馆、饭店等，县财金集团、农业银行、工商银行、联通公司、商业总公司、县住建局等单位坐落于道路两侧。南门街作为一个村落，其居民住宅集中分布于街道东西两侧约100米范围之内，经2009年、2010年、2011年、2017年、2019年等多次拆迁改造，该街所辖1200余居民多迁居于东方花园、大于回迁小区、圣豪家园、水岸丽景等小区，姓氏有李、张、宋、赵等。村民以从事个体工商业和务工为主，年人均收入3~4万元。

▶▶ 历史沿革

据《惠民县志》记载，明永乐年间，汉王朱高煦镇守此城时，因此街由十字街直通南城门，故名"南门大街"。1967年在"文化大革命"中曾与南关街一并改称"东方红大街"。1976年各复原名。

▶▶ 文物古迹

相国第 坐落于惠民城南门大街北首路西，北至仁义胡同，南至苏家角街，西至龙王庙街，"周二百有六丈，占地二十七又六亩"，是清朝康熙间文华殿大学士兼吏部尚书李之芳宅邸。相国第是清朝廷按一品大员之规制而建。大门坐西朝东，门额为"相国第"，门前有四柱三门冲天式石坊，额为"四世一品坊"。整个大院分北、中、南三院，李之芳住北院。中院由李之芳舍弟李之庄居住，南院辟为"进士院"，由首中进士的李之庄子甡（音申，众生）麟居住。李之芳居处为五进院，房168间。一院为过院，进院后经仪门至"李家祠堂"，堂阔五楹，进深三间九架，雕梁画栋，宏丽壮阔，为李宅之最。西为相国私邸院，坐北朝南，五楹，进深与祠堂同，配有东西两庑。再南有两院，西为花园，有小亭绿树，鱼池藕榭，是主人休闲游玩之处。东为家仆居住。

整个建筑群于20世纪70年代末80年代初拆除，后在旧址上建成惠民县百货大楼，时为全县最大的购物场所。

▶▶ 民间传说

关于李阁老还有个有趣的民间传说，即李阁老墓地之谜。据说李阁老去世后，建了很多假的坟墓，从惠民县城到北京，李阁老的墓地40里地一个，但距今已无从考证。康熙二十七年（1688年），67岁的李之芳告老还乡，康熙三十三年（1694年）病死家中，并埋在了惠民城东二里处的李家墓地，但是人们受传说的影响，仍然怀疑李之芳是不是真正埋在这个地方。实际上，1967年的惠民县东关油棉厂厂址就是李家墓地。在修建榨油车间挖地槽时，挖出了一座古墓，外层先用灰隔，灰隔里面才是套椁，灰隔与套椁之间灌满松香，套椁内才是棺材，棺材与套椁之间周围相隔约有半米，用的都是优质木材，由松香密封。棺盖上附有铭旌，紫红底金色字，文曰："清·诰授光禄大夫文华殿大学士兼吏部尚书正一品加三级邺园李公之枢。"开棺见尸，面目可辨，须发皆存。该墓地是由康熙皇帝恩赐，古人信奉风水，传言此地是一块风水宝地，李之芳的墓棺是西南、东北方向安葬，脚的后方是高官村，头的前方是袁侯村，即为传说中的"脚跐高官，头顶王侯"。

孙武街道 HUIMIN XIANGCUN JIYI

▶▶ 历史人物

● 李鸿飞 （？—1937年），字岳星，生于清咸丰年间，世居孙武街道南门街，自幼工绘画技艺，尤擅画人物。1901年，两宫（指慈禧、光绪）由西安回銮，鸿飞时官于直隶。上峰闻其善画，委画《行宫百子图》，蒙特赏御画牡丹一幅及纪念杯一尊。曾任淮安知县，颇有政声。告归后，一贫如洗。遇济人困难，典质田产以付，毫不吝啬。当遇亲族大事，尤能不避怨。晚年，其绘画技艺日益高超，凡花、鸟、鱼、虫及各种动植物，经他执笔，无不惟妙惟肖、栩栩如生。时人若能得到他的墨宝，便珍如拱璧。

▶▶ 烈士名录

● 谭秀友 1915年出生，生前为惠民支前担架队队员，1947年5月牺牲于惠民，同年被部队批准为烈士。

● 张希炎 1905年出生，生前为惠民支前担架队队员，1947年8月牺牲于惠民，同年被部队批准为烈士。

● 张丙锁 1920年出生，1948年1月参加革命，生前为中国人民志愿军二十军六〇师一七九团战士，1952年7月牺牲于抗美援朝战争。

● 孙成选 1926年出生，1948年参加革命，生前为中国人民志愿军二十军六〇师战士，1952年牺牲于抗美援朝战争。

● 李玉身 1924年出生，1946年3月参加革命，生前为中国人民志愿军二十军六〇师战士，1953年1月牺牲于抗美援朝战争。

● 位汝弟 1926年出生，1946年4月参加革命，生前为中国人民解放军二十军六〇师战士，淮海战役失踪，1958年被追认为烈士。

● 孟祥国 1953年出生，1973年参加革命，1975年加入中国共产党，生前为乌鲁木齐军区坦克团连指导员，1983年8月24日牺牲于乌鲁木齐市，被追记一等功。

▶▶ 传统美食

马蹄烧饼 在乡村，美食往往蕴含着大自然的味道和劳动人民的汗水，承载着乡村的文化和传统，是一种独特的文化符号。南门街的马蹄烧饼更是承载了惠民人的乡村记忆，无论走到哪里、去往何方，总是令人怀念。马蹄烧饼是山东省滨州市惠民县的传统特产，通常由壁炉烤制而成，表面有芝麻，里面为炒制而成的油酥，因形似马蹄而得名，源自清代御厨之手，一度曾为宫廷食品，距今已有100余年的历史。其制作工艺有以下几个方面：和面、搅酥、醒面、等分面团、擀皮涂抹酥馅、裹酥制成烧饼囊、烧饼制皮、定型马蹄状、撒白芝麻、上糖色、贴于炉中上壁烧制成鼓起状。南门街马蹄烧饼店的师傅每天天不亮的时候就已经开始准备了，为了保证烧饼好吃，往往采用果木锯末进行烤制，且中途不能加燃料，必须一次性加完。刚出炉的马蹄烧饼最好吃，热气腾腾，外酥里嫩，散发着油的浓郁香气，配上辣片更是香上加香，令人胃口大开、回味无穷。上百年的酝酿，才造就了马蹄烧饼今天浓郁醇厚的香气。作为一种食品，马蹄烧饼唇齿留香；作为一种传统工艺，它承载着近代手工制作的历史；作为一种文化，它寄托着乡村居民上百年来对于经久不衰美食的高度认同感与对美好生活的向往。

▶▶ 村干部任职情况

历任村党支部书记一览

姓　名	任职时间
赵炳华	1960—1962
高传贤	1962—1977
李佃青	1977—1981
宋士兴	1981—1986
张　峰	1986—1990
李佃青	1990—1996
宋成和	1996—2003
宋士海	2003—2011
李佃明	2011—2022
昭　晖	2022—

历任村行政负责人一览

姓　名	任职时间
张守柱	1960—1962
李佃青	1962—1977
张　峰	1977—1986
张守良	1986—1990

姓　名	任职时间
宋成和	1990—1996
李佃明	1996—2003
宋士海	2003—2018

撰稿：苗　好

□ 省屯村航拍图

省屯村
SHENGTUNCUN

　　省屯村，地处山东省滨州市惠民县孙武街道北部。以前属于省屯镇，现在属于孙武街道办事处马杨联村，位于钓马杨村东北1公里处，东和北与阳信县接壤，呈现方形聚落。省屯村有635户，人口1900多人。姓氏以刘、杨、吕为主，另有张、朱、徐、李、吴、赵、王、廉、成、谢、石、田、孙、于、郭、高、尚、丁、姜、马、宋、康、姚、娄等姓。耕地3768亩，以农业为主，主产小麦、棉花、玉米。

▶▶ 历史沿革

　　明朝宣德年间（1426—1435年），始祖刘古斌由河北省枣强县迁徙此地立村。因在立村前，明成祖朱棣，为平定藩王之乱曾经屯兵于此，立村后取名"屯里"。在清康熙年间（1662—1722年）平定"三藩之乱"时，省城发兵亦屯于此，于是改名为"省屯"。1958年至1971年先后属于城郊乡、惠城公社、城郊区、城关公社，1971年析置省屯公社后，先后属省屯公社、省屯乡、省屯镇。2001年，省屯镇与惠民镇合并后，先后属惠民镇、孙武镇、孙武街道（2010年，孙武镇改为孙武街道）。

▶▶ 文物古迹

省屯村西北一隅有明代所建的"泰山行宫"一座。2013年10月10日，省屯泰山行宫被山东省人民政府公布为"山东省第四批省级文物保护单位"。泰山行宫亦称"碧霞元君行宫"，该建筑为本地区为数不多的明代建筑珍品。行宫坐北朝南，东西长16米，南北长7米，建筑面积112平方米。行宫原有前后两殿，后殿早已拆除，现存前殿属民族古典建筑，顶部用黄绿琉璃瓦覆盖，飞檐翘角，脊顶饰以二花戏珠，两山饰以吻兽，东西两山外用琉璃方砖浮雕镶嵌戏曲、神话、山

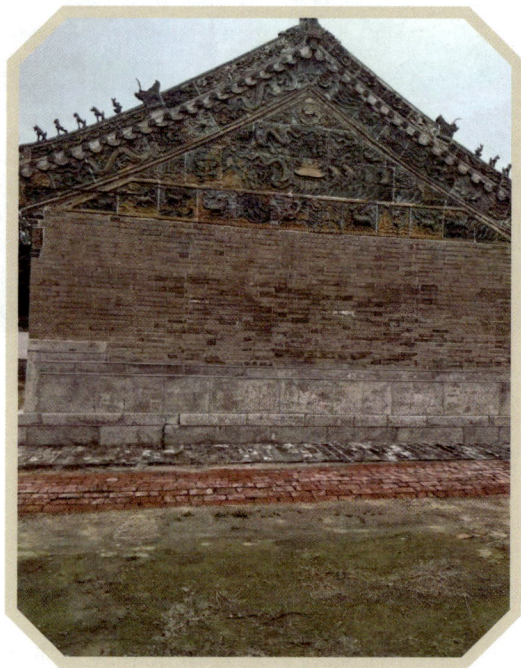

□ 省屯泰山行宫

水、人物图案，金碧辉煌，栩栩如生。宫内原有木雕三霞女（碧霞、琼霞、云霞），相传是东岳（泰山）大帝之女，其中碧霞女被封为"东岳泰山天仙玉女碧霞元君"，下嫁西海王。因坐镇泰山，俗称"泰山娘娘""泰山老奶奶"等。这就是民间传说中的泰山奶奶，泰山奶奶是中国内陆的山神信仰。道教认为，碧霞元君"庇佑众生，灵应九州""统摄岳府神兵，照察人间善恶"。

▶▶ 历史人物

● 刘策 （1575—1630年），字愚靖，号范董，山东济南府武定州（今山东省滨州市惠民县省屯）人。明万历二十九年（1601年）进士。由保定、新城知县入为御史。后以病归家。天启元年（1621年）春起天津兵备，擢右佥都御史，巡抚山西。召拜兵部右侍郎，协理戎政。五年冬，为逆党劾归。崇祯二年（1629年）夏起故官，兼右佥都御史，总理蓟、辽、保定军务。后金兵由大安口入内地，刘策不能御，被劾。祖大寿东溃，刘策偕孙承宗招使还。崇祯三年正月初十日（1630年2月21日），与总兵张士显并逮，斩于市。

▶▶ 烈士名录

● **赵连克** 1924年出生，惠民县胡集镇西营村人，1946年参加革命，1947年在省屯惨案中牺牲，时任惠民县省屯区公所通信员。

● **李学成** 1928年出生，惠民县孙武街道北门街人，1947年参加革命，1947年在省屯惨案中牺牲，时任惠民二区区中队战士。

● **吕永庄** 1929年出生，1947年3月参加革命，1948年在潍县牺牲，时任华野八纵二十四师七十一团战士。

● **刘林图** 1926年出生，1948年1月参加革命，1950年在抗美援朝战争中牺牲，时任中国人民志愿军二十军六〇师一八〇团战士。

● **刘宏太** 1925年出生，1951年1月参加志愿军，1952年在抗美援朝战争中牺牲，时任中国人民志愿军六十七军二〇一师六〇一团战士。

● **吕希元** 1926年出生，1948年10月参加革命，1952年在抗美援朝战争中牺牲，时任中国人民志愿军二十军六〇师一八〇团战士。

● **刘连山** 1927年出生，1948年参加革命，1950年在抗美援朝战争中牺牲，时任中国人民志愿军二十七军二〇一师六〇一团三营战士。

● **张元坦** 1926年出生，1948年10月参加革命，1951年在抗美援朝战争中牺牲，时任中国人民志愿军二十军六〇师一八〇团战士。

● **王宏福** 1925年出生，1948年参加革命，1950年在抗美援朝战争中牺牲，时任中国人民志愿军二十军六〇师一八〇团战士。

● **刘传树** 1927年6月出生，1950年在抗美援朝战争中牺牲，时任中国人民志愿军六十七军二〇一师六〇一团战士。

● **杨学礼** 1925年出生，1948年10月参加革命，1952年6月1日在抗美援朝战争中牺牲，时任中国人民志愿军二十军六〇师一八〇团战士。

● **郭连明** 1924年9月1日出生，1942年参加革命，1944年牺牲于河北蓝县，时任河北蓝县县大队战士。

▶▶ 重要事件

省屯暴乱 1947年，九宫道道首朱保山（今何坊街道常庄村人）、温腾云（今阳信县温店人）、国民党特务杨友文等人以省屯村、常庄村为基地，以开展宗教活动为手段，组织惠民、阳信两县33个村庄的300余人，并策反省屯村村长吕长训、自卫团团长吴吉良、基干民兵队长吴吉峰，组成"民众救国自卫团"（亦称"青年救国团"），团长朱保山。

3月10日（农历二月十八）晚，该团在省屯村杀害了中共省屯区委书记阎秀清及通讯员李安全（泉）后奔赴常庄，途经端刘村（今属孙武街道）又杀害了省屯区干部赵书文、李学成等4人，在常庄村偷袭新兵营，又有5名解放军战士遇害。

次日黎明，渤海军区警卫营1个连和惠民市公安部队3个班奉命平暴。抓获暴徒近百人，就地教育后大部释放，温腾云等17名骨干分子被处决，朱保山、吴吉良等潜逃。1950—1956年，朱保山等先后被缉拿正法。

▶▶ 特色产业

省屯村集市，每月农历逢五、排十开集。大集历史悠久，每到大集日，本村及附近村子里来赶集的人络绎不绝。吆喝声、闲聊声、讨价还价声，声声入耳；食品香、衣料香、树木花草香，万香扑鼻。随着生活水平的提高，现在的大集上商品越来越丰富，前来赶集的人也越来越多，好似拥挤在一起的鱼儿，景象好不热闹。

▶▶ 卫生事业

省屯村卫生室，位于省屯村委会西北侧800米处泰山行宫附近，有1名医生，卫生室长25米，宽20米，面积500平方米，坐北朝南，一共4个房间。卫生室布局合理，房间温馨明亮，诊室内血压计、听诊器、诊查凳、诊查桌等一应俱全，诊查记录书写清晰、仔细、有效。治疗室配备有各种型号的输液管、注射器、针头、消毒棉签等。药柜整洁卫生无异味，药品质量安全、有效、稳定。卫生室主要为村民提供日常药品和输液治疗。

▶▶ 村干部任职情况

历任村党支部书记一览

姓　名	任职时间
刘宏涛	1983—1991
吕佃增	1991—1999
刘立图	1999—2001
吕佃亭	2001—2007
朱秀会	2007—2011

姓　名	任职时间
杨元珍	2011—

历任村行政负责人一览

姓　名	任职时间
吴士通	1983—1991
刘立图	1991—1999
刘宽图	1999—2001
朱秀会	2001—2011
杨元珍	2011—2018

撰稿：孔维齐

孙武街道

HUIMIN XIANGCUN JIYI

□ 花家堡村航拍图

花家堡村
HUAJIAPUCUN

花家堡村位于惠民县县城西北 7.8 公里处，庆（云）淄（川）公路北侧，呈长方形聚落。东靠 233 国道，北与东信村相邻，西与赵奢孟村接壤，交通便捷，地理位置优越。全村现有土地总面积 2169.84 亩，主要产业以农业为主，主产小麦、玉米、棉花等农作物。该村村民共 233 户，909 口人，其中党员 25 名。姓氏以董、任、张、马、姜、杨等为主，这些家族在村庄的历史中留下了深刻的印记。2019 年，花家堡村被授予"山东省卫生村"荣誉称号。

▶▶ 历史沿革

据记载，明宣德年间（1426—1435年），花姓始祖由河北枣强县迁此立村。当时因村南有八方泊，村民多靠捕鱼为生，并开设卖鱼虾的店铺，故初名"花家铺"。至清雍正年间，由于武定府通京城的官道经过此地，村名遂由"铺"改为"堡",沿用至今。

▶▶ 烈士名录

● 张延臣 1928年3月生,1947年8月参加革命,生前为华野八纵二十四师七十一团战士,1948年在济南战役中牺牲。

● 张丙江 1927年生,1947年参加革命,生前为三野七十八师战士,1948年失踪,1958年被追认为烈士。

● 董法林 1930年11月生,1948年12月参加革命,生前为中国人民志愿军二十军六〇师一八〇团战士,1950年10月牺牲于抗美援朝战争。

● 董廷兰 1929年生,1951年3月参加革命,生前为中国人民志愿军二十六军七十七师二十三团班长,1951年10月牺牲于抗美援朝战争。

● 张元英 1931年7月生,1948年参加革命,生前为中国人民志愿军二十军六〇师一八〇团战士,1950年牺牲于抗美援朝战争。

● 张廷黄 1928年生,1948年参加革命,生前为中国人民志愿军六〇师一八〇团战士,1951年牺牲于抗美援朝战争。

● 张延路 1929年8月生,1947年3月参加革命,生前为华东野战军战士,牺牲时间地点不详,1958年被追认为烈士。

▶▶ 重要事件

花家堡惨案 1937年10月初,沿津浦铁路南下侵略的日军一部侵入山东。11月初,日寇向山东再度大举进犯,鲁北地区很快沦陷。

11月10日,由盐山南侵的日军一部由庆云渡过马颊河,驻扎在阳信县流坡坞以北六七公里的地方,第二天拂晓到达流坡坞时,受到当地洋湖乡农校自卫队和壮丁队的英勇抗击。由于敌众我寡、装备落后、战斗失利,自卫队主动撤出战斗。恼羞成怒的日本侵略者占领流坡坞后,杀害无辜群众30多人。

11月10日,国民党驻惠城的韩复榘的一个师,派部分军队和在附近强行抓派的民工,在城北花家堡村附近的沧(州)潍(坊)路(今庆淄路)上,连夜挖好数条障碍沟壑,并在公路上埋下许多耥地的耙,耙齿尖朝上,企图延缓日军行军速度。路障设好后,国民党部队弃惠城。虽然路障设好了,延缓了日寇侵占惠城的步伐,但却给附近村庄,尤其是花家堡村无辜群众留下了祸患。

11月11日（农历十月初九）上午，顺沧（州）潍（坊）公路南下的日本侵略军第一〇九师团所属步兵一一八旅团旅团长本川省三少将率旅团部及一一九联队，共4000余人，乘汽车、坦克入侵惠民县境。当行进到惠城北15华里的花家堡村附近时，被公路上的路障沟壑所阻。他们认为这是花家堡村民所设，十分恼怒，便停止进军，直冲花家堡扑去。

恼怒的日寇在村头支起重机枪向村内扫射，老百姓听到枪声，纷纷逃出村子，来不及或逃不掉的便躲藏起来。见村内没有动静，日本强盗便端着上着刺刀的枪，冲进村内，见人就杀，见物就抢，东烧西砸，在村内糟蹋了三四个小时之久。这次血洗花家堡共杀死无辜百姓21人，伤者无数。当场杀死的农民有张延顺、张延清、张延吉、张延臣、张延祥、张延友、张保玺、张廷吉、张吉黄；张玉卓等几位农民藏在村南20多亩的苇湾内被日寇找到，并用机枪扫射而死；张丙贵被日寇用军刀砍死；张丙振、张丙臣躲藏在玉米秸垛内，被日寇揪出来用刺刀刺死；张元黄躲在家里被枪杀；张丙杰被日军的狼狗活活咬死；张丙武被日寇割下舌头后枪杀；张丙文被日寇挖出双眼后枪杀。

日寇血洗花家堡手段残忍，毫无人性。任本善是一位忠厚老实的农民，家里很穷，他未来得及逃跑，被日寇抓到后，鬼子用子弹拨他的肋骨，然后又将刺刀插到他的嘴里豁拉，蹂躏后逼他扛门板去公路上填沟。

日寇强盗血洗花家堡村后，又强迫老百姓搬出家中的木头箱子、拆掉门板等去填公路上的沟壑。在这次血腥屠杀中，日寇烧毁该村房屋10余座、门窗70多套，抢去桌、椅、板凳、箱柜、门板及农具数百件，抢去衣服、被褥600多件，烧毁柴草数万斤，砸烂锅盆不计其数。之后，又向附近几个村打了一阵枪炮。然后，开向了惠民县城。

▶▶ 村庄发展

2004年，全村集资为村内两纵两横四条主干街道线路铺设沥青，方便群众出行；2012年，为村内两纵两横四条辅道线路铺设石砖；2018年，为主干道重铺石子，并在主街道种植绿化树木，美化村内整体环境。

为响应党中央全民健身的号召，花家堡村于2012年修建东广场，并配备健身器械；2018年选址村西废弃水湾，垫土修建西广场。每到夜晚，广场上灯火通明，健身的、跳广场舞的、锻炼的熙熙攘攘，非常热闹。

□ 村委会　　　　　　　　　□ 村内广场

▶▶ 教育事业

花堡联中于1970年建校，生源涵盖花家堡、赵奢孟、西信、东信、簸箕刘5个自然村。1975年，学校由村南迁至村北。校长有郑邦海、李洪武等。这所学校不仅履行了教书育人的职责，也促进了自然村之间的交流与合作。

▶▶ 村干部任职情况

历任村党支部书记一览

姓　名	任职时间
张延孔	1945—1947
张元兰	1947—1948
张丙生	1949—1951
张廷三	1952—1953
董法申	1954—1961
张廷信	1962—1966
张廷知	1967
张廷仁	1968—1979
张太顺	1980—1985
董和平	1986—1992
马云福	1993—1996
张廷冬	1997—2001
张廷水	2002—2003
董和平	2004—2005
任增泉	2006—2009
董曰芹	2009—

历任村行政负责人一览

姓　名	任职时间
张廷训	1945—1947
张丙会	1947—1948
张廷信、张元普	1954—1961
张廷文	1962—1966
董佃文	1967—1979
张廷冬	1993—1996
张云贵	2002—2005
任增泉	2006—2009
董曰芹	2011—2018

撰稿：刘学慧

□ 高官村航拍图

高官村
GAOGUANCUN

　　高官村位于东关转盘永莘路北 200 米处，原为东西长方形村落。隶属孙武街道高官社区，村内党员 31 名，耕地 1700 亩，土地流转后还剩 700 余亩。村民以农业为主，主产小麦、玉米、棉花，还有果园。全村共有居民 450 户，1300 人。姓氏共 21 个，陈、张、高姓氏人员居多。

　　高官村于 2019 年进行棚户区改造，项目名称为"高官棚改项目（幸福水岸）居住小区"。该小区位于惠民县老城区与新城区交界地带，幸福河西岸，高官村旧址位置，周边设施完善，交通便利，区位优势明显，用地 14.7432 公顷（221.1 亩），呈比较规则的菱形。其东侧约 100 米毗邻幸福河及其景观绿带，北侧为基本农田，视野开阔，环境优美，2023 年 2 月全部回迁。

▶▶ 历史沿革

高官，原名"高家"，曾名"官窑"。据民国二十三年《续修惠民县志》载："始祖高迁，于明成化年间（1465—1487年），由江西九江府湖口县石门寨（今江西省九江市湖口县石门街）徙居邑之东关（今县城东关街）。"其后人由东关街迁此，立村"高家"，因官府曾在村

□ 乡村新貌

西建窑一座，专为维修武定州城烧制砖瓦，其村名亦随之被称"官窑"。1945年后，当地政府以高家与官窑两名各取一字为村名，即名"高官"，至今沿用此名。

▶▶ 文物古迹

古时候村内有两座庙，一大一小，后来大庙东屋成了村办公室，西屋成了村里老师的备课室，庙于1971年被拆除。

在现高官小区29号楼前，施工期间，在地下三米处挖出一尊距今一千多年的人形石像，高约1.3米，底座上刻有文字，石像现被县博物馆留存。相传一千多年前，此处为姓林的村庄，挖出的石像是村里某人为纪念他舅舅所立的。岁月变迁，曾经的林氏村庄被永远埋在了地下。

▶▶ 烈士名录

● 李绍根 1924年2月生，1947年3月参加革命，共青团员，生前为中国人民解放军二十六军七十七师副班长，1948年6月在开封战役中牺牲。

● 董秋岭 1927年8月生，1946年参加革命，生前为中国人民解放军二十六军七十七师战士，1948年6月在开封战役中牺牲。

● 陈曾禄 1925年6月生，1947年2月参加革命，生前为中国人民解放军二十六军七十七师战士，1948年12月在仓县牺牲。

● **陈湘荣**　1925年4月生，1947年2月参加革命，共青团员，生前为中国人民解放军二十六军战士，1948年12月在仓县牺牲。

● **崔全喜**　1927年2月生，1947年2月参加革命，中共党员，生前为中国人民解放军二十六军七十七师战士，1948年12月在仓县牺牲。

● **张希岭**　1926年2月生，1947年2月参加革命，生前为中国人民志愿军二十六军七十六师战士，1951年7月在抗美援朝战争中牺牲。

▶▶ 村庄名人

● **李廷琅**　生卒年月不详，字昆阜，官窑村人。民国初毕业于省政法学堂。民国时期，在山东省军械库任职，为历届库长所器重。在协助办理黄河下游官家坝堵口工程时，因成绩显著，无棣、沾化、滨州、利津四县，公送"梓里戴德"匾额。后被选为省议会第二届议员，议政多有谏言。在海阳任职时，整顿教育，举办事业，不到一年，即政声卓著，人民感激，为其立"思去碑"作为留念。

● **陈炳文**　抗美援朝英雄，因作战英勇，冲锋在前，有猛虎下山之势，因此绰号"陈老虎"。他在参加抗美援朝战争中，拼到连队只剩最后几个人。后来，陈炳文在南海舰队某舰任舰长。

▶▶ 特色产业

2021年5月，村两委换届选举，陈培亭当选为该村新一届村党支部书记。其上任后积极探索村集体经济增收新模式，领办"聚强农产品加工农民专业合作社"，实行"党支部+合作社+企业+农户"的运行模式。

通过多次召开支委会、党员群众代表大会研究讨论合作社的投资模式、管理方式、产业类型、盈利分配等事项，最终选择家纺产品加工项目，主要是生产家居用的床上用品、靠垫等。项目选址在鲁北大街电商物流园内（现已挪至孙武街道小吕村内），车间占地1700平方米。项目总投资100万元，其中，村集体入股30万元、社员出资35万元，现已投入生产机械100余台，年盈利25万元左右，股民收益8万余元，村集体收益7万余元。同时，解决本村及周边100余人的就业问题，还吸收10户贫困户加入合作社，并为其安排就业岗位，使每个贫困家庭年增收约1万元，真正发挥了党支部的战斗堡垒作用。本合作社荣获"孙武街道2021年度党组织领办合作社示范社一等奖"。

▶▶ 村干部任职情况

历任村党支部书记一览

姓　名	任职时间
李吉信	1945—1950
陈培成	1950—1967
陈丙礼	1967—1984
陈培生	1984—1987
陈元凯	1988—2004
高法杰	2004—2007
陈元凯	2007—2017
张希国	2018—2021
陈培亭	2021—

历任村行政负责人一览

姓　名	任职时间
陈元凯	1984—1987
陈相勤	1988—2004
陈相亮	2004—2007
高法杰（一届） 陈元凯（兼任一届）	2007—2017

撰稿：赵　鹏

□ 察院街航拍图

察院街

CHAYUANJIE

　　察院街，位于惠民县城东北部，南口东侧是原县人民武装部驻地，向北为一低坡，多为居民住宅，东侧为孙武街道中心小学，西侧有县直机关幼儿园。经拆迁合并，目前文庙街、文台街也隶属于察院街。现有居民 220 户，730 口人，其中党员 21 人。因美丽宜居建设，街道原房屋都已拆除，大部分村民安置在月亮湾小区。

　　文庙街，位于东门大街路北，直冲老县委门口，南北走向，由县委门前向南至东门大街，沥青路面。据地方志记载，在明清时期，此街北端有一座宏伟壮观的孔子庙（文庙），庙内供奉孔子及其弟子诸家的神像，由于供奉的是儒家代表与读书的文人，故此庙被称为"文庙"，因此街直通文庙，故称"文庙街"。"文化大革命"中，文庙街曾改称为"红旗街"，1976 年复名"文庙街"。

　　文台街，原址位于老县委门南路东、灌溉局与卫生局中间，西段是一条狭窄的胡同，东端有居民，沥青路面，东西走向。据传，1640年（明崇祯十三年）此街北侧筑有四十八级石阶的高台，台上建阁，称"文昌阁"，此台被称为"文台"（新中国成立后拆除），此街称"文台街"。

▶▶ 历史沿革

据史料记载，在明清年间，各州、府城内均设有督察院，因棣州城（武定府）督察分院设于此街，故名"察院街"。1967年在"文化大革命"中曾称"创新街"。1976年复名察院街。

▶▶ 文物古迹

文庙 文庙即孔子庙，原惠民县委所在地。据《孙武镇志》记载，原来最前面有高石台上的牌坊、瓦顶、木结构，造型严谨，做工精致，横匾是"太和元气"四个大字，匾字是楷体，笔画粗拙，独具风格。进门是泮池，有桥可行。往北不远是棂星门，上有竖匾"文庙"二字，字体秀丽。北进是三间大门，前后有厦，前厦门两旁各有一石碑，东边刻"江汉"两字，西边刻"秋阳"两字，盖取"江汉以濯之，秋阳以暴之"之意。

□ 乡村新貌

□ 文台旧貌

门内广场，正北九间大厅是"大成至圣文宣王殿"，殿内靠北山墙有高大神室，内系文宣王泥塑像，有颜、曾、思、孟四大贤像。前面有长方大供案桌，硬木，未加油漆，相传是明汉王府之物。大殿前东西两侧各有厢房七间，内摆七十八大先贤、先儒牌位。东庑北头有三间瓦房是礼器库。大门外两旁各有三间厦房，左为"诗礼堂"，右是"金丝门"。东西两墙中间各有一门通至庙外。东门上匾名是"德配天地"，西门是"道冠古今"。由"太和元气"牌坊外向北侧是"庠门"。进内有启圣祠，殿三间，祀孔子的祖先父母，西行即到大成殿，后有极大空场。正北是极大的三间大房"明伦堂"，最后有一座"尊经阁"，是藏书之地。墙外则是"凤凰台"。

整个文庙外围是红色砖墙，"太和元气"牌坊东西道上各有"文武官员至此下马"碑。上述建筑均已拆除，现已无迹可寻。

清大学士李文襄公祠 据记载，文庙庠门东不远处路北有李文襄公祠。布局特殊，大门在院内，靠道有大照壁，东、西各有便门。门里是方正的铺砖院落，北是砖瓦起脊，有前后厦大门三间，正门上匾额为"出将入相"四字，大门两旁各有三间北屋，是参祭人员的休息场所。

大门里甬道正中是清康熙布御祭文碑亭，东侧有康熙帝派大学士张玉书来祭时所作的书碑亭一座，后有正厅三大间，前面尽是花棂隔扇，厅内靠后墙有神龛一座，前有供桌，龛内是蓝底金字李之芳的牌位。

双忠祠 据镇志记载，双忠祠在文庙前往南不远路西一空地的西边（原惠兴苑），大门坐北向南，门前有两个高大的石狮，是纪念本县明朝两位御史的处所。一位是李浚（李御史村人），乐安州汉王图谋造反，他暗向北京告发，并随帝亲征，俘虏朱高煦。另一位是御史袁化忠，关帝庙人。袁在京任御史时，宦官魏忠贤乱政，他参与揭发其罪行，被魏忠贤所害。双忠祠内瓦房三间，内有神龛供两御史牌位，西平房三间，是祭者休息之处。

▶▶ 村庄名人

● **董晴岚**（1882—1966年） 又名董葆光，孙武镇察院街人，出身贫苦，从山东省经济专科学校毕业。历任山东省立第四中学、惠民县立女子学校校长。1945年8月前，任惠民县城关艺徒小学校长。1945年8月后，任渤海公校校董、渤海区参议会参议员、行署委员。1947年至1950年，任渤海师范教员。1951年，任城郊区省屯完小副校长。1952年7月，任惠民县人民政府常务委员会副主席。此间被选为山东省人民代表大会代表、省政协常务委员会委员。抗战期间，惠民沦陷，他辞教居闲，因拒为日伪服务，曾被警察扣押，保释后长期被监视，但始终坚贞不屈，展现了中华儿女的崇高民族气节。

惠民解放后，他参加了首届惠民县教育研究会，投身于人民教育事业，并教育其子女参加革命工作与社会活动。其间，他还参与了社会主义革命和建设，在土地改革、镇压反革命、抗美援朝运动、"一化三改"运动中，做出突出贡献。1966年6月4日逝世，享年84岁。

▶▶ 村干部任职情况

历任村党支部书记一览

姓　名	任职时间
张甲森	1948—1949
王登科	1950—1955
纪兆德	1956—1960
孙云明	1961—2004
董　春	2005—2009
羊建忠	2009—2014
孙振一	2014—

历任村行政负责人一览

姓　名	任职时间
郝玉亭	1945—1946
朱其林	1947—1948
张甲森	1948—1949
朱日亮	1950—1955
纪兆德	1956—1960
张学礼　张守峰	1961—2004
魏凤刚　羊建忠	2005—2009
羊建忠	2009—2014
黄景全	2014—2018

撰稿：王晓涵

□ 台子崔村航拍图

台子崔村
TAIZICUICUN

台子崔村位于县城西北 5.3 公里、233 国道与滨惠大道交叉口以北、233 国道东侧，西邻省屯大市场，东与端刘村、桃王村相近，地理位置优越，交通便利，呈方形聚落。现有村民 80 户，280 人，中共党员 14 人，皆为汉族。姓氏有曹、于、王、崔等，以曹姓人员居多。村内原主要种植玉米、小麦、棉花等农作物。1999 年建成高标准冬枣密植园 200 亩。全村有耕地 772 亩，现已全部流转。因合村并居，台子崔村于 2019 年全部拆迁，在其原址建成德馨家园小区，并于 2021 年与冯家庙村一同入住。

2018 年，台子崔村党支部书记曹振辉荣获"孙武街道优秀党支部书记"荣誉称号；2020 年，台子崔村荣获"孙武街道先进工作村街"称号。

▶▶ 历史沿革

据载，明宣德年间（1426—1435年），崔姓始祖（名失传）由河北省枣强县迁此立村，因村址紧靠明初遗址"驻跸台"，故村名"台子崔"，沿用至今。

▶▶ 文物古迹

驻跸台 在村西南不远处有"驻跸台"遗址。据清光绪《惠民县志》载，在城北十里台子崔前，明宣宗亲征汉王朱高煦，驻跸于此。

该台位于惠民县城西北4公里处，系明朝宣德皇帝亲自督建。1426年（明宣德元年），汉王朱高煦因对宣德帝不满，便在乐安州（今惠民县）纠集其他7个王子，欲以乐安为基地反叛，推翻宣德帝取而代之。当时，本县在朝为官的李浚正因父病居住在家，得知汉王谋反，秘密进京告发。宣德帝闻报遂率军亲至乐安城西北4公里处驻扎，并筑高台坐镇指挥，命令军士发神机箭轰城，声震如雷，朱高煦被迫投降，宣德帝得胜返京，驻跸台遗存至今。高台呈长方形，高5米，南北长50米，东西宽25米，由三层素土夯成，是战时点兵领将指挥台。现今，每到大年初一有不少人在此登台祭祀。

▶▶ 烈士名录

- **崔振海** 1925年生，1947年参加革命，生前为三野四纵十七师三十五团五连战士，1948年在邹县战役中牺牲。
- **于希胜** 1929年2月生，1948年2月参加革命，生前为中国人民志愿军二十军六〇师一八〇团战士，1950年12月1日在抗美援朝战争的黄草岭战斗中牺牲。
- **曹学斋** 1926年4月生，1948年2月参加革命，1949年6月入党，生前为中国人民志愿军六十四军一九〇师炮团班长，1951年5月在抗美援朝战争中牺牲。
- **曹方赞** 1924年9月生，1947年2月参加革命，生前为中国人民志愿军四纵十二师三十五团战士，1950年在抗美援朝战争中牺牲。

▶▶ 教育事业

台子崔小学始建于1966年或1967年，位于原台子崔村西南位置，坐北朝南，紧邻村内主要道路。校舍为3间土坯房。2019年，在美丽宜居乡村建设中，学校被拆除。学校建立初期，因附近很多村都有村办小学，所以台子崔小学的学生几乎全为本村的孩子，很少有邻村的学生来上学。当时最早任教的一位老师名叫李华忠，后来又有本村的一位老师曹方河任教，目前均已去世。村里一个村民介绍说："当时我就在本村上的小学，因离家太近，放学也在学校玩耍，迟迟不愿意回家，家里人做好晚饭在家等我吃饭，因等不到归家便在村里寻找，等找到学校里的时候饭菜也凉了，我会少不了挨一顿打骂，想起来还是挺怀念的。"

该村民还讲："今年已经49岁了，上小学时也已经是40多年前的事情了，但当回忆起儿时的学校趣事时，依旧历历在目，仿佛就在眼前。"

▶▶ 新居风貌

2019年，台子崔村全村拆除，2021年乔迁新居——德馨家园。美丽宜居乡村建设完成后，邓家社区党群服务中心随之入驻，内设服务大厅、图书阅览室、老年活动中心、舞美室、多功能室、孝善食堂等，全部免费对居民开放；建立完善"红管家"管理模式，设立"社区党总支—网格党支部—楼长—楼道长"四级组织架构；累计组织健康体检3次、现场招聘会2次、大型文艺演出3场、手工艺培训2次、妇女权益普法2次、非遗剪纸课堂3次，服务700余人次，极大地丰富了居民的精神生活，让村民们获得了极大的满足感和幸福感。

□ 乡村今貌

历任村党支部书记一览

姓　名	任职时间
崔振江	1945—1954
王增林	1954—1961
于希贤	1961—1966
曹方珍	1966—1980
于希贤	1980—1984
曹方州	1984—2012
曹振辉	2012—

历任村行政负责人一览

姓　名	任职时间
王相增	1954—1961
曹振坤	1961—1966
于希贤	1966—1980
曹方州	1980—1984
曹方珍	1984—2000
于守军	2000—2006

撰稿：盖云涛

□ 城隍庙街俯瞰图

城隍庙街

CHENGHUANGMIAOJIE

　　城隍庙街作为一个行政村，位于惠民县城东南部，未拆迁之前分为城隍庙南街、城隍庙西街、宋家营街。有居民416人，耕地323亩。地理优势得天独厚，居民安居乐业，经济发展向好。

　　2019年，城隍庙街整体搬迁至惠民县第三实验学校以南，大部分村民分布在河畔花园、长卿花苑等小区。拆迁重建后，沿街多机关单位、居民小区和商场，住建局、法院、审计局家属院、原供电公司、宋城华府小区、圣豪购物、利客来超市等均在此街。

▶ 历史沿革

　　城隍庙南街，因其地理位置在城隍庙以南而得名，街道呈东西走向，长353米，宽15米，西起南门大街，东至东环路。现西段两侧有超市、药店、公园等，晨光中学操场和宿舍位于东段北侧，原电业局、物资局位于东段南侧。城隍庙建于明洪武年间，是城内主要古建筑物之一。民国前期，每年九月初七举办庙会，远近闻名，香火极盛。居民多来自滨县、利津、山西洪洞

（tóng）、河北枣强等地，以小商小贩为多，单纯务农者极少。由于此街原居民孙姓较多，亦称"孙家街"，但一般称为"城隍庙南街"，"文化大革命"中曾更名为"红星街"，1976年恢复原名。

城隍庙西街，因其位于城隍庙以西而得名，南北走向，北起文化路，南至环城路，长500米，宽6米~9米。街北段、东西两侧有原县工会宿舍和县经委机关，其他两侧多为居民住宅、商铺等。此街原居民袁姓较多，亦称"袁家街"，但通常称"城隍庙西街"，"文化大革命"时期曾更名为"跃进街"，1976年恢复原名。

宋家营街，东西走向，西口隔城隍庙西街与关帝庙街相对，东端弯曲向南至南环城路，长221米，宽10米。两侧驻有原物资局、电业局和电厂职工宿舍。据载，宋崇宁年间，为防御北辽入侵，工部尚书牛保在此建城时，于四城角扎营驻兵，因该街在城内东南角，故名"东南营街"，至明永乐年间，宋姓始祖迁来此地，故又称"宋家营街"，1967年在"文化大革命"中曾与关帝庙街一同更名为"丰收街"，1976年各自恢复原名。

▶▶ 文物古迹

城隍庙 建于明洪武二年（1369年），位于原县工信局机关院内。该庙与北宋棣州城同时建立。庙大门朝南，庙内南头东西两侧有钟、鼓楼，正北为大殿。大殿前有东西厢房，大殿后有戏楼、寝楼。

明洪武二年棣州改为乐安州，城隍神被封为"乐安绥靖侯"爵。官方于每年的农历二月初二和十月初一与风云雷雨坛一同祭典。民间在每年的九月初七，正月十四、十五、十六日举行城隍庙大会。届时，四面八方说书的、唱戏的、玩杂技的与打把式卖艺的等等涌进府城，即兴表演。各种商品，琳琅满目，人来人往好不热闹。这种惯例一直延续到清末。

城隍庙分别于宣德、弘治、嘉靖年间得到修缮。城隍庙前殿坐落在月台上。面阔五间，屋面为歇山九檐，绿琉璃瓦，木构为七架五踩斗拱。殿后有戏楼，后殿为诰命楼。因为当时为州城，所以被封为"乐安绥靖侯"。每月的朔（初一）、望（十五）日早晨，知州与下属须前往城隍庙参加庙会。

"城隍"二字中的"城"即在都邑四周用作防御的城垣。一般有两重，里面的称"城"，外面的称"郭"。"隍"即没有水的护城壕。古人造城的目的是保护城内百姓的安危，亦与人民的生产生活密切相关，于是把"城"和"隍"结合起来，神化为城市的保护神。城隍庙是用于祭祀城隍的庙宇，起源于古代的"水庸"祭祀，"水庸"为《周官》八神之一。城隍，有的地方也称为城隍爷，为宗教文化中普遍尊崇的神之一，属冥界的地方官，其职权根据所辖城市的大小而定。在古代每年都要举行祭祀仪式，以祈求风调雨顺、护佑百姓。

宋城魁星阁　魁星是汉族神话中所说的主宰文章兴衰的神，魁星阁是为儒士学子心目中主宰文章兴衰的神魁星而建的，读书人在魁星楼拜魁星，祈求在科举中榜上有名，所以历来在儒士学子心目中，魁星具有至高无上的地位。宋城魁星阁是惠民县城标志性建筑物，位于环城东路131-1号，始建于宋代，至今已有千年历史。魁星阁地处环城东路和环城南路的交叉口，日常人来人往，车流不息，是惠民县城最繁华的交通要地。夜幕降临，华灯初上，魁星阁更是流光溢彩，美轮美奂。

□ 魁星阁

▶▶ **民间传说**

相传，有一年大旱，农田缺水干裂，禾苗尽数枯死，农民唉声叹气，有人提议，如果能把黄河的水引过来灌溉田地就好了，但是大家都觉得他是痴人说梦，因为挖一条沟渠要费时好多年。这时城隍庙里走出来一个高大威猛的青年，他说这件事包在我身上，我保证在一夜之间挖一条沟渠，用于浇灌干涸的农田。大家都不相信，但是第二天早上，一条沟渠赫然眼前，并将黄河之水引了过来，缓解了当地旱情。后来民间流传是城隍爷显灵，把"八仙"请了过来，他们各用"法器"，挖出一条"惠民沟"。从此之后民众更尊崇城隍爷，城隍庙的香火一度非常旺盛。

据城隍庙街书记牛广志回忆，1976年，经有关部门建议，城隍庙被拆毁，当时庙上的雕刻、砖瓦和无数柱子上镶嵌的饰物等，全部被曲阜文物保护单位运走，城隍庙从此成为历史。

▶▶ 村干部任职情况

历任村党支部书记一览

姓　名	任职时间
骆宝雪	1945—1956
孙纯臣	1956—1964
袁洪文	1964—1977
于福田	1977—1989
朱吉会	1989—1993
谢立军	1993—2004
牛广志	2004—

历任村行政负责人一览

姓　名	任职时间
孙纯臣	1945—1956
袁洪文	1956—1964
于福田	1964—1977
宋长泉	1977—1989
牛广志	1989—2004
于福田	2004—2006
牛广志	2006—2018

撰稿：李晨昭

□ 大孙村航拍图

大孙村
DASUNCUN

大孙村属朱老虎联村，位于县城西2.5公里、永（安）革（县）公路北侧1.5公里处，惠归路穿村而过。现有居民789人，皆为汉族，以农业为主。耕地1793.96亩，主产小麦、玉米、棉花等。

▶▶ 历史沿革

据《孙氏族谱》记载，始祖孙景然于明宣德年间（1426—1435年），由河北枣强县迁居于此，立村孙家。因与大于村为邻村，被称为"大孙"，遂以得名，沿用至今。

大孙村家庙建于大孙村中心，庙前有一水湾，在湾南头有两眼井，在湾北头有三眼井，因其形状像蝎子故称为"蝎子湾"。大孙家庙碑文记载：大孙民众，七姓（陈、刘、张、单、石、李、孙）组成。明朝建业，清代中兴，历尽沧桑，众志成城。耕读为业，勤俭家风，同气连枝，手足之情。尊老爱幼，患难与共，承前启后，矢志始终。抗暴英烈，先驱光荣，护村爱民，舍身留名。

▶▶ 历史人物

● **孙允荣（1870—1900年）** 大孙村人，1900年（清光绪二十六年），曾为鲁北义和团首领，战败被俘后押往济南，慷慨殉节。

孙允荣曾讹传为孙玉龙，出生于贫苦农民家庭，曾在惠城十字街东租三间小屋做木匠活，也做灯笼出售。晚上在鼓楼街拳场学武，练就一身好功夫。传说知县让他刻匾，在挂匾时刁难他，孙允荣盛怒之下打了县官一巴掌，又把一拥而上的众衙役打倒，随后愤然而去。1900年6月，孙允荣去河北庆云县黑牛王庄挂号加入义和团，回村后竖起了"山东省武定府惠民县城西大孙家大师兄孙允荣"的义旗，口号是"扶清灭洋"，成为义和团"乾字团"的一支生力军。入团不久，即杀不法天主教徒，在城乡造成很大影响。他还与济阳中部的义和团取得联系，相互支援。

天津、北京失陷后，鲁北一带的义和团处于极端艰难的境地。9月2日，孙允荣与济阳县的大师兄陈云岭等人，传帖召集惠民、济阳、章丘、邹平、商河、齐东六个县的义和团一千多人，聚集济阳县东部的玉皇庙，抵抗清兵的围攻，并准备进军济南。他们的口号是"红灯照，义和团，打洋鬼子不费难"。袁世凯闻讯后，派得力干将查荣绥（候补知县）清剿。9月22日，查带领步、马兵150余人，从洛口乘船顺黄河而下，直达济阳。24日凌晨于龙王庙登岸后直扑玉皇庙。孙允荣探明此情后，三路埋伏团民，待清兵进入埋伏圈后，冲杀而出，清军惊恐大乱。查荣绥见势不妙，拨马南逃，孙允荣纵马赶到，将查砍死于马下。接着，陵县知县倪嗣冲、管带雷震春奉袁世凯之命，率马步兵500人，于9月26日赴玉皇庙攻打义和团。参将张勋亦奉袁命从海丰发兵，在惠、济、商边界截击。在寡不敌众的情况下，团民化整为零，以待时机。孙允荣潜返惠民，藏于今石庙镇香王家村。由于歹人告密，知县柳堂带兵挟大孙村首事、族长追捕到该村，并声言若不自首，便将大孙家村民全部杀死。孙允荣为救全村群众，挺身而出，毅然就擒。10月22日，与孙九龙、李方同等义和团首领一起由倪嗣冲解送济南，23日英勇就义，时年30岁。

▶▶ 烈士名录

● **孙云相** 1906年生，1947年参加革命，生前为渤海纵队战士，1948年9月在济南战役中牺牲。

● **孙可伦** 1927年生，1946年参加革命，生前为渤海纵队十一师战士，

1948年在济南战役中牺牲。

- **孙可伟** 1932年生，1950年参加革命，生前为中国人民志愿军六十七军二〇一师司号员，1952年在抗美援朝战争中牺牲。

- **孙可勤** 1926年生，1946年参加革命，生前为渤海纵队十一师战士，失踪，1956年追认为烈士。

▶▶ 重要事件

大孙惨案 1945年2月2日（农历1944年腊月二十），伪军陈观志部，为镇压大孙村农民抗缴税捐，杀死村民46人，烧毁民房700余间，制造了骇人听闻的"大孙惨案"。

1944年农历腊月，陈观志向大孙村要款十二万元和四个壮丁，并限期在年前交清，这个巨大的数目使饥寒交迫的大孙群众惶惶不安，走投无路。腊月初十，陈又派汉奸高希章等四个土匪，到大孙村坐催，他们大吃大喝，蛮横无理，肆意鞭打、百般折磨群众，大孙村人民被彻底激怒，挥动刀、枪，活捉了高希章（其他三人抱头鼠窜），并将其押到村西北琉璃口乱刀砍死。事发后，大孙村民对陈匪的伺机报复有所准备，于是严加防卫，分工把守，昼夜值班，严阵以待。

农历腊月二十，陈匪调动骑兵连、机枪连等八百余顽匪，围困大孙村。陈匪对其部下说："我要的是大孙家成一片灰，人要杀绝，鸡犬不留。"上午十点，土匪向守卫的群众用机枪、步枪、手榴弹疯狂攻击，大孙村人民英勇抵抗，唯因武器落后（大刀、长矛），众寡悬殊，终被陈匪攻开南门，孙永德、孙可平、孙可俭等战死。土匪进村后，先点火烧房，有的连人带房同归于尽，许多无辜百姓死于土匪的刀枪之下。孙允广之妻已是六十九岁的老人，跪在地上哀求饶命，凶手毫不心动，瞪着眼睛将刺刀刺进她的胸腔；儿媳怀中两岁的小女儿，被凶手夺去投入井内，六岁的大女儿被抓住两腿活活劈死，凶手回手一枪又将儿媳打死；孙允广的儿子也被残忍枪杀，孙允广全家祖孙三代六口人，只剩下六十八岁的孙允广。群众被刺刀捅死的，被枪打死的，还有被扔到火里烧死的，惨不忍睹，连外村到大孙家借牲口的王乾元也被打伤后浇上煤油活活烧死。陈匪上午进村，一直杀到下午四点才撤走。这时，大孙村上空浓烟滚滚，火光冲天，哭声遍野，惨景难以言状。

这一惨案，致大孙村百姓46人罹难，烧毁房屋700余间，牵走牲口60头，抢走大车24辆、衣服1600余件、布203匹、银圆5000块、铜钱3麻袋，

□ 乡村文化广场

还把群众准备过年的面、肉、粉条等也统统抢走，群众财产几乎被掠夺一空。新中国成立后，在肃反运动中，匪首陈观志被押赴大孙村，召开了群众大会，就地枪决，真是大快人心。

▶▶ 村干部任职情况

历任村党支部书记一览

姓　名	任职时间
刘子恒	1945—1973
孙可银	1973—1976
孙守清	1976—1984
陈兴国	1984—1991
孙所生	1991—2000
陈兴国	2000—2010
陈爱军	2010—

历任村行政负责人一览

姓　名	任职时间
孙永才	1945—1973
孙永亮	1973—1976
孙所生	1976—1991

姓　名	任职时间
孙守礼	1991—2002
孙以合	2002—2004
陈爱军	2004—2018

撰稿：杨冬玲

□ 朱老虎村航拍图

朱老虎村
ZHULAOHUCUN

朱老虎村，原名朱落户，位于惠民县城西南三公里、永莘路南侧。村庄的北面与孙武街道的刘安庄、李仲条两村相邻，西边与石庙镇的前红庙村、后红庙村相连，南面则与孙武街道的大袁庄村相邻。全村共有98户，420口人，其中中共党员15名，入党积极分子3名。全村以朱、李两姓人员居多，另有张、高、王、耿、宋等姓。

朱老虎村占地116亩，有耕地585亩，主产小麦、玉米、棉花等。

▶▶ 历史沿革

相传，明洪武年间（1368—1398年），朱姓始祖（名已失考）由河北省枣强县迁居于此，以安家落户之意，取村名"朱落户"。后讹传为"朱老虎"，至今沿用此名。

□ 村庄一角

　　关于村名的来历还有另一种版本的传说。据传，七百多年前，姓朱的始祖来到棣州一带，在今县城西边的一棵大榆树下搭建帐篷住了下来。据传，该村始祖最早只带来了三个人，还特意带来了几种农作物的种子，开垦了几十亩地，总算有粮食吃了。一年后，又搭建了几间小屋，小日子还算过得去。于是，朱氏先辈们向当时的棣州官员要求，把他们的家眷接了过来。朱姓始祖的三个儿子大虎、二虎、三虎和母亲宋氏来到此地后大兴土木，开垦农田。大虎喜爱武术，二虎喜欢做学问，三虎文武全才，不几年工夫，三个儿子相继娶妻生子。始祖去世后，族人和睦相处、团结发展，朱落户村日渐壮大。据传，有一次大虎和几个习武之人正在村边练功，刚好碰到五六个商人打扮的人，言语间，来人突然亮出刀枪，意欲劫财。朱大虎见状，立即出手，独自一人就将五人擒拿，一时传为美谈。朱三虎更是因为文武双全，被州府委以重任，在当地显赫一时。由此，经村民合议，把朱落户村更名为朱老虎村。

▶▶ **烈士名录**

● 王相花，1893年生，1945年入党，曾任朱老虎村村长，1946年11月10日在朱老虎惨案中被害，1947年被追认为烈士。

▶▶ **重要事件**

朱老虎惨案 1946年冬，朱老虎村被斗地主张树森勾结该村逃往济南的国民党特务朱连芹，以威胁、利诱、拉拢等手段，策反了该村基干民兵，里应外合，于农历十一月九日，将我龙池区驻村干部耿文观等三人、该村村长一家三口人全部杀害；农历十二月十三日，张树森带领匪徒回村，将李文友的母亲勒死。这次惨案，匪徒们杀害干部、群众7人，掳走女干部1人。

1945年9月，惠民市成立。惠民市龙池区政府派出工作干部进驻朱老虎村，发动群众，成立了农救会，组建了基干民兵，开展了轰轰烈烈的反奸诉苦运动，对民愤极大的汉奸特务恶霸地主张树森、朱连芹两家进行了控诉斗争，把他两家的土地、房屋、家产分给了贫下中农。

地主张树森被斗后，对贫下中农刻骨仇恨，多次对他的家属说："东西没收了就让他没收，只要留着咱们的人就行。这个仇早晚要报。"不久，他两次上济南（当时济南尚未解放），找特务匪首朱连芹，诉说他家被斗的情况，要他撑腰报仇，并密谋策划还乡杀人。他自济南回家，找到特务头子孙德茂及孙相廷、王传玉等人，在阳信县十字道村、管家村和惠民县的巩家村三次密谋，共商杀人计划。张树森让他的奸头娄之英传信联系，把朱老虎村的基干民兵队长李希广、副队长李希彬叫到左家村，特务孙德茂等对他们威胁诱骗说："你们要把朱老虎村的民兵拉出来，不照办，我们就把你们的全家人杀光；如听我们的，国军来了可给你们报功请赏。"李希广说："要把民兵拉出来得先把驻村干部杀了才行，不然，恐怕办不成。"李希彬说："你们叫俺咋办，俺就咋办。"民兵干部就这样被策反了。特务匪徒们为干得更有把握，几天之后，又叫娄之英传信，把李希彬、李希广、崔良玉、张连祥等再叫到管家村作进一步计议。地主分子张树森说："我刚从济南回来，咱们这里没有久待国军就过来啦。你们把民兵拉出来，国军一来，保证你们家安全无事。"这时李希广再次向特务们提出："要民兵叛变，得要先杀干部。"他们密谋了如何将民兵拉出来和如何杀驻村干部及村干部的具体计划。

1946年农历十一月初九，特务孙德茂、李文达，地主分子张树森同叛变分子李希彬、李希广、张连祥白天在阳信县邱家村谋定了行动计划。李希彬、李希广、张连祥当日提前回村，夜晚，匪徒孙德茂、张树森等共10人，从白家村来到朱老虎村西，潜伏在红荆子地里。

李希彬、张连祥回村后，在傍晚和基干民兵一起拉着三名驻村干部到朱全德的店里吃面条。饭后，三名干部回到住处——朱连芹家被撵出的房里睡觉。李希彬、崔良玉就去村西头划火柴为号，把匪特引进村来。这时李希广即率领王洪祯、李希彬、崔良玉、张连祥、李文福等七人持枪加入了匪徒行列。

崔良玉领着匪特到村长王相花家，以要叉车为由叫开门，抓了王相花及其妻子郭氏和次子"三月"（乳名）三人。接着，李文彬、崔良玉、张连祥以找三名驻村干部玩为由，叫开驻村干部的门，进屋嬉皮笑脸地闹玩，先把驻村干部的枪推到炕角控制起来，随之，崔良玉说到外边买花生来吃，出去把匪特领进来，抓起耿、马、杜三名驻村干部，绑上，由匪特李文达、孙相廷等把他们拉到村西耿吉德菜园的井上。与此同时，张树森带领一部分特务到村东头抓农会会长朱方山。朱方山发觉有问题，越墙逃走。崔良玉、李希彬又领着特务李文达到杨希荣老大娘家，抓走驻村女干部王永先同志。

匪特把捕捉到的人全部带到村西耿吉德的菜园井上。先将驻村干部耿同志掀到井里，向井里投砖块，将耿同志砸死。接着又枪杀了驻村干部马、杜两同志和村长王相花及妻子。王相花13岁的儿子见其父母被枪杀，抓住崔良玉的腿哭叫不休，崔良玉用枪把他杀死。匪徒们当夜带着被掳的女干部王永先，领着朱老虎村叛变的民兵到了阳信县管家村。

十一月十日（事情发生的第二天）早晨，特务们派邱四到朱老虎村以卖豆腐为名，探听事情发生后的情况，在听到李文友的母亲说这桩杀人案定是地主张树森领来特务干的后，立即向匪徒们汇报了相关情况。匪徒们为达到镇压群众的目的，决定杀害李文友的母亲。隔了三四天，匪徒们又到朱老虎村。但一进村就被我驻军发觉，匪徒们仓皇逃走。

腊月十三晚上，孙德茂、张树森等匪徒又潜到朱老虎村，抓到李文友的母亲，拉到村西勒死后扔到井里，并把李文友的两个老婆押到阳信县管家村（之后放了），还抢去一头驴和包袱。

自此以后，匪特孙德茂带匪徒20余人活动于阳信县十字道一带村庄，白天化装进村探听情况，夜间闯入村庄敲诈勒索或杀人，无恶不作，弄得人心惶惶。惠民市警卫大队、阳信县大队联合进行围剿，将这股匪特镇压，救出被掳去的女干部王永先（王永先1947年8月调至天津市做地下工作）。

地主张树森精心策划了朱老虎的惨案以后，跑到济南向朱连芹做了详细汇报，朱连芹听了非常满意，立即向伪惠民县县长朱景文报功请赏。

济南解放后，朱连芹、张树森两个匪特无处藏匿，潜回家来隐蔽，人民政府将他们逮捕。经过审讯，确系罪大恶极，证据确凿，呈报上级政府批准，于1949年7月押赴朱老虎村，召开群众大会，就地处决。之后，经过剿匪和镇反，参与朱老虎村惨案的匪特分子、叛变投敌分子都受到应有的惩罚。

▶▶ 村干部任职情况

历任村党支部书记一览

姓 名	任职时间
朱方正	1949—1959
朱兴奎	1959—1963
朱立安	1963—1976
朱兴龙	1976—1986
张学军	1986—1999
王会明	1999—2017
李 彬	2018—2020
朱红军	2021—

历任村行政负责人一览

姓 名	任职时间
李尧玉	1949—1959
朱全祥	1959—1963
高笃章	1963—1976
王会明	1976—2016
李绍勇	2016—2018

撰稿：辛云霄

□ 马口村航拍图

马口村
MAKOUCUN

马口村东距惠民县城 1 公里，位于 233 国道和武圣大道交会处东北侧，东临北关街村，西邻骆家村，北邻苏李村，南面是 3A 级旅游景区——武圣园，地理位置优越，交通便利。全村有 73 户，297 人，党员 11 人，耕地 456.86 亩。汉族村落，村民姓氏有马、张、刘、李，其中马姓人员居多。当地村民以农为主，主产小麦、玉米、棉花。曾有村办运输、汽车客运、苹果种植等。

▶▶ 历史沿革

马口村全名"马家堤口"，因其村址地处惠民城护城河西北侧，且位于防水堤的一道堤口处，故取该名。据《马氏族谱》记载，明嘉靖年间（1522—1566年），马姓始祖由河北省清河郡（今清河县）迁此。

马家堤口村在明朝时出了一位进士，姓马名拯，字吉甫，号镜石。马拯幼年时很有才华，万历十一年（1583年）考中进士，从知县做起，足迹遍及大半个中国，从辽宁、山西，再到广东、贵州，为官30余年，两袖清风。他曾任辽东宁前兵备6年，在知名将领熊廷弼麾下，驻守山海关外辽宁兴城，曾同满族首领努尔哈赤部激战。史载他"枕戈衣甲，沥血披肝，遵和议之旧法，用不测之恩威，六七年间，边尘不起"。万历四十四年（1616年），马拯升任贵州布政使。此时，贵州境内各少数民族纷纷武装对抗明朝政府，朝廷官员将远赴贵阳视为畏途，多设法回避。马拯不顾妻子的极力劝阻，慷慨到贵阳就任，他亲自制定筹饷章程，与同僚们日夜督促各级官吏恪尽职守，又与巡抚密切配合。不久，整个贵州的形势就基本稳定下来，因为劳累过度，仅过半年，马拯就吐血而亡。马拯虽为文官，却一度驻守边关，他的《赠武德兵备副使孙公震南》一诗写道："不世勋臣久得名，书生白面忽谈兵。北门锁钥随开府，东土屏藩列重城。刍粟转输民力尽，旌旗摇曳野云平。贤明端赖云中守，计日讴歌颂上卿。"颇有羽扇纶巾的儒将风度。

马拯的妻子也是明代文坛的一位才女，名曰邢慈静，天资聪慧、悟性

□ 乡村新貌

很强，自幼受到良好的家庭教育和艺术熏陶，很小时便能吟诗作画。其母由于受到长女不幸婚姻的刺激，对小女儿邢慈静格外疼爱，令其"非贵人不嫁"。是故，邢慈静直到28岁，才与马拯结婚，且婚后夫妻间聚少离多，加之马拯去世较早，其生活较为悲苦。寡居后，邢慈静在老家抚养老幼，善待邻里，勤俭持家，闲时写诗作画，习练书法，诗、文、画俱佳，实属寥若晨星。

▶ 村庄发展

党的十一届三中全会后，改革开放的春风沐浴着中华大地，马口村紧跟时代脚步，在村党支部的带领下，发展起了村办运输业。起初成立了骡马队，靠着为土产公司运输货物起步致富，后来拖拉机逐步取代了骡马，大大提高了运输效率。20世纪90年代，村集体运输业达到高潮，成立了村办汽车货运队和汽车客运队，成为当时的先进村庄之一。随着时代发展和产业转型升级，马口村村办运输业逐渐退出历史舞台。此后，马口村村民又发展起了苹果种植和苗木繁育。近年来，惠民县孙武不夜城火爆出圈，马口村趁势搞起了民宿、农家乐等。

▶ 村干部任职情况

历任村党支部书记一览

姓　名	任职时间
张有理	1945—1965
刘玉祥	1965—1981
张洪祥	1981—1994
马保民	1994—1997
张洪祥	1997—2003
张兴民	2003—

历任村行政负责人一览

姓　名	任职时间
刘玉祥	1945—1965
刘水泉	1965—1981

姓　名	任职时间
马保国	1981—1994
刘保国	1994—1997
张兴民	1997—2003
马宝森	2003—2017
刘保国	2017—2018

撰稿：徐康硕

□ 后娘娘坟村航拍图

后娘娘坟村
HOUNIANGNIANGFENCUN

后娘娘坟村，曾名五里堡、幸福村，有居民 203 户，750 余人，其中党员 28 人。全村共有耕地 1300 余亩，现土地流转 1100 亩。大部分村民以货运和打工为生。该村距离孙武街道办事处驻地 5 公里，南邻土马沙河，西靠庆淄路，北靠大济路，村内环境优美、交通便利、村风优良。2012 年 10 月，被司法部、民政部确定为"第五批全国民主法治示范村（社区）"；2019 年 12 月，被授予"2019 年度山东省卫生村"荣誉称号。

▶▶ **历史沿革**

据《山东省惠民县地名志》载：唐有皇子封于棣州为棣王，其妃子死后葬于此，其墓称"娘娘坟"。该村建于娘娘坟北侧（建村年代与建村始祖不

孙武街道

HUIMIN XIANGCUN JIYI

65

详），即以"后娘娘坟"为村名。传说有"五里堡"之称。1967年曾更名"幸福村"（因北靠幸福河），1983年经地名普查，复名"后娘娘坟"。

□ 后娘娘坟村碑

▶▶ 民间传说

　　娘娘坟的来历还与一个口口相传的"石狮子红眼棣州城陷失"的民间传说故事有关。相传，在古老的棣州城里，有一天来了位卖油翁，在棣州城走街串巷叫卖："一葫芦四两，四葫芦半斤，都来买油了！"（古时候十六两为一斤，八两为半斤）。大家都争相去买四葫芦半斤的，只有一位白发苍苍的老翁，只买一葫芦四两的，卖油翁就问白发老翁："你为啥只买一葫芦四两的，不买四葫芦半斤的？"白发老翁说："你做买卖也不容易，做人要堂堂正正、清清白白，我不占你这个便宜。"卖油翁看到白发老翁忠厚善良，就告诉他，"待到衙门口的石狮子红眼时，整个城的人都会遭受灭顶之灾，要赶紧离开"。买油的白发老翁把消息告诉了乡亲和老伴，但乡亲们都不相信，他就和老伴每天昼夜轮流去观察石狮子。有一个地痞无赖听到了这事，就偷偷地把石狮子的眼睛染红了。白发老翁看到石狮子真的红了眼，就叫老伴去北门，他走南门通知乡亲们离开，当他们离开城门不远，就听到后面一声巨响，棣州城一片汪洋，已经看不到原来的城池。白发老翁逃出南门后，走到高青一带，定居下来，死后便葬在此地。所以现在高青流传着一个"爷爷坟"的故事。白发老翁的老伴逃出北门后，走到今后娘娘坟一带定居下来，去世后，安葬于此，其坟称"娘娘坟"。

▶▶ 村庄发展

　　民国初期，后娘娘坟村以种菠菜出名。当时，惠民县流传着一句歇后语："娘娘坟的菠菜——拿一把。"其实，后娘娘坟村的菠菜突出一个

66

□ 后娘娘坟阳光村居

□ 后娘娘坟风景优美

"早"字，撒上菠菜种后，每小畦的北面插了很密的秫秸，开春后朝阳的地方自然就长得快，拿到集市上就可以多卖一些钱。

新中国成立后，后娘娘坟敢于破旧立新，在中国共产党的坚强领导下，取得了一个又一个辉煌成绩。一是党建领航，党群连心。全村28名党员自发成立了红色防疫、关爱老人和治安巡逻三支党员志愿服务队，24小时守护全村750名群众的生产生活安全，让党旗在服务中飘扬，让党性在奉献中闪光。前党支部书记纪延英被选为"山东省人民代表大会代表"。二是公开透明，为民服务。2018年至2022年，后娘娘坟村集体先后投资70余万元改善全村基础设施，重铺沥青路、重修下水管道、提档升级文化广场等，大事小情都让村理事会、村监事会和群众代表参与，村务财务运行阳光透明，多年来未发生一起上访案件。三是孝善为先，村风淳朴。在孝善广场西侧，大型宣传画"百善孝为先"中的红色"孝"字特别醒目，这也是后娘娘坟村750名村民心中共同的信念。每年春节，村里都会给150多位60岁以上老人发放一笔特殊的"孝老金"。"孝文化"已深深地扎根每一个家庭和每一名村民心中，形成了淳朴勤劳的村风，每年评选优秀品德、孝德、诚德、爱德"四德榜"，通过宣传栏推广典型事迹，引领群众学习。对好媳妇、好婆婆进行表彰奖励，让优秀家风世代传承。在进村路口，设置了社会主义核心价值观长廊，孝善广场四周设置了"仁、义、礼、智、信、忠、孝、节、勇、和"宣传画，让村民时刻铭记做人的道德标准。倡导移风易俗、厚养薄葬、新事新办，村委会统一购置锅碗炉灶、音响锣鼓，近三年来简办红白事56宗，累计为群众节约33万元，先后被评为"全国民主法治示范村""省级文明村"，获得市县级荣誉称号30余项。四是勤廉清正，德润新人。按照"庭院美、居室美、厨厕美、绿化美、家风美"的标准，创建市级美丽庭院18家、县级美丽庭院21家。良好的村风也激励着青少年好学进取，家家户户形成了"崇尚学习、勇争一流"的学风，村委会出台奖励政策，对考上大学的学生给予500~1000元的奖励。多年来，全村共培养造就博士生6人、硕士生12人、"双一流"大学生4人、普通本科生20人、大专生15人，孝善文化和崇学之风在青少年群体中得到了传承和发扬。

▶▶ **村干部任职情况**

历任村党支部书记一览

姓　名	任职时间
李成海	1991—1996
郭青山	1996—2001
纪延英	2004—2018
宁德欣	2018—

历任村行政负责人一览

姓　名	任职时间
李光汉　李文林	1991—1996
陈丙泉　陈梅亭	1996—2001
陈洪亭	2001—2002
纪延英	2002—2018

撰稿：张含笑

□ 赵奢孟村航拍图

赵奢孟村
ZHAOSHEMENGCUN

赵奢孟村，原名赵奢庄，村庄面积 60000 平方米，位于县城西北 8.1 公里、堤上李联村党群服务中心东 3 公里处，呈长方形聚落，东临花家堡村，西临王辛庄村。全村共 150 户，510 人，姓氏有尹、殷、郑、芦、牛、孟、赵、李，其中孟、赵、李人员居多。

▶▶ 历史沿革

相传，该村系战国时期（公元前475—前221年）赵奢的故里，故名"赵奢庄"。后因与北孟家庄为邻，年久，两村连为一体，遂改村名为"赵奢孟"，沿用至今。

赵奢孟村，现隶属于孙武街道办事处，原属于省屯镇。2001年3月省屯镇与惠民镇合并为惠民镇，2006年2月惠民镇更名为孙武镇，2010年6月，孙武镇改称孙武街道。

▶▶ **历史人物**

● **赵奢** 战国时期军事家，东方六国八名将之一，相传为孙武街道赵奢孟村人，生卒无考。为官清廉正直，平原君荐于赵惠文王用治国赋，秦伐韩求救于赵，赵以奢为将，大破秦军。与蔺相如、廉颇辅佐惠文王在战国称雄，封为马服君。据《战国策·赵策》记载，赵奢曾对赵国平原君赵胜提过自己曾经亡命入燕，得到燕王信任，被任命为上谷守。

据《孙武镇志》记载，赵奢从小喜好舞枪弄棒，长大后曾拜孙膑为师学习兵法，后来到邯郸投奔平原君，因其文才武略超群被推荐为大将军。在山西和顺县的巍巍太行山里，有一条鼠穴古道，赵奢将军的成名之战便在于此。公元前270年，秦昭襄王以赵国不履行换地协议为由下令攻打赵国。秦国中更胡阳率领大军出轵关陉下太行山，借道魏国占有的轵关，再经太行陉北上太行山，然后借道韩国的上党郡，攻打赵国的阏与（今山西和顺县）。秦军在围困阏与的同时，分兵一支过东阳关东出，下太行山，直插武安，成掎角之势，牵制赵军的行动。赵惠文王急召廉颇，问阏与是否可救，廉颇认为"道远险狭，难救"。赵惠文王又召乐乘，乐乘的回答与廉颇相同。赵惠文王又召赵奢商议，赵奢回答说："道远地险路狭，就譬如两只老鼠在洞里争斗，勇者胜。"这与赵惠文王的想法不谋而合，于是赵惠文王任命赵奢为将，救援阏与。赵奢见秦军势盛，为隐蔽作战意图，率军出邯郸仅三十里就筑垒扎营，按兵不动，并传令军中："有以军事谏者死。"秦军偏师包围武

□ 村内广场

安，鼓噪勒兵，震得城内房舍屋瓦晃动。赵奢不为秦军声威所动，严禁驰援武安，驻军二十八日，并增设营垒，营造赵军怯弱、唯保邯郸的假象，以麻痹秦军。秦军派间谍潜入赵营探听虚实，赵奢好酒好饭款待后将其放归。间谍把赵军的情况报告给胡阳，胡阳大喜过望，认为赵军"夫去国三十里而军不行，乃增垒，阏与非赵地也"，随即放松了对赵奢援军的戒备。赵奢放走秦军间谍后，突然命令军队卷甲疾行，两日一夜到达前线，下令善射的骑兵离阏与五十里筑垒扎营。秦军久攻阏与不克，突闻赵国援兵已至，立即全军赶来。赵奢采纳军士许历的建议，立即发兵万人抢占阏与北山高地。秦军后至，北山不下。赵奢居高临下，纵兵猛击秦军，秦军大败，四散而逃，阏与之围遂解。

▶▶ 民间传说

赵奢孟村有赵姓村民30多户，其中有一部分为赵奢后裔。赵奢是战国时期赵国的大将，那时这个村就叫赵奢庄。今赵奢孟村西有一块约50亩大小的地，称赵家花园，传说当时是赵奢家的后花园。花园旁边有一块高出地面约三尺的平地，有60亩左右，是赵奢练武的地方。村西还有一片地，今称赵家黄瓜园，传说当时是赵奢家的菜地。

赵奢村的前身称赵奢庄。该村有个赵员外，不惑之年得了双胞胎儿子，大的取名赵奢，小的叫赵仲，赵仲夭亡。赵奢自幼聪颖，性情好动，赵员外请一学士为其习字兼授算筹，还请一武术教师传授武艺。三年学成后，赵奢在当地已是小有名气了。教师临走时对赵奢说："不懂天文地理不为相，不知兵策战略不为将，必须学会兵策战略方能大有作为。在此往南十里处有个孙家，乃春秋时吴国大将孙武故里，他著了一部兵书，世称《孙子十三篇》，现保存在他的孙子孙膑手里，可惜孙膑迁居于阿，你尽量想法得到那部书细心研读一番。"赵奢时刻铭记老师的教诲，做梦也想得到此兵书。

偶然一天，孙膑路过赵奢住处，赵奢喜出望外，不等孙膑同意便跪倒在地拜孙膑为师，孙膑执拗不过，便认其为徒。三天过后，孙膑来到赵家，在后花园里向赵奢传授《孙子兵法》和自己所著的《孙膑兵法》，并令人在花园西侧筑一仞许平台，还精选壮丁百名，以供操练之用。两年后孙膑留下了那两部兵典，自己云游去了。这时的赵奢不但武功大进，而且学会了各种布阵歼敌之方。第二年到了邯郸，先为平原君食客，后经推荐做了田部吏（主收田赋），旋即又升为大将军。一年廉颇回寿春奔丧，赵奢也返里省亲，秦国伺机侵赵，赵惠文王派蔺相如诏赵奢御敌，赵奢接旨后准备马上返回邯

▶▶ 历史沿革

据考，关帝庙街东口处北侧曾有一座关公庙宇，故街名称"关帝庙街"，新中国成立前与城隍庙街统称"东南街"，1967年在"文化大革命"中曾改称"丰收街"，1976年复名"关帝庙街"。

明朝初期此地就有人聚居，形成了村庄，因村中有一关帝庙而得名关帝庙街。该庙的具体兴建时间已无从考证。听村中老人说，该庙香火十分旺盛，烧香祈福者络绎不绝，还兴起了庙会、大集，关帝庙街也因此迅速发展壮大。后来，关帝庙日渐破败。清朝后期，关帝庙街有一袁姓学子，考取功名后进入翰林院为皇家效力，功成名就后，筹银两重修关帝庙。重修后的关帝庙，坐北向南，院内有正殿三间，供奉关羽神像，还有高台基房屋若干，院内建有戏台。关帝庙每逢农历五月十三举行庙会，会期四天，唱戏三天。此间，香火旺盛，生意兴隆。

军阀混战时，关帝庙被征用作为惠民县警察局住址，延续了几十年的关帝庙香火会就此结束。抗日战争时期，惠民县城被日伪军占领，侵略者想以该庙作为据点，幸亏当时村街群众极力保护，加之伪保长寻得一教堂，关帝庙才得以留存。但好景不长，侵略者抢掠了庙中物品和壁画，又将该庙破坏

□ 小区现状

并改建为惠民县电灯房，承载了关帝庙街群众百年寄托的庙宇已全然不在。新中国成立后，在此处安置柴油发电机为村街居民供电。1957年，为满足惠民县用电需求，县政府决定在关帝庙旧址修建发电厂，曾经的关帝庙变成了为惠民县带来光亮的惠民电厂（现惠民电业局家属院）。1960年，关帝庙街群众开设了柴火市，主营牲口、饲料和其他生活用品。此市场逢五排十，大集期间顾客盈门，熙熙攘攘，由朝至夕，为周边群众提供了极大的便利。

1960—1990年，因关帝庙街地理位置优越，村中700余亩耕地（北至关帝庙街、东至环城东路、南至武定府大街、西至南关大街）被30多个机关、企事业单位征用，自此关帝庙街再无耕地。

2010年，关帝庙街与宋家营街及周边住户一同拆迁，此后又多次拆迁。现该村居民散居于宋城华府、圣豪家园、江南豪庭等小区，与以往集中分布于道路两侧的居住模式大相径庭，现代化气息已经逐渐取代淳朴的乡土民情，但厚重的历史文化底蕴仍然不可磨灭。

▶▶ 村庄名人

● 张元在　抗日战争时期参军入伍，曾任坦克八师团政治部副主任、坦克八师团纪检书记等职，转业后任潍坊市邮政局局长。

● 史振英　在张店铝厂（原山东省501厂）工作，任厂公安处处长。

▶▶ 民间传说

"关帝"即关羽，三国蜀汉大将，河东解县（今山西运城）人，东汉末年随刘备起兵。汉建安五年（200年），刘备为曹操所败，关羽被俘后，极受优礼，封为汉寿亭侯，后仍归刘备。建安十九年（214年），镇守荆州，因后备空虚，被孙权夺取荆州，关羽败走麦城（今湖北当阳东），兵败被杀。相传，关羽被杀后，为祸水东引，孙权下令将其首级送往曹操处，曹操识破了孙权的计谋，又因为对关羽极为欣赏，便下令给谯陵郡首，在谯郡为关羽立庙，让家乡人供奉。并表示这是他跟关羽的私交，与朝政无关。庙盖好后，大殿里塑着关羽的坐像，两旁是周仓、关平侍立。曹操亲笔写了"仁德圣君"四个字做成横匾，挂在大殿上，这就是关羽称圣和立庙的开端。宋朝之后，关羽的事迹被封建统治者渲染神化，尊为"关公""关帝"。从那时起，全国各地便兴建起大大小小的"关帝庙"。

▶▶ **村干部任职情况**

历任村党支部书记一览

姓　名	任职时间
孙纯臣	1960—1964
袁洪文	1964—1977
于福田	1977—1989
朱志会	1989—1994
谢立军	1994—2004
李和生	2004—2006
宋成强	2006—2009
谢立军	2010—2021
李小霞	2021—2024
谢立军	2024—

历任村行政负责人一览

姓　名	任职时间
骆宝雪	1945—1956
孙纯臣	1956—1960
郭玉柱	1960—1964
朱俊生	1964—1966
宋长树	1966—1968
宋长泉	1977—1998
刘振华	1998—2004
宋成强	2004—2006
谢立军	2006—2009

撰稿：高　锐

□ 城北肖村航拍图

城北肖村
CHENGBEIXIAOCUN

　　城北肖村，位于惠民县城城北 4.4 公里处，南邻城北于村，东是宪家村，北与端刘村隔滨惠大道相望，村西为 233 国道，呈长方形聚落，交通便利。城北肖村现有居民 95 户，369 人，以肖、王、李三姓人员居多，崔姓也占一部分。村内现有中共党员 17 人。

　　昔日，城北肖村以种植业为主，主产小麦、玉米、棉花。目前，全村 755.66 亩耕地已全部流转，大部分村民以外出打工和个体经商为生。

▶▶ 历史沿革

　　据记载，明永乐年间（1403—1424年），肖姓始祖由河北枣强县迁居于此，以姓立村"肖家"。为避免重名，1985年更名为"城北肖村"。

▶▶ 文物古迹

　　商周遗址　位于城北肖村西南方向200米处，东西长约400米，南北宽约400米，总面积约160000平方米。文化层位于地表0.5米以下，厚约1米，出土

□ 肖家遗址简介

过多种古陶碎片，年代属商、周至汉代，据悉为商周时期部落在此生活、活动。此遗址于2016年被市文旅局评定为"市级文物保护单位"，2018年获评"省级文物保护单位"。

▶▶ 烈士名录

- **李云喜** 1912年生，1939年参加革命，中共党员，生前为八路军延安支队政治部战士，1942年在延安牺牲。
- **李学成** 1928年5月生，1947年2月参加革命，生前为惠民二区区中队战士，1947年3月在省屯惨案中牺牲。
- **李云海** 1923年生，1946年参加革命，生前为华野四纵十二师三十五团战士，1947年在孟良崮战役中牺牲。
- **李庆堂** 1927年4月生，1946年参加革命，生前为华野四纵十二师战士，1947年在孟良崮战役中牺牲。
- **王长顺** 1928年生，1947年参加革命，生前为华野四纵十二师三十五团战士，1947年在孟良崮战役中牺牲。

▶▶ 村干部任职情况

历任村党支部书记一览

姓 名	任职时间
肖玉岭	1945—1951
王卫训	1951—1955
王增林	1955—1961
王相林	1961—1978
王长增	1978—1982

姓 名	任职时间
李建军	1982—1992
李学军	1992—1993
王长增	1994—1994
马克英	1995—1997
崔洪利	1998—1998
王永训	1998—2006
陈旭波	2021—

历任村行政负责人一览

姓 名	任职时间
王士庆	1945—1951
梁耐东	1951—1955
王相林	1955—1961
王增林	1961—1972
王长增	1973—1978
李建军	1978—1982
王振训	1982—1992
李建军	1992—1993
李学友	1994—1994
张全华	1995—1997
李学德	1998—1998
李学烟	1998—2006

撰稿：刘云逸

□ 郝家村航拍图

郝家村
HAOJIACUN

郝家村位于惠民县城西北 3 公里处，北邻南史家村，南邻后王村和左家村，西北方是郭尹二村，东与苏李村和马家堤口村接壤，村庄占地 71 亩。郝家村共有居民 67 户，248 人，其中中共党员 8 人，村庄内有郝、郭、毛等姓。有耕地 490 亩，主产小麦、玉米、棉花。

▶▶ 历史沿革

据载，郝家村始祖郝永煌，于清康熙年间（1662—1722年），由河北省枣强县迁居于此，村以姓称，即名"郝家"。

▶▶ 文物古迹

郝家遗址 郝家遗址属于商周文化，位于惠民县孙武街道办事处郝家

□ 乡村广场

村，遗址原为台形，当地群众俗称"蛤蜊台子"，后因农田建设已被平为农田。遗址表层暴露有大量器物残片。采集标本有鬲、豆、罐、簋等器物残片，质地分别为夹砂陶、夹蚌陶、泥质灰陶等，属于商周时期。其中商代夹砂红陶绳纹鬲，周代陶罐、豆等较为典型。1992年6月，该遗址被公布为"第二批山东省文物保护单位"。

▶▶ 烈士名录

- **郝福（副）顺** 中共党员，1919年生，1947年6月参加革命，生前为中国人民志愿军二十七军二十五师班长，1951年在抗美援朝战争中牺牲。
- **郝泽深** 在解放战争时期，曾是惠民县担架营战士，1949年牺牲。

▶▶ 村庄发展

近年来，在历任村党支部书记的带领下，郝家村发展迅速，村容村貌有了翻天覆地的变化，低矮破旧的房屋被一排排新房替代，凹凸、泥泞的村路全部硬化，土地大多流转，村民不再固守土地，更多选择外出务工。走进村庄，眼前呈现一幅美丽乡村的画卷：干净整洁的水泥村道上，人来人往；绿意盎然的村中心广场上，村民们或休闲漫步或健身锻炼，孩童们围在老人身边打闹嬉戏，其乐融融。

▶▶ **村干部任职情况**

历任村党支部书记一览

姓　名	任职时间
郝成义	1945—1981
郝泽忠	1981—1999
郝成林	1999—2014
郝泽滨	2015—2017
郝有磊	2018—

历任村行政负责人一览

姓　名	任职时间
郝永友	1945—1981
郝建利	1981—1999
郝永友	1999—2002
郭金河	2002—2004
郝永泉	2004—2017

撰稿：刘　琛

□ 钓马杨村航拍图

钓马杨村
DIAOMAYANGCUN

钓马杨村，原名"杨家"，南距惠民县城北 7.5 公里，庆（云）淄（川）公路北侧。主街东西向，略呈三角形块状聚落。西邻花家堡村，北邻张博孙村，东邻甜水井村，南邻台子崔村。钓马杨村现有 252 户村民，950 多口人，有杨、牛、王、周、董、陈、孟、赵等姓氏，以杨姓人口居多，中共党员 31 名。有耕地 2002 亩，主产小麦、玉米。原省屯大集迁于此，逢农历三、八为集日，贸易繁荣。

▶▶ 历史沿革

明宣德年间（1426—1435年），杨姓始祖由河北省枣强县迁居于此，立村"杨家"。清康熙年间（1662—1722年），曾在此屯军，士兵常到村南八方泊钓鱼、放马，由此，其村被称为"钓马杨"。1971年12月至1994年3月，为原省屯公社（乡）机关驻地。

83

□ 钓马杨村村口

□ 钓马杨村广场

▶▶ 民间传说

相传，明宣德年间（1426—1435年），杨姓始祖原来是居住在河北枣强县。杨姓有兄弟两人，关系和睦，哥哥已经结婚，而嫂嫂却很刁蛮。一天，嫂嫂说要分家，家中有两间草屋，一间正屋，一间偏屋，有五亩水田，还有一匹马，嫂嫂说："哥哥为大，应该分给哥哥正间，弟弟为小，应该分给弟弟偏间，同样的道理，水田应该分给哥哥三亩，分给弟弟二亩。"但马只有一匹，应该怎么分呢？哥哥和弟弟两人商议了一下，想不出办法，嫂嫂说："这样吧，一个拉马头，一个拉马尾，哥哥是兄长，应该拉马头，弟弟拉马尾，谁能拉着马走，马就分给谁。"于是马就被哥哥拉过去了，弟弟拼命地拉，只抓到了几根马尾巴毛，憨厚的弟弟终于想明白了，兄弟情难分，嫂子不容我。于是，弟弟哭别哥哥后，就身无分文只身踏上了东迁逃荒之路。不久，他便来到了乐安州八方泊北边的一个荒凉的地方住下来，娶妻生子，立村杨家，靠近省屯村。清康熙年间（1662—1722年），在此驻扎的士兵常到村南八方泊钓鱼、放马，由此被称"钓马杨"。

还有一个几辈老人口口相传关于钓马杨村名来历的说法：杨姓始祖（名失考）带着两个儿子和两个侄子从河北省枣强县迁到八方寺洼的北边定居后（所以杨氏家族那时有四个分支），开始了漫长的男耕女织的生活。杨姓始祖在老家时就是钓鱼能手，来此地后每天以钓鱼为生，钓到鱼后常分给各户。有一年冬天，七十七岁的老始祖冒雪破冰独钓，忽觉渔竿一动，在冰窟窿里钓出一匹"金马驹"，杨姓始祖喜出望外，刚抱到金马驹，就因过于激动滑倒去世了。晚辈们把杨始祖厚葬后，派三个男丁将包裹好的金马驹拿到济南府卖掉，购得骏马数十匹，新建房屋数百间，杨氏儿孙因放马、钓鱼过上了富足的日子。后又有军队驻扎在此，钓鱼、放马的就更多了，一位官员到此查看军务，一问这里住着的全是杨姓，便信口给起了个村名——"钓马杨"。

▶ 村庄名人

● **杨召平**　农民企业家，现任惠博新型材料有限公司董事长。该公司由杨召平于2008年创立，是一家专门致力于研发、生产、销售进出口镀铝锌硅钢板的高端技术企业。公司注册资金8200万元，占地93000平方米，现有员工128人。产品被认定为"2023年省级优质品牌"和"知名品牌"，公司先后被评为"国家第五批专精特新'小巨人'企业""国家知识产权优势企业""山东省高端品牌培育企业"等。

▶ 烈士名录

● **杨玉亮**　1922年生，1947年参加革命，生前为华野一纵六〇师战士，1948年在淮海战役中牺牲。

● **牛生堂**　1924年生，1947年参加革命，生前为华野八纵二十二师七十团战士，1948年在济南战役中牺牲。

● **杨世恩**　1927年生，1947年参加革命，生前为华野八纵二十二师七十团战士，1948年在济南战役中牺牲。

● **赵付海**　1925年生，1947年参加革命，生前为中国人民解放军二十六军班长，1949年在渡江战役中牺牲。

● **王金柱**　1926年生，1948年参加革命，生前为惠民县银行干部，1950年病故，同年追认为烈士。

● **杨世和**　1928年生，1947年参加革命，生前为华野某部班长，1950年6月在上海牺牲。

● **牛希子**　1924年生，1947年参加革命，生前为中国人民志愿军二十六军七十八师二二三团战士，1951年在抗美援朝战争中牺牲。

● **王佃营**　1925年生，1947年参加革命，生前为二野炮兵师战士，1951年在四川牺牲。

▶ 村干部任职情况

历任村党支部书记一览

姓　名	任职时间
牛希仁	1945—1947

姓　名	任职时间
杨玉厚	1948—1951
杨士香	1952—1954
杨士得	1955—1962
董法祥	1963—1964
杨振岚	1965—1968
杨增浩	1969—1975
杨增峰	1976—1980
杨士山	1981—1988
杨洪良	1989—1993
杨召民	1993—1995
杨玉俊	1996—2009
杨建勇	2009—2018
杨召磊	2018—

历任村行政负责人一览

姓　名	任职时间
杨振江	1945—1951
杨振江　杨玉洁	1952—1954
杨振江	1955—1959
杨振江　杨士香	1960—1962
杨增峰	1963—1968
杨振岚	1969—1975
杨增浩	1976—1993
杨玉俊	1993—1995
杨建勇	1996—1997
杨召民	1997—2000
杨玉俊	2000—2006
杨建勇	2006—2014
杨召磊	2014—2018

撰稿：高　洁

□ 孙武村航拍图

孙武村
SUNWUCUN

　　孙武村原名"孙家庙"，曾用名"顾家市"。2006年，惠民镇更名为孙武镇，孙家庙村也随之更名为"孙武村"。孙武村位于县城东南2公里、武定府公路南侧，西与原惠民县第一棉纺织厂为邻。村庄现有居民263户，1150多口人，姓氏有孙、俎、郭、王等姓，其中以孙姓和俎姓居民最多。孙武村主要经济来源为农业，有耕地1317亩，主产小麦、玉米、棉花，少量种植豆角、西红柿、菠菜、西瓜等。

▶▶ 历史沿革

　　据载，明洪武年间（1368—1398年），孙姓始祖（名失考）由山西省洪洞县迁此立"孙家村"。又据民国二十三年（1934年）《续修惠民县志》

载，俎姓始祖俎赋全，于明宣德年间（1426—1435年），由河北省枣强县迁此立"俎家村"。因两村建庙较多，年久已连为一村，又因孙姓立村较早，且人丁兴旺，故取村名"孙家庙"。又有因孙武而得名"孙家庙"之说。

▶▶ 民间传说

孙武村历史上有四座庙，村内三处村外一座。村外这座面积不大，但名气却大于村内几座。因为，围绕此庙有一个与孙武有关的传说故事。

且说孙武从小天资聪明，伶俐过人。孙武的祖父孙书非常喜欢他，打6岁起，便亲自教授他文韬武略。7岁开始，特聘当地文才出众的尚忠先生为家庭老师，一心想将孙武培养成文武兼备的良才。某冬日，天降大雪，尚忠被孙书请去饮酒赏雪。孙武等七八个孩童来到村东的土河崖上，展开了激烈的雪战。孩子们玩着玩着，来到了一座庙前。此庙乃龙王庙，庙里的河龙王刚塑的金身，小孙武为了给同伴壮胆，便嬉笑着爬到河龙王面前的供桌上，将从外边团好一个雪蛋子往河龙王手里一放，大声叱咤道："河龙王！你得给俺看住这雪球，不许它化了，若化了，俺饶不了你！""轰"的一声，孩子们全笑了。转眼间六个月过去了，炎热的夏季接踵而至。

某日，尚忠先生正给孙武授课，突然觉得乏困难忍，竟坐在太师椅上睡着了。他在睡梦中看到，村东河龙王庙中的龙王直直地立于自己面前。"今

□ 立于村北的村名牌坊

有一事，烦请先生做主。"河龙王愁眉苦脸，对着尚忠深深一揖道。尚忠惊得溜下太师椅，赶紧还礼，结结巴巴地说："请龙王爷吩咐……""尊长的弟子孙武，腊月时分放在小神手中一个雪团，请小神守护……"河龙王娓娓道来，"今已六月有余，天气炎热，雪团难以存放，今求尊长劝您弟子，请将雪团拿了去吧……"尚忠听罢，不由得笑出声来，忙道："小孙武乃一孩娃，孩娃的戏言，龙王爷怎么去理他？"河龙王叹口气，道："尊长有所不知，这孙武原是上天玉皇大帝的宠臣智虎星下凡，小神我职小位卑，智虎星神的令如何敢违？故而今日求助于尊长。""这般说来，"尚忠满口答应，"请龙王爷放心……"河龙王深打一躬，随着一阵烟雾退去。尚忠浑身一颤，便从梦中惊醒，急唤孙武询问。对此事小孙武早已忘得一干二净，他挠着头好一通思量，才忆起六个月前那日同小伙伴们打雪仗时自己的所作所为。师生二人连忙去龙王庙里一瞧，那雪团果真仍在泥塑河龙王的手中……从那以后，人们更高看孙武一眼。

▶▶ 烈士名录

• **孙瑞青**　1927 年生，1947 年参加革命，生前为华野八纵二十四师战士，1948 年在淮海战役中牺牲。

• **孙佃武**　1928 年 6 月生，1947 年 9 月参加革命，生前为华野八纵二十四师战士，1948 年在淮海战役中牺牲。

• **孙佃禄**　1928 年生，1947 年 2 月参加革命，生前为华野八纵二十四师战士，1948 年在淮海战役中牺牲。

• **程之芳**　1921 年生，1947 年参加革命，生前为中国人民志愿军二十六军七十八师战士，1951 年在抗美援朝战争中牺牲。

▶▶ 村庄发展

2009年始，孙武村运用市场化运作方式对村庄进行整体开发，截至2023年底已建设350套回迁安置房，且群众已搬迁入住。村内建有广场，设施配套完善，整体功能多样，随即成为村民们的交易场所和社交聚会场所。村民时常在广场上交流信息、交易农产品和手工艺品，还展示他们的农业成果。村里道路两边绿化带绿植整齐成行，村居面貌焕然一新，营造了舒适干净、整洁的生活环境。该村先后荣获省级交通安全村、市民主法治示范村、县"五个好"党支部等荣誉称号，2020年被评为省级文明村。

历任村党支部书记一览

姓　名	任职时间
孙树友	1945—1949
孙长武	1949—1945
毛政法	1945—1970
孙树梅	1970—1984
俎承炳	1984—1990
孙树广	1990—1992
俎先全	1992—2021
俎建军	2021—

撰稿：次仁措姆

□ 后齐村航拍图

后齐村

HOUQICUN

后齐村原名"齐家"，位于县城南门外西南方向3公里、233国道东侧。全村有耕地1150亩，居民162户，610口人，党员21名，60岁以上150余人，孩童150余人，长年在外务工人员300余人。村内环境优美、交通便利、村风优良。自2009年至2011年间，长青木业、和美饲料、加油站、盛龙包装等企业租赁该村土地共计470余亩，每年可给村集体增收7万元。

▶▶ 历史沿革

明成化年间（1465—1487年），齐姓始祖由河北省枣强县迁居于此，立村"齐家"，后有一支迁于村南定居，另立村名为"前齐"，该村即为"后齐"。

▶▶ 文物古迹

村中有两处历史古迹，一是村西头进村不远处的一口古井，名叫"甜水井", 已经有大约两百年的历史, 好多年前, 外村人都来此处取水, 以用来磨豆腐, 或者当作生活用水。二是村内有四棵古槐, 均已超过两百岁, 枝叶茂盛, 非常具有观赏性。

▶▶ 教育卫生

1972年, 后齐大队在试验田建房16间, 分前后两院, 各8间房。后院8间中的2间用作合作医疗卫生室, 由三人组建, 先后由医生刘青海、赵秀领、李万煜执医。卫生室免费为村民看病治疗, 由大队统一报销。1980年底, 卫生室撤销。

1973年春, 后齐大队在试验田屋西新建一处后齐联中, 含3个教室, 1间办公室, 刘金领任校长, 刘增泉、俎德敏、赵会英、赵希泉、逯加娥等人在此执教。该校于1979年春合并到十方院联中。

▶▶ 重要事件

1966年, 后齐大队联合房家大队、刘李大队在李玉畔、房家村西, 后齐村东, 兴修了南北向地上渠, 渠高1米、宽8米、长1200余米, 并在幸福河北岸建起了一座扬水泵站（长年有人管理看护）, 为三个大队一千多亩农田提供灌溉服务, 有效保障了农业增产增收。

1996年, 经城关镇党委政府批准, 后齐村成为第一批整修公路村。"两委"抓住机遇, 筹资5万余元, 发动全村义务出工, 调运两千余方路基

□ 后齐村广场

土方，经过近两个月的奋斗，修建了长640米、基宽6米、面宽4米的柏油公路，改变了村内交通状况，提高了村民生活质量，奠定了经济发展基础。

2014年，通过集资、捐款等方式，筹资20多万元，对公路两侧地沟、高低压线路、线杆、变压器等进行了升级改造。

▶▶ 村庄发展

1967年，从各生产小队调剂耕地50余亩、人员10多人，用作大队试验田和工作小分队，进行玉米配种、小麦品种试验等，三年后，改种了葡萄。

近年来，村党支部积极引导村民退林还耕，将空出的零散土地整合流转租赁，两年间，共流转耕地350余亩，实现"小田变大田"，大大提高了耕地使用效率，同时有劳动能力的村民也能够在土地流转后就近务工或者做生意，给村民带来可观收入，也带动了乡村振兴发展。

▶▶ 村干部任职情况

历任村党支部书记一览

姓　名	任职时间
房统告	1945—1960
李德明	1960—1962
齐恒达	1962—1964
齐炳坤	1968—1972
王洪军	1972—2006
刘德顺	2006—

历任村行政负责人一览

姓　名	任职时间
刘成杰	1945—1960
刘振成	1960—1964
刘文林	1964—1968
王洪军	1968—1972
刘德顺	1972—2006
刘德海	2006—2017

撰稿：焦守鑫

HUIMIN
XIANGCUN
JIYI

02 何坊街道
HEFANGJIEDAO

□ 何坊街道航拍图

何坊街道

HEFANGJIEDAO

何坊街道地处惠民县境北部，东邻阳信县商店镇，南接麻店镇，西与孙武街道接壤，北与阳信县河流镇、翟王镇接界。境内南北长17.5公里，东西宽10公里，辖何坊、刘集、展家、大商、斗子李、头堡、大李、前苏、毛刘等9个社区，何坊、刘集、展家、钦风等100个自然村。户籍人口4.9万人，常住人口6.5万人。2023年，规模以上工业企业15家，其中，马德里国际商标认证企业5家，省级专精特新企业3家。先后被授予省级质量安全示范街道、全省"干事创业好班子"、全市"干事创业好团队"等荣誉称号。

▶▶ 历史沿革

何坊街道原属阳信县，1949年8月划属惠民县。1949年10月何坊区调整为惠民县第七区，1955年9月复名何坊区。1956年12月何坊区划分为何坊、西寨子两个乡，1958年2月西寨子乡更名为钦风乡。1958年11月建立人民公社时，何坊、钦风两乡合并为何坊公社。1961年5月何坊公社更名为何坊区。1971年9月全县撤区改社，复名何坊公社。1971年12月，在全县行政区划调整时，何坊公社分为何坊、毛刘两个公社。1984年全县撤销人民公社建乡镇，何坊公社更名为何坊乡，毛刘公社更名为香翟乡。2001年3月撤销香翟乡，其行政区域划入何坊乡。2010年何坊乡更名为何坊镇，2011年9月，何坊镇更名为何坊街道。

▶▶ 文物古迹

后谢遗址　属元代时期遗址，位于后谢村东北，原为台型遗址，北高南低。据档案记载遗址范围东西长约300米，南北宽250米，面积约75000平方米。该遗址于第二次全国文物普查时发现，当年采集的标本有灰泥质陶罐、盆，白釉瓷残片等。属县级文物保护单位。

杀猪徐遗址　位于杀猪徐村西南，遗址东西长200米，南北宽250米，面积约50000平方米。遗址0.5米以下是文化层，文化层厚度不详。第二次全国文物普查时发现，当时采集到的标本有红泥质，灰泥质陶罐、盆，白釉瓷残片。属宋代遗址，为县级文物保护单位。

小吴家遗址　位于南小吴家村西南，遗址东西长120米，南北宽60米，面积约7200平方米。该遗址于第二次全国文物普查时发现，当时采集的标本有夹砂陶鬲、灰陶罐器物残片等。属周代遗址。

大李遗址　位于大李村东南方向500米处，遗址东西长120米，南北宽120米，面积14400平方米。遗址中心原有一高台，当地人称之为"廉颇冢"，曾出土陶罐、豆方砖等器物。系商周至战国遗址，为县级文物保护单位。

渤海日报社旧址　《渤海日报》是抗日战争和解放战争时期渤海区出版物中影响力最大的一家党委机关报，为夺取抗日战争的最后胜利和中华民族的解放事业做出了重大贡献。1947年，渤海日报社由惠民城内迁到何坊二郎堂村，印刷机安装在村里一座庙里。在艰苦的环境条件下，报社采编人员深入基层了解民情民意，出生入死做战地采访。他们把每一个铅字当成反击敌人的子弹，把每一篇文章变为向敌人冲锋的号角，鼓舞着解放区军民走向一个又一个的胜利。

渤海新华书店旧址　1947年夏天，国民党飞机轰炸惠民城，渤海新华书店机关及所属印刷厂迁驻何坊二郎堂村。在整个解放战争期间，渤海新华书店承担起全区的政治学习材料、小学课本、识字课本及有关图书的出版、印刷及发行任务，有力地促进了解放区文化事业的发展。

▶▶ 民间传说

东方朔传说　东方朔聪慧机敏，诙谐滑稽，常在汉武帝面前调笑取乐，也能察言观色，直言上谏。在民间，流传着许多东方朔的传说。这些传说不仅反映了人们对这位乡贤的敬钦，也见证着惠民县悠久的历史、灿烂的文化。2007年东方朔传说被列入滨州市非物质文化遗产名录。

（一）善哉瞿所

汉武帝游上林苑时看见一棵好树，问东方朔树名，东方朔说："此树名叫善哉。"汉武帝暗中让人标记这棵树。过了数年之后，再次问东方朔此树之名，东方朔回答说："此树名叫瞿所。"汉武帝于是说："东方朔欺骗我很久了啊，此树的名字为何与之前说的不一样呢？"东方朔回答道："大为马、小为驹，长为鸡、小为雏，大为牛、小为犊，人生为儿、长为老，昨日的善哉今日已长成瞿所。生老病死，万物成败，哪里有定数？"汉武帝听后大笑。

（二）上林鹿死

汉武帝时，有人因为擅自杀了上林苑的鹿，被有司判为死罪。东方朔对汉武帝说："这个人确实该死，理由有三：一是使陛下因为一头鹿而杀人，这是第一个该死的理由；让天下人知道陛下看重鹿而轻人命，这是第二个该死的理由；匈奴有犯边的急情，需要鹿的角撞死匈奴兵，这是第三个该死的理由。"汉武帝听了之后不说话，然后赦免了杀鹿的人。

（三）不死之酒

汉武帝斋戒七天，遣峦大带着数十名男女去君山寻不死药。峦大得不死酒而归。汉武帝想要喝时，东方朔说："我能识别这酒的真假，陛下请看。"说罢便饮了一口，汉武帝烦怒，想要杀了东方朔，东方朔说："陛下如果杀了臣，就证明这酒是假的；如果是真的喝了能够不死，那么陛下就杀不死臣。"于是汉武帝赦免了东方朔。

（四）偷王母桃

《汉武故事》记载，东郡（今山东、河北、河南交界一带，治所在今河南濮阳县西南）贡给汉武帝一矮人，其高七寸，衣帽俱全。汉武帝常令其在桌案上行走，疑其为山精，召东方朔问之。东方朔见矮人，问道："巨灵，你为何到此，你母还家未？"矮人不答，指东方朔对武帝说："王母种桃，三千年一结实。这小儿不良，已经偷过三次，因此得罪王母，被贬谪来此。"汉武帝大惊，始知东方朔非凡世之人。

▶▶ 历史人物

● **东方朔** （前154—前93年），字曼倩，西汉时期我国著名文学家、辞赋家，西汉平原厌次（今惠民县何坊街道钦风街）人。少失父母，长养于兄嫂。十二岁学书，十五岁学击剑，十九岁学《孙子兵法》。汉武帝继位后，征集天下人才，东方朔上书自荐，被令待诏公车，继待诏金马门，又被诏为常侍郎太中大夫等职。

东方朔性格诙谐，言辞敏捷，滑稽多智，常在汉武帝面前谈笑取乐。司马迁在《史记》中称他为"滑稽之雄"。西汉时期史学家扬雄在《法言·渊骞》中说："依隐玩世，其滑稽之雄乎！"班固在《汉书·东方朔传》中也用了"滑稽之雄"的说法，并说其"为赋颂，好嫚戏"。汉武帝好奢侈，修建上林苑，东方朔直言进谏，《汉书·东方朔传》记载："取民膏腴之地，上乏国家之用，下夺农桑之业，弃成功，就败事。"他言政治得失，陈农战强国之计，但汉武帝始终把他当俳优看待，没有得到重用。

东方朔是被后人神化了的人物，被称为"相声的祖师"和"盲人占卜的始祖"，直到现在艺术界和民间都有祭祀东方朔的传统。晋人夏侯湛在《东方朔画赞》评价道："自三坟、五典、八索、九丘，阴阳图纬之学，百家众流之论，周给敏捷之辩，支离覆逆之数，经脉药石之艺，射御书计之术，乃研精而究其理，不习而尽其功，经目而讽于口，过耳而暗于心。"唐朝诗人李白对他非常推崇，留有诗作"世人不识东方朔，大隐金门是谪仙"。东方朔晚年刻苦著述，有《答客难》《非有先生论》等著作传世，宋元丰年间被宋神宗追封为"知辩侯"，后人称为"智胜"。

● **展子虔** （约550—618年），隋代杰出画家，今惠民县何坊街道展家村人，以擅画道释人物、鞍马、楼台、山水和寺庙壁画而闻名。展子虔历经北齐、北周，至隋朝任散大夫、帐内都督等职。他的画作《游春图》是我国现存最早的山水画精品。

在中国绘画史上，展子虔是承前启后的一代宗师。后人将与之同代的董伯仁称"董展"。与东晋、南朝的顾恺之、陆探微、张僧繇并称"顾陆张展"。宋《宣和画谱》对展子虔画作的评语是"咫尺有千里趣"。展子虔山水画对唐代绘画产生了较大的影响，唐代画家李思训、李昭道父子传承展子虔的画法而驰名唐代画坛，元人汤垕称其为"唐画之祖"。

展子虔画作题材十分广泛，《法华变相图》《长安车马人物图》等著录于《贞观公私画史》；《朱买臣覆水图》《北齐后主幸晋阳图》等著录于《历代名画记》；《游春图》藏于北京故宫博物院，被称为镇馆之宝。

▶▶ 重要事件

渤海区党政军机关迁驻何家坊

1946年5月，由于国民党反动派发动全面内战，为防备敌人突袭轰炸，渤海区党政军领导机关从惠民县城迁驻位于县城东北的阳信县何家坊（现属惠民县）一带村庄，何坊便成了渤海区党政军指挥中心。当时渤海区范围很大，由冀鲁边区和清河区合并而成，为抗日战争后期和解放战争时期山东五大战略区之一。下辖6个专署，42个县市，1000万人口，它北接天津，西到津浦路，南达胶济路，东临渤海，总面积5万平方公里。其北部地区（原冀鲁边区）地形独特，北有碱河，西有运河，南有黄河，与渤海四水相连，在周边形成一道天然屏障，就像一道水上长城。

因此，国民党重点进攻山东时，这里作为全省唯一没有被敌人占领的地区，成为山东乃至整个华东战场的大后方和物资供应基地，为解放战争的胜利做出突出贡献，受到党中央和毛泽东、朱德等领导人的高度重视。

1947年春，国民党先后调集68个旅45万人企图与华东野战军决战于鲁南，把华野赶往黄河以北。在此紧要关头，毛泽东致电华野司令员陈毅和副司令粟裕率部队先后撤至渤海区黄河以北的惠民、阳信等县，仅惠民县安置前线军民达10万人，占全县人口的三分之一。何坊乡闫老吴村就是部队驻地，老区人民竭尽全力保障物资供应，以保障部队机关的正常工作以及所有人员的衣食住行。陈毅司令员在渤海区停留期间，在区党委机关所在地何家坊作过形势报告。

土改整党会议

1947年10月，为传达全国土地会议精神，中共渤海区党委召开土改整党会议，参加会议的有区党委、行署、军区负责同志，区党委机关科以上干部及各地委委员，专署专员、县委书记、县长、县各救会会长共550余人。会议先后在李家桥、何家坊举行，历时138天。中共华东局副书记邓子恢、民运部长张晔主持会议。

陈毅在何坊村作报告

1947年，国民党对山东解放区进行重点进攻，中国人民解放军实行战略转移。同年8月上旬，华东野战军司令员陈毅和副司令员粟裕带一个警卫排、一部电台，从高青县过黄河来到惠民县城，准备转赴冀鲁豫边区。得知这个消息，渤海区党委书记兼渤海军区政委景晓村和渤海军区司令员袁也烈赶紧从渤海区党委驻地何坊村赶到了惠民县城，和陈毅、粟裕首长会面。然后，陈毅、粟裕来到何坊，适逢华东局领导邓子恢与舒同在此检查工作。借此，这四位首长一起听取了景晓村的工作汇报。第二天，陈毅应邀在渤海区党政军机关干部大会上作了一次形势报告。

陈毅深入浅出的报告，使与会者茅塞顿开，信心倍增。陈毅用深沉的语调，进一步讲明了局部和整体的关系问题。

陈毅还讲了"支前"问题，他表扬渤海区的支前工作对山东解放战争贡献很大。他说："我们在山东战场上接连打胜仗的第一功，应当记到支前民工的账上。同志们千万别小看那些独轮小车儿，既勤劳又勇敢的山东人民，硬是用千万辆独轮小车把我们打仗最需要的许多东西一直推到火线上。在特定意义上说，胜利是用小车推出来的。再加劲向前推，就能推出一个全国胜利来。"

这次别开生面的形势报告会，为老区人民进一步做好工作、支援解放战争注入了强大的精神动力。

毛岸英在渤海区

1947年7月，全国土地会议召开，根据中央的决定，响应毛主席"补上劳动这一课"的号召，刚从苏联回国的毛岸英同志来到了渤海区参加土改整党运动。1947年冬，化名"杨永福"的毛岸英随时任中央土改工作团团长的康生及邓子恢等，来到渤海革命老区，住在渤海区何家坊的一个农户家中，先是参加土改、整党工作，后参加结束土改和建乡试点工作。1948年5月调回中央宣传部，前后虽然只有半年多一点时间，但给渤海区人民留下了无尽的思念。

在渤海区工作中，他大公无私，坚持原则，敢于直言，高度负责。在总结建乡试点会议上，毛岸英就工作中存在的"左"的倾向和一些不妥之处，客气而又认真地提出了两条改进建议。他的发言获得了在场人员的赞同与掌声。

生活上，他总是按普通士兵的标准要求自己，从不接受地方上的特殊照顾。经常穿着毛主席给他的肥大旧军装，写字用的是铅笔和用旧纸订成的笔记本，完全是一副"土八路"的样子。每逢吃饭，总是和大家挤在一起。有时只剩下一些菜汤了，他也毫不在意，拿着窝头，喝着菜汤，吃得津津有味。在房东家里，他经常帮着挑水、扫地、干杂活，房东大娘也不把他当外人，亲切地叫他"孩子"。

▶▶ 经济发展

何坊街道总共有15家规模以上工业企业，形成了五大产业集群，分别是以蔚蓝生物为首的生物科技产业集群、以嘉洁塑业为首的注塑产业集群、以金龙混凝土为首的建材产业集群、以港华服饰为首的纺织产业集群、以黑马物流为首的物流产业集群。

其中，蔚蓝生物年纳税额在1000万元左右；注塑企业共计7家，总投资3亿元，拥有生产线320余条，就业人员突破510人，年产值突破4亿元，实现利税2000万元左右；纺织服装产业11家，其中规上企业6家，总投资5亿元，拥有生产设备1000余台套，就业人员1500人，年产值突破4亿元，实现利税5000万元左右；金龙混凝土年产值突破1.8亿元，年纳税额在1000万元左右；物流企业年产值突破3亿元，实现年利税5000余万元。

何坊街道始终坚持创新思路，采取"主动走出去，积极引进来"的方式，紧扣当前产业发展方向，打好为企"服务牌"、区域"文化牌"和资源"发展牌"，突出抓好以企引企。2023年招引外资企业22家，其中，注册资金1000万元以上企业3家，注册资金500万—1000万元企业8家。成立了由主要领导挂帅的企业服务专班，坚持"随叫随到、服务周到、说到做到"的理念，深入开展"三服务"活动。瞄准问题靶向发力，把握需求精准对接，全力服务企业发展，为企业解决项目推进、防汛排涝、子女就学、隐患排查、增资扩产等生产、生活方面的问题300余个。联合卫生、人社等部门开展了"六送六进六提升""零工促就业、服务零距离""六个一暖企"活动，赢得了企业的认可。柔性引进专家1人，申报高新技术企业6家，7家科技型中小企业完成入库，马德里国际商标认证企业5家，省级专精特新企业3家。

▶▶ 非遗介绍

张氏草编 张氏草编工艺发源地位于滨州市惠民县何坊街道，该街道村民自古就有手工编织传统，他们以当地所产的各种草茎、麦秸等为材料，编成种类繁多、花色各异的各种生活用品及工艺品，既别致美观，又经济实用。其工艺品主要销往阳信、博兴、淄博、滨城、商河等地区。

代表性传承人张洪恩自幼跟随祖辈学习手工编扎灯笼及草柳编技艺，同时大胆创新，在原有手工编织技艺的基础上，探索利用有机塑材、彩带等耐磨抗皱的材料代替植物来编制各种工艺品，既便于长久存放，又美观大方，形成了独特的艺术风格。

2017年，张洪恩参加了文化部非遗研培计划山东工艺美术学院草柳编班学习，草柳编作品《编·梦》《群英荟萃红火情》获优秀作品奖并被山工艺美院收藏；在第五届中国非物质文化遗产博览会传统工艺比赛山东赛区决赛中获三等奖。曾为滨州市2018年中小学创客节（非遗区创客大赛）指导教师，2019年山东省非遗传习大课堂草柳编讲师，滨州市非遗传习所草柳编讲师。2022年，张氏草编被列入"滨州市非物质文化遗产名录"。

▶▶ **领导更迭**

何坊街道历任党组织领导一览

姓　名	职　务	任职时间
赵云卿	区委书记	1945年7月—1947年8月
邵力加	区委书记	1947年9月—1948年1月
段　林	区委书记（渤海区工作团团长兼）	1948年1月—1948年4月
段锦州	区委书记	1948年4月—1949年7月
宋传伦	区委书记	1949年7月—1949年10月
宋传伦	七区区委书记	1949年10月—1951年11月
曹学芹	七区区委书记	1951年11月—1952年11月
李德让	七区区委书记	1952年11月—1953年4月
高其德	七区区委书记	1953年4月—1955年6月
赵春生	七区区委书记	1955年7月—1955年9月
赵春生	区委书记	1955年9月—1956年7月
郭振堂	乡党委书记	1956年12月—1958年2月
何廷云	乡党委书记	1958年2月—1958年9月
高其德	西寨子乡党委书记	1956年12月—1958年2月
高其德	钦风乡党委书记	1958年2月—1958年9月
何廷云	公社党委第一书记	1958年9月—1959年5月
张佃奎	公社党委书记	1959年5月—1960年7月
张佃奎	区委书记	1961年12月—1965年3月
张景刚	区委书记	1965年3月—1966年3月
何廷云	区委书记（代理）	1966年3月—1967年1月
王德庆	公社党委书记	1971年4月—1971年12月
肖福志	公社党委书记	1971年12月—1976年4月
王长梅	公社党委书记	1976年4月—1980年10月
王建华	公社党委书记	1980年11月—1982年5月
陈培成	公社党委书记	1982年7月—1984年5月
陈培成	乡党委书记	1984年5月—1989年11月
宋春亭	乡党委书记	1989年11月—1992年7月
王慎德	乡党委书记	1992年7月—1995年3月

姓 名	职 务	任职时间
李建华	乡党委书记	1995年3月—1997年12月
杨今志	乡党委书记	1997年12月—2001年3月
徐学惠	乡党委书记	2001年3月—2003年9月
李 明	乡党委书记	2003年9月—2005年10月
王 骥	乡党委书记	2005年10月—2007年9月
胡俊生	乡党委书记	2007年10月—2009年2月
杨新国	乡党委书记	2009年2月—2010年6月
杨新国	镇党委书记	2010年6月—2011年4月
王振刚	街道党工委书记	2011年11月—2013年9月
刘新国	街道党工委书记	2013年9月—2016年12月
王学勇	街道党工委书记	2016年12月—2020年3月
田永建	街道党工委书记	2020年6月—2021年12月
李 彬	街道党工委书记	2021年12月—2023年12月
孟宪伟	街道党工委书记	2023年12月—

何坊街道历任行政领导一览

姓 名	职 务	任职时间
王恒	区长（代理）	1945年7月—1947年2月
王文彬	区长	1947年3月—1947年8月
吴云华	区长	1947年9月—1948年1月
孙铁民	区长	1948年1月—1948年10月
郭建民	区长	1948年10月—1949年2月
张俊刚	区长	1949年2月—1949年10月
张俊刚	七区区长	1949年10月—1950年5月
张子斌	七区区长	1950年5月—1950年7月
王玉友	七区区长	1950年7月—1950年12月
王克勤	七区区长	1950年12月—1953年2月
王守林	七区区长	1953年6月—1955年9月
王守林	何坊区区长	1955年9月—1956年12月
杨士恩	西寨子乡人民委员会乡长	1956年12月—1958年2月
王向前	钦风乡人民委员会乡长	1958年2月—1958年9月
马立尧	何坊乡人民委员会乡长	1956年12月—1958年9月
郭振堂	公社管理委员会社长	1958年9月—1960年4月
吴书田	公社管理委员会社长	1960年4月—1961年12月
吴书田	区公所区长	1961年12月—1963年12月
霍长吉	区公所区长	1963年12月—1965年5月

续表

姓 名	职 务	任职时间
周宝善	区公所区长	1965年5月—1967年1月
王德庆	区革命委员会主任	1967年3月—1969年9月
何正月	区革命委员会主任（群众代表）	1969年3月—1969年11月
王德庆	公社革命委员会主任	1972年1月—1972年1月（书记兼1971年4月-1972年1月）
肖福志	公社革命委员会主任（书记兼）	1972年1月—1976年4月
王长梅	公社革命委员会主任（书记兼）	1976年4月—1979年6月
王建华	公社革命委员会主任	1979年6月—1980年11月
王本云	公社革命委员会主任	1980年11月—1981年1月
王本云	公社管理委员会主任	1981年1月—1982年7月
梁其国	公社管理委员会主任	1982年7月—1984年5月
李永胜	乡长	1984年5月—1986年7月
宋春亭	乡长	1986年7月—1990年2月
王慎德	乡长	1990年2月—1992年9月
王建泉	乡长	1992年9月—1993年1月
李 勇	乡长	1993年1月—1995年8月
杨今志	乡长	1995年9月—1998年2月
徐学惠	乡长	1998年2月—2001年3月
张福生	乡长	2001年3月—2002年12月
卢兆俊	乡长	2003年1月—2006年2月
胡俊生	乡长	2006年2月—2007年11月
赵士强	乡长	2007年11月—2009年8月
王金周	乡人民政府乡长	2010年3月—2010年6月
王金周	镇长	2010年6月—2011年1月
刘新国	镇长	2011年1月—2011年10月
刘新国	街道办事处主任	2011年10月—2013年9月
王学勇	街道办事处主任	2013年9月—2016年12月
李保国	街道办事处主任	2016年12月—2020年6月
张保建	街道办事处主任	2020年6月—2021年12月
刘 恒	街道办事处主任	2021年12月—

▶▶ 附：香翟乡

位于惠民县境北部，东与阳信县接壤，南隔沙河与麻店镇、皂户李乡相望，西隔幸福河与惠民镇为邻，北与何坊乡毗连。新中国成立前后曾属惠民县第七区。1956年至1971年先后属何坊乡、何坊区、何坊公社。1971年全县调整公社规模时，由原何坊公社析置毛刘公社。1984年改毛刘公社为香翟乡。总面积46.7平方公里，辖4个办事处，53个自然村。2001年3月，何坊乡与香翟乡合并为何坊乡。

香翟乡历任党组织领导一览

姓　名	职　务	任职时间
周勋臣	毛刘公社党委书记	1971年12月—1977年8月
王希贤[①]	毛刘公社党委书记	1977年8月—1980年12月
赵山水	毛刘公社党委书记（兼）	1978年12月—1980年10月
梁克俭	毛刘公社党委书记	1981年1月—1984年5月
李加水	香翟乡党委书记	1984年5月—1985年7月
杨德岭	香翟乡党委书记	1985年7月—1987年2月
杨福兴	香翟乡党委书记	1987年2月—1989年11月
郭玉水	香翟乡党委书记	1989年11月—1995年3月
陈福元	香翟乡党委书记	1995年3月—1997年12月
吴胜林	香翟乡党委书记	1997年12月—2001年3月

香翟乡历任行政领导一览

姓　名	职　务	任职时间
周勋臣	毛刘公社革命委员会主任	1971年12月—1976年10月
周勋臣	毛刘公社革命委员会主任（兼）	1976年10月—1977年8月
王希贤	毛刘公社革命委员会主任（兼）	1977年8月—1980年4月
董寿和	毛刘公社革命委员会主任	1980年4月—1981年1月
董寿和	毛刘公社管理委员会主任	1981年1月—1984年5月
周洪尧	香翟乡乡长	1984年5月—1986年7月
李永胜	香翟乡乡长	1986年7月—1989年11月
孙广林	香翟乡乡长	1990年3月—1992年1月
陈福元	香翟乡乡长	1992年3月—1995年4月
贾慨君	香翟乡乡长	1995年4月—1998年2月
宋成芹（女）	香翟乡乡长	1998年2月—2001年3月

撰稿：张泽宇

---

①王希贤同志的书记职务在赵山水同志兼任期间并未免除。

□ 钦风村航拍图

钦风村

QINFENGCUN

钦风村位于惠民县何坊街道办事处东南部，西邻赵翟村，东南与麻店镇后李村接壤，距惠民县城约6公里。共有430户，1600口人。现有赵、李、张、谷、贾、柴、王、吴、刘、高、郭、骆、姚、翟、徐、周、解、朱、孙、李、陈、崔、邓、董、杜、段、冯、付、盖、白、毕、耿、韩、何、侯、黄、惠、季、谢、金、康、劳、卢、逯、罗、马、毛、孟、牛、潘、昭、邱、任、仁、商、尚、沈、石、史、司、宋、苏、孙、田、魏、温、文、咸、邢、徐、闫、颜、杨、殷、尹、袁等姓氏，以赵姓人口居多。村庄面积400余亩，耕地面积2000余亩。

▶▶ 历史沿革

曾名青龙镇，亦名盖古镇，又名钦风镇，是惠民县古老村镇之一。相传在战国时期（前475—前221年）即有该村。据《续山东考古录》记载，这里是西汉时期太中大夫东方朔故里。东方朔，性格诙谐，精通医学，品格

高尚，济贫扶困，在当地留下了许多助人为乐的事迹。闻者均赞"其风可钦"，后人为了纪念这位伟大的先贤，遂以"钦风"名镇。原属阳信县辖，1949年新中国成立期间划归惠民县。

▶▶ 文物古迹

宋铁舍利函 1987年，村子在挖池塘的时候，出土了宋代铁舍利函，其高90厘米，长宽各60厘米。四面有纹饰，比较模糊，隐约像四神，即朱雀、玄武、青龙、白虎。一面铸有文字，也已难以辨认，有"大宋棣州钦风高僧……"等字。现陈列在惠民县博物馆内。

娘娘庙 在村子的北面有一座娘娘庙，该庙坐北朝南，条石台阶，东西路两侧各两块石碑，正殿有房5间。庙的南门两侧各有2间耳房，供寺庙管理人员居住。娘娘庙南北长30余米，东西长20余米，院墙高约3.5米。新中国成立之前，娘娘庙保存得较为完整，新中国成立初期，娘娘庙被拆，其砖木被送至二郎堂村建设学校使用。

▶▶ 烈士名录

● **张洪儒** 1921年出生，中共党员，生前为中国人民志愿军二十七军八十一师战士，1952年牺牲于抗美援朝战争。

● **张宝兰** 1924年出生，中共党员，生前为中国人民志愿军二十七军八十一师战士，1951年牺牲于抗美援朝战争。

● **赵风林** 1928年出生，中共党员，生前为中国人民解放军二十三军战士，1949年参加淮海战役时牺牲。

● **赵海连** 1928年出生，中共党员，生前为中国人民志愿军六十七军六〇三团战士，1953年牺牲于抗美援朝战争。

- **柴付五** 1932年生，中共党员，生前为中国人民志愿军六十七军二〇一师六〇三团战士，1951年牺牲于抗美援朝战争。
- **柴希胜** 1951年参加革命，生前为中国人民志愿军六十七军二〇一师六〇三团战士，1953年7月牺牲于抗美援朝战争。

▶▶ 村庄名人

- **贾益民** 1956年10月生，汉族，泰国吞武里大学荣誉博士学位，享受国务院政府特殊津贴专家，荣获泰国国王颁授的"一等泰皇冠勋章"。曾任华侨大学党委副书记、校长、教授、博士生导师，厦门大学海外华文教育研究所客座研究员，兼任华侨大学海上丝绸之路研究院院长。2017年卸任华侨大学校长。
- **李英俊** 1953年1月出生，汉族，中共党员，1969年3月到部队服役；1973年3月在家务农；1974年10月，山东省淄博商校计划统计专业学员；1976年6月始，先后任惠民地区商业局干事、惠民县计委办事员等职。1982年12月起，历任县纪委干事，麻店乡副乡长，党委副书记、乡长，姜楼镇党委书记、镇长，县交通局党委书记、局长等职。2003年1月当选为惠民县第十五届人大常委会副主任。2007年12月离职。2013年1月退休。
- **高少忠** 某部师长，调任北海舰队任职。
- **赵开华** 曾任沈阳军区某部参谋（已去世）。

▶▶ 特色产业

生态林 钦风村生态林占地面积广，植被覆盖密度大，广泛分布在主要道路两侧和农田周围。通过发展生态农业，特别是生态果园建设，依靠惠民县润嵩果树种植专业合作社，改善生态环境的同时也取得了巨大的经济效益。

八大产业 新民主主义向社会主义过渡时期，钦风村11个生产队有八大产业，分别是：烧青砖、制锉、柳编、线货、火硝、木工、豆腐、铁器加工。

集市贸易 逢农历四、九日，为村内集市日。以集市的平均人流量为主要参照，其在整个何坊街道地域范围内属于规模较大的贸易市场。

▶▶ **教育卫生**

　　小学　新中国成立前称钦风镇小学，1949年更名为钦风村小学，刘志军、王秋英、宋素芝、谷秋荣、谷传华都曾以民办教师身份在此任教，2008年9月合并至毛刘小学。

　　村卫生室　1950年前后，村中便有卫生室。李学庆、李振勇、张元生担任赤脚医生。

▶▶ **村干部任职情况**

历任村党支部书记一览

姓　名	任职时间
姚金章	1959—1969
赵开忠	1976—1985
柴希忠	1986—2003
柴希明	2004—2008
李新军	2008—2009
柴青海	2009—2011
柴希明	2012—2014
谷传华	2015—

历任村行政负责人一览

姓　名	任职时间
郭振华	1959—1969
王晟义	1976—1985
柴希明	1986—2003
吴付军	2004—2008
吴付军	2008—2009
吴付军	2009—2011
李会荣	2012—2014
赵辉	2015—2018

撰稿：段璐敏

□ 牛茁村航拍图

牛茁村
NIUZHUOCUN

　　牛茁村位于何坊街道驻地东北 2 公里处，南临李许村，北临阳信县，东临杨评事村，西临大商沟。2023 年底，全村共有村民 239 户，913 口人。现有牛、齐、吴等姓氏，以牛姓居多。主要种植小麦、玉米等农作物，村民以务农和外出打工为主要经济来源。

▶▶ 历史沿革

　　相传，明宣德年间（1426—1435 年），牛茁、牛壮二人，由河北省枣强县迁此立村，村以人名称，即名牛茁，简称牛家。

▶▶ 文物古迹

　　大商遗址（Ⅰ） 位于县城东北牛茁村西 500 米处。面积为 9200 平方米。

距地表以下 4 米断面处发现大量陶器残片，其中夹砂陶鬲残片居多，还有灰陶簋、陶豆等。近几年又采集到一件陶质鸟嘴形鼎足，据有关专家确认为龙山文化时期的代表器物之一。该遗址为龙山晚期至商周时期的重要遗址。

吴洪英烈士殉难地及烈士墓 为缅怀革命烈士吴洪英，传承英雄精神，2018年，惠民县何坊街道在吴洪英烈士殉难地——牛苗村中心位置，投资60余万元新修建了一处吴洪英纪念广场，通过场景再

现、遗物展示等重现革命烈士英勇就义的伟大壮举。2018年11月，吴洪英烈士殉难地及烈士墓被滨州市人民政府列为第五批市级文物保护单位。2022年12月，被列为山东省第一批革命文物名录。2022年，何坊街道以吴洪英的英雄事迹改编的红色话剧《渤海红英》，进一步向群众展示了"不屈不挠、艰苦奋斗、顾全大局、无私奉献"的老渤海精神。

廖容标旧居 "菩萨司令"廖容标，开国中将。1946年6月23日，他调任渤海军区副司令员，住在今惠民县何家坊一带，指挥这里的军事斗争。他率领特务第一团、第二团、骑兵大队、第二军分区部队，突袭济阳、齐东，粉碎了国民党司令官王耀武"15日内消灭渤海共军主力"的狂言。当时廖容标在牛苗的居所位于吴洪英殉难地的南侧，是一处建于清代中期的老房子，其中北屋3间，西屋3间，门楼1间，建筑面积130平方米。2019年将其列为惠民县重点文物保护单位，2024年惠民县对廖容标旧居进行了修复和保护。

▶▶ 烈士名录

● **吴洪英** 女，1908年出生，惠民县王家湾村人，出嫁到牛苗村，在丈夫牛连奎的影响下，由一名普通的家庭妇女，成长为一名光荣的共产党员。1945年，日本投降后，吴洪英积极参加革命活动，动员妇女参加妇救会、秧歌队，斗地主恶霸，开展减租减息运动，使群众运动开展得轰轰烈烈。1946年8月8日，山东渤海区党委工作队在牛苗村开会，被国民党还乡团一伙匪徒包围，吴洪英为掩护工作队安全转移，不幸被捕。在敌人的严刑拷打、威逼

利诱下，坚贞不屈，没有说出工作队的下落，后来死在了敌人的铡刀下，被誉为"刘胡兰式的革命烈士"。

● **牛书林**　1915年出生，生前为农会会长，1947年8月被还乡团杀害，后被追认为革命烈士。

● **牛焕明**　1923年出生，1947年2月加入革命队伍，生前为中国人民志愿军二十四军战士，1953年3月在抗美援朝战争中牺牲。

● **牛玉苍**　1924年出生，1947年2月参军入伍，生前为华东野战军第四纵队战士，1948年在淮海战役中牺牲。

▶▶ 村庄名人

● **齐学惠**　滨州市蒲湖风景区保安，听力残疾，2022年11月于蒲湖北岸救起一名落水老人。2023年被评为"滨州好人""山东好人"。

▶▶ 特色产业

手工编织　为帮助贫困群众掌握一技之长，拓展收入来源，2020年时任牛茧村"第一书记"的董玉波邀请县七巧板社会服务中心的社工到牛茧村开展手工编织教学。村里许多群众学习编织吊篮、手工篮筐等，实现了家中就业，增加了经济收入。

▶▶ 教育卫生

小学　村内学校为牛茧小学。牛明华（民办）、牛启合、牛圣合等教师曾在此任教。

卫生室　20世纪70年代成立，后合并到大商联村卫生室。当时赤脚医生有牛长坤、吴彦明、牛良智等。

▶▶ 村庄发展

随着乡村振兴战略的深入实施，牛茧村于2019年对村内主干道路全部进行了水泥硬化，方便了人们出行。2021年左右，又对村内主干道进行了拓宽。修建了一处文化活动广场，积极开展各类文化活动，丰富了群众生活。

▶▶ 村干部任职情况

历任村党支部书记一览

姓　名	任职时间
牛之一	时间不详
牛玉田	时间不详
牛振山	1976—1978
牛之海	1978—2007
牛之玉	2007—2009
牛焕刚	2009—2011
牛之海	2011—2015
牛之玉	2015—

历任村行政负责人一览

姓　名	任职时间
牛行一	时间不详
牛明启	1976—1978
牛玉成	1978—1998
牛焕刚	1998—2007
牛良杰	2007—2016

撰稿：刘　琪

□ 官道李村航拍图

官道李村
GUANDAOLICUN

官道李村位于惠民县城东北部、何坊街道东南部，村庄西邻惠民县经济开发区，南邻永莘路，共有45户，168口人，村内有李、张、赵等姓氏，以李姓人口居多。耕地面积349亩，主要农作物为小麦、玉米、棉花等，2023年人均经济收入3万~4万元。

▶▶ 历史沿革

相传，李姓始祖（名失考）于清顺治年间（1644—1661年），由青城县（今高青县）花沟村迁此立村。因村前靠近一条通往德州的官马大道，东邻又有官道张村，故该村取名官道李。1958年11月建立人民公社时期，官道李与官道张合并为一个行政村，建立张李大队。1984年全县撤销人民公社建乡镇，张李大队又分成了官道李、官道张两个行政村。

▶▶ 文物古迹

龙王庙 据村内老人回忆，村东曾有一座龙王庙，建筑面积300多平方米，十分古朴，据传是清代修建的，民国年间重修过，正殿面阔三间，雕梁画栋。据传，龙王庙的大门由三个门洞组成，中间的最大，是左右旁门的三倍，门顶上雕刻着"双龙戏珠"图案，气势恢宏。

□ 村党支部办公室

▶▶ 民间传说

据传，有一年村子干旱无雨，庄稼颗粒无收，水塘也已近干涸，生活用水无法保障，村民苦不堪言。有一天，在天的东边云开光闪，飞出来一条白色的龙，白龙飞至村口俯瞰着村民，村民们惊讶不已，心想此乃龙王显灵，便连忙磕头。顷刻间，就下起了大雨，待村民们抬头起身欢呼时，那白龙已无踪迹。村民们为了感谢白龙，便在村口（现村东）修建了一座龙王庙。

▶▶ 历史人物

• **李关品** （？—1903年），字希三，现官道李村人。清朝末期的县学廪贡生，候选训导，曾留学南洋。

▶▶ 特色产业

剪纸 据老人们回忆，村里的剪纸技术早在清朝时期就已经远近闻名。1981年，为补贴家用，不少群众又开始从事剪纸工艺品售卖，其中最具代表性的要数李坤山一家。每逢过年过节，李坤山都会制作大量的窗花、柜花等，去集市上售卖。各式各样的剪纸作品以其绚丽的色彩和巧妙的构图深受大家喜爱，最高时一天能收入上千元。

果蔬种植大棚 1989年，经过村内党员大会商议，村集体和群众共同出资20余万元建设8个种植大棚，先后引进芹菜、油菜、芸豆、甜瓜、无花果等果蔬种植，带动了群众和集体经济增收。

▶▶ 教育卫生

小学 始建于1989年，共有2个班级，约50名学生在校读书。李关林、李关俊等民办教师曾在此任教。2002年，为响应国家提出的"合班并校"号召，官道李村小学与官道张小学合并，组建新的张李小学，即现在的大李社区中心小学，原小学遂废弃。

卫生室 成立于1978年，张秀云曾在此担任赤脚医生。1995年官道李卫生室合并至官道张卫生室。

▶▶ 村庄发展

走进官道李村，顺着主干道一直往北走，首先映入眼帘的是村内的"原始水库"，以路为分界线，东、西分成了两处水塘，村民称为南大湾。村里的道路宽阔整洁。通往村内的主要干道旁是村党支部办公室，同时也是大李联村党群服务中心的办公驻地，办公室门前的小广场上聚集着很多老人和孩童，这里是村里人的主要活动场所。村庄规划得非常整齐，宽阔的主干道两侧均匀分布着几排房舍，村内水、电、网齐全，群众的生活安康富足。

▶▶ 村干部任职情况

历任村党支部书记一览

姓 名	任职时间
李金祥	1958—1981
李凤华	1981—1989
张俊华	1989—1994
李关志	1994—1995
李国新	1995—

历任村行政负责人一览

姓　名	任职时间
李荣贵	1958—1977
李凤华	1977—1981
张俊岭	1981—1987
李凤增	1995—2004
李红军	2004—2018

撰稿：邢相美

□ 展家村航拍图

展家村

ZHANJIACUN

展家村，位于何坊街道境东北部，北与马铁匠村隔路相望，东与李泗池村土地连片，东南与北苏村相邻，西毗邻梯门李村。2023年底，共有村民124户，420口人。村内姓氏有展、韩、孙三姓，其中以展姓居多。耕地面积643亩，主产小麦、玉米、棉花等农作物。经济收入以农业种植及务工为主。

▶▶ 历史沿革

明永乐年间（1403—1424年），展姓始祖（名失传）由今河北省枣强县迁此，建村展家。又根据地方志记载，此地曾是隋朝著名画家展子虔的故里，据此，该村建村时间不晚于隋末。

▶▶ 烈士名录

• **展本庆** 1916年生，生前为华野十纵十一师卫生员，1947年4月在河南省的一次战斗中牺牲。

● **展佃俊** 1921年生，生前为中国人民志愿军二十七军八十一师二四三团战士，1951年9月在抗美援朝战争中牺牲。

● **展付林** 1929年生，生前为华野十纵二十八师八十三团战士，1949年10月牺牲在福建省厦门市。

● **展佃财** 1930年生，生前为华野十纵二十八师八十三团战士，1948年在淮海战役中牺牲。

▶▶ 村庄名人

● **展庭元** 1947年参军入伍，后转业于无锡市粮所任所长。
● **韩春来** 1958年参军入伍，曾任东海舰队企业管理局党委书记兼局长。
● **展长德** 在对越自卫反击战中立功卓著，曾在济南军区医院任职。

▶▶ 特色产业

2015年在展家村设立了集贸市场，该集贸市场逢每月农历一、六开集。市场里货物齐全、价格平稳，对附近村民的买卖购物提供了极大的方便。

▶▶ 教育卫生

小学 位于村西北，始建于新中国成立后，学校经多年扩建，现存4排敞亮的砖瓦房。后成为何坊街道办事处党校和展家联村驻地。展佃武老师曾于1967年至1997年在此任教。

卫生室 新中国成立后为方便群众看病，该村建设了村卫生室。本村赤脚医生展胜林于1965年至1995年曾在此行医。

▶▶ 村干部任职情况

历任村党支部书记一览

姓　名	任职时间
展英林	1980年前（具体时间不详）
展洪田	1980—1983
展洪普	1983—1990

姓　名	任职时间
展长军	1990—1999
展和平	2005—2008
展永刚	2008—

历任村行政负责人一览

姓　名	任职时间
韩玉华	1983—1990
展洪普	1990—1999
展洪林	2005—2008

撰稿：李　伟

□ 大商村航拍图

大商村
DASHANGCUN

> 大商村位于惠民县城东北 9 公里处，大商沟东侧。共有居民 110 户，410 口人，均为商姓。全村耕地面积 937 亩，以种植玉米、小麦等农作物为主。

▶▶ 历史沿革

原名商家，相传明宣德年间（1426—1435 年），始祖商希仁自河北枣强县迁徙而来，立村商家。至清咸丰年间（1851—1861 年），因有一支系迁出立村，称"小商村"，该村即名"大商村"。

▶▶ 文物古迹

大商遗址（Ⅱ） 位于何坊乡大商村南，面积达1万平方米，文化层厚约2米，发现有夹砂陶和泥质陶器物残片及石器、骨器。采集文物标本有白陶鬶、黑陶鼎、夹砂陶鬲、灰陶罐、盆等。属龙山文化晚期至商代人类居住遗址。为省级文物保护单位。

毛岸英故居 位于大商村。1947年冬，化名"杨永福"的毛岸英来到大商村，住在一个农户家中。院落坐北朝南，总体布局分为北屋、西屋、东屋。新中国成立后房屋按修旧如旧的原则进行了修缮，保持原有的

□ 毛岸英故居

土坯结构、青砖土墙，展现了清末民国时期鲁北民居的鲜明特色，古朴典雅。2022年1月14日，入选山东省第六批省级文物保护单位。

▶▶ 民间传说

大商村的历史可以追溯到数百年前。据村中古籍记载，村庄的得名与一位商贾巨富有着深厚的渊源。当年，这位商贾看中了这片土地的肥沃与富饶，便在此定居，并以"商"为村名，寓意商业繁荣、人丁兴旺。随着时间的推移，村庄逐渐发展壮大，吸引了越来越多的人前来定居，大商村的名字也因此在当地传为佳话。

▶▶ 烈士名录

● **商芳岚** 1921年出生，生前为中国人民志愿军二十七军七十九师二三五团战士，1950年在抗美援朝战争中牺牲。

● **商文科** 1924年出生，1946年参加革命工作，生前为中国人民解放军二十七军战士，1957年12月病逝于济宁市，1958年被批准为烈士。

● **孟相雨** 1929年出生，中共党员，1947年参加革命工作，生前为中国

□ 大商社区服务中心

人民志愿军四十四师一三〇团一连某班班长，1952年在抗美援朝战争中牺牲，安葬在朝鲜。

● 商其山　1930年出生，生前为中国人民志愿军六十七军二〇一师六〇三团战士，1952年在抗美援朝战争中牺牲。

▶▶ **特色产业**

苹果种植　从2000年开始，在商梅生的带领下，开始尝试种植红富士苹果。从最初的试验田到如今的规模化种植，苹果种植产业逐渐壮大，已发展到200余亩。通过村民们精心管理，苹果品质优良，口感甜美，深受市场欢迎。如今，大商村的苹果已成为当地的特色农产品，不仅提高了村民们的收入，也带动了整个村庄的经济发展。

▶▶ **教育卫生**

小学　始建于1970年，共设有一至五年级，大约有60名在校生。商金水、刘艳华、商树祥等几位民办教师曾在此任教。后期，与其他各村小学合并成大商社区小学，现位于大商社区。

卫生室　始建于20世纪60年代。商文明退役回村后，成为一名赤脚医生，他用所学的医学知识为群众解除病痛，且收费公道，深受群众欢迎。

▶▶ **村干部任职情况**

历任村党支部书记一览

姓　名	任职时间
刘宝庆	1955—1974
商玉队	1974—2005
商长伟	2005—2007
商会生	2007—2021
商永成	2021—

历任村行政负责人一览

姓　名	任职时间
商笑田	1955—1974
商文增	1974—2005
商洪明	2005—2018

撰稿：冯　乐

□ 刘集村航拍图

刘集村

LIUJICUN

刘集村位于何坊街道办事处以北1公里处。截至2023年底，村里共有196户，698口人，朱、刘、李、王等姓氏，以刘姓居多。耕地面积680亩。刘集村经济收入以农业种植、务工及个体工商业为主，主要农作物有小麦、玉米。

▶▶ 历史沿革

刘集村，因村中有集市而得名。由前刘集、后刘集、古世里三个自然村合并而来。相传，前刘集原名罗刘村，自清初该村出了个秀才刘方山，遂改村名为刘家集。又因村北有一个刘集村，故该村又改名为前刘集。后刘集，原名朱家集，从刘姓迁入后，改为刘家集。因其村南已有一刘集村（即前刘集），该村即名后刘集。古世里村失考。该三村较小，又是近邻，1985年合建一个村委会。1990年地名补查时，经乡报县府批准，并为一村，村名刘集。

□ 刘集村全景图

▶▶ 烈士名录

• **朱宝汝**　1915年出生，1949年参加革命工作，生前为中国人民志愿军二十八师八十四团二营战士，1950年在抗美援朝战争中牺牲。

• **朱美宣**　1918年出生，中共党员，1947年参加革命工作。生前为华野十纵二十八师战士，1948年在淮海战役中牺牲。

• **朱付红**　1925年出生，1949年参加革命工作后，生前为华野八纵二十八师八十四团二营某排排长，1951年牺牲于吉林。

• **朱付堂**　1930年出生，1947年参加革命工作。生前为中国人民志愿军六十七军二〇一师担架营班长，1951年在抗美援朝战争中牺牲。

▶▶ 村庄名人

• **朱英哲**　1934年出生，1951年参加抗美援朝战争，1953年抗美援朝胜利后，返回家中，并将朱付堂烈士的个人遗物（信件和衣物）捎回交予朱付堂烈士家属。

▶▶ 特色产业

特色种植　2018年开始，村民朱玉杰、朱守明等人带头开始种植水果玉米，亩产1100公斤，亩收入5000元，比种植普通玉米每亩多收入一倍。后来又有15户群众种植水果玉米，截至2023年，全村共种植水果玉米55亩。仅此一项，种植户每年可增加收入20000元。

手工艺品制作　发展以手工艺品制作为主的庭院经济，通过组织群众进行手工粘花、网绳编织等手工制作，实现庭院经济多业经营、综合创收。今年刘集村庭院经济占比已从21%增长到了49%，单户年收入增加2000元。

水产养殖 利用村内池塘，建立了水产养殖、休闲娱乐一体化农家产业园，通过加固护栏、植入草皮、设警示牌等方式对池塘进行升级改造，村内水产养殖每年为村集体经济增收5000元。

▶▶ 教育卫生

小学 又名刘集完小，1951年建立。有2间教室，一至三年级学生在一间教室，四至五年级学生在一间教室，为复式教学。1980年学校撤销。

卫生室 20世纪60年代，村里建立了卫生室。刘树海作为该村赤脚医生，为群众提供了最基本的卫生健康保障。在疟疾盛行时，他挨家挨户问诊，及时送药到人，深得群众赞许。

▶▶ 村庄发展

刘集村高质高效开展村内基础设施完善工作，2022年以来完成拓宽硬化道路1794.9平方米，整修村内排水沟621米，更新村文化广场体育活动设施7套，池塘清淤1处，新修建乡村文化广场1处，设快递驿站1处、大药房2处，新安装LED灯具8个，村内实现互联网覆盖率100%，自来水管网全部改造完成。村主路绿化带路肩整修1100平方米，墙体粉绘10处，设休闲观光凉亭1处，完成村内现有特困危房改造，获选县级以上美丽庭院30余个。目前，村史馆设计工作已完成，即将动工修建。现在的刘集村，道路宽敞整洁，房前

□ 刘集村集体经济合作社

屋后绿树成荫，为群众营造了一个水美、路美、环境美的乡村生活空间。

▶▶ 村干部任职情况

历任村党支部书记一览

姓 名	任职时间
朱长东	1980—1984
朱文堂	1984—1985
刘士森	1985—1988
朱长福	1988—1994
刘宝堂	1994—2011
朱长福	2011—2014
朱玉杰	2014—

历任村行政负责人一览

姓 名	任职时间
刘士森	1974—1985
朱文堂	1985—1989
朱长福	1989—2014
牛玉杰	2014—2018

撰稿：刘慧贞

□ 前娘娘坟村航拍图

前娘娘坟村

QIANNIANGNIANGFENCUN

前娘娘坟村，坐落在何坊街道西南部，前邻陈家，后接李家。村内共有左、陈、李、毕、曹、翟、房、郭、韩、郝、何、胡、康、李、刘等姓氏，其中以左、陈、李姓居多，2023年底，全村共有居民84户，312口人，中共党员11名。耕地面积331.6亩，种植以小麦、玉米等农作物为主。

▶▶ 历史沿革

曾用名左家园。相传，本县姜左村（在今辛店镇）一左姓者，早年（年代不详）在此种菜，有一个比较大的菜园，遂以左家园称之，后来即成村名。因村北有后娘娘坟村，左家园渐为前娘娘坟之名所代替，沿用至今。娘娘坟一名，据《惠民县志》载：唐宪宗之子李愔及唐宣宗之子李洽，先后受封于棣州为王，二人各有一妃子死后均葬于此，对其墓称娘娘坟。位于娘娘坟北者为后娘娘坟，左家园在娘娘坟之南，即名前娘娘坟。

▶▶ 文物古迹

娘娘坟 位于县城东南三公里处的沙河桥南，据传有两位娘娘（皇子妻）死后葬于此，故名娘娘坟。坟周边有一棵不知长了多少年的老柏树，至今仍是枝叶繁茂。1983年5月，"娘娘坟"古墓被惠民县人民政府确定为县级重点文物保护单位。

娘娘庙 始建于乾隆年间，在娘娘坟东面有一座娘娘庙，庙里有娘娘神像、大供桌等物件，每年农历三月三都会在此举办庙会。新中国成立前，庙会已萧条。

▶▶ 民间传说

"娘娘坟"女主人身份传说 关于女主人身份村中流传着多种说法：有一种说法是明朝洪武年间，燕王朱棣的妃子死在这里，赶上天热回不了京城，就埋在这儿了。还有一种说法，据民国二十三年《续修惠民县志》记载称：唐宪宗之子李愔及唐宣宗之子李洽先后受封于棣州为棣王，二人各有一妃子葬于此，其墓称为娘娘坟。

▶▶ 烈士名录

● **陈井元** 生年不详，新婚后不久从军，在抗美援朝战争中牺牲。

● **陈洪文** 1922年出生，生前为华野四纵九连战士，1948年在淮海战役中牺牲。

▶▶ 村庄名人

● **左德安** （1919—2002年），中共党员，1937年参军入伍，野战二十八军战士，历任排长、连长、营长、炮兵独立团长、南京炮兵司令部政治部主任军职。参加过台儿庄战役、淮海战役、解放南京战役、解放上海战役等多场战役，获得二等功四次，三等功五次，1955年被授予上校军衔。1957年转业到山东省新汶矿务局张庄煤矿任矿党委书记，后任新汶矿务局中心医院党委书记，新汶矿务局党校党委书记等职。于2002年11月病逝，享年83岁。

▶▶ 教育卫生

小学　1984年本村就建成了小学，共有一至六个年级，两间教室，因为教育资源匮乏，两个年级合班上课，实行复式教学，李风兰、左长云曾在此任教。

卫生室　1950年左右，本村建立了卫生室，郝建英为本村赤脚医生。后本村卫生室被撤销。

□ 前娘娘坟村委会、原小学、卫生室旧址

▶▶ 村干部任职情况

历任村党支部书记一览

姓　名	任职时间
左合岭	1977—1983
陈观水	1984—1987
陈井彬	1988—2002
陈金生	2002—2023
左振东	2023—

历任村行政负责人一览

姓　名	任职时间
李英才	1977—1983

姓　名	任职时间
左合岭	1984—1987
左洪信	1988—1989
陈玉先	1990—1992
李凤元	1993—2003
左振东	2003—2018

撰稿：孙　荀

□ 史马村航拍图

史马村

SHIMACUN

史马村位于沙河北岸,乐(陵)胡(集)公路东侧,现有130户,579口人,史、马姓氏居多。2010年被评为市级文明村,2022年被评为省级示范村。

▶▶ 历史沿革

原为史家、马家两个自然村。相传,史姓始祖(名失考)于明成化年间(1465—1487年),在此立村史家;马姓始祖马九公于明万历年间(1573—1620年),在此立马家村,曾称大马。两村始祖均迁自河北省枣强县。马家村位于村北面,史家村位于村东南面,中间以苇子壕沟为界。随着苇子壕沟的消失,两村连为一体,并于1985年合建一个村民委员会。两村合并后的村名由原村名中各取一字,故名史马村。

▶▶ 文物古迹

山东大学校部旧址 解放战争时期（1946—1947年），山东大学校部曾驻在史马村。据村里老人讲，当时在校学生就一个班，主要生源来自惠民一带，学生在这里经过培训集结后再送到山东大学深造。因为渤海军区骑兵团曾驻此村，部队的守护使得教学工作在战火纷飞的年代得以顺利进行。

酸枣树 在史马村南部，生长着一棵有500多年历史的酸枣树（确切树龄无从考证），树高7米~8米，直径1.3米，每到夏秋时节，枝繁叶茂之时，树冠直径可达10米，被称为"全省最大酸枣树"。据村里人说，这棵酸枣树生长于史姓家族的老祖坟，并非人为种植，因其年年硕果累累，味道鲜美，才得以保留至今。现已列入省级保护林木名录。

▶▶ 烈士名录

• **马增庆** 1926年出生，1958年去黄河南运粮时，因船翻而罹难，同年被追认为烈士。

• **毛玉华** 1927年出生，1947年加入中国共产党，生前为中国人民志愿军二十七军八十一师战士，1951年在抗美援朝战争中牺牲。

• **马永庆** 1927年出生，1944年加入中国共产党，生前为渤海军区十一师战士，1948年在一次战斗中失踪，1953年被追认为烈士。

• **马德海** 1930年出生，1947年加入中国共产党，生前为中国人民志愿军二十七军八十一师战士，1951年在抗美援朝战争中牺牲。

• **史春云** 1933年出生，1949年入伍，1951年加入中国共产党，1949年参军入伍，后随部队参加抗美援朝战争。抗美援朝胜利后转到江苏徐州军区，因成绩卓著被调保定航空部队当飞行员。1966年在湖南耒阳壮烈牺牲，记三等功一次。

▶▶ 卫生事业

卫生室 20世纪70年代初村里成立了卫生室，史国亮、马国忠曾担任村里的赤脚医生。

▶▶ 特色产业

电商产业 2014年底，马青松决定在本村开淘宝店，琢磨着将村里的野菜卖到大城市去。于是，2015年春节过后，就开始在淘宝店上架荠菜。刚开始，一天也就接一两单。有了订单，马青松就到树林地里挖荠菜，洗净装好后，送到离村七八公里的县城让快递公司寄出。从当初的一两单到一百单再到一千单，随着生意越来越好，打包场地受到了限制，马青松租用村里闲散宅基地和一块200多平方米的空地，建起了新厂房，所销售特色农产品也拓展到笨玉米、沙瓤西红柿、特色野菜等。

▶▶ 村庄发展

2008年史马村开始实施村庄规划，在原村址基础上，扩村增容，现在整个村庄整齐划一，错落有致，村容整洁。2010年，在滨惠大道南北两侧修建了两个分别占地50亩、60亩的水库，不仅改善了该村的水浇条件，也改善了该村的自然环境。

□ 村支部委员会办公室

▶▶ 村干部任职情况

历任村党支部书记一览

姓　名	任职时间
马德荣	1970—1982
马相明	1983—1985
马洪君	1985—1989
马合文	1989—1994

姓　名	任职时间
马建国	1994—

历任村行政负责人一览

姓　名	任职时间
马建国	1980—1994
马合文	1994—1997
史国义	1997—2008
马建国	2008—2017
史立峰	2017—2018

撰稿：张荣祥

□ 下坡吴村航拍图

下坡吴村

XIAPOWUCUN

> 下坡吴村位于街道办事处驻地西南4公里处，隶属斗子李社区。2023年底，全村有146户，587人，现有吴、王、张、董、高姓氏，其中以吴姓人口居多。全村耕地1044亩，主要种植小麦、玉米等农作物。

▶▶ 历史沿革

原名吴家村，相传，元朝至元年间（1264—1294年），始祖吴阶、吴石兄弟二人，由河北省枣强县迁居于此，立村吴家。因其建村处地势低洼，后得名下坡吴。

▶▶ 文物古迹

古井　相传于元朝年间挖此水井，后由历代子孙维护保持，水井终年不竭，养育了下坡吴村世世代代村民。古井旁立有一石碑，其碑文是"相传元宝湾，母亲井与村同龄。爱心接力井，历世永存湾。哺育滋润子孙，村兴民旺发达"。

▶▶ 烈士名录

● 吴希林　1924年出生，1947年参军，生前为中国人民志愿军六十七军二〇一师后勤处战士，1951年，在抗美援朝战争中牺牲。

● 吴长安　1925年出生，1947年参军，华野十纵队战士，1948年在淮海战役中牺牲。

● 吴希臣　1925年出生，1948年参军，生前为中国人民志愿军六十七军二〇一师后勤处战士，1951年在抗美援朝战争中牺牲。

● 吴玉顺　1930年出生，1948年参军，生前为中国人民志愿军一〇二师三团战士，1951年在抗美援朝战争中牺牲。

▶▶ 村庄名人

● 吴杰明　在渤海军区卫生学校读书时参军，解放战争时期在济南战役中负伤，二级甲等伤残军人，1980年在山东省司法厅任职。

▶▶ 特色产业

地毯加工　1976年，在下坡吴村建立惠民县地毯厂下坡吴分厂，第一任厂长为吴景良。共两个车间，占地面积140平方米，共有员工30余人。主要为县地毯厂加工地毯，由地毯厂统一销售，年加工费1.5万余元。

□ 下坡吴村村碑

教育卫生

小学 1949年建立，设一至五年级，吴春德、朱曰章、黄加孟、张之同、董希元、吴香云、吴景岗等老师曾在此任教。

村卫生室 1970年下坡吴村卫生室建立，第一位医生为王付东，行医30年。

村干部任职情况

历任村党支部书记一览

姓　名	任职时间
吴景绍	1949—1952
王福平	1952—1959
吴景智	1960—1966
吴云昌	1967—1968
吴元德	1970—1975
吴景礼	1975—1979
吴沛昌	1979—1981
吴希友	1981—1983
吴希德	1983—1985
吴景民	1985—1986
吴沛昌	1987—1997
吴树彬	1997—2000
吴希城	2001—2005
吴俊昌	2000—2003
吴洪彬	2004—2010
吴希明	2011—

历任村行政负责人一览

姓　名	任职时间
王福平	1949—1952
吴景智	1952—1959
吴希堂	1960—1966
吴景智	1970—1974
吴精民	1983—1991
王玉寿	1992—1997

姓 名	任职时间
吴洪岩	1997—2000
吴在昌	2001—2003
吴洪彬	2004—2010
吴希明	2017—2018

撰稿：于　柳

□ 何坊村航拍图

何坊村
HEFANGCUN

何坊村位于县城东北 9 公里处，曾为何坊乡驻地。全村 1222
人，有何、张、闫、李、赵、韩、王、苑、吴、高等姓氏，以何、
张姓氏居多。有耕地 1818 亩，主产小麦、玉米，经济收入以农
业种植及个体工商业为主。

▶▶ 历史沿革

原名何家庄，曾名何家坊。相传，明洪武年间（1368—1398年），何姓
始祖（名失考）由河北省枣强县迁此，立村何家庄。至明崇祯年间（1628—
1644年），何姓一富翁立起了一块牌坊，其原村名遂改称何家坊，简称何
坊，即今村名。解放战争时期，曾是渤海区党政机关驻地。

▶▶ 文物古迹

中共渤海区委旧址 1946年5月，中共渤海区委、渤海行署的主要领导机关迁驻何坊，以应付国民党反动派的内战阴谋。在这里，渤海区机关领导全区军民进行了政权建设、土地改革、剿匪平暴、反蒋治黄、恢复生产等工作，支援了全国解放战争。

▶▶ 烈士名录

● **"刘氏婴儿"** （1943—1943年），成为惠民籍烈士中年龄最小的一个。1943年，何坊村刘玉梅大娘的儿媳刚生下儿子，一对八路军夫妇把刚刚出生的孩子托付给了刘大娘一家。为了掩人耳目，刘大娘对外谎称儿媳妇生了对双胞胎。由于汉奸告密，次日日本鬼子就进村逼刘大娘交出八路军的孩子。一边是八路军的孩子，一边是自家的独苗，刘大娘内心的挣扎与痛苦可想而知！面对凶神恶煞的日本鬼子，刘大娘忍痛交出了自己的孙子，这个出生仅三天的孩子被日本鬼子残忍杀害。

● **何峻青** 1925年生，共产党员，生前为海军航空兵某部队副团长，1978年11月在山东烟台病故，同年被批准为烈士。

● **刘传树** 1926年生，1947年参加革命工作，生前为华野十纵队战士，1947年8月在梁山县一次战斗中牺牲。

● **范增田** 1935年生，1953年参加革命工作，生前为人民解放军二十军六〇师战士，1955年1月18日在一江山岛战役中牺牲。

● **何洪恩** 1935年生，1951年参加革命工作，共青团员，生前为中国人民志愿军六十七军二〇一师六〇三团卫生员，1953年3月在抗美援朝战争中牺牲。

▶▶ 村庄名人

● **赵海棠** 1953年出生，1976年7月参加工作。1992年1月至2013年4月，历任山东黄河河务局办公室副主任，综合经营办公室副主任，水政水资源处副处长、处长，水调处处长等职。2013年4月退休，现居住于济南市。

▶▶ 特色产业

童装服饰　成立于1996年的山东惠民港华服装有限公司是一家专注于儿童产品开发、生产、销售一体化发展的童装品牌企业。其产品涵盖儿童鞋子、裙装等多种产品，年销售额达30万余元，为社会提供就业岗位16个。

化纤纺织　成立于2014年的山东惠民恒旭纺织有限公司，是一家以从事化学纤维制造业为主的企业。企业注册资本950万元人民币，经营范围涵盖坯布、化纤线、化纤布、混纺纱、棉布、棉纱、皮棉的生产、进出口业务及光伏发电等。年销售额达60万余元，为社会提供就业岗位30个。

集市贸易　每月三、八为何坊村大集日，每到集市这一天，车水马龙、热闹非凡。大集上的商品包括生产生活的方方面面，瓜果蔬菜、日用百货、生产物资应有尽有，能极大地满足人们的各种需求。

▶▶ 教育事业

中学　成立于1959年7月，是一所全日制公办初级中学，学校位于惠民县城东北20华里处，何坊街南首，县乡路东侧。当时有张新、吴春花、王书英、李炳全等民办教师在此任教。学校现有16个教学班，在校学生668人。全校有教职员工60人，其中本科学历11人，大专学历29人，教师学历达标率100%。学校建筑面积达到6586.5平方米，绿地面积达到10661平方米。学校体育场面积14000平方米，其中田径场面积12000平方米（环形跑道300米，直线跑道100米）；建有篮球场、足球场和乒乓球场等活动场地。

▶▶ 村庄发展

村庄道路规划整齐，有两条东西向宽阔的主干道，道路两侧的太阳能路灯美观实用，沿主干道两侧均匀分布着几排整齐的房舍，墙壁上画着各种题材的装饰壁画。近几年来，村内实施了垃圾清运、道路硬化、路灯亮化等工程。并且积极动员村民自觉主动整治房前屋后的环境卫生，增强村民的卫生意识和文明意识，村内的人居环境得到极大的改善和提升。

▶▶ **村干部任职情况**

历任村党支部书记一览

姓　名	任职时间
何玉海	1970—1980
张全林	1980—1989
王　存	1989—1995
王　存	1995—1998
何玉海	1998—2002
闫杰峰	2002—2011
张俊岭	2011—2024

历任村行政负责人一览

姓　名	任职时间
张全林	1970—1980
苑振生	1980—1989
王春岭	1989—1995
闫杰峰	1995—1998
闫福岭	1998—2002
闫福岭	2002—2011
张俊岭	2011—2018

撰稿：张欣宇

□ 香翟村航拍图

香翟村
XIANGZHAICUN

香翟村，原香翟乡政府驻地，位于县城东南7公里处。319口人，有翟、赵、卢、吴等姓。耕地41亩，经济收入以务工及个体工商业为主。

▶▶ 历史沿革

香翟村原名洼里翟，相传始祖翟千是朝廷贬黜的官员。明弘治年间（1488—1505年），他从南京到此，隐居于一片荒洼之中，年久成村，取名洼里翟。至清康熙年间（1662—1722年），村里人学会制香手艺，并以卖香为业，故村名改称香翟。因惠民县开发区建设需要，香翟村于2011年划归至何坊街道福苑社区，并于2018年进行棚户区改造，2021年搬入福苑小区。

▶▶ 民间传说

香翟村始祖翟千虽为被贬官员，但香翟村后人回忆，已失谱书中曾记载，其因奸人所害才从南京流落至此。翟千远见卓识、独具慧眼，认为此地未来会成为建设重地，他便只身一人打棚、讨饭、钓鱼，在此定居下来。始祖翟千用了不到三年时间便在最洼的池子边盖起了房子，并娶妻生子，后世绵延，慢慢地使这片洼地逐渐成了一个村落。

翟氏家族人丁兴旺后，南方一位做"香"生意的商人在香翟村小住。看到这里香草扑鼻、物源丰厚，回家后便把家人接来定居并把做香的手艺带到了这里，组织翟氏家族从事制香、售香生意。翟氏家族的香用处相当广泛，能留火种、熏蚊蝇、添加香气，又因清朝末年崇神建庙盛行，香客不断，翟氏家族生意由小做大，兴盛时期香翟村一半人在家做香，从此香翟村的村民慢慢富裕起来。据村中长者描述，新中国成立后香翟村制香、售香的生意仍延续多年。

▶▶ 烈士名录

• **翟连升**（原名翟连文），汉族，1916年出生，1946年参加革命工作，生前为华东野战军战士，1948年在一次战斗中失踪，1953年追认为烈士，现安葬于泰州市烈士陵园。

• **翟连玉** 汉族，1923年出生，1946年参加革命工作，生前为华野九纵二十五师战士，1947年牺牲于鲁中山区。

▶▶ 特色产业

香翟牌西葫芦 2008年，香翟牌西葫芦农业标准化示范项目顺利通过专家组验收，香翟村种植的万亩西葫芦成为国家认证的绿色无公害蔬菜，被誉为"鲁北西葫芦第一乡"。借助标准化手段，香翟牌西葫芦农业标准化示范区（市级）按照计划完成1.4万亩西葫芦大棚的相关配套实施工程，基本实现了生产管理标准化、操作机械化、农艺规范化、布局区域化、管理科学化，形成了集科研、培育、示范、生产于一体的标准化示范园。示范区年收入90余万元，种植户年收入2万余元，同时辐射带动周边万余户菜农种植西葫芦，解决社会闲置劳动力1万余人。

集市贸易 1993年起，香翟村为促进经济发展，成立了自己村里的集市，每月逢二、七为集日。近年来，为进一步方便居民生活、服务经营业户，更好地解决香翟、郭马两个大集造成的占道经营、交通拥堵、环境脏乱等问题，惠民经济开发区管委会投资近200万元，在孙武八路以南、乐安三路以西规划建设了便民集贸市场，并于2016年8月30日正式将大集迁入新建市场。便民集贸市场占地31200平方米，按商品分类划分为土产杂货、服装鞋帽、肉类熟食、蔬菜水果、禽蛋水产、花卉古董六大片区，共设摊位约4200米，可容纳摊位近800个。该市场的建成投用，给广大经营业户和居民提供了一个干净整洁、顺畅有序的经营和购物环境，深受当地经营户及广大消费者的青睐。

▶ 教育事业

香翟中学 位于香翟村村北，20世纪80年代建校。2001年3月香翟乡划入何坊乡，香翟乡中学更名为何坊乡第二中学，现为惠民县第一中学东校区。

▶ 村干部任职情况

历任村党支部书记一览

姓　名	任职时间
翟立平	1960—1980
翟云堂	1981—2022
翟友和	2023—

历任村行政负责人一览

姓　名	任职时间
翟义田	1960—1993
翟友和	1993—2018

撰稿：史鉴明

□ 张大官村航拍图

张大官村

ZHANGDAGUANCUN

张大官村位于县城东北 13 公里处。2023 年底，全村有居民 160 余户， 453 人。现有张、牛、王等姓氏，以张姓人口居多。耕地面积 895 亩，主产小麦、玉米、棉花等农作物。

▶▶ 历史沿革

张大官村原名张家，曾名张内官。相传，明宣德年间（1426—1435 年），张姓始祖（名失考）由河北省枣强县迁居于此，建村张家。至清初，村中有一人张勇，在朝内为官，其村名遂改为张内官，后讹传为张大官。

▶▶ 烈士名录

• 张有田 1930年出生，生前为西南军区后勤部战士，1950年在抗美援朝战争中牺牲。

▶▶ 特色产业

手扎灯笼 张大官村的手扎灯笼有着悠久的历史，明宣德年间，张大官村一带就有人开始编制灯笼。据传，其手艺是在东大洼（现今垦利、利津）传入。经过数百年的传承和发展，形成了本村独特的芦苇编制灯笼技艺。其代表人物张洪斌，已有50余年的灯笼编制经验。随着现代销售方式的兴起，灯笼现在主要通过网络销售，每年农历十月至正月十五期间，张洪斌家能销售3000多个灯笼，收入大约9000元，多数销售到东营、商河、河北等地。整个张大官村及周围村庄扎灯笼的村民达到100多户。

草编工艺品 村民利用当地所产的各种草茎、麦秸等为材料，编成种类繁多、花色各异的生活用品及工艺品。代表性传承人张洪恩在继承父辈传统编制手法的基础上，大胆创新，利用有机塑材、彩带等代替植物叶来编制各种工艺品，形成了独特的艺术风格。2022年，张氏草编进入"市级非物质文化遗产名录"。

▶▶ 卫生事业

新中国成立后张大官村积极响应号召，成立了本村第一所卫生室，当时的村医（赤脚医生）有张青令、王俊华等。他们作为张大官村的第一批赤脚医生，承担着为村民提供基本医疗服务的重任。在缺乏先进医疗设备和技术的条件下，凭借自己的医学知识和实践经验，为村民治疗常见病、多发病，为农村医疗卫生事业的发展做出了贡献。

▶▶ 村庄发展

近年来，村党支部利用空闲多年的原村委会大院建造了幸福院。面积虽不大，但休息室、活动室、服务室等设施功能完善，电视、太阳能、热水器、饮水机等一应俱全，为村里群众休闲娱乐提供了一个良好的场所。张大官村已经形成了"一村两主路"的格局，公路两侧铺设了步行街，并栽植了绿化苗木，美化了村庄环境。新建了高标准的文体广场，建设了牲畜集中管理区等，为村民对牲畜的管理提供了极大的便利。

□ 张大官村集贸市场

▶▶ 村干部任职情况

历任村党支部书记一览

姓　名	任职时间
牛俊青	1972—1986
张修身	1986—1993
牛延文	1993—2016
朱爱英	2021—

历任村行政负责人一览

姓　名	任职时间
张修身	1972—1986
张方令	1986—2007
牛延文	2007—2016
牛全霞	2016—2018

撰稿：张梦雨

□ 沙耿村航拍图

沙耿村
SHAGENGCUN

沙耿村位于何坊街道驻地东北 1.5 公里处，北邻幸福四路，西临幸福河，东、南紧邻省道大济路，交通四通八达。全村共有 91 户，338 口人。现有李、刘、张、王等姓，以耿姓人口居多。耕地 270 亩，以种植小麦、玉米等农作物为主，养殖业以淡水鱼养殖为主。

▶ 历史沿革

沙耿村原名耿家村，相传，明宣德年间（1426—1435年），始祖耿英灵由山西省洪洞县迁居于此，立村耿家。后因其地势低洼，土地多沙，遂名沙洼耿，简称沙耿。

□ 沙耿村景色

▶▶ **烈士名录**

● **耿玉枝** 1930年生，生前为中国人民志愿军六十八军二〇四师战士，1953年在抗美援朝战争中牺牲。

▶▶ **村庄名人**

● **耿立辉** 中国海洋石油集团有限公司天津分公司技术总监。
● **耿建民** 北京市昌平区公安局保安大队大队长。

▶▶ **特色产业**

黄颡鱼养殖 以前的沙耿村废旧低洼地和芦苇湾很多，几乎是一片荒草地，产业极少，村民收入来源单一，村集体经济收入也主要依赖土地。为解决这一难题，沙耿村党支部多次召开党员会议，讨论芦苇滩和池塘改造的问题。经过多次商议，村党支部决定重新开挖整理低洼地和芦苇滩，进行池塘清淤、污水处理、护坡改造，全面提升池塘及其周边的环境。从2018年到现在，该村已经陆续开发了200多亩低洼地、芦苇滩，经过升级改造，原来的低洼地、芦苇滩变成了观景塘。2022年，沙耿村因地制宜，因势利导，投资150万元，对80亩鱼塘进行了系统改造，铺设了300余米水泥路，购买20套黄颡鱼高密度养殖设备，建设45个钓鱼台，实现了水产养殖、休闲娱乐一体化，为沙耿村村集体经济发展、产业振兴提供了坚实保障。

□ 养殖户喜获丰收

▶▶ 教育事业

小学 新中国成立以后沙耿村就建立小学，一直延续到1987年。耿吉祥、耿洪和、耿春林、耿玉良、耿洪瑞等老师曾在此任教。

▶▶ 村庄发展

近年来，沙耿村把改善农村人居环境、建设美丽乡村作为实施乡村振兴战略的重要抓手，聚焦农村生活垃圾、道路硬化等突出短板强力攻坚，农村人居环境得到有效改善，农村面貌发生了可喜变化，美丽乡村建设取得显著成效。在基础设施建设方面，开发闲散低洼地200余亩，新整平土地100余亩，道路硬化2000余米，修建了1处村级公墓。在人居环境整治方面，清除残垣断壁17处，无害化卫生厕所改造普及率达到了100%，粉刷墙壁13000平方米，设立了垃圾分类站，推动美丽乡村建设"提档升级"。同时，针对村内办公室年久失修、破旧不堪的情况，对顶棚、墙壁等进行了全面整修，添置办公用品40余件，办公环境得到了进一步改善。2022年，对全村自来水管道进行了全面改造，避免了自来水管道老化出现漏水现象，保障了村民的日常生活。并用预制板对2200米的路边沟进行了全覆盖，家家户户的生活污水得以顺利排出，不仅扩宽了村内道路，也保障了村民出行安全。

▶▶ 村干部任职情况

历任村党支部书记一览

姓　名	任职时间
耿吉忠	1986—1990
耿吉德	1990—1993
耿传顺	1993—1996
耿吉林	1996—2005
耿吉林	2005—2011
耿春林	2011—

历任村行政负责人一览

姓　名	任职时间
王书青	1949（离职时间不详）
耿洪德	1957—1974
耿传顺	1974—1980
耿吉林	1980—1986
耿传顺	1986—1990
耿传顺	1990—1993
耿吉林	1993—1996
耿付明	1996—2005
耿春林	2005—2011
陈秀峰	2011—2018

撰稿：解添妤

□ 头堡村航拍图

头堡村
TOUPUCUN

头堡村位于永（安）莘（县）公路南侧。全村 860 口人，现有张、邓、马、刘、赵、孟、朱、王、徐等姓氏。因开发区建设需要，该村于 2011 年搬迁至福苑社区。经济收入以务工及个体工商业为主。

▶▶ 历史沿革

原名十里堡。相传，明永乐年间（1403—1424年），刘姓始祖（名已失考）由河北省枣强县迁此立村。因此处曾是官家设立的驿站，亦称为堡。古时，每十里设一堡，专供公差在此休息或换马。此地出县城东去为十华里，设立头一个堡，名为头堡，村名按此称。

▶▶ 文物古迹

渤海军区后方医院　1946年，渤海区党政机关迁往何坊，解放军某部炮兵营进驻头堡村，整休后奔赴前线。同年，中共渤海区党委将所属野战疗养所组建为渤海军区后方医院。1947年更名为山东省国际和平医院惠民分院。医院分为四个院所，分别迁驻头堡、毛刘、福田和曹家。和平医院当时有800多名工作人员，550多张床位，1950年和平医院迁驻惠城。和平医院驻头堡村期间，头堡村的干部群众为解放军伤病员安排最好的房子，提供人力物力支持，演绎了无数可歌可泣的故事，涌现了一批拥军模范人物，多次受到渤海区及其党政部门领导的嘉奖。在和平医院牺牲的部分烈士就埋在头堡村南，被人们称作"八路坟"。后来一部分烈士遗骸被家人迁回故乡，另一部分烈士遗骸被民政部门迁到烈士陵园安葬。

▶▶ 烈士名录

- **张世臣**　1922年生，生前为华东野战军九纵队战士，1947年在张家界一次战斗中牺牲。
- **邓赞汉**　1930年生，1949年参加革命工作，生前为中国人民志愿军六十七军二〇一师六〇三团战士，1953年在抗美援朝战争中牺牲。

▶▶ 特色产业

蜜三刀　源自江苏徐州，后流传到山东，是糕点"八大样"之一。惠民县徐记蜜三刀制作起源于19世纪末期，至今已有100多年的历史。据传，19世纪末期，头堡村的徐文登在徐州、青州等地谋生，曾在当地的糕点坊打工，学到了"蜜三刀"的制作手艺。回到家乡后，他将蜜三刀的制作技艺进行了改良，在形状上改为了细条状，口感更加脆香。炸制完成的蜜三刀色泽油亮剔透、蜜汁爆浆、酥甜可口、味道鲜美。2020年，徐记蜜三刀制作技艺被列入"惠民县非物质文化遗产名录"。2017年，蜜三刀的第三代传承人徐国彬、徐英彬在魏集镇古村落开设了祖传徐记蜜三刀店铺，其制作技艺在中央电视台《乡土》栏目播出。

▶▶ **教育事业**

教育 头堡村自新中国成立初就建有头堡中心小学，本村及邻村的孩子大部分集中到该中心小学就读，当时的民办教师有徐良民、宋保庆等人。

▶▶ **领导更迭**

历任村党支部书记一览

姓　名	任职时间
邓玉明	1949—1960
马应元	1960—1990
张化柱	1990—2018
马焕峰	2018—

历任村行政负责人一览

姓　名	任职时间
张爱清	1949—1960
张元礼	1960—1990
张元昌	1990—2018

撰稿：王欣然

□ 刘黄村航拍图

刘黄村
LIUHUANGCUN

刘黄村西邻省道大济路，交通网络四通八达。2023年，有居民120户，474口人，现有赵、刘、袁、劳、兖等姓，以刘姓人员居多。耕地面积46亩，主要种植玉米、麦子等农作物。经济收入以务工及个体工商业为主。

▶▶ 历史沿革

相传，刘黄村始祖叫刘黄，村以人名，亦名刘黄。立村年代及迁徙情况均已失考，因距县城八华里，故曾名八里庄。2011年，因惠民县开发区建设需要，刘黄村划归至何坊街道福苑社区，并于2018年进行棚户区改造，2021年搬入福苑小区。

▶▶ 文物古迹

刘黄遗址 村北有商周遗址1处，因位于刘黄村村北，故名刘黄遗址。遗址南北长60米，东西宽60米，面积约3600平方米。遗址北部是原始洼地，被一条东西水沟穿过，曾出土过青铜器、石镞、骨镞、石镰、纺轮、板瓦、陶罐、陶豆等。现遗址北部表面有大量陶片标本暴露，有罐、鬲、将军盔等陶器残片，基本上饰以绳纹，多数为灰陶，少量为红陶。文化层厚度1米左右，土质为灰褐色。另外，遗址上还有战国至汉代墓葬。刘黄遗址文化层内涵丰富，是一处比较重要的商代遗址，具有比较高的文物价值，为县级重点文物保护单位。

▶▶ 历史人物

刘黄 女，南郡蔡阳（今湖北枣阳）人，南顿县令刘钦长女，东汉光武帝刘秀的大姐。刘黄虽然出生于汉朝的宗室之家，但她小时，家道已衰落。父亲刘钦当过济阳、南顿县令，由于做官清廉，并没有给家中带来多少财产。父亲死后，她一家在其叔叔刘良家暂住。不久，他们便回到了宛南的白水村居住。一家人在白河岸边以耕种为生日子倒也能过得去。建武元年（25年），光武帝刘秀称帝，建立东汉政权。建武二年（26年），光武帝封大姐刘黄为湖阳长公主。

▶▶ 村干部任职情况

历任村党支部书记一览

姓　名	任职时间
刘德义	1952—1971
刘先成	1971—1988
刘美森	1997—2004
刘希海	2011—2018
刘希岩	2018—

历任村行政负责人一览

姓　名	任职时间
刘美森	1971—1997

姓　名	任职时间
兖书青	1997—2004
刘先成	2007—2011
赵希明	2011—2018

撰稿：卜璐瑶

HUIMIN
XIANGCUN
JIYI

03

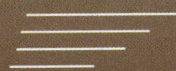

石庙镇
SHIMIAOZHEN

□ 石庙镇政府航拍图

石庙镇
SHIMIAOZHEN

石庙镇位于惠民县西北部"两市三县"交界之地，是滨州的西大门。东邻孙武街道，南接皂户李镇、淄角镇，西与商河县沙河镇和龙桑寺镇接壤，北与阳信县洋湖乡毗邻。镇境南北长 18.5 公里，东西宽 16.5 公里，总面积 136 平方公里，辖石庙、青阳店、御史、大田、北孟、于王、梁家、九龙、付北、付南等 10 个联村和白鹭新村 1 个美丽乡村建设村，有石庙董、御史、归化、屯里街等 127 个自然村，共有户籍人口 6.07 万人。镇政府驻侯李村。

▶▶ 历史沿革

石庙镇民国时期为惠民县第三区。1955年9月全县辖区地名统改称谓，更名石庙区。1956年12月石庙区划分为石庙、庞家、青阳店、于王四个乡。1958年2月区划调整，石庙、庞家、青阳店、于王四个乡又合并为石庙乡。

1958年11月建立人民公社，更名为石庙公社。1961年石庙公社更名石庙区，下辖于家寨、青阳店、孟家等7个公社。1969年9月全县撤区改公社，复名石庙公社。1971年析其东部地区置梁家公社。1984年全县撤销人民公社建乡镇，石庙公社更名石庙乡，梁家公社更名梁家乡。1985年石庙乡更名石庙镇。2001年3月，石庙镇与梁家乡合并为石庙镇。

▶▶ 文物古迹

牛保冢 位于石庙镇小霹雳庄村南，北宋徽宗崇宁元年（1102年），工部尚书牛保奉命督修棣州城池（惠民县城），历九年，积劳成疾，逝于归京途中。棣州人闻讯后，于城西10公里（现惠民县石庙镇）处的汉代墓群之上选址建衣冠冢以示敬意。明《嘉靖武定州志》载：宋"崇宁元年始诏工部尚书牛保甃治"棣州城。《武定府志·古迹志》载："宋工部尚书牛保墓，在县西南二十里（筑城讫卒，遂葬此）。"今人认为牛保冢是在"原一片汉代墓群上建一高大的衣冠冢"。在该处汉代墓群上，曾出土数十块汉代画像石，其中有《车马出行图》《苍龙图》《百虎衔环》等珍贵文物，现存惠民县博物馆。上千年来，牛保冢经历无数次战火、洪水、地震的冲击，至今地表封土仍高达7米，土堆周长320米，占地6670平方米，现为县级文物保护单位。

王家庙 位于惠民县城西南14公里，现石庙镇政府驻地东南1公里处，南依沙河，北靠小吕村，东傍谷家市村，西与柳编彭村相邻。据传，王家庙以前共有三座大庙，分别是泰山奶奶庙（泰山圣母庙）、关公庙、火奶奶庙。

□ 石庙镇政府大楼

163

清同治年间，周围二十四个村庄的村民捐重资修建了王家庙的三座庙宇，附近流传着此地是泰山奶奶娘家的传说，三座大庙中也以泰山圣母庙香火最为兴旺。现王家庙逐渐荒凉，留下最后一座泰山圣母庙的遗址，并有石碑，碑正面书："泰山圣母庙纪念碑，圣母故居遗址。"碑背面书："据传说，王家庙系泰山圣母娘家之故居。清同治年间，有二十四庄筹资兴建。后年久失修，庙宇房屋倒塌，为赈灾其料被运往黄河筑堤之用。为了纪念圣母庙历史古迹的传说，彭家村在此遗址上特立圣母庙纪念碑，以此供后人观赏。"

老观赵遗址 位于石庙镇老观赵村东500米，宋元时期遗址，遗址大部分为台形地，台高1.2米左右，东西宽约200米，南北长约300米，面积约60000平方米。该遗址现为可耕地，地表平坦，文化层暴露地表，厚度不详，有一排水沟于台形地西沿南北方向穿越遗址。采集有宋代泥质灰陶罐、盆、板瓦和元代白瓷碗等残片。保护范围外20米为建设控制地带。

石庙赵遗址 位于惠民县城西20公里的石庙镇石庙赵村。该遗址北至石庙赵村西，南至商河县济南公路扬水站以南，一分干渠从遗址西部南北向穿过，遗址东西宽100米，南北长约200米，面积约20000平方米。从沟渠断面看，文化层在距地表0.5米以下，文化层厚度约1.5米。该遗址地势平坦，采集有夹砂陶鼎、鬲、豆器物残片。

常家遗址 位于石庙镇常家村西南200米，该遗址东西宽约350米，南北长约500米，总面积约175000平方米。遗址高出四周耕地1米余，遗址中心地表约0.3米以下为文化堆积，地表暴露有大量建筑砖瓦残片和瓷器残片。据所采集标本分析，该遗址为宋元时期的村落遗址。据当地群众反映，该地为鲁北著名的贸易集散地——太平店。在1980年前，遗址北部曾发现元代墓葬数座，已破坏。

▶▶ 民间传说

牛保家狐仙传说 牛保家位于惠民县城西，距石庙镇政府驻地3公里。现在，每逢正月十五、十六和九月初九庙会的时候，香火鼎盛。每年正月十五凌晨三点至正月十六中午十二点在石庙镇小霹雳庄还有一个祭祀狐仙的活动。相传，牛保家由于树高林密、人迹罕至，这里就逐渐居住了一些狐仙。传说，有一个木匠给财主干了一年活，没给工钱，年底木匠闷闷不乐地回家，走到牛保家时天色已晚，见到一个高门大院，门口坐着一个老太太，问木匠去哪里，木匠就把受到财主欺辱的事说了一遍。老太太说："你是木匠，我家门槛太高，你能帮着凿一块去吗？"木匠答应后就干了起来。木匠干完活老太太给他不少工钱，并告诉他，财主欠他的工钱都埋在他家的影壁下，木匠将信将疑地离开了牛保冢，回家后果然在影壁下挖出了工钱。春节过后，正月十五这天木匠怀着感激的心情，骑着一匹快马赶到牛保冢，见高门大院已经消失，雾气中只留下一些狐狸洞，洞口的树根是他春节前那天晚上雕凿的痕迹，于是木匠下马向狐仙洞口拜了又拜，从此便形成了祭祀狐仙的传统。如今香火旺盛，每逢正月十五、十六两天大概能烧掉上千匹纸马。

▶▶ 历史人物

● **李浚** 字伯渊，明代乐安州（石庙镇御史街）人。"生而殊异"，永乐初入太学。后擢升监察御史，巡按四川，口碑甚佳。永乐二十二年（1424年），李浚因父丧回籍守丧。两年后宣宗即位，改元宣德。封地乐安的汉王朱高煦，居功自恃，觊觎皇位，图谋造反，邀李浚入伙。李浚佯作应允，托病不出，急招族众共谋。嘱兄李哲护母远避，携二子赴济，请求都指挥靳荣鉴发符验，赴京告密。靳为高煦同谋，李浚只好将二子寄托济南布政司，自己化名王刚，连夜潜行，赴京告变。靳暗报汉王，汉王急派人追杀李浚未遂。复派人捕杀李浚家人，幸族人均有备而幸免为害。宣宗得报，御驾亲征，平息了叛乱，诛杀了高煦。因李浚告变有功，晋其都察院左佥都御史。

▶▶ 名人乡贤

● **赵银亭** 女，1929年10月出生，石庙镇归化村村民，曾获中国好人、山东好人、滨州市优秀共产党员、滨州市道德模范、感动滨州2023年度人物等荣誉。赵银亭1947年加入中国共产党，先后担任归化村妇女救国会

□ 赵银亭

会长、妇女主任、党支部书记等职务，其间她积极组织群众为前线将士做军鞋、缝军被。1941年冬天，抗日部队转移北上，途经当时的商惠县一带时，

165

遭遇日寇合围，部分战士奉命在五寨子一带掩护部队突围。他们坚守阵地，从天亮激战到傍晚完成了阻敌任务，终因寡不敌众，全部壮烈牺牲，当地党组织带领村民，把48位八路军战士的遗体就地掩埋。后来，烈士遗骨被迁到归化村北的古寺院遗址土台上，建立了归化烈士陵园。1992年，烈士陵园需要一位守墓人，赵银亭毫不犹豫承担下来。此后，她和丈夫住在距离烈士陵园15米的旧房子里义务守护，一守就是30余年。她每天都往返烈士陵园，打扫落叶、擦拭墓碑、清理杂草。

▶▶ 重要事件

泊东惨案　1946年初，国民党中统特务组织及山东道教总部，指使九宫道首邓从文（原梁家乡邓家村人）、姚泽梓（阳信县人）、原伪军陈观志部下连长陈宝银三人，网罗泊东乡（曾隶属原梁家乡管辖）九宫道分会会长，发展成员，策反袁家村、下坡村民兵组织，组建了"忠义救国自卫团"，妄图恢复国民党政权。5月21日上午，蓄谋已久的暴乱发生，邓从文带领600余名暴徒袭击渤海区土改工作队驻地袁家村，队长侯志礼等八名工作队员被杀害，另一名队员惨遭活埋。泊东乡农会主席、袁家村农会会长袁家银，副会长袁振武等九名村干部及其部分家属同时被害。22日上午，二区区公所干部刘坤等二人及康家园村民兵九人，被暴徒围袭，仅一人脱险，余皆遇难。23日，阳信县武工队遭暴徒袭击，一名通讯员牺牲。暴乱中，共有干部、群众36人被杀害。24日，渤海行署秘书长马千里率渤海军区司令部骑兵部队、公安局局长李曙光带领惠民县公安部队平息暴乱，大部分暴徒溃散，百余人被俘，暴乱主犯潜逃济南、天津等地。1950年后，陆续将邓从文、陈宝银等59名暴徒抓获，27名被处决，30名被判刑。

▶▶ 经济发展

种植业　石庙镇是农业大镇，全镇粮食种植面积达11.55万亩，高标准农田4.5万亩，粮食总产量达到13.9万吨。常年瓜菜栽培面积达2.6万亩，年产瓜菜8.54万吨。

畜牧业　石庙镇畜牧养殖规模位居全县首位。全镇有153家生猪养殖户、3家规模肉牛养殖企业、93家肉鸭养殖户、110家鸡养殖户。现有肉鸡存栏102万余只、肉鸭96万余只、蛋鸡23万余只、生猪14万余头、肉牛3800余头。

林业　石庙镇森林资源丰富，林地面积3.8万亩，鲁北地区最大的平原林场——沙窝林场（今孙子故里森林公园）位于境内，现已融入全县"北兵法、南黄河、东温泉、西森林"的全域旅游格局。

工业 石庙镇工业经济起步较晚，基础相对薄弱。全镇仅有规模以上工业企业2家，分别是山东黄河粮油科技有限公司（主要以小麦加工为主）、惠民县森广木业有限公司（主要以密度板加工为主）。在镇域东部、距离县城3公里处建有小微企业产业园，总占地1100亩，园区内共有小微企业17个，主要涉及机械零部件加工、新型建材加工等产业。

□ 孙子故里森林公园

▶▶ 领导更迭

石庙镇历任党组织领导一览

姓　名	职　务	任职时间
李浩然	三区委书记	1949年10月—1950年4月
周立训	三区委书记	1950年5月—1951年9月
王长恒	三区委书记	1951年11月—1954年5月
俎成友	三区委书记	1954年10月—1955年9月
俎成友	区委书记	1955年9月—1956年4月
宋庆刚	区委书记	1956年4月—1956年12月
张景刚	乡第一书记（兼）	1956年12月—1958年9月
侯学孟	青杨店乡第一书记	1956年12月—1958年2月
吴宝珍	于王乡第一书记	1956年12月—1958年2月
俎成友	庞家乡第一书记	1956年12月—1958年2月
张景刚	公社党委书记	1958年9月—1959年3月
荣若智	公社党委书记	1959年5月—1960年5月

姓　名	职　务	任职时间
高璞	公社党委书记	1960年5月—1961年12月
	区委书记	1961年12月—1962年6月
赵恒贞	区委书记	1962年6月—1966年12月
陈兴忠	区委书记	1966年12月—1967年1月
郭洪礼	公社革命委员会党的核心领导小组组长	1969年12月—1971年4月
	公社党委书记	1971年4月—1971年12月
陈振杰	公社党委书记	1971年12月—1975年4月
赵芳桐	公社党委书记	1975年5月—1979年12月
张家勤	公社党委书记	1979年12月—1983年5月
孙国瑞	公社党委书记	1983年5月—1984年5月
	乡党委书记	1984年5月—1984年10月
张罡	乡党委书记	1984年10月—1985年3月
	镇党委书记	1985年3月—1987年2月
朱振玺	镇党委书记	1987年2月—1989年11月
陈福元	镇党委书记	1989年11月—1992年1月
孙广林	镇党委书记	1992年1月—1993年10月
刘希安	镇党委书记	1993年10月—1997年3月
宫会亮	镇党委书记	1997年3月—2003年1月
胡清平	镇党委书记	2003年4月—2005年3月
张福生	镇党委书记	2005年3月—2008年1月
赵永晖	镇党委书记	2008年1月—2011年1月
常建忠	镇党委书记	2011年1月—2015年1月
曹星伟	镇党委书记	2015年2月—2018年9月
徐效亮	镇党委书记	2018年10月—2020年12月
姚先亮	镇党委书记	2021年1月—2021年12月
郑兆敏	镇党委书记	2022年1月—

石庙镇历任行政领导一览

姓　名	职　务	任职时间
刘汉三	三区区长	1949年10月—1950年6月
薛庆芳	三区区长	1950年6月—1951年11月
盛其泽	三区区长	1951年11月—1954年9月
吴炳臣	三区区长	1954年9月—1955年9月
吴炳臣	区长	1955年9月—1956年12月
左存铎	乡长	1956年12月—1958年2月
侯风桐	乡长	1958年2月—1958年9月

姓　名	职　务	任职时间
王保珂	青杨店乡长	1956年12月—1958年2月
赵景利	于王乡长	1956年12月—1958年2月
李德会	庞家乡长	1956年12月—1958年2月
张景刚	社长（兼）	1958年9月—1958年11月
宋庆刚	社长（兼）	1958年11月—1960年4月
左存铎	社长（兼）	1960年4月—1961年5月
侯风桐	社长	1961年5月—1961年12月
	区长	1961年12月—1966年8月
李绍树	区长	1966年8月—1967年1月
陈兴忠	主任	1967年3月—1968年4月
马传智	主任	1968年4月—1969年11月
郭洪礼	主任（兼）	1969年11月—1971年12月
陈振杰	主任（兼）	1971年12月—1975年4月
赵芳桐	主任（兼）	1975年5月—1979年5月
张家勤	主任（兼）	1979年5月—1979年12月
王合金	主任	1979年12月—1981年6月
陈福玉	主任	1981年6月—1984年5月
王慎德	乡长	1984年5月—1985年3月
	镇长	1985年3月—1990年3月
庞风礼	镇长	1990年3月—1991年3月
徐宝林	镇长	1991年3月—1995年3月
刘家春	镇长	1995年3月—1998年2月
王云仓	镇长	1998年2月—2001年3月
胡清平	镇长	2001年3月—2003年3月
张福生	镇长	2003年3月—2005年3月
张剑平	镇长	2005年9月—2008年1月
刘远长	镇长	2008年1月—2010年7月
张德祥	镇长	2011年1月—2011年11月
樊洪明	镇长	2011年11月—2013年2月
丁安玉	镇长	2013年9月—2019年2月
景乐军	镇长	2019年3月—2021年12月
梅其明	镇长	2022年1月—

▶▶ 附：梁家乡

　　梁家乡位于惠民县境西北部。乡政府驻县城西7公里处陈家集村。东接惠民镇，西连石庙镇，南隔沙河与皂户李乡相望，北与省屯乡和阳信县境毗连。南北长约8.5公里，东西宽约8公里，总面积约为64.65平方公里。辖4个办事处，65个村委会，68个自然村，5922户，24106人，均为汉族。总耕地48615亩，以农业为主，主产小麦、玉米、棉花。

因梁家是靠近乡政府驻地的大村，遂以梁家为乡名。1946年属惠民市文化区、归化区辖。1948年撤销惠民市后，属惠民县第三区辖。1956—1971年先后为石庙董区、石庙乡、石庙公社辖。1971年全县性调整公社规模时，原石庙公社析置梁家公社。1984年改梁家公社为梁家乡。2001年3月，石庙镇与梁家乡合并为石庙镇。

梁家乡历任党组织领导一览

姓　名	职　务	任职时间
杨延玉	公社党委书记	1972年5月—1982年1月
韩曰文	公社党委书记	1982年1月—1984年5月
高宗堂	乡党委书记	1984年5月—1987年11月
梅宝信	乡党委书记	1987年11月—1989年11月
齐文长	乡党委书记	1989年11月—1992年11月
韩东升	乡党委书记	1992年11月—1997年12月
李铁峰	乡党委书记	1997年12月—2001年3月

梁家乡历任行政领导一览

姓　名	职　务	任职时间
杨延玉	公社革命委员会主任（兼）	1976年10月—1979年5月
王润环	公社革命委员会主任	1979年5月—1980年4月
黄德伦	公社革命委员会主任	1980年4月—1981年1月
黄德伦	公社管理委员会主任	1981年1月—1981年6月
谷有为	公社管理委员会主任	1981年6月—1984年5月
徐洪祥	乡长	1984年5月—1987年1月
郭玉水	乡长	1987年3月—1990年3月
韩东升	乡长	1990年3月—1993年1月
房泽云	乡长	1993年1月—1995年8月
李铁峰	乡长	1995年9月—1998年2月
樊洪利	乡长	1998年2月—1998年11月
高宗明	乡长	1998年11月—2001年3月

撰稿：孟凡瑞

□ 归化村航拍图

归化村
GUIHUACUN

　　归化村位于距石庙镇政府驻地西北 10 公里处。西临商河县，北接阳信县，地处三县交界，有"鸡鸣听三县"之说。本村共有居民 569 户，人口 1836 人，均为汉族。辖设 5 个村民组，耕地面积 4118 亩，农业主产小麦、玉米、棉花。姓氏以张姓为主，另有王、李、刘、胡、郑、俎、聂、陈、婴、窦、管等姓氏。

▶▶ 历史沿革

　　归化村，曾名归化镇，亦名归化街，是革命遗址所在地，也是县域内古老村镇之一。据金史记载：厌次有五镇，曰清河、曰归化、曰脂角（今淄角）、曰达多（今址不详）、曰永利（今桑落墅）。1972 年在归化村北挖出一晋建兴年间（313—316 年）石棺一口，棺盖有"沧州乐陵归化罗汉院丁光佛舍利棺"铭文。据此归化为佛教用语，为一寺院名称，后其驻地村借此为名——归化。新中国成立后，隶属于石庙区（公社、乡、镇）。

▶▶ 文物古迹

天齐庙 位于归化村北,大寺庙的南面。管氏14世传人管玉贵介绍,在清朝时期,村中出了一位大官员姓王,那时称延长,主要负责部队押运粮草。在《王氏族谱》中有记载,谱书由王洪亮保管。村民管玉东介绍,此庙供奉的是道教中的东岳天齐仁圣王黄飞虎,目睹商纣王荒淫无道,残害黎民百姓,毅然反戈,投奔周武王姬发,被封为开国武成王。在讨伐商纣王的战斗中,不幸在渑池县遇难。此庙非常高大,那时只有村中出了状元才修天齐庙。天齐庙的前面是大寺庙,存有石碑,后来挖出石棺、剑等,石棺已存放省博物馆。据说有半块石碑,记录着修天齐庙的捐款人名单。现任书记李春贵介绍,现在盖房挖地基十分困难,下面全是瓦块、砖块,说明天齐庙占地面积很大。

▶▶ 烈士名录

● **李申田** 1925年出生,惠民归化区联防队队员,1946年牺牲于惠民泊东惨案,1946年县政府追认为烈士。

● **刘云祥** 1916年出生,1943年参加革命,人民解放军四十三军战士,1947年牺牲于辽沈战役。

● **李洪泽** 1925年出生,1943年参加革命,商惠县四区区中队战士,1944年在康元大队被日本鬼子杀害,1947年被追认为烈士。

● **李洪君** 1919年出生,1945年参加革命,惠民市政府武工队队员,1946年牺牲于泊东惨案,1946年追认为烈士。

● **李洪珍** 1928年出生,1941年参加革命,商惠县四区武工队战士,1942年牺牲于惠民王宅村。

● **李占明** 1926年出生,1944年参加革命,惠、济、商三边县大队战士,1945年牺牲于禹城县。

● **李占清** 1925年出生,1943年参加革命,解放军六十七军二〇一师战士,1949年牺牲于上海战役。

● **王道胜** 1926年出生,惠民支前担架队民工,1948年牺牲于淮海战役。

● **张宝伦** 1920年出生,1952年参加革命,人民解放军五〇四二部队干部,1972年病故于厦门,后被部队批准为烈士。

● **张宝祯** 1925年出生,1943年参加革命,惠、济、商三边县大队战士,1946年伤口复发病故,被部队批准为烈士。

- 陈振岭 1930 年出生，1951 年参加革命，志愿军六十七军二〇一师六〇三团战士，1953 年牺牲于抗美援朝战争。

- 刘宝祥 1930 年出生，1951 年参加革命，志愿军六十七军二〇一师六〇三团战士，1952 年牺牲于抗美援朝战争。

- 张学炳 1926 年出生，1944 年参加革命，惠、济、商三边县大队战士，1945 年牺牲于禹城县。

- 刘云坤 1927 年出生，1945 年参加革命，四野四十三军警卫营战士，1947 年牺牲于辽沈战役。

- 刘云增 1926 年出生，1948 年参加革命，志愿军二十军一八〇团战士，1952 年牺牲于抗美援朝战争。

- 王秀城 1923 年出生，1940 年参加革命，惠、济、商三边县大队战士，1943 年牺牲于李茂战斗。

- 李春花 1926 年出生，1944 年参加革命，惠、济、商三边县大队战士，1944 年牺牲于惠民三堡。

- 张克岳 1920 年出生，1942 年参加革命，八路军一一五师三营战士，1943 年牺牲于铁营洼（乐陵市铁营镇）。

- 张洪臣 1925 年出生，惠民石庙乡联防队队员，1946 年牺牲于泊东惨案。

- 张洪弟 1929 年出生，1948 年参加革命，华东野战军二十七军战士，1949 年牺牲于河北省。

- 杨洪水 1918 年出生，1942 年参加革命，惠、济、商三边县大队战士，1945 年牺牲于禹城。

- 李　森 1917 年出生，1941 年参加革命，八路军一一五师战士，1942 年牺牲于甲子山战役。

- 郑好贤 1927 年出生，惠民石庙乡联防队队员，1946 年牺牲于泊东惨案。

▶▶ 村庄名人

- 张克舜 汉族，1921年2月出生，1939年8月加入中国共产党。曾任博尔塔拉蒙古自治州委员会副书记、书记；博尔塔拉蒙古自治州委员会常委，州政协主席；1985年9月离职休养。

- 刘兴才 1926年5月出生，1947年加入中国共产党。16岁走上革命之路，加入了民兵组织，1949年4月，成为新中国第一批消防工作者。1986年正式离休。

▶▶ 特色产业

主导产业 归化村以种植粮棉为主，还有许多特色产业，如：地毯加工，箱包加工，瓜果、蔬菜大棚产业，归化包子，宠物食品加工，养猪产业，养鸡产业，养牛产业。

集市 新中国成立前后，本村集市时间是农历五、十。交易种类多，规模大，为群众提供了方便。"文革"期间，被称为"黑集市"，强行罢停。2002年秋，为推动经济发展，村党支部决定重新设立集贸市场，得到了群众的支持，集市时间改为农历四、九。

▶▶ 文化教育

文化 新中国成立后，归化村成立了东路梆子剧团，有大青衣、花脸、胡生、娃娃声等不同角色。逢年过节到周围县市及村庄慰问演出，内容丰富，剧目种类多，得到观众的好评。"文革"期间，东路梆子被罢演。改革开放以后，归化村为丰富人民群众的文化生活，在原剧团的基础上，重组归化东路梆子剧团，添置了器械、服装，受到了群众的喜爱和称赞。

教育 1958年，归化村重视文化教育发展，为给孩子提供好的教育场所，建立了第一所完全小学，纪文炳任校长。随着学生人数不断增加，学校搬迁到原十字街东100米路北，增加了校舍，设有小学班、初中班、高中班，周围村庄的部分学生到这里就读。1985年为改善办学条件，更好地提高教育教学质量，学校整体搬迁到大寺，由村民集资修建了高标准的校舍。学校管理规范，师资水平高，培养了大批优秀人才。

▶▶ 惠民县第一个农村党支部

1939年4、5月间，商河县五寨子村共产党员赵京万、张立仁，通过亲友关系，介绍归化村管登伦、李池田、张凤嘉、张洪堂、张洪岭、张洪元等入党，并建立了党支部，由张洪岭任党支部书记。惠民县第一个农

□ 惠民县第一个农村党支部

村党支部由此诞生。

▶▶ 村庄发展

规划前，归化村房屋布局散乱，有的靠水而居，有的沿路而建，极不规范。道路崎岖狭窄，路况极差，交通十分不便，对农村经济发展造成重大影响。1997年，成立以纪方德书记为组长的村庄规划领导小组，李春贵、刘兴房同志任副组长，具体负责方案的实施。

□ 归化村街景

通过召开村民代表会、宣传栏、广播等形式，让每个村民提高认识，统一思想，了解村庄规划的必要性。经过干部群众的共同努力，按照规划方案，打通了主要干道。

2002年，归化村采取干部、群众共同集资及接受友好人士捐助等方式筹集资金，铺上了柏油路，道路两旁进行了绿化，村庄面貌焕然一新，统一标准的新瓦房，宽敞、平坦、整洁的街道，让人们心旷神怡。

2005年，村党支部积极争取帮扶资金，把环村路铺上了水泥路面，为群众出行提供了便利。

2023年，村党支部对村中主要道路进行升级改造。重铺柏油路面，道路两旁修建统一的水泥排水沟，并且进行了绿化，乡村面貌发生了巨大变化。

▶▶ 归化村革命史纪念馆

惠民归化村革命史纪念馆位于归化村北侧，占地面积10000多平方米，其中展馆面积1300多平方米，抗日无名烈士墓地1200多平方米（1965年建），绿化面积5000平方米，专兼职工作人员4名。

纪念馆以抗日战争时期发生在归化的真实故事为支撑，以故事背后的精神为内涵，分为抗日烈士纪念馆、抗日无名烈士墓、红色影像放映厅、悼念广场四个场区，其中抗日烈士纪念馆由序厅、抗日星火红色归化、五寨战役魂系南湾、红心向党誓卫家园、薪火相传不忘初心、尾厅六个展区组成，展馆保存了大量的革命文物和史料，通过景物再现讲好为掩护大部队撤离而英勇牺牲的48名烈士、妇女成立救国会为前线运送物资、为保全党支部毅然挺胸面对刺刀的张洪林、不计报酬看护烈士墓的老党员赵银亭、李炎烈士家属千里寻亲终还愿五个故事，以真实历史资料展现归化人民与敌人开展不屈不挠、艰苦卓绝斗争的光辉历程，讴歌八路军东进抗日挺进部队的革命先烈，是石庙镇党委政府深入挖掘当地红色资源，对革命战争年代党的工作历程和渤海革命老区的光辉历史进行系统梳理而形成的一项重要成果。

纪念馆为进行革命传统教育和党性教育提供了有效载体，是惠民县党性教育、廉政教育、爱国主义教育和革命传统教育的重要阵地。先后被中共山东省委党史研究室授予"山东省党史教育基地"，山东省关心下一代工作委员会授予"山东省关心下一代教育基地"，中共滨州市委宣传部、中共滨州市委讲师团授予"滨州市理论宣讲基地"，滨州市委宣传部授予"滨州市爱国主义教育基地""新时代文明实践基地"等荣誉称号。开馆以来累计组织开展和接待党员干部教育培训1600多批次，累计50000多人次。

▶▶ 村干部任职情况

历任村党支部书记一览

姓　名	任职时间
刘云阁	1973—1979
纪方德	1980—1996
李春贵	1997—1999
张宝山	2000—2007
李清龙	2008—2010
刘兴房	2011—2021
李春贵	2022—

历任村行政负责人一览

姓　名	任职时间
管春堂	1973—1979
张贵春	1980—1991
李春贵	1992—1996
张宝山	1997—1997
李丰山	1998—2004

续表

姓　名	任职时间
李清龙	2005—2014
刘兴房	2015—2018

撰稿：李新华　郭伟光　马建军

□ 康家园村航拍图

康家园村

KANGJIAYUANCUN

康家园村原名康家，位于石庙镇政府驻地西北8公里，村庄占地面积294亩。本村共有居民417户，人口1372人，均为汉族。姓氏以康姓为主，另有李、马、胡、葛、刘、王、于、黄、章、陈等姓氏。耕地3400亩，农业以种植业为主，生产小麦、玉米、棉花。

▶▶ 历史沿革

明朝永乐年间（1403—1424年），康姓始祖（名失传）由乐陵县康家村迁此立村，村名为康家，后因村庄土质为沙性土壤，适合种植瓜果蔬菜，故定村名为康家园。村内的三条纵向路由东向西命名为康林路、小康路、村西路；将村内的三条横向路由北向南命名为康园北街、康园中街、康园南街。该村先后隶属石庙区、石庙公社、石庙乡、石庙镇。

▶▶ 文物古迹

大槐树 古时，槐树象征着三公之位，举仕有望，且"槐""魁"相近，期盼子孙后代得魁星神君之佑而登科入仕。此外，槐树还具有迁民怀祖的寄托、吉祥和祥瑞的象征等。康氏族人为祈求风调雨顺，家族平安兴旺，遂在村中间隔百丈种植古槐三棵（村东、村中、村西各一棵）。后历经战乱和自然灾害，仅仅保留下了村中间一棵。康家园自建村以来，村中集市从未间断，过往商贩均在古槐下歇息、经商。风吹日炙、饱经风霜，致古槐树身中空，形成独特造型。近年来，在全体村民的大力保护下，古槐又发新芽，旺盛生长，成为康家园村一大美景。

▶▶ 烈士名录

● **孙　申** 1921 年出生，1942 年参加革命，渤海二分区战士，1944 年牺牲于石家卫战斗。

● **康长友** 1917 年出生，1942 年参加革命，商惠县独立营战士，1947 年牺牲于棘城战斗。

● **孙　荣** 1929 年出生，1951 年参加革命，志愿军六十七军二〇一师战士，1951 年牺牲于抗美援朝战争。

● **康保善** 1929 年出生，石庙乡联防队队员，1946 年牺牲于泊东惨案。

● **康洪章** 1919 年出生，1937 年参加革命，1937 年 4 月加入中国共产党，八路军鲁南支队教导员，1943 年牺牲于莒南县。

● **康存金** 1928 年 2 月出生，1944 年参加革命，志愿军六十八军二〇四师战士，1951 年牺牲于抗美援朝战争。

● **李永章** 1921 年出生，1940 年参加革命，中共党员，第三野战军十一师十一团参谋，1946 年牺牲。

● **李福庆** 1924 年 5 月出生，1943 年参加革命，1945 年加入中国共产党，华野十纵二十九师教导员，1949 年牺牲于徐州。

● **康好俊** 1923 年出生，1940 年参加革命，惠、济、商三边县大队战士，1941 年牺牲于五店村。

● **李永岷** 1922 年出生，1943 年参加革命，商惠县四区区小队战士，1949 年牺牲于康家园村。

● **康顺江** 1913 年出生，惠民县归化街民兵联防队队员，1946 年牺牲于泊东惨案。

● **章立华** 1930年出生,1950年参加革命,志愿军六十七军二○一师战士,1951年牺牲于抗美援朝战争。

● **康振全** 1932年出生,1951年参加革命,志愿军六十七军二○一师六○三团战士,1951年牺牲于抗美援朝战争。

▶▶ 村庄名人

● **康立勇** 汉族,1984年5月出生,中共党员。2007年7月参加工作,2003年8月加入中国共产党,研究生学历。现任安徽省黄山市祁门县政府党组成员、副县长。

● **康永彬** 汉族,1958年出生,现已退休。曾任惠民县副县长、惠民县委副书记、滨州市林业局局长等职。

▶▶ 特色产业

近年来,康家园村利用"森林在侧,白鹭相伴"的优势,打造民俗旅游一条街,以墙体喷绘和实物展陈的方式,带领游客回味乡土记忆,游览体验"向往的生活"。汇聚老木匠、剪纸艺人等能工巧匠,建设乡村记忆博物馆和木匠铺子,策划包装千层底布鞋、手工老粗布、藤编艺术品等多种乡土产品,打造"互联网+销售"模式,持续催化乡村经济活力。坚持"村为主"推动移风易俗,注重发挥村民议事会、道德评议等群众自治组织的作用,以村规民约的形式引导、规范和约束村民行为,构建文明村风。组织开展廉政文化建设,融通乡贤文化、清官廉吏等文化底蕴,做好与廉政教育结合,让村民感到廉洁就在身边、阳光到处可见,以廉促建、以廉促兴,形成"社会尚廉、人人促廉"的浓厚氛围。

2020年8月,由村党支部领办,建设惠民县石庙镇法奎粮食种植专业合作社,以种植为主,兼具采摘体验、游赏观光功能的生态田园体验基地。积极发展农产品电商销售,在线销售古槐蜂蜜等"土味"产品。目前,合作社拥有社员68人,专业技术员5人。产业总额达到116万元,固定资产达到72.5万元。在合作社牵头下,实现村中3000多亩土地整体流转,并投资50余万元建设8个占地30亩的高标准蔬菜种植大棚。村民通过土地入股的方式入社,每年可为社员实现分红1000元左右,实现村集体增收30万元以上,有效促进了集体增收、农民致富和乡村振兴。

▶▶ 村庄发展

文明兴，则乡村兴；家风兴，则乡风淳。康家园村以清廉作风、清廉乡风建设为引领，涵养清风民风，为乡村振兴注入清廉活力。截至目前共建设"美丽庭院"81户，评选表彰10户"美丽家庭"、6名"好婆婆"、4名"好媳妇"，以小家之美营造大家之美。

□ 街景

2020年3月，被惠民县关心下一代工作委员会评为"五好关工委"。

2020年6月，被滨州市妇联评为"美丽庭院"创建示范村。

2022年10月，被滨州市妇联、教育局评为"滨州市家长学校"。

2023年，被惠民县农业局评为"十佳和美乡村"。

2023年，被山东省评为"我喜爱的乡村振兴齐鲁样板村"。

▶▶ 风土民情

康家园村建有鼓子秧歌民俗文化广场，鼓子秧歌是山东省的民间舞蹈，最初起源于济南商河县，是民间为庆祝丰收而载歌载舞的一种艺术形式。

每年的元宵节，是鼓子秧歌演出活动的高潮日。村里人常说，上到九十九，下到刚会走，都会扭一扭，可见鼓子秧歌在当地深厚的文化底蕴。2019年春节期间，为丰富康家园村文化生活，继承和发扬传统文化，村民李义勇发动群众，成立了150余人的鼓子秧歌队，与和谐家园戏曲协会及村民自发组织的广场舞舞蹈队一起，每当春节、重阳节等重大节日，就组织开展系列活动，为村民带来了无限的乐趣。

2006年开始，康家园村两委连续十七年在重阳节当天为全村70周岁以上老人赠送慰问品，举办庆典活动，不仅营造了浓厚的节日氛围，更让老人们感受到了社会大家庭的敬老爱老之情。康家园村让"家风美"植根于广大家庭中，让家风建设与美丽庭院

□ 鼓子秧歌

建设、志愿服务、阳光村居等充分结合，让好家风助推好民风。

每逢农历二、七为农村大集，为群众购物提供了极大的方便。

▶▶ 村干部任职情况

历任村党支部书记一览

姓　名	任职时间
康好功	1949—1960
康元传	1960—1963
康秀让	1963—1970
康振岩	1970—1983
孙连升	1983—1989
康存生	1989—1991
李安庆	1991—1993
孙连生	1993—2002
李守和	2002—2004
康永刚	2004—2014
康法奎	2014—2017
康法奎	2018—

历任村行政负责人一览

姓　名	任职时间
康洪涝	1949—1960
康秀让	1960—1963
康元传	1963—1970
康秀君	1970—1983
李安庆	1983—1989
李安庆	1989—1991
康永福	1991—1993
康宝连	1993—2002
康永刚	2002—2004
康法奎	2004—2014
李义勇	2014—2018

撰稿：李士业　郭伟光　马建军

□ 石头孙村航拍图

石头孙村

SHITOUSUNCUN

石头孙村位于惠民县城西北7.5公里处，东邻孙武街道堡武村，南邻袁家村，西邻阳信县管家村，村北是一片洼地，名曰八方四洼，洼地北邻孙武街道大李村。早年间，石头孙村有土围子墙，用来抵御外敌和洪水入侵，墙外有壕沟绕村，东、西、北有三个大门，后逐渐被拆除。本村共有居民130户，人口503人，均为汉族。耕地2200亩。姓氏以孙姓为主，另有胡、刘、陈、吴、祝等姓氏。

▶▶ 历史沿革

早在春秋战国时期（前770—前221年），村名孙家庄。后因战乱，村中人多已外逃。至明宣德年间（1426—1435年），又有孙姓始祖孙友直由山西省喜鹊窝村迁居于此，子孙繁衍，村庄渐大。在一次大水灾中，随水漂来一大石槽，当时传为奇闻。为牢记此事，将村名孙家庄改为石槽孙，后讹传为石头孙。

有史料记载的管辖与变更是从我县解放后1946年开始的，石头孙村隶属惠民市归化区。1948年撤惠民市，隶属惠民县第三区。1956—1971年，先后由石庙董区和石庙公社管辖，1971年隶属梁家公社。1984年梁家公社改为梁家乡，隶属梁家乡。2001年梁家乡与石庙镇合并，由石庙镇管辖。

▶▶ 文物古迹

村里以前有古庙三座：东为关帝庙，西为土地庙，南为家庙。

关帝庙 毁坏时间较早，已无人记得其样貌。

土地庙 "文革"时期毁坏，本村60岁以上的老人对土地庙记忆深刻。土地庙宽大明亮，青砖青瓦，坐北朝南，东西长14米，南北宽5米，四间房间面积70多平方米，选用优质木材建筑而成，内有供桌、长凳、香炉、神像等物品，且烧纸盆

□ 家庙旧址。现在已是农户的庭院，只有院中的刺槐为开识字班时所种，可以看到一丝当时的影子。

选用特大号生铁盆，至今村内有人去世，都要去土地庙旧址祭拜、烧纸，祈求逝者一路走好。

家庙 大门朝南，一排七间南屋，门楼居中，高出南屋一截。据说是明朝后期孙姓大户，为祭奠先祖集资兴建，陈列着孙姓家谱、牌位等。家庙中还存着祭祖用品、演艺用品、公共用品等。大院分东西两门，用方青砖铺就的甬路通往大堂，左右各两条。家庙朱红色的大门，门高2.6米，门宽1.8米，砖砌弧拱过梁，雕刻十分精美。门槛高40厘米，可拆卸。走进门楼，迎面是高5米、厚53厘米的影壁墙。家庙恢宏庄重，飞檐斗拱十分精美，厦檐下立有朱红色柱子三根。新中国成立后扫盲识字班在此开课，后改为石头孙村小学，一直到1985年拆除。

▶▶ 烈士名录

● **孙志湖**　1927年出生，1947年参加革命，华野四纵十二师战士，1948年牺牲于淮海战役。

● **孙忠刚**　1927年出生，1951年参加革命，志愿军六十七军二〇一师六〇三团班长，1953年7月牺牲于抗美援朝战争。

● **孙礼法**　1908年出生，石头孙村农会委员，1946年牺牲于泊东惨案，1946年追认为烈士。

▶▶ 村庄名人

● **孙义才**　1922年出生，1947年参加革命，参加过著名的淮海战役，后又参加抗美援朝，1951年朝鲜战场负伤后，转入国内治疗。1952年第二次入朝作战，任排长，1953年回国后，上级安排到山东省曲阜疗养院疗养，身体能够自理后，主动要求回村务农。1946至1947年，在任农会会长期间，带领村民维护治安，抵御土匪作乱，实行村民自卫，征收军粮，组织支援前线，帮助村民修缮房屋。尤其是为解救3名被还乡团土匪抢去的妇女，他带枪深入敌巢，机智勇敢、完好无损地将人救回。孙义才于2001年9月离世，享年79岁，去世时大腿上的弹皮仍留在身体里。

● **孙义增**　1966年出生，18岁参军，所在部队为辽宁省大连兵工厂，现任辽宁省大连兵工厂供销部主任。

▶▶ 特色产业

石头孙村以传统种植业为主要产业。2002年，有120亩桑园，随着种植结构调整，已成为一段美好的回忆。村里留有公益地40亩，土地收入用作公益活动，在很长一段时间内，为推动村内各项事业发展起了很大作用。

石头孙村因地制宜，开挖鱼塘4口，既美化了村庄环境，又为群众进一步增收提供了条件。该村还利用其收益和群众集资，修建村内柏油路，为群众出行提供了便利条件。同时，石头孙村投资修建了石头孙村与阳信县洋湖乡马家社区的惠阳联谊路，为粮食等农作物销售运输带来了极大便利。

▶▶ 医药卫生

村卫生室由20世纪70年代建立。孙才为赤脚医生，在村里从事医疗保健工作，不怕风雨，全心全意为村民看病抓药。2002年，村卫生室撤销。

▶▶ 风土民情

村内乡村文化比较丰富，秧歌、高跷、杂耍等传统项目盛行，每逢节假日和喜庆事宜，村内都会敲锣打鼓热闹一番，受到十里八乡的好评。

▶▶ 村干部任职情况

历任村党支部书记一览

姓　名	任职时间
孙永常	1947—1967
孙吉先	1967—1970
孙中泊	1970—1972
孙中才	1972—1975
孙义文	1975—1980
孙希普	1980—1985
孙　成	1985—1989
孙中庆	1989—1996
孙希银	1996—1998
孙中水	1998—2002
孙礼廷	2002—2011
孙中庆	2011—2014
孙建国	2014—2020
孙礼新	2021—

历任村行政负责人一览

姓　名	任职时间
孙中才	1970—1972
孙义文	1972—1975
孙　成	1980—1985
孙礼林	1985—1993

姓　名	任职时间
孙中水	1994—1997
孙中庆	1998—2010
孙中水	2011—2014
胡长才	2015—2018

撰稿：孙志生　吴杜林　刘鑫宇

□ 大付村航拍图

大付村
DAFUCUN

大付村位于惠民县城西南方向 6 公里处，共有居民 118 户，人口 516 人，均为汉族。耕地 980 亩，主产小麦、玉米、棉花。姓氏以付姓为主，另有张、杜、位、李等姓氏。

▶▶ 历史沿革

据《付氏族谱》记载，明洪武年间（1368—1398 年），始祖付德中自南京凤阳府板桥匠村，迁至棣州城南伙龙聚一带郭家村，娶妻生子，五世祖付瓒携全家迁到本村居住，为本村始祖。永乐年间，六世一子迁出另立东付，本村从此称为西付。西付村以编筐为业，又称筐付家，祖先们在这片土地上以农为业，生活了几百年，1945年后改为大付村，因其大于东付。新中国成立后，隶属于石庙区（公社、乡），1971年隶属于梁家公社（乡），2001年隶属于石庙镇。

▶▶ 文物古迹

殿宇 明末清初时，由各方信徒捐款和大付村集资兴建了三座殿宇，殿内供有泥神像。殿外有多个石狮子，后泥像被填于低洼地中，石狮子被埋在庙前，1985年挖出六个石狮子，四个埋于吃水井四周，二个摆于祖坟前。三座殿宇曾先后为村学校、办事处办公室等所用，后因年久失修，逐渐倒塌。

▶▶ 历史人物

始祖付太公有三个儿子，长子付友德、次子付友亮、三子付友才。其中付友德、付友亮二人跟随朱元璋参加了扫清元朝剩余政权及周围地方割据势力的统一战争，因战功被封，后因朱元璋诛杀开国功臣胡惟庸而受牵连。付友德、付友亮被奸人陷害一路逃亡，投奔棣州城南伙龙聚一带郭家村外祖母家，遂改名为郭端、郭信，就此定居，并娶妻生子。之后冤案平反，又恢复原名，在棣州城居住，地址在今县邮电局西北部。

▶▶ 烈士名录

• **付加章** 1914年出生，1947年2月参加革命，华野四纵十二师三十五团八连战士，1948年牺牲于曹县。

• **付加辰** 1917年出生，1947年参加革命，人民解放军九十九师二九六团战士，1949年牺牲于上海战役。

• **付加真** 1923年出生，1947年参加革命，人民解放军三十三军九十九师二九六团战士，1949年牺牲于上海战役。

• **付兰圃** 1923年出生，1947年参加革命，1949年加入中国共产党，沈阳军区二一四医院护士长，1958年牺牲于辽宁，荣立二等功3次、三等功2次。

▶▶ 村庄名人

• **付成双** 1970年9月出生，北京大学博士，现任天津南开大学历史学院教授、博士生导师。

● **付加鹏** 1988年7月出生,西安交通大学博士,现任某部危化一司处长。

▶▶ 村庄发展

2021年,大付村因乡村美丽宜居政策,整村拆迁至白鹭新村,大付村共分得140套房,与其余9个拆迁村共同居住生活。小区环境优美,设施齐全,水电暖气完备,极大地方便了群众生活。

1989年,大付村在计划生育工作中,因工作突出,无超生、漏报问题,且宣传工作特色鲜明,在滨州地区计划生育委员会考核中,荣获二等奖。

□ 1989年,大付村在滨州地区计划生育委员会考核中,荣获二等奖。

▶▶ 风土民情

□ 大付村现居住环境

吕剧盛行 大付村是一个有文化、有艺术气息的村庄,多年以来都流传着"金庞家,银付家"的说法。20世纪70年代该村演过多部地方戏,在吕剧大戏《三世仇》中,扮演胡儿的演员,腊月天穿着露脚心的旧鞋跪拜爹娘的情景催人泪下。演员们经常走十多里路去演出,他们演的《智取威虎山》深受群众欢迎,许多观众以为是专业演员,其实他们都是普通的农民。

秧歌队 改革开放以后,大付村还跑过大秧歌,专门在石庙镇刘堡村请的老师,当时,学习武术架势比较困难,大家都学得十分卖力。学成之后到附近村庄演出,演员们克服苦累,经常一天演三四场,展现了大付村热情饱满的精神状态，反映了新时期基层群众昂扬向上的精神面貌。

▶▶ 村干部任职情况

历任村党支部书记一览

姓　名	任职时间
付加春	1973—1982
张俭魁	1984—1993
付庆江	1994—1995
付庆顺	1996—1999
付国栋	2000—2001
付兆民	2002—2004
付文忠	2005—2005
付兆民	2006—2007
付文忠	2011—2013
付兆军	2014—2019
付加国	2020—

历任村行政负责人一览

姓　名	任职时间
付廷奎	1984—1987
付加龙	1988—1998
付兆民	1999—2001
付加龙	2002—2003
付庆宝	2004—2005
付兆军	2006—2010
付兆军	2011—2013
付文忠	2014—2018

撰稿：付加国　张松正

□ 小霹雳庄村航拍图

小霹雳庄村
XIAOPILIZHUANGCUN

　　小霹雳庄位于石庙镇政府驻地正北方向 3.6 公里处，东与小王庄相连，西与岳家村接壤，南与屯里街相接，北与小徐村毗邻，紧邻惠归路，交通便利，具有重要的区位优势。有耕地 2700 多亩，以种植小麦、玉米为主。有居民 308 户，人口 1000 余人，均为汉族。姓氏以李姓为主，另有宋、刘姓氏。

▶▶ 历史沿革

　　小霹雳庄，原名杨格庄。后有孙姓始祖伯敬，于明朝永乐年间（1403—1424年）由山西省洪洞县大柳树村迁居于此，孙伯敬有三子，各为一姓，即孙刚、马建、李训。后因村中有人得罪了沧州人，沧州人广聚能人，操练武术，扬言要报复杨格庄人，剿灭杨格庄。杨格庄人为避此祸，即改村名为小霹雳庄。因其邻村有一大霹雳庄故名。新中国成立后，隶属于石庙区（公社、乡），1971年隶属于梁家公社（乡），2001年隶属于石庙镇。

▶▶ 烈士名录

- **宋玉林** 1928年出生，1948年参加革命，志愿军二十七军六十七师战士，1950年12月牺牲于抗美援朝战争。
- **李占香** 1930年出生，1947年参加革命，中共党员，山东军区警卫团收发员，1958年7月牺牲于山东军区一〇六医院，荣立二、三等功各一次。
- **李永平** 1926年出生，1947年参加革命，华野一纵二师六团二营五连班长，1949年牺牲于河南，荣立四等功一次。
- **李永山** 1921年出生，1947年参加革命，人民解放军二十八军八十二师二四六团班长，1948年牺牲于淮海战役，荣立三等功一次。
- **李永太** 1930年出生，1946年参加革命，渤纵十一师战士，1946年牺牲于河南省。
- **李乐增** 1929年出生，1947年参加革命，渤纵十一师班长，1948年牺牲于淮海战役。

▶▶ 卫生事业

设在乡村的机关医院 惠民县县直机关医院（现惠民县妇幼保健院）积极响应国家推进健康中国建设的号召，深入乡村提供医疗帮助，于1998年，在小霹雳庄村设县直机关医院分院，设有内科、外科、妇科、儿科、急诊科、放射科、检验科等科室。在1998年至2009年的十余年间，县直机关医院采取轮岗方式每年选派一批医务人员到小霹雳庄医院任职，为村庄及周边地区提供了优质且全面的医疗服务。

▶▶ 村庄发展

在产业发展和村民收入上，小霹雳庄主要农产品为小麦、玉米等粮食作物，主导产业是农业。

全村现有耕地总面积2700余亩。村里引进先进农业技术和大型农业机械，有效提升了土地使用效率，增加了农民收入。如瀚明农业服务公司承包村土地，开展瓜果蔬菜、花卉苗木、农作物的种植与销售，以及农业机械作业和咨询服务，为村民提供了更多就业机会和经济收入。

畜牧业也是村内的重要产业之一，如百牧畜牧养殖专业合作社承包村里土地，采取种养结合、农牧循环的经营方式，实现了动植物互惠的生态循环经济模式。同时，与农户签订单，确保产品有销路，降低了农户产品滞销的风险。

小霹雳庄的苹果种植历史悠久，品质优良。20世纪八九十年代，小霹雳庄主要种植和销售红富士、嘎啦等市场需求高的苹果品种，这些品种适应性强，果实品质优良。小霹雳庄拥有比较优越的土壤条件，以沙质土壤为主，排水良好，富含有机质，非常适合苹果树的根系发展。广大村民注重土壤管理，定期深翻土壤，施用有机肥，保持土壤的肥力和结构。同时，主动联系泰安农学院（现山东农业大学）的大学生驻村实习指导，为村民带来了先进的农业科技知识和技术，有效提高农业生产效率和果品质量。

在村庄建设上，随着基础设施的完善，如交通、供水、电力等方面的改善，村民的生活质量得到了提升，增强了村民对美好生活的信心和满意度。

在文娱教育上，村内设有幼儿园，幼儿不出村就能得到系统的学前教育。村委会的广场是村民娱乐放松的舞台，每逢过年过节，村民们敲锣打鼓，唱歌跳舞，文化生活丰富多彩。

在社会保障上，养老保险、自然灾害保险、最低生活保障、家庭财产保险等社会保障措施的实施及政府对农业和农村发展的各种补贴，也有效保障了村民的基本安全和收入稳定。

▶▶ 村干部任职情况

历任村党支部书记一览

姓　名	任职时间
李安臣	1973—1980
李占生	1981—1983
李占生	1984—1985
李占柱	1986—1990
李延胜	1991—1993
李延堂	1994—1997
李延胜	1998—2001
李贵军	2002—2005
李洪岐	2006—2011
李洪岐	2012—2017
李洪岐	2018—2020
李洪顺	2021—

历任村行政负责人一览

姓　名	任职时间
李占生	1973—1983
李延堂	1984—1993
宋林峰	1994—2001
李洪岐	2002—2005
李延福	2006—2011
李洪顺	2012—2018

撰稿：李帅帅

□ 庵里吴村航拍图

庵里吴村

ANLIWUCUN

庵里吴村位于石庙镇驻地东北方向 8 公里处，北与阳信县交界。全村共有居民 303 户，人口 1000 余人，均为汉族。姓氏以吴姓为主，另有李、冯、王、胡、吕、港、臧、闫等姓氏。全村耕地 2600 余亩，以种植玉米、小麦为主，瓜果、蔬菜为辅。全村水、电、网通畅，城乡居民医疗保险参保率达 100%。

▶▶ 历史沿革

相传，明永乐年间（1403—1424年），吴姓始祖（名失传）由河北省枣强县迁此立村。因村前一华里处有座尼姑庵，故村名庵里吴。新中国成立前后，属二区太和乡，1956年至1971年属石庙乡（区、公社）；1971年公社析置后属梁家公社；1984年梁家公社改梁家乡，属梁家乡管辖；2001年3月，梁家乡与石庙镇合并，属石庙镇管辖。

▶▶ 文物古迹

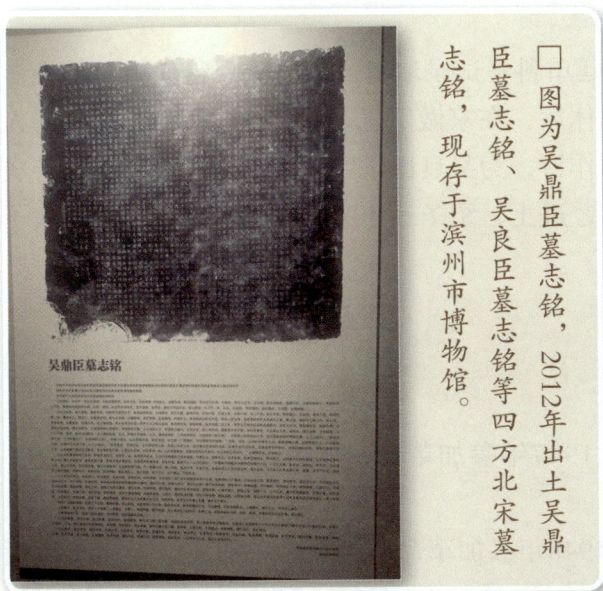

□ 图为吴鼎臣墓志铭，2012年出土吴鼎臣墓志铭、吴良臣墓志铭等四方北宋墓志铭，现存于滨州市博物馆。

1975年在庵里吴村西出土的吴尧墓志铭等四方北宋墓志铭，存惠民县博物馆。

2004年出土的吴铭墓志铭记载的内容，与现存《吴氏宗谱》一致。此碑当年曾被惠民县电视台、滨州市电视台报道。

2012年出土吴鼎臣墓志铭、吴良臣墓志铭等四方北宋墓志铭，存滨州市博物馆。这些墓碑都出自同一墓地，是吴尧及其儿子、儿媳的墓志。

▶▶ 民间传说

"谢八顷""义牛"之说 庵里吴村历经唐、宋、元、明、清、民国几个朝代，在那战火纷飞的年代，民不聊生，但庵里吴村的人们团结一心，相互帮衬，共渡难关。在古代就有有志之士，富商之家，为赈济灾民，夏舍单，冬舍棉，二、八月开粥厂，解决百姓燃眉之急。在庵里吴村就有一大户人家姓谢，据说谢氏祖先随永乐帝（朱棣）扫北，立了军功，明成祖任其跑马圈地，谢家圈了800亩良田，因此村中有"谢八顷"之说。现在的人们还能认出谢家的土地和坟地。谢氏自身没有文化，后世也没有听说有功名和文化人，家境逐渐衰落。谢家虽然没有文化，但懂得行善积德，几百年坚持喂"义牛"，他们把多头牛喂饱后拴在门外的空场上，贫穷的庄乡，不用请示主人，谁用谁牵，用完送还。谢家的"义牛"一直喂到民国初年。

▶▶ 历史人物

● 吴鼎臣 进士，官至三品，在宋仁宗时期先后任屯田员外郎，大名府通判、侍御史、刑部员外郎知谏院、天章阁待制、河北都转运使等职，曾作为宋仁宗特使到契丹祝贺萧太后生辰。《宋史》有其传记。吴鼎臣一子善长，字景仁，进士，太常博士通判并州。吴善长四子：长子仁规，进士，太常卿，吴鼎臣祖孙三代进士。

● 吴良臣 举学究，是朝廷单科考试录取者。因受兄恩得任为"郊社斋郎"，后调任"临邛尉"，退休后，在家做生意。时任棣州知州、著名诗人张洞，秘阁王异到庵里吴饮酒作诗，为吴良臣题字"市隐"。吴良臣有善庆等五子，孙知常、知微。知常，进士，绍圣三年为祖母周氏书写《宋故太子中舍吴君夫人周氏墓志铭并序》。

▶▶ 烈士名录

● 吴德生 1922年出生，1947年参加革命，华野十纵二十八师战士，1948年牺牲于淮海战役。

● 李克然 1924年出生，1948年参加革命，渤纵十一师战士，1948年牺牲于淮海战役。

● 吴美连 1920年出生，1948年参加革命，志愿军二十军六〇师一八〇团班长，1951年7月牺牲于抗美援朝战争。

▶▶ 村庄名人

● 吴成猷 1918 年出生，1946 年参军，正团级干部，在福建退休，2005年去世。

● 李延寿 1919年出生，在惠民县人民政府退休，正县级干部。

● 吴佃军 1951年出生，在惠民县人民政府退休，正县级干部。

● 吴行强 1970 年出生，1989 年入伍，中校军衔，现退役在海口市工作。

● 吴表辉 1973年出生，现任惠民县政协副主席。

● 吴端稳 1975年出生，1995年入伍，团级干部，现退役在青岛工作。

▶▶ 村干部任职情况

历任村党支部书记一览

姓　名	任职时间
胡清城	1973—1983
李书城	1984—1990
吴名栓	1991—2003
吴清镇	2004—

历任村行政负责人一览

姓　名	任职时间
吴名选	1973—1980
李书城	1981—1983
吴名兴	1984—1990
冯存福	1991—1995
吴清镇	1996—2003
吴清荣	2004—2014
吴立明	2015—2018

撰稿：吴名岗

□ 屯里街村航拍图

屯里街村

TUNLIJIECUN

屯里街村位于石庙镇政府驻地北约1公里处，西与大马村接壤，南与奎星刘村相邻，北与小霹雳庄、岳家村地域相连。村庄面积为1.02平方公里，耕地2643亩，居民536户，人口1600余人，均为汉族。姓氏以王姓为主，另有张、陈、刘等姓氏。以农为主，生产小麦、玉米、棉花等。1988年，获得中共惠民县委颁发的"五好党支部"荣誉称号。

▶▶ 历史沿革

该村是县内古老村庄之一，唐玄宗年间（712—756年）此处有一古寺，名霹雳寺，至北宋初，驻有宋军，名军屯。自宋崇宁时，村北建工部尚书牛保衣冠冢，村名曾为牛保冢屯。后因立有集市，即名屯里街，简称屯里。今集市虽废，仍沿用旧称。

明朝永乐二年（1404年），北直隶（今河北省）河间府枣强县东北七里井居民迁徙至惠民城西三里地处的后王村生活。后因居住地人多地少，遂搬迁至现在屯里街村位置。新中国成立后，隶属于石庙区（公社、乡、镇）。

□ 屯里街村街景

▶▶ 烈士名录

• 张 明 1892 年出生，中共党员，屯里街村农会会长，1946 年在本村被特务杀害，1947 年被区政府追认为烈士。

• 王玉武 1923 年出生，1947 年参加革命，华野十纵队二十九师三十九团战士，1948 年牺牲于济南战役。

• 石元红 1927 年出生，1947 年参加革命，中共党员，华野九纵二十五师战士，1948 年牺牲于济南战役。

• 张文奎 1928 年出生，1947 年参加革命，华野十纵二十七师战士，1948 年牺牲于济南战役。

• 王冲千 1931 年出生，1947 年参加革命，人民解放军十一师十八团战士，1948 年牺牲于济南战役。

• 王玉景 1931 年出生，1947 年参加革命，人民解放军九十九师九十六团战士，1948 年牺牲于淮海战役。

• 刘玉才 1902 年出生，屯里街村农会委员，1946 年于本村被还乡团杀害，1947 年被追认为烈士。

• 张春廷 1921 年出生，1947 年参加革命，人民解放军华野九纵二十六师，1948 年牺牲于淮海战役。

• 张守顺 1902 年出生，屯里街村农会会长，1946 年于本村被特务杀害，1946 年被宣布为烈士。

• 张 信 1893 年出生，屯里街村农会委员，1946 年于本村被特务杀害，1946 年被宣布为烈士。

• 张玉升 1926 年出生，1951 年参加革命，中共党员，志愿军六十七军二〇一师六〇三团战士，1951年牺牲于抗美援朝战争。

● **张冲方**　1918年出生，屯里街村农会干部，1946年6月于本村被还乡团杀害，追认为烈士。

● **王玉坤**　1919年出生，1947年参加革命，志愿军三十三军九十九师战士，1951年6月牺牲于抗美援朝战争。

● **刘洪泽**　1922年出生，1942年参加革命，惠、济、商三边县大队战士，1943年牺牲于商河县。

● **张文颜**　1927年出生，1944年参加革命，1948年加入中国共产党，长沙市军政大学干事。1953年牺牲于长沙市，被批准为烈士。

▶▶ 重要事件

屯里街惨案　1946年，上级派遣马景村区长和康存才来屯里街领导贫苦群众打土豪、斗地主、分田地，建立自己的政权组织，成立农会。会长由张守顺同志担任，主要骨干有刘玉才、张仪、张冲方、张同、张春枣、张信等同志。1946年6月13日夜晚，敌还乡团闯入屯里街村，对村内百姓进行疯狂的镇压迫害，并对张守顺等7名骨干进行了抓捕，其中5名农会干部遭到了迫害，英勇牺牲，2名同志得以逃生。

▶▶ 村庄发展

2023年，投资136万余元对村内生活污水处理进行改造升级。投入了151万余元对村内进行自来水改造，村内536户1600余人用水实现了全覆盖。投资145万余元，重新规划修建了长2700米、宽6米的柏油公路。投资34万余元，修建了200平方米办公场所、600平方米村内活动广场，增加了多种健身器材，让村民有一个休憩交流、锻炼身体的地方。

▶▶ 村干部任职情况

历任村党支部书记一览

姓　名	任职时间
张风水	1971—1979
王玉普	1979—1985

姓　名	任职时间
王冲宝	1985—1986
王冲信	1986—1992
王冲宝	1992—1999
王冲贝	1999—2005
张云报	2005—

历任村行政负责人一览

姓　名	任职时间
张云峰	1971—1975
张云良	1975—1986
王冲军	1986—1989
张云坤	1989—1998
王召华	1998—2005
张云报	2005—2010
陈有梅	2010—2018

撰稿：王　军　张惠民

□ 御史街村航拍图

御史街村
YUSHIJIECUN

御史街村位于石庙镇南部，距镇政府驻地 4.5 公里。与双庙村搭界，东临老一分干河，南与商河县高明吴村接壤，北与刘家堡村为邻。有居民 284 户，人口 965 人，均为汉族。姓氏以李、张为主，另有刘、王等姓氏。以农业为主，耕地 2400 余亩，生产小麦、玉米、棉花等。

▶▶ 历史沿革

据《李氏族谱》记载，始祖李克敬，南京金陵人，元朝末年（1368年），随其父为官至渤海郡，时值元亡，克敬隐居于乐安（今惠民县城）西南三十里遂家（今御史街）。五世李浚，明永乐年间（1403—1424年）为四川道监察御史。1426年，宣宗即位。汉王朱高煦蓄谋叛乱，李浚化名王刚星夜赴京，奏陈汉王反情，在平定汉王之乱中有功，故晋职左佥都御史，明正统十一年病故于家。村东南有御史墓，故其村亦名御史街。新中国成立后，隶属于石庙区（公社、乡、镇）。

▶▶ 烈士名录

• **李召坦**　1926年出生，1947年参加革命，华野四纵十三师战士，1947年牺牲于莱芜战役。

• **李光殿**　1924年出生，1947年参加革命，华野四纵十二师三十六团战士，1947年牺牲于孟良崮战役。

• **李吉月**　1921年出生，1941年参加革命，原属延安支队战士，1946年牺牲于鲁西南战役。

• **李光忠**　1921年出生，1947年参加革命，华野四纵十一师战士，1947年牺牲于临淄县。

• **李绍西**　1926年出生，1947年参加革命，解放军三纵队战士，1948年牺牲于黄骅县。

▶▶ 特色产业

养殖产业　2015年在包村第一书记田秀林（省国土资源厅）的带领下，在村东建成了两座养殖大棚，通过村委领办，集体发包的形式，养殖大棚项目每年为村集体增加收入1万余元。

光伏项目　2016年结合党中央精准扶贫有关产业政策，在村西建成了光伏发电项目，目前设备运行良好，每年增加集体收益1万余元。

□ 御史街村北大门

▶▶ 村庄发展

村两委响应全民健身的号召，在村内修建了200多平方米的健身广场。每逢重要节日、重大活动，村两委组织舞蹈曲艺爱好者在村内广场进行各种文体活动。现在村内广场每天晚上灯火通明，跳舞、锻炼的人络绎不绝，非常热闹。

▶▶ **村干部任职情况**

历任村党支部书记一览

姓　名	任职时间
李光卫	1973—1980
李光生	1980—1983
李吉洪	1984—1994
李光队	1995—2004
李绍学	2005—

历任村行政负责人一览

姓　名	任职时间
李召武	1973—1980
李绍洞	1981—1983
李光美	1984—1994
张士路	1995—1999
张树忠	2000—2010
李召刚	2011—2018

撰稿：刘晓龙

□ 石庙董村航拍图

石庙董村
SHIMIAODONGCUN

石庙董村地处石庙镇政府西侧。西与石庙李村接壤，北与奎星刘村地域相连，南与王西楼村相邻，东与瓜子刘村搭界。耕地1373亩，主产小麦、玉米、棉花。共有居民445户，人口1221人，均为汉族。姓氏以董、邓为主，另有孟、赵、郑、李、马、王、刘、沈、田、罗、张、姚、杨、吕、吴、崔、梁、岳、巩、冯、路、任、胡、樊、郝、高、杜、展、邢、江、陈、邹等姓氏。

▶▶ 历史沿革

石庙董村原名孟王庄，位于惠民县城西12.5公里处。曾为石庙镇政府驻地。据《董氏族谱》记载，明成化年间（1465—1487年），董姓始祖（名失考）由北直隶（今河北省）河间府枣强县迁居于此地。后来（年代不详），村中居民在地下挖出石刻雕像七尊（今已破坏），遂建庙供奉。新中国成立后，曾为石庙镇（区、公社、乡）机关所在地。

▶▶ 文物古迹

在石庙董村，有一棵见证了三个多世纪沧桑的老皂角树，它位于石庙卫生院西侧路南100米处。据史书记载，这棵老皂角树于三百多年前由迁居于此的村民种下。康熙年间成书的《本草述》记载："皂角修治，其炙固随其所宜，然欲疗风或风痰，止微火煨之足矣，更不可久煨去其辛味也。"具有较高的经济价值。在过去的三个多世纪里，这棵老皂角树经历了无数的风雨和沧桑。它见证了石庙董村的兴衰，也见证了历史的变迁。

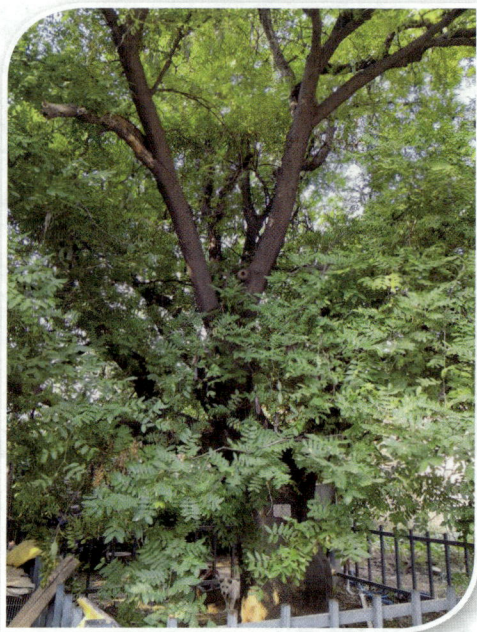

□ 石庙董村三百年皂角树

▶▶ 烈士名录

● **董之珍** 1923年出生，1947年参加革命，华野十纵二十八师八十四团战士，1948年牺牲于江苏。

▶▶ 教育卫生

教育 石庙董村内建有石庙镇中心幼儿园、石庙镇中心小学、石庙镇中学三所学校，近年来学校设施不断更新完善，教师队伍素质不断提高，为孩子们提供了更好的学习环境。

卫生 石庙镇卫生院坐落于村东部，是石庙镇设立的卫生行政兼医疗预防工作的综合性机构，其任务是负责石庙镇内医疗卫生工作，组织领导石庙镇群众卫生运动，培训卫生技术人员。卫生院配备了先进的医疗设备，为全镇村民提供全方位的医疗保障。石庙镇卫生院曾多次在石庙董村组织义诊活动，使本村居民在家门口就能享受到贴心周到的服务。

▶▶ 集市贸易

每逢农历三、八为大集日，因地处于惠民、阳信、商河三县交界之处，且设有340国道停车站点，交通便利，市场较大，贸易繁荣。

▶▶ 村庄发展

近年来，随着国家政策的支持和市场机制的完善，石庙董村实现了显著的经济增长。村民们的收入水平逐年提高，生活质量明显提升。农业生产基本实现现代化，农产品种类丰富，产量稳定。

2008年，村内修建了由东向西的公路计2200米，由南向北的公路1300米，道路宽敞平坦，实现了与外界的便捷连接。供电、通信等基础设施逐步升级，为村民的生活提供了便利。

2023年，村内进行自来水改造，实现了村内445户1221人用水全覆盖。在经济发展的同时，村庄高度重视环境保护与治理。同年对村内生活污水处理系统进行了改造升级，加强了垃圾处理和污水处理设施建设，实现了生活垃圾和污水的无害化处理。

石庙董村内有一座大型商业超市——乐润超市，极大地便利了本村村民及周边村民的生活需求，逐渐形成以乐润超市为中心的新商业圈。石庙派出所、邮政银行以及农商银行等单位也驻扎在石庙董村内，提供了多种便捷服务，有效节省了本村及周边群众的时间与精力，村民的生命财产安全及商业往来也得到了充分的保障。石庙董村内还建设了文化广场、体育活动中心等场所，让村民有一个茶余饭后休息娱乐的去处，丰富了村民的文化生活。

▶▶ 村干部任职情况

历任村党支部书记一览

姓 名	任职时间
董泽森	1990—1991
邓元龙	1991—1993
董泽森	1993—2008
董衍岭	2008—2010
董泽祥	2010—

历任村行政负责人一览

姓　名	任职时间
邓元贵	1990—1991
董泽树	1991—1993
董衍春	1993—1994
董衍森	1994—1995
董衍春	1995—1999
董泽祥	1999—2010
董树义	2010—2017

撰稿：王　军　张惠民

□ 李茂村航拍图

李茂村
LIMAOCUN

李茂村位于石庙镇政府驻地西南 10 公里处，西与商河县接壤。全村共有居民 242 户，人口 979 人，均为汉族。耕地 2800 亩，以粮食作物为主要经济来源，主要种植小麦、玉米、棉花等。姓氏以李、葛为主，另有芦、王等姓氏。

▶▶ 历史沿革

据《李氏族谱》记载，明正德年间（1506—1521年），始祖李茂由河北省枣强县迁居于此，以立村人之名为村名，故名李茂。后来，有李毛之误写，1983年地名普查时，校正李茂。新中国成立后，隶属于石庙区（公社、乡、镇）。

▶▶ 文物古迹

李茂（毛）战斗遗址　1945年1月下旬，日军从潍县、张店、济南、沧

石庙镇

HUIMIN XIANGCUN JIYI

211

县、天津等地出击，伺机袭扰抗日根据地、游击区。得悉渤海军区二分区三营和三边县大队及县委、县政府机关驻在史家庙村后，日军派一路"三角部队"进袭，分别在李茂村

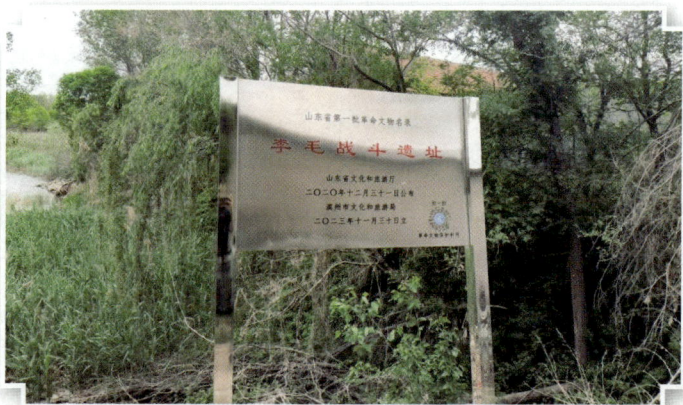

□ 李茂（毛）战斗遗址

周围布下罗网。2月2日，日军"三角部队"一部伪装成当地便衣队进入李茂村，佯造声势，抢掠百姓，引诱八路军深入。惠济商三边县大队得到情报后，为保护人民群众的生命财产安全，决定由县大队一小队担任作战任务，快速出击，消灭敌人；三营和县大队二小队负责接应。县大队一小队接到战斗命令后，马上集合队伍，向李茂村直插过去。然而，谁也没有料到敌人早有埋伏，由于敌情不明、敌强我弱、地形不利，县大队付出了沉重代价，60余名指战员伤亡，其中包括惠济商三边县委书记、县大队政委丁洪泽（字润生，曾化名赵元明），县大队副大队长陈立民。李茂战斗虽然过去70多年了，但是，每到清明时节，人们都要到烈士陵园去凭吊，悼念革命烈士。

1983年，惠民县人民政府将李茂战斗遗址公布为县级重点文物保护单位。同年5月19日，惠民县人民政府将李茂战斗遗址公布为第一批县级文物保护单位。

▶▶ 历史人物

● **李丰刚**　光绪二十二年间（1896年）的举人。据老辈人介绍，现在的皂户李镇和淄角镇境内的土马河就是李丰刚修建，李丰刚逝世于光绪三十三年（1907年），他的学生及后人将其墓碑立于李茂村东一分干河西，以示纪念。

□ 举人墓碑（李丰刚）

▶▶ 烈士名录

● **李光荣** 原名李先荣，1923年出生，1949年参加革命，志愿军六十七军二〇一师战士，1952年牺牲于抗美援朝战争。

● **王建义** 1919年出生，1940年参加革命，惠、济、商三边县大队战士，1941年牺牲于沙窝战斗。

▶▶ 村庄名人

● **李玉宫**（现名陈宝林）1939年加入中国共产党，相继发展了本村李青图、李彩章等五人加入中国共产党，并建立村党支部，李玉宫任支部书记。1945年，陈宝林在一二八师担任政治部组织科干事。日本投降后，随一二八师挺进东北。离休前为广东省军区某部政治部副主任。

▶▶ 教育卫生

教育 李茂小学始建于1950年，于2006年合并到御史中心小学，在五十多年的村办教育发展历程中，培育出了一批又一批的优秀人才。任教教师有杜秀海（1981—1990年任教）、刘振华（1981—1990年任教）、姚向军（1981—1990年任教）、王虎坡（1985—2006年任教）。

卫生 新中国成立后，村内建有一处卫生室。李成福（李茂卫生室创办人）、田明翠、李兆新（"烫伤治疗"远近闻名）、李宝军、李宝真等先后在卫生室执医。

▶▶ 村庄发展

2002年，村集体积极对接民政部门，在村南建设了老人幸福院，专供村内孤寡老人吃住，促进了老有所依、老有所居。

2013年，美丽乡村建设时，在村办公室前修建了健身广场，并在公共场所内设有篮球、乒乓球等设施，极大地提高了李茂村群众的运动热情。

▶▶ 党支部成立

李茂村党支部成立于20世纪30年代末，是惠民县成立较早的农村党支部之一。根据记载，共产党员王宗仁、王兰亭、张风成、张风歧等人成立，于1939年上半年，在惠商公路以南的淄角、皂户李两区的西部，开展创建抗日根据地工作，建立和发展党组织。他们介绍李茂村李玉宫（现名陈宝林）入党，李玉宫又相继发展了本村李青图、李彩章等五人加入中国共产党，并建立村党支部，李玉宫任支部书记。

▶▶ **村干部任职情况**

历任村党支部书记一览

姓 名	任职时间
葛玉论	1973—1979
李守田	1980—1992
李全祝	1993—1999
李卫东	2000—2012
李书圣	2013—

历任村行政负责人一览

姓 名	任职时间
李守田	1973—1979
李长法	1980—1985
李全祝	1986—1992
李卫东	1993—1999
李庆文	2000—2007
李书圣	2008—2012
李青松	2013—2018

撰稿：刘晓龙

□ 老观赵村航拍图

老观赵村
LAOGUANZHAOCUN

老观赵村位于石庙镇政府驻地东北方向 5 公里处，东与东庞村相邻，西与伞赵村相望，北靠 304 国道，交通十分便利。本村共有居民 298 户，人口 1034 人。耕地面积 2100 亩，主产玉米、小麦，姓氏以赵、李为主，另有王、商、苏等姓氏，村民均为汉族。

▶▶ 历史沿革

明洪武年间（1368—1398 年），赵姓始祖（名失考）由河北枣强县迁居棣州（今惠民县）刘家门口村，传至三世祖，为避病灾迁居至此，因立村处靠近一条通向京城的老官道，故将村子命名为"老官赵"。随着时间的推移，"老官"逐渐演变为"老瓜"，再到如今的"老观赵"，但村名的由来始终与那条通往京城的古老官道紧密相连。

1946 年，老观赵村属于惠民市归化区管辖。1948 年随着惠民市的撤销，村庄归属于惠民县第三区。1956年到1971年，先后隶属于石庙董区、石庙乡、石庙公社。1971年全县调整公社规模时，原石庙公社析置梁家公社，隶属梁家公社。1984年公社改乡镇，隶属梁家乡，直至2001年，梁家乡与石庙镇合并，成为石庙镇的一部分。

□ 老观赵村街道

▶▶ 文物古迹

唐宋遗址 位于村东500米处，遗址大部分为台形地，台高1.2米左右，东西宽约200米，南北长约300米，面积约60000平方米。该遗址现为可耕地，地表平坦，文化层暴露地表，厚度不详，有一排水沟沿台形地西沿南北方向穿越遗址。采集有宋代泥质灰陶罐、盆、板瓦和元代白瓷碗等残片，1992年被列为县级文物保护单位。这一遗址也见证了村庄的悠久历史和文化传承。

▶▶ 烈士名录

● **李会祥** 1926年出生，1947年参加革命，解放军二十三军十二师三十五团战士，1948年牺牲于费县。

● **李树范** 1923年出生，1947年参加革命，华野四纵十二师三十五团八连战士，1947年牺牲于河南。

● **李树云** 1926年出生，1947年6月参加革命，华野九纵二十五师战士，1948年牺牲于章丘。

● **赵应金** 1925年4月出生，1946年参加革命，华野四纵十二师三十五团一连战士，1948年牺牲于河南确山。

● **赵清海** 1930年出生，1947年参加革命，华野四纵十二师三十五团一连战士，1948年牺牲于河南确山。

● **李卓彦** 1921年出生，1948年参加革命，志愿军二〇四师六一一团战士，1953年牺牲于抗美援朝战争。

▶▶ 村庄名人

- 赵玉山（1925—2012年） 曾任浙江省丽水市公安局局长。
- 宋成琴 女，1964年出生，曾任山东省滨州市民族和宗教事务局局长。

▶▶ 特色产业

1972年成立村木工组，主要加工建房用屋梁，为村内百姓提供方便，1985年解散。

1981年成立老观赵运输队，拥有黄河牌、解放牌汽车，大型拖拉机等，于1984年解散。

1981年建成棉籽榨油厂，既方便了群众，又增加了集体收入。1985年村棉籽榨油厂被并入惠民县第四棉籽榨油厂。

□ 老观赵村木工组

▶▶ 教育卫生

教育 1953年，村内创办了第一所小学老观赵小学，为村民提供了基础教育。1984年9月，学校更名为梁家乡中心小学。2000年，学校合并至大付中心小学。

卫生 20世纪70年代中，村里建立了卫生室。在部队当过卫生员的李金岭，被村里安排当上了赤脚医生。近40年来，对待病人始终做到随叫随到，一丝不苟，贴心服务，深受村里人的好评。

▶▶ 村庄发展

1985年，村中开展整体规划，利用集体收入建成二层办公楼，以办公楼为中心规划三条南北公路，七条东西公路，为老观赵良好的村容村貌打下了坚实基础。

▶▶ 村干部任职情况

历任村党支部书记一览

姓 名	任职时间
王希胜	1962—1978
赵玉堂	1978—1986
赵绪水	1986—1990
李杰文	1990—1991
李杰庆	1992—2000
赵绪水	2000—2002
李杰增	2002—2004
李连红	2004—2011
李连常	2011—2014
王青财	2014—2017
王青财	2018—2021
赵志勇	2021—

历任村行政负责人一览

姓 名	任职时间
李杰庆	1962—1978
王希胜	1978—1986
赵绪来	1986—1990
李树亮	1990—1991
赵应华	1992—2000
赵祥来	2000—2011
王青财	2011—2014
李会敏	2014—2018

撰稿：赵志勇 高 辉

□ 于家寨村航拍图

于家寨村
YUJIAZHAICUN

　　于家寨村位于石庙镇东南部，南与皂户李镇河南张村隔沙河相望，东与前陈、后陈、沙窝张村相连，西与于陈、于韩村接壤。全村耕地面积1050亩，以农为主，生产小麦、玉米、棉花等。居民187户，人口649人。村民姓氏以韩、张、刘为主，另有路、于、杜、李、赵、辛等姓氏。村民均为汉族。

▶▶ 历史沿革

　　据史书记载，明洪武年间（1368—1398年），于姓始祖（名失考）由北直隶河间府枣强县迁居于此，建立村寨，名为于家村。后因红头苍蝇染病为灾，村中人多病亡，唯有炸油条的一户于姓人家存活。因此其村名改为于家在，因"在""寨"谐音，后讹传为于家寨，一直沿用至今。

1971年后，于家寨村隶属梁家乡大付管区。2000年为了便于管理，将大付社区一分为二，分为付南、付北两个社区，自此，于家寨村改属付南社区管理。2001年因乡镇合并，梁家乡合并到石庙镇，于家寨村改属石庙镇付南社区管理。

▶▶ 烈士名录

● **张连成**　1931年出生，1947年参加革命，同年加入中国共产党，志愿军六十七军二〇一师六〇三团战士，1953年牺牲于抗美援朝战争。

● **韩秀坤**　1900年出生，1944年加入中国共产党，于家寨村村长，1946年被还乡团杀害，区政府追认为烈士。

● **韩秀福**　1931年出生，1951年参加革命，同年加入中国共产党，志愿军六十八军二〇四师战士，1953年牺牲于抗美援朝战争。

● **张福恒**　1931年出生，1951年参加革命，志愿军六十八军二〇四师战士，1953年牺牲于抗美援朝战争。

▶▶ 特色产业

集市　2010年，于家寨村设立农村大集，每逢农历一、六开集。周边村庄以及皂户李、孙武、商河等地的商贩和群众聚集在于家寨大集进行交易。热闹的农村大集不仅给群众带来了方便，也极大地推动了村内商业经济的发展。

□ 于家寨大集

多业并举　自明初建村以来，经过数百年的沧桑变迁，于家寨村逐渐发展成为一个繁荣的村落，人口众多，经济繁荣。村民的经济收入主要以农业和务工为主。该村南邻沙河、一分干两条河流，东临高万沟，田地内分布着30余口机井，特别是该村农田经过高标准农田改造之后，农业生产条件得到进一步优化。同时，村里的商业经济也得到极大发展。目前，该村建有副食超市5个，馒头房、理发馆、快餐车一应俱全，村民还建起了农资服务站、鱼塘、养殖大棚。于家寨村农作物产量逐年提高，村庄经济快速发展，群众的钱包逐渐鼓了起来。

▶▶ 村庄教育

于家寨村一直重视教育，新中国成立初期，于家寨村就建有于寨完小，其位置位于付南联村办公场所驻地附近。当时的学校大门朝南，一进门就是两排宽敞的教室，往里走是三排宽敞的教室，再往里是学校的操场。1982年，在此基础上，建起了于家寨小学，进一步

□ 于家寨小学二十二级毕业生合影

满足了周边村庄孩子的上学需要。2006年于家寨小学合并到大付小学，应周边村庄群众需要，于家寨小学保留幼儿园部分。后因在校幼儿越来越少，2023年于家寨幼儿园合并到大付幼儿园。

▶▶ 村庄发展

1980年，为了改变村庄脏乱差的现状，当时的村班子根据村庄实际情况，制定了村庄规划，开始对村庄进行改造升级。该村打通、拓宽了村内道路，在村内搭建起了三横一纵的主干道网络，一举改变了村庄脏乱差的面貌。

2012年，对村内道路进行了硬化，修起了三横一纵的沥青路，街巷也得到了硬化，全村道路硬化率达到100%。同时，镇政府在村北修建了混凝土路，对村南一分干路进行拓宽，将村东高万沟路进行了修缮，于家寨村群众出行得到极大便利。

▶▶ **村干部任职情况**

历任村党支部书记一览

姓　名	任职时间
张连新	1990—1992
韩玉亮	1993—1998
刘云岭	1999—2004
张连新	2005—2020
韩玉银	2021—

历任村行政负责人一览

姓　名	任职时间
韩庆元	1990—1992
韩玉金	1993—1998
张福忠	1999—2001
于秀田	2002—2007
张福忠	2008—2010
韩玉银	2011—2013
张福忠	2014—2018

撰稿：柴伟伟　冯昊天

□ 北骆村航拍图

北骆村

BEILUOCUN

北骆村位于石庙镇北部，距离镇政府驻地约 7.5 公里，东与阳信县接壤。有骆、武、刘、曾、冯、寇等姓氏，均为汉族。有居民 131 户，人口 377 人，耕地 986 亩。以农业为主，主产小麦、玉米、棉花。

▶▶ 历史沿革

相传，明宣德年间（1426—1435年），骆姓始祖（名失考）由河北省枣强县迁居于此，立村骆家。1985年建村民委员会时，因避重名，更名为北骆村，以其位于镇域北端故名。新中国成立前后，北骆村属于二区九少林寺乡；1955年至今属于石庙乡（区、公社、镇）。

▶▶ 文物古迹

在北骆村内西北处骆氏院内，有一棵老槐树，相传已有两百多年历史。

这棵老槐树树干粗壮，枝繁叶茂，经过多年的风雨洗礼，树干上布满了岁月的痕迹，但它依然屹立不倒，向世人展示着顽强的生命力。它宛如一位沧桑的老者，守望着这片土地。它见证了村庄数百年的变迁，也见证了村民们的生活变化，承载着村民们的记忆与情感。

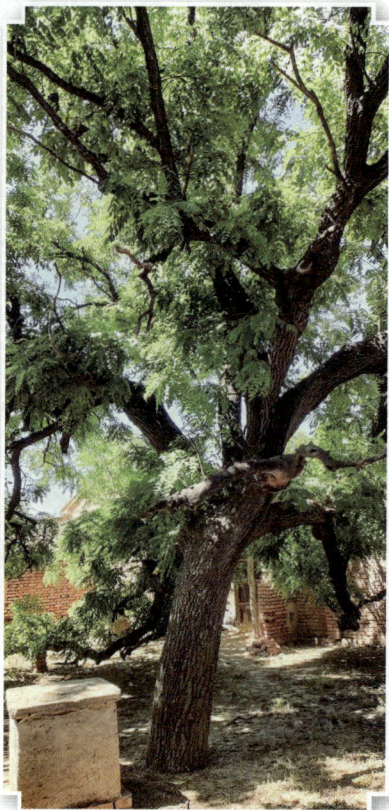

□ 百年大树

▶▶ 烈士名录

● **骆玉林** 1927年出生，石庙乡联防队队员，1948年牺牲。

● **骆希考** 1929年出生，石庙乡联防队队员，1946年牺牲于惠民王集村。

● **骆希才** 1927年出生，1943年参加革命，惠、济、商三边县大队战士，1947年牺牲于惠民县。

● **骆山冲** 1929年出生，1944年参加革命，石庙区小队战士，1944年牺牲于石庙。

▶▶ 村庄名人

● **骆希岱** 1955年12月出生，中共党员，曾任惠民县委组织部副部长、沾化县委副书记、滨州市老龄工作委员会办公室主任。

● **骆希泉** 1956年7月出生，中共党员，曾任山东省军区潍坊军分区某团团长，参加过老山战役，1996年转业到山东省阳信县，任武装部部长。

● **骆之岭** 1972年3月出生，中共党员，曾任武警部队山西支队参谋长，2018年转业到山西省公安厅，现任山西省看守所一级高级警长。

▶▶ 教育卫生

教育 新中国成立后，村里建起了小学。村里的学龄儿童能及时接受学校教育。骆忠崇成为一名民办教师，为教育事业贡献自己的才智。随着教育变革，村小学撤销。

卫生　20世纪70年代，村里建起卫生室。骆希花、骆希明先后任赤脚医生。村卫生室于1989年撤销。

▶▶ **百岁老人**

● **史奎芝**　女，1921年出生，她脸上刻满了岁月的痕迹，皱纹如同沟壑般深邃，记录着漫长人生路上的风风雨雨。她不仅见证了历史的变迁，更是传递着中华民族传统美德的使者。

▶▶ **村干部任职情况**

历任村党支部书记一览

姓　名	任职时间
骆玉槐	任职时间无记载
骆希忠	任职时间无记载
骆希堂	1973—1976
骆之道	1977—1989
寇玉良	1990—1991
骆之武	1991—1995
骆希辉	1996—

历任村行政负责人一览

姓　名	任职时间
骆代学	任职时间无记载
骆希常	1973—1985
骆希田	1986—1989
骆之武	1990—1991
骆希民	1991—1992
骆希德	1993—1995
骆之圣	1996—1997
武士华	1997—1998
骆希伟	1998—2018

撰稿：骆和伟　盖笑笑

□ 李后池村航拍图

李后池村
LIHOUCHICUN

　　李后池村位于石庙镇政府驻地东北方向 3 公里处，南邻梁家村，西北靠大霹雳庄村，北临支二沟，东接白鹭新村，村庄呈东西走向、长方形聚落，有居民 115 户，人口 490 余人，耕地 1200亩，作物种植以小麦、玉米、棉花为主。姓氏以李、高为主，另有陈、王、巩等姓氏，均系汉族。

▶▶ 历史沿革

　　相传，明嘉靖年间（1522—1566年），李姓始祖（名失考）由河北省枣强县迁居于此，因村前有一水池，名李后池，故其村以池名村。李后池一名之由来，源于传说：宋朝包公在陈州放粮时遇到受害的李氏皇后，就是用此池之水沐浴后更衣回京的，故此池被称李后池。

新中国成立后，隶属于石庙区（公社、乡），1971年隶属于梁家公社（乡），2001年隶属于石庙镇。

▶▶ 民间传说

李后池村关于李氏皇后的传说有多种说法，一种是李后娘娘因国家沦陷被迫流亡，在流亡途中晕倒于此池旁，恰好被一位名叫杨永的年轻人用池水相救，两人一见钟情，彼此深爱。另一种说法是李后娘娘于国家动荡之际沦落于此，以死殉国，后饮此池水复活。此事传遍了方圆百里，便日夜都有人来这"李后池"求这百病皆治的"圣水"。直至引黄灌溉后，才把这救了李后的池子淤为平地，实为憾事。

▶▶ 烈士名录

● 李振岐　1934年出生，1951年2月参加革命，志愿军六十八军二〇四师六一一团战士，1952年牺牲于抗美援朝战争。

▶▶ 特色产业

李后池村在发展农业的同时，又建起了滨州市嘉乐城绳网有限公司。该公司现有员工近50人，主营绳网加工和手工活业务，拓宽了本村村民及周边村群众的收入来源。

▶▶ 村庄发展

道路建设　在采访中，80岁的老党员李振平介绍，20世纪70年代李后池村的路叫迷糊道，进村后道路拐弯抹角，有的胡同刚刚能够挤进人去，更不用说骑车了。新中国成立后，村民都觉得出入太不方便，议论纷纷，村领导班子考虑村庄要发展与进步，必须规范村庄，经多次与村民商谈，集资修路搞建设，村领导班子带头，就这样，在1980年村内铺上了乡镇最早的柏油路面。

艰苦创业　老党员高振友回忆道，他在当时的小公社工作，受梁家乡人民政府的指派，1970年组织几位老同志去离家十五里的盐碱地建窑厂。在当时去建窑厂的人员，先在盐碱地里搭起窝棚自己住，北风当电扇，大雪当炒面，不畏艰苦，吃住在工地，加快窑厂工程建设。这期间，自己还要外出购买机器，下江南，去北京，数月不回家，经过两年的艰苦创业，于1972年窑厂顺利投产。

▶▶ 百岁老人

• **袁士英**　女，1920年出生，历经历史沧桑，见证了新中国的成立与改革开放等一系列历史进程，经历了近现代中国乾坤巨变，是历史的见证者。

▶▶ 村干部任职情况

历任村党支部书记一览

姓　名	任职时间
高振林	1971—1981
李廷新	1981—1999
李洪文	1999—2005
高德贵	2005—2008
高明秀	2008—2011
李俊清	2011—

历任村行政负责人一览

姓　名	任职时间
李廷新	1971—1981
李洪文	1981—1999
高德贵	1999—2005
高明秀	2005—2008
李俊清	2008—2011
李俊清（兼）	2011—2018

撰稿：赵延辉　苗胜林

□ 伞赵村航拍图

伞赵村

SANZHAOCUN

伞赵村位于永安—莘县公路东南侧，石庙镇政府驻地东北方向3公里处，北邻白鹭新村，东临翻身沟，南接牧原养殖基地。村内四条柏油路呈"丰"字形，便于村民通行。现有居民73户，人口249人，耕地1200亩，以种植小麦、玉米、棉花等作物为主。村民均为赵姓，均系汉族。

▶▶ 历史沿革

明宣德年间（1426—1435年），赵姓始祖（名失考）由河北省枣强县迁此立村，因始祖以制伞卖伞为生，故取名为伞赵村。

新中国成立后，隶属于石庙区（公社、乡），1971年隶属于梁家公社（乡），2001年隶属于石庙镇。

▶▶ 民间传说

春秋末年，中国古代著名木工师傅鲁班常在野外做事，若遇到下雨天常被淋湿，鲁班的妻子想做一种能遮雨的东西，她用竹子劈成细条而后蒙上兽皮，样子就像一个"亭子"，收拢如棍、打开如盖，这就是最早的雨伞。纸出现后，人们在伞纸上涂上桐油来防水，文人雅士也会在上油之前，在伞面上作画题诗以遣情怀，明清时期，油纸伞多出现在民间，一直是民间的主要雨具。

据传，伞赵村的起源可能与古代的一位赵姓贤人有关，这位先贤带领村民抵抗自然灾害挽救了村庄。因此，村民们为了纪念英雄的勇敢行为，将村子命名为"伞赵村"。

▶▶ 烈士名录

● **赵岭臣** 1924年出生，伞赵村民兵队长，1947年被还乡团杀害，追认为烈士。

□ 村广场

▶▶ 村庄名人

● **赵景富** 现名赵玉清，1922年出生，1939年入伍，曾任宁夏军区司令员。
● **赵安胜** 1962年出生。20世纪80年代初，因身体残疾受限，未能进入大学，便在家乡做了一名民办小学教师，后转正，于2022年退休。工作之余，努力学习深造。通过高等教育自学考试，相继获得大学专科、本科学历。在学术研究与文学创作方面，取得了一定的成绩，尤其是在《红楼梦》研究方面，更加突出。在国家级专业期刊上，发表红学论文多篇。多次在市社科联论文评选中获奖。2016年，被吸纳为中国《红楼梦》学会会员，并获得山东省"齐鲁文化之星"、滨州市"渤海英才·十佳文化英才"等奖项。

▶▶ 特色产业

制伞工艺 伞赵村昔日以制伞闻名，所做油纸伞美观大方，结实耐用。伞赵村的油纸伞的制作过程非常烦琐，全部依赖手工完成。民间有谚语："工序七十二道半，搬进搬出不消算"。经选竹、钻孔、拼架、穿线制成骨架，并把裁好的纸粘上骨架，修边、定型、曝晒，最后绘花、上油，待完全干后方可使用。可惜由于年代久远，伞赵村制伞工艺未能完整保存下来。

个体经济 本村居民赵会忠，多年来致力于造福村内百姓，于伞赵村内建起了无骨鸡爪加工点，提供就业岗位20余个，也带动了全村及周边村庄的经济发展。

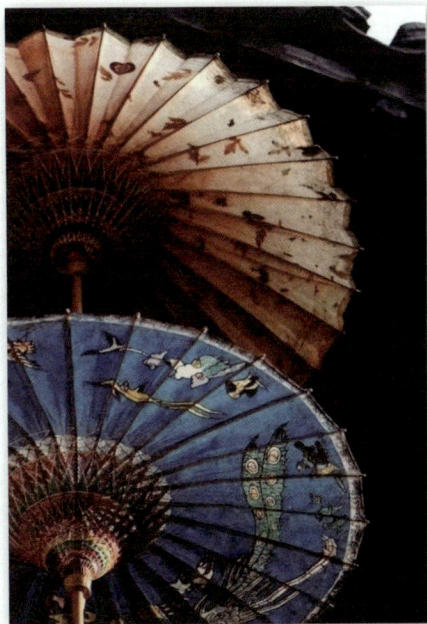

□ 油纸伞

▶▶ 村干部任职情况

历任村党支部书记一览

姓　名	任职时间
赵先芳	1955—1975
赵令胜	1975—1985
赵延增	1985—1995
赵延荣	1995—2006
赵希明	2006—2009
赵先文	2009—2012
赵延亮	2012—2015

姓　名	任职时间
逯淑华	2015—2018
赵克新	2018—2021
赵延福	2021—

历任村行政负责人一览

姓　名	任职时间
赵连华	1955—1975
赵先义	1975—1985
赵先泉	1985—1995
赵希明	1995—2006
赵先文	2006—2009
赵先泉	2009—2012
赵延福	2012—2018

撰稿：赵延辉　苗胜林

□ 张上梁村航拍图

张上梁村

ZHANGSHANGLIANGCUN

张上梁村位于县城西 12 公里处，北与平家村相邻，西与孙田吴村相邻，东与小杨村相邻，南与王东安村相邻。共有居民 244 户，人口 781 人，有张、王、程、范等姓氏，均为汉族。耕地面积 1737 亩，经济以农业种植、个体工商、家庭养殖为主。

▶▶ 历史沿革

相传，明宣德年间（1426—1435年），始祖张上梁由北直隶河间府枣强县迁居于此，以其姓名为村名。

张上梁村 1932 年隶属惠民县第二区，1950 年隶属惠民县石庙区，1971 年至 1984 年间隶属石庙公社大田管区，1991 年隶属石庙镇大田办事处，2014 年隶属石庙镇大田社区，2021 年隶属石庙镇大田联村。

1976 年，张上梁村分为张上梁前村和张上梁后村两个自然村。

□ 张上梁村村碑

▶▶ 烈士名录

- 张德九　1933 年出生，1951 年 2 月参加革命，志愿军六十七军二〇一师六〇三团战士，1951 年牺牲于抗美援朝战争。
- 张万桐　1929 年出生，1949 年参加革命，志愿军二十军六〇师一八〇团战士，1950 年牺牲于抗美援朝战争。
- 张合夫　1924 年出生，1944 年参加革命，商惠独立队战士，1948 年牺牲。
- 张云成　1933 年出生，1951 年参加革命，志愿军六十七军二〇一师战士，1951 年 10 月牺牲于抗美援朝战争。

▶▶ 重要事件

八路军坟　1948 年 9 月 16 日，济南战役正式揭开序幕。9 月 24 日，解放省会济南，长清、齐河、历城三县同时解放。战役结束后，大部队根据命令南下继续作战，受伤的解放军战士被安排到百姓家中养伤。张上梁村张永树家

□ 张上梁村街景

中也接待了一名解放军战士（姓名不详），后因解放军战士伤情过重去世。张上梁村百姓为纪念济南解放战役、怀念解放军同志，为其修建了一座坟。虽然坟堆很不起眼，但是伫立坟前，依然感到无比肃穆。后来烈士的坟旁长出了一棵松柏树，当地老百姓根据松树特征，形象地称它为"常青树"。

还乡团罪恶 1946年5月20日夜，混入二区区公所的还乡团成员李玉祥，策反区中队一个班，打伤区长马景村，打死郭友彬等2人，劫走待决犯宋振山，后又到张上梁村杀害工作队员艾先民等3人。

▶▶ 村干部任职情况

张上梁前村历任村党支部书记一览

姓　名	任职时间
张化重	1979—1986
张广玉	1987—1991
张洪林	1992—2001
张保明	2002—2003
张道连	2004—2006
张保明	2007—2013
张学谦	2014
张洪林	2015—2017
王秀良	2021—

张上梁前村历任村行政负责人一览

姓　名	任职时间
张广玉	1979—1986
张洪林	1987—1991
张道连	1992—1999
张道科	2000—2001
张洪豹	2002—2003
王永平	2004—2010
张广明	2011—2018

张上梁后村历任村党支部书记一览

姓　名	任职时间
张习东	1990

姓　名	任职时间
张习杰	1991—2001
张学温	2002
张永木	2003—2005
张习东	2006
张永林	2007—2010
张永木	2011—2017
张　磊	2021—

张上梁后村历任村行政负责人一览

姓　名	任职时间
王全禄	1990
张学温	1991—1998
张永林	1999—2005
张永木	2006—2007
张习东	2008—2010
张永木	2011—2014
张佃国	2015—2018

撰稿：任华新

04

桑落墅镇
SANGLUOSHUZHEN

□ 桑落墅镇航拍图

桑落墅镇
SANGLUOSHUZHEN

桑落墅镇位于惠民县东北部，东邻滨城区，西接麻店镇，南和胡集镇接壤，北与阳信县毗连。全镇东西长10.5公里，南北宽6公里，镇政府驻地东临205国道，距滨大高速公路10公里，南靠220国道，境内有省道永莘路东西贯通。地处鲁北平原，黄河下游北岸，属白龙湾引黄灌溉区，境内有侯王店干沟、单家沟，沙河东西横穿全境。全镇辖6个联村、59个自然村，2.9万人，耕地面积6万亩，主要种植小麦、玉米、大豆等农作物。

▶▶ 历史沿革

桑落墅名称由来

由来一： 秦始皇称帝后，害怕江山不稳，希望自己长生不老。有一天，他远望东南方向，霞光万道，映红了天空。有一位大臣说东南有天子气，让皇帝亲自去压气。秦始皇开始东巡压气至碣石（无棣县碣石山），途中住宿桑落墅，因风起桑叶落在秦始皇的住处而得名"桑落墅"。

由来二：相传秦始皇东巡到东南沿海一带，见当地百姓人人穿着轻柔、华美的蚕丝衣服，就向当地人询问植桑方法，并要了桑树种子。回到都城咸阳后，才发现桑树种子遗落在桑落墅（桑——桑树种子，落——遗落，墅——住宿的别墅），故名桑落墅。

明嘉靖《武定州志》载：秦始皇三十七年（前210年），秦皇东巡驻跸于此，桑枝偶落，故名，并置厌次县。另据地方志记载，桑落墅始建于秦，明嘉靖二十七年（1548年）《武定州志·方城志》有"州东五十里曰永利镇"。汉为富平县治。元置巡检司于此。桑落墅与厌次是孪生地名，厌次侯国国都在今山东惠民县桑落墅。史载，元顷以谨慎为将，随刘邦入汉中……高祖六年（前201年）被封厌次侯。厌次侯国传二世：侯元顷——侯元贺。文帝前元六年（前174年），侯元贺阴谋造反被发现，厌次侯国被废除，恢复厌次县。自秦代至北魏泰常五年（420年）均为厌次县治。原为惠民县第六区。民国三十四年（1945年），驻地村更名河套孙区。1956年，更名桑落墅区。1958年7月，改为桑落墅乡，同年10月，桑落墅、陈集2乡合并为桑落墅公社。1961年，复为桑落墅区。1968年，复为桑落墅公社。1971年，析置陈集公社。1984年5月，复为桑落墅乡。1985年3月，乡改镇。2011年，桑落墅镇下辖14个联村。2017年，14个联村变更为桑落墅社区、韩龙章社区、庙尚社区、辛店社区、徐家社区、苇子高社区6个社区。2021年，经村（社区）两委换届，6个社区变更为6个联村（行政村），辖59个自然村。

▶▶ 文物古迹

苏家堡遗址 桑落墅镇苏家堡村有汉代遗址一处，曾出土汉代陶片，属县文物保护单位。此遗址在苏家堡村村东，苏胡路苏家堡桥北西侧，古时称"歇马亭"。

关帝庙遗址 桑落墅街关帝庙，初建于元朝，红墙绿瓦、飞檐风铃，非常壮观。由于年代久远，几经修复，最后一次重修是1916年。1951年，关帝庙被毁坏。庙内供三尊大小不同的关帝坐像。最前的关帝像半米高，中间的关帝像一米多高，最后的关帝像有二米半高，两旁有周仓、关平像，最小的关帝像在"行雨"等活动中被抬出。关帝庙的墙壁上，绘有"过五关斩六将""大破黄巾军"彩绘壁画，车马、人物栩栩如生。几百年来，每年农历六月二十四日关帝生日这天，在庙门前烧马、烧香者络绎不绝。

华严寺遗址 位于桑落墅东街，始建于唐朝贞观年间。寺院坐北朝南，前后两院，占地6000平方米，是典型的中国北方寺庙建筑，青石砌基，青砖砌墙，黄绿色琉璃瓦覆盖，飞檐翘角，四角挂满风铃，脊顶部饰以二龙戏珠，两山饰以兽纹，两厢格窗，雕刻细腻。后院殿内塑有如来佛祖和十八罗汉像，前院殿内塑有关帝像，塑像布局严谨，人物神态各异，栩栩如生。庙内有一口直径1米、高2米的铁钟，敲钟时方圆七八里可听得见。两扇紫红色的大门，每扇门有2米宽，门旁两尊石狮，庄重威严。门上楹联为"千年香火朝渤海，哼哈二将镇邵城"。华严寺一千多年香火不断，每年农历四月二十八日为庙会，最后一个和尚"德师父"在日寇入侵时亡故。寺院于1896年改为学校，1973年寺院正殿被拆毁，1986年学校迁往新校址，旧校址卖给农户。

宋古槐　桑落墅镇刘家店村有一棵宋朝古槐树，树龄在1000年以上，相传赵匡胤曾在此树拴过马。树高10米左右，树径1.5米，因遭雷击，主干枯空，部分脱落，尚有分枝成活，长势旺盛。

▶▶ 民间传说

青龙街传说　青龙街整个街道呈龙形，弯弯曲曲，东街为龙头，有龙眼、龙须，西街为龙尾，北街、南街为龙爪。相传北宋初年，开国皇帝赵匡胤和结拜兄弟郑子明微服私访路过此地，听说当地恶霸魏虎倚仗在朝为官的姐夫横行乡里，回朝后将魏虎的姐夫削职为民，魏虎也被官府抓去，并免除桑落墅人民三年钱粮，又招抚逃难民众重返家园。桑落墅人民为感谢赵匡胤的恩德，修建起青龙街以示纪念。青龙街建成后，声名鹊起，身价倍增，千余年来，市场繁荣，经济发达，至民国初年还流传着"一京（北京）二卫（天津）三桑落墅"之美誉。

泰山奶奶传说　在桑落墅镇苏堡村，供奉着一位老奶奶神像，为四乡八里的老百姓看病、赐福，当地人称她为"泰山奶奶"。以前，每年三月十五日泰山奶奶生日前一天傍晚，请戏班搭台唱戏，村民组织扭秧歌，方圆十里的群众来观看，场面非常热闹。现今，因青年大多外出打工，不请戏班，秧歌队组织不起来，只有夜市还在延续。

▶▶ 重要事件

桑落墅镇人民具有光荣的革命斗争传统，在抗日战争、解放战争、抗美援朝中，有100余人为革命事业光荣献身。仅1946年9月，桑落墅民兵进行剿匪战斗9次，毙敌8名，伤3名，俘2名，缴获长短枪13支，为保卫红色新政权立下了战功。1945—1949年，境内人民进行了轰轰烈烈的剿匪、反特、参军、支前、土改、治黄等斗争。

牟家事件　牟家村村文书牟文清，是混进我革命队伍中的异己分子，早年曾在国民党部队当兵，被俘后想加入中国人民解放军，政审时发现他有命案被遣返回家。但他见多识广，能说会道，又有文化，当上了村文书。1947年冬，他拉拢民兵队长刘明芝，伙同基干民兵数人叛变，暗地里和特务头子班泮铭（麻店）勾结，潜到牟家，晚上到学校企图消灭住在这里的区工作队。革命经验丰富的王学周与闻讯前来增援的苇子高联防大队击溃了牟文清一伙儿。刘明芝于1948年在天津落网，被政府镇压。牟文清在1968年清理阶级队伍时，畏罪自杀。

河南刘惨案　1947年农历八月十六日晚，遭到农会批斗的恶霸地主刘子登父子，为达到反攻倒算的目的，纠集残匪十几人，将河南刘村农会会长刘德水、村长的父亲刘长茂、农会积极分子刘凤鸣三人劫持，刘凤鸣、刘德水被害，刘长茂被救脱险。1948年秋，刘子登潜回本乡时被逮捕。1949年春，恶霸地主刘子登父子被政府镇压。

▶▶ 经济发展

新中国成立前，桑落墅镇农业发展缓慢。新中国成立后，进行了土地革命，实现农业合作化，发展农业科技，兴修水利，改良土壤，使农业生产

□ 桑落墅镇万亩麦田

得到了较快的发展。1956年，实行农业合作化以后，境内每年都进行水利建设，先开挖了支沟10条，斗沟12条。在改良土壤方面，兴修过台田，实行过大水压碱，开沟躲碱。在粮棉生产方面，不断引进良种，并且在梁家村进行小麦良种繁育。在棉花生产方面，推行过营养钵育苗移栽和地膜覆盖。1978年，中共十一届三中全会以后，农业实行联产承包责任制，调整产业结构，推广先进的耕作技术，全镇形成了农林牧副渔全面发展的崭新局面。1995年开始，境内进行农业综合开发（俗称方田建设），农业生产有了飞快发展。

桑落墅镇依托现有的土地资源，坚定不移推广土地托管流转，打造"金土地·共富田"品牌，与中化、圣豪等企业达成长期合作关系，新增托管、流转土地1.1万亩，带动集体增收150余万元，集中连片托管土地5800余亩，新增农业社会化服务土地7000亩。

唐宋时期，境内就有私营酒坊、油坊、木工、铁匠等。清代和民国时期，主要有酒坊、油坊、染坊、弓房、纺织、缝纫、鞋业、窑厂、酱菜、木工铺、铁匠铺和毡靴房等，但均规模不大，技术陈旧，发展缓慢。毡靴生产从清末民初到2005年，一直是境内特色产业，主要在总司庙、伙刘和河西尹村。1954年，境内办起了第一家镇办企业——铁木业社（俗称铁厂），主要生产农具（1980年停业）。1973年，公社在田家村以南建立了砖瓦窑厂，占地600亩，1977年产值达16.46万元，1982年由个人承包经营。20世纪60—70年代，境内有60%以上的村办起了村办企业，主要有弓房、油坊、染坊、缝纫组、机磨房、农机修配和铁编业（筛网）。

铁编筛网业是境内的特色产业，已经有五十多年的历史。最初，桑南村两位村民尝试着用胜利油田的废料钢丝绳编织成建筑用的轻筛网，结果试验非常成功，各村村民纷纷前往学习经验和技术，并由大队成立了副业小组，聘请了能说会道、头脑灵活的村民担任副业小组的负责人和业务员。在1977到1980年的四年间，业务员们带着编织好的样品去全国各地推销，结果一炮打响。一时间在桑落墅街成立了几十家筛网编织厂，擅长跑业务的走向全国推销产品，擅长生产的在家中组织人员生产。20世纪90年代曾有"中国铁编筛网之最属大桑"的说法，发展至近百家加工厂，产品有上百种规格，从业人数一万余人，产生了一大批万元户。1980至1985年，桑落墅镇筛网被定为惠民县八大支柱产业之一。1995年成立了山东省兵圣筛网有限公司，由此桑落墅镇的筛网行销全国，并出口东南亚、美国、澳大利亚等十几个国家和地区。至今筛网制造仍是桑落墅镇举足轻重的产业，并形成了原材料销售、筛网加工、筛网销售三位一体的现代化产业。

十一届三中全会以后，乡镇企业、民营企业迅速发展起来。镇办企业主要有富平造纸厂，投资500余万元（1992年停业）；羊绒加工厂，投资640余万元（1999年停业）。民营企业主要有龙凤面粉厂、渤海面粉厂、红星面粉厂、鑫艺制衣厂、康旺食品有限公司等，全镇形成了以面粉加工、铁编生产、羊毛衫加工、地毯加工四大产业为龙头的优势发展格局。1999年，镇政府在桑落墅街西首创办了开发区，投资120万元，占地900亩，先后招引山东富瑞工贸有限公司等企业落户，大力推动山东龙凤面粉有限公司、兵圣筛网有限公司、华红家具有限公司等提档升级。现已形成以"阀门制造、粮食加工、家具生产、铁编筛网"为主的四大产业集群。

▶▶ 文教卫生

教育事业　在清代，境内建立义学（靠捐资或公田生息创办）3处，其中有植英义学（苇子高村）、扶正义学（东西刘村）、济公义学（永利镇）。1911年，境内办起了第三公立高级小学（当时全县有5处），校址在桑落墅街东首华严寺，1943年，称为永成中学。1948年，区政府创办了完全小学一处，校址在总司庙村，1951年迁至桑落墅街东首华严寺，惠民、阳信、滨县有不少学生来校就读。1956年，在桑落墅镇创办惠民二中，有12个教学班，学生600余人。1970年，根据上级指示，境内实行教育改革，境内设立高级中学一处（原惠民二中，1991年撤离），初级中学6处，小学54处。2022年，撤销初级中学，合并于惠民县一实东校区，境内现有学区小学4处、幼儿园4处。

文化事业　民间艺术丰富多彩，京剧、吕剧、河北梆子风行全镇。秧歌、龙灯、芯子、高跷、旱船、莲花落、狮子舞等民间艺术表演争奇斗艳。拳术、大刀、花枪等民间武术，异彩纷呈。桑落墅的传说、华严寺传说、火奶奶的传说引人入胜。毡靴、擀炮仗等手工技艺县内闻名。从新中国成立后直到1958年，各类民间艺术处于兴盛时期，每逢春节、元宵节，都纷纷搭台献艺，或者到各村巡回演出。20世纪70年代，有30%以

□ 提档升级后的桑落墅镇综合文化站

上的村建立了文艺宣传队或业余剧团,在春节或元宵节期间演出。公社建立了京剧团,演出革命样板戏,曾经应县革命委员会邀请,在县委礼堂作汇报演出,并代表惠民县到治河工地进行慰问演出。公社建立了文化站、广播站、电影放映队。1981年以后,各村各户陆续购置了电视机,2003年有线电视全面开通,进一步丰富了人们的文化生活。为满足群众需求,桑落墅镇近年来大力发展文化体育事业,建设高标准健身广场1处、篮球场1处,为20个村安装健身器材40余套,提升改造村级文体活动场所17处,满足群众日常文体生活需求。2023年,聚力乡村文化振兴,组织开展篮球赛30场、广场舞展演12场,邀请省话剧院儿童话剧团到我镇演出3场、市县送戏下乡59场、公益电影播放105场,以"苏堡戏剧"为基点,大力培育秧歌队、广场舞队等民间文艺组织,服务群众达7000余人次。

卫生事业 1949年以前,境内就有卫生所,并且有医生出诊治病。1956年,设立桑落墅镇卫生所,直属县卫生局领导。1963年,在桑落墅西街建立了区卫生院,设有门诊和病房,工作人员有12人,同时在少数小公社(现在的办事处)驻地设立了门诊部。1966年,桑落墅南街修建了地段医院,西街卫生院与之合并,有医护30人,病床50张。20世纪70年代,境内村村建立了卫生室,公社统一培训、配备了赤脚医生。1988年,桑落墅地段医院归乡镇管理。2005年,在上级有关部门的支持下,镇卫生院迁至开发区内,修建了二层楼房,占地2.25亩。2023年,镇卫生院进行提档升级,建成智能化接种门诊,完成魏家村博爱卫生室建设。

▶▶ 领导更迭

桑落墅镇历任党组织领导一览

姓 名	职 务	任职时间
王学周	六区委书记	1949年10月—1951年8月
于德堂	六区委书记	1951年11月—1954年5月
李传月	六区委书记	1954年9月—1955年9月
	区委书记	1955年9月—1956年12月
孙玉桐	乡党委第一书记	1956年12月—1958年2月
于德堂	乡党委第一书记(兼)	1958年2月—1958年9月
尹仲武	公社党委书记	1958年9月—1960年2月
赵春生	公社党委书记	1960年3月—1961年12月
	区委书记	1961年12月—1966年3月

姓名	职务	任职时间
李传月	区委书记（代理）	1966年3月—1967年1月
赵春生	公社革命委员会 党的核心领导小组组长	1969年12月—1971年4月
	公社党委书记	1971年4月—1973年1月
苏明纲	公社党委书记	1973年1月—1977年9月
康振刚	公社党委书记	1977年9月—1981年4月
冯希柱	公社党委书记	1981年4月—1984年5月
	乡党委书记	1984年5月—1985年3月
	镇党委书记	1985年3月—1986年7月
张德新	镇党委书记	1986年7月—1989年11月
李永胜	镇党委书记	1989年11月—1995年3月
屈传海	镇党委书记	1995年3月—1997年12月
房泽民	镇党委书记	1997年12月—2001年3月
康存生	镇党委书记	2001年3月—2003年9月
王 凯	镇党委书记	2003年9月—2006年2月
乔福民	镇党委书记	2006年2月—2008年11月
郭兴文	镇党委书记	2008年11月—2012年5月
刘洪军	镇党委书记	2013年2月—2016年12月
郑永学	镇党委书记	2016年12月—2020年6月
李保国	镇党委书记	2020年6月—2021年12月
黄 涛	镇党委书记	2021年12月—

桑落墅镇历任行政领导一览

姓 名	职务	任职时间
崔庆芳	六区区长	1949年10月—1950年5月
王克勤	六区区长（代理）	1950年5月—1950年9月
	六区区长	1950年9月—1950年11月
崔国斌	六区区长	1951年11月—1955年9月
	区长	1955年9月—1955年11月
沈伯祥	区长	1956年4月—1956年12月
李岐山	乡长（兼）	1956年12月—1958年9月
李传月	公社管理委员会社长（兼）	1958年9月—1961年12月
	区长（兼）	1961年12月—1967年1月
赵春生	区革命委员会主任	1967年6月—1968年4月
姜法亮	区革命委员会主任	1968年4月—1969年9月
	公社革命委员会主任	1969年9月—1969年11月

姓 名	职务	任职时间
赵春生	公社革命委员会主任（兼）	1969年11月—1971年4月
	公社革命委员会主任	1971年4月—1973年1月
苏明纲	公社革命委员会主任（兼）	1973年1月—1977年9月
康振刚	公社革命委员会主任（兼）	1977年9月—1979年5月
冯希柱	公社革命委员会主任	1979年5月—1981年1月
	公社管理委员会主任	1981年1月—1981年6月
韩日文	公社管理委员会主任	1981年6月—1982年1月
宫洪利	公社管理委员会主任	1982年2月—1984年5月
张宝峰	乡长	1984年5月—1985年3月
	镇长	1985年3月—1986年7月
宫合川	镇长	1986年7月—1987年3月
刘长林	镇长	1987年3月—1990年3月
孙仲祥	镇长	1990年3月—1993年1月
孙连山	镇长	1993年1月—1995年8月
赵相福	镇长	1996年1月—1997年11月
康存生	镇长	1998年2月—2001年3月
贾俊明	镇长	2001年3月—2002年1月
刘宝乾	镇长	2002年1月—2006年2月
张绍辉	镇长	2006年2月—2008年1月
常建忠	镇长	2008年1月—2011年1月
刘洪军	镇长	2011年1月—2013年2月
郑永学	镇长	2013年2月—2016年12月
范士超	镇长	2016年12月—2021年12月
张 军	镇长	2021年12月—

撰稿：张园园　刘建刚　杨鹏宇

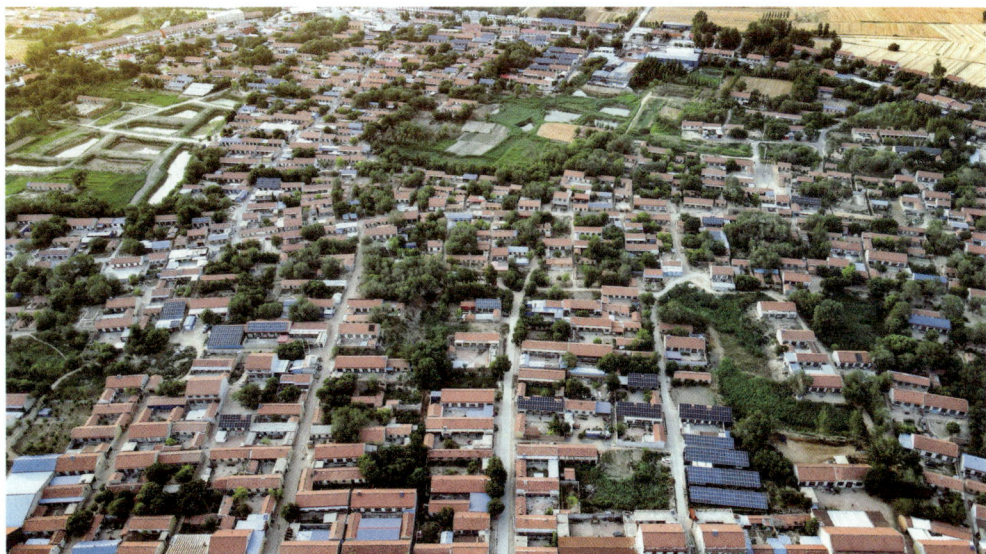

□ 桑中村航拍图

桑中村
SANGZHONGCUN

桑中村位于桑落墅镇政府驻地东南0.7公里处,现有900余人,278户,党员22名。以刘、张、梁三姓为主,兼以王、季、李、陈等四姓。耕地1000余亩。新中国成立初期,因重新划分行政区域,设立桑落墅公社,因村庄居于桑落墅公社中心,故称为"桑中街",简称为"中街"。

2019年9月,获得惠民县第二届各镇(街道)广场舞交流展示会演组织奖。2020年10月,获得惠民县各镇(街道)"迎重阳"广场舞交流展示汇演组织奖。

▶▶ 历史沿革

桑落墅历史悠久,据考证,五千年以前,这里就有人聚居,夏属兖州城,商为蒲姑国,周为齐国境,春秋战国为齐地。公元前210年,秦始皇东巡驻跸于此,看到桑枝偶落,随口道:桑树落叶矣。随行的文史官赶忙记录下来"桑树落叶，桑落墅矣"，桑落墅因此而得名。在桑落墅境内流传着一句"前有季札墓，后有桑落墅"的民间谚语。1989年，桑中村一分为二，桑中原1—5队为桑中村，原6—7队为桑东村。桑落墅办事处由原来的5个村变为6个村，即桑东、桑西、桑南、桑北、桑中、刘家店。这就是桑落墅村民们俗称的"五街一店"的来历。

▶▶ 文物古迹

青龙街 桑落墅镇又名"永利古街""青龙街"，相传是为了感恩宋太祖赵匡胤而建。整个街道呈龙形，弯弯曲曲，东街为龙头，有龙眼、龙须，西街为龙尾，北街、南街为龙爪，街头有分岔路口，分向两边，那是龙须所在。在龙眼处曾经有座始建于唐朝的大寺——华严寺，是方圆几十里的佛教圣地。每天晨钟暮鼓，香客如织。自元代至清代的古街周围，又相继建成玉皇庙、关帝庙（南街）、三官庙（西街）、镇武庙（北街）。"有庙就有会"，密集的庙宇就催生了香火旺盛的庙会。每年的农历二月、三月、四月、六月、十月和腊月都有庙会。现在，街内的各种古建筑、各式各样的庙宇被拆毁殆尽。

王家院子 "王家院子"位于青龙街的正中央，始建于明末清初，明清时期是典当铺及家属院。民国时期是家医院，名为"信誉堂"，老板林长进，医生李克度。1940年，王氏兄弟共同购买此院落，后来人们称之为"王家院子"。

王家院子为标准的套院式四合院，院落中央有个大戏台，每年10月，农忙结束后，举办一年一度的戏曲大会，京剧、吕剧戏班等竞相争艳，吸引

□ 桑中村老式门楼

□ 桑中村永利老街牌坊

着方圆几十公里的百姓，一直延续至解放初期。1947年，陈毅、粟裕率领华东野战军取得孟良崮战役胜利，当时前线部分伤员渡过黄河在这里养伤休整。王家院子的当家人王俊奎老师，带领全家9口人搬到南库房，同时动员家族其他人员腾挪房屋，把院落让给解放军居住。前后院及左右偏房住进一个150人左右的加强连，连长叫李丙华。解放军走后，渤海军区进行剿匪行动，剿匪司令冯鼎平驻扎于此指挥。一次剿匪汲家湾，战士梁东生负伤，同志们用门板将其抬回来在此治疗。同时期剿匪等重刑犯关押于南院平房，时称"监狱"，历时两年左右。1956年前后，农业合作社在此（只占用1~2间），医院1961年前后搬走，王俊奎家人及族人才搬进自己的房屋。现居住桑北、桑西、桑南的部分王氏家庭都是当时为解放军、剿匪队腾院落户的。

王俊奎死后王家院子被小儿子王景彬继承，原大部分院落及屋舍已被拆除，现存王俊奎正房，房屋为框架填充式四角挑檐屋脊结构，屋顶为青色脊石，雕有云纹，四角挑角，瓦为青色普瓦。主体为木质框架，填充厚实的黏土。里面屋顶为3公分厚扁担式蒲板，屋内结构为典型的北方迎门客厅，两边为厢房。

梁家馆　"梁家馆"位于中街，是闻名永利古镇周围几十里的一家老字号旅店和餐馆。四间门面房，一溜板搭门。院内有东、西两厢房数十间供客人居住，院内北边有东、西、北三面大草棚，可满足南来北往的马车停放和喂牲口之用。馆内主要经营包子、大饼、面条等。如有自带干粮者，可以青菜、油、盐烩之，供客人享用。其次是茶水，也卖于街坊邻居饮用。梁家馆的创始人梁老爷子以走街串巷卖"野包子"起家，发展到起家立店，后交由两个儿子打理，老大叫梁春泽，老二叫梁春芳。

梁春泽、梁春芳过世后，梁家馆逐渐萧条冷落，不得不关门停业。每到农闲时节，古街上的老人还会来这里。由于年代久远，梁家馆大部分已经塌坏。

中和合和　"中和合和"当铺始建于清朝年间，距今有170多年的历史，创始人是张世清的祖父。张世清的祖父是个生意人，走南闯北，贩运木材和粮食，在京城经营过铺子，做过武定府九家当铺的总代理，生意兴隆，置下了厚实的家业。路北一共十几间的前出檐门面房，东西二十米左右，向北延伸至街北东西道，院落十几座，宅基十八亩。

后来永利镇大刘家人王博设局骗取中和合和经营资金，中和合和元气大伤，出现衰败迹象。其祖父集思广益，于贫困中建房，装饰门面，聚拢人心，钱粮和当铺的各种物资收上来了，扣去盖瓦房的所有费用，还剩下近一半，从此，中和合和安守家业，遵守济世为民的处世之道，也使得中和合和得以流传。

▶▶ 历史人物

● 张元亨　张氏家族十二世祖，在清朝道光十八年（1838年）戊戌科考取了进士，那年全国共考取了194人，其中一甲3名，二甲82名，三甲109人，张元亨位列三甲第41名。史书记载是山东武定府惠民县的最后一名进士，被任命为云南保山县知县。张元亨为官清正廉明，深受保山县老百姓的爱戴。因为官声良好，被提升为莱州刺史。在赴任的途中，由于长途劳累，身体不适，又因天气炎热患急病去世。

● 刘绳修　具体生辰不详，清朝进士，曾任浙江金华知府，是桑中村刘姓人的祖先，其画像在后人刘树忠家中保管，每年过年将画像请出，供后人瞻仰与祭拜。据传，刘绳修的墓地建在刘家台子，也就是今沙河以北、玉皇口以东的位置，也有人说这里埋葬的是季札。

▶▶ 村庄发展

1978年，村民杨观振、李金城各自购得一辆雅马哈80摩托车，为桑中村最早购买摩托车者。

1978年秋季，桑中村个体私营户杨观振购买了全村第一台14寸黑白电视，此事引起全村轰动，村民争相去他家观看。

1979年，桑中村村民张德华购买了全村第一辆上海产"飞鸽"自行车。

1980年夏季，桑中村村民梁同军的全镇第一家带有工商营业证的代销处开业。

1981年，桑中村第一家村办企业解散，随之而起的是桑中个体私营企业兴旺发达，所生产的45#中碳钢振动筛网行销全国，并被列入惠民县八大支柱产业之一。

1982年底，村民梁同军的砖瓦房经过一年多的施工后拔地而起，并且是桑中老街南北对街两个院，是整个桑落墅镇第一家红砖瓦房。

1995年，经桑落墅办事处全体个体私营大户的集体协商，"山东兵圣筛网有限责任公司"挂牌成立。从此，兵圣筛网行销全国各地并出口东南亚等十几个国家。

1996年，桑中村私营户张玉乾购买了全镇第一辆小轿车"桑塔纳2000"，牌照"31027"。

2019年8月28日，桑落墅镇第一家"乡村书屋"在桑中村商业街建成，书屋创建者是桑中村监事会会长张玉乾，书屋的建成得到县、镇、社区和村委的大力支持，并得到山东农村大众报社、滨州电视台、惠民电视台的大力宣传。

▶▶ 特色产业

桑中村作为历史商贸集散地，依托商场街，每逢农历初三、初八日开设大集，多数农民从事经商活动。村集体正谋取一条搞好村庄规划、加快土地流转、建设新型社区的经济发展道路。

▶▶ 村干部任职情况

历任村党支部书记一览

姓　名	任职时间
孙凤英	1961—1963
蔡福祥	1963—1971
张在忠	1971—1988
刘在祥（副主任主持工作）	1988—1990
刘化祥	1990—1994
陈方玉	1994—1997
张玉贵	1997—2003
季在诚（代理）	2003—2006
梁中千	2006—2012
张玉海	2012—2015
梁同军	2015—2018
梁中千	2018—

历任村行政负责人一览

姓　名	任职时间
张在忠	1963—1988
张玉堂	1988—1990
季廷合	1990—1994
刘华民	1994—1997
梁中千	1997—1999
张庆海	1999—2003

姓　名	任职时间
梁中千	2003—2012
李金城	2012—2018

撰稿：张玉乾　李　娇

□ 桑南村航拍图

桑南村
SANGNANCUN

桑南村位于桑落墅镇政府驻地东南 0.6 公里处，南邻沙河。有 700 余人，180 余户，党员 26 名。以尹、王、刘、郭、邢等五姓为主。耕地 880 余亩，村内住房及交通情况良好，环境优美。

2016 年 7 月，获得惠民县第四届广场舞大赛三等奖；2019 年 2 月，被桑落墅镇党委政府评为 2018 年度土地流转工作先进村；2020 年 2 月，被桑落墅镇党委政府评为 2019 年度先进村居；2023 年 5 月，被桑落墅镇党委政府评为桑落墅镇美丽庭院标杆村。

▶▶ 历史沿革

新中国成立初期，现在的"五街一店"统称为桑落墅街。1956 年，因行政改革的需要，桑南村独立出来。在 1958 年"大跃进"时期，桑南村合并到"桑北大社",因村庄位于桑落墅公社南边,故称为"桑南街",简称为"南街"。

▶▶ 文物古迹

据村里长者回忆,过去的家谱中曾记载:桑落墅关帝庙是由千余户乡亲捐资而建,主要建筑有山门、仪门、卷棚、大殿、春秋阁等。现在只能看到外墙包砖、中间土坯、内壁10公分的保暖层,已是残垣断壁、梁椽腐烂、砖瓦碎片的遗址,地下还埋藏有部分石刻。

▶▶ 民间传说

关帝庙 关帝庙在桑落墅古街的南街上。至今街上还有它的不少传说。据南街的老百姓说,从抗日战争至今的近九十年中,没出现过一个伤残军人。还有一年,天气大旱,庄稼颗粒无收,人和牲畜饮水都成了难题。住在关帝庙对过的季学英带头在南街每家每户收取一毛钱,依据在娘家学到的古方到关帝庙祈雨,第二天就下了一场大雨。季学英祈雨这件事美名远扬,至今还在传颂。

季札墓 相传,吴国名公子季札出使晋国,他坐船先到齐国,又到晋国,等把事办妥了原路返回,不想在桑落墅得了大病,久治不愈在此谢世,就地安葬,随行的人就是守墓人,也就是季姓始祖。据传,季札墓现在位于桑落墅街刘家台子,也就是现在的沙河以北、玉皇口以东的位置。因此就有了"先有季札墓,后有桑落墅"的说法。

▶▶ 历史人物

桑南村在清朝末年先后考中进士1人,秀才2人。因年代久远,家谱上只记载寥寥几笔,故无法查对细节,只能在村中老年人的只言片语中总结出历史人物。

- **殷在田** (生卒不详),考中进士,官至现在博兴、高青两县的学政。
- **季华东** (生卒不详),考中秀才,是当时四大书法家之一。
- **季华善** (生卒不详),考中秀才。季华东与季华善两位秀才的居住地,被后人雅称为"圣人府",俗称"老过道",以此来纪念两位秀才,也希望后人能借此激励自己考取更高的功名。以前大约居住了20户,现在30户左右。

● **郭名扬** 民国时期，桑落墅南街郭名扬的书法，字体遒劲，闻名遐迩。

▶▶ 村庄发展

1955年，成立了桑落墅镇第一个互助组。

1968年，开办了桑落墅镇第一家成衣社，创办人是王秀荣、季东鲁及殷学荣三人。

1973年，开办了桑落墅镇第一家照相馆，取名为"红光照相馆"，创办人是季书森。

1978年，开办了桑落墅镇第一家集体所有的铁编厂——桑南铁编厂，时任书记殷秀芝。

1979年，成为全镇第一个自主发电且全村通电的村庄，时任书记季东海。

□ 桑南村庙宇

▶▶ 特色产业

1978年，桑南村成立了第一家铁编厂——桑南铁编厂。其产品开始用于民间养殖笼舍，后因建房需要过滤砂石，逐渐发展到筛网，随即开始走向全国，1990年前后达到鼎盛。桑落墅镇60%的农户从事铁编加工，因质量好，在全国享有盛名，与商河铁编并称"鲁北二编"，桑落墅镇铁编主要是以筛网为主。桑南村铁编以港口废弃铁丝绳为原料，进行破解二次加工，主要用于矿产过滤，现又向铁路护网、化工、养殖护网方向发展。

21世纪初，铁编曾有一段低迷时期。近年来，镇上、村里重视工业发展，先后成立青龙筛网、政通筛网、寿昌筛网、兵圣筛网四家合作社，进行抱团发展，生产工艺随之向机械化发展，桑落墅镇"铁编之乡""筛网之乡"也焕发生机。

▶▶ 文化生活

广场舞队 2014年，在村妇女干部薛国玲的带领下，桑南村成立一支十余人的广场舞队伍，积极参加各项文体活动，并获得了多项荣誉奖励。2014年12月，获得桑落墅镇首届广场舞大赛优秀奖；2015年8月，在桑落墅镇"邮爱夕阳，孝德惠民"广场舞大赛中荣获优胜奖；2016年8月，在大桑镇"邮爱夕阳，孝德惠民"第二届邮政杯广场舞大赛中荣获第一名；2017年5月，在桑落墅镇"龙凤集团"杯广场舞大赛中荣获一等奖；荣获惠民县2023年优秀广场舞展演优秀奖、富瑞杯广场舞大赛一等奖等，极大地丰富了村民们的业余文化生活。

尊老敬老 桑南村一直重视孝道的传承，自2019年底开始，桑南村每年过年给村里80周岁以上的老人免费发放米、面等生活物资。在2023年重阳佳节之际，桑南村邀请村里70周岁以上的老人参加桑南村第一届饺子宴，全村50余名老人其乐融融，欢聚一堂。

特色美食 桑南村丰顺扒鸡制作始于1983年前后，创始人季丰顺跟随其姑父陈观岩学习，边学边制作边创新，终于制作出了独家口味的扒鸡，取名为"丰顺扒鸡"，至今已有40余年的历史，已经传承至第二代。丰顺扒鸡形色俱佳，肉质细嫩，口味纯正，味透骨髓，鲜嫩营养，深受广大人民群众的喜爱。

□ 桑南村饺子宴　　　　　　□ 桑南村丰顺扒鸡

256

2023年季丰顺因病去世后，由他的儿子季东军接管丰顺扒鸡。

▶▶ 村干部任职情况

历任村党支部书记一览

姓　名	任职时间
季泰兴	1951—1958
殷丰武	1950—1958
殷秀芝	1967—1972
殷学祥	1972—1976
殷秀芝	1976—1978
季东海	1978—1987
殷秀城	1987—1991
殷秀东	1991—1993
季东祥	1993—1994
季云兴	1995—1997
季东敏	1997—2016
季东海	2017—2018
季玉昌	2018—

历任村行政负责人一览

姓　名	任职时间
邢振刚	1972—1976
季丰香	1991—1993
季云兴	1993—1995
季东敏	2011—2014
刘海林	2014—2016
殷兆山	2016—2017
季玉昌	2017—2018

撰稿：季光玉　殷兆灯　季书森　季玉昌　李　娇

□ 街南陈村航拍图

街南陈村
JIENANCHENCUN

街南陈村位于桑落墅镇政府驻地东南 2.5 公里处，东临街南孙村，西靠梁家村，南邻河东高村，北靠沙河。全村 183 户，720 余人，以陈、王姓为主，兼以梁、杨等姓。耕地面积 1340 余亩，以种植小麦、玉米为主。

▶▶ 历史沿革

据传，街南陈村，古名胡贾二庄，原名陈家，曾名陈王庄。据1931年《陈氏族谱》记载"溯自陈姓。起于虞里，盛于胡公，昌于敬仲"，故有陈完后裔的说法。又载："明初，太始祖由山西迁沧州，由沧州转迁濰县。

□ 街南陈村村委办公室

始祖陈涣，由潍迁此，其家业日盛，遂改胡贾二庄为陈家。"民国时期，因与西邻小王家联合共事，曾名陈王庄。后由两村结合为一村，后复称陈家。1983年地名普查时，因有重名，更名为街南陈，以其位于桑落墅街之南故名。

▶▶ 文物古迹

"拾金不昧"牌匾
在街南陈村委会办公室迎面悬挂有黑底金字木制大匾，中间刻"拾金不昧"四字，字体端庄、刚劲有力。上款书陈家庄耆老陈景祥、陈怀珂、陈怀太、王公、王兴太等人名，下款

□ "拾金不昧"牌匾

写"万祥号张宝麟敬赠。光绪二十六年"。此匾展现出陈家村村民拾金不昧的高风亮节。

清光绪二十五年，黄河泛滥，村北沙河、村西南北河水势汹涌。一日南北河内有木船由南而北顺流而下，进入沙河后，由于水流湍急又遇旋涡，一时失控，水卷船翻，船上乘客全部落水。陈家村村民匆忙赶来相救，先后将十一名落水者救上岸。当时正是初冬，水冷风寒，村民们将救上岸之人全部抬入村西公房，搬柴烤火，烧水熬汤，有十人得救，只有一姓闫者经抢救无效而亡。得救十人中有九人各认领失物，千恩万谢而去。只有万祥号一个名叫张宝麟的因未见其失物而不乐。村民知其心意，就再三相告确未捞得他物，更无人私自藏匿，现河水已开始结冰，不便下水打捞，待明年春天早动手，若捞得原物一定归还。第二年春天，全村所有渔船下水，西起玉皇口河心，东至大石桥，三里水面钩拖杆插，经过数日，终于在玉皇口南拖出一被套。被套出水后，由专人看管，并设法告知失主。张宝麟到后，当众开套验查，内有元宝九只，每只百两，其他物件均与失主所言相符。后张宝麟特制"拾金不昧"匾，以表达感激之情。

"文革"时期，此牌匾遭到了损毁，1992年进行了复制。

陈氏族谱 街南陈村有《陈氏族谱》一书，记录村内历史及兴衰更替，后不慎遗失。后在街南陈村陈廷芳、陈秉祥等人的带领下，重修《陈氏族谱》一书，于1992年元月完成。

▶▶ 烈士名录

• **陈丙全** 1926年生，1949年入伍，1951年6月7日在抗美援朝战争中牺牲，时任中国人民志愿军二十军六〇师一七八团战士。

• **陈玉德** 1932年生，1951年入伍。1952年4月23日在抗美援朝战争中牺牲，时任中国人民志愿军六十八军二〇四师六十三团副班长。

▶▶ 村庄名人

□ 陈氏族谱

• **陈 钦** 1927年出生，少年时期就读济南军校。19岁在校期间，跟随部队辗转台湾，之后五十余年杳无音信，直到改革开放后回乡探亲。20世纪90年代，陈钦为乡村学校建设提供资金约2000美元，为陈氏族谱编修提供资金约人民币1000元，为村内道路整修提供资金2000美元。

• **杨本贞** 曾任滨州市活塞厂厂长。20世纪80年代为乡村建设提供农业机器设备，90年代修缮村内道路时带头捐款修路。

▶▶ 村庄发展

捐款修路 1999年，根据当时的村情，村里需要修建纵横交错的5条柏油公路，但缺少资金，经村委多方面协调，许多村民纷纷捐款，远在外地的乡贤也为修路贡献自己的力量，为致谢意立了一块碑。碑的背面主要记载了捐资500元以上的人，捐资500元以下的另有记载。石碑正面是一段碑铭，提到了当时一位七旬老者陈钦。陈钦在济南某军校读书，1946年，19岁的陈钦就去了台湾。他和惠民县宣传部原副部长陈文图是发小，都是街南陈村人，两人一直有书信联系。1999年，陈钦从陈文图信中得知家乡需要修路筹款，当时台中还经历着大地震，他还是当即邮寄了2000美元过来。上面还提到了著名的"中国活塞大王"杨本贞，他是街南陈村走出去的著名企业家，在20世纪80年代创办了山东渤海活塞集团，1998年被国务院批准享受政府特殊津贴，他得知消息之后也是当即给村里捐了5000元。

首创盘枝种植 2004年，时任村党支部书记陈文清引入千禧樱桃、西红柿，积极在村内推广种植小拱棚韭菜，创新盘枝种植法，带动村内群众增收。陈文清被评为"好支书"。

　　阳光村居工程 2023年，紧扣"阳光惠民"这一建设主题，围绕党务、村务、财务、村容、村风五个"阳光"工程要求，在街南陈村大力推行"阳光村居"建设，党支部书记陈宝贵拿出2万元现金带头捐款，176名群众积极响应，共筹得现金30余万元，改善了村容村貌。

□ 街南陈村"阳光村居"工程

▶▶ 风土民情

　　习武"燕子门" 燕子李三，原名李景华，是中国近代历史上一位颇具传奇色彩的人物，以其高超的轻功和缩骨功而闻名，曾有电视剧《燕子李三》演绎其故事。相传在燕子李三入狱期间，结识一陈氏族人，并教其学武。陈氏族人出狱之后，回到村里带动村民习武，据说当时街南陈村的人外出被认出时，人们都会恭敬避退三分。随着时间推移，村里习武的人逐渐老去，新生一代的思想观念转变，功夫也逐渐失传。

▶▶ 村干部任职情况

历任村党支部书记一览

姓　名	任职时间
王振义	1962—1974
陈丙祥	1974—1992
陈玉柱	1993—2004
陈文清	2004—2010
陈丙常	2010—2014
陈宝贵	2014—

历任村行政负责人一览

姓　名	任职时间
陈玉西	1974—1992

姓　名	任职时间
陈龙良	1993—2004
陈文清	2004—2010
陈宝贵	2010—2014
陈丙常	2014—2017
陈宝贵	2017—2018

撰稿：陈文仁　陈玉西　陈丙常　曾广华　陈宝贵　王素岩　杨　刚

□ 辛店街村航拍图

辛店街村
XINDIANJIECUN

辛店街村位于桑落墅镇政府驻地东南 7.5 公里处，东南与魏家村相邻，东北与东刘村、西刘村相邻，西与石贾村接壤。村庄占地 131 亩，有耕地 2138 亩，村民 279 户，共 752 人，党员 31 名。村内有石、刘、薛、尹、贾、王、赵、胡、徐、陈等姓，以薛、石、刘三姓人口居多。

▶ 历史沿革

辛店街村，古时叫青龙镇。关于起源，有两种说法。一种说法为：该地靠近官道，是举人们进京赶考的必经要道，最初有薛家店、刘家店、胡家店、悦来店，因赶考举子、往来商贾众多，为给往来行人提供便利，也更利于自己的发展，越来越多的人来此开店、居住，后来也便形成了村落，取名辛店，也叫辛庄，也就是今天的辛店街。亦有说法为：该村建村于明，始祖已不可考，由河北省枣强县迁居于此，取名辛庄，至清道光四年（1824年），在村南通往登、莱、青三府的大道旁开了一座店房，其村改为辛店。道光十一年（1831年），村中曾设集市，即名辛店街，后惯称辛店。1985 年建立村民委员会时，因辛店在县内重名，又以辛店街为名。

▶▶ 文物古迹

据说在古时，周围的村落一村仅有一座庙，而辛店街在村中心、村西北、村东各有一庙。村中心的是关帝庙，以美髯公的忠义象征村庄团结、邻里和睦。村西北方向的是周文王百子大殿，内有出家人久居，圆寂后就安葬在寺庙西边，所以庙西就被称为和尚坟。村东面是一座名叫石家佛的庙，只有一间房的独顶子庙，庙前有赑屃石像，为龙生九子中的第六子，善驮重物，多用以驮负石碑，此处的赑屃就是驮着震界碑的形象，现埋于村东某村民宅基下。

在辛店街现村的正西一里多地处，靠近官道，有烽火台和驿站，现在已看不出当年的遗迹。

▶▶ 烈士名录

• **刘惠东** 1923年生，中共党员，在渤海军区七师任班长，荣获一等功二次、三等功一次，1947年7月在寿光县牺牲，现葬于寿光王六庄。

• **薛如和** 1927年生，牺牲时所在单位为渤海军区七师，1947年7月在寿光县牺牲，现安葬于寿光。

▶▶ 村庄名人

• **王付祥** 1935年生，17岁入伍，曾参加抗美援朝战争，荣获三等功三次，击落敌机一架，升至副营级军官，回国后分配到内蒙古工作，现居北京。

▶▶ 村庄发展

1949年成立庄户剧团，每逢春节，每天唱戏，主要以吕剧为主，连唱一个月不间断。

1974年第一次村庄规划，划定三米宽过道。2005年第二次乡村规划，村庄通柏油马路。2015

□ 农企对接

年，村庄重铺水泥路。2023年增修围村公路。

2008年，辛店街作为全镇第一个农企对接养殖村，对接天禧牧业，开设远程教育，工程于2008年4月16日正式动工，建设10座大棚，至今还依然在用，主要用于孵化鸡雏，数量达到10万只。

▶▶ 特色产业

□ 村内妇女加工手套

辛店街有劳保手套厂，分设4个工作间，能完成劳保手套从缝纫到翻面成品的5个步骤，带动周边30余名村民就业。村内妇女作为闲置劳动力，平时没有收入，而劳保手套厂工作时间自由，允许早晚接送孩子后来上班，来到就能工作，有事情就能走，按件拿工资，这种工作方式在周围村庄的接受度很高，工人们的工作积极性也能很好地被激发出来。

▶▶ 风土民情

集市文化 辛店街是十里八乡最热闹的大村，为进京赶考求取功名的举子、南来北往的商人、饱览山河的旅者、推车担担走街串巷的商贩提供了一个休息、饮食、娱乐的场所。每逢初四、初九日赶大集，辛店街也就迎来了最为热闹的日子，前来赶集的人不少来自百里之外。

街上茶馆较多。茶馆分两类，一类是露天的，搭个小棚子，摆两张桌子，就是一家茶馆。这种茶馆里的宾客多是前来赶集的老百姓，杂耍艺人、武术家，就借着这儿人多，在旁边卖艺。另一种茶馆则是在室内，客人多是往来的书生或周围村的乡贤，有吕剧、西河大鼓等较为高雅的曲艺表演。

评理堂 在辛店街的村中心，借着关公庙，有一座评理堂，是当时青龙镇的纠纷调解中心。评理堂以公道公正著称，无论是本村的村民还是青龙镇管辖的54个村庄的百姓，只要有矛盾纠纷，都会来这里申请调解。

民间戏曲　据说，古时辛店街是远近闻名的曲艺之乡、武术之乡，村民大多有所专长，尤其是戏曲，更是村民的最爱，吕剧、西河大鼓、西路梆子、四根弦、样板戏、曲剧等都有人喜欢。20世纪八九十年代，村内年轻人娶亲说媒的重要依据，就是看他会不会唱戏。西路梆子的代表人物有王长清；吕剧的代表人物有薛忠山、石宝国、石同堂、石娟娟；西河大鼓的代表人物有石洪斌、薛忠杰、王景亮；四根弦的代表人物有陈玉荣、石连迎。辛店街戏班子京剧拿手好戏为《红灯记》。

▶▶ 村干部任职情况

历任村党支部书记一览

姓　名	任职时间
胡长河（会长）	1955年之前
刘会田	1955—1958
胡连芬	1958—1971
薛如仙	1971—1978
石东升	1978—1982
薛玉明	1982—1988
石东升	1988—1991
薛玉明	1991—2004
薛赵孔	2004—2007
石宝国	2007—

历任村行政负责人一览

姓　名	任职时间
石秀山	1955—1958
王凤傲（东大队） 王凤祥，后换为刘先轮（西大队）	1958—1971
陈福祥	1971—1982
薛兆义	1982—1988
陈福祥	1988—1991
薛忠云	1991—2001
石宝国	2001—2018

撰稿：薛中杰　薛保祥　石宝国　王景龙

□ 李刘佳苑小区航拍图

李行头村
LIXINGTOUCUN

李行头村，原村址位于桑落墅镇政府驻地西南方向1公里处沙河以北，紧邻镇工业园区，西与河北张村、小尹村相邻，南与刘增村接壤。村庄聚落面积120亩，耕地面积711亩。全村128户，499人，党员16人。以李姓为主，另有高、尹、刘、董姓等。2020年，李行头村积极响应国家乡村振兴的号召，整村搬出，2021年10月31日全村分房，迁至李刘佳苑，同年，全村土地全部流转。

2005年，被惠民县委县政府评为2004年度民营经济十强村；2007年，被惠民县委评为"五个好"村党支部；2012年，被滨州市委市政府评为生态文明村；2013年，被山东省委评为山东省生态文明村（社区）；2013年，被滨州市委市政府评为全市计划生育工作模范村；2015年，被惠民县委县政府评为全县先进村居。

▶▶ 历史沿革

明宣德年间（1426—1435年），李姓兄弟黄头与青头二人从河北枣强县迁出。其中，黄头选择在此地定居并建立了村庄，遂以他的名字命名为李黄头村。20世纪60年代，生产队在村庄东南角挖井清淤，发现井上写着"李行头"三个大字。1984年，"李黄头"改为"李行头"。李行头之由来，据说是因为李姓的先祖中，曾有人担任某一行业的领袖或头目，因此村名也蕴含着对这一历史背景的纪念与传承。

▶▶ 烈士名录

• 李丰山　1965年生，1983年10月参加中国人民解放军，在蓬莱54943部队服役。入伍后曾多次受到部队嘉奖，1985年加入中国共产党。同年7月，他以"精忠报国，杀敌立功"

□ 李丰山烈士纪念碑

的誓言，带着党的嘱托和人民的期望奔赴老山前线，编入35281部队大功四连。在1986年的"1·28"战斗中，李丰山同志冒着敌人的炮火冲锋在前。为了给部队打开通道争取时间，他在全身多处受伤的情况下，炸毁了敌人的屯兵洞，为祖国流尽了最后一滴血，献出了年仅21岁的宝贵生命。在越南前线的猫耳洞里，李丰山给家乡的党组织写了一封信，他深情地写道："如果我牺牲了，请将我的抚恤金一半交给父母，另一半交给学校。"他的家人按照烈士遗愿，把抚恤金送到了学校。战后部队党委给李丰山同志追记一等功，同时惠民县委县政府也作出了"关于开展向李丰山同志学习活动的决定"。1986年5月10日，对越自卫反击战一等功臣李丰山烈士的追悼大会在惠民县城隆重召开。

1986年，全村党员捐款为李丰山烈士在村中立碑。2016年李丰山烈士纪念碑倾倒，2018年重建。2022年，为更好地祭奠缅怀先烈的伟大精神，李行头村将原村委会办公室作为"李丰山纪念馆"进行改造，提档升级后的革命烈士李丰山纪念馆，设有纪念碑、展室、宣讲室和管理室，于2019年12月9日以惠政字〔2019〕114号文件形式公布为惠民县第四批县级重点文物保护单位（革命类）。

▶▶ 村庄名人

- **李方华** 1952年生，1974年入伍，曾任海军总部调度。
- **刘国敏** 1971年生，1988年入伍，退伍转业后曾任济南武警总队队长，之后在山东省人大、政协任职。

▶▶ 重要事件

知青插队 1968—1970年，济南市的李海村、石保平、孙庆广、李志耕、齐亚楠、卢宁、庄义争、吴明元、张庆生、王磊磊、沈洁、卢俊云等17名知识青年到李行头村插队落户，与当地社员一起参加农业生产劳动。那时，李行头大队下设5个生产小队，小队生产队员都在小队队部里居住，后来建10间屋作为"知青点"供下乡知青居住。2004年，有14名知青回到李行头村重聚。2023年，又有5名知青回到李行头村重叙旧情。

田字格规划与"竹竿书记" 1992年，该村公布"田"字格村庄规划图，实行盖新屋扒旧屋、控制檐头高度的规定。为控制房屋高度，村干部李寿生准备了一根3.8米长的竹竿，只要李寿生把竹竿一竖就知是否符合规划，为此，村民给他起了一个外号"竹竿书记"。到2003年整整十年的时间，"田"字格村庄形成，家家户户出门是道路，全村没有死角。

▶▶ 特色产业

1973年，铁编（筛网）行业兴起，起初以家庭小手工作坊为主。当时，铁编作坊遍布全村，数量众多，规模不一。这些作坊大多由村民自发成立，以家庭为单位进行生产，形成了独特的产业生态。

随着市场经济的发展，2008年，李行头村以村委会的名义成立了寿昌筛网有限公司，既解决了村民的销售难题，又增加了村集体收入。产品主要用于建筑、农业、工业等领域，具有结构坚固、耐

□ 李行头村至今仍保留着传统的筛网制作工艺

腐蚀、使用寿命长等特点，产品销往全国各地。

村子里一些铁编手艺老师傅，如李延顺、高纯喜、李丰国、李建军等仍然坚持手工铁编，用自己的双手和心血传承着这门曾经辉煌过的手艺。

▶▶ 教育卫生

村小学 1955年，李行头村开设公办小学，命名为李行头小学，设一至五年级，1个班，学生20余名，教师有来自李行头村的尹福勇、李同英，来自刘增村的王福荣三人。1972—1977年，李丰山烈士曾在李行头小学就读，当时有校舍9间，其中办公室2间，教室7间。1986年，为纪念李丰山烈士，李行头小学改名为丰山小学。2000年，该学校改建为村办公室。

赤脚医生 尹福勇是李行头小学教师，在公共医疗资源匮乏的年代，他深知村民们求医问药的困难，因此在教学之余，毅然决定自学中医，尽自己所能为邻里乡亲提供医疗服务。尹福勇凭借对中医的浓厚兴趣和不懈努力，逐渐掌握了中医的精髓，并能用中医治疗各种常见疾病。他不仅医术精湛，更有一颗仁爱之心，他常常到村民家中走访，为他们诊治疾病，他的医德医术深受村民的赞誉和尊敬。其于1985年去世。

▶▶ 村干部任职情况

历任村党支部书记一览

姓　名	任职时间
李振坤	1960—1966
李方知	1966—1982
李方增	1982—1986
李寿生	1986—

历任村行政负责人一览

姓　名	任职时间
高立元	1950—1956
刘振汉	1956—1960
李振坤	1960—1966
李方增	1966—1982
李寿生	1982—1986

姓 名	任职时间
李培义	1986—1990
李 俊	1990—1995
李培喜	1995—1998
李寿生	1998—2011
张 军	2011—2014
李同合	2014—2018

撰稿：李寿生 赵浩然

□ 堤口杨村航拍图

堤口杨村

DIKOUYANGCUN

堤口杨村位于桑落墅镇政府驻地东南3.5公里处，东临苏家堡村，西靠王皮田村，南邻沙河，北靠永莘路，地理位置优越。全村200余户，800余人，有杨、王等姓，以杨姓人员居多。耕地面积1200余亩，以农业种植及务工为主，主产小麦、玉米等农作物。

▶▶ 历史沿革

堤口杨村，始以位置和杨姓得名。据传，堤口杨村杨氏始祖于明初自洪洞县迁至现桑落墅镇东。杨氏始祖共有八个儿子，数年后，其六子、七子以村南沙河撑船打渔为业，常在沙河南北两岸现村东大堤旁歇息。大堤处有一条南来北往的道路，此处无桥，行人须沿河西去桑落墅镇石桥过河，甚是不便。后有人见他们泊船于堤，便要求撑渡过河，行人渐渐增多，整日来往不停，天长日久，大堤处成了南北渡口。杨氏祖先就在大堤处盖房造屋，从桑落墅迁居过来，后儿孙增多，渐成一村。因在堤口处，均是杨姓，故名堤口杨。

又说，据《杨氏族谱》记载，明天顺二年（1458年），有杨姓四兄弟，由河北省枣强县迁居于此，因立村处东临河堤，西有一破旧的道口，遂以堤口杨为村名。

▶▶ 文物古迹

□ 堤口杨村广场石碑

堤口杨遗址 宋代时期遗址，位于堤口杨村南350米处。遗址东西宽150米、南北长200米，现为农田，四周平坦，西部被一条南北水渠破坏，出土有灰陶盆、罐、白釉瓷残片，文化层厚度不详，地表为黄色沙质土。1992年7月1日，被惠民县人民政府惠政发〔1992〕42号文件公布为第二批县级文物保护单位。

▶▶ 民间传说

灯笼社 系儿女为孝敬父母长辈自愿结成的社团。入社者为已婚或年满30岁男子，父母满60岁者，自愿入社，为其父或其母随社，也有其孙为爷奶或侄为叔婶随社的。随社者其父母、爷奶叔婶故去时，丧葬祭祀一切事宜均由灯笼社人员负责，相当于现在的丧事理事会。社有社头，由五至七人组成，定有社规，不得违纪，犯规者按规定罚款或罚粮。灯笼社之社员家中若有长者去世，社头则立即传牌通知社员各户，按规定做好准备。首先按规定数额交钱或粮，拿不出的，可提请社头申请免交或延交，待交齐后，由社头交给丧主家，用此款项办理丧事，不足部分由社头带领另议或由丧主家负责，结余部分则交回灯笼社。其次，社员分组准备供品，于出殡的前一天吊孝，晚上每人点一只灯笼陪孝子行魂、守灵，故曰"灯笼社"。第二天，社员负责抬棺送葬。周而复始，互相周济，孝敬长辈，社周为止。

御史碑　明朝，堤口杨有一杨氏祖爷在朝中任御史，御史爷去世后，树有一御史碑做纪念。此碑当年立在堤口杨村西老祖坟前。清朝时，无棣县大杨庄有一名杨增辉者进京参加考试，考中状元。面君时，皇上问杨增辉，祖上有无在京为官者，杨增辉答曰有，皇上让其取证据献上。杨增辉回家和家人商议取证据，遂四处询问，后得知惠民县堤口杨村有一明代御史碑，便来堤口杨找到当时主事人，言说要借用御史碑。村中主事人答应给状元家借用，状元家感激不尽，遂将御史碑用大车载去，进京献给皇家看。据此，杨增辉被封为京城高官，而后载厚礼来到堤口杨深表感谢，并提出两村杨氏联宗续亲，结为一家，堤口杨村当时的主事人未同意，此后便无来往。据说，那块御史碑现存于无棣县大杨庄。

▶▶ 村庄名人

● **杨存芬**　1960年出生。1978年2月入伍，服役于中国人民解放军某部，1990年1月荣立三等功一次，1981年12月、1984年5月、1990年12月荣获团嘉奖各一次。1993年1月，杨存芬在执行机要值班任务中因哮喘病突发去世，时年33岁。现安葬于山东省潍坊市潍城区殡葬管理所。

● **杨俊峰**　字颎岳，1979年生。惠民师范毕业后在桑落墅镇中学任教师，他一面工作，一面日夜攻读，考上了山东大学研究生。2008年毕业于山东大学哲学与社会发展学院外国哲学专业，获哲学硕士学位。2011年毕业于南开大学哲学院中国哲学专业，获哲学博士学位。现为中国社会科学院马克思主义研究院助理研究员、中国无神论学会理事，主要研究领域为儒学与传统文化，近年来，出版专著《心理之间：朱子心性论研究》，被收入"中国社会科学博士论文文库"，同时在《哲学动态》等国家重点刊物发表文章20余篇。

▶▶ 特色产业

光伏发电　通过第一书记多方筹资，以村集体名义投资22万元，建设24千瓦光伏发电项目，2016年上半年，村集体增收2.3万元。目前，光伏发电项目成为村集体收入的重要组成部分。

扶贫车间　2017年3月，堤口杨村利用上级帮扶政策和市派第一书记杨春林帮扶的机遇，决定建设扶贫车间进行招商，一期投入12万元，二期投资扶贫专项资金19.97万元，建成600平方米的扶贫车间，与惠民名荣家纺签订

10年租赁合同，每年为村集体缴纳租金3.3万元。该车间生产毛巾、床单、枕套、床笠等床上用品。目前常年在该车间务工人员有52人，员工主要来自堤口杨及周边村，其中脱贫享受政策群众8名，薪酬按工序计件结算。60岁以

□ 堤口杨村扶贫车间

上的半弱劳动力负责包装检验工作，月收入2000~2600元；年轻熟练工负责缝纫加工，月收入3500元以上。车间一天可加工3000余件，年利润达10万元，产品销售以出口为主，对接烟台明远、青岛莫特斯等大型纺织公司，该车间在2019年被评为省级就业扶贫车间。

农家乐餐厅 农家乐餐厅于2016年投资建设，项目占地700余平方米，是村集体投资建设，资产归集体所有。最初由徐家联村大道张村村民承包，该餐厅可同时容纳300人就餐，主要承接周边村镇

□ 堤口杨村农家乐

添丁、嫁娶办喜宴事宜，以当地特色菜炖农家鸡、炖鱼为主，每年为村集体增收1.8万元。现由苇子高联村梁家村村民承包。

▶▶ 村庄发展

1949年，宅基地初步规划为16米×18米，道路4米宽。1976年村南修筑石头桥一座。

1984年，宅基地进一步规划为18米×18米。2004年村内道路整治，铺上了水泥路。

2016年，在第一书记杨春林的带领下，将村内公路、环乡路清理铺平，

兴修排水渠，村容村貌焕然一新。

▶▶ 村干部任职情况

历任村党支部书记一览

姓　名	任职时间
杨青树	1962—1970
杨登云	1971—1979
杨登寿	1981—1997
杨存成	1998
杨在兴	1999—2000
杨振连	2001
杨在平	2002—2010
苏兆华	2011—2017
杨在平	2018—2021
杨存清	2021—

历任村行政负责人一览

姓　名	任职时间
王　阁	1949—1952
王建岐	1953
杨青树	1954—1961
王建岐	1962—1964
杨登云	1965—1970
杨增福	1971—1979
杨登云	1981—1985
杨存成	1986—1997
杨振连	1998
杨振清	2002—2004
杨在平	2005—2010
杨在平	2011—2014
刘文宣	2015—2017

撰稿：杨存成　杨存清　杨志贤　杨华贤　杨在中

杨合皋　杨士安　王素岩　杨　刚

276

□ 苇子高村航拍图

苇子高村
WEIZIGAOCUN

苇子高村位于桑落墅镇政府驻地西南约 2 公里处，地处沙河以南，西与田单村接壤，东临前闫村。村庄聚落面积 263 亩，耕地面积 2155 亩。全村 286 户，1170 人，党员 31 人。以高姓为主，另有刘、陈、王姓等。

2018 年，该村党支部被惠民县委评为全县干事创业好支部。

▶▶ 历史沿革

苇子高村因村内有苇子而得名。传说明朝年间，高姓始祖兄弟几人沿河迁居路过此地，见村北河南有一棵苇子奇高无比，生有七十二节，高入云霄，风起叶响如拨琴弦，高姓始祖便知此地地壮土肥，又河水充足，是块风水宝地，适宜安居乐业。因见苇高定居，又加自己本姓"高"，所以为村起名"苇子高"。该村至今还有种苇的习俗，村四周皆有苇湾。

▶▶ 烈士名录

• 高凤岭 1927年生，1947年参加革命，人民解放军九十一师二七五团三营七连战士，1950年在河南开封革命斗争中牺牲。

• 王保文 1929年生，1947年参加革命，1950年在抗美援朝战争中牺牲。

• 陈芳增 1930年生，1947年2月参加革命，中共预备党员，1950年在福建剿灭国民党残余势力时牺牲。

• 高先仁 1934年生，1951年参军，人民解放军某部三支队二分队班长，1955年1月在浙江一江山战斗中牺牲。

▶▶ 村庄名人

• 梁　生 原名高芝昌，1918年生，1938年参加革命，历任八路军山东纵队鲁中军区某部参谋、鲁中二军区地方部队某部政治指导员。转业后，曾任大连市公安局某处处长、大连市人民检察院副检察长、大连市中级人民法院副院长、大连市司法局局长。

• 刘国军 1990年2月出生，2009年9月入伍，2010年12月入党，海军中校军衔。先后担任飞行员、中队长、副大队长、大队长等职务，飞过初教机、运8平台特种机等7种机型。荣立三等功1次、三级表彰1次、二等功1次，被评为"感动南航十大人物"和"奋进新时代优秀共产党员"。2023年在备战打仗工作中表现优异，荣立个人"战备训练二等功"。

▶▶ 重要事件

知青插队 1968—1973年，济南市由朱本轩老师（后任山东师范大学副教授）带队的14名知识青年（刘鹏、邓淑云、郭先登、薛吉明、郭松溪、袁新生、孙建生、邱万枫、陈昭然、姚学英、李春涛等）到苇子高插队落户，与当地社员一起参加农业生产劳动。当时，苇子高大队下设5个生产小队，知青队员都在小队队部居住，队部有北屋5间、东屋4间、西屋4间。

荣获嘉奖 苇子高大队民兵连于1976年、1978年两次被山东省军区授予民兵工作"三落实"先进单位。

第一个规范化广场 2009年，苇子高村新建全镇第一个规范化广场，广场占地1200余平方米，为村内群众提供了日常休闲的好去处。

第一次集体捐款 刘同良原是苇子高村的一名村医，2006年5月被查出尿毒症，其母亲郭秀兰先于2006年11月为儿子捐出一个肾。2014年6月，刘同良检查时发现母亲捐的肾已经坏死。当时债务刚刚还清，儿子第二年高考，再加上20多万元的巨额手术费，让这个家庭难以承受。当刘同良把放弃治疗的想法说

□ 苇子高村文体广场

出时，妻子邱景英一口回绝了。当年8月14日，刘同良又和邱景英进行了换肾手术。在得知这一情况后，短短一个小时里，村里人捐款14680元。当消息扩散后，不仅苇子高村，全镇的群众也都被感动了，大家纷纷捐款，贡献自己的绵薄之力，这一事件开创了发动全镇群众第一次捐款的先河，也体现了苇子高村互帮互助的良好村风。

▶▶ 特色产业

柳编 村民们利用当地生长的优质柳条，经过巧妙的编织，制作出各种精美的柳编产品。这些产品不仅具有实用价值，还融入了丰富的乡村文化元素，展现出独特的艺术魅力。苇子高村的柳编产品已经出口到了法国、意大利、比利时、瑞士、奥地利、美国等18个国家。

□ 苇子高村柳编特色产业

手工地毯编织 改革开放后，手工地毯编织逐渐在苇子高村兴起，其主要以家庭作坊为主，遍布全村，数量众多，规模不一，既展现了传统手工艺的魅力，也为乡村振兴开辟了一条新的道路。

▶▶ 村办教育

村办教育 清末，在苇子高村西依靠捐资设立植英义学；民国时期，苇

子高村开办小学；新中国成立以后，沿用旧称。最初小学以庙屋为教室，设一至五年级，1个班，学生20余名，教师有来自现胡集镇小刘村的孙其铭、来自河西尹村的尹铭章、来自门楼王村的王洪德3人。

1976年，苇子高小学迁至村南，改名为苇子高联中，共有10个村（苇子高村、田家村、单家村、前闫村、后闫村、梁家村、河西尹村、前赵村、后赵村、河东高村）的90余名学生在读，设一至五年级，2个班，有李呈贞、田秀英、孙其铭、梁寿令、贾学春5名教师。当时校舍2排13间，其中办公室2间，宿舍5间，教室6间。2008年整合教育资源，苇子高联中并入梁家中学小学部。

▶▶ 村庄文化

庄户剧团 20世纪70年代，以高德元为首，组织成立了庄户剧团，主要演出吕剧和样板戏。每年的春节、中秋等传统节日，村里都会举办各种庆祝活动，如舞龙舞狮、唱大戏等，这些活动不仅丰富了村民的精神文化生活，也展现了苇子高村深厚的文化底蕴。

▶▶ 村干部任职情况

历任村党支部书记一览

姓 名	任职时间
高仲一	1949—1953
高德广	1954—1955
高德成	1956—1959
陈方孟	1959—1966
高德成	1966—1986
高先信	1987—1995
高太信	1995—1999
高河一	2000—2002
高书华	2002—2004
刘建东	2004—2007
高书杰	2007—

历任村行政负责人一览

姓 名	任职时间
陈连升	1949—1959
高德成	1959—1966
高芝田（革委会主任）	1966—1977
高法一	1977—1990
高金岭	1990—1997
刘同林	1997—1999
刘同顺	1999—2001
刘建亮	2001—2004
陈方信	2004—2007
高书杰	2007—2017
高树田	2017—2018

撰稿：高书杰　刘明良　赵浩然

□ 韩龙章村航拍图

韩龙章村
HANLONGZHANGCUN

韩龙章村位于桑落墅镇政府驻地东南 6 公里处，北临赵李王村，西临大道张村，聚落面积 198 亩，耕地面积 1711 亩，全村街道四横三纵，交通顺畅，村内建有希望小学 1 处。全村 240 户，960 人，现有党员 28 名，以韩姓为主，其余有蔡、张、刘、董等姓。以农业种植、个体工商业及务工为主，主产小麦、玉米、棉花。

▶▶ 历史沿革

相传，这里原名毕家府，后改称刘存季家。明宣德年间（1426—1435年），韩姓始祖韩孝武由河北省枣强县迁来定居于此。明万历时（1573—1620年），当地一恶霸将村民土地霸占为放马场，韩二世祖龙章好打抱不平、见义勇为，将此事告到官府，没承想恶霸与官府有亲戚关系，祖护恶霸，韩龙章不但没能要回农民的土地，还被官府关押起来。其父韩孝武得知儿子被关押后，就到处找人，这时他想起了一封信。

原来，多年前，有一位商人路过毕家府，正好赶上连雨天，一下七八天，车马无法行走。商人听说韩孝武待人热情、为人仗义，于是来到韩孝武家，韩孝武把他安顿好，每天热情招待。商人一待数日。一日，商人看到韩家养的一头牛，就与韩孝武说，在家时，不时能吃到牛肉，遇雨困到此地已经很久没吃，很是想吃牛肉。于是韩孝武就把牛宰了招待商人。天气好转，商人临走时留下书信一封，告诉韩孝武日后若遇困难时，可拿出此信。

情急之下，韩孝武拿出此信，信中写道：雨困毕家府，吃喝韩孝武。如逢急难事，京城找朱五。于是韩孝武便拿此信上京城去找朱五。经打听才得知朱五是该商人的外号，其实是皇帝的五叔，京城没人敢直呼此名。韩孝武跟朱五说明情况后，朱五安排人到山东处理此事，并留下韩孝武在京城游玩几天。待到韩孝武回家后，发现儿子韩龙章已经回家，土地还给了农民，恶霸也被铲除。村民钦佩韩龙章的智勇双全，更感恩韩龙章的见义勇为，为村民讨回公道，惩治恶霸，为纪念他，改村名为韩龙章。

▶▶ 文物古迹

韩氏祖坟　位于村北方向，修建有墓碑、香炉。是后人为了纪念韩氏始祖而修建。

马家窑　位于村南方向，窑厂是专门用于烧制砖瓦的，现仅存遗址。据说，抗日战争时期，一支与大部队走散的日军小队被该地民兵伏击，后将尸体埋到此处。为防止消息走漏，被敌寇打击报复，这些英勇的民兵没有留下他们的姓名。

打靶场　新中国成立后，在窑厂附近建设一打靶场，用于民兵训练，随着民兵体制改革，打靶场逐步消失，变为农田，但此处仍被当地人习惯称为"打靶场"。

▶▶ 历史人物

● **韩振铎**　1875—1951年，有说卒于20世纪60年代，知名东路梆子演员，艺名"咬断弦"，或称"小脆瓜"。他16岁入韩龙章村戏班学戏，工青衣。他参加五虎班，在惠民、阳信、沾化、利津、广饶等地演出，深受群众欢迎。擅演《秦香莲》《桃花庵》《国公图》《拣柴》《天仙配》等戏。韩振铎音域宽广，嗓音嘹亮，吐字清脆，优美动听，当地有"听见振铎声，棉车忘了拧"之说。

▶▶ 烈士名录

● **蔡成友** 1922 年 6 月生，1947 年 3 月参加革命，1948 年在四平战斗中牺牲。

● **韩德芳** 1924 年 2 月生，1947 年 5 月参加革命，属人民解放军二十二军六十五师一九五团，1950 年 11 月加入中国共产党，1951 年 1 月在浙江牺牲。

● **韩振文** 1924 年 6 月生，1947 年 5 月参加革命，属人民解放军二十二军六十五师一五九团三连，1949 年在江苏牺牲。

● **张秀田** 1931 年 6 月生，1951 年 2 月参加革命，属中国人民志愿军六十七军二〇四师六一二团，于 1953 年 5 月 4 日在朝鲜壮烈牺牲。

▶▶ 村办教育

民国初期，韩龙章村内建有学校一处，新中国成立后学校迁到村东南角，校名为韩龙章完全小学，20世纪70年代在韩龙章村西南角成立韩龙章联中。1981年，成立大桑中学后，韩龙章联中停止招生，1983年全部迁到大桑中学，而韩龙章完全小学则迁至韩龙章联中，2009年希望小学建成后，韩龙章完全小学的学生统一到该处读书。

▶▶ 村庄发展

□ 韩龙章村功德榜

□ 韩龙章村牌坊

2012年，韩龙章村内新修公路，形成四横三纵格局，村庄道路由土路变成柏油路，通行极为便利，时任驻村第一书记赵新忠带头捐款，村民自发响应，捐款几百到几千元不等，后立功德碑于进村道路旁。王志全任驻村第一书记时，为韩龙章村设立村牌坊，龙盘其上寓意吉祥，象征着韩龙章村的发展蒸蒸日上，还配套安装了路灯，修建了健身休闲场所等。

▶▶ 村干部任职情况

历任村党支部书记一览

姓　名	任职时间
韩振礼	1949—1966
韩文炳	1966—1989
董守庆	1989—1992
张宝明	1992—2002
董守庆	2002—2010
韩登庆	2010—2013
蔡玉新	2013—

历任村行政负责人一览

姓　名	任职时间
韩文炳	1949—1961
韩振礼	1961—1989
韩振寅	1989—2002
韩日敏	2002—2010
韩日胜	2010—2013

撰稿：张良明　刘忠吉

□ 哨马张村航拍图

哨马张村
SHAOMAZHANGCUN

哨马张村位于桑落墅镇政府驻地东南4公里处，北邻315省道永莘路，南靠沙河。全村1085人，其中张姓占人口70%，还有耿、李、石、崔、季等姓氏。村庄占地面积306亩，耕地面积1260亩。以小麦、玉米种植业为主，还有畜牧养殖、个体工商及外出务工。

▶▶ 历史沿革

相传，明永乐年间（1403—1424年），张姓始祖（名失考）由河北枣强县迁此立村。

关于"哨马"一名的由来，流传着两种说法：一说，在北宋时期，辽军元帅胡铁木在此地设立骑兵哨所而得名；另一种说法则与元末时期的汉王陈友谅紧密相连，相传此地是他精心设置的五大哨所之一，村庄因此得名。

▶▶ 历史人物

□ 哨马张村 "德协贞纯" 匾额

● **杨太君** 清朝年间，本村张立梓妻子，姓杨，方圆百里称她为杨太君。28岁时，大儿子安常9岁，二儿子安遇4岁。她的公爹和丈夫张立梓相隔十天去世。杨太君教子有方，带领两个儿子勤俭持家，两个儿子先后考上清朝最高学府（太学），一进学校就享受七品官的俸禄。杨太君持家有方，是村内的富户，又好善乐施，德高望重。朝廷官员听说后，经多次下来走访证实名望实存。咸丰九年（1859年），皇帝钦命太常寺少卿提督山东学政郑墩为其亲手写下了"德协贞纯"，制成匾额，省、府、县各级官员，山东附近名门望族参加授匾仪式。此匾现存放于后人张建岗之家。

▶▶ 重要事件

知青安置 1968年12月28日，丁士荣等12名济南知青来到哨马张村插队落户，支援农村的生产建设。当时的哨马张村，许多农户都投身于鸡雏的养殖。为了提高鸡雏的存活率，丁士荣积极联系济南地区的木材加工厂，争取到了锯末等原材料，改善了鸡雏的养殖环境，提高了鸡雏成活率。此外，丁

□ 哨马张村口牌坊

□ 哨马张村特色标志石雕骏马

士荣还运用自己所学医学知识，每晚为村民进行针灸、康复等医疗服务，他的专业技术和耐心细致的态度，赢得了村民们的深深敬意和感激。

1970年，张玉龙等两名回乡知青也回到了哨马张村。张玉龙热心助人、待人友善，他曾帮助二十里铺薛家大队的王清泉前往天津购买榨油机机轴，解决了村民不少实际困难。当哨马张遇到浇地难题时，他便向二十里铺薛家大队求助，王清泉得知消息后，毫不犹豫地带着柴油发电机前来支援，并带来了榨油剩余的棉籽饼作为耕地肥料。

知青名单：夏思沲（组长）、林耘（组长）、齐宗馨、樊婴、丁文青、吴晓安、孙丽倩、邱小潍、牟久善、段晓光、徐凯军、丁士荣；回乡知青：张玉龙、颜美琴。

济南知青带队老师：顾惠君。

▶▶ 特色产业

村子里有地毯、藤椅编织、电子元件、仿古家具等工商贸产业，宜工则工、宜商则商，丰富了百姓的收入渠道，也拓宽了村集体增收的渠道。

地毯加工 2022年，由村民李冬英引入地毯编织产业，属于地毯二次加工，带动十余名村民在村内就业。加工出的产品销往全国各地，并出口到欧洲国家，主要用于会议室、宾馆、蒙古包等场所。

藤椅编织 2018年前后，村民崔健在外务工时偶然接触到编织藤椅，觉得可以利用农村剩余劳动力发展藤椅编织行业。为提高编织技术，与村党支部书记一起组织村民到外地学习，学成回来后，在村民之间相互传授。至此，这小手艺编出了大产业，产品主要销往南方旅游城市，如三亚、丽江等地。

电子加工 2017年，村民张金昌利用闲置房屋，带领村民做起了电子元件代加工，主要加工各类电器的电源适配器、线路板等。加工中心面积不

□ 哨马张村电子加工产业

□ 哨马张村仿古家具产业

大，但也分为加工车间、焊接车间和成品验收车间，流水线式作业，提高了工作效率，成了村民致富的富民车间。

仿古家具　家具厂房内摆设的仿古家具是榫卯结构，通过雕刻、打磨、上漆等工序制作完成，销售途径主要以定点销售和来单定做为主。

▶▶ 村庄发展

1962年，参考滨州市黄河大桥建筑类型，在村庄南边建造吊式木桥，方便群众过河。1976年，将木桥统一拆除，筑起石头桥墩，垒建起哨马张村第一座石头桥。

2000年，成立秧歌队，有50余名成员，主要表演形式有扭秧歌、跑旱船、舞狮等，装饰色彩丰富，多以戏剧人物的服装为主，每年通过村集体出资和村民集资保障。

□ 哨马张村橡胶坝

2003年，村庄开始统一规划，道路形成两横六纵。

2013年，成为全镇第一个土地流转的村子，流转土地面积达到603亩。

2016年，随着社区办事处迁移，开始第二次规划，道路变成三横六纵分布。

2018年，对石头桥重新修建，建成现代化高质量新桥。

2022年，修建橡胶坝，解决部分村庄农田灌溉难问题，成为一座平原上的水库。

2022年12月，建立现代文化广场，配备有LED大屏幕、音响、健身器材、儿童滑梯等设施，成为村民"饭后聚集地"。

▶▶ 村干部任职情况

历任村党支部书记一览

姓　名	任职时间
张玉珍（高级社主任）	1955—1958
张士恩	1958—1972

姓　名	任职时间
张青海	1972—1975
张广文	1975—1993
张建廷	1993—1997
张春泉	1997—1999
张青海	1999—2002
张滨清	2002—2012
张永桥	2012—

历任村行政负责人一览

姓　名	任职时间
张广文	1972—1975
张建廷	1975—1993
张永森	1993—2002
张永桥	2002—2012
张潼清	2012—2018

撰稿：石洪春　张永桥　刘忠吉

□ 伙刘村航拍图

伙刘村
HUOLIUCUN

伙刘村距离桑落墅镇政府驻地南19公里，南与胡集镇孙刘村接壤。全村725人，以刘姓为主（约95%），另有孙、陈等姓。村庄占地260亩，耕地3500亩。村民以农业种植、家庭养殖以及外出务工等为主，人均年收入约8000元。

▶▶ 历史沿革

据《刘氏族谱》所载，伙刘村的历史可以追溯到明洪武二年（1369年），刘杰等六人从河北枣强县迁徙至此繁衍生息，因他们结伴而来，又为刘姓，遂取村名——伙刘。

▶▶ 民间传说

火奶奶传说　火奶奶，传名张素娥，实名张曰芬，生于乾隆年间的腊月初三。其著作《孟水姑稀烧身之说》详细描述了火奶奶的一生，包括她嫁入伙刘村后孝敬婆母、行医救人，以及最终选择烧身成圣的壮举。为了纪念火奶奶，村里为她建

□ 民间艺术团体搭建艺术舞台赶"庙会"

造了一座庙宇，并塑造了她的塑像。这座庙宇很快吸引了大量的信众前来参拜，香火旺盛且灵验。随着时间的推移，庙会也逐渐形成并发展壮大，成为当地重要的文化活动。"文革"期间，火奶奶庙遭到了破坏。2008年冬天，村民又重修了这座庙宇，庙会也重新举行。如今，伙刘村的村民每到火奶奶的生辰和四月初一都会放鞭炮、上供，同时还有民间艺术演出。

▶▶ 烈士名录

• 刘　斌　1964年生，中学毕业考入安徽蚌埠市坦克军校，分配到北京市中国人民解放军某部政治部，成绩突出，1985年连升三级，1987年因公牺牲。

▶▶ 村庄名人

• 刘希武　解放战争时期入伍，曾任西北战区某军区某师师长。
• 刘方美　参加一江山岛战役，在战斗中表现出色，被评为战斗英雄。

▶▶ 特色产业

家庭养殖业在伙刘村的经济构成中占有重要地位，特别是养牛业，已经成为村庄的一大特色产业。村民们通过养牛，不仅可以获得牛肉、牛奶等畜产品，还可以通过销售牛本身获得收入，养牛业的发展前景十分广阔，为村民们提供了更多的增收机会。

▶▶ 非物质文化遗产

庙会　伙刘村不仅有着丰富的历史文化底蕴，还有着独特的民俗文化。惠民县首批县级非物质文化遗产名录中，民俗类火奶奶庙会和传统手工技艺类毡靴即出自伙刘村。"文革"时期的样板戏非常有名，原戏台现改为火奶奶庙。

毡靴　原料主要是羊毛、骆驼毛、牦牛毛等，经湿、热、挤压等物理作用制成片状的无纺织物，具有回弹、保暖等性能。毡靴制作起源于总司庙村，后经伙刘村发展成产业。刘相祯曾是一名毡靴手工制作者，据其回忆，毡靴的价格通常为每双18元~20元，最高可至25元，一个冬季仅靠制作毡靴

□ 伙刘村制作的毡靴

可收入1500元，彼时一头猪的价格为50元，高收入使得毡靴制作成为火爆产业，伙刘村三分之二的家庭都从事过毡靴制作。

如今村子里会毡靴制作这门手艺的人已经寥寥无几，也没有人再穿毡靴了。毡靴制作过程复杂，主要有弹羊毛、续毡子、蹬毡子、打胎子、煮靴子、打旋、搓靴、烤靴、定型等九道工序，做出来的靴子暖和、美观。但做靴子的时候，有时候需要冷的环境，有时候需要热甚至烫的环境，手艺人很是辛苦。

▶▶ 村干部任职情况

历任村党支部书记一览

姓　名	任职时间
孙福柱	1949—1958
刘祥武	1958—1961
孙福柱	1961—1966
刘祥义	1966—1971
刘增荣	1971—1982
刘相勇	1982—1984

姓　名	任职时间
刘宝仁	1984—1990
刘相连	1990—1993
刘登前	1993—1996
刘相喜	1996—1999
刘相喜	1999—2007
刘相君	2007—

历任村行政负责人一览

姓　名	任职时间
孙福柱	1949—1958
刘祥武	1958—1961
孙福柱	1961—1966
刘祥义	1966—1982
刘相财	1982—1984
刘相祯	1984—1990
刘宝仁	1990—1993
刘相喜	1993—1996
刘相海	1996—1999
刘相喜	1996—2007
刘相君	2007—2018

撰稿：刘相祯　刘玉柱　刘相乱　张艳玲

05

麻店镇
MADIANZHEN

□ 麻店镇人民政府航拍图

麻店镇
MADIANZHEN

　　麻店镇位于惠民县境东部，镇政府驻县城东南 12.5 公里处麻店村，版图面积 46 平方公里，耕地面积 6.5 万亩，东临胡集镇，西接皂户李镇，南靠辛店镇，北与何坊街道、阳信县为邻。全镇 9981 户，2.99 万人。1994 年，开始大面积推行大棚种植西瓜，产出的无籽西瓜远近闻名，远销上海、南京等大中城市。2023 年底，全镇共建有高标准大棚 5 万亩，瓜菜播种面积 3.5 万亩，瓜菜年育苗量 2 亿株，西瓜、菠菜、甜瓜等 17 类农产品通过绿色有机认证。该镇先后荣获全国乡村特色产业"超十亿元"镇、山东省乡村振兴"十百千"示范镇、山东省农业产业强镇等，"麻店西瓜"入选国家农产品地理标志名单。

▶▶ 历史沿革

　　以镇政府驻麻店村为镇名。新中国成立前曾为惠民县第五区，1950 年改称麻店区，1956年改为麻店乡，1958年改成麻店人民公社。1961年改麻店公社为麻店区，下设小公社。1968年撤区为社，复名麻店公社。1984年改麻店公社为麻店乡。1995年撤乡建镇，下辖6个社区、72个自然村。

▶▶ 文物古迹

大郭遗址　位于大郭村东南200米处。遗址标志上"郭"字误为"盖"字。遗址为漫坡状台形。遗址中间尚存一高出地面近4米的土台，南北长60多米，东西宽12米。据钻探，遗址总面积3.5万平方米。土台周围0.8米以下即文化层，厚度在0.55米左右，土质松软，色呈灰褐，遗址内发现有石器、陶器、骨器。石器有磨石、方孔石铲；陶器有粗柄豆，还有鹿角锄等。这些器物经鉴定确认系典型的岳石文化遗存。1973年8月，发现大型墓坑，内有九具殉葬人尸体和随葬的马、狗尸骨。遗址上还采集到一批青铜器，如虎纹鼎、爵、舞、觚、铙、戈、刀、矛等；一批灰陶器，有陶罐、陶簋、陶鬲等；发现一件完整漂亮的玉钺，玉钺是权力的象征。玉钺的发现，为东夷文化的研究提供了可靠的实物资料。

▶▶ 民间传说

青龙镇的传说　麻店镇原名为青龙镇。相传晚唐时期，麻店镇主街道形状为一条腾云驾雾、张牙舞爪的飞龙，南街为龙身，东西窄巷为龙爪，北街顶端的罗汉寺为龙头，罗汉寺前方的池塘为龙口，池塘东西侧各有一水井，被称为龙眼，两口水井东南、西南方各有两条弯曲小巷，似龙须，南北街两侧参差不齐的建筑被比作龙鳞。明末，麻店镇上出现一家贩卖麻织品的"陈氏麻店"，日益兴隆的小店成为镇上的名片，遂改青龙镇为麻店镇。

龙王庙的传说　相传，龙王庙村始祖孙赞，明永乐年间，由河北省枣强县迁此，取名孙家。至清道光时，在一次黄河决口后，孙家被截为两段，东段较大，被称大孙家。该村是西段，西段较小，称小孙家。因村庄距离黄河较近，群众迷信海中龙王能够治水，村民捐资在村西北角建一龙王庙，并改村名龙王庙村。龙王庙建造得很壮观，庙外墙挂琉璃瓦，内画龙雕柱；庙内壁画五彩缤纷；龙王塑像制作颇具匠心，在门口处安装了与龙王塑像相连接的弹簧，人们一进庙门，便能听到龙王发出响声，似与人互动。抗日战争期间，龙王庙被日伪军拆毁。

- **刘冠亭** 1917年生于麻店镇刘桥村。1936年考入北京京华美术学院国画系，师从著名画家邱石冥、汪慎生、赵梦朱等。毕业后投身于教育事业，退休后应聘于北京艺术学校、北京中国书画业余学校等名校，曾担任北京美术协会会员、北京花鸟画研究会成员、东方书画研究会成员、中国老年书画协会研究会创作研究员。刘冠亭从艺50余年，酷爱中国传统绘画，先后在中国美术馆、中国画研究会、兰州美术馆等地举办个人画展，出版有《刘冠亭画集》，其画风透露出自然界的无限生机和热爱生命的一片赤诚，深受广大人民群众的喜爱。

- **王观庆** 1951年9月生，麻店镇许王村人。1971年9月参加工作，先后担任公社党委书记，惠民团县委副书记，惠民县委常委兼团委书记，沾化县委常委、副县长，沾化县委副书记、县长，滨州地区计生委副主任，滨州团地委副书记，滨州市政府党组成员、市长助理，滨州市政府秘书长兼办公室主任，滨州市纪委副书记、监察局局长，滨州职业学院党委书记，市关工委副主任、秘书长等职。

- **陈喜庆** 1956年4月生于北京，麻店镇曹家村人。1982年毕业于中国人民大学哲学系，先后担任共青团北京市委青农部干事，共青团北京市委青运史研究室干事、副主任、主任，共青团北京市委研究室主任，中央统战部研究室综合处处长，中央统战部研究室副主任、主任，中央统战部副秘书长，中央统战部副部长，欧美同学会中国留学人员联谊会党组书记，全国政协副秘书长，

麻店镇卫生院航拍图

□ 麻店镇中学航拍图

□ 新苑小学航拍图

政协第十一届全国委员会委员，第十二届全国人大常务委员会委员。

▶▶ 特色产业

文旅产业　麻店镇依托鑫诚现代农业，联合周边麻店联村、五牌联村部分自然村，集合放大"文化+旅游+农业"联合效应，通过上级帮扶政策，实现村集体增收，帮助村民实现家门口就业。鑫诚现代农业成立于2012年，占地15000亩，投资10亿元，打造集现代高效农业、循环农业、创意农业等功能于一体的综合性园区。园内建有梦幻花房、鹿小森亲子乐园、滑雪场、萌宠乐园、梦幻花海、圣哥帝湾水世界、采摘果园、房车露营地、田园餐厅、田园居舍等30余个游玩项目。2023年，接待河南、河北，以及省内的济南、滨州、德州等地游客300余万人次，营业收入近亿元，成功举办超10万人的元宵烟花晚会。先后获批国家4A级旅游景区、省级中小学生研学基地、省级田园综合体、省级农业旅游示范点、省级自驾游示范点、省级科普教育基地、省级十佳观光果园。麻店镇荣获山东省文旅休闲特色小镇称号。

大棚西瓜生产　1994年初，麻店镇从潍坊昌乐绕沟镇学习引进大棚西瓜技术及配套育苗技术。同年，麻店镇建立三个育苗室。1995年春，西瓜统一育苗成功，发展大棚15亩，亩产达6000斤。1996年秋，镇委、镇政府将发展大棚西瓜作为"二高一优"的特色产业来抓，出台了"实施意见"；协调金融机构为建大棚提供贷款；年薪2万元聘请昌乐县绕沟镇农民技术员郭风祥指导全镇大棚西瓜生产技术。至1996年，全镇种植大棚西瓜面积已有1500亩左右，总产450万~600万公斤。1998年秋，镇干部示范基地建设完成，占地50亩，建有6个（6亩）高标准育苗室，15亩早春大棚，每年为瓜农提供优质西瓜嫁接苗30余万株，实现育苗统一化、工厂化。1999年，镇政府成立了瓜菜办公室，专司大棚西瓜产前、产中、产后服务指导事项。

同年，镇政府投资4.5万元在肖万中心小学以南建立了占地面积50亩的瓜菜批发市场，随后扩建至80亩。2000年秋，镇干部示范基地建设与济南鲁园艺术研究所合作，引进工厂化无土育苗技术，育苗数量增至40余万株/年。同年，大面积引种"鲁青1号B"无籽西瓜，因无籽西瓜产量高、糖度高、价格高，迅速代替了原有常规品种，成为大棚西瓜产业的当家品种，麻店大棚西瓜开始享誉大江南北。2001年5月，镇政府申请注册"万丰"牌无籽西瓜商标，被山东省农业厅认定为山东省无公害农产品。2003年6月9日，镇政府举办了第一届西瓜节。2004年6月，"万丰"牌西瓜被农业部农产品质量安全中心认定为国家无公害农产品。同年，麻店镇被县、市授予"大棚西瓜之乡"称号。至2023年底，全镇共建有高标准大棚1.5万亩，瓜菜播种面积保持在3.5万亩以上，瓜菜年育苗量突破2亿株，西瓜、菠菜、甜瓜等17类农产品通过绿色有机认证。麻店镇先后荣获全国乡村特色产业"超十亿元"镇、山东省乡村振兴"十百千"示范镇、山东省农业产业强镇等荣誉称号，"麻店西瓜"入选国家农产品地理标志名单。

工业企业发展 1957年，公社建立铁木厂。20世纪70年代，社办企业、队办企业兴起，先后建成砖窑厂、砖瓦厂3处，塑料制品厂、汽水厂、柳编厂、地毯厂、油坊、粉坊、电磨坊等企业数家，麻店工业企业稳步发展。党的十一届三中全会后，个体私营经济发展迅速，1995年，全镇工业企业总产值达1亿元，利税180万元。2000年后，自来水公司、惠民安达纺织有限公司、惠民明德棉业有限公司、惠民兴博木业有限公司等一批大中型企业建成投产。至2023年底，全镇工业、企业总量达到28家，市场经营主体突破1400家，年工业总产值达到17亿元，一般公共预算收入完成702万元，固定资产投资完成6亿元，技改投资完成1000万元，累计增速位列全县第一；社会消费品零售额完成77亿元。

▶▶ 非遗介绍

西刘村古法糖葫芦 冰糖葫芦又叫糖葫芦，是中国传统小吃。将野果用竹签穿成串后蘸上麦芽糖稀，糖稀遇风迅速变硬，是北方冬天常见的小吃。一般用山楂穿成，糖稀冻硬，吃起来又酸又甜，口感冰凉。冰糖葫芦具有开胃、养颜、增智、消除疲劳、清热等作用。西刘村从事冰糖葫芦制作已经历了几十代人，上到八十多岁的老人，下到十几岁的孩子，都能熟练地制作冰糖葫芦。随着自媒体的发展，村里年轻人也开启了网络直播，他们通过软件将冰糖葫芦的制作过程展现给网友，指导网友在家自制美味的冰糖葫芦，通过网络将传统手艺进行推广，使得该项传统技艺传播得更远、更广。2008年，麻店冰糖葫芦被列入"惠民县传统技术类非物质文化遗产"。

▶▶ 领导更迭

麻店镇历任党组织领导一览

姓　名	职　务	任职时间
刘寿山	区委书记	1945年9月—1948年8月
于兰斋	区委书记	1948年11月—1949年2月
侯明德	区委书记	1949年2月—1951年7月
张景刚	区委书记	1953年1月—1954年9月
王近山	区委书记	1954年9月—1956年12月
郑法敏	乡党委书记	1956年12月—1958年2月
赵春生	乡党委书记	1958年2月—1959年5月
康元水	公社党委第一书记	1959年5月—1960年7月
康元水	区委书记	1960年7月—1965年4月
郑法敏	区委书记	1965年4月—1966年3月
肖福志	代理区委书记	1966年5月—1967年1月
彭同德	公社革委党的核心领导小组组长	1969年12月—1970年12月
陈兴忠	公社革委党的核心领导小组组长、公社党委书记	1971年1月—1973年1月
刘登赢	公社党委书记	1973年1月—1981年12月
曹洪儒	公社党委书记 乡党委书记	1982年1月—1984年10月
李兆林	乡党委书记	1984年10月—1987年2月
周嘉泉	乡党委书记	1987年2月—1989年11月
李寿星	乡党委书记	1989年11月—1992年7月
亓恒玉	乡党委书记、镇党委书记	1992年7月—1997年12月
卞成杰	镇党委书记	1998年1月—1998年10月
康存水	镇党委书记	1998年10月—2001年3月
李广仁	镇党委书记	2001年3月—2003年1月
王振华	镇党委书记	2003年1月—2006年8月
杨新国	镇党委书记	2006年9月—2009年3月
张文岭	镇党委书记	2009年3月—2011年11月
于立森	镇党委书记	2011年11月—2016年12月
李　彬	镇党委书记	2016年12月—2019年1月

姓　名	职　务	任职时间
丁安玉	镇党委书记	2019年2月—2020年6月
郭兴文	县人大常委会副主任、镇党委书记	2020年7月—2021年9月
管林刚	镇党委书记	2021年12月—2023年12月
卢　勇	镇党委书记	2023年12月—

麻店镇历任行政领导一览

姓　名	职　务	任职时间
张　凯	区长	1945年9月—1945年11月
王品三	区长	1945年11月—1947年10月
马安洪	区长	1947年10月—1949年2月
陈志新	区长	1949年2月—1949年6月
邵力本	区长	1949年6月—1949年10月
王建新	区长	1949年10月—1949年12月
郝志华	区长	1949年12月—1950年5月
张俊刚	区长	1950年5月—1950年8月
杨子炳	区长	1950年8月—1953年1月
潘元升	区长	1954年12月—1956年12月
刘长福	乡长	1956年12月—1958年2月
陈玉升	乡长	1958年2月—1958年9月
郑法敏	区长、社长	1958年9月—1961年5月
墨圣林（兼）	社长、所长	1961年5月—1967年6月
郑法敏	主任	1967年6月—1968年4月
彭同德	主任	1968年4月—1969年3月
刘宝堂	主任	1969年3月—1969年11月
彭同德	主任	1969年11月—1970年11月
陈兴忠	主任	1970年11月—1973年3月
刘登赢	主任	1973年1月—1979年5月
刘沛然	主任	1979年5月—1980年7月
宋春亭	主任	1980年7月—1984年5月
李兆林	乡长	1984年5月—1985年5月
李寿星	乡长	1985年5月—1990年3月
李英俊	乡长	1990年5月—1992年7月
刘宝友	乡长	1993年1月—1995年8月
丁曰树	乡长、镇长	1995年9月—1997年12月
郝勇海	镇长	1997年12月—2002年2月
李伟忠	镇长	2002年2月—2003年1月

续表

姓 名	职 务	任职时间
王振刚	镇长	2003年1月—2006年2月
成加民	镇长	2006年12月—2009年2月
于立森	镇长	2009年2月—2011年11月
李 彬	镇长	2011年11月—2016年12月
孟 强	镇长	2016年12月—2024年1月
吕 哲	镇长	2024年3月—

撰稿：王 宁

麻店镇

HUIMIN XIANGCUN JIYI

□ 麻店街村航拍图

麻店街村

MADIANJIECUN

麻店街村曾称大同镇，位于惠民县城东南 12.5 公里处，镇政府驻地。紧邻乐胡路，滨石路横穿街村，交通方便。2023 年，麻店街村有农户 382 户，1271 人，均为汉族，姓氏以赵、陈两姓为主。耕地 2101.09 亩，以农为主。逢农历一、六日有集市贸易。

▶▶ 历史沿革

相传，明洪武年间（1368—1398年），有穆、丁、傌三姓始祖由河北省武邑、枣强县一带迁居于此。傌姓者以开店兼营卖麻为业，买卖兴隆，商贾慕名来投，麻店之名一度扬声于外，遂借以为村名。清朝末年建大同镇，1945年解放至新中国成立前后，成为麻店区第五区区公所驻地，1958年后为麻店公社驻地。1984年建麻店乡，乡政府驻此。1995年撤乡建麻店镇，镇政府亦驻此。

▶▶ 文物古迹

清朝，麻店街村建有一座寺庙，称为"麻店街大寺"，共有6间房屋，正殿供奉着释迦牟尼及十八罗汉，香火旺盛。新中国成立后寺庙大部分被拆除，后改造为麻店完小。1968年，"破四旧""立四新"时村民将寺庙四个罗汉"泥胎"砸毁，并将寺庙正殿及剩余雕塑封存，现有塑像15座。

▶▶ 民间传说

明朝末年，有位得道高僧来到麻店，因饥寒交迫奄奄一息，在村民们的悉心照顾下，高僧身体逐渐好转，慢慢恢复。为感谢救命之恩，高僧号召方圆百里的寺庙僧众和与佛结缘的善男信女捐钱在此建庙。历时数年，建成了香火不绝的大寺庙。从此，麻店街大寺佛香袅袅，街运亨通，渐渐兴盛起来。

▶▶ 烈士名录

● **赵文明** 1918年3月生，1947年2月参加革命，西北野战军战士，1948年4月于山西牺牲。

● **陈英德** 1920年7月生，1947年2月参加革命，华野十纵二十八师战士，1948年在淮海战役中牺牲。

● **吕书昌** 1921年7月生，1950年1月参军入伍，志愿军六十七军二〇一师战士。在科湖里战役中，他与另外3名战友在枪林弹雨中开展土工作业，挖掘坑道，不幸壮烈牺牲，安葬于朝鲜。

● **李廷佑** 1923年3月生，1951年1月参军入伍，志愿军二十军六〇师战士，参加了长津湖战役。在阻击联合国军战斗中，遭敌机轰炸，壮烈牺牲，安葬于朝鲜。

● **潘书华** 1953年9月生，1973年3月参加革命，1975年12月加入中国共产党，任人民解放军某部车长，1977年11月因公牺牲于新疆。

▶▶ 村庄名人

● **赵惠民** 男，1962年12月生，麻店街村人。1983年7月曲阜师范学院历史系毕业，1985年3月加入中国共产党，曾任滨州地委党校党委委员、纪委书记，滨州市（县级）委常委、秘书长，滨州广播电视大学副校长，滨州学院招生就业处处长，滨州市政府副秘书长，滨州市食品药品监督管理局局长、党组书记等职，现已退休。

▶▶ 重要事件

1947年，八路军某军校驻麻店街村，同年7月，军校遭国民党飞机轰炸，毁民房十余间，两位农民死亡。

▶▶ 特色产业

畜牧养殖　1983年，麻店街村几乎家家户户都饲养鸡、羊、猪、牛等家禽家畜。至1995年，村内已有70余个成为养殖专业户，全街村基本成为畜牧养殖村。

▶▶ 村干部任职情况

历任村党支部书记一览

姓　名	任职时间
李清春	1949—1962
朱成林	1962—1976
张希林	1976—1980
李连友	1980—1995
朱合林	1995—2003
朱德峰	2003—2004
李连友	2004—2006
朱德峰	2007—2010
赵惠忠	2011—2019
赵海滨	2019—

历任村行政负责人一览

姓　名	任职时间
陈夫荣	1949—1959
李连俊	1959—1972

姓　名	任职时间
朱成林	1972—1975
陈夫修	1975—1980
朱合林	1980—1995
李树龙	1995—2003
朱德峰	2004—2010
赵惠忠	2011—2018

撰稿：成　名

□ 周吴村航拍图

周吴村
ZHOUWUCUN

周吴村，原名吴家，曾名周家。位于麻店镇政府驻地东北3公里处。2023年，耕地1002亩，135户，491口人，均为汉族。姓氏以周姓居多。以农为主，主产小麦、玉米、棉花。

▶▶ 历史沿革

相传，吴姓系惠民县地方原住民，村名吴家。因村小，称小吴。由于村小，常年受大村欺负，在明朝嘉靖时（1522—1566年），小吴村请来城东五里周村的周子潘相助，自此不再受欺。后来周子潘娶吴氏女子定居小吴，且子孙兴旺，成为大户，即改村名为周家。1985年建村民委员会时，因有重名，随即以两姓氏取名，更名为周吴。

▶▶ 文物古迹

明朝时期，周吴村村南建一座窑厂，名为"周家窑"，最先烧制城墙砖，经过多年的发展及扩建，开始烧制琉璃瓦、一般砖瓦及各种瓷器。当时周吴窑生产的瓷器在鲁北地区享有盛名，直至清朝末年，周吴窑逐渐荒废，现窑厂遗址犹存。

▶▶ 民间传说

周子潘护村 明朝末年，有一武夫叫周子潘，武艺高强，受吴姓族长高薪聘请，到小吴村守护村庄。传说周子潘受过孙武后世子孙的指点，腋下夹两根木棍，围着他一层层的人，他用力转一圈几十个人没一个站着的。吴氏庄主把年轻貌美的长女许配给周子潘做第一房夫人，把他在老家的夫人作为二房。周子潘住进了吴家。十余年后，周姓人口多于吴姓，村民随即改村名为周家。

举人周玉文 周家村人口兴旺，家族繁荣，出过一位名叫周玉文的举人，当地人羡慕不已，纷纷说他家祖坟上冒青烟了。清政府更在周氏祖坟上扯起大旗，方圆一百多亩地有松柏树围绕，周家的场面比县太爷的都大。周举人家兴旺之时，开设的酒店、油坊、大木厂，名扬百里，在武定府有句传言：一京、二卫、三周家，可见其家族财力之雄厚。为支持周家村建造关帝庙，周举人家献出上好柏木二百方，建造关帝庙未用一根铁钉，均依靠榫卯连接而成，是远近闻名的经典建筑。抗日战争时期，被日本侵略者焚烧殆尽。

▶▶ 烈士名录

• **周文才** 1959年6月出生，1979年入伍，1984年参战，1985年牺牲。

▶▶ 村庄名人

• **周克宏** 1960年12月生。先后担任北镇师范专科学校政治系秘书，共青团滨州地委宣传部干事、办公室主任、副部长、部长，滨州市纪律检查委员会干部管理室主任，滨城区委常委、组织部部长，滨城区委常委、纪委书记，滨城区政协主席，滨城区人大常委会主任，滨州市美术家协会副主席，

□ 周吴村入村村碑

滨城区美术家协会主席等职。

▶▶ 特色产业

2016年，在村党支部引领带动下，该村成立惠民县坤成瓜菜种植专业合作社，流转土地220亩，通过"土地入股、收益分红"的模式，实现群众、集体双增收。2023年，合作社共计收入645万余元，合作社成员每户年增收4万元，村集体增收3万元。合作社建成大棚470亩，其中春暖式大棚150亩，冬暖式高标准大棚320亩，主要种植博洋9、博洋61、博洋2K西瓜，珍珠红西瓜，麒麟西瓜等。

▶▶ 村办教育

周吴村小学 成立于1960年前后，1974年并入麻店镇完小及麻店镇初中。曹宝奇、刘明轩曾任周吴村小学校长、教师，民办教师有柴文秀（后转为正式教师）、周法林、周成合、周成会四人。

▶▶ 村干部任职情况

历任村党支部书记一览

姓 名	任职时间
吴守治	1949—1975
周成华	1975—1999
周成喜	1999—2005
周成新	2005—2006
周成喜	2006—2011
周淑志	2011—

历任村行政负责人一览

姓 名	任职时间
周法章	1949—1975
周克朋	1975—1999
周成吉	1999—2003
周克明	2003—2004
周成奎	2004—2006
周成喜	2006—2011

撰稿：成 名

□ 王家店子村航拍图

王家店子村

WANGJIADIANZICUN

　　王家店子村原名王家，曾名千丁王，距离麻店镇政府驻地东南2公里，村南靠乐（陵）胡（集）公路。2023年底，273户，973人，均为汉族，以王姓人口占多数。有耕地2255亩，以农为主，主产小麦、玉米、棉花。村里有桃、苹果、红枣等果园。

▶▶ 历史沿革

　　相传，明永乐年间（1403—1424年），有王姓叔侄二人（名失考），由河北省枣强县迁居于此，立村王家。为求发展迅速、人丁兴旺，曾改称千丁王。因为村里人丁兴旺，男丁找对象都好找，女人嫁本村的也不为少数。后来这里曾设集市，村中一白布店特别兴隆，因此被称作王家店子。

▶▶ 文物古迹

1750年，天主教由桓台传入县境内，在王家店子村建起了教堂。到1790年，王家店子人口已达82人。1901年辛丑条约签订后，大批外国传教士涌进中国，届时惠民县天主教只有姜楼、王家店子两处大教堂，是全县宗教活动的中心场所。民国初，王家店子教堂建房50余间，并附设学校。王家店子教堂为县东南部最

□ 王家店子村入口

大的一处教堂。现在教堂房屋大部分被拆除，仅存房屋24间，其中北屋12间，西屋7间，东屋5间。房屋均以砖、木、土混合结构为主，硬山，坡顶。北端的7间北屋体量最大，有前后厦、地下室、通气孔、雕砖，建筑风格中西结合。新中国成立后，教堂曾作为乡镇医院使用，后为村委会办公室场所。2010年12月，被惠民县政府公布为第三批县级文物保护单位。

▶▶ 历史人物

• **王乾一** 兄弟六个，排行老六，生卒年不详，清朝末年曾在县衙当差，当时黄河水泛滥成灾，民不聊生，王乾一主持排水防洪，带领百姓在村西洼里修通了孙家沟，受到百姓赞誉，后调往省府济南当差。1900年前后，王乾一对清政府的腐败无能感到失望，遂弃官，在济南开办中药铺直至病逝。

▶▶ 烈士名录

• **王云波** 1918年5月生，麻店区中队民兵。1948年，王云波和战友在执行地下党任务时被国民党特务发现，为掩护战友撤退，王云波被特务抓住后英勇就义。

• **王玉柱** 1922年12月生，1946年2月参军入伍，华野九纵二十五师战士。在淮海战役中，王玉柱英勇杀敌，负伤不下火线，在战友的掩护下，将炸药包从射击孔里塞进敌堡。敌火力点被炸掉，王玉柱同志也壮烈牺牲。

▶▶ 特色产业

王家店子村地理位置优越，乐胡路从村内穿过，拆迁后，道路两旁建设商品房及鸿运驾校，现原村址上建成兴博木业、惠达森工贸、闽鑫金属等企业。20世纪80年代，利用村集体资产建起锉刀厂，解决村内及周边就业问题，另外村依靠石斛种植发展中药种植产业，获得可观效益。

▶▶ 村庄发展

2009年后，在王立生担任村党支部书记期间，村经济建设发展较快，经多方争取资金，硬化产业路3公里，硬化村内道路4710平方米，新建护坡350立方米，建成文化广场1处，修建配套文化墙300平方米。2011年，与镇政府和国土资源局对接，利用土地开发项目的实施，将村西40多亩废弃的撂荒地开发成可耕地，用来种植西瓜，使荒地变成村里的聚宝盆。

▶▶ 民办教育

王家店子小学 20世纪70年代建立，设一至五年级，每年级4个班，每个班约40名学生，教师10余名。2002年，由邵逸夫基金会捐资建设一栋2层教学楼，名为逸夫楼，共计20余间，改为每年级2个班，共计学生400余名，聘请13名教师授课。2021年麻店镇新苑小学建成，王家店子小学并入新苑小学。

▶▶ 村干部任职情况

历任村党支部书记一览

姓名	任职时间
王克华	1955—1961
王观泰	1961—1963
王刚	1963—1979
王春林	1979—1985
王观泰	1985—1987
王观民	1987—1989
王克平	1989—1990
王元章	1990—1995

姓　名	任职时间
王元章	1998—1999
王树国	1999—2000
王观民	2000—2001
王元章	2001—2003
王元民	2003—2009
王立生	2009—2010
王立生	2011—2015
王元卿	2015—2021
王树利	2021—

历任村行政负责人一览

姓　名	任职时间
王克忠	1949—1957
王延平	1957—1979
王春明	1979—1987
王克平	1987—1989
王元章	1989—1990
王春桐	1990—1992
王元民	1992—1995
王克庆	1995—2007
王元民	2007—2009
王立生	2009—2015
王元卿	2015—2018

撰稿：张　帆

□ 后屯村航拍图

后屯村
HOUTUNCUN

后屯村位于麻店镇政府驻地西北 4.5 公里处，西靠沙河。截至 2023 年底，耕地 1114 亩，172 户，623 人，均为汉族，姓氏以王、刘、任三姓为主。农业村，主产小麦、玉米、棉花。

▶▶ 历史沿革

相传，明宣德年间（1426—1435 年），始祖王继业由河北省枣强县迁居于此，因立村于刘家屯（今名前屯）之后，故取村名为后屯。明、清朝曾是屯兵储粮的基地，是防卫古棣州的屏障。后屯村立村后，又陆续迁来刘、任、仝等姓氏，村庄逐渐兴盛起来。

▶▶ 文物古迹

明清时期，后屯村吴家洼是预防徒骇河水患的蓄洪泄洪地。到清朝末年，吴家洼因多年蓄洪，致使洼地地面增高，汛期时危及村庄安全。清政府组织人力物力，将吴家洼淤泥清出，并在四周修筑堤坝，有效地预防了水患的发生。至20世纪70年代，徒骇河水患基本解除，村里用堤坝将吴家洼填平，至今大坝遗址犹存。

□ 后屯村入村村碑、门楼

▶▶ 民间传说

传说，始祖王继业带领族人由枣强县迁往胶东的途中，遇到一块巨石压住了一只狐狸的尾巴，堵住了去路，狐狸已经奄奄一息，王继业与族人一起将巨石挪开，并为狐狸包扎了伤口，放下了饮食，继续赶路。当天夜里，王继业梦到一位慈眉善目的老人向他致谢，并指出往胶东路途遥远，且匪

□ 后屯村村民开展"百姓夜话"活动

患严重，不如在徒骇河附近定居，此地土地肥沃、适宜居住，且能福泽子孙。醒后，王继业随即改变了主意，率领族人在刘家屯附近定居下来。

▶▶ 烈士名录

● **刘士云** 1920年7月生，1949年4月参军入伍，华野三十六师文书，曾立二等功一次，被授予二等模范。于1954年12月失踪，1956年被追认为烈士。

• **刘香坤** 1929年4月生，1947年1月参加革命，渤海二分区四大队战士，1947年失踪，1958年追认为烈士。

▶▶ **特色产业**

果树种植 20世纪70年代，村内依靠徒骇河发展渔业以及养殖业。21世纪初，发展果树种植，开荒未利用土地500余亩，种植苹果、梨、桃树，开设苹果采摘园。村民获得可观经济效益。

▶▶ **村干部任职情况**

历任村党支部书记一览

姓　名	任职时间
刘德胜	1971—1980
王文生	1980—1990
王文喜	1990—1993
王希岭	1993—1996
王文山	1996—2007
刘振山	2007—2018
刘汉华	2018—2021
王　勇	2021—

历任村行政负责人一览

姓　名	任职时间
刘德胜	1980—1988
王文生	1988—1996
刘汉华	1996—2001
王文奎	2001—2003
王文山	2004—2007
刘振山	2007—2018

撰稿：张　帆

□ 崔杜村航拍图

崔杜村
CUIDUCUN

　　原为崔家、杜家、贾家、韩家四村。位于麻店镇政府驻地北3公里处。截至2023年底，耕地1352.88亩，162户，625人，均为汉族，姓氏以崔、杜、韩、贾为主。农业村，主产小麦、玉米、棉花，盛产大棚瓜菜。2021年12月，被山东省农业农村厅确定为山东省2021年省级乡土产业名品村。

▶▶ 历史沿革

　　相传，原崔家、杜家、韩家三村，建于明洪武年间（1403—1424年）。贾家建村于明永乐年间，均由河北省枣强县迁来，以姓氏名村。崔家、杜家，早在1958年建公社时即曾为崔杜大队，1985年建村民委员会时并为一村，村名崔杜。贾家、韩家于1990年地名补查时亦并入崔杜，经乡报县政府批准，四村并一村，村名仍为崔杜。

▶▶ 文物古迹

清朝末年，黄河数次决堤，崔杜村屡屡被淹。为防洪水，保障村民生命财产安全，村民捐款捐物，出义务工，用三合土奠基，修筑了底宽15米，顶宽5米，高5米，全长3000米的围村大堰，并修有四门，水来堵严，水退开通。至1976年宅基规划时，才把围堰推平。其遗址至今犹存。

▶▶ 民间传说

相传，清朝崔杜村有一名好汉，姓谢，叫谢虎，从小喜欢舞枪弄棒，十八般武艺样样精通，而且还能飞檐走壁。谢虎性格豪爽，恤老怜贫，行侠仗义。家中财产颇丰，但从不仗势欺人，每到年终，他都把自家吃的用的或多或少分给贫苦人家。有一年因打抱不平，失手打死一歹徒，举家迁往江南。他的善行被村里代代相传，成为一段佳话。

▶▶ 烈士名录

● **杜光辉**　1922年出生，1947年2月参军，加入华东野战军第二十八军。1949年，在解放上海的战斗中牺牲。后来，他的骸骨被哥哥迁回家乡崔杜村。

● **陈凤来**　1931年出生，1951年2月参军，中国人民志愿军第六十七军二〇二师炮团战士。1953年11月，在金城战役中牺牲。

▶▶ 村庄名人

● **陈凤武**　1930年5月生，1949年4月加入中国共产党，后在部队成为南下干部。新中国成立后，先后任浙江武义县粮食局局长、老干部局局长、公安局局长、县长等职。后病逝于浙江省武义县。

● **马先明**　1955年7月生，1973年12月参军入伍，在海军司令部开车。退伍后，1982—1985年，服务于电子工业部。退休后定居北京市。

▶▶ 特色产业

大棚生产　1996年，在镇党委、政府带领下，崔杜村党支部与村两委班子、村内种植能手赴潍坊青州、昌乐、寿光参观学习大棚生产技术，聘请技术人员到村指导教学帮助种植菠菜、西瓜，同时引进"黑拳王""京欣""甜王"等无籽、富硒系列等优良品种，广开销路。至2023年，崔杜村经过不断学习，已成为远近闻名的西瓜种植专业村，亩产西瓜达3500公斤，一年可卖出西瓜3150吨。崔杜大棚西瓜逐步走出了一条产业兴村、融合发展的乡村振兴新路子。

兴办合作社　合作社包含瓜菜大棚种植基地、生资服务站、瓜菜交易市场三个部分，其中生资服务站位于崔杜村党支部办公室，由村合作社社员集资建设运营，占地160平方米，2022年6月1日正式开业，主营农作物种子、肥料、农药等生资产品。合作社运行"公司+联村联合社+自然村合作社+农户"经营模式，组织农户统一购买农资、瓜菜苗，订购价格比市场价格便宜6%。农产品由合作社统一销售，每销售一斤，合作社抽取0.1%的利润，作为集体收入分红。去掉土地流转成本，年营业收入达到300万元，村集体每年增收10万元左右，成功走出惠民增收新道路。

□ 崔杜村时任党支部书记杜太云（右）查看蔬菜生长情况　　□ 崔杜村西瓜、蔬菜大棚基地

▶▶ 村干部任职情况

历任村党支部书记一览

姓　名	任职时间
杜太峰	1949—1978
杜长增	1978—1990
韩洪祥	1990—2002
杜合新	2002—2014
陈佃波	2014—2020
杜太云	2020—

历任村行政负责人一览

姓　名	任职时间
崔吉芳	1964—1982
杜风岭	1982—1987
韩洪祥	1987—1990
陈丙顺	1990—1999
杜合新	1999—2002
崔建国	2002—2004
陈佃波	2004—2006
杜太云	2006—2018

撰稿：陈逸飞

□ 五牌村航拍图

五牌村
WUPAICUN

五牌村位于麻店镇政府驻地北 3 公里处。截至 2023 年底，耕地 1742 亩，728 人，192 户，姓氏以周、杜、郭、靳、宋为主。农业村，主产小麦、玉米、棉花等。原系五牌、宋家两个自然村。

▶▶ 历史沿革

相传，明宣德年间（1426—1435年），有周、杜、郭、靳、宋五姓人家，由河北省枣强县迁此，五家相邻而居，经议，联为一村，取名五牌。"牌"，标牌，自宋朝以来即有以示户籍的保甲门牌。

西北原有一宋家村，1990年地名补查时，由乡报县批准后并入五牌，村名五牌不变。

▶▶ 文物古迹

五牌村内有一口甜水井，距今已有200多年，井沿留有用轱辘取水磨出的深槽。据说，一开始并不是甜水井，水质不好，喝着苦吃着咸，不能食用，只能供村民刷洗和牲口饮用。后来有村民在井旁边栽了一棵柳树，随着

□ 迎接市县领导观摩

柳树成长，井里的水慢慢变甜了，用井水做出的饭特别香，做出的豆腐质量好，口感也好，无酸臭无碱口，附近的村民都跑到五牌村来买豆腐吃。村里的老人们说，这是老天爷赐给的"神水"。后人们猜测，是这棵大柳树的根系起到了净化水质作用。

▶▶ 民间传说

相传，清光绪年间，五牌村出了一名"飞毛腿"，姓靳，叫靳秀亭。此人自小跑步飞快，饭量大，个子长得也高，小小年纪已有了一副成人架子。自小就锻炼快跑疾行，从一开始单腿负重一公斤沙袋跑步，再换成两公斤沙袋。三年后，靳秀亭可单腿负重十公斤沙袋跑步，快于常人。十多岁开始步行往来邹平、周村大染坊，给村里乡亲们运布。据传，他从周村出发，扛着八十斤布，跑到五牌村只需一个小时，成为远近闻名的"飞毛腿"。后其父母担心靳某成为盗贼，将其关在家中不许出门。后来当地官府差人请靳秀亭到官府做事时，他已因病去世。传说靳秀亭死后腋窝处长出翅膀，至今被村民们当作奇谈。

▶▶ 烈士名录

• **周福顺** 1926年生，1947年参军入伍，中共党员，解放军二十八军八十二师二四九团一连班长，1949年牺牲于福建。

▶▶ 村庄名人

● **郭俊德**　出生于1918年10月，1947年参军入伍，系解放军华野二十八军战士，参加过济南、淮海、渡江及解放上海等战役。于1950年加入中国人民志愿军，荣立三等功。退伍后返乡，于2011年因病去世。

● **周宝柱**　生于1919年10月，1947年11月参军入伍，1948年加入中国共产党，系解放军华野二十八军战士，参加过济南、淮海、渡江及解放上海等战役。1950年加入中国人民志愿军，荣立三等功。退伍后担任村大队队长，于2003年病逝。

● **周志敏**　1927年1月出生，1947年2月参军入伍，同年10月加入中国共产党，曾先后担任第十纵队供给部粮秣科会计，第二十八军后勤部财务股长、主任，总后财务部助理员，预算计划处副处长、处长，1987年11月离休（正师级）。2023年1月2日在北京逝世。

● **杜福田**　1930年7月生，1947年春季参军入伍，1948年加入中国共产党，曾任陈毅将军麾下副团长，参加孟良崮、淮海、渡江、解放上海战役，荣立二等功一次、三等功一次。转业后，任江西机床厂党委书记，直到退休。2000年10月6日病故。

▶▶ 特色产业

2012年，五牌村搭乘鑫诚现代农业项目的东风，开展土地流转，流转土地880亩，其中，村集体流转50亩，每年土地租赁费近80000元。土地流转后，积极发展乡村休闲旅游项目，以鑫诚田园4A级景区为依托，投资打造

□ 五牌村乡村记忆馆一角

□ 五牌村乡村记忆馆院落

精品民宿，近郊游路线；建设五牌村乡村记忆馆一处，馆内收集各种物件、器具共400余件，完整再现了鲁北地区20世纪七八十年代的农村生活生产风貌。2021年，五牌村成功获批山东省景区化村庄，成为村级增收新亮点。

▶▶ 村干部任职情况

历任村党支部书记一览

姓　名	任职时间
宋光合	1968—1987
郭玉德	1987—1991
杜清山	1991—2007
杜元田	2007—2010
杜清山	2010—2023
盖洪中	2023—

历任村行政负责人一览

姓　名	任职时间
盖春明	1945—1949
盖北三	1949—1956
郭胜优	1956—1968
郭玉德	1969—1985
杜清山	1985—1991
1992—2006年，无行政领导。	
杜元田	2007—2010
杜清山	2010—2018

撰稿：陈逸飞

□ 朱家坊村航拍图

朱家坊村

ZHUJIAFANGCUN

朱家坊村原名赵家，曾名赵家坊。位于麻店镇政府驻地东南 6 公里处，西邻乐胡路，北靠曹家村，南接刘家桥村，东望胡集镇西营、小金、吉家等村。2023 年，264 户，879 人，均为汉族，姓氏以朱姓为主。耕地面积 1926 亩，以农为主，主产棉花、小麦、玉米、大豆、瓜果。

该村是全县文明富裕村，1984 年修建二层教学楼；1989 年被全国绿化委员会评为"造林绿化千家村"；1993 年、1994 年，先后被县委、地委授予"奔小康红旗党支部"；2001 年，被滨州市委授予"五好"村党支部。

▶▶ 历史沿革

相传，原早有土著赵姓居于此，村名赵家。后因建一牌坊，遂改名赵家坊。明朝成化三年（1467年），朱姓始祖朱仲科、朱仲明兄弟二人由河北省枣强县迁徙于此。后朱氏家业日盛，人丁兴旺，而赵姓家族日衰，绝后无嗣，故改赵家坊为朱家坊。

▶▶ 文物古迹

1968年夏，村民在村东南角旧河床边挖出一古墓，圆形大青砖，灰浆封顶，墓穴里面都是泥水，有人骨头以及黑灰陶、瓷瓦罐等随葬品。因管理不善，墓砖被村民取作他用。仅剩一石碑，上刻"朱氏先茔"四字。根据村民回忆，该碑新中国成立前就有，不知何朝何代刻制。

□ 朱家坊村"朱氏先茔"碑

▶▶ 民间传说

刘景良，国民党山东省第五专区保安司令兼专员，抗日战争时期常驻朱家坊，其惩戒不孝子的故事广为流传。

当时，朱家坊有一个叫春祥的年轻人，性格顽劣不孝顺，因父早亡，母亲管不了他，没办法他娘就找到刘司令哭诉，刘问："大娘，要死的要活的。"老太太忙说："司令啊，我就这么一个儿子，还得指着他给我送终呢。"刘司令听罢叫勤务兵把他儿子抓起来，吊到树上，刘司令和老太太站在一边看着，让勤务兵用棍子打，啥时候老人家说行了就停下。春祥吓得尿湿了裤子，哭喊着让他娘救命，老太太心软了，没打几下，就跪下求司令不要打了，刘司令笑了笑扶起老太太，挥手叫停，说了声"可怜天下父母心啊"。春祥被放下来趴在地上一个劲地给刘司令磕头，说以后好好孝顺娘，听娘话……这一幕给围观的乡亲们上了生动的一课。

▶▶ 烈士名录

● 朱兆双　1917年出生，1947年2月入伍，任华野九纵班长，1948年牺牲于济南战役。

▶▶ 村庄名人

● 朱洪模　生于1926年2月，1951年3月参加中国人民志愿军赴朝作战。1953年加入中国共产党，隶属六十五军一九三师。抗美援朝胜利回国后，先后在北京军区和内蒙古军区十九兵团五七七团、五七九团任班长，司务长，副指导员，政工科长，政治处副主任、主任，边防处长（正团职）等职。1974年回乡探亲期间，主动与村支书联系，帮助家乡在内蒙古牧民家中购买母马40余匹，发展畜牧业。1988年退休后，放弃干休所的优厚待遇回到老家朱坊村，默默无闻地做好事，安度晚年。2011年冬去世。

● 朱云合　1930年出生，中共党员，1950年参加中国人民志愿军赴朝作战。1953年回国后，在北京军区一九四师工作，升为副团职，后转业到河北省张家口师范学院，任人事处处长。2004年病逝。

● 朱希花（女）　1979年出生，现任民革滨州市委会副主任委员、惠民县政协副主席，历任滨州市商务局主任科员、市场秩序科科长，机电产品进出口办公室主任，滨州市商务局商贸流通科科长等职。

▶▶ 重要事件

1938年3月，刘景良被国民党委任为山东省第五专区保安司令兼专员。日军占领惠城后，常驻朱家坊一带。日寇视刘景良为眼中钉、肉中刺。1944年春，刘景良在朱家坊被日寇抓获，押解至东肖万村杀害。

▶▶ 特色产业

2023年，全村有大棚400多个，以种植西瓜、甜瓜和菠菜为主。依托大

□ 朱家坊村入村门楼

棚的保温效果实现了"春种夏收、夏种秋收、秋种冬收"的"三种三收"。大棚西瓜以种植"甜王"品种为主，甜瓜以种植"博洋"系列为主，瓜果种植每年可占大棚种植的80%以上。产品远销北京、天津、香港等城市，户均收入4万元左右。

▶▶ 村干部任职情况

历任村党支部书记一览

姓　名	任职时间
朱延德	1952—1960
朱洪范	1960—1973
朱爱勤	1974—1988
朱希祥	1989—1996
朱云珍	1997—1999
朱和伦	2000—2004
朱梅三	2004—2010
朱和坤	2011—2018
朱丙国	2018—2020
朱希水	2021—

历任村行政负责人一览

姓　名	任职时间
朱兆林	1946—1949
朱兆文	1950—1951
朱洪范	1952—1970
朱圣祥	1971—1973
朱云堂	1974—1977
朱希祥	1989—1992
朱爱良	1992—1995
朱云珍	1995—1998
朱和伦	1998—2000
朱爱勤	2001—2007
朱和坤	2007—2013
朱希水	2014—

撰稿：崔雪滔

□ 前张村航拍图

前张村
QIANZHANGCUN

前张村原名张家，曾名张马胡家。位于麻店镇政府东南5公里处，临近乐胡路，交通便利。2023年，84户，322人，均为汉族，姓氏以张姓为主。耕地976亩，农业村，主产小麦、玉米、棉花、花生、瓜果等。2001年被县委县政府授予"小康村"；2011年被滨州市评为"社会主义新农村建设示范村"。

▶▶ 历史沿革

相传，明朝正德年间（1506—1521年），始祖张芬、张峨兄弟由河北省枣强县迁来，二人同立一村，村名张家。以后又迁来马、胡二姓，即以姓氏排列为村名，称张马胡家，后讹传为张马虎家。自张芬的一支迁此另立村庄始，因位于原村址之前（南），取村名前张家。

▶▶ 文物古迹

村北大湾的东边，曾有一座财神庙，修建年代不详。据村中老人回忆，财神庙坐北朝南，虽然只有一间房子，但是房基宽阔、房屋高大，采用了传统的砖木结构和青瓦屋顶，充满了古朴的韵味。庙宇布局紧凑合理，正中央供奉着财神爷，财神爷面容慈祥，手持元宝，眼神中透露出对世间万物的慈爱与关怀。每逢农历初一、十五，财神庙的香火旺盛，附近村民们手持香烛，虔诚地前来祈求财运亨通、家庭和睦。1946年，解放区对黄河大堤进行维修施工，为提供砖石，村民将财神庙扒掉，砖石运往黄河大坝。

▶▶ 烈士名录

• 孙希云　1951年2月入伍，中国人民志愿军一九三师五七八团战士。1951年4月，在朝鲜与李伪军第一师作战中壮烈牺牲。

▶▶ 村庄名人

• 张文峰　1974年参军，1976年加入中国共产党，在对越自卫反击战中，任特务连连长，多次立功受奖，后升任广州军区某部团长。1986年转业到滨州市工商局工作，曾先后任办公室主任、纪检书记、第一副局长、局长、党组书记等职，2015年调任莱芜市工商局任局长兼党委书记。

• 张玉新　1966年3月出生，麻店镇肖家社区两委委员、前张村党支部书记、惠民县国丰瓜菜种植专业合作社理事长。先后获得"山东省齐鲁乡村之星""滨州市劳动模范""滨州市新型农业经营主体带头人"等荣誉称号。

▶▶ 特色产业

1996年，为响应镇党委、政府号召，全村大力发展大棚种植，村党支部、村委会成员及小队队长带头种植，采取种一亩大棚补偿一亩耕地的方式进行奖励，当年即发展20多亩。2011年3月，村成立惠民县国丰瓜菜种植专业合作社，采用"合作社+基地+农户"的经营模式，以流转土地兴建春暖式大棚为途径，大力发展"瓜菜种植+育苗"产业，共计流转土地60亩，建设大棚30个。2018年，国丰瓜菜种植专业合作社被评为"惠民县县级示范社"；2021年，国丰瓜菜种植专业合作社被评为"农业科技示范基地""滨

□ 前张村疫情防控捐款功德榜

州市2021年农民合作社市级示范社"。2023年，国丰瓜菜种植专业合作社大力发展育苗生产，共育苗1100万株，产值300万元，村集体增收3万元。同时推广的"番茄+甜瓜"立体种植模式，使村民每亩收益达1.2万元。

▶▶ 风土民情

前张村具有典型的鲁北地区文化风韵，特别是山东琴书，又称"唱扬琴"或"山东扬琴"，其采用山东方言表演，因脱胎于民间的"小曲子"联唱，所用唱腔曲调十分丰富，节目以中长篇书为主，兼唱小段儿。后张村山东琴书非遗传承人张万祥经常为村民表演，大部分村民喜爱山东琴书，并能哼唱几句，成为茶余饭后、农闲时节村民的重要文化娱乐活动。

▶▶ 村干部任职情况

历任村党支部书记一览

姓　名	任职时间
张广思	1949—1966
张文元	1966—1976
张文福	1976—1990

姓　名	任职时间
张文全	1990—1995
张文增	1995—2002
张玉新	2002—2008
张文芳	2009—2014
张玉新	2015—

历任村行政负责人一览

姓　名	任职时间
张振龙	1949—1966
张振歧	1966—1976
张文科	1976—1990
张文重	1990—1995
张玉林	1995—2002
张文芳	2002—2006
张玉新	2007—2008
张玉兴	2009—2014
张玉新	2015—2018

撰稿：崔雪滔

□ 南路村航拍图

南路村
NANLUCUN

　　南路村原名路家，曾名城洼路。位于麻店镇政府驻地南 6 公里处，西南两侧与辛店镇接壤。2023 年，368 户，1300 人，耕地 2017 亩。农业村，主产小麦、玉米、棉花、西瓜。姓氏有刘、陈、王、邵等，以刘姓人口为多。1997 年，村党支部被县委授予"五好"党支部。

▶▶ 历史沿革

　　相传，始祖路和，于明洪武二年（1369 年）由河北省枣强县迁此，立路家村。清朝初年，又有路德皎迁入此地。因村址距离先棣州古城址较近，且地势低洼，曾名城洼路。1945 年后，村子改称南路，因其位于麻店镇地域的南端而得名。

▶▶ 文物古迹

在南路村东南，曾坐落着一座庄重而古朴的路氏祠堂，它承载着南路村的悠久历史和深厚文化。这座祠堂是清朝初年路德皎出资建造，用于供奉路氏先辈的牌位，庄严肃穆。每逢重大节日或家族聚会，族人齐聚于此，祭祀先祖，追思过往。新中国成立初期，曾改作小学，后经多次修缮，现在用作村庄办公场所。

▶▶ 民间传说

相传，南路村曾有一个关于"南路棍"的故事。有一位名叫刘政的年轻人，十分痴迷武术，尤其对棍术情有独钟，日夜刻苦练习。有一天，村附近树林中出现了一只凶猛的怪兽，常常袭击村民的家畜，甚至还威胁到了村民的生命安全。刘政得知此事后，决心要除掉这只怪兽。当怪兽张牙舞爪地朝他扑来时，刘政毫不畏惧，施展出自己熟练的棍术，与怪兽展开了激烈的搏斗，终于将其制服，刘政的南路棍法也从此声名远扬，南路棍成为村民们心中正义和勇气的象征。后来，刘政将自己的棍法传授给了后人，他不畏强暴的精神也流传下来，激励着南路村一代代的人们。

▶▶ 烈士名录

● **路立明** 1918年生，中共党员，解放军六十八军二〇四师战士，参加过抗美援朝战争。1955年牺牲于浙江。

● **刘方德** 1923年4月生，中共党员，1944年2月参军入伍，西北野战军二纵六旅班长。1951年牺牲于山西王庄镇。

● **路吉峰** 1925年生，中共党员，解放军二十军战士，参加过抗美援朝战争。1955年牺牲于吉林。

▶▶ 村庄名人

● **陈晋三（1866—1946年）** 字连升，自幼好学，清光绪十一年（1885年）入县为廪生，废科举后，苦攻医学《本草纲目》《伤寒论》《医宗全鉴》《脉诀》等医书，无不精通，闻名遐迩，治愈患者甚众，甚为群众爱戴。晚年医术愈加精通，求医者接踵而至。著有《伤寒探析草》一书，惜未

□ 南路村村内广场

传与后世。

▶▶ 特色产业

　　林果瓜菜种植　1994年，村种植360亩苹果园。2007年植树1000余亩、18000余棵。2008年，大面积种植大棚西瓜，引进先进技术使西瓜增产，给村民带来了丰厚收入。2016年，部分村民在村内盖起了二层小楼。2023年，盘活村北资源一处，公开发包，与投资方合作共建大型冷仓一处，通过"公司+合作社+农户"的经营模式，发展订单农业，推动瓜菜产品产销衔接，实现多方合作共赢。

▶▶ 村干部任职情况

历任村党支部书记一览

姓　名	任职时间
刘方坤	1949—1960
邵珠贤	1960—1965
刘善堂	1965—1975
刘书申	1975—1978
刘善堂	1978—1983

姓　名	任职时间
刘洪堂	1983—1989
刘书财	1989—1990
刘书清	1990—1992
王振增	1992—1995
陈炳利	1995—1996
刘方俊	1996—1999
邵先从	1999—2001
刘书清	2001—2004
王玉清	2004—

历任村行政负责人一览

姓　名	任职时间
王连堂	1965—1989
刘洪堂	1989—1990
王振增	1990—1992
王振生	1992—1996
刘方兴	1996—2001
王玉清	2001—2018

撰稿：张晨雨

□ 西万村航拍图

西万村

XIWANCUN

　　西万村原名万家。位于麻店镇政府驻地东南4.5公里处，乐（陵）胡（集）公路西侧。2023年，242户，802人，姓氏以万姓居多。耕地1710亩，农业村，主产小麦、玉米、大棚甜瓜、西瓜。逢农历三、八日集市。1978年获县级"文明村"称号；2003年，村党支部被县委授予"五个好"党支部。

▶▶ 历史沿革

　　据《万氏族谱》记载，始祖万明玉，于明永乐年间（1403—1424年），由河北省枣强县迁此，以姓氏立村万家。1985年建村民委员会时，为避重名，更名为西万村，因其位于乐胡公路西侧故名。

▶▶ 民间传说

相传，古时候万家村有位名叫万有木的先生，乐善好施，扶贫济困，被乡里称为"万善人"。当时万家村前有一条宽阔的河流，村民出行极为不便。万有木决心为大家修一座桥。他四处奔走，筹钱备料，亲自带领村民建桥。由于木材不足，石料运输困难重重，建桥受阻。夜晚，万有木梦到一位仙人指点。醒来后，他按照仙人的提点找到了建桥所需材料，桥终于建成，村民们往来不再困难。为了纪念万有木，大家把这座桥命名为"有木桥"。20世纪80年代挖渠修路的时候，人们在石桥不远处的地下挖出了一块大石碑，上面刻有"道光十年万有木修桥献银"的字样。

▶▶ 烈士名录

• **万福林** 1929年3月生，1946年2月参加革命，华野二纵三十八旅十七团战士，1948年6月在解放开封战役中壮烈牺牲，葬于开封。

• **万九森** 1932年2月生，1950年3月参加革命，人民解放军三九七部队班长。1956年3月在蓬莱病故，被部队批准为烈士，葬于蓬莱。

▶▶ 村庄名人

• **万九河** 字玉书，1910年12月生。1934年大学毕业后先后在惠民中学、益都师范任教。抗日战争爆发后，随校迁至四川绵阳国立六中任教。1942年底，在西北师范学院史地系任教。1946年任山东师范学院历史系主任、教授和学院教务长。1950年调东北师范大学，先后任历史系主任、校长助理、校党委委员等职。其间，创办吉林历史研究所并任所长。曾作为吉林文教代表团成员赴朝慰问志愿军。1980年，调天津师范大学任教。2002年1月因病去世。

▶▶ 重要事件

1932年，国民党鲁北行署主任何思源与国民党地方杂牌军司令刘景良，曾率部在肖万村与日伪军激战。日伪军损失严重，当时被称为"肖万战斗"。

▶▶ 特色产业

西万村的沙质土壤适宜西瓜的生长，生产的西瓜甜脆可口。现已建成以办事处为中心的西瓜生产基地；在镇境乐胡路两侧9公里，形成了购销两旺的西瓜批发市场。1985年，村里开始广泛种植西瓜，1994年改种大棚无籽西瓜，远近闻名。

▶▶ 风土民情

在西万村，曾流传着这样一个古老的习俗：每当村里有人死亡，全村人在这一天里都自觉遵守传统习俗，不动烟火（吃饭），以此表达对逝者的深切哀悼。接下来的两天，所有人都停止手头的劳作，默默地陪伴在逝者家人身边，给予他们精神上的支持与安慰。直到第三天，逝者入土为安后，村民们才恢复正常生活和劳作。

▶▶ 村办教育

新中国成立初期，利用地主家的空闲房屋创办万家小学。1958年前后，搬迁到村里的自建校舍，共10间，在校生60名，5名教师。至1978年集体出资在村西北建造教室20间，学校进行了第三次搬迁，当时在校生有100名，公办、民办教师10余名。1983年，校舍由土坯房升级改造成砖瓦房，位于村北，占地4亩左右，12间房屋。20世纪90年代，学校规模调整，万家小学并入肖万中心小学。

▶▶ 万家集市

1982年，万家立集，集期为农历三、八日，故称三八大集。万家集市是麻店镇第二大物资交流综合市场，市面布局为南北两条街，总长600米左右。2005年

□ 西万村党支部办公场所

上市摊位达130个，主要经营水果、农副产品、日用生活品等，年成交额90余万元。市场交流的繁荣兴旺，极大促进了麻店镇的经济发展。

▶▶ 村干部任职情况

历任村党支部书记一览

姓　名	任职时间
万京孝	1950—1969
万洪伦	1969—1973
万佃各	1973—1976
万兆良	1976—1986
万洪俊	1986—1995
杨标起	1995—1997
万洪华	1997—2004
万洪芳	2004—2006
万秀杰	2006—2019
万福顺	2019—

历任村行政负责人一览

姓　名	任职时间
万京孝	1949—1950
万九兰	1953—1965
万洪云	1965—1970
万佃各	1970—1976
万洪俊	1976—1986
万兆良	1986—1992
万洪伦	1993—1995
万洪芳	1995—2006
万秀杰	2006—2018

撰稿：张晨雨

HUIMIN
XIANGCUN
JIYI

06

皂户李镇
ZAOHULIZHEN

□ 皂户李镇航拍图

皂户李镇

ZAOHULIZHEN

皂户李镇位于惠民县境西北偏北处，东邻麻店镇，南与淄角镇、辛店镇毗邻，西与石庙镇接壤，北隔沙河与石庙镇、孙武街道、何坊街道相望。南北长 7 公里，东西宽 16 公里，总面积约为 82.37 平方公里，辖 5 个联村，74 个自然村，9654 户，2.95 万人。耕地 63370 亩，以农为主，主要种植白蜡、国槐等绿化苗木和小麦、玉米等粮食作物。境内有省道大济路、庆淄路贯穿南北，滨石路横穿东西。先后获得"全国一村一品示范村镇""平安农机示范乡镇""森林文化小镇""山东省森林乡镇""山东省服务业特色小镇培育单位""全国耐盐碱植物特色产业创新示范区"等荣誉称号。

▶▶ 历史沿革

因镇人民政府驻皂户李村，故名皂户李镇。1945 年 9 月，在原县三区基础上，建立三区委，三区委机关驻后找李村。1947 年 3 月，三区分为豆腐寨、火把李两个区。1948年5月豆腐寨区、火把李区合并为伙龙聚区，机关驻皂户李村一带。1949年10月，原伙龙聚区改为四区，区委机关驻皂户李村。1955年9月，改为皂户李区。1956年12月，全县辖区大调整，皂户李区分划为皂户李、颜家、豆腐寨三个乡。1958年2月三乡合并，改为皂户李乡。同年秋，改为皂户李公社。1961年12月，改皂户李公社为皂户李区，1968年撤区建社，复名皂户李公社。1984年5月根据鲁政函〔84〕12号和惠政发〔84〕29号文件精神，将原皂户李公社改为皂户李乡。2011年9月，改为皂户李镇。

▶▶ 文物古迹

泰山行宫　位于歇马亭村，始建于明永乐年间。院内古槐成荫，三座大殿一字排开，两侧围以廊庑、配殿、客堂和方丈室。大门西侧几棵古松，干枝盘曲斜出，犹如苍龙蜿蜒盘绕。正殿供奉着碧霞元君。歇马亭泰山行宫在乐安州境内建造最早，规模较大，因而影响也最大，方圆百里前来膜拜进香者每天不下百人。1941年，泰山行宫被日寇拆毁，砖瓦木料运到麻店一带修造了炮楼。

打箔路遗址　位于皂户李镇打箔路村西南500米处，遗址文化层露于地表，出土有泥质灰陶罐、白釉碗等。属宋代遗址，为县级文物保护单位。

打箔李路惨案纪念地　打箔李路位于惠民县城西南20华里，东为打箔路，西为打箔李，合称打箔李路。1945年2月2日，驻惠民城的日寇300余人，穿着便衣，于夜晚偷偷出城，企图到刘家堡以西突袭包围八路军的县区武装。日军先头部队60余人，经过打箔李、打箔路村东围子门时，通过翻译要求站岗的路景明、路景水集合全村百姓开会。遭到二人拒绝后，日军立即包围村庄烧杀抢掠。路景明、路景水被日寇当场杀害，全村被杀害群众30人，打伤10余人，烧毁房屋无数。

▶▶ 历史人物

● **刘子班（1905—1960年）**　名洪斌，后改名梦非，张尹村人。1924年，刘子班以学生代表身份参加孙中山领导的改组国民党运动，随即加入中国国民党。1925年被推选去苏联中山大学留学，1927年毕业回国。回国后，任国民党山东党校训导员。1929年因参加汪精卫领导的反蒋活动，被蒋介石下令通缉。1931年九一八事变后，通缉令撤销。1933年任山东省事业部专员。1939年任国民党中宣部委员，同年8月，弃笔从戎，任国民党92军政治部主任，少将衔。曾创办《淮上日报》，宣传抗日救亡。后因厌恶军长李仙洲消极抗日、积极反共、热衷于内战的行径，着手组织反李势力，1945年，因事情败露被李仙洲罢免职务。翌年，任国民党中央农工部专员。1948年4月南京解放，当时国民党军政人员纷纷外逃，他毅然留居大陆。1950年返回济南，投入社会主义建设事业，任山东省"医务生活社"翻译。1956年，调入济南市一中任教，不久被划为右派。1960年逝世。1984年，济南市教育局为其平反。

● **李中宪**（1912—1982年） 园子李村人。1935年毕业于北京大学，1948年赴美国留学。1950年不惧台湾当局的威逼利诱返归大陆，任西北大学教授。李中宪曾先后任北京大学、长沙临时大学、西南联大、西北大学教授，并历任西北大学生物系主任、西北大学学术委员会委员、中国民主同盟中央委员、西安市政协委员、中国植物学会理事、陕西省植物学会理事长、《西北植物研究》主编等职务。1981年加入中国共产党。

▶▶ 名人乡贤

● **雷鸣玉**（1920—1968年） 西昌村人。1937年在惠民中学参加中华民族解放先锋队，积极宣传中国共产党的抗日主张。11月，日军犯县境，学校被解散，他跋涉千里，赴山西临汾参加八路军。1938年4月，雷鸣玉在洛川八路军总部随营学校加入中国共产党。10月，任山东分队特务团文化教员。1939年至1945年，先后任莒南县筵宾区委书记、芦山县委书记等职务。1945年冬，他奉命赴吉林省磐石县任县委书记。1949年至1966年春，先后任中共延边地委组织部长，中共吉林省委办公室主任、省委组织部长、省委书记处候补书记等职务。"文化大革命"期间，受迫害含冤而死。1978年5月23日，中共吉林省委为其平反昭雪。

● **张红霞**（1956—2011年） 女，管家村人，十四岁学艺，师从民间艺人学唱西河大鼓。1980年拜天津河西区曲艺团副团长刘兰风为师，1983年被山东省曲艺家协会吸收为会员。1984年参加山东省文化厅、省曲协举办的中长书调演，获演出一等奖。1985年5月，拜中国曲艺家协会副主席刘兰芳为师，在刘兰芳的悉心指导下，其说唱艺术日臻成熟，赢得了小"刘兰芳"的美誉。

● **康风仁** 1948年8月出生，康家堡村人，大学文化，中共党员。1969年2月入伍，历任坦克第八师战士、排长、连长、营长、副科长、团参谋长、团长、师参谋长、副师长、师长等职；1998年10月任装甲第八师师长；2002年4月任山东省军区副参谋长；2003年4月任青岛警备区副司令员； 2005年12月退休。

● **吴胜林** 汉族，任三庄村人，1959年6月出生，中共党员。1978年4月，德州供销学校财会专业学员；1980年1月任惠民县民政局会计；1984年6月起，历任县民政局副局长（1985年8月至1987年7月在山东经济学院干部专修科财经专业学习），县二轻公司副经理，县二轻局副局长，县畜牧局副局长，香翟乡党委副书记（其间1993年7月至1996年6月在山东干部函授大学经济管理专业学习）、计生委主任、党委书记，胡集镇党委书记等职；2003年1月任县交通局党委副书记、局长，2003年2月任县交通局党委书记、局长；2011年1月补选为惠民县第十六届人大常委会副主任；2012年1月当选为惠民县第十七届人大常委会副主任；2016年1月兼任惠民县第十七届人民代表大会财政经济委员会、内务司法委员会主任委员；2017年1月离职；2019年5月退休。

□ 皂户李镇苗木产业

□ 第十一届黄河三角洲（滨州·惠民）绿化苗木交易博览会

▶▶ 经济发展

近年来，皂户李镇经济发展总体平稳向好，主要经济指标增势明显，2022年工业总产值突破20亿元大关，达20.16亿元。2023年，全镇固定资产投资达2.89亿元，同比增长19%；工业技改投资2.4亿元，同比增长26%。

2020年，全镇围绕数字经济、新材料制造、畜禽深加工等产业开展招引活动58次，先后落地的和美食品工业园综合体、山东金惠种业十万亩良种繁育基地、艺林花木高端容器苗生产基地、天姬农业发展公司现代蔬菜种植等新项目31个，总投资突破16亿元。皂户李镇大力推进畜禽产业"链式发展"，全力打造十亿级产业集群的经验做法，获得了滨州市市长李春田签批推广。

2022年以来，先后完成了食用菌产业园区整体改造工程，康家堡村吉康果蔬种植示范基地建设。山东金惠种业十万亩良种繁育基地已完成3万余亩基地改造任务，被山东省科学技术厅授予"院士后备工作社"。旷琦天运牧业、鸿乾牧业2个农业农村项目完成投资800万元。2023年总投资2600万元的朋丰种鸭项目落地投产，和美工业园区畜禽产业链完成链内闭环，年出栏肉鸭2500余万只，鸭制品年产量超过15万吨，年综合产值达24亿元。连续成功举办了11届"山东·滨州"绿化苗木博览会，其典型经验做法被滨州市副市长张瑞杰签批推广。目前，全镇拥有500亩以上苗圃基地25处，千亩以上苗木基地10处，万亩林场1处。建有"山东省苗木大市场"2处，发展苗木经营业户672家，每年输出苗木超过5000万株，线上线下年交易额突破50亿元。白蜡、国槐占全国市场份额的80%以上。建有现代蔬菜种植基地1处，主要生产有机菜花、西红柿等无公害、绿色食品。建有农文旅融合发展示范点4处，设有草莓、香梨、火龙果、冰草、黄瓜等瓜果蔬菜的采摘区，年接待游客超过30万人次。

▶▶ 非遗介绍

惠民泥塑 惠民泥塑产于河南张村，通常被人们称为河南张泥塑。有近百个品种，有"牛郎织女""白蛇传""梁祝""武松打虎""孙悟空三打白骨精"等戏剧人物，也有"不倒翁"坐在莲花上的"坐孩"，安上哨子或肚子里装个弹子、安个小

□ 河南张泥塑

棒发出各种声音的"响孩"；还有猴、鱼、鸡、桃、杏、葡萄等动植物。造型夸张，色彩艳丽，深受大家喜爱。2011年惠民泥塑被列入"国家级非物质文化遗产名录"。代表性传承人张凯，被确定为省级非物质文化遗产传承人。

花篮秧歌 始于清朝时期，当时，人们模仿庙里壁画上仙女拿花的样

子，扎成10束花枝子，让10个男扮女装的青年持花束扭唱，给人们拜年，名叫十女献花，也叫花枝子秧歌。后期，人们把演出的道具"花枝子"改为"花篮"，故又称花篮秧歌。因其观赏性较强，盛行一时，流传甚广。皂户李镇的菜园刘村、后找李村、袁家庙村都有表演花篮秧歌的传统。具有代表性的当属菜园刘花篮秧歌，自新中国成立初期开始组织，至今已有70多年历史。秧歌队员共有100余人，其中男50余人，女50余人；40岁以上约60%，40岁以下约40%；年龄最大的已74岁，最小的仅10岁。每到过年，该村都会组织演出，一直持续到正月十六。其间，受周边村的邀请，也到多个村进行表演。2007年，菜园刘村花篮秧歌被列入"市级非物质文化遗产名录"。

火把李庙会 每年的农历二月初二，惠民县皂户李镇火把李村都要举行庙会。火把李庙会是一个村落庙会，以前叫香火会，这里庙上的香火曾经很旺盛。每年庙会主要角色是河南张的泥娃娃，传说如果妇女婚后不能生育，就会在农历二月初二这天

□ 火把李庙会现场

到庙会上烧香拜佛，并用红线拴一个娃娃回家，以期来年添丁增口，家族兴旺。因此，火把李庙会也是一个娃娃的盛会，拴娃娃的风俗一直延续至今，充分表达了老百姓对未来生活的无限希望。2007年被列入"市级非物质文化遗产名录"。

南宋高跷 南宋高跷起源于光绪年间，兴盛于民国时期。"文革"之后有过中断，直至20世纪80年代末、90年代初重新兴起。高跷一般都在过年过节及重要的庆典活动中演出，其规模可大可小，较为灵活，多则一二百人，少则十多人。在人物扮演上，一般分"文跷"和"武跷"两大类，均以传统戏剧中的帝王将相和才子佳人为造型。表演者根据剧情需要，手持各种道具，在铿锵有力的鼓乐伴奏下翩翩起舞，随着音乐的变化而不断变化出多种队形。除一些传统的三角圆、四门斗、葡萄架、辫子插花等花式外，一些演技高超的演员还会表演出一些高难度的动作，如二层观音、三层观音、转芯子、拉骆驼、原地旋转360°等。2014年被列入"市级非物质文化遗产名录"。

皂户李镇历任党组织领导一览

姓　名	职　务	任职时间
李裕林	三区区委书记	1945年9月—1947年3月
李桂茂	豆腐寨区区委书记	1947年3月—1948年4月
于兰斋	火把李区区委书记	1947年3月—1948年4月
李桂茂	伙龙聚区区委书记	1948年5月—1949年2月
刘贞云	四区区委书记（代理）	1950年5月—1950年11月
刘贞云	四区区委书记	1950年11月—1952年8月
李延寿	四区区委书记（代理）	1953年5月—1953年10月
李延寿	四区区委书记	1953年10月—1956年12月
李延寿	颜家乡党委书记	1956年12月—1958年2月
邓建芬	豆腐寨乡党委书记	1956年12月—1958年2月
魏汝壁	公社党委书记（副县长兼）	1956年12月—1958年9月
魏汝壁	公社党委书记	1959年9月—1960年5月
李延寿	公社党委书记	1961年12月—1964年1月
赵学诚	公社党委书记	1964年1月—1965年4月
曹芳英	公社党委书记	1965年4月—1966年3月
杨乐修	公社党委书记（代理）	1966年3月—1967年1月
曹芳英	革命委员会核心领导小组组长	1969年12月—1971年4月
杨乐修	公社党委书记	1971年4月—1973年1月
毕延岭	公社党委书记（代理）	1973年1月—1975年3月
魏宝林	公社党委书记（代理）	1975年5月—1976年9月
刘广法	公社党委书记	1976年9月—1979年5月
温子良	公社党委书记	1979年5月—1980年7月
张清友	公社党委书记	1980年7月—1984年5月
周嘉泉	乡党委书记	1984年5月—1987年2月
李兆林	乡党委书记	1987年2月—1991年9月
赵福林	乡党委书记	1991年9月—1997年12月
郝永亭	乡党委书记	1997年12月—2001年3月
宋成琴	乡党委书记	2001年3月—2002年8月
刘玉海	乡党委书记	2002年8月—2006年9月
李延民	乡党委书记	2006年9月—2007年10月
马书花（女）	乡党委书记	2007年10月—2011年11月
宋全星	镇党委书记	2011年11月—2016年2月
管林刚	镇党委书记	2016年5月—2021年12月

姓 名	职 务	任职时间
付小川	镇党委书记	2021年12月—2023年12月
李 彬	镇党委书记	2023年12月—

皂户李镇历任行政领导一览

姓 名	职 务	任职时间
张家恕	皂淄区区长	1944年10月—1945年5月
刘照远	皂淄区区长	1945年6月—1945年9月
王桂生	三区区长	1945年9月—1947年3月
金保刚（女）	豆腐寨区区长	1947年3月—1947年11月
刘忠孝	豆腐寨区区长	1947年11月—1948年5月
王桂生	火把李区区长	1943年3月—1947年4月
刘青章	火把李区区长	1947年5月—1948年4月
刘忠孝	伙龙居区区长	1948年5月—1949年2月
潘元升	伙龙居区区长	1949年2月—1949年12月
潘元升	四区区长	1949年2月—1949年12月
姚洪君	四区区长	1949年12月—1950年5月
陈万年（又名陈养年）	四区区长	1950年5月—1952年11月
刘宝林	四区区长（代理）	1952年11月—1954年9月
王正乾	四区区长	1954年9月—1955年9月
王正乾	皂户李区区长	1955年9月—1956年3月
王春雨	皂户李区区长	1956年3月—1956年12月
李洪福	皂户李乡人民委员会乡长	1956年12月—1958年9月
陈根荣	颜家乡人民委员会乡长	1956年12月—1958年2月
赵德忠	豆腐寨乡人民委员会乡长	1956年12月—1958年2月
潘书梅	公社管理委员会社长（兼）	1958年9月—1960年5月
刘清贤	公社管理委员会社长（兼）	1960年5月—1961年5月
毕延岭	公社管理委员会社长（兼）	1961年7月—1961年12月
毕延岭	区长（兼）	1961年2月—1967年1月
曹芳英	区革命委员会主任	1967年5月—1969年2月
蔡保东	区革命委员会主任	1969年3月—1969年9月
蔡保东	公社革命委员会主任	1969年9月—1969年11月
曹芳英	公社革命委员会主任	1969年11月—1971年4月
杨乐修	公社革命委员会主任（书记兼）	1971年4月—1973年1月
毕延岭	公社革命委员会主任（代理书记兼）	1973年1月—1975年5月
魏宝林	公社革命委员会主任（代理书记兼）	1975年5月—1976年4月
魏宝林	公社革命委员会主任（书记兼）	1976年4月—1976年9月

姓　名	职　务	任职时间
刘广法	公社革命委员会主任（书记兼）	1976年9月—1979年5月
孙守俭	公社革命委员会主任	1979年5月—1981年1月
孙守俭	公社管理委员会主任	1981年1月—1984年5月
刘培芝	乡长	1984年5月—1990年3月
赵福林	乡长	1990年3月—1992年1月
刘振德	乡长	1992年1月—1995年4月
赵福林	乡长	1995年4月—1995年9月
郝永亭	乡长	1995年9月—1998年2月
刘玉海	乡长	1998年2月—2002年8月
张光月	乡长	2002年8月—2006年2月
马书花	乡长	2006年2月—2007年11月
王宝山	乡长	2007年11月—2008年10月
樊洪明	乡长	2009年8月—2011年11月
管林刚	镇长	2011年11月—2016年5月
付小川	镇长	2016年12月—2021年12月
胡令强	镇长	2021年12月—2024年2月
王换成	镇长	2024年2月—

撰稿：丁　玮

□ 皂户李村航拍图

皂户李村
ZAOHULICUN

　　皂户李村位于惠民县城西南 7.5 公里处，今皂户李镇政府驻地。大济路纵贯南北，西与李栋村接壤，北与袁庙村、石庙村、幸福郑村相望，南与歇马亭村、岔路村相邻。现有 9 个生产小组，289 户，1118 人。耕地 2320 亩，以种植小麦、玉米、大豆为主。2023 年村集体收入 7 万元，人均收入 2 万元。现有李、张、刘、孙、左、邢、翟、马、赵等姓，其中，李姓人数最多。

▶▶ 历史沿革

　　相传明宣德元年（1426 年），始祖李署于安徽凤阳府迁此。据其李氏谱记，李署有战功，封食地 5 顷，名皂地，免征赋税，故村名皂户李。新中国成立后，为惠民县第四区（皂户李区）区公所驻地，现为皂户李镇政府驻地。2021 年 3 月，皂户李镇的全部社区改为行政村，原行政村改为自然村，皂户李村现隶属皂户李镇皂户李联村。

▶▶ 烈士名录

● **李东保** 1919 年出生，1946 年参加革命工作，志愿军六十八军二〇四师六〇二团战士，1951 年在抗美援朝战争中牺牲，安葬在朝鲜。

● **刘元臣** 1924 年出生，1951 年参加革命工作，志愿军六十七军二〇一师六〇三团某班班长，1953 年 7 月 24 日在抗美援朝战争中牺牲，安葬在朝鲜。

● **刘相功** 1925 年出生，1946 年参加革命工作，华野八纵某班班长，1947 年在鲁南战役中牺牲。立一等功一次，收录著名烈士英名录。

● **李绍河** 1925 年出生，1947 年参加革命工作，华野十纵二十八师战士，1947 年在孟良崮战役中牺牲。

● **李东福** 1928 年出生，1946 年参加革命工作，渤海七师战士，1947 年在泰安战斗中牺牲，安葬在泰安。

● **李春福** 1930 年出生，1951 年参加革命工作，志愿军六〇二四部队战士，1952 年在抗美援朝战争中牺牲，安葬在朝鲜。

● **李春之** 1932 年出生，1951 年参加革命工作，志愿军六十七军二〇一师六〇三团战士，1953 年在抗美援朝战争中牺牲，安葬在朝鲜。

▶▶ 历史人物

● **李祝三** （1910—1983年） 字经华，1931年在济南某高中毕业后考入西北联大，后又在中央陆军大学分校学习，毕业后在傅作义部队任职。1948年随部队起义，加入中国人民解放军，参加了解放太原战役。解放后进京参加了开国大典的筹备工作。抗美援朝期间在志愿军86军军部作战科任军事参谋。1952年因患神经衰弱症，回国休养，遂转业回家务农。1958年在皂户李乡卫生院任中医师，1963年退职。1981年为政协第四届惠民县委员会委员。

▶▶ 重要事件

1939年，日本高级行政长官高谷正雄大兴土木，在皂户李村修建了第一座炮楼（又名碉堡），在淄角镇的马店村修建了第二座炮楼，依次往南延伸。炮楼呈圆柱形，直径约有3米，高约有5米。1940年的一天夜里，炮楼里驻守的四个日军全被杀死，十几个伪军全被捆绑，嘴里被塞上了臭袜子。第二天来了十多辆汽车的日本鬼子调查此事，皂户李村群众对此守口如瓶，鬼子调查无果，只能不了了之。皂户李村解放后，人们才知道这是我抗日游击队的一次军事行动，趁炮楼里的日军防守空虚，一举端掉了日本鬼子在皂户李村的炮楼。

▶ 集市贸易

□ 皂户李村集贸市场

皂户李集市因一条北京通往济南的官道（现为"大济路"）贯穿本村而兴起，集市设在官道两侧，历经百年。1958年全县撤区，皂户李区改为皂户李乡。部分单位如饭店、供销社、医院、食品站、采购站、粮站、棉花收购站等都围绕皂户李村的中心十字街而建。十字街的两条主干道就成了集市摆摊卖货的地方。当初每月的四、九为集日，后因淄角大集为四、九，县城大集为五、十，皂户李大集就改为二、七，即每月农历的初二、初七、十二、十七、二十二、二十七为集日。1974年，大济路建成通车后，皂户李集市进行了三次迁移。2020年建成"镇中鑫区"后，皂户李村大集正式落至村北大道和小区门口（"T"形结构），依然沿袭每月二、七为集日。

▶▶ 文教卫生

大鼓子秧歌 皂户李村的"大鼓子秧歌"明朝末年由本县石庙镇大霹雳庄传入，并根据本村的文化特点有所改进、创造和发展。大鼓子秧歌又称

"打秧歌"或"霹雳秧歌"。秧歌中的伞、鼓、棒、花等道具，分别代表雨、雷、电、风四种自然景象。舞伞者代表雨神，左手持伞，上下左右翻转用于布云，右手摇羌铃或骨牌，哗哗叭叭之声表示下雨。击鼓者代表雷神，排在队伍最前面。舞棒者代表电神，左右手各执一棒，高举头顶穿插，相击收回，咔咔之声表示闪电。舞花者代表风神，右手拿执扇来扇风，左手舞绸花摆舞表示风吹杨柳哗啦啦之声响。秧歌中还有四大罗汉，他们分别是佛教的大迦叶、君屠钵叹、宾头卢和罗怙罗四位人间肉身真佛。大鼓子秧歌一般由64人组成，代表了《周易》八八六十四卦象。每逢过年过节，村里就会组织秧歌队在本村进行演出，同时，也接受周边村的邀请到其他村演出，演出一直延续到正月十五。大鼓子秧歌不仅给人们带来了节日的欢乐，也表达了人们对大自然的敬畏和对美好生活的期盼。

戏台　位于皂户李村一处空旷的场院里，用土筑起的一个高台。据考，戏台始于清朝时期，当时每到过年过节，各种剧团到戏台演出，收取门票。新中国成立后，表演者多为本村的老艺人和戏曲爱好者。演唱的剧目也为人们耳熟能详，如吕剧《姊妹易嫁》《借年》《李二嫂改嫁》《小姑贤》，京剧《智取威虎山》《沙家浜》等。那时，由于人们的文化生活匮乏，看戏成了人们最大的精神享受。每到演出，村里的孩子们就会早早地来到戏台前，占好"有利"位置，等待欣赏精彩的节目。改革开放后，随着人们物质文化生活的丰富，戏台逐渐消失。

学校　1965年前，皂户李村只有一处小学，主要招收本村适龄儿童，当时也只有一年级到四年级，教师不过三四人。1965年后，后屯完小迁入皂户李村小学，学校规模扩大，教学班级增加到五、六年级，开始招收皂户李管区辖区内五、六年级的学生。1968年，山东省革命委员会要求：将农村公办小学下放到大队，公办教师调回原籍工作。这样，本村的外村籍老师调走了，在外地教学的本村籍教师也陆陆续续回到了本村教学。当时有李东莲、王莉、李春和、翟新正、郭九云、李东民、李宗溪、左登峰、张兆远、李东岑、张兆俊共11名老师在此任教，均为公办教师。1969年，响应上级号召，皂户李村小学由原来的小学改建为联中，增设了初一、初二两个年级，各两个班，仍保留了小学部。学生主要来源于本公社，学生规模超过500人。1970年按照"把公办中学下放到公社办"要求，皂户李公社也建立了高中，1972年皂户李高中迁址皂户李村西街。1980年县教育局对全县中学进行了调整，高中只保留惠民一中、二中、三中，皂户李高中随之撤销，改为皂户李镇初中。现在，该村有公办幼儿园1处、小学1处、中学（初中）1处，教师195人、学生1650人。

卫生室　1946年皂户李村有左寿先老先生的"寿先堂"和陈玉玺老先生的"玉玺堂"两家门诊、药铺，后"寿先堂""玉玺堂"关闭。1955年，左寿先、张林轩、张全阁、陈玉玺、杜青普自发成立联合诊所。1970年，响应上级号召，皂户李村建立卫生室，村里选拔积极肯干的年轻人，到外地学习培训，配备了专门的赤脚医生，当时有李祝三、闫丛三、李东旭、刘化顺、李勤等人，极大地改善了该村缺医少药的状况。

▶▶ 村庄发展

2020年，为推进美丽宜居乡村建设，在皂户李村以西的区域建设了"镇中鑫区"，镇中鑫区占地30亩，建有6栋180套电梯楼。2021年共有81户304人入住小区。小区内建有活动广场、党支部办公室、物业管理处、超市等服务设施。完成绿化面积1000平方米，乡村面貌焕然一新，群众的生活品质有了极大的提高。

▶▶ 村干部任职情况

历任村党支部书记一览

姓　名	任职时间
李东温	1950—1958
张书友	1958—1970
李绍普	1970—1981
邢庆峰	1981—1984
李绍波	1984—1986
李东安	1986—1993
邢庆峰	1993—1995
孙合温	1996—

历任村行政负责人一览

姓　名	任职时间
李东温	1950—1958
张书友	1959—1970
李绍普	1970—1981
李绍庆	1981—1984

姓 名	任职时间
李东安	1984—1994
邢庆峰	1994—2007
李东军	2007—2018

撰稿：郑 浩

□ 康家堡村航拍图

康家堡村
KANGJIAPUCUN

　　康家堡村位于皂户李镇政府驻地东北部 6 公里处，东与西双庙村、北与头堡赵村、西与东崔村、南与园子李村接壤。全村共有 248 户，816 人，中共党员 31 名。耕地面积 2000 亩，主要种植苗木、蔬菜等作物。2023 年人均经济收入 2.1 万元。现有康、郭、孙、张、韩、耿、程、王、李、刘等姓氏。

▶▶ 历史沿革

　　原名郭家老庄，相传，郭姓为该村土著，故村名称郭家老庄。至明永乐年间（1403—1423年），康姓始祖康兴由河北省枣强县迁居于此。后因官府在此设驿站（相当于现在的旅馆，供官员换衣、换马、洗漱等），亦称堡，十里一堡，该村距州城（今县城）十华里，又因康姓兴旺，该村遂改名为康家堡。2021年3月，皂户李镇的全部社区改为行政村，原行政村改为自然

□ 康家堡村碑

村，康家堡村现隶属皂户李镇十五里堂联村。

▶▶ 文物古迹

三教合堂　明朝时期，康家堡村一带就有儒教、佛教、道教三教人员在此传教。为了给他们提供一个传教的场所，明末清初，在康家堡村西南方200米处，建了一座教堂，总面积2600平方米。教堂大门朝南，院内北侧建有3间大厅，东边的大厅为儒教传教场所，中间大厅为佛教传教场所，西边大厅为道教传教场所。院内东侧建有三间膳食房。北边为道教膳食房，中间为佛教膳食房，南边为儒教膳食房。清朝末年，由于年久失修，教堂坍塌，村民遂把教堂拆除。

菩萨庙　清光绪年间，在康家堡村中心位置建有一座菩萨庙，坐北朝南。庙东边为巷道，西边是南北大道，南侧为东西大道，北侧是空地。庙门前悬挂一牌匾，上书"国泰民安"。庙内有一大厅，内塑观音菩萨像。20世纪60年代，庙内设施、塑像被拆除，后菩萨庙旧址改为村里小学学校。1972年，学校因老旧被拆除。

▶▶ 民间传说

官府井　始建于明朝时期，位于康家堡村西南220米处，井深15米左右，井口由石头砌成，井口很小，井内壁由青砖砌成，清朝时期修缮过一次。这口井水质甘甜，水源充足。据传，清朝时期，武定府有一官员因官府内井水盐分高，而派人前往黄河拉水。途中，拉水的四人在康家堡村西的驿站内因酒醉而耽误了拉水任务。无奈之下，他们取了驿站外一口老井的井水拉回。官员品尝后觉得井水甜美，便派人每天到康家堡村拉水，这口井也因此被称为官府井。民国时期这口井被填埋，井口石头不知所终。

▶▶ 烈士名录

● **程元胜**　1929年出生，1947年2月参加革命工作，解放军二十八军八十二师战士，1949年4月在惠民县的一次战斗中牺牲，安葬在惠民。

● **康纯福**　1929年出生，1947年2月参加革命工作，中国人民志愿军二十三军某班副班长，1953年3月10日在抗美援朝战争中牺牲，安葬在朝鲜。

● **杨玉田**　1922年出生，1946年3月参军，中国人民志愿军战士，1951年3月在抗美援朝战争中牺牲，安葬在朝鲜。

▶▶ 历史人物

● **康廷昆**　字岱轩，1890年生，山东省立师范讲习科毕业。终生从事教育事业。1932至1935年编写《惠民县志》时，任分纂。编写的《惠民县志》被省历史学家、史志专家誉为"山东明史"。中央史志专家董一波为其作序。

▶▶ 特色产业

木材加工合作社　2020年6月，康家堡村依托皂户李镇丰富的木材资源，按照"土地+合作社+企业"模式，由村党支部主导成立了木材加工合作社。村集体用13亩土地、变压器等集体资产入股，占股份20%，群众筹资70万元入股，占股份80%。合作社建成投产运营以来，生产的木托盘、木箱等产品全部由山东创新集团收购，年纯利润120余万元，集体增收30万元。接纳7户困难群众到合作社务工就业，人均月增收3000元。2022年被确定为中央扶持资金合作项目，同年被评为"滨州市首批村党组织领办合作社"。

果蔬种植合作社 2017年9月注册成立，名为吉康果蔬农民种植专业合作社，经营范围为苗木、蔬菜。截至2023年底，合作社拥有社员120户，瓜果蔬菜种植面积200亩，现代化智能高温大

□ 康家堡吉康果蔬

棚14个，总资产600万元。主要种植西红柿、黄瓜、茄子、芹菜、草莓、甜瓜等20余个品种的时令瓜果蔬菜，年产量30余吨。苗木、瓜果年销售额500万元，年纯利润30余万元。带动周边村300余户群众（其中包括周边村的40户贫困农户）从事种植业，有效促进了群众增收。2020年，惠民县吉康果蔬农民种植专业合作社被市农业农村局评为"市级示范社"。

集市贸易 康家堡村南街大路有一条通往庆淄路的主干道，1950年前后，康家堡村在此设立集市，主要交易牛马牲畜、布匹、农作物等。后因大路改道，集市于1960年撤销。2011年农历十一月十五日重新立集。每逢农历的五和十为集日，周边许多村子的群众纷纷前来进行买卖交易，为当地的经济繁荣做出了贡献。

村代销点 成立于1956年，当时为3间小土房。1970年，村里在康家堡村南街中心位置，建了5间砖瓦房，代销点迁到这5间砖瓦房里。当时，康家堡为联村大队，辖耿牛张、陈坡牛、头堡赵、东崔、园子李、范家、西双庙、康家堡8个村庄。代销点主要为这8个村的群众服务，代销点里商品齐全，每天前来购物的群众络绎不绝。

▶▶ 教育卫生

学校 康家堡小学始建于1948年，教学班有一至五年级，第一任校长为李学斋老师，学生最多时有300余人。1967年，康家堡小学扩建为康家堡联中，招收一至七年级的学生，有公办教师2人、民办教师12人，学生最多时有500余人。1970年，康家堡联中扩建为康家堡高中，招收一至九年级的学生，高中校长为李希坤老师，有公办教师5人、民办教师19人，学生最多时有800余人。1978年，康家堡高中撤销，合并至皂户李高中。

卫生室　1971年，村内建有卫生室一处，3间房屋。隶属康家堡联村大队委员会，接受卫生部门业务指导，第一任大夫为康纯祥。1976年，卫生室搬至康家堡村后街中心处，先后有牛玉青、牛洪增、康风云等在此为赤脚医生。1983年卫生室撤销。

▶▶ 村庄发展

2007年，集资修建了六横四纵的村级公路。2011年，建立了康家堡集贸市场。2018年，建设了三层楼的党支部办公室和党员、群众活动室。2019年，成立了孝善食堂，70岁以上老人免费就餐。同年，对失传了50余年的康家堡大秧歌进行重新整理传承。2015年，成立康庄旅游开发有限公司、吉康果蔬合作社。2019年，新建了占地1200平方米的广场。2020年，成立了康家堡木材加工厂合作社。

几年来，康家堡村以木材加工合作社、果蔬种植合作社为依托，大力发展高效农业，积极打造康家堡绿色生态品牌。自2015年开始，连续三年利用苗木基地养殖笨鸡15000余只，累计实现集体增收10万元。引进盐松种植，改变苗木品种单一的现状，使亩均增收翻了三番。新流转土地200亩，建成元宝枫示范基地项目和金蝉养殖项目。先后筹资200万元，规划建设了高效现代农业创业园，园内小龙虾、金鱼养殖产业渐成规模，康家堡村逐步走上良性发展的轨道。该村的发展模式得到上级党委、政府的肯定，先后获得了"全国乡村治理示范村""山东省先进基层党组织""滨州市休闲农业和乡村旅游百强单位""农民合作社县级示范社"等十多项荣誉称号。

▶▶ 知青安置

1968年11月，有35名知青入驻康家堡村，这35名知青共分成三个小队，第一小队12人，两男十女；第二小队9人，两男七女；第三小队14人，七男七女。第一小队知青有李玉平、王金芳、曹培之、王保华、李宝华、钱景秀、苏成章、许成德、赵玉峰、赵玉芬、贺秀荃、曹培兰等。第二小队由宋坐禹带队，队员名字不详。第三小队由郝有为带队，队员名字不详。

▶▶ **村干部任职情况**

历任村党支部书记一览

姓　名	任职时间
康纯常	1945—1957
郭明玉	1958—1963
康振岗	1964—1978
康树春	1978—1980
康廷江	1980—1983
康风泉	1985—1987
康风祥	1987—1990
康希良	1990—1993
康风礼	1993—2004
康纯恩	2004—2006
康风礼	2006—2007
康希良	2007—

历任村行政负责人一览

姓　名	任职时间
郭明玉	1945—1950
康树春	1959—1963
郭明玉	1964—1978
康春常	1978—1980
康振柱	1980—1981
康振柱	1981—1985
康廷江	1985—1987
郭明生	1987—1993
康希良	1993—1999
康纯恩	1999—2006
康风礼	2006—2007
康希良	2007—2018

撰稿：崔　晓

□ 伙龙聚村航拍图

伙龙聚村
HUOLONGJUCUN

伙龙聚村位于皂户李镇政府驻地东约 7 公里，东与辛店镇辛骆村搭界，西沿 233 国道，南边与辛店镇碱场王村接壤，北沿滨石路，与草碾郭村、管家村相邻。伙龙聚村分为 6 个自然村，分别是吴家、刘家、东吕、韩家、马家和曹家，共有 318 户，1120 人。耕地 2300 余亩，主要种植白蜡、国槐等绿化苗木和小麦、玉米等粮食作物。2023 年人均收入 2 万元。现有吴、俎、曹、吕、刘、马、韩等姓氏。

▶▶ 历史沿革

明洪武六年（1373年），马姓始祖马正龙由河北枣强县迁居于此。明

365

嘉靖年间，吴姓始祖（名失传）、韩姓始祖（名失传）、曹姓始祖（名失传）、吕姓始祖吕贵香、刘姓始祖刘龙和刘虎都在这一时期，从河北枣强县移居到此。六姓人家各以姓立村，为马家、吴家、韩家、曹家、吕家、刘家。因方圆数里内有一处深不见底的大湾，名曰青龙潭，据传龙王三子青龙就封居于此，于是六姓各户在门前竖起龙的旗号，并称此地为"夥龙聚"。新中国成立后为了书写方便，就改称为"伙龙聚"，"伙龙聚"就成了六村的通称。2021年之前，伙龙聚是一个联村大队（一个党支部），六个村为六个生产小队。2021年，分为吴家、刘家、东吕、韩家、马家和曹家六个行政村，各村分别建立了党支部。2021年3月，皂户李镇的全部社区改为行政村，原行政村改为自然村，吴家、刘家、东吕、韩家、马家、曹家六个村现隶属皂户李镇伙龙聚联村。

▶▶ 文物古迹

关帝庙 据老人们回忆，伙龙聚村有一座关帝庙，庙里供奉着关公的塑像。新中国成立前，这里香火不断，每逢红白大事或过年过节等重要时间节点，村里的长辈都会带上贡品到关帝庙祭拜，祈求平安。"文化大革命"时期被拆除。

▶▶ 烈士名录

● **马致顺** 1917年出生，马家村人，1948年2月参加革命工作，志愿军二十军六〇师一七九团战士。1953年9月在抗美援朝战争中牺牲，安葬在朝鲜。

● **吕风徽** 1931年出生，东吕村人，1951年2月参加革命工作，志愿军六十七军二〇一师六〇三团某排排长，1953年在抗美援朝战争中牺牲，安葬在朝鲜。

● **俎宝同** 1932年出生，吴家村人，1951年2月参加革命工作，志愿军六十八军二〇四师六一一团战士，1953年在抗美援朝战争中牺牲，安葬在朝鲜。

▶▶ 村庄名人

● **曹秀俊** 曹家村人，1931年出生。抗美援朝战争爆发后，主动请缨，被编入某部队二支队，担任班长职务。他作战勇敢，荣获三等功二次。在一次战斗中因腿部受伤，被评为三等一级残疾军人。退役后在村内担任小队长，2022年去世。

● **马汉卿**　马家村人，1921年出生。1945年加入九三学社，黄埔军校18期记者班学员，后在国立22中高中部任职。解放战争时期，因工作成绩突出，被调到国民党30军335师任职，后任四川乐山县副县长。1949年3月起义，受到邓小平等领导同志的接见。后考入西南人民革命大学，毕业后，任西南联运公司秘书长。后响应国家支援山东教育的号召，回到山东，任博兴师范历史教师。在山东省教育学院语文系毕业后，先后任淄博二中、六中、七中语文教师和淄博周村区第二职业专科学校、淄博职工大学、建筑职工大学视图预算班教授。1985年离休，回原籍惠民，参与编写《惠民县地名志》，协助吴如嵩将军考证出孙武原籍在惠民，并编写了《孙氏族谱》，为孙子文化研究做出了贡献。1987年始，为惠民县政协第六、第七届常务委员会委员，政协第八届惠民县委员会委员。

▶▶ 集市贸易

当时伙龙聚村牛马经纪人（买卖牛、羊、马等牲畜的介绍人）较多，其实力较大，影响较广，对牲畜的定价具有较大的话语权。1991年，该村的牛马经纪人共同商议，创建了马家牛马交易市场，进行牲畜交易。此后，随着市场人流量加大，群众需求增多，交易的商品种类也越来越丰富，发展为现

□ 马家大集

在的马家大集。每逢农历初一、初六、十一、十六、二十一、二十六为马家大集日，有效满足了周围20余个村庄群众的日常所需。

▶▶ 教育卫生

小学 1947至1948年，村里群众共同筹资建设了一处学校，类似于私塾，并共同出资聘请了温德元先生为村内孩子们进行启蒙教育。1949年，正式建立了伙龙聚小学，设一至五年级，学校第一任校长为俎其光老师，教职工10余人。1968年，响应国家"每个管区办初中，每个公社办高中"的号召，学校遂改建为伙龙聚联中，设一至八年级，教职工30余人，学生300余人。1984年，联中撤销，改为伙龙聚小学，设一至五年级。现在伙龙聚小学已经撤销，学校旧址改为皂户李镇党校。

卫生室 1969年，在退役军人郭守祥的申请下，建立了伙龙聚药房，郭守祥担任药房负责人，吕凤龙为卫生员。1984年，伙龙聚药房改称伙龙聚卫生室，俎宝生为卫生室乡村医生。他们能基本掌握常见病、多发病的诊治及一般卫生防疫、妇幼保健等工作，较好地改善了农村缺医少药的状况。

▶▶ 村庄发展

1991年，伙龙聚村建立马家大集。2004年，伙龙聚村修建了柏油马路，方便了群众出行。2009年，伙龙聚村在滨石路与庆淄路交叉处修建了马家牌坊。2015年，伙龙聚联村修建了规范化健身广场，同年完成巷道硬化和健身器材安装。自2018年以来，新的党支部班子带领群众拆除废旧房屋，收回空闲土地，积极开展基础设施建设、创建美丽乡村等工作，村容村貌得到极大改善，先后获得"县级美丽庭院示范村""2022年皂户李镇先进村"等荣誉称号。

▶▶ 风土民情

伙龙聚联村中的马姓家族为纪念马姓始祖在此建村，2009年8月，自发筹资建立了"马家牌坊"。上刻碑文，详细记载了马姓始祖来此建村的过程，充分体现了后人对马姓先祖的感念之心和欣逢盛世的激动之情。现将碑文予以刊载："马公敬止，原籍河北枣强，明洪武十三年，奉圣御，携妻王氏，率长子思恩，次子思爱，辞别故土，跋涉数百里，迁居于此，立村马家，繁衍生息，迄今六百余载矣。其间，列世先祖，效仿愚公，垦荒屯田，艰苦创业，遵规守法，耕读传家。而今，欣逢盛世，诸业兴盛，民风淳朴，合族团结。抚今追昔，倍念先祖功德，遂举族集资，建此牌坊，谨撰文刻以记之。"

▶▶ 村干部任职情况

历任村党支部书记一览

姓　名	任职时间
吴宝和	1949—1985
马俊中	1985—1988
曹景申	1988—1989
马增忠	1989—1990
刘俊明	1990—1992
韩振生	1992—2004
俎佃宾	2004—2021
俎佃宾（吴家村）	2021—
刘金友（刘家村）	2021—
吕　杰（东吕村）	2021—
韩振生（韩家村）	2021—
曹连军（曹家村）	2021—
马　刚（马家村）	2021—

历任村行政负责人一览

姓　名	任职时间
俎振祥（吴家村）	1949—1872
吴云清（吴家村）	1972—1985
刘佃福（刘家村）	1949—1985
刘宝坤（东吕村）	1949—1985
韩希伦（韩家村）	1949—1969
韩振生（韩家村）	1969—1985
曹秀之（曹家村）	1949—1985
马之福（马家村）	1949—1985
俎宝增（吴家村）	1985—1988
刘太仁（刘家村）	1985—1988
吕风汉（东吕村）	1985—1988
韩建华（韩家村）	1985—1988

姓　名	任职时间
曹洪奎（曹家村）	1985—1988
马洪奎（马家村）	1985—1988
俎宝增（吴家村）	1989—1992
刘太仁（刘家村）	1989—1992
吕凤汉（东吕村）	1989—1992
韩振生（韩家村）	1989—1992
曹洪奎（曹家村）	1989—1992
马洪奎（马家村）	1989—1992
俎佃宾（吴家村）	1992—2004
刘金林（刘家村）	1992—2004
吕　杰（东吕村）	1992—2004
马增林（马家村）	1992—2004
曹秀叶（曹家村）	1992—2004
马佃奎（马家村）	1992—2004
俎佃宾（吴家村）	2004—2018
刘金友（刘家村）	2004—2018
吕　杰（东吕村）	2004—2018
韩振生（韩家村）	2004—2018
曹连军（曹家村）	2004—2018
马佃奎（马家村）	2004—2018

撰稿：张红林

□ 火把李村航拍图

火把李村
HUOBALICUN

火把李村位于皂户李镇政府驻地西5公里处，西临石庙镇，东与河西崔村相连，南与商河县接壤，北靠滨石路。全村有256户，824人。耕地2564亩，农作物以小麦、玉米、棉花为主，2023年人均纯收入3.2万元。现有崔、李、王、刘、赵等姓，以李、王、刘姓居多。

▶▶ 历史沿革

火把李村曾名长春寺。始祖李忠、李孝兄弟于元朝末年由河北省枣强县迁居于此，因村址靠近长春寺（已废），故村名被称长春寺。后因在战乱时这一带死人很多，有尸横遍野之说，入夜常见村周围磷光闪闪，状如火把，其村遂又被称为火把李。2021年3月，皂户李镇的全部社区改为行政村，原行政村改为自然村，火把李村现隶属皂户李镇王家联村。

▶▶ 文物古迹

长春寺 始建于唐朝，坐落于火把李村的中心地带，古朴典雅，历经千年沧桑，"文化大革命"期间被作为"四旧"拆除。

皇姑庙 始建于明朝成化年间，庙宇建筑，红墙黛瓦，飞檐翘角。庙宇内供奉着皇姑的塑像，面容慈祥，活灵活现。据传皇帝携带家眷南巡时，途经火把李村，公主生病，皇帝就将公主留在此地养病，不幸去世。为纪念公主，皇帝命人在村内建了一座皇姑庙。1947年此庙被拆除，所有石头、砖、木材被运到白龙湾，修筑了黄河大堤。

▶▶ 民间传说

相传，在很久很久以前，火把李村还是一片荒芜之地。一天夜里，村中的一位老者在梦中见到一位仙人，仙人告诉他，只要在村中建立一座寺庙，供奉佛像，便可保佑村子风调雨顺、五谷丰登。老者醒来后，立即召集村民商议此事。大家一致同意，于是纷纷出资出力，开始修建寺庙。在寺庙修建过程中发生了一件奇异的事情，每当夜幕降临，村中的田野上便会出现一束束火光，犹如无数火把在燃烧。村民们惊奇地发现，这些火光竟然自动会聚到寺庙的工地上，为人们照亮。大家纷纷猜测，这一定是仙人在暗中相助。寺庙建成后，村民们将其命名为"长春寺"，寓意着村子永远繁荣昌盛。自那以后，火把李村风调雨顺、五谷丰登，村民们过上了安居乐业的生活。

▶▶ 烈士名录

• **崔士贵** 1920年出生，1946年参加革命工作，西北野战军一纵战士，在一次战斗中失踪，1956年被追认为烈士。

• **李文玉** 1921年出生，1947年2月参加革命工作，华野十纵二十八师战士，1947年在孟良崮战役中牺牲，安葬在孟良崮。

• **李英法** 1922年6月出生，1947年2月参加革命工作，华野十纵二十八师战士，1947年在孟良崮战役中牺牲，安葬在孟良崮。

• **崔传胜** 1924年3月出生，1946年参加革命工作，华东野战军战士，在淮海战役中牺牲。

● 王建业 1925年出生，1947年参加革命工作，某六旅十七团战士，解放战争时期，在一次战斗中失踪，1956年被追认为烈士。

● 李文林 1931年出生，1950年参加革命工作，解放军六十八军二〇四师六〇一团战士，1951年在文登县牺牲，安葬在文登县。

● 刘虎章 1936年出生，1956年3月参加革命工作，1957年加入中国共产党，解放军某部队某排排长，1969年10月病故，安葬在火把李村。1969年被批准为烈士。（《惠民县志》革命烈士英名录中名刘章）

▶▶ 集市贸易

每月逢农历一、六为火把李大集。大集设有粮食市、蔬菜市、瓜果市、百货市、布匹市、服装市、鞋帽市、旧货市、柴草市、牲口市、肉市、食品市等，种类繁多。每到集日，很多生意人都聚集到此，方圆几十里的群众都到这里赶集，购买自己所需的物品。

▶▶ 文教卫生

秧歌 以踩高跷为主，至今已有二百多年的历史。秧歌的表演者身着鲜艳的服饰，踩着高跷，手持彩扇、手帕等道具，随着欢乐的锣鼓声，踩出各式各样的队形，深受人们喜爱。近年来，为适应现代人的审美需求，火把李秧歌在舞蹈编排上，吸收了现代舞蹈的元素和技巧，在服饰和道具上，也注重体现现代审美和创意，使得秧歌表演更加具有欣赏性和艺术性。每到过年，他们在本村或周边村庄组织演出，连续演出到正月十五，给本村及周边村的群众带来了节日的欢乐。

小学 20世纪50年代，火把李村建有小学一处，有15间教室，教学班为一至五年级，学生最多时有100余人，全是本村的孩子在此读书。先后有赵淑芬、王登娥、刘化峰、刘巨正、卢夫义、杜青胃、李建国、李建峰、李文阁、张全莲、郭秀云、张召远、杜东海、杜东文、王建芳、刘洪河、王福庆、张磊、路其国、路美新、常全新、李振燕等20余名老师在此任教。80年代后期，学校被撤销，合并到王家小学。

联中 20世纪60年代，火把李村建有联中一处，只有1个教学班，学生最多时有40余人。先后有杜跃庆、路美新、刘化峰、石玉河、张伦武、任希孟、王森恩、王洪林、翟秀章、杜姚庆等10余名老师在此任教。70年代末，学校被撤销，合并至皂户李中学。

卫生室 20世纪60年代，村内建有卫生室1处，3间房屋。当时有2名赤脚医生，分别是刘新莲、王建元。20世纪70年代末被撤销。后来，李俊泉、王福清在村里建立了门诊室，自负盈亏。两人医术精湛，从医几十年零事故，累计接诊病人6万余人次，出诊1万余次。

▶▶ 村庄发展

2015年，该村党支部组织部分群众到潍坊、成都、辽宁等地学习考察，积极探索发展高效农业经验、做法。同年，党支部主导成立了合作社，承包土地100亩，带领群众发展设施农业。建设4个种植草莓、火龙果的大棚。大棚采用水肥一体化先进技术，对大棚内温度、湿度进行24小时监测，让草莓、火龙果在适宜的环境中生长，生产的草莓、火龙果品质好、口感好，深得周边县区消费者的喜爱。大棚的经济效益越来越高，2023年，年产值达到20万元，村集体增收1.2万元。带动本村及周边村50余人就业，其中本村的20余名贫困人口有了稳定的收入，进一步巩固了脱贫攻坚成果。

▶▶ 风土民情

红白理事会 为倡导文明新风，减轻群众负担，2015年火把李村成立了红白理事会，对婚丧嫁娶办理的时间、宴席规模、礼金数额、菜品酒水、现场布置、车辆使用及丧事祭奠方式都作出统一规定、统一标准。理事会成员到群众家中义务帮忙筹办、积极倡导婚事新办、丧事简办，反对铺张浪费和愚昧落后的陋习，杜绝封建迷信活动。红白理事会的这些做法，得到了全村群众的一致拥护。

二月二庙会 每年的农历二月二日，火把李都要举办庙会，这一风俗自明朝成化年间开始，已延续五百多年。火把李庙会的前身为香火会，那时的庙会中，河南张的泥娃娃最受欢迎，刚成婚的新媳妇大多被人领着来庙会上拴娃娃，以期来年添丁增口，家族兴旺。庙会这天，家家户户都会像过年一样热闹，老姑少姐不管远近都要借此机会回娘家，一来探望父母兄弟；二来寻找这久违的乡愁，这种"二月二回娘家"的习俗延续至今。庙会发展到现在，已成了集祭祀、歌舞、文娱、商贸于一体的综合性活动。村民们会在此祈求风调雨顺、五谷丰登，同时也会欣赏到各地方戏曲和民间歌舞表演。庙会上的商贸活动也十分繁荣，各种小吃、手工艺品琳琅满目，吸引了四面八方的游客前来观赏和购物。

□ 火把李庙会

▶▶ 村干部任职情况

历任村党支部书记一览

姓　名	任职时间
王德元	1949—1959
王本伍	1949—1959
王汉青	1959—1963
刘连文	1963—1965
刘振祥	1965—1972
李建华	1972—1980
李建武	1980—1993
刘振喜	1993—1998
李俊喜	1998—2000
刘佃辉	2000—2011
刘兴军	2011—2014
刘华任	2014—2021

注：1949年至1959年，火把李村被分为东西两个大队进行管理。

历任村行政负责人一览

姓　名	任职时间
王万重	1949—1950
王万重	1959—1963
王秀东	1963—1972
刘怀章	1972—1980
李振和	1980—1998
王建海	1998—2001
李振和	2001—2018

撰稿：俎　芮

□ 后找李村航拍图

后找李村
HOUZHAOLICUN

后找李村位于皂户李镇政府驻地西南 2 公里处，滨石路南，西与皂户李村接壤，北与幸福赵、南与前找李相邻，东隔幸福河与纪家村相望。现有住户 108 户，398 人。耕地 1100 亩，种植白蜡、国槐等常规绿化苗木和小麦、玉米等农作物，2023 年人均经济收入 2.1 万元。现有李、张、胡、田、郑、苏、袁、王等姓氏。

▶▶ 历史沿革

相传，明永乐年间（1403—1424 年），李姓始祖（名失传）兄弟两人，由河北省枣强县到此寻找早迁来的本族人，兄弟两人分前后各建一村，哥哥立村在前面，名为前找李，其弟立村在后面，名为后找李。2021年3月，皂户李镇的全部社区改为行政村，原行政村改为自然村，后找李村现隶属皂户李镇皂户李联村。

▶▶ 历史人物

• **李希昌**　生卒年月不详，清道光时期，家庭殷实，勤奋好学，先后考取秀才、举人。

• **李中华**　生卒年月不详，清咸丰时期考取秀才。

• **李培基**　生卒年月不详，号福臣。民国时期，任武定道惠民县粮房主管（相当于现在财政局局长）兼县长秘书。

• **李培太**　生卒年月不详，号舒卿。民国时期国民党军官，五区司令部秘书长。后任刘景良（时任国民党第五区专员，后升为山东省保安第四师师长）秘书。在惠民县及周边地区开展多年抗日活动，参加了康家园、肖万、朱家坊等地抗日斗争。李培太为人忠厚，积极抗日，在当时的抗日部队和惠民一带群众威望很高。

• **李中会**　生卒年月不详，号泽东。民国时期，依靠祖传医术，尤其擅长治疗妇科类疾病，在后找李周边乡村行医布善，受到老百姓的尊重和信赖，后曾任国民党县政府办公室负责人（相当于现在办公室主任）。

▶▶ 烈士名录

• **张志峰**　1930年出生，1946年参加革命工作，鲁中四师战士，1948年在济南战役中牺牲。

▶▶ 村庄名人

• **胡佃发**　1924年出生，1942年入伍，先后参加抗日战争、解放战争、抗美援朝战争，历任班长、排长、连长、营长等职，1966年副团级转业。2012年在广州病逝。

• **张兰亭**　1928年出生，1949年入伍，第二野战军战士，先后参加解放大西北和解放大西南战役，在强渡乌江、占领南川战斗中，荣立集体三等功。1956年退伍，2007年病逝。

• **郑德银**　1929年出生，1947年入伍，华东野战军战士，参加了孟良崮战役，勇战七天七夜。1948年退伍。

● **李培清**　1937年出生，1953年入伍，1953年参加抗美援朝战争，1956年退伍。

● **李中一**　1928年出生，1947年入伍，山东独立团战士，参加了孟良崮战役。后编入三五九旅部队，随王震将军进疆，转业到农二师工一团工作。1999年7月病逝于新疆。

● **胡玉国**　1969年出生，全国执业主治医师，毕业于济南大学医学系，济南军区总医院骨科医生。1996年创立济南市红十字会博爱医院，医疗改革后，红十字会博爱医院归于市政府后，又创建了胡玉国门诊部。2020年被评为中国中西医结合学会消化疾病专业委员；2020年10月被评为全国百佳名医；2022年8月被评为山东名医。

▶▶ **文化活动**

□ 后找李花篮秧歌

花篮秧歌　始于清朝时期，10个男扮女装的青年持花束扭唱，初为花枝子秧歌，后期，人们把演出的道具改为"花篮"，故又称花篮秧歌。随着时间的推移，花篮秧歌的表演形式和内容越来越丰富，参与的人数越来越多，使用的道具除花篮外，还增加了彩绸、扇子、花棍等。花篮秧歌队可定点表演，也可在行进中演出。每当开始演出时，一般首先在行进中表演，俗称"串街筒子"，又叫"串街"或"行程"。排成二路或三路纵队，在乐队的带领下，走街串巷，舒步曼舞，蔚为壮观。当表演达到高潮时，进入预定场地开始定点表演。表演的节目主要有《二虎斗金牛》《天女散花》《王小锄田》《月明和尚戏刘翠》等，集中展现了劳动人民艰苦奋斗、不畏困难、勇于挑战、积极向上的乐观主义精神。整个表演节奏有快有慢，情绪有张有弛，给人以美的享受。每逢过年，后找李村的群众就会自发地组织起秧歌队，走街串巷进行表演。演出一直持续到正月十五，整个村庄叠彩纷呈，欢歌笑语，洋溢着节日的浓厚氛围。

▶▶ 风土民情

家规家训 后找李村历来注重挖掘文化资源、弘扬优秀家风、传承优良美德、推进家风正廉，从而用好家风传递正能量，全村形成了各具特色的家规家训。现予以摘登，以飨读者。李氏家训（节选）：克勤克俭，敦亲睦族。立业图强，惠泽社会。读书明理，为国为民。手足贵相助，夫妻贵相从，长幼贵有序，邻里贵宽容。郑氏家训（节选）：手持正义，肩挑道义。君子爱财，取之有道。勤学苦练，努力登攀。举止稳重，言语文明。团结友爱，永夺先进。王氏家训（节选）：严治家，敬长辈。明事理，守法律。知荣耻，晨健体。不欺人，守信义。忌逞强，睦邻里。广行善，勿生非。胡氏家训（节选）：忠孝为本，诚信礼先。勤劳节俭，淳朴和谦。睦邻友好，子孝妇贤。诗书传家，积德行善。谆谆家训，代代相传。

家风馆 2023年3月2日，滨州市第一家家风馆在后找李村揭牌成立。该馆占地约200平方米，是一处集家风家训展示、家风宣讲、家风培育为一体的综合基地。也是展示皂户李镇廉政建设成果和培育践行社会主义核心价值观的重要基地。

□ 后找李村家风馆

孝善食堂 于2020年建立，建筑面积100平方米，设有独立厨房、棋牌室、儿童乐园、日间照料区等几个功能板块，并定制了适合老年人用的餐桌餐椅，制定了进货、验货、储存、留样、消毒、清洁等一系列规章制度。为村内75岁以上的老人提供饭菜，老人不用花钱就能吃到健康可口的午餐。

▶▶ 村庄发展

　　2018年以来，后找李村党支部按照皂户李镇党委提出的"一村一品"示范创建工程和党支部领办合作社要求，2018年10月注册成立了"惠民县超前苗木种植专业合作社"，带领群众种植白蜡、国槐等绿化苗木。2019年，村两委清理回收40亩闲散宅基地作为集体股份入股，群众筹资35万元入股，建成花卉大棚展销中心，引进绿植和时令花卉50多个品种，当年实现村集体增收5万元。2020年以来，又集中清理收回175亩闲散宅基地入股合作社，结合"皂户李镇2020年文旅精品旅游路线规划"，打造了月季园销售观光、果树盆景、瓜果蔬菜大棚、垂钓园等田园综合体和农家乐乡村游等项目。现在，村两委加速推进后找李村产业升级，以花卉和盆景种植产业为基础，整合瓜果采摘和垂钓资源，开发了民俗体验区、儿童乐园、垂钓场和栽培、采摘体验区，打造了集民宿、采摘、农家宴于一体的新产业增长点，村集体经济呈现出了良好发展态势。先后获得"全市先进基层党组织""市级美丽庭院创建先进村"等荣誉称号。

▶▶ 村干部任职情况

历任村党支部书记一览

姓　名	任职时间
李培亨	1945—1955
张书海	1955—1968
胡炳双	1968—1970
张兆祥	1970—1976
李景福	1976—1984
李培亨	1984—1986
张连平	1986—1990
李景桐	1990—2004
李景福	2004—2018
张　军	2018—

历任村行政负责人一览

姓　名	任职时间
李培玉	1949—1955

姓　名	任职时间
张书玉	1955—1968
胡炳双	1968—1970
张兆祥	1970—1976
李景福	1976—1984
李培亭	1984—1986
张连平	1986—1990
李汝亮	1990—2004
李汝民	2004—2018

撰稿：郑　浩

□ 河南张村航拍图

河南张村

HENANZHANGCUN

河南张村位于皂户李镇政府驻地西北2公里处，沙河南岸，土马河东侧，南与王玉甫村相邻，东与秘家村接壤。现有91户，330人，中共党员17人。耕地720余亩，以种植小麦、玉米、棉花为主。2023年人均经济收入1.25万元。现有张、路、洪等姓氏，以张姓居多。

▶▶ 历史沿革

相传，明洪武年间（1368—1398年），始祖张祥由河北省枣强县迁居于此，因建村于沙河南岸，故名河南张。泥娃娃是该村传统的手工艺品，在省内享有盛誉，素有娃娃张之称。2021年3月，皂户李镇的全部社区改为行政村，原行政村改为自然村，河南张村现隶属皂户李镇吕家联村。

▶▶ 民间传说

河南张一带，自古有家家户户加工泥塑的传统。关于泥塑兴起的年代和原因，民间流传着许多版本：其一，明宣德元年（1426年），汉王朱高煦踞乐安州广造兵器，图谋叛乱，在当地抓壮丁，夺民畜、粮草，人们怨声载道。一天，河南张村来了一位童颜鹤发的老道，宣称："只要捏成九千九百九十九个泥人，待九九八十一天，张天师来作法，使泥人成为天兵天将，灭朱高煦，救民于苦难。"于是，全村男女老少昼夜和泥捏人。可巧泥人做成，正好九九八十一天。这天宣宗皇帝御驾亲征，朱高煦事败被缚，当地人民免于苦难。泥人虽未成天兵，但乡民们却视之为吉祥物，争相购买，并沿袭至今。其二，清乾隆年间，一次乾隆生日，刘墉去为皇帝祝寿，带去了河南张泥娃娃"扳不倒"。当皇帝看到其他大臣送的都是金银财宝，而刘墉却送了个泥娃娃时，非常生气，于是就拿起"扳不倒"想摔，却发现"扳不倒"背面写着"大清江山"。乾隆皇帝顿时明白了刘墉的深意，心中大喜，并下旨褒奖河南张制作的"扳不倒"，从此河南张泥塑得到了较大的发展。

▶▶ 烈士名录

● 孙书林 1922年出生，1947年3月参加革命工作，华东野战军第一纵队战士，1947年8月在山西的一次战斗中牺牲，安葬在山西。

▶▶ 村庄名人

● 张丙鳌（1944—2005年） 河南张泥塑制作人，其手艺系祖传，他的泥塑作品曾被文化部授予"中国民间艺术一绝"称号，同时获得山东省文化厅、山东省农民书画美术研究所颁发的三等奖。曾到日本、加拿大等国进行非遗传承交流，中央电视台、香港《大公报》等多家媒体对其进行过专题报道。

● 张凯 省级非遗传承人。1970年出生，从小耳濡目染对泥塑制作产生了浓厚兴趣。初中毕业后，开始跟随父亲张丙鳌学习泥塑制作。2010年，中国非遗博览会授予张凯"民间艺术优秀传承人"和"优秀民间艺人"称号。2010年上海世博会山东活动周期间，张凯亲自演绎了河南张泥塑制作技艺并被授予优秀演绎奖。2013年，张凯受邀参加了第16届韩国釜山国际旅游展，向世界展示了河南张泥塑的制作技艺。其泥塑代表作品被山东省美术馆、中国美术馆、上海美术馆等收藏。

▶▶ 特色产业

水蛭养殖　2022年，河南张村按照"公司+合作社+农户"的产业发展模式，建设了占地20余亩的水蛭养殖基地，鼓励群众以资金、技术、土地经营权、机械设备等生产要素入股养殖基地。通过提高水蛭养殖技术，公司的效益和规模逐步提高，2023年，产值达到30万元，村集体收入5万余元，人均增收1100元。

"光伏+N"特色项目　2021年以来，河南张村积极盘活闲散宅基地、废旧场地等土地资源，大力发展"光伏+农业"项目。以"新能源+新农业"为切入点，进行产业绿色转型升级。通过"光伏+蔬菜/水果""光伏+养殖业""光伏+渔业"等发展模式，将光伏发电和棚下经济有机结合。2023年"光伏+农业"项目已发展到5家，占地17亩，年产值4万元，人均增收2000元。

▶▶ 教育事业

小学　始建于1972年，由全体村民筹资建立，2间教室，设有一至五年级，为复式教学。当时，由于受条件限制，在校学生分两批教学，一至三年级的学生每周一、三、五上课，四至五年级的学生每周二、四上课。当时有刘春树、孙光华两位老师在此任教。这两位老师除负责在本村教学外，还负责秘家村五年级学生的教学。1981年，该村新建了一处学校，共3间正房，1间偏房，院落1处，仍为一至五年级，进行复式教学。沿袭一至三年级的学生每周一、三、五上课，四至五年级的学生每周二、四上课的惯例。先后有李文革、李宗喜、王丽、李勤兴、张建老师在此任教。1999年，学校被取消，合并到皂户李小学，原学校改为该村党支部办公室。

▶▶ 村庄发展

2006年，群众筹资修建了村里的中心路，方便了群众出行。2011年始，随着城镇化率的提高，该村常住人口数量逐渐减少，面临着人口流失、村庄空心化、老龄化等问题。2012年，河南张村抓住国家优化村庄布局和村庄进行分类编制规划的时机，进一步优化了农村土地资源配置，将不规整的荒地、农田、田坎、沟渠和田间道路进行了整理，清理征收了闲散宅基地，为进一步扩大耕地面积，增加群众收入打下了基础。2013年，修建了健身广场，配置了健身器材，为群众提供了一个良好的休闲娱乐场所。近年来，通过推广节水灌溉等先进农业生产技术，进一步提高了农业生产效率和水平。2007年，被滨州市委、市政府评为"市级社会文化先进单位"。

▶▶ 村干部任职情况

历任村党支部书记一览

姓　名	任职时间
路福田	1949—1973
张建礼	1973—1976
张丙荣	1976—1978
张丙鳌	1978—1979
张建礼	1979—1983
张丙鳌	1983—1985
张丙荣	1985—1994
张建光	1994—2002
张建生	2002—2004
张建军	2004—2013
张建光	2013—

历任村行政负责人一览

姓　名	任职时间
张建军	1949—1950
张建军	1969—1973
张建礼	1973—1976
张丙荣	1976—1978
张丙鳌	1978—1979
张建礼	1979—1983
孙宝江	1983—1994
张建光	1994—2002
张建生	2002—2004
张建军	2004—2013
张建光	2013—2018

撰稿：李　洋

□ 歇马亭村航拍图

歇马亭村
XIEMATINGCUN

歇马亭村位于皂户李镇西南部，距镇驻地2公里，东靠大济路与后屯村为邻，西与王刘庄村相连，南临新建济滨铁路，北与李栋村接壤。有264户，1000余人，中共党员40人。耕地2060余亩，以种植小麦、玉米、棉花为主。2023年，人均经济收入1.2万元。现有张、王、李、陈、马、杨、孙、赵、郑等姓氏，以张、王、李姓人口居多。

▶▶ 历史沿革

原为歇马亭、龙张、李花牛三个自然村，原三村始祖均由河北省枣强县迁此。明洪武十九年（1386年），王姓始祖王泉在此建村王家。清康熙时期，官府在村头道边建一亭子，为过路官差乘凉歇马之处，名歇马凉亭。由此，王家村改名歇马亭。龙、张两姓始祖于明宣德年间（1426—1435年）迁此立村，村名龙张。明成化年间（1465—1487年），李姓始祖李昌在此建村李家，后因村中有人养了一头花色艳丽的牛，在当地传为佳话，其村名遂被称李花牛。后来，李花牛、龙张、歇马亭三村

□ 歇马亭村村碑

已连为一体，1990年地名补查时，经乡报县政府批准，并为一村，村名仍称歇马亭。2021年3月，皂户李镇的全部社区改为行政村，原行政村改为自然村，歇马亭村现隶属皂户李镇吕家联村。

▶▶ 文物古迹

关帝庙　始建于清朝顺治年间，坐落于村西北角处，独立式单间结构，为青砖青瓦建筑。庙内有冲山石砌成的高台子，台子正中塑有关帝圣君神像，两侧为关平与周仓塑像。关帝庙西侧，立有一块庙碑，记载着修建年代和参与建设人员名单。20世纪60年代，关帝庙被红卫兵破"四旧"拆毁。

▶▶ 民间传说

村名来历　据传，清朝康熙皇帝南巡，途经武定府。一天大早，康熙皇帝要前往白龙湾视察黄河治理情况。一行人马走到武定府南20余里的王家村时，人马疲乏不堪。看到庄头有一亭子，于是便下令休息，让马夫牵马到附近一处池塘饮水，自己和随从官员在亭子里休息乘凉。忽见南边来了一队人马，原来是负责修筑白龙湾险工地段的官员，一路打探皇帝行踪，来此迎驾。当康熙皇帝问及白龙湾地段河堤修筑情况时，因心中有鬼，他们忙奏道：白龙湾大坝已经修好，坚固似铁，确保千年不毁。又说：白龙湾有条小白龙，吾皇是真龙天子，两龙相遇必有一伤，皇上龙体要紧。并谎称白龙湾附近蚊子大如蝉，能咬伤人，请万岁不要前去。康熙皇帝信以为真，就没去白龙湾。后来，人们为了纪念康熙皇帝曾经在此驻足歇马，就把庄头的亭子称为"歇马亭"，庄头的池塘称为"饮马池"，王家村从

此更名"歇马亭村"。

▶▶ 烈士名录

- 张兴温 1919年出生，1946年参加革命工作，渤纵七师战士，1946年在商河县战斗中牺牲，安葬于商河县。
- 张兴同 1920年出生，1947年1月参加革命工作，华野十纵二十七师战士，1948年在开封战役中牺牲，安葬于河南省开封市。
- 王永元 1920年出生，1947年参加革命工作，志愿军二十军六〇师一八〇团战士，1951年在抗美援朝战争中牺牲，安葬于朝鲜。
- 王永仁 1922年出生，1947年参加革命工作，原属华东野战军战士。1975年因伤口旧病复发在歇马亭村病逝，同年被批准为烈士，安葬于本村。
- 王永恒 1927年出生，1947年参加革命工作，志愿军二十七军战士，1953年在抗美援朝战争中牺牲，安葬于朝鲜。

▶▶ 教育卫生

小学 始建于1989年，位于歇马亭村东北侧，当时教室12间，教师办公室2间，设一至五年级，有12个教学班。附近6个村的孩子到这里上学，学生最多时有200多人。有6名教师在这里任教，分别是孙招贤、魏长军、李炳晨、张兴宝、李兰、王芳均，均为公办教师。2019年教育资源整合，学校被撤销，合并到皂户李镇中心小学。

卫生室 始建于1985年，位于村东南侧的三间平房里，80平方米。当时有2名医生，1名护士。其中，李文成和王菊祥为赤脚医生，护士是本村的一名女同志。他们亦医亦农，为歇马亭村村民健康做出了自己的贡献。2010年前后，卫生室改建，迁址于村党支部办公室东边，大济路西侧，一直沿用至今。

▶▶ 村庄发展

近几年来，歇马亭村党支部积极盘活闲置资源，采取多种形式促进农民增收，助力群众致富。整合村内闲散土地，发挥本村优越的自然条件和丰富的土地资源优势，种植草坪200余亩，销往北京、天津等地，每年销售收入24万元，人均增收1050元。流转土地100余亩，用于发展特色农业，组织群众大力发展油菜、西瓜等经济作物，年产值达30万元，人均增收1300余元。实施林粮间作100余亩，组织群众在林地里种植粮食作物、药材和蔬菜等低秆作物，提高亩产效益，仅此一项就实现了人均增收500余元。

▶▶ 村干部任职情况

历任村党支部书记一览

姓　名	任职时间
李文祥	1949—1960
张振福	1960—1962
王青堂	1962—1973
李六俊	1973—1979
王来祥	1979—1980
李巨义	1980—1984
张兴武	1984—1998
王永武	1998—2021
李巨昌	2021—

历任村行政负责人一览

姓　名	任职时间
李文祥	1949—1950
张振福	1959—1962
王青堂	1962—1973
李六俊	1973—1979
李巨义	1979—1980
张兴武	1981—1998
王坤阳	1998—2018

撰稿：李　洋

□ 河西王村航拍图

河西王村
HEXIWANGCUN

河西王村位于皂户李镇政府驻地西 3 公里处,土马河以西,滨石路以南,南与张集街村相邻,西与河西崔村接壤。共有 126 户,503 人,中共党员 22 人。耕地 1235 亩,以农为主,主要农作物有小麦、玉米等。2023 年人均经济收入 3.6 万元。现有王、尹、颜、李、刘、张等姓氏。

▶▶ 历史沿革

河西王村原名王蓼茂,曾名王家。相传,清康熙年间（1662—1722年）,王姓始祖王蓼茂由河北省枣强县迁此立村,以人名为村名。王姓人口增多后，改称王家。1985年建村民委员会时，因重名，更名河西王，以其位于土马河西侧，故名。2021年3月，皂户李镇的全部社区改为行政村，原行政村改为自然村，河西王村现隶属皂户李镇王家联村。

▶▶ 烈士名录

● **王贵忠** 1909年出生，1940年参加革命工作，渤海军区七师战士，在一次战役中失踪，1956年被追认为烈士。

● **王友成** 1910年出生，1944年参加革命工作，渤海二分区战士，在一次战斗中失踪，1950年被追认为烈士。

● **王贵明** 1921年6月出生，1940年6月参加革命工作，延安支队七小队战士，1940年8月在乐陵战斗中牺牲，安葬在乐陵。

● **王庆安** 1929年出生，1951年3月参加革命工作，志愿军六十八军二〇四师某班班长，共青团员，1952年7月在抗美援朝战争中牺牲，安葬在朝鲜。

▶▶ 村庄名人

● **尹清忠** 出生年月不详，曾任济南市副市长、市政府党组成员，现已退休。

● **王子岳** 1978年12月出生，2006年毕业于山东省体育学院，武英级运动员，国家散打一级裁判，国家空手道一级教练，2005年获全国散打锦标赛85kg冠军，现已退役。

▶▶ 特色产业

蔬菜瓜果产业 2022年，投资130万元，流转土地130亩，按照"公司+合作社+农户"的发展模式，村集体、群众入股，建设蔬菜、瓜果大棚12个，主要种植有机菜花、瓜果等。年产有机菜花220余吨、瓜果100余吨，年产值147万元。实现村集体增收10万元，群众人均年增收1万元。

食用菌产业 村两委因势利导，积极组织群众发展食用菌产业，并成立了蔬菜生产合作社，从物料、棚址、用电用水、技术指导等方面搞好服务。现在，全村发展香菇大棚、白灵菇大棚26个，年投料72万斤，产值达153万元，纯利润52万元。辐射带动周边十几个村群众种植食用菌大棚，吸引河

□ 河西王甜瓜

北、北京、河南、济南、淄博等地客户及食用菌龙头企业九发公司前来收购。河西王的食用菌批发市场走上了公司加农户与市场联农户的良性发展轨道。

苗木产业　近几年来，皂户李镇党委政府坚持以苗木产业为核心，连续成功举办了11届黄河三角洲（滨州·惠民）绿化苗木交易博览会。河西王村抓住这一历史机遇，大力发展苗木产业。现在该村植树面积700余亩，苗木5万棵，主要有杨树、国槐、白蜡等绿化品种。

▶▶ 文教卫生

文化广场　河西王村附近有一个万亩林场，林场里面有一处2000平方米的空闲地，开始，河西王村的群众经常到这里聚会乘凉。随着时间的推移，到2012年，周边十几个村的村民自发地到这里唱戏、唱歌、扭秧歌、跳广场舞，当地的民间艺人也会不定期地到这里进行表演。慢慢地，这里便成了周边群众休闲娱乐、展示才艺的舞台。由于群众对这片场地的喜爱，便给这块场地起了一个雅致的名字——文化广场。

小学　新中国成立初期，为了能让村里的孩子上学，该村村民王清云在村里的安排下，将村里符合年龄的孩子集中起来，找了一间闲置的房子作为教室，进行教学。当时只有20余名学生，为照顾不同年龄段的孩子，采取复式教学。王清云成了本村的第一位老师，这间教室也成了本村学校的雏形。为了改善教学条件，王清云老师四处奔波，筹集资金购买教学设备和学习用品，在他的努力下教学条件逐渐得到了改善。1985年，该村建立了王家中心小学，新建21间教室，设有一至五年级，共有12个村300余名学生在这里上学。校长为刘长乐，教师有赵玉春、常全生、路延利、卢明河、蔡学梅、赵玉霞等，除刘长乐外，其他均是民办老师。2015年合并至皂户李镇吕家小学。

卫生室　20世纪60年代，村内建有卫生室一处，两间房屋。当时有3名赤脚医生，分别是张全阁、耿文杰、李孝可。到20世纪70年代末卫生室被撤销。后来，王清柱、颜召兰在村里建立了门诊室，既为群众看病带来了方便，也为自己的家庭带来一定的收益。两人勤奋好学，亲尝百药，记下大小笔记60余本，8万余字，从医几十年，累计接诊病人5万余人次。

▶▶ 村庄发展

近几年来，完成了村庄3公里的主要道路的硬化，对村内1600余平方米的文化广场进行了修缮整理，增设了10余套健身器材。建立完善了垃圾处理体系，设置了2个垃圾集中堆放点和12个垃圾桶，采取党员包街巷、包垃圾分类收集等措施，有效改善了村庄的卫生环境。同时，积极实施绿化、美化、亮化工程，在道路两旁及房前屋后种植了大量的树木和花草，村容村貌得到了显著的改善和提升。连续多年被县委、县政府评为"文明村""小康村"，连续四年被皂户李镇党委、政府评为"综合工作先进自然村"。

▶▶ 村干部任职情况

历任村党支部书记一览

姓　名	任职时间
崔夫让	1979—1982
王思良	1982—1984
王清森	1984—1993
颜风亭	1993—1996
尹清明	1996—1999
王清亮	1999—2013
王惠中	2014—

历任村行政负责人一览

姓　名	任职时间
王清祥	1979—1982
王清森	1982—1984
尹清明	1984—1993
王清亮	1993—1999
王和勋	1999—2018

撰稿：俎　芮

□ 于大夫村航拍图

于大夫村
YUDAFUCUN

于大夫村位于皂户李镇东部，东与麻店镇前屯村搭界，西与管家堡村、草碾郭村相连，南与辛店镇骆家村接壤，北与东闫村、寇家村相近。共有 93 户，360 人，中共党员 14 人。耕地 1400 余亩，主要种植白蜡、国槐等绿化苗木和玉米、小麦等粮食作物，2023 年人均收入 1.9 万元。现有位、张、刘、寇等姓氏，以位姓、寇姓人口居多。

▶▶ 历史沿革

于大夫村原名于家。相传，明永乐年间（1403—1424年），始祖于庆由河北省枣强县迁居于此，立村于家。明末，村中有人在朝内做了相当于"大夫"的官，自此该村遂被称为于大夫。2021年3月，皂户李镇的全部社区改为行政村，原行政村改为自然村，于大夫村现隶属皂户李镇伙龙聚联村。

▶▶ 文物古迹

于大夫遗址　村子南面，曾出土鹿角、陶纺轮、蚌器、商夹砂陶鬲等一批器物残片，是一处商周时期人类居住的遗址，为县级文物重点保护单位。2016年12月5日被滨州市人民政府公布为第四批市级文物保护单位。

□ 于大夫遗址

廉颇衣冠冢　廉颇，赵惠文王名将。公元前284年率本国兵马参加以燕名将乐毅为上将军的燕、秦、赵、魏、韩五国联军攻齐。战于济西（今山东聊城一带），齐军败走。秦、魏、韩各得数城，驻军不前。唯乐毅率本国兵马乘胜追击，长驱直入齐都临淄，经六个月奋战取齐七十余城，乐毅受封昌国军。赵得济西，廉颇率军来乐安，驻现在伙龙聚村区域，休整赵军。其间，要求军队士兵不得侵害老百姓，对老百姓以礼相待，并减轻当地老百姓的赋税，消除以前不合理的政令，让老百姓安居乐业。当地老百姓非常感激，都愿意归顺赵军。公元前283年，廉颇率军离乐安西取齐地晋阳（今河北晋县西北）。公元前245年，廉颇奔魏，继入楚，死于寿春。老百姓听说后，非常悲痛，为了报答廉颇对当地老百姓的恩泽，就收集了廉颇生前所用的器物和衣物，埋葬在于大夫村南约500米处。

▶▶ 民间传说

村名来历　关于于大夫村名的由来，民间传说不一。有的传说认为，明末时期，因该村有人在朝内做了相当于"大夫"的官，该村遂被称为于大夫。有的传说认为，于大夫村名，与廉颇的粮草军曾驻扎在今于大夫村一带有关。据传，五国伐齐，济西一战，齐军大败，秦、魏、韩各得数城，廉颇独得齐地济西，即率赵军来乐安一带休整，部署精锐军驻扎在今辛店镇一带，中军驻扎在今伙龙聚一带，押送粮草的军队驻扎在今于大夫一带，与燕军形成掎角之势。明朝时期，移民到这一带建村时，凡在赵军曾驻扎的营地立村的，都习惯称之"营"。赵军粮草官虞卿是赵国名士，官居卿大夫，人们就习惯称粮草军曾驻扎的营地为虞大夫营。"虞"与"于"同音，后来人们省去了营，直称"于大夫"了。

▶▶ 烈士名录

● 张国瑞　1922年出生，1946年参加革命工作，人民解放军三六九团一连某班班长，1948年10月在济南战役中牺牲，安葬于英雄山。

● 魏增霞　1926年出生，1947年参加革命工作，华野十纵二十八师战士，1947年在鲁南战役中牺牲。

▶▶ 教育卫生

小学　始建于1984年，于大夫村村民按照每人30余元集资共同建设。教学班为一至五年级，学生最多时有60余人，第一任老师是路美忠老师。1992年前后，学校被撤销合并到张郝小学。

卫生室　20世纪60年代，村内建有卫生室一处。当时，李泽青、温国庆在卫生室当赤脚医生。20世纪70年代末，卫生室被撤销。

▶▶ 村庄发展

2015年，在镇党委、政府帮助支持下，村党支部、村委会在广泛征求群众意见、建议的基础上，对村庄进行了科学规划，修建了三横三纵村庄道路，还拆除了废旧房屋，同时不断完善基础设施，村容村貌得到了极大改善，村党支部的凝聚力逐步增强，先后获得皂户李镇人民政府授予的"五个好"村党支部、"先进党支部"等荣誉称号。

▶▶ 村干部任职情况

历任村党支部书记一览

姓　名	任职时间
孙继元	1949—1957
陈德林	1957—1962
位秀三	1962—1983
万洪禄	1983—1987
位克岭	1987—1994
位增堂	1994—2003
万洪禄	2003—2008
位福增	2008—2015
寇玉华	2015—2021
位　国	2021—

历任村行政负责人一览

姓　名	任职时间
陈增林	1949—1950
杨长娥	1959—1962
位克合	1962—1983
位克岭	1983—1988
寇玉华	1988—1993
位增堂	1993—1994
位秀民	1994—1997
温传亮	1997—2003
位克合	2003—2008
寇玉华	2008—2014
位国任	2014—2018

撰稿：张红林

□ 东崔村航拍图

东崔村
DONGCUICUN

东崔村位于皂户李镇政府驻地东北方向约 4 公里处，南邻耿牛张村、北靠沙河、东与头堡赵、西与陈坡牛村接壤。共有 72 户，306 人，中共党员 9 人。耕地 720 余亩，以种植小麦、玉米、棉花、苗木为主。2023 年人均经济收入 1.7 万元。现有崔、李、赵、马姓氏，以崔姓居多。

▶▶ 历史沿革

东崔村原名翟家老庄，曾名总司庙崔、大杨树崔、崔家村。该村翟姓为土著，故村名称翟家老庄。明朝宣德年间（1426—1435年），又有崔姓始祖（名失考）由河北省枣强县迁居于此地。年久翟姓绝后，崔姓兴旺，又因村西南方有一处清朝年间建设的庙宇——总司庙，遂更名为总司庙崔。后来因村内有一棵大杨树（4人以上手拉手才能环抱），又被人们称为大杨树崔。清朝乾隆年间更名为崔家村。1983年全县地名普查时，因重名更名为东崔家村，因其在乡境东部故名。2021年3月，皂户李镇的全部社区改为行政村，原行政村改为自然村，东崔村现隶属皂户李镇十五里堂联村。

▶▶ 文物古迹

总司庙　总司庙始建于清朝年间（具体时间失考），位于庄南一华里处，高约3.5米，坐北朝南，地基由条石垒砌，高出地面1米左右，为四合院建筑。北侧房屋有总司大帝泥塑，院内有40斤左右的黄铜大钟一口。清朝时期每年三月初三起庙会，少则3天，多则5天，方圆数十里的善男信女云集于此，烧香膜拜，祈求平安。清朝光绪末年因年久失修，拆除殆尽。

土地庙　位于东崔村庄西边，具体建成年代无从考证，坐北朝南，3间青砖瓦房。房内建有用石头制作的供台，供台上安放着木制的土地爷像。房间四周供台上摆放有很多木制的童男童女，高60~100厘米，用不同颜色绘制，外表精致、美观。当时，这里香火兴盛，周边很多群众到这里烧香膜拜，祈求平安。20世纪60年代土地庙被拆除。

古井　村庄南有一口古井，据村内老人们回忆，这口井有近百年的历史，井口用大理石砌成，井壁为青砖砌成，深约6米。井口直径1米左右，井内最宽处直径3米左右，常年有水。井口之上建有一个木制的大型辘轳，以方便群众取水。后因村内有了新井后而荒废，井口上木制的辘轳被拆除。

古树　村庄西北处内有两棵大杨树，树龄有150年以上，树围4至5人联手方可环抱。据村内老人回忆，站在惠民县魁星阁向南看，也能看到这两棵杨树，故东崔家村又曾名大杨树崔。清朝末年被砍伐。大杨树被伐后村里群众为了纪念这两棵树，又在以前的杨树旁边栽种了一棵杨树。现在，这棵杨树需两人联手方可环抱。

▶▶ 特色产业

建筑防水工程　东崔村建筑防水工程队在当地小有名气。最初东崔村村民跟随河南省的几支建筑工程队，边打工边学习建筑工程防水技术。后来，李明奎、崔升武、崔洪平、崔建亭等人为增加村民收入，成立了本村的建筑防水工程队。发展至今已有三十余年，工程队有50余人。靠着技术好、干活踏实的特点，在惠民县城及周边乡镇有着良好的口碑，承揽了许多防水工程，为本村群众发家致富发挥了作用。

▶▶ 教育卫生

小学 清朝时期，东崔村即设有私塾。民国时期在村子中心位置东侧建有一处学校，后荒废。1952年重新在此办学，作为小学一年级使用。第一任老师为牛金元老师，1953年魏笑孔老师在此任教。1965年前后，学校被拆除，搬入村民崔洪卫家的3间南屋里，教学班一至四年级，为复式教学。1985年学校合并至耿牛张村小学。

卫生室 东崔村卫生室于1981年建立，崔绍宽、崔延歧曾为该村的乡村医生。两人亦医亦农，为本村群众的身体健康做出了自己的贡献。2018年卫生室被撤销。

▶▶ 村庄发展

1987年，全村通电。1996年，村民每人捐款60元，共筹资14400元，对村内道路进行路基铺垫并压实，方便了群众出行。2011年，村里建设了村党支部、村委会办公室。2012年，村民每人自发集资1000元，在村里铺设了柏油公路。2023年，在沙河坝上铺设了电路，结束了该村常年用柴油机引水灌溉的历史，不仅降低了群众浇地的成本，也为群众引水灌溉带来了极大的方便。

□ 东崔村办公室

▶▶ 村干部任职情况

历任村党支部书记一览

姓　名	任职时间
崔升文	1949—1971
崔延发	1971—1987
崔希海	1987—1992
崔绍军	1993—2003
崔希海	2004—2007
崔绍军	2007—2008
崔升泉	2008—

历任村行政负责人一览

姓　名	任职时间
崔延发	1949—1950
崔延发	1959—1966
崔希海	1967—1970
崔希海	1975—1981
崔希海	1981—1986
崔绍军	1986—1992
崔希海	1993—2003
崔绍军	2004—2007
崔升泉	2008—2018

撰稿：崔　晓

HUIMIN
XIANGCUN
JIYI

07 淄角镇
ZIJIAOZHEN

☐ 淄角镇航拍图

淄角镇

ZIJIAOZHEN

淄角镇位于惠民县境西部，距县城 16.5 公里。东临辛店镇，西与济南市商河县接壤，南隔徒骇河与姜楼镇相望，北与皂户李镇、石庙镇毗连。版图面积 72.12 平方公里，总耕地面积 6.1 万亩。辖 7 个行政村、68 个自然村，常住人口 3 万人。党支部 95 个，党员 1306 名。境内有傣族 3 人、回族 5 人、傈僳族 6 人、满族 11 人、蒙古族 3 人、苗族 8 人、怒族 5 人、水族 2 人、土家族 2 人、哈尼族 1 人、壮族 2 人，其他为汉族。以农为主，主产蔬菜、小麦、玉米、棉花、大豆、花生等。镇驻地淄角村，逢农历初四、初九为集日，品种齐全，贸易繁荣。先后获得"中国优质蔬菜第一镇""国家级卫生镇""国家级农业产业强镇""山东省森林强镇""滨州市乡村振兴先锋奖先进集体"等荣誉称号。

▶ 历史沿革

淄角镇，又名青龙镇，是惠民县最古老的集镇之一。据考证，6000 年前即有人居住，夏属兖州城，商属蒲姑国。周朝时期，淄角属于与齐国相邻的莒国所有，齐国太子（小白）登位后并入齐国。秦朝时，淄角是厌次（惠民）的重镇。隋唐时期为佛教圣地，拥有清凉寺、文昌阁等"七十二庙宇"。元代修编的《金史》中，称其为"脂角"，清朝隶属武定府。抗日战争时期隶属冀鲁边区。1944年10月，建立三边县，原三、四区合并为皂淄区。1945年9月，三边县被撤销，淄角复归惠民县所辖，为四区。1948年4月，改称淄角区。1949年10月，调整为第八区。1955年9月，改为淄角区。1956年，淄角区分划为淄角、马家店子、朝阳三个乡。1958年2月，三乡又合并，称淄角乡，并建立淄角乡党委。同年9月，原淄角乡改称淄角公社。1961年，改淄角公社为淄角区，辖7个小公社。1968年，改区为社，复名淄角公社。1984年，经山东省人民政府批准，将淄角公社改为淄角镇。

▶▶ 文物古迹

□ 淄角镇文昌阁

文昌阁 位于距淄角镇驻地东南500米处，为奉祀文昌、魁星二位神灵而建。当时的文昌阁以风景秀丽著称，主建筑文昌阁坐北朝南，建在约7米的高台上，为两层圆塔，内呈八角形。下层无门，内塑文昌佛像，文昌佛像右侧有一匹似驴非马的走兽，名曰"马笛"，据说是骡子所生，为文昌坐骑。上层是魁星阁，内塑花面魁星，左手执笔，右手捧升。墙上壁画成组，点缀得室内高雅清新。阁前六十六棵同等大的柏树组成碧绿柏林，遮天蔽日。三个庙门掩映在碧绿的柏林中，正门前后通行，两边各有朱红色便门。整院面积足有三亩，院内东有焚钱楼、狐仙堂；西有讲道棚、佛堂。每逢农历二月二是文昌庙会，连续四天，人山人海，热闹非凡。后来，文昌阁被破坏，

2020年，镇政府投资33.5万元，对文昌阁进行了升级修建，主体采用仿古青砖建筑材料，呈现出古朴典雅的文化气息。阁内有重塑的文昌塑像，神态逼真，栩栩如生。文昌阁四周为广场，种植了多种绿化观赏树木，砌有蜿蜒的林间小路，置身其中令人心旷神怡。

烈士陵园 位于淄角镇陈家湾村村南，占地10.098亩。1945年5月，由惠济商三边县县长王权五率领当地干部群众，为纪念抗日战争时期在夹河战斗以及李茂（毛）战斗中牺牲的烈士而建。八路军一一五师教导六旅政治部主任、鲁北支队司令员兼政委杨忠，惠济商三边县委书记丁润生，三边县大队副队长陈立民等90多位烈士安葬在这里。陵园东侧的七间纪念堂，用图片及文字的形式详细记述了李毛、沙窝和夹河等战斗中牺牲的革命烈士的感人事迹。每年清明前后镇政府都组织机关人员、学生来这里瞻仰扫墓，开展革命历史教育。该烈士陵园为县级文物保护单位，第二批市级烈士纪念设施保护单位。2021年，烈士陵园入选山东省第一批革命文物名录。

沙窝战斗纪念地 位于淄角镇沙窝翟村。1940年2月8日，八路军东进抗日挺进纵队政治部机关和五支队二营及商河县大队，在此与日军遭遇，二营七连主动承担阻敌任务，掩护部队转移。激战一天一夜，歼灭日军500多名，七连几十名战士在战斗中牺牲。解放后，当地政府在沙窝村修建烈士墓，供后人瞻仰凭吊。

小石桥 淄角街西北角有一座小石桥，属隋唐遗址，相传距今千余年。小石桥边有一口水井，井水甜美，每逢春节，周围群众纷纷来这里取井水过年，用以招待客人。民间有"十五里堂的好甜水，不如淄角小石桥"之说。

陶缶 1982年，在无化阁遗址北（现淄角镇老粮所北侧）掘得陶缶一盏。质为粗陶，外涂淡黄色釉，上口略小，肚大底小，内呈深棕色，能容纳两桶水。

武圣祠碑 武圣祠又名财神庙，位于老鱼头大街北端（今龙兴社区东北方向）。1951年建"卫生井"时，老医生耿显瑞组织人力，将此祠碑垒于镇卫生院门口井台上（原清凉寺门口）。石碑高1.47米，宽0.7米，厚0.21米，质青红坚硬。正反两面镌刻着文字。正面为"重修武圣祠记"，并注有武圣祠的四至及面积；背面为赞助人名，多为本镇居民。

灵碧自画肖像 灵碧为明初高僧，名龙壁，系广东省新会县龙家寨人，博学多才，高中两榜进士后补放扬州道台。途经淄角受清凉寺高僧救助。曾到五台山出家受戒，号灵碧，后到淄角清凉寺为住持。他为后人留下了一幅黄绫卷轴的自画肖像。肖像为全身坐像，丹青画成，勾线为唐吴道子笔法，设色鲜艳。相传，此画像为明建文二年（1400年）所作，装裱非常讲究。画面高约1米，宽约0.7米，黄色绫底。可惜的是，因裱纸年久变质脆化，个别字缺头少尾，很难辨认。此画曾被本镇路先生保存。

▶▶ 民间传说

淄角镇由来 据传，这里曾有众多寺庙，均为青色砖瓦建造，蜿蜒曲折。有僧人绘寺院分布图，因见其状如龙，故又称青龙镇。春秋时期，这里是齐国的边防重镇。齐国太子（小白）曾避难于此，齐桓公（小白）称霸后，不忘当年避难之地，将青龙镇更名为淄角镇，意为国都临淄之一角。

清凉寺传说 古代淄角镇东部曾有一四殿三院组成的大型建筑群，名为清凉寺。四殿为金刚殿、天齐庙、清凉寺、元化阁四大殿堂；三院是四大殿堂相连形成的三大院落，它气势宏伟，造型优美，堪称古建筑一绝。据传，修建清凉寺时，四方名匠聚集如云，呼号之声响彻云霄，令人叹为观止。一天来了一位衣衫褴褛的乞丐木匠，对正在干活的众位木匠说"听说青龙镇大兴土木，我来混口饭吃"。说完，拿出一个破墨斗子，随意在一根巨大的斜纹木头上打了很多墨线，然后一掌拍下，木头应声沿墨线碎成了千万块大小不等的木楔。修寺过程中，木匠们随手抓来用而正好合适。待到全寺竣工，木楔刚好全部用完，且一块不差。众工匠方知是祖师爷鲁班显灵帮助修建清凉寺。

▶▶ 历史人物

● **李镛** 淄角镇小李家村人，明代兵马指挥、右军都督。大明正德年间李镛考为贡生，嘉靖十年（1531年），进士未第，被任用为京城（北京）西城兵马指挥司副指挥。李镛崇尚儒家思想，忠君爱国，本分敬业，于嘉靖二十四年（1545年）农历三月二十六日，擢升为右军都督兵马指挥。

● **杨伦能** 淄角镇淄角街人，清乾隆年间进士，并为当时一百零八名翰林之一。

▶▶ 名人乡贤

● **张家恕** 原名孙家诰，字佃卿，小孙家村人。1943年秋，他在地委

（冀鲁边区）学习结业后，受组织派遣回家乡组织开展抗日斗争。1943年3月，在商惠县委的领导下，成立了三小队，张家恕任队长，他有勇有谋，让日军闻风丧胆；他除暴安良，震慑了当地的匪徒恶霸。1944年10月，惠济商三边县成立，三小队一部分人员编为三区队，张家恕任皂淄区区长兼三区队队长。张家恕在抗日战争和解放战争中，屡建战功，曾先后任部队排长、连长、营指导员、副团长、团政委、副师长、师长等职。新中国成立后历任青岛高干疗养院党委书记、院长等职。1973年离休。

● **高广海** 1912年3月出生，字汇卿，高家村人。1938年10月参加工作，1940年9月加入中国共产党。历任华北财经学校总务科长、抗战学院总务科长、边区一中总务处主任等职。全国解放后历任平原县政府秘书、民政科长、副县长等职。1952年到中央党校学习，毕业后被分配到天津市工作，历任天津丝绸公司、天津油脂公司、天津粮油食品进出口公司、中国粮油公司天津分公司总经理、党委副书记、书记等职。1983年11月离休，1994年2月病逝。

● **曹秀亭** 1926年出生，原名曹云汉，河西曹村人。16岁弃学从军，先后担任过郑路区中队班长，惠、济、商三边县大队排长。1943年光荣加入中国共产党。解放后，于1946年调渤海区党委创办的干校学习。1947年调任商河县泮桥区任区长，之后调任凌县县委组织部部长，继任凌县县委副书记。于1964年在凌县医院与世长辞，终年38岁。

● **张广宁** 1953年8月出生，汉族，宁解村人。1971年8月参加工作，1973年11月加入中国共产党。中央党校法学理论专业在职研究生班毕业，中央党校研究生学历，哲学硕士，高级经济师。2010年3月，任中共广东省委常委、广州市委书记。后任广东省人大常委会副主任、党组副书记。现已退休。

● **马东胜** 1954年10月出生，汉族，郭马村人，1972年12月入伍，1975年7月加入中国共产党。1976年10月至1986年10月在部队历任排职、副连职参谋、正连职、副营职分队长等职务。1987年10月至1995年3月在某部队历任教导员、后勤部副政委、政委等职。1999年8月任滨州市司法局副局长。现在已退休。

● **隋全国** 1956年7月19日出生，隋家村人，1974年7月毕业于惠民县淄角高中，1975年10月加入中国共产党，1982年调至共青团滨州市委工作。1991年3月调至中共滨州市组织部工作。2001年7月任滨州市质量技术监督局党组成员、副局长。现已退休。

● **杨宗利** 1959年7月出生，汉族，淄角镇东杨村人。1978年12月入伍，在北京军区炮兵团服役。1982年7月10日加入中国共产党。1986年11月至1988年6月参战，荣立二等功。1989年2月任该旅后勤部军械科科长。1994年10月任炮兵旅装备部副部长，后历任部长（行政职务副团级）、旅党委常委、装备部党委书记。2000年8月转业到河北省邯郸市纪律检查委员会任执法监察室副主任（享受副县级干部政治、生活待遇）。现已退休。

● **高广国** 1963年8月出生，河北高村人。1979年毕业于淄角高中。1983年8月，曲阜师范学院毕业后被分配到垦利一中任教。1984年9月考入国防科委防化学院攻读硕士学位，1986年5月加入中国共产党。1997年12月晋升副教授，技术7级。1998年8月攻读博士学位，于2002年毕业，晋升大校军衔。其间，他担任的"太空战略研究"课题及撰写的论文获军事科学院三等奖。"军用毒剂分析研究"成果获全军科技二等奖。

▶▶ 重要事件

仁智惨案 1946年5月2日，区工作组李仁智等五名同志到大湾村开展工作，晚上住在了大湾村张佃恕家里。半夜时分，基干民兵内部一叛徒秘密与匪首马宗波的部下张希仁、韩森清勾结，里应外合，趁我工作组的同志不备，包围了张佃恕的宅院。匪特将李仁智、徐、张、杨、刘五名同志抓捕，绑至高家村村东北苇子湾（烧窑地），把五名同志杀害了，史称仁智惨案。为纪念李仁智等同志，经县委批准，将当时的大湾乡改为仁智乡。

王平惨案 1946年6月，匪特连长金德功、副连长寇明水，为破坏以反奸诉苦为主要内容的农民翻身运动，策动东寇村的变节分子，趁工作组在寇明秀家里召开会议时，包围了住宅。将工作组的王平、毕清义、魏洪宾和西张六村基干队长张敦玉、会长由名岗等五名同志杀害，群众寇明才受伤。为纪念五名革命烈士，经县委批准，将当时的杨家乡改为王平乡。

▶▶ 经济发展

工业经济 2022年以来，全镇围绕现代农业、畜牧养殖等产业开展招引活动。盘活亚宏纺织、肉食鸡集团等多处闲置低效用地500余亩，先后引进鑫康诺肉牛、聚广化纤等10个支撑性项目。荣沣纺织获得山东省"专精特新"企业、市级瞪羚企业、小口径企业、省级数字车间等称号。嘉悦纺织被授予省级工友创业园、获评"山东省知名品牌"。全镇规模以上工业总产值、线上社会消费品零售额分别达到14.8亿元、3919万元，同比增长

15.6%、6.9%；完成固定资产投资1.9亿元，外贸进出口达到5220万元。2023年，淄角镇以"黄河战略润小镇，精明之路大发展"为题，向全市介绍了本镇非园区招商引资的经验做法，得到宋永祥书记、李春田市长签批肯定。

农业经济　2022年以来，先后完成了靠河郑扬水站工程、千亩黄瓜智慧种植示范基地500亩高标准无墙体和对卷大棚工程建设，完成靠河郑蔬菜批发市场改造，2023年孙武助农蔬菜深加工项目顺利竣工。截至目前，全镇共有蔬菜大棚6000多个，标准化蔬菜种植基地6家，果蔬专业合作社100多家，设施农业面积超过1.8万亩。产品远销北京、天津、石家庄、济南等全国20多个大中城市，全年销售总额近11亿元以上。盛浩种禽完成3600万羽肉鸡孵化生产线扩建，实现年孵化肉鸡1亿羽规模。山东省洼地绵羊种质资源保护与研究基地获批"山东省畜禽遗传资源保种场"，并申报国家级人才项目。

□ 淄角镇党群服务中心

□ 焦吴党群服务驿站鸟瞰

▶▶ 非遗介绍

东路梆子　原名梆子腔，也叫"山东吼"，是古老剧种之一。清代嘉庆年间，淄角镇大湾村老艺人张广成、张久成等人，将东路梆子进一步发展传承起来，并常在当地及周边庙会演出，周边不少学艺之人拜于门下，很快东路梆子传遍县内及周边地区。演出剧目包括《三下南唐》《刀劈三关》《反徐州》《智取威虎山》《奇袭白虎团》《红灯记》《追报表》《半边天》《斗争的胜利》等。2013年被列入"市级非物质文化遗产名录"。

▶▶ 领导更迭

淄角镇历任党组织领导一览

姓　名	职　务	任职时间
陈宋阁（现名范玉华）	四区委书记	1945年9月—1946年10月
方志刚	四区委书记	1946年10月—1949年2月
石建华	区委书记	1949年2月—1949年8月
李秀琛	区委书记（代理）	1949年8月—1949年10月
李秀琛	八区委书记	1949年10月—1950年6月
单光明	八区委书记	1950年6月—1952年8月
郭振汉	乡党委书记（代理）	1952年8月—1955年9月
郭振汉	区委书记（代理）	1952年9月—1956年3月
董希禹	区委书记	1956年3月—1956年12月
曹维新	乡党委书记（兼）	1956年12月—1958年9月
曹维新	公社书记（兼）	1958年9月—1960年7月
曹维新	区委书记（兼）	1961年12月—1965年4月
邢法臻	朝阳乡党委书记	1956年12月—1958年2月
董希禹	马家店乡党委书记	1956年12月—1958年2月
康元水	区委书记	1965年5月—1966年3月
董希禹	区委书记（代理）	1966年3月—1967年1月
张仁义	党的核心领导小组组长	1969年11月—1971年3月
张景刚	公社书记	1971年4月—1975年4月
李遵和	公社书记	1975年4月—1978年11月
仇长清	公社书记	1978年12月—1981年4月
康振刚	公社书记	1981年4月—1984年5月
康振刚	镇党委书记	1984年5月—1987年2月
张永平	镇党委书记	1987年2月—1987年8月
宫洪利	镇党委书记（代理）	1987年8月—1987年11月
宫洪利	镇党委书记	1987年11月—1992年11月
张世芳	镇党委书记	1992年11月—1997年12月
潘光兴	镇党委书记	1997年12月—2001年3月
班福忠	镇党委书记	2001年3月—2007年1月
王振刚	镇党委书记	2007年1月—2011年11月

姓　名	职　务	任职时间
武义滨	镇党委书记	2011年11月—2015年2月
王国华	镇党委书记	2015年2月—2019年1月
李永新	镇党委书记	2019年1月—2021年12月
高传伟	镇党委书记	2021年12月—

淄角镇历任行政领导一览

姓　名	职　务	任职时间
张家恕	皂淄区区长（兼）	1944年10月—1945年5月
刘照远	皂淄区区长	1945年6月—1945年9月
魏竹坡	四区区长	1945年9月—1946年3月
鲁　溪	四区区长	1946年4月—1947年11月
王桂生	四区区长	1947年11月—1948年10月
罗玉珠	淄角区区长	1948年10月—1949年3月
单光明	淄角区区长	1949年4月—1949年10月
单光明	八区长	1949年10月—1950年12月
康元水	八区长	1950年12月—1951年6月
周绍贵	八区长	1951年6月—1952年2月
李传月	八区长	1952年6月—1954年8月
陈根荣	八区长	1955年7月—1955年9月
陈根荣	淄角区区长	1955年9月—1956年3月
邢法臻	淄角区区长	1956年3月—1956年12月
王观杰	淄角乡乡长	1956年12月—1958年9月
路占元	朝阳乡人民委员会乡长	1956年12月—1958年2月
马福祥	马家店子乡人民委员会乡长	1956年12月—1958年2月
邢法臻	公社管理委员会社长（兼）	1958年9月—1961年12月
	淄角区区长（兼）	1961年12月—1962年6月
白怀贵	区长	1962年6月—1963年9月
张仁义	淄角区区长	1963年9月—1967年1月
董希禹	革委会主任	1967年3月—1968年4月
张仁义	革委会主任	1968年4月—1969年2月
李永福	革委会主任（群众代表）	1969年2月—1969年10月
张仁义	公社革委会主任	1969年11月—1971年3月
张景刚	公社革委会主任（书记兼）	1971年12月—1975年4月
李遵和	公社革委会主任（书记兼）	1975年4月—1978年12月
仇长清	公社革委会主任（书记兼）	1978年12月—1979年5月

姓　名	职　务	任职时间
孙书田	公社革委会主任	1979年5月—1981年1月
	公社管委会主任	1981年1月—1982年1月
武振村	公社管委会主任	1982年1月—1984年5月
张永平	镇长	1984年5月—1987年2月
李洪武	镇长	1987年3月—1991年8月
张连军①	镇长	1992年3月—1994年1月
王洪升	镇长	1994年1月—1995年9月
潘光兴	镇长	1995年9月—1998年2月
班福忠	镇长	1998年2月—2001年3月
乔德堂	镇长	2001年3月—2003年1月
王廷文	镇长	2003年1月—2006年2月
李生忠	镇长	2006年2月—2009年2月
贾宝山	镇长	2009年2月—2011年1月
王国华（女）	镇长	2011年1月—2015年2月
冯　涛	镇长	2015年6月—2018年3月
马镇镇	镇长	2018年9月—2023年12月
田颖超	镇长	2023年12月—

撰稿：高　涛　薛　明　潘心雨　马立峰

①县委于1991年8月提名张连军任镇长。

□ 前韩村航拍图

前韩村
QIANHANCUN

　　前韩村位于淄角镇政府驻地西 1 公里处。北邻后韩庄，东北为陈家湾，西为街西徐。共有 149 户，515 人，中共党员 16 人。耕地面积 920 亩，以种植大棚蔬菜和小麦、玉米等粮食作物为主，2023 年人均经济收入 3 万元。现有韩、文、王等姓氏，以韩姓人口居多。

▶▶ 历史沿革

　　相传，韩姓始祖（名失传）于明宣德年间由河北枣强县迁居于此，立村韩家。1985 年建村委会时，因北邻村称后韩，为避重名，更名为前韩。据村庄老人介绍，该村韩姓虽同姓，但不同祖，分为三个支系，另两支分别由河北邢台市和淄角镇后韩村迁入。2021年3月，淄角镇的全部社区改为行政村，原行政村改为自然村，前韩村隶属淄角镇淄角联村。

▶▶ 民间传说

• **蒙在鼓里** 相传，清乾隆年间，韩廉中的女儿韩玉凤在淄角街娘娘庙会上，偶遇和硕和亲王弘昼，两人一见钟情，结下姻缘。乾隆四年（1739年），和硕和亲王在淄角西十字街以南为韩玉凤建了一处宅邸，取名"凤鸣阁"。两人在此育有一子一女，男孩取名韩有庆。乾隆十年，韩有庆入京城亲王府，跟随王义道长学文习武。乾隆十二年春，亲王府突遭变故，亲王将小有庆藏在鼓中，安排王义道长与仆人扮成乐队逃回淄角韩家庄。后在此处建庙宇一座，抚养韩有庆长大成人。和硕和亲王在乾隆三十五年被乾隆赐死。韩有庆在韩家庄长大成人，育有三子，遵和硕和亲王"鼓中有胆，胆诉恩怨。告于后人，勿做朝官"的遗训，后代均不为官。

▶▶ 历史人物

• **韩廉中** 生卒年失考，为康熙年间贡生。育有一子（韩云龙）一女（韩玉凤）。葬于河北省邢台市平乡县后官庄村。传于后人"武魁"匾额一块，上载"钦命提督福建全省学政兵部左侍郎加十级记录十次"，落款为"康熙九年乡荐贡生韩廉中立"。

□ 康熙钦命韩廉中为"武魁"，并赐匾

• **韩玉凤** 生于康熙五十九年（1720年），嫁给清皇室和硕和亲王弘昼，生有一子（韩有庆），曾居淄角西十字街以南凤鸣阁。卒于乾隆三十六年（1771年），葬于河北省邢台市平乡县后官庄村。

• **韩公立** 字世功，曾任河南省布政使，后经商，为德州扒鸡"德顺斋"创始人。

- **韩尚德**　应为"成"字辈，字乐善，韩公立长子，生于乾隆二十五年（1760年）九月十九日，卒于道光十二年（1832年）。官拜清敕授云骑尉，曾镇守吉林。

- **韩尚禄**　应为"成"字辈，字恒益，韩公立次子，生于嘉庆十五年（1810年），卒于光绪十五年（1889年）。清敕授宫廷太医院吏目，三品官衔。

- **韩尚祥**　应为"成"字辈，清敕授承德郎附贡生。

- **韩绍元**　字永庆，生于清道光二十六年（1846年），亲王府药膳房厨师、御膳第五代继承人。清咸丰十一年（1861年）入宫御膳房，从业二十载，潜心研究烹饪技艺，谙熟满汉全席一百单八道菜制作工艺。光绪六年（1880年）离开御膳房，到达天津卫，开设"吉顺祥"饭庄。五年后，返回故里惠民县淄角镇前韩村。于民国十二年（1923年）去世。

▶▶ 烈士名录

- **韩玉田**[①]　1945年参加革命，1945年在惠民县三堡区一次对敌战斗中壮烈牺牲。

▶▶ 重要事件

1947年，几千名解放军战士驻扎在淄角街和周边村庄，农历七月十三日，陈毅司令员到淄角街看望后勤机关解放军指战员。上午9点左右，国民党一架飞机从济南方向飞来，从西往东侦察并用机枪扫射。下午3点左右，国民党飞机再次飞到淄角街上空，从东往西，扔下9颗炸弹，炸毁了部分房屋，炸伤了部分人员。为陈毅司令员的安全考虑，韩家庄开明乡绅韩华令建议陈毅司令员到韩家庄的韩家庙居住。

陈毅司令员在南方打游击战的时候，右腿曾受过枪伤，在此期间旧病复发，韩华令便通过按摩、针灸、艾灸等中医疗法为其治疗。陈毅非常感激，治愈后，赠予韩华令一枚银质纪念章，上面刻有"妙手回春"四个字。时值渤海区开展土地改革，陈毅司令员经常给韩华令讲解党的土改政策，韩华令

---

① 韩玉田烈士，县志记载为跺鼓宋村人，经淄角镇工作人员走访村内老人，考证为前韩村人。

的政治觉悟不断提高。当时63岁的韩华令家中有700多亩地，是当地大户，在解放军驻扎的这三四个月里，韩家慷慨解囊，无偿拿出粮食、物资供应给解放军，并把家中土地全部献给政府，为当时的土改工作做出了贡献。

□ 陈毅将军赠予韩华令"妙手回春"银质纪念章

▶▶ 特色产业

韭菜种植　前韩村是淄角镇蔬菜种植大村，2005年，前韩村两委带领村民种植韭菜，此后规模不断扩大。截至2023年底，该村共有110户村民种植韭菜550余亩，其中，露天种植的有450亩，大棚种植的100余亩，累计有30个韭菜大棚，仅此一项可让农民每年增收10万余元。

▶▶ 文教卫生

宫廷药膳熟食　清乾隆七年（1742年）的《御纂医宗金鉴》中就载有"宫廷药膳熟食"秘方。清咸丰十一年（1861年）韩绍元入宫御膳房，将"宫廷药膳熟食"纳入满汉全席一百单八道菜品中，在选料、用料、用汤和烧制等方面，进行了改进。选用多种名贵中药，辅之秘制老汤，其色、香、味、韧被世人称绝，深得宫廷君臣喜爱。清光绪七年（1881年）韩绍元离宫后，在天津开"吉顺祥"饭馆，使宫廷药膳熟食从宫廷走进了寻常百姓家。在当时餐饮行业有"南有沈万三，北有韩绍元"之誉。现在，韩绍元第五代韩强，秉承祖传"宫廷药膳熟食"，并在选料、配料等各个环节进一步优化，其制作的"宫廷药膳熟食"色泽鲜艳、香味浓郁多汁、酥香有韧性、咸淡适口、肥而不腻，极具食疗和保健功能，为乡邻所喜爱。"宫廷药膳熟食"为滨州市中华老字号，2022年被列入"县级非物质文化遗产名录"。2024年参加了山东省乡村美食大赛，获得集体金奖1个，个人银奖4个。

彩绘鼓　彩绘鼓是前韩村村民韩强在惠民制鼓的基础上研发的文创产品。在鼓的两面绘制上图画，图画的内容多以历史故事或神话传说为题材，具有很强的观赏性。现有孙子兵法三十六计系列和敦煌飞天系列等，产品包括手鼓、装饰鼓、鼓凳等，多次在北京、济南等地展出，很受人们喜爱。

舞龙　舞龙是一种非常古老的传统民俗活动。前韩村有一支十余人组成

□ 秧歌队到各村巡演

的舞龙队。龙身用竹子扎制而成，十多丈长，节节相连，外面罩着画有龙鳞的巨幅黄布，每隔五六尺有一人撑竿。表演时，由一人持竿引导，竿顶竖一巨球，巨球前后左右摇摆，龙首做抢球状，引着龙身蜿蜒游走。晚上安装在龙身上的灯闪闪发光，煞是好看。

秧歌 前韩村秧歌已经有数百年的历史，家家参与，户户传承。每次演出有七八十人参加，扭秧歌的多为年轻的小姑娘，头戴大红花，身披着各种颜色的花布，扭出各种花样。丑角五花八门，有媒婆、傻子、懒婆娘、纨绔子弟等，他们做出的各种夸张动作、搞怪表情，引得观众哄堂大笑。春节时，在本村演出完毕后到各村进行巡回演出，为附近的群众带来节日的欢乐。

小学 1949年11月，前韩、陈湾村、后韩、踩鼓宋、街北孟五村联合在后韩村东韩家庙建立了小学。1981年该小学撤并到淄角完小西分校。

卫生室 前韩村卫生室于1966年建立，隶属前韩村大队委员会，接受卫生部门业务指导，当时韩延俊、张青智在此当过赤脚医生。1981年赤脚医生改称乡村医生，1999年10月马加荣成为该村的乡村医生。2013年10月，镇卫生院在前韩村建立了一处占地360平方米、建筑面积120平方米的卫生室，配有3名医务人员，其中执业医师2人，执业助理医师1人。承担着街西徐、陈家湾、前韩、后韩、西杨、踩鼓宋、中街、西街、南街等9个村庄的基本医疗服务和基本公共卫生服务，总服务人口3681人。

▶▶ 村庄发展

1982年全村通电；2012年全村通自来水；2014年新农村建设，对全村环境进行了升级改造；2017年，对村内300米道路进行了硬化；2023年，全村自来水升级改造完成。2015年3月至2016年3月，惠民县人武部派驻淄角镇前韩村第一书记李恒宝驻村期间，协助村里对村办公室进行了修缮。现在前韩村村容村貌整洁、生活方便，群众安居乐业。

▶▶ 风土民情

红色文化记忆馆 为纪念陈毅司令员在淄角工作、战斗的岁月，韩家村村民韩强自费在本村建立了红色文化记忆馆。馆内有陈毅纪念馆、非遗展厅、文化活动室、韩氏家规展厅等。陈毅纪念馆还原了其曾祖父韩华令为

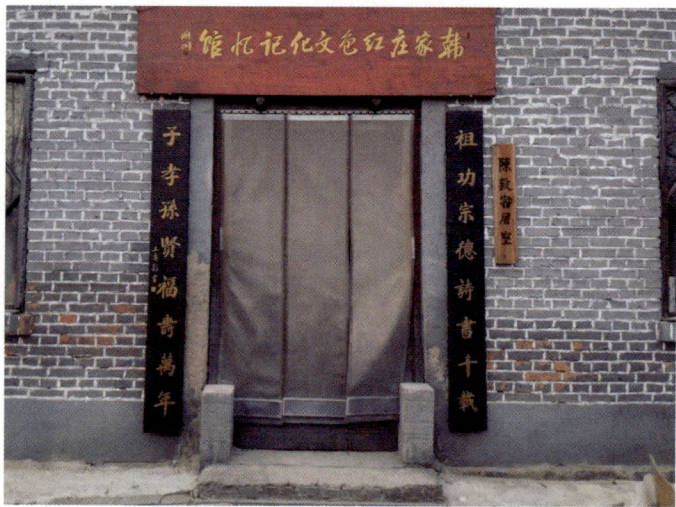
□ 韩家庄红色文化记忆馆

陈毅治病的往事，成为淄角镇开展革命传统教育的基地。每年接待党员干部、参观群众、在校学生数千人次。2023年获批"滨州市历史文化研究会红色文化研究基地"。

韩氏家规 韩氏家族对后代要求严格，治家严谨，有一六十字的家规传承近三百年，内容为：百善事，孝为先；父爱子，教义方；人无信，不可立；养教女，贞当严；琴棋书，古贯通；相夫子，敬公婆；祖茔重，行事慎；重典祀，谨嫁娶；论祠续，要谨慎；为衣世，善长远。

▶▶ 村干部任职情况

历任村党支部书记一览

姓　名	任职时间
陈炳信	1949—1967
孟吉宗	1967—1971
宋青昌	1971—1977
韩占文	1977—1979
韩文礼	1979—1980
韩文湖	1980—1987
韩占文	1987—1992
文连贵	1992—1998
王光利	1998—2004
韩连华	2004—2020
李恒宝（挂职）	2015—2016
韩光亮	2020—

历任村行政负责人一览

姓　名	任职时间
陈明信	1949—1960
余青昌	1960—1970
韩占文	1971—1979
文连贵	1980—1981
文连贵	1981—1987
韩延水	1987—1992
韩文湖	1992—1999
王光利	1999—2002
韩连华	2004—2018

撰稿：李向阳　潘心雨　韩　强

□ 后韩庄村航拍图

后韩庄村
HOUHANZHUANGCUN

后韩庄村位于淄角镇政府驻地西 1 公里处。南邻前韩村，北与踩鼓宋、东与陈家湾、西与街西徐接壤。现有村民 58 户，212 人，中共党员 12 人。耕地面积 420 亩，主要种植玉米、小麦、蔬菜等农作物。2023 年人均经济收入 3.3 万元。现有韩、张、李姓氏，以韩姓人口居多。

▶▶ 历史沿革

原名韩家，相传，韩姓始祖（名失传）于明宣德年间（1426—1435年），由河北枣强县迁居于此，立村韩家。1985年建村民委员会时，因避重名，更名为后韩庄。2021年3月，淄角镇的全部社区改为行政村，原行政村改为自然村，后韩庄现隶属淄角镇淄角联村。

▶▶ 文物古迹

华东军区机关旧址　1947年7月（农历五月中旬），张云逸、邓子恢率领华东局、华东军区机关一部驻进淄角街，有一部分干部和家属住在后韩庄。时任中共中央华东局副书记兼华东军区副政治委员邓子恢和夫人陈兰住在后韩村张连元家，华东局后方机关及机关的领导与家属住在后韩村张玉林家的两进院落里，办公地点设在村民韩夫林家里。张云逸、邓子恢等领导同志经常在这里开会、办公，指导当地开展土地改革，帮助发展生产。后人为纪念他们，对华东军区机关办公地点进行多次修缮，保留至今。

☐ 华东军区机关旧址

☐ 华东军区机关旧址院落

古槐　在后韩村东北方向，有一棵国槐，树高参天。据村中老人回忆，这棵国槐已经有一百多年了，由于年代久远，树干已中空，村民曾往里边填满砖头，后又长合，现今枝叶茂盛。

▶▶ 重要事件

1947年7月（农历五月中旬），时任华东局后方工作委员会副主任的邓子恢和夫人陈兰及华东局后方机关的领导同志与家属入驻后韩庄村后，积极配合当地干部开展土地改革和发展生产。部队纪律严明，严格执行《三大纪律八项注意》，对群众秋毫无犯。工作之余，主动帮助群众担水、扫院子、干零活儿，军民一家，其乐融融。

住在张俊生家一位姓柯的女同志，身边带着一个不满周岁的男孩，名叫"瘄生"。小瘄生正值需喂奶的年龄，柯同志又经常与男同志一样外出工作，顾不得孩子，小瘄生经常被饿得哇哇大哭。当时，张俊生侄女张连香带着不满周岁的婴儿（志耕）常住娘家。看到小瘄生经常饿得啼哭，非常心疼，时常用自己的奶水喂他。柯女士知道后十分感动，两人便结下了深厚的友谊。从此，柯同志每逢外出工作时，都将小瘄生托付给张连香。张连香也像对待自己的孩子一样照看着小瘄生，小瘄生在张连香的精心照料下茁壮成长。后来，柯同志离开后韩庄，还给张连元兄妹来过信，表达感激之情，可惜的是信件丢失，失去了联系。

村民张连元经常向人们讲述自己与邓子恢的往事。当时，邓子恢在张连元家住了好长一段时间，闲暇之余，邓子恢经常给张连元讲一些革命故事、当前形势和土地改革政策，鼓励张连元积极参与村里的工作。在邓子恢的帮助教育下，张连元思想进步很快，积极参加村里各项工作，带头加入农村合作社，成了村里的积极分子。离别时，邓子恢赠给张连元一套军装和一支钢笔，留作纪念。解放

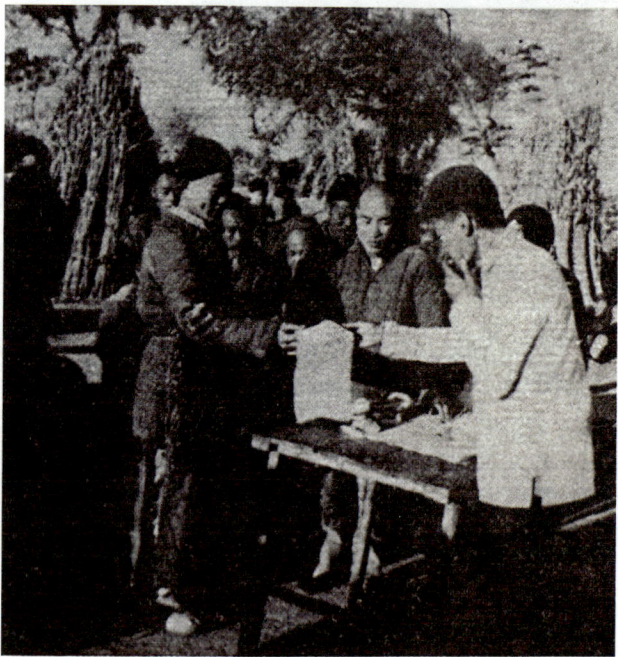

□ 1946年底，惠民县的土改工作全面展开。图为后韩家村农会在土改中分土地、分浮财

后，双方曾有过几次书信来往，但随着岁月的流逝，信件已丢失，留下的军民一家亲的革命友谊在当地传为佳话。

▶▶ 文教卫生

手工灯笼 传统手工灯笼制作工艺比较复杂，每年10月前后挑选粗壮结实的芦苇，掐头去尾晾干，再经破篾、浸泡、起底、编织、整形等多道工序，制作出灯笼的框架，最后将一层玻璃纸加清水糊在灯笼表面，在底座中放上蜡烛就完成

□ 韩文孝老人与传统手工灯笼

整个灯笼的制作。该村78岁的韩文孝老人是祖传扎制手艺的第三代传人，15岁时开始学习制作传统手工灯笼、竹篮编制等技艺，制作手工灯笼已经60多年，在当地很有名气，曾有"踩鼓宋家、灯笼韩家"的美誉。

教育 1949年11月，陈湾、前韩、后韩、踩鼓宋、街北孟五村联合在后韩村东的韩家庙建立小学一处，8间房屋，教学班有一至五年级，学生最多时有200人左右。1951年街北孟村的学生迁回本村读书。20世纪70年代，一、二年级为复式班，韩文英、韩文娥、董学明、张同英、韩增湖等老师曾在此任教，韩增湖曾任校长。后来，张同英转为公办教师，其他教师为民办教师或代课教师。1981年学校撤并到淄角完小西分校。

卫生室 后韩庄卫生室1976年建立，当时张连华在此当赤脚医生。1981年赤脚医生改称为乡村医生，1988年2月耿明霞成为该村的乡村医生。经过培训，他（她）们能进行肌肉注射，为群众治疗感冒、头疼之类的小病，为本村群众就医带来了极大的方便。2003年卫生室关闭。

▶▶ 村庄发展

1982年全村通电；2007年村内修建了490米的柏油路，新建了办公室4间；2012年全村户户通了自来水；2014年，实施了旱厕改造；2022年，淄角镇百企帮百村行动中，禽乐养殖厂厂长张凤秀出资对村里的办公场所进行了改造提升。经过几年的发展，村里的人居环境有了极大的改善。

▶▶ 村干部任职情况

历任村党支部书记一览

姓　名	任职时间
陈炳信	1949—1967
孟吉宗	1967—1971
宋清昌	1971—1977
韩增文	1977—1979
韩文礼	1979—1990
李爱平	1990—2004
韩文礼	2004—2007
张合林	2008—
王有峰（县派第一书记）	2023—

历任村行政负责人一览

姓　名	任职时间
韩进青	1949—1953
韩文宝	1954—1958
张连奎	1959—1967
李丕武	1962—1965
李美亭	1966—1968
张连贵	1969—1971
韩增泉	1972—1980
李君亭	1980—1990
韩增湖	1990—1999
韩　杰	1999—2002
李爱平	2002—2007
张合林	2008—2017

撰稿：马立峰　侯敬凯　潘心雨

□ 靠河桑村航拍图

靠河桑村
KAOHESANGCUN

靠河桑村位于淄角镇政府驻地西南5公里处,西过郑家沟(八里河)与商河县境搭界,南与靠河郑相邻。现有村民160户,647人,中共党员15人。村内耕地面积752亩,以种植大棚蔬菜和小麦、玉米等粮食作物为主。2023年,人均经济收入3.5万元。现村内姓氏有李、王、高、范、孔、刘、马、赵等,以李姓人口居多。

▶▶ 历史沿革

相传,村始祖桑世淮于明成化年间(1465—1487年),由河北省枣强县迁居于此,立村桑家。后多姓人氏迁入,桑氏绝后,村名沿袭"桑家"的村名。1985年建村委会时,因避重名,且其南靠徒骇河,改名为靠河桑。2021

年3月，淄角镇的全部社区改为行政村，原行政村改为自然村，靠河桑村现隶属淄角镇三李联村。

▶▶ 村庄名人

● 刘振玉　生卒年月不详，抗日战争时期参加冀鲁边区八路军，渤海区二分区队副队长，1942年先后动员村内青年王清温、胞弟刘振宝参加八路军。

● 李朝祥　1928年生。1947年7月在渤海区二分区的商河县参加中国人民解放军。先后任解放军二十三军六十八师二〇四团二营五连战士、通讯员、副班长、党小组长等职。参加了解放济南、淮海战役、渡江战役和解放大上海战役，先后荣立三等功两次、四等功一次。在他的影响下其家族中有8人参加人民解放军。2011年病逝。

● 王荣亭　1925年生。1946年加入中国人民解放军，1950年参加抗美援朝战争。复员后任村党支部书记。在他的影响下，其家族有四人参军报国。2006年病逝。

● 高光让　1951年加入中国人民志愿军，先后任炮兵战士、班长等职，参军三年，历经大小战斗无数，曾荣立三等功两次。

● 王清温　1942年入伍，为某部队通讯员，解放战争时随部队南下，落户于上海。

● 李向阳　汉族，1947年1月生，中共党员，原惠民县广播电视台总编辑，山东省"最美五老"。退休后，潜心挖掘地方传统与红色革命文化，先后编著《古邑惠风》等著作10部300余万字；撰写专项论文、文史文章50余篇；2013年至2015年，绘制的百米长卷《惠民古城胜景图》，再现了千年古城历史原貌，并应邀参加了山东省地名文化展览。

▶▶ 特色产业

蔬菜种植　该村蔬菜种植历史悠久，有"一亩菜园不换十亩粮田"的说法。早在20世纪80年代初，村民范多利就在自己的自留地里建起了简易蔬菜大棚，村民感到好奇，纷纷前来参观，继而效仿。土地承包到户后，很多户人家建起了蔬菜大棚，当时种植的品种以黄瓜为主。经过几十年的发展，蔬菜大棚由低温棚到高温棚，面积越来越大，种植的蔬菜品种越来越多。2023年，靠河桑村60%村民以种植大棚为主，村内共有300多个大棚，主要种植黄瓜、韭菜、豆角、茄子、西红柿等，总产值1500余万元。

□ 靠河桑蔬菜种植大棚

塑料制品 该企业于2017年9月由村民王先刚创办，以生产塑料制品为主，产品销往北京、天津等城市，年产值达300万元。

▶▶ 文教卫生

文化活动 2015年，在韩真珍的带领下，村里成立了20人的演出团队，主要表演秧歌、广场舞和戏曲等，秧歌以传统的秧歌为主，戏曲以东路梆子、吕剧为主。每逢过年过节，他们都会组织演出，给本村的群众带来节日的欢乐。

小学 新中国成立后该村就建立了全日制小学。1951年前后，小学设在村中路南，村民王秀吾的祖宅中。教学班一至四年级，为复式教学。任教老师先后有李昌武、左存智、张书久、魏老师等，均为代课教师。1959年，学校迁址于村民高秉银空闲的三间西屋内，任教老师为王兆龙。教学班仍是一至四年级，复式教学。1966年前后，村里投资在村庄中心位置上，新建校舍六间，并建有教师办公室，教学班一至四年级。任教老师先后有李宪家、李君河、李朝南、王美阁、范廷宝、张曰达等。1990年又在村西建设了新的靠河桑小学，学校占地150平方米，共有5间房屋，可容纳3个班，3个年级。高宗义、张佃堂曾在此执教。2003年学校被撤销，合并于狮豹刘村的三李小学。

□ 靠河桑村村民在文化广场娱乐

卫生室 村卫生室于1962年建立，高广义、位长青、高广龙先后在村卫生室担任赤脚医生。1993年关闭。

▶▶ 风土民情

靠河桑村民风淳朴，邻里团结，和睦共融，在数百年的发展历程中，形成了"一敬""二助"的优良风俗。

"一敬"即尊老敬老。在这个村，不论家庭条件如何，房屋多寡，上房必有家中长辈居住，年轻人住偏房，这已是该村一个不成文的规矩。时至今日，条件好了，房屋宽阔了，仍沿袭这个传统习俗。每到春节，全村大拜年。正月初一，一大家族人跑遍全村，不论姓氏家族挨门磕头拜年。这一传统习俗一直延续至20世纪末。现在，虽然磕头的少了，但大年初一挨门拜访老人的习俗仍在延续。

"二助"即帮人之困，助人之难。每逢有人盖房子，尤其是在打地基时，大多都在晚饭后进行。每当打夯的号子声响起，乡亲们都不约而同地从四面八方赶来帮工。主人家不用招待，只用一支烟、一杯茶水酬谢。特别是有困难的户在盖房子时，乡亲们主动义务帮助垒墙、上梁，收工后各自回家吃饭，毫无怨言。1995年夏，村民李朝让家不幸遭雷击火灾，家具衣物等被毁，乡亲们自发捐款数千元及大量衣物、面粉等，帮助其渡过难关，充分体现了全村群众休戚与共、同舟共济的优良品质。

▶▶ 村庄发展

2003—2006年，修缮村内道路1200余米，安装路灯28盏，修理排水沟900米。2006—2010年，维修村北大棚生产路760米。2010—2014年修缮村广场400平方米，安装体育器械5件套。2012年新建村委会办公室3间，占地96平方米。2019年，对村内1500米的主路进行了重新铺设，并对村内广场进行扩建改造。

▶▶ 村干部任职情况

历任村党支部书记一览

姓 名	任职时间
王荣亭	1968—1980
王召武	1980—1983
王召顺	1983—1994
李新武	1994—1996
李君生	1996—1997
高广胜	1997—2000
李新武	2000—2003
高宗俭	2003—2004
王修森	2004—2007
李士田	2007—2011
高宗华	2011—2021
王召忠	2014—2015

历任村行政负责人一览

姓 名	任职时间
宋占元	1949—1950
李君成	1959—1981
李君成	1981—1990
王召武	1990—1995
王召顺	1995—1997

姓 名	任职时间
高广芝	1997—1999
王秀才	2000—2001
李君升	2001—2004
高宗华	2004—2011
高钦福	2011—2018

撰稿：李向阳　潘心雨　马立峰

□ 大沙窝村航拍图

大沙窝村
DASHAWOCUN

　　大沙窝村位于淄角镇政府驻地以西4.5公里处，西与商河县道门村搭界，东与小沙窝村、南与沙窝瞿村相邻。全村共有194户，472人，中共党员21人。现有耕地面积1500亩，以种植粮棉作物为主，2023年人均收入2.9万元。现有王、周、韩等姓氏，以王姓人口居多。

▶▶ 历史沿革

　　大沙窝村原名沙窝、前沙窝。相传，明嘉靖年间（1522年—1566年），始祖王世珍由河北枣强县迁此，因建在一片沙地之中，故村名沙窝。1985年建村委会时，因村东有后沙窝村，该村即改称前沙窝，后沙窝改称小沙窝后，该村即名大沙窝。2021年3月，淄角镇的全部社区改为行政村，原行政村改为自然村，大沙窝村隶属淄角镇马店联村。

▶▶ 文物古迹

沙窝战斗纪念地 1940年2月8日（农历正月初一），八路军一一五师东进抗日挺进纵队政治部主任符竹庭、锄奸部长匡根山带领五支队二营及商河县大队，在济阳县一带消灭日军30多人，胜利后转移至大沙窝、小沙窝、翟家一带。11日凌晨4时许，被3000余名日伪军包围。我军遵照在运动中消灭敌人的战略方针，决定大部队转移，留下五支队二营七连（原惠民县大队改编）掩护主力突围。七连利用沙窝村四周的土围子为掩护阻击敌人，这次战斗炸毁敌人坦克1辆，汽车3部，歼敌500余人。午夜，七连战士化装成日军巡逻队突出包围圈，安全转移。此战，在县抗战史上称为"沙窝突围战"。后来，纵队首长在总结这次战斗时，称"沙窝突围战"创造了平原突围战的奇迹。第二天，日军入村搜寻八路军战士无果，恼羞成怒，枪杀无辜村民5人，烧毁房屋200余间。这是日本侵略者在中国大地上犯下的又一罪行。沙窝战斗遗址为市级文物保护单位。2021年，沙窝战斗遗址入选山东省第一批不可移动革命文物名录。

烈士墓 沙窝突围战结束后，当地百姓将在战斗中牺牲的战士遗体收殓好，安葬在沙窝村西。新中国成立后，人民政府在此修建了烈士墓，烈士墓封土高约5米，直径约50米，占地1970平方米。1966年春，中共惠民县委、县人民政府在墓前立纪念碑，上书"革命烈士永垂不朽"。每逢清明时节、烈士纪念日、春节，当地干部群众纷纷到此，缅怀革命先烈，接受传统教育。烈士墓为市级文物保护单位。

▶▶ 烈士名录[①]

● **王长贵** 1913年出生，1946年参加革命工作，华野十纵队战士，1947年在渡黄河战斗中牺牲。

● **王贵珍** 1927年出生，1951年参加革命工作，志愿军六十七军二〇一

①据《惠民县志》《惠民县军事志》《民政志》记载，王长贵、王贵珍、王素环三位烈士为淄角镇沙窝翟村人。当时，大沙窝村隶属沙窝翟大队，后与沙窝翟大队分离，成为独立的行政村。查阅《山东省惠民县地名志》沙窝翟村没有王姓，而大沙窝村王姓居多，经淄角镇工作人员到大沙窝村调研考证，这三名烈士应为大沙窝村人。

□ 沙窝战斗遗址及烈士墓

师六〇三团战士，1952年3月加入共青团。1953年在抗美援朝战争中牺牲，安葬于朝鲜。

● **王素环**　1927年出生，1951年参加革命工作，志愿军六十七军二〇一师六〇三团战士，1953年在抗美援朝战争中牺牲，安葬于朝鲜。

▶▶ 村庄名人

● **王长友**　1927年出生，1951年参加革命工作，中国人民志愿军六十七军二〇一师六〇三团战士，1952年3月加入共青团，1955年9月从朝鲜返回祖国后复员回乡。1998年病逝。

● **王笃申**　1927年出生，1951年参加革命工作，中国人民志愿军六十七军二〇一师六〇三团战士，1952年加入共青团，1955年9月从朝鲜返回祖国后复员回乡。1999年病逝。

● **王长海**　1927年出生，1951年参加革命工作，中国人民志愿军六十七军二〇一师六〇三团战士，1952年加入共青团，1955年9月从朝鲜返回祖国后复员回乡。1996年病逝。

● **韩长胜**　1942年7月出生，中共党员，山东中棉棉业有限责任公司原董事长。先后与中国农科院棉花研究所、山东农科院、山东农业大学、滨州农校等单位合作，引进了集优质、高产、抗病于一体的中棉所28号。90年代中期，他与专家一起研究出了世界首创的中棉29、中棉38、鲁棉15等抗虫杂交棉良种，成功解决了棉花生产优质高产不抗虫、抗虫优质不高产的矛盾。4

□ 大沙窝村村容村貌

次被省农业厅评为"先进工作者";1997年被省农业厅记三等功;1997年被省人事厅、农业厅记二等功;2003年4月获山东省劳动模范称号;2007年获国家科学技术进步奖。

▶▶ 文教卫生

秧歌队 2017年,在韩长兴的带领下,村里成立了40人演出团队,主要有秧歌和广场舞等表演节目。秧歌以传统的秧歌为主,每逢节假日,他们都会组织演出,给村里群众带来节日的欢乐。

小学 1960年在村西北角建立了沙窝小学,教学班为一至三年级,学生最多时有80余人,王素坤、王素温、王长增曾在此任教。后来,王素温、王长增由民办教师转为公办教师,王素坤为代课教师。2004年沙窝小学被取消,村里所有小学生转至马店小学就读。

卫生室 大沙窝村卫生室1959年建立,当时王彦娥、王甲峰先后在此当赤脚医生。1996年卫生室关闭。

▶▶ 村庄发展

1989年全村通电。1997年开始与县良种棉厂合作进行抗虫棉制种繁育,1999年建立沙窝棉花收购站。1999年至2001年,连续三年实现无粮村,连续三年被选为全国抗虫杂交棉观摩基地。2000年村内修建了柏油路,同年,该村立起集市,每月逢三、八为集日。2001年整村房屋实现砖瓦结构建设,2014年开展新农村建设,实施了旱厕改造。2010年全村通自来水,并新建4

间办公室，彻底改变了村党支部、村委会无办公地点的状况。

▶▶ 村干部任职情况

历任村党支部书记一览

姓　名	任职时间
王自浩	1949—1958
韩增禄	1959—1981
周子荣	1981—1986
韩长兴	1986—2007
周立福	2007—2010
冯尚兰	2010—

历任村行政负责人一览

姓　名	任职时间
王自浩	1949—1962
韩增禄	1963—1980
周子荣	1981—1982
王素功	1982—1986
王素尧	1986—1998
周立福	1998—2004
韩长兴	2004—2007
周立福	2007—2010
韩长兴	2010—2014
冯尚兰	2014—2018

撰稿：马立峰　冯　瑞　潘心雨

□ 踩鼓宋村航拍图

踩鼓宋村
CAIGUSONGCUN

　　踩鼓宋村位于淄角镇政府驻地西 2 公里处，西与徐家村隔道相望，东与陈家湾、南与后韩村相邻，北为淄角镇乡村振兴产业示范基地（蓝莓种植区）。全村共有 65 户，210 人，中共党员 16 人。耕地面积 332 亩，以种植大棚蔬菜和玉米、小麦为主，2023 年，人均经济收入 3 万元。现村内有宋、韩两姓，以宋姓居多。

▶▶ 历史沿革

　　踩鼓宋，原名宋家或宋家屋子。相传，明永乐年间（1403—1424年），宋姓始祖（名失传）带着制鼓技艺由河北省枣强县迁居于此，立村宋家。1985年建立村民委员会时，因避重名，以村里人会踩鼓为由，更名为踩鼓宋。2021年3月，淄角镇的全部社区改为行政村，原行政村改为自然村，踩鼓宋村隶属淄角联村。

▶▶ 村庄名人

- **宋宝贵** 1929年出生，1951年3月参加革命，志愿军二〇一师战士。
- **韩德元** 出生年月不详，参加过淮海战役。
- **宋清才** 出生年月不详，1972年入伍，山东渤海教导旅战士，后服役于某部队。1977年转业于新疆巴州市和静县东方红公社，曾任巴州建国医院院长。
- **宋文利** 北京邮电大学毕业，金融反欺诈、网络安全自媒体、品牌建设与市场推广专家。专注反欺诈科普与人工智能实践，2021年出版国内首部业务安全图书《攻守道——企业数字业务安全风险与防范》。

▶▶ 文教卫生

踩鼓技艺 踩鼓宋村的踩鼓历史悠久，早在16世纪20年代，宋景春、宋景冬两兄弟开始以踩鼓为业度日。踩鼓工艺烦琐，用料和加工非常讲究。木料采用槐木和桑木做原料，鼓面采用新鲜牛皮制作。从画鼓腔样到拼接鼓身，从刨平鼓腔口到蒙鼓皮，从安好踩鼓架到踩鼓，每道工艺都要精雕细刻，精益求精。"踩"这道

□ 踩鼓宋做的惠民制鼓参加各种展销会、工艺大会

□ 2023年12月，踩鼓宋做的惠民制鼓应邀参加2023乡村振兴大会暨人民优选集中选品会

工序，非常重要，需要人站在鼓上反复地用脚踩，使鼓皮松弛，然后勒紧，继续踩，反复数次，直到鼓面绷紧为止。这样做出的鼓音质清脆、洪亮，带有金属的感觉。踩鼓宋的踩鼓有腰鼓、手鼓、堂鼓、墩鼓、秧歌鼓等多个品种，产品远销全国各地。1999年，中华人民共和国50周年大庆文艺演出所用的鼓中，有200面出自这个村庄，国家有关部门为其颁发了"建国50周年国庆专用鼓"证书。中央、省、市、县等各级媒体多次报道踩鼓宋的踩鼓技艺，称其为鼓面上跳出踢踏舞。2017年，踩鼓宋村的踩鼓技艺被列入"省级非物质文化遗产名录"。宋光福被认定为踩鼓技艺市级非物质文化遗产传承人。

小学　1949年11月，陈湾村、前韩、后韩、踩鼓宋、街北孟五村联合在后韩村东韩家庙建小学一处。1981年撤并到淄角完小西分校。

卫生室　于1959年建立，当时宋清沛在此当赤脚医生，1967年卫生室关闭。

▶▶ 村庄发展

1980年，踩鼓宋村开始土地包产到户。1982年，全村通了电。1994年，数十户村民建起了蔬菜大棚。2011年，投资32万元对800余米的道路进行了硬化。2012年，建设了村党支部、村委会新办公室。2014年，踩鼓宋村实施了旱厕改造。2015年，新建了村文化广场，村民自发捐款6800元购置健身器材和文化用品，文化广场成为村民茶余饭后的休憩场地。同年，踩鼓宋村入选省旅游特色村。2020年，新冠肺炎疫情期间，踩鼓宋村庄封闭管理多日，韩林松、宋清国先后捐赠数千元的蔬菜、鸡蛋等物资，分发给群众。

□ 2022年6月，淄角镇踩鼓宋村村党支部组织党员到惠民县渤海革命老区机关旧址开展主题党日活动，接受党性教育

在他们的带动下，全体村民踊跃捐款 8700 元，帮助群众顺利地度过了疫情艰难时期。2022 年，在派驻第一书记刘宝民带领下，建成村民活动室、休闲小广场，并对健身广场进行了改造和扩建，健身器材更新，村里主干道铺设了沥青路，完成污水管网改造等工程。2023 年，建成了 30 平方米的踩鼓文化展厅，展出各式各样的踩鼓作品 30 余件，架设十多个太阳能路灯，对村内墙壁全部粉刷改造，村容村貌焕然一新。

▶▶ 村干部任职情况

历任村党支部书记一览

姓　名	任职时间
陈丙信	1949—1967
孟吉宗	1967—1971
宋清昌	1971—1977
宋宝让	1977—1979
韩增路	1979—1981
宋宝让	1981—1995
韩增平	1995—1998
宋清泉	1998—2004
韩增华	2004—2014
宋光福	2014—

历任村行政负责人一览

姓　名	任职时间
宋宝珠	1948—1950
宋宝庆	1959—1964
宋保堂	1964—1970
宋清昌	1970—1981
韩增路	1981—1990
韩增平	1990—1996
宋清泉	1996—1999
宋清文	1999—2003
韩增华	2003—2014
宋光福	2014—2018

撰稿：宋文利　潘心雨　马立峰

□ 石张村航拍图

石张村

SHIZHANGCUN

石张村位于淄角镇政府驻地南2.5公里处。东邻省道大济路，南距东吕高速约9公里，与西李村接壤。共有128户，506人，中共党员20人。耕地面积1195亩，以种植大棚蔬菜和粮食作物为主，2023年人均经济收入3.2万元。现有石、张、孟、王等姓氏，以张姓居多。

▶▶ 历史沿革

石张村原名石家，相传，明天启六年（1626年），始祖石成合由河北省枣强县迁居于此，立村石家。1985年建村委会时，因避重名，以村中主要姓氏石、张为名，更名为石张村。2021年3月，淄角镇的全部社区改为行政村，原行政村改为自然村，石张村现隶属淄角镇三李联村。

▶▶ 历史人物

• 张安邦　字凤亭，清朝时期秀才，曾为清文华殿大学士兼吏部尚书李之芳的属下，二十八岁时早逝。

▶▶ 村庄名人

• 张吉林（1938—1998年）　选矿高级工程师。1960年毕业于山东省惠民县第一中学，考入山东冶金学院选矿专业。在有色金属选矿领域有很高的造诣，多次荣获国家、冶金部和江西省科学进步奖，并有着多部相关著作及论文。

• 张广强　1971年5月出生，1991年11月入伍，曾任兰州军区（现西部战区）某野战团团长。

▶▶ 特色产业

惠民县盛浩家禽孵化有限公司　惠民县盛浩家禽孵化有限公司成立于2020年7月，是一家集种鸡饲养、鸡苗孵化、肉鸡饲养为一体的数字化、智能化畜牧企业，日产鸡雏30万羽，年出苗量1亿羽、科宝肉鸡苗1亿羽，年产值5亿元。

□ 惠民县盛浩家禽孵化有限公司羽肉鸡孵化生产线

惠民县禽乐畜禽养殖有限公司　惠民县禽乐畜禽养殖有限公司成立于2017年，是一家集畜禽养殖、有机蔬菜种植为一体的综合性生产经营单位。2017年，注册的"牧惠源"富硒鸡蛋品牌，先后申报"无公害食品""绿色食品"认证。2023年，获"第一届山东畜产品品质评鉴大赛暨首届优质品牌鸡蛋品鉴大赛"铜奖。

▶▶ 文教卫生

吕剧　20世纪60年代，吕剧在石张村尤为兴盛，几乎人人会唱《小姑贤》《姊妹易嫁》等传统曲目。现在，石张村的庄户剧团编排了30多个节目，自编自演的吕剧《党的百年华诞》等反映现代幸福生活的剧目深受群众喜爱。

西河大鼓　20世纪，石张村张尊秀专门从事西河大鼓表演艺术。他口齿清晰，字正腔圆，表演形象逼真，深受观众好评。他表演的书目有《岳飞传》《隋唐演义》《包公案》《呼家将》《杨家将》等传统曲目和现代曲目《儿女英雄传》《野火春风斗古城》《敌后武工队》等，深受群众喜爱。

小学　1949年11月，在村子中心处的张氏祠堂建立小学一处，三间北屋为教室，两间西屋为教师办公室。教学班为一至四年级，复式教学。当时有30多个学生，附近鞠家村的孩子也来此上学，张吉周老师在此任教。学校规模最大时，有五个年级，两名教师在此任教。后来学校合并到狮豹刘村的三李小学。

卫生室　于1961年建立，当时张猕温、张广义、张兰秀先后在此当赤脚医生。1981年赤脚医生改称乡村医生，1982年3月张广祥成为该村的乡村医生。2003年卫生室关闭。

▶▶ 村庄发展

1982年全村通电，2005年对村内970米公路进行了硬化，2012年全村通上自来水，2014年全村实施了旱厕改造，2023年又对全村的自来水工程进行了全面改造升级。特别是近年来，村两委依托该村的自然资源，充分发挥本村独特的优势，打造了农事体验果蔬园、体能拓展基地、非遗教研学基地、乡村记忆馆、树下棋舍、亲子手工作坊等多个休闲旅游项目，该村的生态乡

□ 石张村乡村记忆馆

村游初具规模。农事体验果蔬园是集观光、蔬菜采摘、科普教育、农事体验为一体的农事体验果蔬园。能让游客亲身体验天脉黄瓜、圣女果等多种蔬菜的种植和采摘乐趣。非遗教研学基地中收集了全镇的非遗产品，让游客在参观过程中，了解非遗文化，培养大家对非遗文化传承和保护的自觉意识。乡村记忆馆展示了石张村在历史演变过程中独具特色的农耕文化，主要陈列了新中国成立以来乡村的生产工具、衣食住行以及民俗文化等实物，以小的视角集中展示了我县农村的发展历程。吸引周边地区的游客纷纷前来参观旅游，回忆过去，记住乡愁。

该村的发展模式得到上级党委政府的充分肯定，先后获得了"山东省森林村居""山东省乡村振兴'十百千'工程示范村""山东省美丽乡村示范村""山东省美丽宜居乡村""省级景区化村庄""市级乡村文化建设样板村"等多个荣誉称号。

▶▶ 风土民情

虎头鞋　虎头鞋又称"老虎头鞋""老虎鞋"，因鞋头形似虎头而得名，集实用性、艺术性、观赏性为一体。过去，本地农村流行着给小孩穿虎头鞋的习俗，人们认为虎是百兽之王，穿上虎头鞋，可以驱鬼辟邪，保护孩子平安健康成长。淄角镇郭马村90岁老奶奶张月娥，因擅于缝制各种样式的虎头鞋而出名，多年来一直致力于传承和弘扬这一独特的民间手艺。为保护、传承这项民间技艺，石张村在建设的非遗展厅和教研学基地中，专门介绍了虎头鞋的制作工艺，吸引许多年轻妈妈前来观摩学习。

▶▶ 村干部任职情况

历任村党支部书记一览

姓 名	任职时间
张明臣	1949—1953
王怀友	1953—1963
石明礼	1963—1970
石明伦	1970—1974
张吉浩	1974—1990
张广武	1990—1996
张吉兵	1996—1998
张广海	1998—2007
张广金	2007—2021
刘威海	2019—2021
张菲菲	2021—

历任村行政负责人一览

姓 名	任职时间
张明臣	1949—1950
张吉发	1959—1966
张尊秀	1966—1971
张吉谓	1971—1975
张广义	1975—1981
张广义	1981—1988
张广武	1988—1990
张吉君	1990—1994
张风清	1994—1996
张广海	1996—2000
张广宣	2000—2004
张广金	2004—2018

撰稿：李翠霞 潘心雨 马立峰

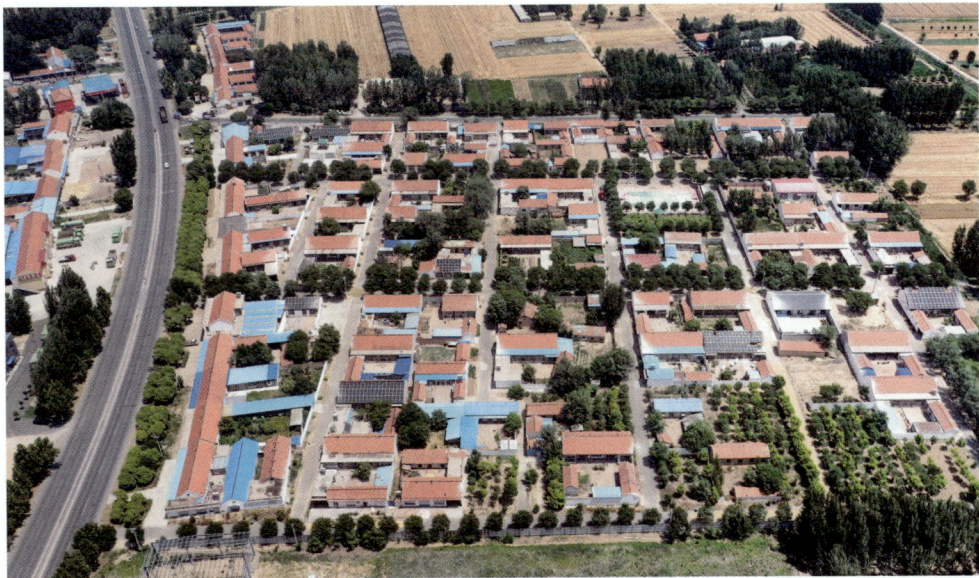
□ 解家村航拍图

解家村
XIEJIACUN

解家村地处淄角镇政府驻地南 1.5 公里处，北为县道解陈路，西为大济路，东与闫河村相望。共有 93 户，268 人，中共党员 12 人。耕地面积 484 亩，以种植大棚蔬菜和粮食作物为主，2023 年人均经济收入 3.1 万元。现有解、王、孔、耿等姓氏，以解、王姓人口居多。

▶▶ 历史沿革

原名丁家道口，曾名解家河。据传，明成化年间（1465—1487年），丁姓始祖（名失考）由河北省枣强县迁此，因立村处有一河道路口，故村名丁家道口。后丁姓已绝，有解姓人迁入，遂改名解家河，后因河道变迁，村名只称解家。2021年3月，淄角镇全部社区改为行政村，原行政村改为自然村，解家村现隶属淄角镇大湾联村。

447

▶▶ **文物古迹**

古槐 村广场东南方向王兴峰老宅内，有一棵老槐树，距今有百余年，树高8米，树围1.1米，冠覆小院，古木参天，虽然历经沧桑，至今仍枝繁叶茂。

▶▶ **民间传说**

解家村来历 据传，东汉开国皇帝刘秀在未称帝前被王莽追杀，逃到淄角南一条河边，河虽不宽，但水深浪急，挡住了逃路。刘秀急得团团转，只得在河边一个叫丁家道口的小村子借宿。夜里，骤起大风，飞沙走石，昏天暗地，直到天亮，狂风才逐渐停息。经过一夜大风，气温骤降，河面结了厚厚的一层冰。刘秀来到河边不禁心中大喜，暗想，天助我也。遂立即启程，从冰上顺利地过了河。刘秀过河不久，日出八丈，风和日丽，河水解冻，冰面融化。等王莽的追兵赶到时，河里的冰已薄如蝉翼。王莽气得大骂，只得停止追杀。后来刘秀当了皇上，想起当年逃难时住过的丁家道口，念其河水解了冻，才使自己解了围，因此，封其村名"解（xiè）家"。

□ 解家村石碑

龙珠潭 解家村东南有一个水潭，长90米，宽60米，人称龙珠潭。相传，很早以前，青龙镇（淄角街）南不远处有一条古老的小河，自西而来，蜿蜒东去，古称龙踪河（商河）。有一年夏天，暴雨连下数日，河水猛涨。突然，洪水漫溢河堤，咆哮着向

□ 解家村龙珠潭

青龙镇奔去。镇南侧守护青龙镇的土龙发现后，不敢怠慢，口含一颗宝珠，甩头向决口处抛去。宝珠落在决口下方，砸出了一个深深的大坑。霎时间，大坑像大漏斗一般将洪水吸入地下，青龙镇及周围村庄免遭一场洪水之灾。汛期过后，人们将决口河堤重新筑好。泄水的深坑碧水清澈，深不可测，人们称之为海眼。为了表达对土龙感激之情，人们将泄水的深坑称为"龙珠潭"。

风水台 解家村西北有一个风水台，上有"泰山石敢当"石碑，系明朝时期所建。相传，解氏家族定居立村后，村内怪事频发，人口不旺。于是，便请来风水先生指点迷津，风水先生解释道：解字为多音字，既为解（xiè），又为解

□ 解家村风水台

（jiè），有散之嫌。如破人口不旺可邀他姓入住，越多越好。若破村中怪事，可在乾位（西北方）筑一风水台，上安"泰山石敢当"石碑，方可避风纳气，驱凶为吉。于是，村里人便照此办理。随后，村内先后有王氏、孔氏等姓入住，大家和睦共处，平安无恙。20世纪60年代，"泰山石敢当"石碑与风水台被当作"四旧"拆除。2011年，村民自发集资在原址上恢复了风水台的原貌。传说终归是传说，风水台虽不能起到驱凶辟邪的作用，却表达了人们对美好生活的向往和对幸福安康的期盼。

▶▶ 烈士名录

● **宁德堂** 1923年出生，1951年3月参加革命工作，志愿军六十七军二〇一师六〇二团战士，共青团员，1953年5月在抗美援朝战争中牺牲，安葬在朝鲜。

▶▶ 村庄名人

● **王召修** 1922 年出生。1951 年 3 月，赴朝参加抗美援朝战争。1953 年因工作突出，荣立三等功一次，同年加入中国共产党。不久后在战斗中负伤，当年回国养伤，次年 11 月返回解家村任联村大社干部。

● **孔祥海** 1932 年出生，1951 年参加抗美援朝战争，1953 年返回家乡。

● **王俊卿** 出生年月不详，1951 年参加抗美援朝战争，在战争中表现优秀，加入中国共产党。后转业至上海毛纺厂工作直至退休。

● **王洪武** 1936 年出生，大学本科学历，副研究员。1958 年 9 月至 1962 年 10 月在山东师范学院中文系学习。1962 年 10 月参加工作，12 月任中共高青县委办公室主任。1984 年任惠民教育学院（滨州教育学院）副院长、副研究员。

● **孔令桐** 1970 年 6 月出生，1988 年至 1992 年在山东师范大学上学，1992 年至 2003 年在惠民师范学校任教（2000 至 2002 年在惠民县兵圣律师事务所任律师），2003 年至今在山东航空学院任教，现任山东航空学院教师教育学院副院长。

● **孔令贵** 1972 年 3 月出生，中共党员，1996 年 7 月潍坊医学院临床医学系毕业，现任滨州市中心医院副院长。

▶▶ 教育事业

小学 1976年，解家村村委会自筹资金建设小学一处，可容纳20名小学生，王化堂任校长兼教师，为复式班教学。1980年因学生较少，学校关闭，该村学生迁至闫家河村学校就读。

▶▶ 村庄发展

1982年全村通电。2007年，完成村庄规划，拆除房屋50余间，建设了东西3条主路。2012年全村通自来水，同年，在镇党委政府的帮助下，自筹资金完成了整村的柏油路建设。2017年，在县交通局帮扶下，本村主路进行了高标准绿化，主路两侧铺设了人行道，修建了文化活动广场，有效改善了人居环境。该村先后获国家森林乡村、五星级"阳光村居"等荣誉称号。

▶▶ 村干部任职情况

历任村党支部书记一览

姓　名	任职时间
耿丙义	1949—1951
王吉贤	1951—1955
王照秀	1955—1960
胡祥奎	1960—1965
闫尚田	1965—1968
胡祥奎	1968—1978
孔宪元	1978—1980
王照玉	1980—1988
王化贵	1988—1990
解玉河	1990—1994
孔令平	1994—1997
孔令平	1999—2017
王吉江	2017—

历任村行政负责人一览

姓　名	任职时间
耿丙义	1946—1950
王照玉	1980—1981
王照玉	1981—1982
王吉龙	1982—1990
孔令平	1990—1994
解玉河	1994—1997
孔令礼	1997—1999
解玉河	1999—2002
孔令水	2002—2004
孔令平	2004—2017
王吉江	2017—2018

撰稿：潘心雨　周英杰　李向阳

□ 土户王村航拍图

土户王村
TUHUWANGCUN

土户王村位于淄角镇政府驻地西北4公里处，魏皮虎路沿线，西与隋家村相邻。共有122户，335人，现有中共党员15人。耕地876亩，以种植粮食作物为主。2023年人均经济收入3万元。现有王、路、马等姓氏，以王姓人口居多。

▶▶ 历史沿革

土户王村原名佟洪王。据传，明朝年间（1368—1644年），有佟、洪、王三姓始祖由河北省枣强县迁于此，以三姓氏为村名——佟洪王。至清朝末年，佟、洪两姓已绝，唯王姓户尚存。王姓以烧砖瓦窑为业，终日搬弄泥土，由此，当地人以佟洪王的谐音，称其为土户王。新中国成立后，路氏家族也由淄角镇西街迁入该村。2021年3月，淄角镇全部社区改为行政村，原行政村改为自然村，土户王村现隶属淄角镇马店联村。

▶▶ 民间传说

滚灯戏恶龙 相传，古时候黄河里有一条恶龙，经常出没，使河水泛滥，危害人间。有一天，恶龙又从河底升起，在水里摇头摆尾掀起滔天巨浪，眼看河堤承受不住压力就要塌陷。如果河堤坍塌，洪水势必淹没附近村庄、农田，给当地老百姓造成家毁人亡的灾难。此

□ 滚灯

时，王家祖先出外卖灯，正好路过这里，情急之下抓起一个滚灯就扔向河里。恶龙见一圆球从天而降，煞是有趣，就腾空飞起玩了起来。恶龙随着滚灯在空中翻滚，渐渐远去，避免了一场堤毁人亡的灾祸。事情传开以后，人们不仅逢年过节买莲花灯、滚灯。雨季也会在河边敲锣打鼓举行滚灯比赛、龙灯展演，以祈求黄河安澜，人们幸福安康。

▶▶ 特色产业

窑厂 1992年该村11户群众集资兴建了制砖厂，其烧制的红砖销往周边几个乡镇，为本村群众带来了很大收益。2008年窑厂被取消，所占土地被承包，收入用于村庄道路建设。窑厂旧址复垦，窑厂用土而形成的水塘，解决了全村部分耕地的灌溉难题。

▶▶ 文教卫生

孙武莲花灯制作技艺 孙武莲花灯的制作技艺已传承数百年。相传，现孙武莲花灯制作技艺传承人王相华祖先，自明清时期就为富家大户扎制灯笼。其用料主要是竹片和彩纸，主要运用红、黄、绿三色，外形古朴典雅、

色彩鲜明，因其外形像莲花而得名。除莲花灯外，还有八卦灯、鱼灯、元宝灯、风灯、水灯、滚灯等十多个品种，各有其特色。风灯可以带着蜡烛升上高空而不灭；水灯可以带着蜡烛在水中行走而

□ 孙武莲花灯

不灭；滚灯可以带着蜡烛在地上来回翻滚而不灭。据有关专家介绍，现在只有南京的夫子庙和惠民县土户王村两处制作莲花灯，而惠民莲花灯因其莲花瓣朝下，在工艺上优于南京的莲花灯，有较高的艺术价值。2020年莲花灯制作技艺被列入"山东省省级非物质文化遗产名录"。2021年2月中央电视台第10频道《乡韵》栏目对莲花灯制作与传承作了专题报道。

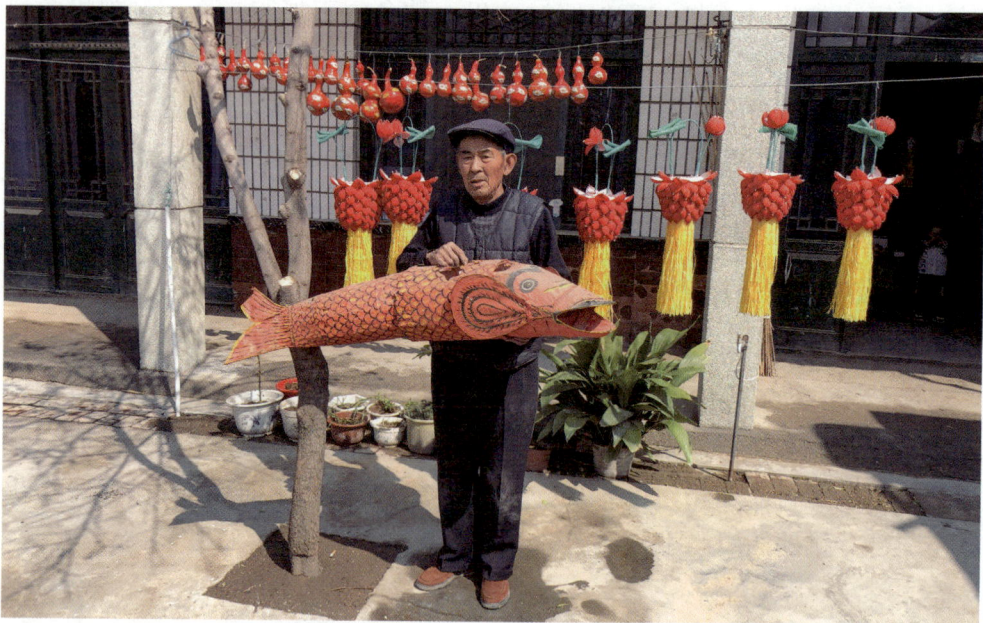

□ 孙武莲花灯、滚灯制作技艺被多家媒体报道，中央电视台也报道过王相华老人制灯的故事。王相华老人多次走进高校，走进社区，推广莲花灯的制作工艺

文化活动 近年来，在路青东的带领下，村里成立了20人的演出团队，主要表演秧歌和广场舞等节目。骨干人员有牛业爱、张书红、王佃红等人。

演员化浓妆，戴头花，披红挂绿，随着锣鼓打出的节奏，舞出各种造型。每逢节假日，他们都会组织演出，给村里群众带来节日的欢乐。

小学 1973年前后，土户王村建立了公办小学，当时学校有20间房屋，可容纳学生200余人。王相喜、王青太等老师曾在此任教，均为民办教师。1983年前后，学校被取消，合并到隋家小学。

卫生室 于1959年建立，当时王青太在此当赤脚医生。1988年9月卫生室关闭。

▶▶ 村庄发展

1983年全村通电。1992年该村11户群众集资兴建了制砖窑厂。1992年10月在砖厂附近打出了一眼甜水深井，依托这眼甜水深井，群众自行设计安装了自来水，彻底解决了该村群众长期用小车或肩挑到距村两三里路的隋家取水的历史。1991年开始村庄规划，1994年起利用不到三年的时间，打通了三纵三横六条大街，整村建起砖瓦房，彻底告别了土坯房时代。1995年5月在支部书记王光德的带领下，创建了村阿姆斯生物肥料厂，和村内窑厂共解决本村150多人就业，使群众户均增收万元以上。2008年在村党支部、村委会带领下，多方筹措资金，铺设了三纵三横六条水泥路。2014年开展新农村建设，实施了旱厕改造。现在土户王村街道整洁，群众安居乐业。2015年，入选省旅游特色村。

▶▶ 村干部任职情况

历任村党支部书记一览

姓　名	任职时间
马延河	1949—1958
安振西	1958—1981
马学亭	1982—1989
王光德	1989—2000
马化亭	2000—2002
王光义	2003—2012
王文军	2013—2021
路青东	2021—

历任村行政负责人一览

姓 名	任职时间
马延河	1949—1950
马延河	1959—1981
王洪儒	1981—1989
王佃生	1989—1996
王洪发	1996—2000
王相生	2000—2002
王佃和	2002—2004
王学民	2004—2010
王文军	2013—2018

撰稿：潘心雨 李向阳 马立峰

□ 陈家湾村航拍图

陈家湾村
CHENJIAWANCUN

　　陈家湾村位于淄角镇政府驻地西1公里处，紧邻陵园路，西与前韩村毗邻，东与龙兴社区相望。共有79户，208人，中共党员7人。现有耕地面积569.5亩，以种植粮食作物和农资经营为主。2023年人均经济收入3.1万元。现有董、陈、冯、寇、郭、刘、韩、贝姓氏，以董姓人口居多。

▶▶ 历史沿革

　　陈家湾村至今已经有600年历史，明宣德年间（1426—1435年），王姓始祖、陈姓始祖从河北省枣强县迁此立村，因村址靠近一大水湾，故名陈家湾。后来，董姓始祖也从河北省枣强县移民，落户到陈家湾村。随着时间的推移，陈姓与王姓的人越来越少，董姓的人越来越多。2021年3月，淄角镇的全部社区改为行政村，原行政村改为自然村，陈家湾村现隶属淄角镇淄角联村。

▶▶ 文物古迹

陈家湾遗址　位于惠民县淄角镇陈家湾村南，面积约7000平方米。2009年，文物考古所采集的标本多为带绳纹灰色、黑色陶片、口沿和瓦片等，以灰色居多，确认此处为周代遗址。为县级文物保护单位。

百年榆树　村里有一棵20余米高，胸径2米左右的榆树，据老人们回忆，这棵榆树近百年了，如今依旧枝叶繁茂、挺拔屹立。大家都认为此树有消灾解难的神奇功能，深受本村村民的敬畏。

陈家湾遗址
位于惠民县淄角镇陈家湾村南，南北长约100米，东西宽约70米，面积约7000平方米，是普查人员在对淄角烈士陵园进行复查时所发现的。采集标本多为带绳纹的灰色、黑色陶片、口沿和瓦片等，以灰色居多，属周代遗物。

刘阮寺遗址
位于惠民县胡集镇刘院寺村内，为一古代佛教寺庙遗址，年代尚不能确定。现遗址东西宽50米，南北长50米，占地面积2500平方米。遗址上保留有寺庙内种植的一棵龙爪古槐，由于年代久远，树干已中空，但树冠巨大，枝叶茂盛，除此之外，还有当地村民自发修建的一间小庙。据当地村民介绍，解放后还保留主庙三间、厢房三间、院内有多块石碑。寺院曾作为小学使用，后来建筑被拆毁，石碑被运到黄河大坝当石料。现在每年的农历二月初二和六月十七仍有香火会。

《滨州市第三次全国文物普查资料汇编》中关于陈家湾遗址的介绍

▶▶ 烈士名录

• **董学礼**　1920年出生，1947年参加工作，华野十纵队二十八师战士，1948年在济南战役中牺牲，安葬在长清区。

▶▶ 村庄名人

• **董爱荣**　女，汉族，1977年2月出生，中共党员，大学学历，2002年开始从事公安工作，现任滨州市公安局交警支队滨城区大队副大队长、四级警长。2019年被山东省政法委评为山东省人民满意政法干警；2021年被公安部评为"全国成绩突出女民警"，荣获"感动滨州·2021年度人物"；2022年

5月25日，在全国公安系统英雄模范立功集体表彰大会上获"全国特级优秀人民警察"称号。

▶▶ 文教卫生

文化活动 20世纪70年代，在董玉尧的带领下，村里成立了30余人演出团体，主要演出秧歌和广场舞，秧歌以传统的地秧歌为主，演员披红挂绿，在锣鼓点的配合下，不停变换队形，跳出各种花式花样。扮成媒婆的丑角，不时做出搞怪的动作，引得人们哄堂大笑。每逢节假日，秧歌队就会组织多场演出，不仅丰富了群众的文化生活，也给陈家湾村的群众带来了节日的欢乐。

小学 1949年11月，陈湾、前韩、后韩、踩鼓宋、街北孟五村联合在后韩村东的韩家庙建立小学一处，1981年合并到淄角完小西分校。

卫生室 于1950年秋建立，董学良、董学文先后在此当赤脚医生，1999年10月关闭。

▶▶ 村庄发展

1982年全村通电。2009年6月，多方筹措资金60万元，历时45天，动用土方4000余立方米，完成村内主巷道长1640余米、宽4米的柏油路建设，新建办公室4间。2012年全村户户通了自来水。2014年开展新农村建设，实

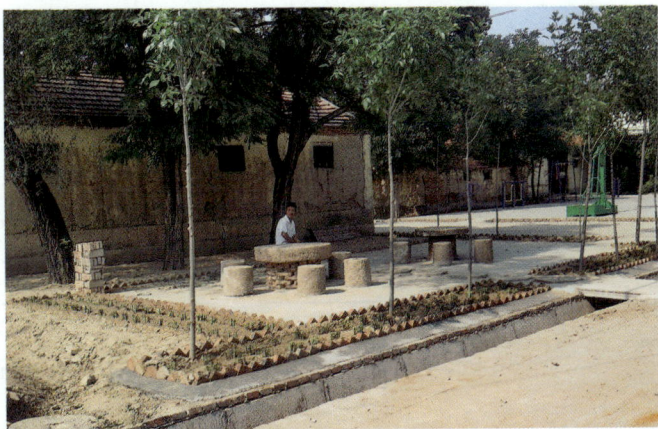

□ 陈家湾村村容村貌

施了旱厕改造。2021年10月，滨州市中心医院于志强同志被派驻陈家湾村任第一书记，经过多次调研，广泛征求群众的意见，制定了"一种二养三加工"的村经济发展思路，并对村庄进行了亮化、绿化、美化，人居环境得到了极大的改善。

▶▶ 村干部任职情况

历任村党支部书记一览

姓　名	任职时间
陈炳信	1949—1967
孟吉宗	1967—1971
宋庆昌	1971—1977
韩占文	1977—1979
韩文礼	1979—1980
董玉尧	1980—1988
冯宣宝	1988—2007
董书敏（市派第一书记）	2007—2008
董玉尧	2008—2011
陈建国	2011—2021
于志强（市派第一书记）	2021—2023
董学文	2021—

历任村行政负责人一览

姓　名	任职时间
董延荣	1949—1950
董延荣	1959—1973
董玉尧	1973—1981
董书海	1981—1992
董学贵	1992—2002
郭学武	2002—2007
陈建国	2011—2018

撰稿：李翠霞　潘心雨　吕肖丽

□ 东李集村航拍图

东李集村
DONGLIJICUN

东李集村位于淄角镇政府驻地南 4.5 公里处。徒骇河北岸，西与西李集、北与后李为邻。共有村民 74 户，人口 290 人，中共党员 9 人。耕地面积 564 亩，以种植大棚蔬菜和粮食作物为主。2023 年，人均经济收入 3.5 万元。全村皆为李姓，无其他姓氏。

▶▶ 历史沿革

东李集村原名李家[①]，曾名兵马司李家。据《李氏族谱》记载，本村始祖于明朝建文二年（1400年）由河北枣强避难于此，立村李家。其后裔李镛

[①] 1992 年出版的《惠民县地名志》记载，清嘉庆年间，东李集村"始祖李廷花由河北省枣强县迁此立村"。但县广电局李向阳先生通过查阅《李氏族谱》考证，东李集村"始祖于明朝建文二年由河北枣强避难于此，立村李家"。

为明正德年贡生，明嘉靖十年任京都西城指挥司副指挥，嘉靖二十四年擢升为右军都督兵马指挥，故又称兵马司李家。后来世族中有一部分人落户于本村西街，立村称西李集，该村改称东李集沿袭至今。2021年3月，淄角镇的全部社区改为行政村，原行政村改为自然村，东李集村现隶属淄角镇三李联村。

▶▶ 文物古迹

古墓葬　在东李集村村东有一处古墓，经考证，系明朝右军都督兵马指挥李镛的墓穴，古墓前有石碑、石马等。其石碑在1947年黄河防汛抗洪时被拆走，用于黄河防汛。

▶▶ 民间传说

相传，明朝建文二年，一李姓人家由河北枣强迁徙于小李屯（即今东李集村）定居。依托徒骇河天然河流和肥沃的土地，经过几代人的辛苦劳作，生活殷实。富裕后的李家人非常重视教育，大明正德年间李家一后生李镛考为贡生。嘉靖十年，李镛进士未第，被任命为京城（北京）西城指挥司副指挥。李镛忠君爱国，本分敬业，深得上司器重，于嘉靖二十四年农历三月二十六日，擢升为右军都督兵马指挥。诰封此官后，故里人引以为荣，即改小李家为兵马司李家。为显赫门庭，李家大兴土木，修缮房屋，当时的李家可谓风光一时。但，因村子紧靠徒骇河，距官道甚远，交通闭塞，影响了本村经济的发展。为改变这一状况，李家人商议，决定在该村立集，农历三月二十六日（李镛升为右军都督兵马指挥之日）为立集日，每月的一、六为集日，隔五天一个集。于是，该村在村街两侧建好棚厦，以便买卖人摆摊设点；建起茶水馆，为赶集人免费供水一年；建好船只，为徒骇河南岸群众赶集提供方便，乘船过河赶集者一年免费。从此，集市繁荣，盛极一时。李镛致仕回家后，非常关心集市的发展，告诫家人要以诚待人，以德养集，童叟无欺。后人谨遵祖训，精心经营集市，李家集市越来越大。于是，人们习惯地称兵马司李家为李家集了。随着人口繁衍，李氏家族人口越来越多，居住的地方逐步向村西延伸。至清代，李家集村便扩大为东街和西街。李家集市也随之扩展到东街和西街。交易物品也越来越丰富，小到百货、土杂产品、粮食市、估衣市，大到牲口、木材市等。此时，人们习惯地称西街为西李集，东街为东李集，并沿袭至今。

▶▶ 文化卫生

东路梆子　东李集东路梆子历史悠久，深得本村老年人的喜爱。其唱法以本嗓为主，每句的最后一字行腔，用假嗓翻高演唱，发出"沤"字的尾音，有"山东沤"之称，高亢激昂，抑扬动听。现在，东李集村的东路梆子代表人物为王传花，她与本村及附近村的东路梆子爱好者，组成了一个东路梆子剧团，演出的主要剧目有《三下南唐》《穆桂英大战洪州》等。每逢节假日，剧团都会组织演出，为当地群众带来节日的欢乐。

卫生室　于1973年建立，当时李玉梓在此当赤脚医生，1990年卫生室关闭。

□ 东路梆子剧团演出

□ 东路梆子演员王传花

▶▶ 村庄发展

1982年全村通电。2006年村内硬化1300米道路。2014年实施了旱厕改造。2023年，全村完成自来水升级改造，群众饮用水的品质大幅提升。近几年积极实施亮化绿化工程建设，人居环境有了很大改善。移动宽带网络覆盖全村，与世界各地联系畅通无阻。机动车及电动车普及率达90%以上，群众生活水平大幅提高。

463

▶▶ **村干部任职情况**

历任村党支部书记一览

姓　名	任职时间
李福佐	1959—1961
李朝银	1961—1961
李福佐	1961—1974
李福云	1974—1976
李福佐	1976—1978
李福安	1978—1998
李玉江	1998—2001
李玉刚	2001—2007
李士岩	2008—2014
王　冰	2014—2015
耿文娟	2015—

历任村行政负责人一览

姓　名	任职时间
李宪伦	1949—1950
李宪伦	1958—1959
李玉银	1959—1974
李玉银	1974—1981
李玉银	1981—1992
李士亮	1995—2001
李福兵	2001—2004
李玉刚	2004—2007
李士岩	2008—2014
耿文娟	2014—2018

撰稿：潘心雨　邱　行　李向阳

惠民乡村记忆

HUIMIN XIANGCUN JIYI

下 卷

政协惠民县委员会 / 编

中国文史出版社

HUMIN XIANG CUN JIY

HUIMIN
XIANGCUN
JIYI

县辛店镇卫生院

08

辛店镇
XINDIANZHEN

□辛店镇航拍图

辛店镇
XINDIANZHEN

　　辛店镇位于惠民县境中部。东邻麻店镇，东南隔徒骇河与清河镇相望，南接李庄镇、姜楼镇，西与淄角镇接壤，北与皂户李镇相连。总面积146.35平方公里，耕地面积10490公顷。辖9个联村，共122个自然村。2023年末，常住总人口4.6551万，除含有少量满、壮、白、黎、朝鲜、土家、拉祜、毛南等少数民族外，其余均为汉族。主产小麦、玉米、蔬菜瓜果。逢农历二、七日有集市。

　　全镇共有党员2148名，分属149个党支部。其中，农村党支部121个，党员1812人；"两新"党组织8个，党员58人；机关党支部20个，党员278人。获中国乡村振兴示范镇、山东省百镇建设示范行动示范镇、山东省文明乡镇、山东省卫生乡镇、山东省农业产业乡镇、滨州森林乡镇等荣誉称号。

　　全镇共有为国家、民族和人民献出了宝贵生命、做出过不可磨灭贡献的革命烈士160余名。

▶▶ 历史沿革

辛店镇的前身是成立于1947年3月的何李区，区委、区公所机关驻地为何李村一带。1950年5月，原何李区更名为第九区，区委、区公所机关驻何李村。1955年9月，第九区更名为辛店区，区委、区公所机关驻辛店村。1956年12月，辛店区分划为大胡营、路家、郭家三个乡，并分别建立乡党委、乡人民委员会。1958年2月，大胡营乡（辛店乡）、郭家乡和路家乡（宋桥乡）、蔡冯乡的各一部分合并为辛店乡，乡党委、乡人民委员会机关驻辛店村。1958年9月，辛店乡更名为辛店人民公社。1961年12月，辛店公社改称辛店区。1966年5月，"文化大革命"开始后，辛店区委、区公所虽受到冲击，但尚能工作。1967年1月，区委、区公所被夺权。1967年3月，成立辛店区革命委员会。1969年9月，撤区改称公社，并成立公社革命委员会。1969年12月，成立公社革委党的核心领导小组。1971年3月，撤销公社革委党的核心领导小组，选举产生公社党委。1971年12月，辛店公社被划分为辛店、第三堡两个公社，辛店公社党委、公社革命委员会机关驻辛店村，第三堡公社党委、公社革命委员会机关驻第三堡村。1980年春，辛店公社党委、革命委员会机关迁至黄赵村。1981年1月，辛店公社革命委员会改为辛店公社管理委员会，第三堡公社革命委员会改为第三堡公社管理委员会。1984年5月，辛店公社改建为辛店乡，第三堡公社改建为第三堡乡，并同时组建乡党委、乡人民政府。2001年3月，辛店乡和第三堡乡合并为辛店乡。2010年6月，撤销辛店乡，设立辛店镇。

▶▶ 文物古迹

唐代棣州故城旧址　域内先棣州村一带曾为州县治所所在地。隋开皇十六年（596年），厌次县（今惠民县）治从阳信城南一带的马岭城（今惠民县何坊街道二郎堂村北二里处）移至徒骇河北岸（今先棣州一带）。唐贞观十七年（643年），复置棣州于厌次县，县为附郭，县州治所同城。五代后梁开平元年（907年），将棣州和厌次县治南迁于新州（今惠民县清河镇古城马村一带）。是故，域内遗有唐代棣州故城旧址。故城遗址位于今先棣州村东，南北长1.2公里，东西宽0.9公里，城周长4.2公里。有通天台旧址，田间有大堂、杀场、南门脸等地名，属县级文物保护单位。

庙宇　域内现有位于傿家村的傿家神庙、佛潘村的丈八佛寺等遗迹。

古树　域内现有古树名木7棵，其中国槐6棵、苦楝树1棵。国槐分别位于姜左村、西肖营村、毛李村、胡前村、屈家庙村、碱场王村，其中毛李村的国槐树龄长达230余年。苦楝树位于原四中院内，树龄有100余年。

革命文物 "马学全烈士牺牲地""宋家桥歼灭战发生地""岳白国战斗发生地"入选"山东省第二批不可移动革命文物名录"。

▶▶ 历史人物

● **吴继舜**（1906—1962年） 字协奄，辛店乡文家寨人，《史记》研究专家。早期积极参加抗日救亡宣传活动。曾任陕南师专副教授。1946年，因反对内战，被国民党列入黑名单，又转到陕西师专陕南分校任教。新中国成立后，任陕西汉中师范学校校长、汉中市第一届政协委员。1951年，吴继舜夫妇将家中的金银首饰悉数捐赠给国家，支援抗美援朝战争。1953年，调任陕西师大副教授，并任民盟陕西师大主席等职务。其编著的《现代汉语》作为高校教材一直沿用到"文化大革命"前夕。1962年，因患脑出血去世。

▶▶ 名人乡贤

● **王兰亨**（1944—1966年） 女，辛店乡张宝山村人，1962年加入共青团，1963年初中毕业后回村务农，1964年11月任辛店公社张落彬村代课教师。1966年7月5日，王兰亨带领学生在徒骇河游泳，发现学生张曰国溺水，她跳入激流中抢救，不幸牺牲。被中共惠民县委、县人民政府授予"王杰式的共产主义战士"荣誉称号，党组织根据本人生前申请，追认她为中国共产党正式党员。

● **韩增金** 辛店镇赵马营村人，1955年2月出生，1976年7月加入中国共产党，1973年11月参加工作，大学学历。曾任惠民县委调研室副局级研究员，惠民县委调研室副主任，惠民县委办公室副主任、调研室主任，滨州地区行署办公室副主任，滨州地区行署副秘书长，沾化县人民政府县长，沾化县委书记、县人大主任，滨州市人大常委会副主任等职。

● **钟可儒** 辛店镇钟家营村人，1955年9月出生，曾任空军某飞行学院副参谋长等职。

● **王俭** 辛店镇前王寺村人，1955年11月出生，曾任总参谋部作战部港澳驻军办公室副主任等职。

● **刘东** 辛店镇刘营村人，1960年9月出生，曾任国家开发银行山东分行副行长等职。

经济发展

农业经济　1988年，粮食总产量1.6608万吨，皮棉总量0.1910万吨，林地面积5116亩，林木覆盖率为6.3%。

2023年，粮食总产15.5万吨；水产品总产0.0514万吨；肉、蛋总产量2.0720万吨；蔬菜大小拱棚3070余个。新增造林面积12.33公顷，林木绿化率41%，农业机械总动力1.55万千瓦，出栏生猪1.3万头、

□正在辛店镇前韩村农田执行农药喷洒作业的大型机械化农药喷洒机

肉牛0.36万头、肉羊1.4万只、肉鸡207.4万只、蛋鸡52万只、鸭222.855万只。有市级示范合作社1家，市级示范家庭农场1家，县级家庭农场5家，县级示范合作社3家。

辛店镇有大、中型农机298台（套），联合收割机206台，小麦、玉米种收机械化水平99.8%。有农民农机合作社6个。杰媛农机合作社新引进价值11万元的德邦大为播种机，可以精确到一公顷多少粒，实行精准播种。

工业经济　20世纪70年代以来，工业经济发展迅速，曾有铁木加工厂、砖瓦窑厂、地毯加工厂、柳编厂、酒厂、印刷厂、面粉厂、皮鞋厂、冰糕厂、高分子材料厂、塑料厂、菌种厂、家具厂、预制厂、钢球厂、砂轮厂、纺织厂等乡、村企业。2005年建成占地1.5平方公里的民营经济园区。

近年来，全力推进工业经济，浩宇重工、明新产业园、埃锡尔智能数控机床、山东海德重工、德润杰（山东）纺织科技、鼎魁水处理设备、山东德信生物科技等成为辛店镇经济发展的中坚力量，逐渐形成了高端装备制造为主，新型能源、化纤绳网、生物医药为辅的工业强镇格局。2023年，签约项目6个，完成合同引资额6.5亿元。其中，明新产业园项目投资5000万元、浩宇重工技改投资3亿元，滨州公路工程公司惠民生产基地投资1亿元。

域内名企　铁木厂，成立于20世纪70年代。改革开放后，随着农村经济快速发展，辛店乡和三堡乡均办起铁木厂，三堡乡铁木厂主要生产绳网，辛店乡铁木厂以炼铁生产农具为主。工人均有50~60人。1986年停产。

三堡第一窑厂和第二窑厂，建成于20世纪70年代，属乡办企业，每个窑厂有工人60名，烧制红砖。2001年后停产。

惠丰面粉有限公司，成立于1996年，属镇办企业，以生产销售面粉为主营业务。该公司生产的"鲁洁"牌面粉，被誉为"北京小太阳"，销量一直居高不下。2000年后转为个体经营，逐渐停工停产。

惠民县永盛化工有限责任公司，1995年2月由乡政府投资成立，经营范围包括氯化聚乙烯、次氯

□2023年8月4日上午，滨州交通发展集团有限公司与辛店镇政府举行山东省滨州公路工程有限公司惠民生产基地项目签约仪式

酸钠的生产、销售。1998年3月后转为个人经营，产品销往本省的济南、烟台及北京、河北、江苏、新疆等地，为当时辛店镇规模最大、效益最好的企业，2015年6月因惠民县无化工园区而停止生产。

山东德信生物科技有限公司，2012年成立，是一家集兽药产品研发、生产、销售、服务于一体的现代化高科技企业，主要生产荆防败毒散、藿香正气口服液、柴胡注射液、盐酸多西环素可溶性粉等中兽药产品。荣获"高新技术企业""山东省农业产业化重点龙头企业""省级企业技术中心"等近20项省市级荣誉称号。

山东海德重工有限公司，2016年2月成立，主要从事桥梁悬臂施工装备、箱梁液压施工装备、移动模架造桥机、公路铁路钢模板的设计、制造、销售、租赁等。2023年公司实现销售收入2.3亿元。荣获"国家级高新技术企业""滨州市专精特新中小企业"等称号。

德润杰（山东）纺织科技有限公司，2020年1月成立，是一家致力于纺纱牵伸系统解决方案的高科技公司，主要生产销售橡胶高端装备专件，拥有发明专利2项、实用新型专利8项，荣获"全省质量标杆企业""滨州市智能工厂""滨州市专精特新""惠民县潜力发展企业"等称号。

▶▶ 教育卫生

教育 域内共有小学5所，分别为惠民县辛店镇中心小学、惠民县辛店镇三堡小学、惠民县辛店镇胡营小学、惠民县辛店镇大车小学、惠民县辛店镇明德小学，教职工187名，在校生1556名；中学1所，为惠民县辛店镇中学，

教职工62名，在校生501名；幼儿园8所，分别为辛店镇中心幼儿园、辛店镇三堡幼儿园、辛店镇大车小学幼儿园、辛店镇胡营小学幼儿园、辛店镇宋桥幼儿园、辛店镇钟营幼儿园、辛店镇刘集幼儿园、辛店镇何李幼儿园，教职工68名，在校生651名。

辛店镇中学　其前身为辛店乡中学，始建于1980年，校址在辛店村西，1981年投入使用，时任校长张延成。教师和学生由红校、辛店联中、宋桥联中、胡营联中、盐张联中、碱场店联中合并而来。首届学生于1982年7月毕业。2001年3月，辛店乡与第三堡乡合并，辛店乡中学更名为辛店乡第一中学。2003年9月，由于校舍陈旧，学校搬迁至原惠民县第四中学旧址。2007年5月，建成三排学生宿舍和能容纳200人左右的多媒体报告厅。2010年9月，开工建设学生餐厅，2011年投入使用。2010年9月，辛店乡撤乡改镇，辛店乡第一中学改名为辛店镇第一中学。2015年9月，辛店镇一中、二中合并为辛店镇中学，学校搬迁至辛店镇中学新址。

卫生　域内有辛店镇卫生院和17处村卫生室。辛店镇卫生院于2005年由三堡乡卫生院和辛店乡卫生院合并成立，时称辛店乡卫生院，位于黄赵街，占地9324平方米，2009年更名为辛

□辛店镇卫生院　李延栋摄

店镇卫生院，是一所集医疗、预防、保健、康复、公卫为一体的综合性非营利性医疗机构。设预防保健科、内科、外科、中医科、妇科、儿科、医学检验科、医学影像科。现有医技38人，其他技术人员5人，后勤人员4人，放射设备1台，心电图仪2台，全自动血液分析仪1台，尿液分析仪2台，全自动生化仪2台，开放病床30张。

▶▶ **非遗介绍**

域内拥有一大批省市县级非物质文化遗产项目，如东路梆子于2006年列入"山东省首批传统戏剧类非物质文化遗产名录"；先棣州的传说、一溜十八营传说、中华独有"偊"字村于2007年列入"滨州市首批民间文学类非物质文化遗产名录"；陈洪口神话于2008年列入"惠民县首批民间文学类非

物质文化遗产名录"；丈八佛庙会于2008年列入"惠民县首批民俗类非物质文化遗产名录"。

▶▶ **领导更迭**

辛店镇历任党组织领导一览

姓　名	职　务	任职时间
施　陵（女）	何李区委书记	1947年3月—1948年10月
朱祯祥	何李区委书记	1948年10月—1949年2月
尹仲武	何李区委书记	1949年2月—1950年4月
石建华	九区委书记	1950年5月—1950年10月
姚洪君	九区委书记	1950年10月—1953年6月
崔竹林	九区委书记	1953年8月—1953年10月
张洪尧	九区委书记	1954年9月—1955年9月
	辛店区委书记	1955年9月—1956年12月

1956年12月—1958年2月，辛店区划分为大胡营、郭家、路家三个乡。翟福海兼任大胡营乡党委第一书记，齐德俭任郭家乡党委第一书记，杨国胜任路家乡党委第一书记。

翟福海	乡党委第一书记	1958年2月—1958年9月
	公社党委第一书记	1958年9月—1959年5月
胡广美	公社党委第一书记（兼）	1959年5月—1960年7月
	公社党委书记	1960年7月—1961年12月
	区党委书记	1961年12月—1962年6月
仇长清	区党委书记	1962年6月—1965年5月
林顺义	区党委书记	1965年5月—1966年3月
杨国胜	区党委书记（代理）	1966年3月—1966年9月
林顺义	公社革委党的核心领导小组组长	1969年12月—1971年3月
	公社党委书记	1971年3月—1971年12月
张仁义	公社党委书记	1971年12月—1975年4月
张道符	公社党委书记	1975年4月—1980年5月
张清坡	公社党委书记	1980年5月—1984年5月
宫合川	乡党委书记	1984年5月—1986年7月
樊其宏	乡党委书记	1986年7月—1989年11月
田有增	乡党委书记	1989年11月—1992年11月

姓　名	职　务	任职时间
王建泉	乡党委书记	1992年11月—1997年12月
陈家泉	乡党委书记	1997年12月—2002年5月
宋全利	乡党委书记	2002年8月—2008年11月
乔福民	乡党委书记	2008年11月—2010年6月
	镇党委书记	2010年6月—2011年1月
王建中	镇党委书记	2011年1月—2015年2月
武义滨	镇党委书记	2015年2月—2016年12月
李长宝	镇党委书记	2016年12月—2021年12月
李　霞（女）	镇党委书记	2021年12月—

辛店镇历任行政领导一览

姓　名	职　务	任职时间
毛维正	何李区区长	1947年3月—1948年8月
陈世勤	何李区区长（代理）	1948年8月—1948年11月
毛维正	何李区区长	1948年12月—1949年2月
黄世钧（女）	何李区区长	1949年2月—1949年9月
张香九	何李区区长	1949年9月—1950年5月
	九区区长	1950年5月—1950年9月
崔庆芳	九区区长（代理）	1950年9月—1951年11月
崔承太	九区区长	1951年11月—1954年9月
杨国胜	九区区长	1954年9月—1955年9月
	区长	1955年9月—1956年12月
1956年12月—1958年2月，辛店区划分为大胡营、郭家、路家三个乡。云玉柱任大胡营乡乡长，刘华忠任郭家乡乡长，赵文增任路家乡乡长。		
孙　诚	乡长（兼）	1958年2月—1958年9月
杨国胜	公社社长（兼）	1958年9月—1961年5月
王近山	公社社长（兼）	1961年5月—1961年12月
	区长（兼）	1961年12月—1965年5月
杨国胜	区长	1965年5月—1966年8月
侯风桐	区长	1966年8月—1967年1月
林顺义	区革命委员会主任	1967年3月—1969年2月
韩宝堂	区群众代表，区革命委员会主任	1969年2月—1969年9月
	公社革命委员会主任	1969年9月—1969年11月
林顺义	公社革命委员会主任	1969年11月—1971年12月
张仁义	公社革命委员会主任（兼）	1971年12月—1975年4月

473

姓　名	职　务	任职时间
张道符	公社革命委员会主任（兼）	1975年4月—1979年5月
李振玉	公社革命委员会主任	1979年5月—1981年1月
	公社管理委员会主任	1981年1月—1982年4月
袁炳银	公社管理委员会主任	1982年8月—1984年5月
刘广法	乡长	1984年5月—1986年7月
田有增	乡长	1986年7月—1990年3月
尹汝亭	乡长	1990年3月—1993年1月
苏圣堂	乡长	1993年1月—1995年9月
路好林	乡长	1995年9月—1997年4月
杨清福	乡长	1998年2月—2001年3月
赵永晖	乡长	2001年3月—2002年1月
宋全利	乡长	2002年1月—2002年8月
刘书平	乡长	2002年8月—2005年3月
刘振兴	乡长	2005年3月—2006年1月
张志光	乡长	2006年1月—2009年2月
王建中	乡长	2009年2月—2010年6月
	镇长	2010年6月—2011年1月
张儒明	镇长	2011年1月—2011年10月
邢光涛	镇长	2015年2月—2018年12月
郑兆敏	镇长	2020年1月—2021年12月
解鸿章	镇长	2021年2月—2022年11月
朱永刚	镇长	2022年12月—

▶▶附：第三堡乡

第三堡乡历任党组织领导一览

姓　名	职　务	任职时间
林顺义	公社党委书记	1971年12月—1973年10月
曹芳英	公社党委书记	1973年10月—1978年6月
曹福秀	公社党委书记	1978年6月—1984年5月
朱和增	乡党委书记	1984年5月—1986年11月
李吉堂	乡党委书记	1986年11月—1989年11月
王德杰	乡党委书记	1989年11月—1992年11月
李清森	乡党委书记	1992年11月—1997年12月

姓　名	职　务	任职时间
许国福	乡党委书记	1997年12月—1999年12月
李广仁	乡党委书记	2000年1月—2001年3月

第三堡乡历任行政领导一览

姓　名	职　务	任职时间
林顺义	公社革命委员会主任（兼）	1971年12月—1973年10月
曹芳英	公社革命委员会主任（兼）	1973年10月—1976年10月
肖化岭	公社革命委员会主任	1976年10月—1981年1月
	公社管理委员会主任	1981年1月—1982年1月
田有增	公社管理委员会主任	1982年1月—1984年5月
	乡长	1984年5月—1986年7月
刘广法	乡长	1986年7月—1987年3月
王德杰	乡长	1987年3月—1990年3月
宋玉彬	乡长	1990年3月—1992年1月
寇连山	乡长	1992年1月—1995年8月
翟东华	乡长	1995年9月—1999年12月
赵永辉	乡长	2000年1月—2001年3月

撰稿：翟永华　李延栋

475

□先棣州村航拍图

先棣州村
XIANDIZHOUCUN

先棣州村位于辛店镇东北部，东南距徒骇河 3 公里，北与傀家村紧邻，东与麻店镇南路村接壤，南与棉花王村为邻。全村耕地 3500 余亩。居民 185 户，共 703 人，分为 5 个村小组，汉族村落。全村原有 20 多个姓氏，现存刘、张、代、翟、董、李、王、赵、万、马、孙、丁、周共 13 个姓氏，肖、唐、郭、魏、韩等姓氏已消失。

▶▶ 历史沿革

秦始皇三十二年（前215年），始皇东巡，置厌次县。秦至汉晋，厌次治所一直在今惠民县桑落墅以北。北魏间，厌次治所迁至阳信城南一带的马岭城（今惠民县何坊街道二郎堂村北二里处）。北齐天保七年（556年），

476

厌次并入阳信县，治马岭城。隋开皇十六年（596年），复置厌次，县治移至徒骇河北岸（今先棣州一带）建新城。唐贞观十七年（643年），复置棣州于厌次县，县为附郭，县州治所同城。《武定府志》载："在惠民县东南四十里。唐贞观中置棣州于厌次县，城外周九里，内址一里。土人谓内阯为王府紫城，盖唐历封其子为棣王者四，故西北有通天台，东南有斗鸡台。"从记载中可以看出，唐朝先后有李琰、李洽、李愐、李祹四位皇子封于棣州，王城设在棣州城，城内祭祀和娱乐场所齐备，处处一片繁华景象。另据后晋刘昫编《旧唐书》载，封为棣王的皇子有李琰、李愐和李祹三人，李琰又名李洽，故原志记载可能有误。

唐太和二年（828年），大水陷坏棣州城。五代后梁开平元年（907年），时任棣州刺史华温琪，为躲避水患，将棣州和厌次县治南迁于新州（今惠民县清河镇古城马村一带），此城遂废，称"北旧州"或"陷棣州"。棣州城自隋开皇十六年，至后梁开平元年，历时311年。

后来，棣州城的一部分居民又返回家园，在泥沙淤积的棣州城原址又建起了"陷棣州村"。1920年，改"陷棣州"为"先棣州"。

民国年间，先棣州村曾属第五区远南乡。

▶▶ 文物古迹

先棣州故城遗址　位于今先棣州村东。故城遗址南北长1.2公里，东西宽0.9公里，城周长4.2公里。有通天台旧址，田间有大堂、杀场、南门脸等地名，属县级文物保护单位。

青龙街、龙爪街　今先棣州村在故城西，有南北向大街三条、东西向大街两条。最西侧的南北大街街道弯曲，过去称为"青龙街"，青龙街南北端各有寺庙一座，现已无遗迹。街北首龙头处原来有两眼水井，视为龙眼，东西方向的两条街道处在龙爪的位置，称"龙爪街"。

旗杆下、斗鸡台、通天台　村西北原有练兵场遗迹，因场地一侧有高大的旗杆，因此取名"旗杆下"。旗杆下附近曾有高高的夯土台，称为"斗鸡台"，是旧时斗鸡比赛的场地。通天台是坐落在村西南的一个夯土台，大概是古代祭祀使用的高台，高台通天，可以与神仙交流。岁月流逝，高高的夯土皆已夷为平地，踪迹难寻。1993年3月16日，村里打井时曾在十几米井下挖出青砖和瓦片，似乎证明这里有不平凡的历史。

▶▶ 烈士名录

- **翟希珍** 1928 年出生，1947 年参加革命，生前为华野九纵二十七师三团战士，1948 年在章丘县牺牲。
- **董英山** 1931 年出生，1951 年参加革命，生前为中国人民志愿军六十八军二〇四师六一二团战士，1951 年 11 月在抗美援朝战争中牺牲。

▶▶ 村庄名人

- **赵鸿伦（1926—2018年）** 原海军烟台基地装备技术部副部长（副师职），中共党员，少校军衔。1946年6月入伍，历任战士、班长、排长、艇长、中队长、大队参谋长、副大队长、大队长、支队参谋长、副支队长、副部长等职。参加过运城战役以及解放西安、宝鸡、西宁、兰州、新疆等，解放一江山击沉国民党太平号。荣立甲等功两次、二等功一次。曾被授予解放奖章，1988年被授予胜利功勋荣誉章。1983年10月离职休养。
- **李书友** 1966 年 7 月生，北京工商大学贸易经济系副教授。1987 年毕业于原北京商学院商业经济专业，1989 年毕业于原北京商学院研究生部，获经济学硕士学位并留校任教。2001 年入选北京市新世纪中青年社科理论人才"百人工程"。现任北京市经济学联合总会理事、北京市商业经济学会理事。
- **代正卿** 1987年1月生，2008年毕业于山东大学齐鲁软件学院，2011年中国人民大学硕士毕业。读研期间主要参与了国家"863"计划目标导向项目"纯 XML —关系数据库系统 PXRDB 研制与应用"。2011年至2014年，就职于MicroStrategy公司，主要从事传统商务智能软件的研发工作。2015年始，就职于微软亚洲互联网工程院，主要从事搜索引擎相关的研发工作。

▶▶ 风土民情

据《武定府志》记载，明朝年间始，有名为"陷棣州镇"的繁华市集，每逢农历三、八日开市，街道两旁商铺林立，商贾云集。1978年，响应当时政府"一个公社保留一处集市"的要求，大集废止。

▶▶ 村干部任职情况

历任村党支部书记一览

姓　名	任职时间
刘景和	1952—1968
刘清海	1968—1971
刘景和	1971—1976
马清水	1976—1981
张玉连	1981—1988
马清水	1988—1991
代文和	1991—1993
翟希奎	1994—2002
董魁福	2002—2003
代文和	2003—2007
王春亨	2007—2010
刘爱明	2011—2017
翟希奎	2017—

历任村行政负责人一览

姓　名	任职时间
代云峰	1952—1968
杨培尧	1968—1971
张玉连	1971—1981
杨秀金	1981—1988

姓　名	任职时间
代文和	1988—1991
翟希奎	1991—1993
王高中	1993—2002
王春亨	2002—2007
赵德左	2007—2010
王高中	2011—2014
翟秀章	2014—2018

撰稿：李延栋

□ 第三堡村航拍图

第三堡村
DISANPUCUN

　　第三堡村位于辛店镇西部，东距庆淄路4公里。全村259户，959人，汉族村落。姓氏有刘、巩、张、马、何、肖、丁、李。耕地3089亩，以种植小麦、玉米等农作物为主。

　　1971年12月至2001年3月，第三堡村作为第三堡乡（公社）机关所在地，一度成为当地经济、政治、文化之中心。乡政府、供销社、粮所、邮电局、第三堡小学、蚕茧站等单位和20世纪八九十年代开办的面粉厂、冷藏厂、冰糕厂等乡办企事业单位，主要集中于东西大街南北两侧。1980年在村东南建起了第三堡中学，该中学拥有的教学楼曾享有"惠民县乡镇初中第一幢教学楼"的美誉。

▶▶ 历史沿革

　　明成化年间（1465—1487年），该村刘姓始祖刘长林由河北省枣强县迁此建村，因村庄东侧有官府驿站"第三堡"，遂以第三堡为村名，因第三堡村北有三棵高大的杨树，又称"三杨庄"。

明清时期的第三堡村，在现第三堡村的西侧（现村西有旧村遗址，搬迁时间失考）。第三堡明朝时曾名永兴镇。民国年

□蚕茧站旧址　李延栋摄

间，曾属第四区第三堡镇。新中国成立后，第三堡属辛店区，后属辛店公社。1971年12月辛店公社分置第三堡公社，1984年5月改建第三堡乡，第三堡村遂成为第三堡乡（公社）机关驻地。2001年3月，辛店乡与第三堡乡合并成辛店乡，乡驻地在辛店乡黄赵村，原第三堡乡政府机关、事业单位逐渐从第三堡村迁出。

据方志载，在今第三堡村东侧，有一条从武定府通往齐东县的官道。官道每隔十里设一驿站。驿站称馆驿，亦名堡，始于明朝，是专供过路官差、传递公文者休息或换马的地方。而在距今第三堡村向南不远处即设有一堡，因此堡北距武定府城30华里，为武定府至齐东县官道的第三个驿站，故名第三堡，人称"廖家屋子"。

咸丰五年（1855年），黄河在河南省兰考县决口，夺大清河河道入海。由于黄河水量巨大且流速极快，对河两岸冲刷厉害，岸堤坍塌严重，齐东县城处在黄河的威胁之中，经济受到重挫，武定府通往齐东县的这条官道车马渐稀。光绪十八年（1892年）黄河水再次泛滥，河道南移，齐东县城被淹，从此长眠在黄河滩涂。后来清政府撤销齐东县，通往齐东县的官道也随之废弃。

▶▶ 文物古迹

庙宇　明清时期，第三堡村有庙宇五处。最大的庙宇为"菩萨庙"，位于村南，庙中供奉泥塑观音菩萨像，常年香火旺盛，附近村镇居民来祈福求平安、求财、求子、求功名。其次是"五仙坛"，位于村东，供奉"狐、黄、柳、白、灰"五仙。这五仙分别是狐狸、黄鼠狼、蛇、刺猬和老鼠。清代中晚期及民国时期，中国北方民间人们崇拜五大家仙，起源于动物崇拜。

这几种动物长期与人类为邻，潜居墓地、废墟等隐蔽的处所，行迹神秘，让人多了一分敬畏感。如果家人生病，特别是小孩子受了惊吓等"外灾"，就到"五仙坛"来烧香祈求祛灾保平安。此外，村中还有"关帝庙""真武庙""土地庙"各一处，分别供奉关公、真武大帝和土地爷。

□第三堡村街景　李延栋摄

钟鼓楼　在第三堡村南有一座钟鼓楼，虽称楼，其实只有一层，不过高度比普通民房要高得多，一间房大小。钟鼓楼中间悬挂着一口铸铁的大钟，一侧架子上立着一面大鼓，每到汛期黄河有险情，负责防汛的官员就安排人擂鼓撞钟，一时间钟鼓齐鸣，全县的村镇都能听到。钟鼓声就是命令，全县青壮年劳力齐聚第三堡，聚集后到黄河大堤参加防汛抢险。

由于历史久远，曾经繁华的第三堡镇和镇上的庙宇、钟鼓楼等均已湮灭在历史的长河中。然村西侧遗存的一块块碎砖和瓦砾，仍佐证着这里曾经有一个集镇。

▶▶ 历史人物

● **刘寿山**　字静斋，生卒年月不详。热心教育事业，民国初，为创建第三堡高等小学，捐银筹料，因垫支过多而致家办商号倒闭，自身积劳成疾而病亡。民国十五年（1926年）乡众为其请奖，官方按条例给予六等奖状，并予以"全县数十年只此一人"的称颂。

▶▶ 烈士名录

● **刘焕信**　1921年出生，1939年参加革命，生前为原冀北抗日纵队战士，失踪，于1953年被追认为烈士。

● **刘永志**　1927年出生，1946年2月参加革命，生前为惠民县四区区中队战士，1946年在惠民县大湾村战斗中牺牲。

● **王文秀**　1926年出生，中共党员，1943年参加革命，生前为华东野战军战士，1951年10月牺牲于苏州市。

●肖元庆　1926年生，1948年参加革命，生前为中国人民志愿军一七二团战士，1951年牺牲于抗美援朝战争。

●刘永林　1931年生，1951年参加革命，1952年加入中国共产党，生前为四川万县军分区教导队副队长，1973年2月病故于四川省万县，后被部队追认为烈士。

▶▶ 教育事业

第三堡高小　位于村西偏北，创办于1913年。当时是全县除县城外在镇上设立的为数不多的高等小学校之一。据《惠民县志》载，1913年，阎荣德任劝学所长，县内创办第三堡、麻店、李家庄和魏家集4处高等小学校和10处初等小学校。学生来自全县各地，甚至还有来自阳信县的学生。1924年后，各高等小学校改为县立高级小学，初等小学校改为初级小学，第三堡高等小学改为县立第三高级小学。至1935年，全县共有高级小学11所、初级小学471所。1937年，日军侵占惠民，民国政府设立的学校全部停办。

惠民县内第一个共产党员苏亦农，曾于1928年被迫在第三堡小学任教，其间受到校长岳鸿儒（北京农业大学毕业，阎容德的追随者）的严密监视，与中共党组织失去联系，后流亡东北。

▶▶ 风土民情

集市贸易　第三堡在明清时期为永兴镇，逢农历三、八日有集市贸易，属中等规模。集市延续至今。

举办庙会　早年间，每年十月初一到三十日，第三堡就举办规模盛大的庙会，村里扎起高高的戏台，请名角前来唱戏。全县乃至邻近阳信县的生意人都赶过来摆摊设点，招揽生意。街道两旁扎起各种颜色的布棚，晴天遮阳、雨天挡雨。远近村庄的村民天天赶过来听戏、购物、上香。整整一个月，第三堡的大街小巷人头攒动，各所庙宇香火缭绕。

▶▶ 村干部任职情况

历任村党支部书记一览

姓　名	任职时间
刘延玉	1949—1972
王洪军	1972—1983
刘邦平	1983—1986
刘　波	1986—1989
刘邦平	1989—2001
刘　磊	2001—2012
马维良	2012
刘　民	2018—

历任村行政负责人一览

姓　名	任职时间
张洪岭	1984—1994
刘洪明	1994—2007
刘清全	2012—2018

撰稿：李延栋

□傌家村航拍图

傌家村
MAJIACUN

傌家村地处辛店镇东北部，南紧邻先棣州村，北接麻店镇，北距东吕高速800米，东与麻店镇南路村接壤。全村252户，共892人，汉族村落。耕地3456.3亩，以种植小麦、玉米等农作物为主，少量种植西瓜、甜瓜等经济作物。村庄南北最长达650米，东西最长近600米，总面积约562亩。

姓氏以傌姓为主，占总人口95%以上，其他还有李、杨、孔、刘、王、徐等姓。

▶▶ 历史沿革

据傌家村《傌家家谱·序言》记载，傌氏始祖傌军佐、傌军佑原籍系即墨崂山傌家洼。明洪武二年（1369年），奉诏迁移至直隶枣强，随后转移于惠民先棣州一带立村，村以姓称，名"傌家"。军佐及其后代在此定居繁衍生息，军佑携家属迁至直隶南皮（现在河北省境内）立村，村名"祃家口"。祃家口村约于1960年和1988年两次派人来偶家村，寻根问祖，重续族谱。

1984年，经省地县地名机构审批、国家地名管理机构备案，延续六百多年的偶家村名，正式标注在我国标准的地名地图册上。2007年10月13日，"中华独有'偶'字村"被收录进"滨州市首批非物质文化遗产名录"。

民国年间，偶家村曾属第五区远南乡。

▶▶ 文物古迹

偶家神庙　位于偶家村西隅休闲广场南侧。又称"偶家庙""偶氏宗祠"。该庙始建于明末清初（或清朝），坐北朝南，共有3间，坡顶，硬山，抬梁式构架，砖木结构，前出厦，出厦屋面俗称"勾连搭"，青砖

□修缮后的偶家神庙　王祖林摄影并提供

砌墙，飞檐翘角，两山饰以吻兽，前出厦两边上的垂脊为拱形。东西两山墙外上端用方青砖砌成，上有浮雕，图案为狮子绣球、事事如意。神庙东西长8.62米，南北宽6.13米，进深3.65米，通高4.85米，墙体厚约0.57米，占地面积约52.84平方米，其正中供有泥塑佛像一座（又说庙内正中供奉关公像），墙壁彩绘佛像及关公等人物，惟妙惟肖，栩栩如生，神庙里有一口井（后被填平）。

偶家神庙起初并不是一座孤立的庙，而是一个大门朝南的很大的院落。以神庙为中心，在其北边有北屋8间，西侧有西屋7间，东侧有东屋10间，南边有南屋8间。其中，南屋靠中间1间作为门道使用，形成了一个很大的神庙建筑群。新中国成立后，作为村集体财产，神庙及其附属建筑曾用作村办学校的教室、办公室、教师宿舍等。1953年，拆除了年久失修毁坏的8间南屋，新建了院墙。1996年，村里新建了小学，神庙及其附属建筑逐渐被废弃。后来，部分房屋和地基卖给了村民，整个建筑群仅余3间神庙和1株古柏。

2010年11月和2016年12月，惠民县人民政府和滨州市人民政府先后将该

庙确定为惠民县第三批重点文物保护单位和第四批市级重点文物保护单位。2021年3月，县文旅局牵头对该庙进行了修缮保护，复原了神庙旧貌，经历数百年风雨的傌家神庙又重现在世人面前。

修缮后的傌家神庙坐北朝南，共3间，一门两窗，砖木结构，青砖砌墙，庙前出厦。墙体用青砖白灰砌成，庙顶青布瓦覆盖，屋檐有精美的瓦当装饰，庙脊和两山脊均装饰有陶制瑞兽，多处镶嵌砖雕图案。神庙内部有横梁23架、立柱8根、椽子120根，前厦有横梁4架、立柱4根、椽子32根，整个房顶共计由194块木料搭建而成，坚固美观，庙内佛像及彩绘虽不复存在，但其房顶梁柱上还能依稀见到彩绘的痕迹。

民间传说

傌姓由来 在当地村民中流行着“傌”由“骂”演变而来的三种说法。

说法一：该村以前叫骂家，其村民有好吵骂、打群架、爱告状、打官司的陋习。后来县官发怒，令“去掉双口脱缰马，加上单人勒马行”，改“骂”为“傌”。从此，该村村风大变，渐成讲仪礼、守纲常、见义勇为的美德。

说法二：该村叫骂家期间，村民为人仁义厚道，爱助人为乐，但人丁一直不旺。邻村人受恩于骂家村的帮助，就通过各种渠道将此事反映给皇帝。皇帝了解情况后，降旨将“骂”字去掉双口，添上单人，改“骂”为“傌”，取避免病从口入、人丁繁衍不息之意。

说法三：据傌家村庚寅年（1950年）修著《傌氏宗谱》记载，“傌”氏子孙在第七世前都用“骂”姓，到了七世时，家族只剩七人。当时，族人非常惶恐，就请风水先生前来破解，风水先生告诉他们，家族人丁不旺的原因出在“骂”这个姓氏上，于是经族人商议，把“骂”姓改成了“傌”姓。

以上说法，孰真孰假，均无法考证，傌家村人也说不清楚。

云光和尚 在傌家神庙曾住着一位云光和尚，为人良善，精通奇门遁甲，善用“定身法”“障眼法”等绝技，经常惩恶扬善，助人为乐。

一天，庙西的大街上来了个卖肉的屠夫，有人过去询问价钱。屠夫一看这个问价者是个穷人模样，便用讥讽的口吻答道：“吃得起肉的低价卖，吃不起肉的高价卖，光问不买我不卖。”这番话被一旁的云光师父听了个正着，心中很不高兴，便靠近屠夫说：“你不好好做生意，怎么自讨牢狱之灾，你打开盖布看看，你卖的是啥肉？”屠夫掀开盖布一看，顿时目瞪口呆，自己的肉筐中竟然是血肉模糊的人头，吓得拔腿就逃。云光师父喊住屠夫，微笑着说："莫要走，你记着生意人和气才能生财就是了！"转眼间，筐里的人头又变回了猪肉。屠夫一看是遇到了高人，连连施礼，感谢云光师父的教诲。

夏季的夜晚，村民聚集在街道上乘凉，讨厌的蚊子围着人飞来飞去，趁人不备就叮人吸血。这时云光和尚从庙里走出来，围着乘凉的人群在地上画了一个圈，蚊子只能围着圈打转转，再也无法靠近圈里的人，众人纷纷称奇，一致感谢会法术的云光师父。

云光和尚圆寂后，村民把他葬在村子的西北角，筑起高高的坟冢，人称"和尚坟"。当时，逢年过节村里人都敲锣打鼓，带着供品到坟前祭拜，以纪念云光和尚。时至今日，"和尚坟"已无迹可寻。

村庄名人

• **偶洪敏** 1982年生，教授、博士生导师，济南大学化学化工学院应用化学系主任、国家级实验教学示范中心副主任。系山东省泰山学者青年专家、山东省高新技术企业评审专家、国家级大学生创新创业训练项目评审专家。在国际权威期刊上发表SCI论文120余篇，主持国家自然科学基金3项、山东省优秀青年基金1项、山东省自然科学基金2项、山东省高等学校青创科技计划创新团队1项，参与国家重大科研仪器研制项目1项、获授权发明专利10项、中国商业联合会全国商业科技进步一等奖1项，山东省科技进步二等奖2项、山东高等学校优秀科研成果一等奖2项、济南大学优秀科研成果奖3项。

• **马守涛** 1991年4月生，博士研究生，2019年毕业于中国石油大学，获博士学位。现任中石化安全工程研究院副研究员。主持或参与国家项目、中石化科技项目等10余项，发表学术论文20余篇，拥有授权发明专利10余项，获院科技进步一等奖、基础前瞻二等奖、优秀个人等荣誉称号。

• **偶翠萍** 女，1991年4月出生，2018年2月本科毕业于韩国清州大学，2020年2月硕士毕业于韩国庆熙大学，2024年2月博士毕业于韩国庆熙大学。曾在第4届中国（济南）韩国商品展示会担任翻译工作，在韩国CJ语学院任中文讲师，在韩国青少年社团联盟任导师，在韩国英才国际学院任韩语讲师。

教育事业

20世纪五六十年代，偶家村开始举办小学、幼儿园、联中等村办教育，村内及邻村学子均曾就读于此。

1996年前，校址为儠家神庙建筑群。当时，学校大门朝南，门前是操场。神庙被作为教师宿舍使用；神庙后侧的8间北屋，用作三、四、五年级的教室；院子西侧的7间西屋，靠南3间是幼儿园的教室，其余是教师宿舍和伙房；院子东侧的10间房屋，除了一、二年级教室外，其余房间是教师宿舍和其他教学用房。

1996年后，学校整体迁入该村新建的儠家小学。

王曰英（女）等5位老师曾于20世纪八九十年代，担任幼儿园到小学五年级的教学工作。当时，因师资不足，实行复式教学，每个老师任教多门课程。

▶▶ 村干部任职情况

历任村党支部书记一览

姓　名	任职时间
董香田	1949—1954
儠吉旭	1954—1961
儠吉明	1961—1962
儠守清	1962—1965
儠克举	1965—1966
儠克远	1966—1969
儠吉安	1969—1978
儠克举	1978—1984
儠吉田	1984—1985
儠吉柱	1985—1993
儠吉华	1993—1998
儠吉安	1998—2001
儠守信	2001—2017
儠守玉	2017—

历任村行政负责人一览

姓　名	任职时间
儠延信	1949—1954
儠希全	1954—1961
孔清财	1961—1962

姓　名	任职时间
偶吉安	1962—1965
徐方田	1965—1966
偶吉安	1966—1969
偶吉利	1969—1978
偶吉安	1978—1993
偶守义	1993—1998
偶守玉	1998—2017
王曰英（女）	2017—2018

撰稿：李延栋

□陈洪口村航拍图

陈洪口村

CHENHONGKOUCUN

陈洪口村地处辛店镇东南部，淄胡路在村北侧穿过，村南距徒骇河800米，东侧与西樊村为邻，西为赵马营村。全村226户，共743人，汉族村落。耕地1044亩，以种植小麦、玉米等农作物为主。

姓氏以陈姓为主，占总人口约四分之三，其次是姜姓，占总人口约四分之一，其他还有人口较少的王姓和张姓。

▶▶ 历史沿革

据陈姓家谱记载，明洪武年间（1368—1398年），陈姓始祖陈洪、陈湖、陈旺三兄弟由河北枣强迁来，陈湖、陈旺转往他乡，陈洪定居于此。因靠近徒骇河渡口建村，故名"陈洪口"。据《姜氏族谱》记载，明万历十三年（1585年），姜鸿、姜巡兄弟二人由第三堡东姜家庄（今辛店镇东姜村）迁居此村。

民国年间，陈洪口村曾属第八区河北乡。

文物古迹

马学全烈士牺牲地　在陈洪口村南原徒骇河岸边，立有"山东省第二批革命文物名录'马学全烈士牺牲地'"标识牌。

● **马学全（1916—1946年）**　出生于河北省盐山县南马村一个农民家庭，1934年加入中国共产党，曾任中共南马村党支部书记、中共盐山县委除奸部长、中共乐陵县委书记。1945年10月，马学全任中共惠民县委书记，1946年5月调任二地委副书记，因当时县境内匪患严重，他要求暂缓赴任。同年8月10日，马学全带几名警卫去陈洪口村一带执行任务，突遭匪特袭击，马学全在强渡徒骇河时不幸牺牲。

□ "马学全烈士牺牲地"革命文物标识牌　李延栋摄

民间传说

陈洪成神　六百多年前，陈洪兄弟自枣强远道而来，于徒骇河畔安家立村，繁衍生息。因其定居之处向南不远，便是徒骇河上少见的三里直河，河流自南由庄前折而东流，此处除设有渡口外，还建有闸口，是徒骇河以北广大地区"七十二洼"的汇流入河处，素有"三岔口"之称，故定村名为"陈洪口"。出陈洪口向南不过二十里，便是今黄河（当年称大清河）上有名的"白龙湾"。据1926年续修的陈氏族谱记述，白龙湾"常溃决，吾乡适当其冲，田产房舍荡然无存"。可见，当年陈洪口一带深受大清河和徒骇河的水患之害。

相传，陈洪到来之后，日夜率众搬石运土，将"三岔口"拦河坝（人称"老堰头"）修筑得高达三丈，如同盘龙锁住了"害河"之险，将千百年来如猛狮般的徒骇河"三岔口"驯顺得像只羔羊，再也不敢咆哮乱闯、为害百姓了。他还带领一众村民，在徒骇河边挖出深达八九米的井，供百姓使用。

据家谱记载，陈洪"性敦厚以德化人"，一生乐善好施，救贫济困，"神奇之名播四乡"，深得四乡百姓拥戴。一日，一个和尚闻讯而来，健步登上三丈高的"老堰头"顶部，遥望南天，半天只说了一句话："三里直河，出个神仙。"说完便飘然而去。果然，某一天，陈洪早早来到井旁，帮一些老弱和妇女提水。提着提着，人们突然发现陈洪手中的井绳如同一条水龙，直冲云霄，便惊叫起来："陈洪成神了！"借此话音，陈洪随井绳升天而去，成了神仙。

据说，陈洪死后，葬在了"老堰头"。临终前曾再三嘱托子孙："我活在'老堰头'，死在'老堰头'，生生死死守护'老堰头'，再不让徒骇河之患危及后代子孙！"如今，"老堰头"的雄姿虽早已消失，但陈洪之墓仍巍然屹立于古河道岸边，掩映在参天杨柳中。清明时节，许许多多男女老少来此祭奠、凭吊，不断讲述着关于陈洪的那一段段神奇的传说。

▶▶ 烈士名录

• **姜春德**　1917年出生，1947年参加革命，生前为华野十纵二十八师八十四团四连班长，1948年牺牲于曹县战役。荣立一等功一次。
• **姜克忠**　1918年出生，1948年参加革命，生前为中国人民志愿军二十军五十八师一七二团战士，1950年牺牲于抗美援朝战争。
• **陈文新**　1927年出生，1951年参加革命，1952年加入共青团，生前为中国人民志愿军六十八军二〇四师六一二团副班长，1953年牺牲于抗美援朝战争。荣立三等功一次。

▶▶ 村庄名人

• **陈文胜（1919—1992）**　中共党员，1939年入伍，荣立三等功一次。1948年随部队参加淮海战役，1949年4月参加渡江战役。新中国成立后随部队驻于福州。1952年转业回乡投入家乡建设，先后在公社千亩林场、红校和制管厂工作。
• **陈文春（1939—2006年）**　中共党员，1960年毕业于惠民师范学校。先后任教师、滨州市文教局教研员、滨州市水利局办公室主任、滨县县委调研室调研员、滨县科委副主任、滨州市农委政研室副主任、惠民县科委副主任等职；获滨州地区先进科技工作者等称号。

●陈文杰（1937—2023年） 中共党员，历任中国人民解放军陆军第十六军直属高炮团副团长、长春客车厂武装部部长等职。响应"抗美援朝，保家卫国"号召入伍，为中国人民解放军陆军第十六军军直高炮营一连战士，入朝作战。归国后到武汉解放军防空学校深造。1961年任陆军第十六军军直高炮营一连三班班长，参加辽东半岛反空降作战。1967年随陆军第十六军军直高炮营入越作战，在部队多次立功受奖，《长春日报》以"记雷锋式的好干部陈文杰"为主题进行专访报道。1984年转业至长春客车厂任武装部部长。2023年9月去世。

□ 解放战争中历经百战的陈文杰和同族弟弟在福建偶遇，抱头痛哭并留下珍贵的合影

●陈增助 1933年11月出生，1953年入伍，在二十军五十八师一七四团三营十二连四排任重机枪手，1954年因军事训练成绩突出，荣立三等功。1955年加入中国共产党，1957年在河南信阳陆校上学，1960年毕业后回二十军五十八师炮兵指挥连任副指导员。1963年5月调入一七二团"杨根思连"任指导员，任职期间多次受到嘉奖，并荣立集体三等功。1964—1965年荣立集体二等功。1968年调入军委办公厅政工室，1969年调入总政组织部组织处。1991年离休，离休时为大校军衔。

●姜魁新 1965年2月4日出生，中共党员，副高职称，滨州市五一劳动奖章获得者。1986年6月毕业于山东省卫生学校，1995年毕业于山东大学（函授）。1986年11月由滨州市结核防治院放射科调入滨州市人民医院工作，先后担任滨州市人民医院放射科副主任、设备科科长、办公室主任（兼工会副主席）、工会主席、行政后勤党总支书记。2015年6月—2017年6月，派驻无棣县佘家镇东栾村任第一书记，2016年该村被评为市级文明村荣誉称号，个人获得市人社局、市扶贫办授予的脱贫攻坚嘉奖。

▶▶ **教育事业**

陈洪口村村办学校——育才小学，坐落于村南，于1934年10月建成。学校筹建工作主要由陈连甲带人负责，资金全部由村民筹集。建校用的土方、砂石都需要肩扛人抬，除了从闸口上运回的条石外，还要去几十里外的五甲杨黄河堤坝运回几百块条石。

学校大门朝东，镌刻有"育才小学"四个大字的条石横在了小学大门的正上方。小学的院子不足一亩，北屋两间，为二、三年级教室，南屋一间是一年级教室，院子东面紧靠校门有东屋两间，为教书先生的办公室和宿舍，院子正中栽植国槐一棵。当时的教书先生是杜滨和孙玉峰。

20世纪70年代，陈洪口小学在村子北侧建成，起初村里提议沿用"育才小学"校名，但根据教委要求统一用了带有村名的校名"陈洪口小学"。后来，育才小学卖给了村民，校舍拆除建起了新房。如今，校园里的那棵国槐依旧枝繁叶茂，承载着村里老年人儿时的回忆。

▶▶ 村干部任职情况

历任村党支部书记一览

姓　名	任职时间
陈增辅	1960—1970
陈文朴	1970—1982
陈佃芳	1983—1990
陈增玉	1990—1991
陈佃芳	1991—1992
陈佃正	1992—1997
姜克岭	1997—2004
陈增勇	2005—2017
陈佃龙	2017—2021
陈佃礼	2021—

历任村行政负责人一览

姓　名	任职时间
陈增佑	1960—1966
林国栋	1970—1990
姜克岭	1985—1990
陈佃龙	2017—2018

撰稿：李延栋

□油坊张村航拍图

油坊张村
YOUFANGZHANGCUN

　　油坊张村位于辛店镇东部，南距淄胡路990米，东距徒骇河900米。东与包家口村为邻，南与东贾村接壤。全村共147户，总人口543人，张姓汉族村落。耕地1030亩，以种植小麦、玉米为主，此外，种植西瓜等经济作物100余亩。

▶▶ 历史沿革

　　明洪武元年（1368年），始祖张柳畦从河北枣强迁到此地建村，村名"张家"。民国年间，村里有张永元、张可达两家开榨油作坊，在当地小有名气，后村名改为"油坊张"。

　　民国年间，油坊张村曾属第八区河北乡。

　　民国年间，张永元、张永泽、张永斌与张永洛兄弟四人开起了张家村第一家油坊。本来，张永元兄弟四人在济南府有一家商号，专做布匹生意，生意兴隆，盈利颇丰。

　　有一年秋后，兄弟四人回老家秋收、秋种，经过商议，商铺暂时委托其

497

侄子张秀达打理。张秀达明面上精明强干、善于经营，是个经商的好手，但暗地里却是个抽大烟、爱赌博的角色。张永元兄弟四人走后不久，掌握了财权的张秀达就渐渐昏了头脑，游走于烟馆、赌场，玩得不亦乐乎，不到一个月，张家的商铺、资财就败坏一空。

万般无奈之下，兄弟四人返回家乡，东借西凑，在村里开了第一家油坊。

张家村第二家油坊为张可达、张可宽二兄弟所开。传说张可达为清末秀才，饱读诗书，聪颖过人，性情敦厚，考中秀才后，娶了李阁老的曾孙女为妻。张可达中秀才不久，大清灭亡，他没有讨得一官半职。几年后与弟弟在家开了一家榨油作坊。他家的油坊采用"股份"的方式经营，村里有钱的人家出钱入"钱股"，没钱就到油坊帮工入"工股"，所以油坊不缺劳力，没有雇用工人。张可达的油坊除按时分红外，还经常接济穷人，深得乡亲们赞许。

传说张可达在医学方面也有研究，且医术颇为高明，还精通兽医，油坊里的骡马生病从来不求外人。他坐在屋子里让人牵着牲口在门前走过，就能通过听牲口的走路声诊断出得了什么病，一时传为奇谈。

新中国成立后，两家油坊都归了公，由集体经营，一直持续到五六十年代。后来，随着榨油技术的进步，小作坊榨油渐渐被工厂规模化机器生产所取代，但因此而来的"油坊张"村名却依然承载着那段历史，时常勾起人们心底的回忆。现村内仍遗存有张永元、张可达故居的门楼。

□张可达旧居大门　李延栋摄　　　　□张永元旧居大门　李延栋摄

▶▶ 烈士名录

• **张秀长**　中共党员，1922年出生，1945年参加革命，生前为华野十三师二营六连班长，1948年牺牲于淮海战役。荣立二等功一次。

• **张德信**　1964年出生，生前为中国人民解放军陆军四十师（乙）一团三连战士，1985年10月在老山前线对越自卫反击战中牺牲。

▶▶ 重要事件

据油坊张村张清湖老人回忆，1947年冬天，焦裕禄曾带领工作组驻村推行土地改革和清剿特务工作，而且一住就是好几个月。

工作小组分散居住在村民家中，张清湖家里住着三个成员。当时张清湖只有七八岁，工作组成员离开时还送给他一个精致的小木匣，上学时放文具，后来放家里的账本，至今保存完好。张清湖老人还详细介绍了焦裕禄驻村期间办的几件好事。

打井抗旱 焦裕禄发动并带领群众，利用农闲时节新打了两眼井，还把村里的老井淘了一遍。打井时，焦裕禄总是冲在前面，挑最重最累的活。他还根据当地土质，从潍坊引进了"大红袍"红薯种薯，准备第二年春天发展红薯种植。第二年春天，虽然焦裕禄同志已经南下，但村里群众按照他留下的技术进行育秧，发展红薯种植并向其他村庄推广，较好地解决了温饱问题。

救济灾民 寒冬时节，村里安排了五户来自"济宁州"的灾民，分散住在村民家中。焦裕禄召集村民大会，发动群众给灾民捐献御寒的衣物，会场上，他脱下自己的棉袄送给了受灾的老乡，村里群众也纷纷拿出家里最暖的棉鞋、最厚的棉衣，送到住在村里的灾民手上，让他们感受到大家庭的温暖，度过了寒冷的冬季。

清剿匪特 特务刘佃刚在群众中散布反动言论，组织煽动群众破坏土改。得到举报线索后，焦裕禄带领工作组"基干队"队员前去抓捕，刘佃刚在徒骇河河滩被队员击中，抓获后召开批判大会，并在樊家桥村北侧的老坟岗用铡刀结束了他的狗命，得到了应有的下场。

筑堤防汛 1948年初春，黄河惠民段出现凌汛，焦裕禄组织大家投入防汛工作，向防汛一线运送大青砖。当时用扁担挑砖，大砖每块8市斤左右，每人最多挑四块，前后各两块。从油坊张到黄河岸边的五甲杨村50多里路，几个体弱的群众实在挑不动，半路丢了几块，焦裕禄同志就在后面捡起来放到自己的担子上，最终把足量的大青砖送到了五甲杨村。

现村内仍遗有焦裕禄驻村时住过的院落门楼。

▶▶ 特色产业

早在1948年，村里就从阳信温店请来有经验的孵鸡把式，向村民传授孵鸡技术。掌握了孵鸡技术的村民就开始搞起了仔鸡繁育，很快就发展仔鸡繁

□焦裕禄驻村时住过的院落大门　李延栋摄

育专业户40余户。仔鸡销售多采取春天赊销、秋后要账方式进行。随着交通工具从手推车换成自行车，销售范围逐渐扩大，油坊张村的赊仔鸡队伍走遍了滨州各县，还渡过黄河远赴高青、淄博等地。

善于创新的油坊张人没有停留在对传统"暖炕"孵化技术的依赖上，而是独创了"架子鸡"孵化技术。就是将整个孵化间的地板做成地炕，整体加热，再在地板上摆几排宽1米、长2米、高2米的木架，木架上放置十几层木制的蛋架，蛋架上有方形的小格子，用来放置种蛋。"架子鸡"孵化技术大大提高了孵化效率，降低了劳动强度。村里的孵鸡把式张秀俭还被邀请到济南作推广报告，接受记者的采访。20世纪80年代初，红火了几十年的孵化产业渐渐淡出历史舞台。

1983年前后，村里又兴起木器加工业，主要生产木制床板，用来供应各地为学校生产学生用床的厂家。最多时村里有木器加工厂30多家，日产床板5000多块。1998年前后，由于实木床板渐渐被更加平整的人造板材替代，销量下滑，又加上出现资金难以回流的"死账"现象，村里的木器加工厂逐渐关停。

1998年，油坊张村张清军、张清华投资在村北建起了窑厂，生产建筑用红砖。窑厂采用的是转盘窑工艺。窑顶呈椭圆形，长达50多米，窑顶中间耸立着好几十米高的大烟囱。当时日产红砖10万块左右，在窑厂做活的是四十几个从四川过来的少数民族工人。后来，随着国家取缔砖瓦窑厂工作展开，山东省也下达了砖瓦窑厂取缔期限为2016年12月31日的最后通牒。2015年前后，伴随着烟囱的轰然倒地，村里的窑厂退出了历史舞台。

1995年到1998年，村里响应号召推广种桑养蚕，最多时种植桑园300余亩。

2000年到2003年，村里又发展起香菇种植，最多达到40多个大棚的种植规模，香菇采收后统一送到碱场王的冷藏厂外销，后来因销路不畅，香菇种植也没有持续下来。

2000年前后，伴随着改革开放和城市化快速发展，油坊张村青壮年村民纷纷踏上外出打工的路程。他们奔赴天津、青岛等地，进入工地、车间，融入改革大潮，不少年轻人已扎根异乡，成为城里人。村里的土地大多栽上了杨树，最多时全村种树1000多亩，仅剩30亩用来种植农作物。

近几年，村里又相继诞生三家加工木皮的专业户，日产100立方米左右，产品供应临沂等地生产板材的公司。

▶▶ 村干部任职情况

历任村党支部书记一览

姓　名	任职时间
张友生	1949—1970
张清义	1970—1980
张德义	1980—1989
张日田	1989—1998
张日柱	1998—2001
张景常	2001—2004
张洪才	2004—2018
张小军	2018—

历任村行政负责人一览

姓　名	任职时间
张秀俭	1970—1980
张日田	1980—1989
张井民	1989—1998
张景常	1998—2001
张日柱	2001—2004
张洪军	2004—2011
张小军	2011—2018

撰稿：李延栋

□ 樊家桥村航拍图

樊家桥村
FANJIAQIAOCUN

樊家桥村位于辛店镇东南部，距辛店镇政府驻地 10 公里，西邻樊西董村，北邻油坊张和包家口村，东面、南面均邻徒骇河。全村共 91 户，297 人，有中共党员 16 名。土地总面积 620 亩，耕地约 509 亩，以玉米、小麦种植为主，瓜果、蔬菜种植为辅。村内现有 2 家木材加工厂，吸纳本村村民就业 23 人。全村水、电、网畅通，城乡居民医疗保险参保率达 100%。先后获滨州市森林村居、县"四无村居"等荣誉称号。

樊家桥村姓氏以樊姓为主，仅一户刘姓。

▶▶ 历史沿革

据《樊氏族谱》记载，明洪武十三年（1380年），始祖樊子能由河北省枣强县迁居于此，因村南有一座石桥"瑞柳桥"，得村名"樊家桥"。

据村里老人回忆，樊桥村原来在徒骇河河堤内侧。徒骇河旧称土河，发源于山东省西部，向东北注入渤海，属海河流域。1963年11月17日，毛泽东主席亲笔题写"一定要根治海河"的题词，开启了海河流域历史上最大规模的流域治理运动。1965年，根据政府河道取直加宽、堤坝加高的要求，原来在河堤内的樊家桥村、樊西董村、宋家桥村整村和靠河李村的几户人家都需要搬迁到河堤之外。

搬迁采取一边拆旧房一边建新房的方式进行。为了做好拆迁工作，政府拨付专项资金，依据每家旧房的面积、房屋新旧程度等因素并参考家庭人口数量，给村民发放拆迁补贴。每户领取的补贴款多达1200—1300元，少的也有500元—600元。经过全村群众努力，当年大部分村民搬到了新村庄，经济条件差一点儿的几户，第二年也陆续完成了搬迁。

民国年间，樊家桥村曾属第八区河北乡。

位于樊家桥村东的樊桥闸，是徒骇河惠民段唯一一座大型水闸，1970年9月动工开建，1972年竣工。

当时，闸的北侧是公路桥，可供人车通行。水闸西侧操作室的墙上有毛泽东题写的"一定要根治海河"朱漆大字。当时，岸边有十几棵高大的柳树，浓荫下是老人们纳凉娱乐的好地方，附近村的老人们准时到这里集合，下棋、打扑克、拉二胡、唱戏……伴着哗哗的流水、吹着习习凉风，老人们在这里享受着快乐的时光。春节前后的樊桥闸更是附近村民的聚集地，远近各村的少男少女、老人小孩都穿着过年的新衣到这里来游玩，在河面上滑冰、拍照，同几年不见的老同学、好姐妹聊天，这里像一个游乐园，留下了几代人的美好回忆。

2019年1月开始，对水闸进行原址重建，至2022年10月底，一座更加气势雄伟、功能完善的新樊家桥闸通过竣工验收，横亘在徒骇河之上。

□2019年1月拆除中的旧河闸
李延栋摄

□2022年10月竣工后的新河闸
李延栋摄

▶▶ 村庄名人

● **樊柏林** 生卒失考。新中国成立前，与弟增林一同被日本人抓去东北开采煤矿，后一起逃出，途中走散。柏林投于张作霖麾下，升至团长。因多年与增林失联，故离开部队，携张作霖所赠钱财，踏上寻亲之路。为获取更多讯息，柏林来到旅顺港口，购买船只成为一名摆渡人。虽多方打听，但仍未找到亲人。后来，日本人到旅顺扫荡，柏林被害于此。

▶▶ 卫生事业

20世纪90年代，惠民县中医院曾在樊家桥村村东的徒骇河岸边开设分院，由于当时交通极为不便，中医院分院的开设，很大程度上解决了附近群众就医难的问题，深受群众欢迎。

1990年，时任惠民县中医院副院长的姜克君同志在

□2015年闲置的樊家桥分院旧址 李延栋摄

参加送医下乡活动时发现，樊家桥村地处辛店镇最东部，距最近的镇卫生院有20多里路，而且徒骇河两岸分布着十几个村庄，附近的群众存在医疗条件差、就医难的问题。他将这一情况与时任中医院院长的马成汤同志做了汇报。经多次调研论证并召开领导班子专题会议，一致认为，开设县中医院分院一方面能解决群众就医难问题，另一方面可以扩大医院服务范围、增加财政收入、促进中医院健康发展，遂通过了建设樊家桥分院的方案。

经与樊家桥村委会沟通，樊家桥村积极支持分院建设方案并免费提供土地。经过夜以继日的苦战，11间崭新的砖瓦房于1990年在樊家桥村村东的徒骇河岸建成。1991年5月，惠民县中医院樊家桥分院正式开诊，医院设内科、外科、妇科等全科门诊，并配备心电图、化验、放射等医疗设备，病床10多张，具备开展小型手术的医疗条件。县中医院的医生轮流到分院坐诊，每次10人左右，每周轮岗一次。

分院建成后，完善的医疗条件和精湛的医疗技术基本解决了当地群众就医不便的难题，特别是缩短了危重病人的就医时间，提高了救治率。几十里外的群众也慕名前来寻医问药，产生了良好的社会效益。

2000年，清理徒骇河堤坝建筑物政策出台实施，分院所在位置列入清理范围，县中医院撤出医疗设施和人员后，樊家桥分院关闭。

分院关闭后，县中医院职工张振远又在分院原址开诊所行医6年。2018年，樊家桥村把闲置十几年的房屋拆除。

▶ 村庄发展

和谐的党群关系 樊家桥村党支部班子健全，党群关系和谐。创新打造了"樊事辛办"党群畅聊室，利用每月主题党日活动，组织党员和群众代表学习党的理论知识，讨论村内发展党员、党费收缴、党支部领办合作社等重大事项。投资20余万元将原办公场所改造为孝善食堂，为村内60岁以上的老人提供免费就餐服务。

完善的农业条件 樊家桥村支出7万元对土地进行整治，整理土地120亩，推动农业产业发展；投资6万元建设桥梁2座；现有变压器3台，总功率达550千瓦；铺设灌溉管道6000米，受益土地509亩，保障了农业正常生产。

优美的人居环境 近几年来，硬化村内生活道路3公里，改造道路两侧边沟1760余米，修缮村内街巷80余米，铺设砖道240余平方米，修建生活排污管道2400米，种植月季、扶芳藤等观赏树木800余棵，种植杨树80余亩，建有村民健身广场1处，新建高规格公共厕所2处，装有路灯38盏，配备专业保洁员1名，定期组织村内党员清理路基、沟渠，保持道路干净整洁，建有市级美丽庭院示范户2户、县级美丽庭院示范户8户，2022年获评"滨州市森林村居"。

丰富的文化生活 樊家桥村新建100平方米党群服务活动中心，购置音响、锣鼓等设备，成立村秧歌广场舞队伍，丰富群众精神文化生活。图书室藏书3000余册，打造村内特色文化宣传一条街。平均每年开展志愿服务、送戏下乡、义诊查体等活动12场次，对接济南大学"推普助力乡村振兴"团队到村开展推广普通话、书香新时代等系列活动，营造了良好文化氛围。

▶▶ 村干部任职情况

历任村党支部书记一览

姓　名	任职时间
樊存孝	1950—1968

姓　名	任职时间
樊延清	1968—1971
樊延青	1971—1980
樊存元	1980—1998
樊美贵	2002—2006
樊振财	2007—2012
樊存泽	2012—

历任村行政负责人一览

姓　名	任职时间
陈美庆	1971—1980
樊美贵	1980—1998
樊振玉	2002—2006
樊存海	2007—2012

撰稿：翟永华　李延栋

□成王庄村航拍图

成王庄村
CHENGWANGZHUANGCUN

　　成王庄村位于辛店镇西部，距镇政府驻地 7.5 公里。全村 100 户，常住人口 333 人，耕地 976.85 亩，以种植小麦、玉米为主。村落面积 150 亩，有南北向街道 5 条，东西向街道 2 条。姓氏以成姓为主，占村庄总人口的 97% 以上，其他为王姓和李姓。建有孝善食堂、乡村记忆博物馆、共富车间、党建书屋、娱乐文化广场等基础设施，村容整洁，设施完善，村风文明，村民幸福。近年来，先后被授予"辛店镇党建引领促发展先进村""惠民县文明村""滨州市生态文明村"等荣誉称号。

▶▶ 历史沿革

　　明朝以前，原村名为"许王庄"，村内有许、王二姓，均为土著。据《成氏家谱》记载，成氏先祖于明朝洪武二年（1369 年）由山西省洪洞县暂迁河北省枣强县，始祖成彦良于明成化年间（1465—1487 年）迁居惠民县胡集镇成官庄，五世祖成庆于明朝万历初年（1573年）再迁至此。至清康熙年间，村中许姓绝嗣，遂改村名为"成王庄"，至清乾隆时成姓已成为该村之望族，又改村名为"成家"。1985年经村民委员会商议，为避村名重名，复名"成王庄"。

民国年间，成王庄村曾属第四区岳白庄乡。1971年12月至2001年3月，属第三堡乡（公社）。2001年3月始，属辛店镇（乡）。

▶▶ 烈士名录

- **李全祚** 1920年出生，生前为惠民县三堡区区长，1947年3月在支前担架队支前中牺牲，牺牲地为张店。
- **左兴歧** 1933年出生，1950年参加革命，生前为中国人民志愿军五九九团一营战士，1953年6月牺牲于抗美援朝战争。
- **成丙章** 1932年出生，1951年参加革命，生前为中国人民志愿军六十七军二〇一师六〇一团战士，1953年在抗美援朝战争中牺牲。
- **左存智** 1920年出生，1948年参加革命，生前为第三野战军战士，失踪，1958年被追认为烈士。

▶▶ 村庄名人

- **成法利** 1956年10月26日出生，1975年7月毕业于惠民县第四中学，1976年3月入伍，任海军上海基地淞沪水警区侦察科标图员（战士），1978年就读于南京海军指挥学院，毕业后留校任教，大校军衔。任职期间，编写教材、专著12本，发表论文60余篇，论文获得过海军一等奖、二等奖等。多次被总部、海军聘为专家承担课题与论文评审工作。曾获得优秀教员、优秀党员等荣誉称号。

▶▶ 教育卫生

成家小学 成立于1936年前后，位于村东南，是原来乡公所办公室。学校大门朝南，安有两扇木门。院内，北屋五间，是教室和一间伙房；东屋两间，用作老师宿舍；西屋两间，为备用空房。房屋是土坯房，下面是青砖的基础。杨延博、岳奎明、左友振、张洪林、刘洪春、左登文、刘明玉、张传孝、王建海、耿光友、刘德湖、张洪俊、吕长涪、曹清娥等先后在学校任教。

1957年前后，由于乡公所的老房子成为危房，村里着手建设新校。学校临时搬到村南成法祥的家中，占用他家的北屋和西屋，继续上课。后来又搬到成法荣家中一段时间。小学先后在两个村民家中教学长达五六年时间。

□成家小学旧址　李延栋摄

20世纪60年代初，新校建成投入使用。1984年，学校校舍再度成为危房，村里决定原址重建新校，学校临时搬到村主任成丙银的新房中。同年秋，6间砖瓦房拔地而起，新校投入使用。1990年前后，村小学撤销，学生统一到1公里外的白家小学上学。不久，原村小学校舍卖给了村民。

利世医院　利世医院的前身是退休医生李道美开设的成王庄卫生室。

李道美原籍为今淄博市张店区四宝山社区曹村。抗日战争时期，李道美的父亲担任张店区区政委，在与日寇的斗争中壮烈牺牲。李道美在部队中长大，十几岁就在渤海军区卫生队工作，19岁在渤海专区和平医院（现为滨州市中心医院）担任护士长。先后在淄角镇卫生院、滨县油棉厂工作（厂医），1960年离休回村后，起初在大队卫生室工作，1982年在村里开设卫生室，缓解了群众缺医少药的难题，且李医生从医多年，临床经验丰富，对许多疑难杂症的治疗有独特的见解，治愈率高，深受当地群众欢迎。

李道美医生有子女七人，其中老四李建文和老七李建勇一直在本村共同开设诊所，老六李建昕嫁到辛店镇前常村，并在前常村开设卫生室。李氏三兄妹多年来随父亲学医，积累了丰富的临床经验，深受群众信任，许多外地患者也慕名前来寻医问药。

1997年，李建文兄弟注册创办惠民县利世医院。1999年，两层的"李建文诊所"新楼在成王庄建成。2003年，经滨州市卫生和计划生育委员会批准，李建文兄弟在滨州市创办滨州市利世骨伤医院，由李建文担任院长。该院为二级专科医院，是城镇职工、城乡居民医疗保险定点医院。多年来已完成全膝关节置换、全髋关节置换、断肢（指）再植等手术5000余例。

□坐落于成王庄村的李建文诊所旧照

利世骨伤医院从普通乡村诊所一路走来，继承了李道美医生在军队历练形成的严谨作风和热心为民的朴实家风，秉承了"济世利民"的服务宗旨，在救死扶伤、保障人民健康中做出了贡献。

▶▶ 村庄发展

托管赋能振兴 2015年，现成王庄村村主任成峰成立"杰媛粮食种植专业合作社"，后来，又成立了村党支部领办的"惠民县晟旺粮食种植专业合作社"，创新"农户自愿+合作社经营"土地托管服务模式，为农业产业提档升级，为乡村振兴赋能。村民从"全托管""半托管""增产托管"中自主选择托管方式，村里土地参与托管率达70%以上，实现了农资成本和劳力投入"两个减少"、亩均产出和空余时间"两个增加"、村民个人和集体经济"两个增收"，初步实现了全村"共同富裕"的目标。同时，近年来承担政府托管项目玉米9000余亩、小麦7000亩，亩均提高产量8%，实现亩均增收400多元，集体增收9万元。惠民县晟旺粮食种植专业合作社被授予"惠民县十佳新型经营主体""惠民县粮食种植产业党建联盟理事单位""滨州市农业生产性服务示范组织""滨州市村党组织领办合作社示范社""滨州市农民合作社示范社"等荣誉称号。

爱在孝善食堂 2023年7月，成王庄村率先建起全镇第一个"孝善食堂"，全村30多位70岁以上老人，每天交2元餐费就可以到食堂享用午餐。食堂全部食材由正规餐饮公司统一配送，餐饮花样每天更换，荤素搭配，营养均衡，保障了老人们的身体健康，减少了在外务工子女的后顾之忧。

□孝善食堂一角 李延栋摄

体验共富车间　此外，村里还建起"共富车间"，由村集体购置电动缝纫机等制衣设备，充分发挥带动效应，让村里有经验的缝纫能手带领村里年龄较大或有零散时间的村民到车间从事工作服制作等成衣加工工作，实现"人人有事做，家家有收入"的"共富"目标。

乡村博物馆　为传承红色精神、弘扬历史文化，让成王庄青少年了解过去的艰苦岁月，传承好艰苦奋斗的精神和勤俭持家的家风，村两委号召村民把能较好地反映乡村社会历史、生活习俗的老农具、老物件、老生活用品等捐献出来，分门别类展示在村里的乡村记忆博物馆，打造了村庄的文化特色。

不夜成王庄　2023年5月，村两委联系照明公司定做太阳能路灯99盏，安装在村内各条街道，取"长长久久"之意；进出村道上，路灯一律延伸至村外50米，取意"永无止境"；村北乡镇道路上，安装路灯10盏，意在"十全十美"。全部路灯根据自然光线的强度自动启停，夜晚的成王庄，华灯璀璨，光明如昼。

▶▶ 村干部任职情况

新中国成立前，成佃温、成宝田、成宝礼、王德星先后任农会会长。

历任村党支部书记一览

姓　名	任职时间
成克仁	1976—1984
成丙路	1985
成丙银	1986—1988
成克仁	1988
成丙银	1988—1992
成宝国	1992
成克仁	1992—1995
成丙亭	1995—1997
成丙银	1997—2011
成法光	2015—2018
成丙友	2018—2021
焦方爱	2021—

历任村行政负责人一览

姓　名	任职时间
成宝朴	1950—1956
成克礼	1956—1960
成宝朴	1960—1969
成克功	1969—1976
成丙银	1976—1984
成克仁	1985
成宝国	1986—1988
成丙亭	1988
成宝国	1988—1992
成克仁	1992
成宝国	1992—1995
成丙申	1995—1997
成法光	1997—2011
成丙友	2015—2018

撰稿：李延栋

□钟家营村航拍图

钟家营村
ZHONGJIAYINGCUN

　　钟家营村位于辛店镇南部，淄胡路从村北穿过，东距庆淄路2.3公里，西距东吕高速1.8公里，南侧与刘家营村、赵家营村为邻。全村共240户，人口930人，汉族村落。耕地3000亩，农作物以小麦、玉米为主，少量种植圆葱、大蒜、苹果、桃等。姓氏以钟、苏、田姓为主，孙、刘姓各一户。

▶ 历史沿革

　　相传，始祖钟万章，于明宣德年间（1426—1435年），由河北省枣强县迁居于此，按姓氏取村名"钟家"，后因这一带曾为兵营，故改称"钟家营"。据村民说，当时是钟万章兄妹两人一同来到此地，兄钟万章在村南，妹在村北，入赘夫婿随钟姓，名叫钟万吉，后来兄妹因琐事经常吵架，苏姓和田姓迁入后，在村中间把兄妹隔开，从此平安无事。

513

民国年间，钟家营村曾属第四区钟家营乡。1971年12月至2001年3月，属第三堡乡（公社）。2001年3月始，属辛店镇（乡）。

▶▶ 文物古迹

关帝庙 据村里老人回忆，过去村南曾有一座关帝庙，庙内供有彩塑的关公神像。院内还悬挂一口铸铁大钟，高1米有余，直径约80厘米，敲击时十几里外都能听到钟声。新中国成立后，关帝庙被拆除，大钟被抬到了村内小学。1958年，村供销社蔡经理把铁钟敲碎卖了废铁，村里老人得知后堵在经理门口大声谴责，但变成一堆废铁的钟再也变不回来，吵闹了一通，老人们也就散了。

▶▶ 民间传说

在今辛店镇境内曾存有18个从西南向东北弧形排列、连绵30华里且村名中都带有"营"字村庄，人称"一溜十八营"。这18个村庄依次是西赵营、西肖营、盛家营、刘家营、钟家营、东肖营、佟家营、前王营、后王营、东王营、东赵营、马家营、小胡营、大胡营、陈家辛营、刘家辛营、西李家辛营、东李家辛营。而围绕着"一溜十八营"的由来，在当地流传着许多美丽的传说。其中，有的传说于2007年10月，被滨州市人民政府批准为"市级民间文学类非物质文化遗产"。

关于"十八营"的由来，未见史书记载，多年来有许多说法，始终莫衷一是。

一说是隋开皇十六年（596年），复置厌次，县治移至徒骇河北岸今先棣州一带建新城。唐贞观十七年（643年），复置棣州于厌次县，县为附郭，县州治所同城。唐玄宗、宣宗、昭宗年间，皇帝先后封数皇子为棣州王，棣州城渐成重镇。在当时藩镇割据、战火频繁的年代，棣州难免成为竞相争夺的地盘。唐王子为保住这个地盘，曾屡调军队，在此周边安下三寨十八营，以巩固自己的统治地位。

二说是北宋时期工部尚书牛保奉诏修筑棣州城（今惠民县城），并于城南40华里距徒骇河北不远处，屯兵驻军布设十八个营盘，背水一战以抵御辽兵来犯。

三说是北宋时期杨家将安营扎寨的古战场。

第四种说法是得名于明朝的"军屯"制度。军屯时期，士兵已把这一带的土地开垦耕种成肥沃的土地，人口迁入时选择已耕种好的"熟地"建村，顺便在姓后加上了一个"营"字作为村名。

第五种说法是战乱时这一带曾为兵营，所以在姓后加上一个"营"字来区分具体位置，后来叫习惯了就把村名改成带营的名字。

以上哪种说法是真实的历史，目前尚无定论，等待后人研究、评说。

▶▶ 烈士名录

● 钟可达　1928年出生，1946年参加革命，生前为鲁中军区四分区十二团战士，1947年在张店战役中牺牲。

▶▶ 村庄名人

●苏文霞　女，1990年生，就职于烟台大学物理与电子信息学院，从事教学与科研工作。博士毕业于南京大学物理学院凝聚态物理专业。主要研究方向为利用第一性原理计算磁性材料的磁学性能、催化、分子电子学、超导等方面。在国际权威期刊上发表SCI论文7篇，主持山东省自然科学基金项目1项，参与国家重点研究计划项目1项。

●钟锋　女，中共党员，1990年生，2014年8月毕业于西北农林科技大学，2017年8月硕士研究生毕业于西北农林科技大学，现在河海大学水利工程——水文学及水资源专业攻读博士学位，主要从事水文物理规律模拟及水文预报研究工作。2019—2022年，获国家公派资格，前往比利时根特大学访学。

▶▶ 风土民情

集市贸易　清末曾有集市，每逢农历一、六为集日，民国时期废止。2003年春，村民钟达林、钟加明、田昌民、钟达良、钟加芬提议新建集市，并捐款2万元，用于启集费用，逢农历五、十开市，一直延续至今。

打落子　据考证，钟家营村是新型落子的主要发源地。落子，又称莲花落或打花棍。原是新中国成立前穷人沿街乞食的一种表演形式，多为一人打竹板（用一侧开的锯齿形长竹条，划拉竹板前击发连贯的响声），一人打花棍（打狗棍），边跳边唱，其历史源远流长，可追溯到明末清初。

村里曾有一位技艺高超的老师傅——钟连云，吹打弹唱样样精通，编导的落子花样多、套路新。在他的指导下，表演队伍精心装扮，少男阳刚威风，少女英姿飒爽，笑而不语，秋波流转，彩带飘飞，舞姿翩跹。

1945年，赶走日寇，获得解放的贫苦农民涌上街头，扭秧歌、打落子，来表达对共产党、八路军

□钟家营村的落子表演

的一腔深情，衬托欢送"大参军"的热烈场面，并将当时最流行的歌曲融入落子表演中："八路军来独立营，谁参军来谁光荣。"还增添了女子手抛彩带的喜庆表演，形成了十多种套路花样，落子表演迅速发展为群众性的集体舞蹈。其表演方式是，女子以竹板打节拍，每步一板，嗒嗒有声，每段常以"莲花落""落莲花"一类的句子做衬腔或尾声；男子按节奏舞动花棍，表演一定花样和套路；整体布局为男女双阵，男女相间，阵势与秧歌同，其间也穿插一曲曲地方小调，唱丰收、话平安。

但遗憾的是，随着时光的流逝，钟家营村里能打落子的人相继去世，曾经辉煌的落子面临着失传的尴尬。

2006年冬，钟家营村村民钟达林自筹3000元，购置锣鼓道具，组织起全村青年男女100多人，在75岁钟吉仁老人的口传指导下，经过一个多月的演练，又将原汁原味的落子一招一式表演出来。表演的花样有鞭子花、套环花、盘叉花、双十花、八字阵、单十字花、金钱花、五星花、迷糊阵，最后男子阵的花棍双打将表演推向高潮，整个表演长达两个多小时，沉睡了多年的落子又被唤醒，濒临消失的落子表演得到了传承。2007年10月，落子被滨州市人民政府批准为民间舞蹈类非物质文化遗产。

▶▶ 村干部任职情况

历任村党支部书记一览

姓　　名	任职时间
钟吉亭	1975—1980
钟树兴	1980—1983

姓　名	任职时间
钟可利	1983—1984
钟有来	1985—1993
钟可文	1993—1999
钟可利	1999—2000
钟达德	2000—2007
钟书德	2008—2011
苏可东	2018—

历任村行政负责人一览

姓　名	任职时间
钟树兴	1975—1980
钟吉亭	1980—1984
钟可文	1985—1991
苏可银	1992—2002
苏可东	2002—2005
钟书德	2005—2007
钟达林	2008—2011
钟书德	2012—2014
苏可东	2015—2018

撰稿：李延栋

□五支刘村航拍图

五支刘村
WUZHILIUCUN

　　五支刘村位于辛店镇政府驻地北 1.5 公里处，居庆淄路东侧、东吕高速北侧，西距庆淄路、南距东吕高速各 500 米。全村共 175 户，658 人，汉族村落。姓氏以刘姓为主，占总人口的三分之二，其余为苏、吴、张、樊姓，郭姓仅有一户。耕地 2200 亩，主产小麦、玉米。

▶▶ 历史沿革

　　相传，明嘉靖年间（1522—1566年），有刘姓五兄弟刘廷举、刘廷璧、刘廷秀、刘廷富、刘廷华，由今阳信县五支刘村迁此立村，村名沿用原籍旧称。

　　民国年间，五支刘村曾属第五区中坤乡。

文物古迹

五支刘村村北曾有一座寺庙，大约为清朝所建，院落有北屋三间，还有东、西配房。寺庙于1949年被拆除。根据上级安排，拆下的砖瓦被群众肩挑车拉，送到几十里外黄河岸边的今魏集镇五甲杨村做了防汛物资。

烈士名录

● 刘美连 1928年出生，1947年参加革命，生前为华野九纵二十七师三团一连战士，1948年在淮海战役中牺牲。荣立二等功一次。

● 刘青祥 1927年出生，1947年参加革命，生前为华野九纵二十七师三团战士，1948年牺牲于淮海战役。荣立三等功一次。

● 刘丙连 中共党员，1929年出生，1947年参加革命，生前为中国人民解放军五四一团战士，1950年11月牺牲于青县战役。荣立三等功一次。

村庄名人

● 刘小菲 女，1985年出生，2008年毕业于烟台大学新闻系。先后在北京电视台、和讯网、中国互联网新闻中心等知名媒体担任记者，现任中国互联网新闻中心财经频道主编兼首席记者。

● 刘小月 女，1988年出生，博士，现就职于对外经济贸易大学信息学院，任副教授，主要从事多属性决策理论与方法、复杂系统建模、仿真及优化、突发事件应急管理等领域的研究。

重要事件

日寇火烧五支刘 1939年农历十一月二十五日，时任国民党第五专区保安司令兼专员的刘景良派部队袭击驻申家桥的日军据点，为防止惠城方面的日伪出兵增援，刘景良命令一团张德功部在惠城和申家桥之间的五支刘村一带设立埋伏。张德功连夜设伏，并安排士兵把五支刘村百姓家的耢耙收集起来，耢齿向上埋在公路上，希望以此阻截惠城日军对申家桥的增援。

战前，五支刘村的老百姓连夜逃离。午夜时分，由5辆汽车拉着的200多名日伪军和由数十辆马车拉着的钢炮进入伏击圈。战斗打响后，张德功部战斗不力，很快便撤出战斗。气急败坏的日军先是对五支刘村进行扫射，随后冲进村里烧杀抢掠，大发淫威。

紧靠路边的刘如福一家三口没来得及逃离，被日寇堵在家中。19岁的刘如福用铡刀把先闯入的一个汉奸劈死，然后在母亲和双目失明的姐姐的掩护下，撞开后窨墙，身带枪伤逃生，母亲用菜刀将鬼子的一

□火烧五支刘发生地　李延栋摄

根手指砍断，姐姐咬着一日寇的手臂死死不放，最终母女俩被日寇用刺刀活活捅死。日寇放火烧了刘如福家的房屋，并把母女俩的尸体拖到院外，先让洋狗撕啃，后又堆上干柴焚烧，惨不忍睹！樊振水的母亲和刘丙儒20岁的女儿也遭日寇惨杀。日寇从天刚亮一直烧杀到临近中午，直至整个村子不见一个活人，才悻悻离开。

十多天后的腊月初九，天还不亮，惨无人道的日军又开着汽车对五支刘村进行惨绝人寰的扫荡，整个村庄淹没在一片火海之中。最后，日寇用刺刀逼着全村40多家老百姓扶老携幼离开了祖祖辈辈生存的村庄，投靠外村的亲戚朋友。

日寇投降后，流浪在外的五支刘村百姓陆续回归故里，在废墟上建起了新的家园。

智勇双全基干队　1945年8月底，惠城解放，至9月惠民全境解放。但是，逃亡济南等地的原反动官员、地主恶霸和残兵游勇等，不甘心失败，与国民党匪特、反动道教门相勾结，组成十多股武装匪特，从1945年11月开始，陆续潜入惠民县境，进行反攻倒算和暗杀复辟活动。渤海区、惠民市、惠民县等开展一系列剿匪反特活动。五支刘村基干民兵队正是在这种大形势下诞生和开展工作的。

据说，当时五支刘村参与民兵联防的人数最多时达100多人，民兵拥有各种枪械80多支。时任惠民县县长李伯衡用"打开五支刘，县府都不愁"来称赞五支刘村的民兵队伍。

距离五支刘村不到一公里的后韩村，是国民党地方武装营长韩广训（外号"韩丁子"）的老巢。1945年11月，韩广训受同时潜逃济南的国民党地方武装伪团长陈观志派遣潜回老家，组织"还乡团"并任副团长兼军统济南站惠民组义务通讯员。他带领30多名匪徒，于1945—1946年，在四、五、八、九等七个区，烧杀抢掠，先后杀害八路军战士、地方干部和土改积极分子数

十人，可谓罪大恶极。他对五支刘村民兵多有忌惮和痛恨，曾扬言恐吓说："捉到五支刘的孩子摊咸食吃才香呢"。

为了摸清五支刘村民兵配备枪支的数量，代家店村的特务代方同以走村串巷卖馍馍为名，到五支刘村打探消息。五支刘村民兵用交替着枪进进出出的方法予以应对，成功迷惑了他。后来，代方同被辛店区审判并执行枪决，真是罪有应得。

一次，五支刘村部分基干民兵到辛店村参加会议，"韩丁子"提前得到消息，带领"还乡团"埋伏在辛店村回五支刘村的必经之路上。但是，机警、机智的五支刘村民兵，并未原路返回，而是临时更改路线，巧妙地避开了"韩丁子"的埋伏。

在与匪特斗争的过程中，五支刘村也付出了巨大牺牲。基干队员、农会会长刘如明被国民党地方武装王福成的手下田树河带人在堤子赵村抓走，并在堤子赵村北的路上被残忍地肢解。

拥军爱国五支刘 抗战时期，村里的年轻人积极参军参战，加入革命队伍。

抗美援朝时期，五支刘村前后有刘清玉、刘风资、刘如贤、刘炳连、张贤臣、刘清元、刘清江、刘承福、刘清龙等十几人参加志愿军。

1951年，村里群众在刘如堂村长的带领下，将全村捐献的好几万斤"爱国粮"，用几十辆大车送到胡家营粮站。村民刘清山把家里仅剩的60斤粮食也捐出来，充分表达了一个普通基层群众的爱国热情。

1966年，五支刘村团支部书记刘清秀和副书记刘美俊组织村里70多个年轻人成立"青年突击队"，参加义务劳动，在修筑"庆淄路"、帮村里和公社修路、帮生产队收割庄稼等方面发挥了重要作用。

远近闻名教师村 新中国成立前，五支刘村从事教师职业的有刘如杰、刘如斌、刘风宝、刘美祥、苏志田等人。新中国成立后至今从事教师职业的有刘如俊、刘美义、刘如胜、刘美峰、刘风芹、刘清泉、刘承基、刘如清、刘清秀、刘云庆、刘美俊、刘清春、刘清利、刘静、刘先强、刘承花（女）、刘承国、刘巧英（女）、刘小月（女）19人。

▶▶ 教育事业

清朝末年，在武定府任职的刘培珠出资在村北建私塾一处。大门朝东，取紫气东来之意，四合院建筑，北屋5间，西屋、南屋各3间，东屋2间。舒振江（李寨村人）、赵自源（赵家营村人）在此任教，学生都是本村的孩子。

20世纪40年代，学校曾设在村北的寺庙。

1950年前后，学校搬到了本村地主刘凤山家的老宅。除南屋留给刘凤山一家居住外，五间北屋做教室，西屋和东屋做宿舍、办公室和伙房。起初大门朝向东南，后来改成北门。任教老师有田宜青、钟有贵、刘兆俊、吴兴武、樊杰三等。小学开设一至四年级课程。

1973年前后，由于校舍房龄过长、屋顶漏雨等影响到正常的教学，在村子中央路北的位置新建了11间北屋，作为新校的校舍。仍开设小学一至四年级课程。任教老师有黄佃信、刘炳聪、李增义、王曰芝、王洪森、王宗江、刘清利、董振胜等。1996年，五支刘小学合并到辛店中心小学。

1985年，村里幼儿园开始招生，设在小学院内，由本村李玉红（女）担任幼儿教师。1996年小学撤并后，村里租下村民苏方敏家的房子用作幼儿园的校舍。2002年，幼儿园合并到了中心幼儿园。

□五支刘小学四年级毕业合影（提供者：刘清利，第二排左三）

▶▶ 村干部任职情况

历任村党支部书记一览

姓　名	任职时间
刘清荣	1957—1982

姓　名	任职时间
刘承尧	1982—1995
刘清民	1995—2021
刘卫东	2021—

历任村行政负责人一览

姓　名	任职时间
苏连宝	1957—1982
刘清民	1982—1995
郭方军	1995—1998
苏方山	1998—2018

撰稿：李延栋

□宋家桥村航拍图

宋家桥村
SONGJIAQIAOCUN

宋家桥村位于辛店镇东部，南临徒骇河，北与靠河李村接壤，西侧与张宝山村为邻。全村220户，共790人，汉族村落。耕地1200亩，主要农作物为小麦、玉米，少量种植瓜类和蔬菜。村内有养殖专业户3户，存栏生猪300余头。20世纪八九十年代，主产小麦、玉米、棉花、花生。

姓氏以宋姓为主，占总人口的75%以上，其他还有陈姓和杨姓，王姓、刘姓、樊姓各一户。

▶▶ 历史沿革

相传，明宣德年间（1426—1435年），始祖宋思明由外地（地址不详）迁此立村，因村址靠近徒骇河上的广济桥（旧桥已废，即今宋家桥址），村名以姓、桥双关，即名"宋家桥"。后来桥随村名，亦名"宋家桥"。

民国年间，宋家桥村曾属第八区河北乡。

▶▶ 文物古迹

广济桥　在宋家桥村南的徒骇河上，有一座以村命名的桥——宋家桥。而它的前身是明清时期的广济桥。

明清时期，位于大清河（今黄河，1855年黄河在河南兰考决口，夺大清河河道入海）以南的青城县属武定府所辖。而广济桥则是武定府——青城官道上跨越徒骇河的唯一一座桥梁，所以官差、商贾、百姓都由此过河，桥上交通繁忙。

当时，横跨在四五十米宽的徒骇河上的广济桥为九孔石桥，桥面宽约4米。桥墩最下面是木质的基础，用直径十几厘米的松木一根挨一根，直立插入河底而成（中国谚语有云："干千年，湿万年，不干不湿就半年。"用松木打入河底做基础是古代人长期实践的经验）。立木的上面用青石砌成2米宽、4米长的桥墩，青石中间使用白灰条黏结、嵌缝。桥墩之上用宽60厘米、长五六米的长条青石搭建成桥面。桥面两侧原是石制栏杆，后换为可随时拆装的木制栏杆（夏季上游泄洪时，提前把栏杆卸下来，以方便洪水下泄和避免把栏杆损毁）。涨水的季节，就由河两岸拉上绳子，行人拉着绳子慢慢过河，据说水位最高的时候，河水浸没桥面1米有余，桥上就禁止行人通行了。

1957年，由于原石桥存在安全问题，遂在原址重建了一座木桥。1970年，政府又把木桥改建成混凝土桥。近年，又对旧桥进行重建，新桥已于2023年通车。

□重建后的广济桥　李延栋摄

宋桥歼灭战发生地 1945年9月，在宋家桥、刘家桥一带发生了我山东解放军第七师和渤海军区第二、第四军分区基干武装等部约1万人围歼伪武定道皇协护民军的大规模歼灭战。2022年11月29日，山东省文化和旅游厅将"宋桥歼灭战发生地"收入"山东省第二批革命文物名录"并予以公布。2023年11月30日，滨州

□2023年11月，滨州市文化和旅游局在宋家桥村村边立"宋桥歼灭战发生地"标志牌　李延栋摄

市文化和旅游局在宋家桥村边正式立起"宋桥歼灭战发生地"标志牌。

　　附：宋桥歼灭战 1945年8月，中国人民迎来了抗日战争最后胜利的时刻。8月9日，毛泽东发表《对日寇的最后一战》的声明。10日，朱德发出全面反攻的命令。15日，中、美、英、苏四国同时发布日本无条件投降的公告，日本天皇裕仁广播"终战诏书"。8月19日中央军委批复，山东军区机关改称"山东解放军总部"，所辖5个二级军区机关不变，将各二级军区主力与基干部队编组成山东解放军野战兵团，共8个师、12个警备旅，各师、警备旅番号前均冠以"山东解放军"。其中，渤海军区主力部队被编成第七师（师长由杨国夫兼任，政治委员周贯五）、警备第六旅（旅长由刘贤权兼任，政治委员陈德）、警备第七旅（旅长赵寄舟，政治委员由李曼村兼任）。同时，山东解放军总部将所辖5个二级军区的部队统一编组成5路野战军，其中，渤海军区为第四路，前线指挥杨国夫、政治委员景晓村。此后，我渤海军区主力，兵分三路向津浦铁路济南至沧县段及胶济铁路西段沿线之日伪军展开进攻。南路军在小清河以南、胶济铁路以北，由东向西挺进。8月17日攻克寿光县城，20日解放昌邑、广饶、桓台，21日占领长山县城，23日攻克临淄及辛店、淄河等车站，29日攻克齐东，31日解放邹平；北路军在黄河以北横扫拒降日伪军，8月19日攻克临邑，23日占领阳信、吴桥县城，30日解放惠民；中路军在小清河以北、黄河以南，与南北两路部队呼应，由东向西挺进，8月20日收复博兴、高苑县城，31日收复青城。至8月底，第四路大军共歼日伪军4800余人，切断胶济铁路中段、津浦铁路北段，从东北两个方向逼近济南城郊，与第一路大军形成钳击济南之势。

　　9月7日，渤海军区根据山东解放军总部指示，主力回师渤海区内地，打击根据地内之残存日伪军，并将首批目标确定为惠（民）滨（县）青（城）阳（信）边区的伪军。10日，山东解放军第七师和渤海军区第二、第四军分

区基干武装等部约10000人，在惠滨青阳边区构成一个80余公里的大合围圈，将伪武定道皇协护民军约5000人围困。在强大攻势下，伪军企图北渡徒骇河逃窜。11日，第七师和渤海军区基干武装奋勇合击，逐步将北逃之伪军压缩于徒骇河与沙河之间，最后围歼于惠民东南的宋家桥、刘家桥一带。此战，聚歼伪"黄协护民军"第一师王福成部、第二师韩兆坤部、第三师成建基部及滨县伪县长杜孝先等六股敌人。俘杜孝先、团长刘玉基、副官主任成云舟及以下官兵2210余人，毙伤1200余人，缴获长短枪1149支、轻机枪22挺、掷弹筒23个、迫击炮1门、子弹53700余发。除少数残敌漏网逃往济南外，惠民境内成股之敌基本肃清。宋桥歼灭战也是惠民境内最后的一次大规模作战。当时的《渤海日报》对此战进行了专题报道。

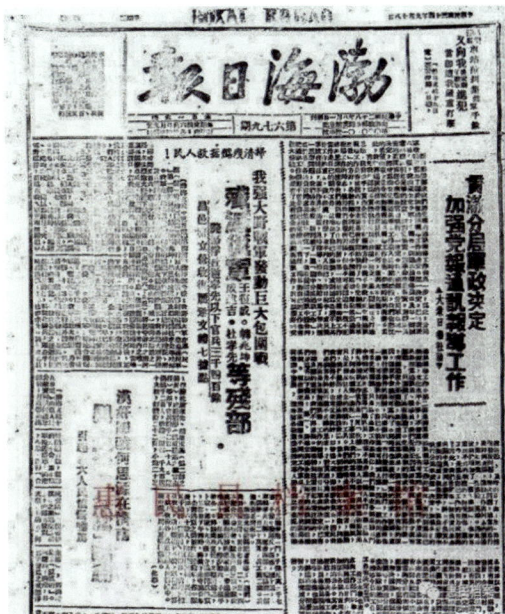
□《渤海日报》发表宋桥歼灭残敌的报道

▶▶ 烈士名录

●**宋长贵** 中共党员，1890年出生，生前为惠民县人民政府职员，1946年牺牲于惠民。同年被追认为烈士。

●**宋兆千** 中共党员，1927年出生，1951年参加革命，生前为中国人民志愿军六十八军二〇四师战士，1951年在抗美援朝战争中牺牲。

▶▶ 村庄名人

●**宋玉彬** 中共党员，1952年3月出生，曾任第三堡乡党委副书记、乡长，清河镇乡（镇）党委书记、乡（镇）长，县政府党组成员、县长助理、县农委党组书记、主任，县水利局局长，县水产局局长，县水利水产局党委书记，惠民县政协党组成员、副主席等职。2012年3月退休。

●**宋春亭** 中共党员，1953年9月出生，曾任辛店公社党委常委、公社革委副主任，麻店公社党委副书记、管理委员会主任，何坊乡乡长、党委书记，县监察局局长，县计划委员会主任，县政协副主席等职。2013年退休。

▶▶ **村干部任职情况**

历任村党支部书记一览

姓　名	任职时间
宋德新	1965—1980
宋开俭	1980—1992
宋德新	1992—2002
宋开东	2002—2004
宋廷义	2004—

历任村行政负责人一览

姓　名	任职时间
宋玉新	1965—1980
宋春才	1980—1992
陈廷良	1992—2002
宋廷义	2002—2004

撰稿：李延栋

□ 佛潘家村航拍图

佛潘家村
FOPANJIACUN

佛潘家村位于辛店镇北部，在辛店镇政府驻地北偏东 5 公里，北距滨石路 1.2 公里，西与张铎村接壤，东南与盐张村为邻。

全村共 70 户，300 人，汉族村落。耕地 800 亩，主要农作物为小麦、玉米。村落为长方形，东西稍长，东西向街道 1 条，南北向街道 4 条。

姓氏为潘姓，无其他姓氏。

▶▶ 历史沿革

相传，明朝（具体年代失考）有潘姓始祖（名失传）由河北省枣强县迁此，立村"潘家"。1985 年建村民委员会时，因村内曾有铁铸丈八佛像，故更名为"佛潘家"。

民国年间，佛潘家村曾属第五区近西乡。

□佛潘家村街景

▶▶ 文物古迹

丈八佛寺 明清时期，佛潘家村东北有一座大庙——丈八佛寺，整座寺院占地25亩。寺院北侧是一片苍翠的古柏林，古柏掩映之下的寺庙威严肃穆。

寺庙建在高两三米的夯土庙台之上，庙高十几米，共3间，为砖木结构，飞厦翘檐，高脊上装饰精美砖雕。

进入庙内，正中是一尊高大的赤足铁佛立像，人称丈八佛。丈八佛坐北面南，高9.72米，底座面积9.73平方米，为单身立式铁铸像，高肉髻，佛面方圆涂白色，面呈微笑，方颐大耳，法相庄严，身披红色"褒衣博带式"通肩袈裟，右手放胸前打结，与左臂相连，赤足立于古井旁的莲花座上。其两侧立有两尊小佛。

曾有"荆州的狮子，海丰的塔，东光县的铁菩萨，惠民县的丈八佛"的说法。村里老人回忆，佛身中空，后面有一个孔洞可以进入，经常有孩子爬进去玩耍。佛身内可容一张八仙桌，人坐在里面打麻将还绰绰有余，足见铁佛之大。

大庙东侧有一座钟楼，悬挂一口铸铁钟，钟高2米有余，钟声响起，可传到10里以外。大庙西侧还有一座配房，新中国成立前后做村里的学堂使用。

据传，明清以来，庙内香火旺盛，方圆百里的善男信女都来此烧香许愿。但自从日军来了后，香火中断了，只要丈八佛寺的钟声一响，周围村里

530

就死人。由此，"丈八佛钟响——死人"便成为当地人们的一句口头俗语。为避免有人随意敲钟，就把钟放下来扣在地上，钟再没有被敲响。

关于寺庙和铁佛的结局，有两种说法。一是抗日战争时期，多年战乱，庙宇冷清，逐渐破败。当地解放后，为破除封建迷信，附近村里的民兵把几乎坍塌的大庙拆除，砖瓦木梁被周围村庄拉去盖房，只剩下孤零零的铁佛立在高台之上。没有了大庙的遮挡，远在3公里外的王家店子就能看到铁佛。后来，大概1947年，前线弹药短缺，村里参加革命的潘梅娥带领何坊兵工厂的工人，用从村里油坊借来的油锤把铁佛下面砸开一个洞，绑上大绳把大佛拉倒，砸成了一块块碎片，足足装了七八车，大佛碎片都运到兵工厂做了炸弹。后来，人们建房修宅，都到庙台这里来拉土垫地基，其间不断有人挖出砖雕、花砖和砖人。

第二种说法是，至1947年春，丈八佛寺因年久失修，已是残垣断壁，破旧不堪。时值解放战争的关键时期，驻惠民何坊渤海区的领导机关，下令拆毁庙寺，将扒下的物料全部运抵黄河抢险救灾；将丈八佛铁铸像及铁钟砸毁，一同运抵当时的博兴渤海军区兵工厂，制造了炸弹。

▶▶ 民间传说

关于铁佛的来历，有三种说法：一是传说秦朝时，秦始皇惧怕百姓造反，只允许七户百姓拥有一把菜刀，把其余铁器熔化成铁水浇铸为铁佛。由于当时浇铸技术落后，熔炉的温度达不到要求，铸造的铁佛表面可以看到没有完全熔化的锤和剪刀。在烧铸到四分之一的时候，熔化的铁水因时间过长而冷却，无法浇铸到佛像坯子上，工程不得不停下来，工匠们都愁眉不展。一日清晨，霞光万道，一个肩背粪筐的老人路过此地，驻足观望，笑而不语。工匠好奇，走上前询问老者："可有良方？"老者笑曰："吾老矣，已土埋半截，无计可献，望多包涵"。工匠听后顿悟，赶忙拜谢，老者已悄然离去，忽而不见。后来，工匠们就在佛身周围堆起土堆，铸一尺，就把土抬高一尺，就这样顺利将铁佛铸造完成。

另一种传说是，这里并无庙宇，只有一口古井。一日，村内一村姑去井边打水，刚把水罐提到一半，忽然井水呼呼上涨，一会儿长出个大脑袋来。吓得村姑大惊失色，扔了水罐慌忙逃命。回头张望时，井内长出一丈多高的佛身，佛头却不见了。原来佛头被她慌乱中扔掉的水罐冲砸没了，后来人们就用两个大铁锅扣在一起做了佛头……

第三种说法是，很久很久以前的二月二十八，一位白发苍苍的老太太从井里打水打出了一尊小佛。老太太便将小佛安放在井旁，小佛从水下来到人间，沐浴了人间的恩泽，便一天天长大起来，最后长成一丈八尺高。与此同时，丈八佛脚下的那口井里的水不仅变得甘甜无比，而且还能驱邪解毒，包治百病。于是人们习惯地将二月二十八日视为丈八佛的生日。此后，每逢这天，百里方圆的人们纷纷赶来拜佛烧香、取此神灵之水。据说，令人称奇的是井旁的大湾也神秘起来，不论下多大雨都不满。传说丈八佛是龙王爷的外孙子。后来，当拆毁丈八佛时，有人曾见到佛前的那片庄稼被雷电劈开了长长的一道，足有百米多长。于是，人们猜测，这是丈八佛临走时留下的痕迹。

□丈八佛寺拆下来的旧式窗户和残存的砖雕　李延栋摄

▶▶ 烈士名录

●潘友三　1921年出生，1947年参加革命，生前为中国人民解放军三野战士，1948年9月牺牲于济南战役。

●潘士刚　1921年出生，1947年参加革命，1950年加入中国共产党，生前为济南军区直属大队司务长，1959年在泰安牺牲。

▶▶ 村干部任职情况

历任村党支部书记一览

姓　名	任职时间
潘美才	1950—1970
潘士杰	1970—1975
潘士东	1975—1995
潘学文	1995—2011
潘学志	2011—2021
潘学磊	2021—

历任村行政负责人一览

姓　名	任职时间
潘士贵	1950—1970
潘士信	1970—1975
潘学文	1975—1995
潘学军	1995—2011
潘滨三	2011—2018

撰稿：李延栋

□夹河村航拍图

夹河村
JIAHECUN

夹河村位于辛店镇西南部，南靠徒骇河，西依幸福河，北与前牛村为邻，北距淄胡路3公里。全村现有居民245户，921人，耕地2650亩。汉族村落，有杨、梁、赵、周、彭、张、王等姓氏，以周、张、王姓居多。

▶▶ 历史沿革

相传，建村始祖张姓（名失考）明朝末年由任家庄（今属大年陈镇）迁居于此，因村址夹于徒骇河与西沟刘河（现已填平）之间，遂取村名为"夹河"。1980年在徒骇河疏浚工程中，南半村居民北迁约200米。

民国年间，夹河村曾属第四区大湾乡。1971年12月至2001年3月，属第三堡乡（公社）。2001年3月始，属辛店镇（乡）。

▶▶ 文物古迹

夹河战斗遗址纪念碑　为纪念1941年9月4日发生在夹河村的"夹河战斗"，2018年滨州市人民政府在夹河村西立"夹河战斗遗址纪念碑"，纪念碑为市级文物保护单位。

□市级文物保护单位——夹河战斗遗址纪念碑
李延栋摄

附：夹河战斗　1941年，正值抗日战争最艰苦的时期，为了打通冀鲁边区和清河区的联系，八路军一一五师教导六旅一部千余人，在旅政治部主任杨忠、十七团团长龙书金、团政委曾旭清的带领下，奉命执行第三次南下打通"两区"联系的任务。9月4日，他们遭到了日军的围击，经过极其悲壮惨烈的战斗，重创了数倍于己的敌军，杨忠及近百名指战员也流尽了最后一滴血，用生命谱写了一曲可歌可泣的英雄赞歌。

9月3日，部队到达徒骇河畔的夹河村、陈牛庄一带驻扎下来。杨忠、龙书金率一营和政治部机关、骑兵排驻夹河村，曾旭清率三营驻陈牛庄。这里是敌占区腹地，南面不远就是黄河，再前进一步，胜利打通两大边区联系的任务即可实现。然而，狡猾的日军已侦知我军动向，并连夜调集济南、德州、商河、惠民等地日伪军2000多人、汽车50余辆、迫击炮20多门，偷偷包围了旅政治部机关、一营驻地夹河村和三营驻地陈牛庄，伺机发动突袭，一口吞掉我军。

9月4日早饭后，夹河村东突然发现大量敌军，并听到枪声。杨忠、龙书金当即决定，先打退东边的敌人，然后向北突围与三营会合。我军在利用围墙、房屋、树木等有利屏障，打退敌人进攻后，迅速撤到村外向北突击。

激战中，团长龙书金、教导六旅宣传科科长辛国治、"日本人反战同盟冀鲁边支部"的支部长小岛等指战员多人战死或负伤。当杨忠带领政治部机关和伤亡惨重的一营突围至陈牛庄时，三营已在十七团政委曾旭清的带领下向西北方向成功转移。杨忠所部遭到陈牛庄敌人的迎头阻击，杨忠迅

□ 杨忠烈士画像

疾指挥骑兵排和机关人员向西南方向突围，冲过周家，穿过李家，刚到李家村南口，迎面又冒出了一股敌人，经过一番激战，就在八路军即将冲出险境时，一颗炮弹在杨忠身边爆炸，战马被当场炸死，杨忠亦身负重伤，后牺牲在一片豆子地里，年仅32岁。战后，李家村的农民李振荣、李九来等四人在豆子地里发现了杨忠同志的遗体和随身遗物（一块怀表、一枚私章），并挥泪掩埋了烈士的遗体。

此战，政治部主任杨忠、政治部总支书记陈天冲、敌工科长杜杰等近百名指战员在突围中壮烈牺牲，团长龙书金、宣传科科长辛国治等负重伤，龙书金、辛国治和一大批伤员在群众的掩护下化险为夷。

夹河战斗后的第三天，十六团在距夹河不远的岳（福岳）、白（龙白）、国（国杨）一带，以一场漂亮的伏击战，歼灭日伪军300余人，缴获大批武器装备，让敌人加倍偿还了这笔血债，并创造了一个以少胜多、以奇制胜的光辉战例。

夹河村战斗的第十八天，冀鲁边区部队便突破了日伪军的重重封锁，胜

□夹河村街景 李延栋摄

利完成了打通两区联系的历史重任，告慰了烈士的在天之灵。

为了缅怀先烈，1945年5月，惠、济、商三边县政府在淄角村南建立了烈士陵园，为烈士们举行了隆重的安葬仪式，并在杨忠烈士的墓碑上镌以"精忠报国"四个大字。1946年12月20日，渤海行署决定把三边县改名为"杨忠县"，以彰烈士功绩。

2014年9月，杨忠被列入"民政部公布的第一批著名抗日英烈和英雄群体名录"。2018年，夹河村在夹河战斗遗址建起了一座纪念碑，让后人永远铭记这段悲壮的历史。

▶▶ 烈士名录

● **周自安**　1903年出生，1940年参加革命，1940年7月牺牲于本村。1946年被追认为烈士。

● **周道友**　1930年出生，1951年参加革命，生前为中国人民志愿军六十七军二〇一师六〇一团战士，1951年牺牲于抗美援朝战争。

▶▶ 村庄名人

● **张振泉**　1951年5月出生，1968年至1978年在部队服役并入党提干。退役后，曾任惠民县宾馆总经理，惠民县供销合作社党委书记、主任，滨州地区接待处副处长，滨州市旅游局副局长等职。

▶▶ 特色产业

夹河村除种植传统的小麦、玉米外，多年来形成了蔬菜种植特色产业。目前，全村有3个蔬菜种植合作社，种植蔬菜500余亩，蔬菜品种以韭菜为主，种植大户王高宝种植韭菜20余亩。蔬菜种植由合作社统一提供种植技术，统一对外销售，缩短了农田到餐桌的时长，保障了蔬菜品质。此外，村民彭振强还建成一家养殖合作社，家中存栏肉牛50余头、羊60多只。在他的影响带动下，全村共养殖肉牛150多头、羊300多只。夹河村的特色种养形成了规模，极大地提高了村民收入。

历任村党支部书记一览

姓　名	任职时间
张洪彬	1950—1960
杨立璋	1960—1988
张振俊	1988—1990
张振利	1990—1993
周显贵	1993—1999
张振宝	2008—2014
周永华	2014—

历任村行政负责人一览

姓　名	任职时间
王怀金	1984—1993
张振良	1994—2001
张振宝	2008—2014
王　成	2014—2018

撰稿：李延栋

□龙白村航拍图

龙白村
LONGBAICUN

> 龙白村位于辛店镇西部，西临幸福河，东侧与福岳村、国杨村为邻，因三村相连，当地习惯把三村合称"岳（音yào）白国（guī）"。全村71户，280人，耕地653亩。村庄东西向街道3条，南北向街道2条。姓氏以白姓为主，两户张姓，一户韩姓。

▶▶ **历史沿革**

据《白氏族谱》记载，明朝洪武三十一年（1398年），始祖白武（字丕烈）从河北省枣强县迁居于此，立村"白家"。1985年建村民委员会时，因避重名，更名为"龙白"。

民国年间，龙白村曾属第四区岳白庄乡。1971年12月至2001年3月，属第三堡乡（公社）。2001年3月始，属辛店镇（乡）。

▶▶ **文物古迹**

岳白国战斗发生地 1941年9月4日，八路军一一五师教导六旅政治部主任杨忠率部执行任务时，在夹河一带被日伪军重重包围。突围中，杨忠及近百名指战员壮烈牺牲。教导六旅十六团指战员闻讯后，纷纷请战，坚决要求

□2023年11月，滨州市文化和旅游局在村西侧立"岳白国战斗发生地"标志牌 李延栋摄

为死难的战友报仇。9月6日，十六团在夹河村北约10公里的福岳、龙白、国杨村附近伏击日军，歼灭日伪军300余人，缴获大批武器装备，让敌人加倍偿还了血债，并创造了一个以少胜多、以奇制胜的光辉战例。

"岳白国战斗发生地"于2022年11月29日被山东省文化和旅游厅收入"山东省第二批革命文物名录"并予以公布。2023年11月30日，滨州市文化和旅游局在龙白村西侧立"岳白国战斗发生地"标志牌。

附：**岳白国战斗** 1941年9月4日，我八路军一一五师教导六旅政治部主任杨忠，十七团团长龙书金、团政委曾旭清率部执行第三次打通冀鲁边、清河两区之间联系的任务时，在惠民县夹河村一带被数倍于我军的日伪军重重包围。突围中，杨忠及近百名指战员壮烈牺牲。

9月4日傍晚，一一五师教导六旅十六团团长杨承德、政委陈德、副团长杜步舟正在无棣县某村的一家农舍里，围坐在一盏煤油灯下，研究第二天的工作。突然，团部的电台里传来了旅政委周贯五要他们迅速前往惠民县夹河一带为十七团解围的战斗命令。

杨承德接到命令，与陈德、杜步舟简单商议后，立即集合部队，在夜色的掩护下踏上了南下的征途。

5日凌晨，部队来到商河县常庄、史家庙一带。部队进村后，立足未稳，杨团长即派出侦察员前往惠民境内打听十七团的情况去了。

在得悉"昨天中午，十七团已与日军交上了火。经过激战，十七团已突出重围，但杨忠主任、政治部党总支书陈天冲、敌工科长杜杰等近百名指战员在突围中壮烈牺牲……"的消息后，指战员们个个义愤填膺，摩拳擦掌，纷纷请战。

杨承德、陈德、杜步舟立即通过电台向旅政委周贯五、副旅长黄骅报告了夹河战斗情况，并表达了全团指战员"坚决为死难的战友报仇"的强烈要求。

当天下午，周贯五、黄骅即带领特务营向常庄、史家庙一带出发，并于傍晚时分赶到十六团驻地。随后立即召开营以上干部会议，研究这一仗打不打和如何打的问题。会议决定：杨（承德）、辛（易之，团政治部主任）、杜（步舟）率二营（营长倪鸿印、教导员贺靖）及九连（团锄奸股股长杨文会、组织股股长史子安随队）隐蔽在岳、白、国村，准备伏击敌人；陈（德）率团直和三营在常庄策应，必要时打增援。

当晚，杨团长带领二营轻装前进，仅4个小时便赶到了岳、白、国村，并在村里群众的帮助下挖掩体、修交通沟、打通部分房舍，积极做好战斗准备。

6日早上七八点钟，村里的群众把刚刚煮好的鸡蛋和热腾腾的馒头送到了我军阵地。

下午三时许，侦察员报告："有2000余名日伪军由南向北开来，但好像

□龙白村街景　李延栋摄

是朝姜左方向，距离姜左村已不足10华里。"

敌情有变，遂决定用诱敌深入之计，引敌进入埋伏圈。九连连长按命令带一个排立即前往姜左一带"迎接"敌人。接敌后，九连连长及30多名战士边打边撤，一路向岳、白、国方向"败退"下来，并迅速退进围墙西门。紧跟其后和后续赶来的日伪军旋即向村内发起猛烈进攻，我军连续打退敌人的三次进攻。

三次进攻未果，日军退至村外200米处，一面向村内不断炮击，一面向外地日军求援。

傍晚，敌人的炮火渐渐停了下来。随后，村东、村南便燃起了堆堆火光。杨承德召集连以上干部开会，研究如何组织突围。会议识破了敌人在东、南两面布置火堆，意在声东击西、拖延时间、等待援兵，引诱我军从西、北方向突围的真实意图，决定趁夜色向东南方向突围。

晚十点左右，我军排着两路不规则的长队，由"多面区长"岳谋做向导，从东门出村，绕过岳、白、国村东南5华里的成王庄村，成功跳出了敌人的包围圈。

午夜时分，3000余日伪军从四面八方一齐扑进岳、白、国村，但八路军早已无踪无影。气急败坏的日伪军，一阵烧杀抢掠之后，只好用汽车拉着同伙的尸体，垂头丧气地撤回惠民城。

▶▶ 村干部任职情况

历任村党支部书记一览

姓 名	任职时间
白维国	1988—1991
白洪明	1991—1993
白洪柱	1998—1999
白安军	2021—

历任村行政负责人一览

姓 名	任职时间
白洪喜	1960—1985
白绍堂	1975—1985
白佃美	1975—1985
白绍全	1970—1985

姓　名	任职时间
白洪明	1985—1990
白洪柱	1990—1993
白维国	1996—2018

撰稿：李延栋

□屈家庙村航拍图

屈家庙村
QUJIAMIAOCUN

屈家庙村位于辛店镇西部，北与罗家村为邻，南与张董王村接壤。全村63户，共207人，耕地800余亩。村庄外形东西狭长，有一条东西向街道，两条南北向街道。农作物以小麦、玉米为主，少量种植苗木。村民姓氏以李姓最多，占总人数的70%左右，少量王、赵、丁姓。

▶▶ 历史沿革

相传，早有土著屈姓居此，村名"屈家"。明宣德年间（1426—1435年），有李姓和王姓始祖自河北省枣强县迁居于此。至清道光年间（1821—1850年），村内建一较大神庙，村名遂改称"屈家庙"。后来屈姓人丁不旺，1970年，屈姓仅余的屈连元夫妇随子赴北京生活，住宅托付李连元看守，屈氏夫妇始终未归，然屈家庙村名沿用至今。

民国年间，屈家庙村曾属第四区刘家庙乡。1971年12月至2001年3月，属第三堡乡（公社）。2001年3月始，属辛店镇（乡）。

▶▶ 文物古迹

神庙 清道光年间，村里建了一座神庙。寺庙占地约300平方米，供有金身菩萨像，附近村民家中有事相求或遇重大节日都前来祈福许愿，寺庙香火旺盛。寺庙于20世纪60年代"破四旧"时拆除，现村两委办公室便建于原寺庙位置。

□原屈家神庙旧址　李延栋摄

据说，该寺庙与官道徐、成王庄等村的寺庙位于同一经度。相传寺庙下有大蛇居住，拆除寺庙时，建筑工人用竹筐抬出大量蛇。

▶▶ 村庄名人

● **李强** 1968年12月生，山东大学法律系毕业，现为山东舜天律师事务所高级合伙人，担任山东省工会法律顾问、山东省妇联法律顾问、山东省妇女维权法律服务团团长、山东省司法厅法律咨询专家兼执法监督员、山东省律协法律援助与公益委员会副主任、济南市惠民商会总法律顾问等职务。

李强律师擅长刑事辩护、建筑工程、公司破产等法律事务。曾当选山东省直机关党代表，获得全国维护妇女儿童权益先进个人，团中央"青少年资深维权专家"，第二届、第四届山东省人民政府"齐鲁和谐使者"，"省五一劳动奖章"，首届"省维护职工权益杰出律师"，第四届、第五届、第七届"全国维护职工权益杰出律师候选人"，山东省直机关道德模范，山东省直机关优秀共产党员等荣誉称号。办理案件曾被央视《焦点访谈》《第一线》和山东卫视《齐鲁先锋》等媒体报道。

参与《中华人民共和国法律援助法》《山东省反家暴条例》《山东省工会劳动法律监督条例》等法律法规的起草，主编出版《我们的公益故事》《农民工维权有"法"办》，参加编写《中小学法制教育》丛书等书籍，在《中国律师》《山东律师》等刊物发表多篇专业论文。

1985年，屈家庙村党支部书记李延德领头办起了面粉厂、窑厂和酒厂三家村办企业。

屈家庙酒厂在村西北角，由李延德兼任酒厂厂长，聘请惠民县酒厂车间主任刘会来担任技术指导。屈家庙酒厂酿酒原料为高粱和小麦，采用当时较为先进、成熟的双轮底泥池发酵工艺，酿造的大曲酒酒香浓郁、口感醇厚。

"双轮底"发酵工艺，最早由四川省宜宾五粮液酒厂于1967年试验成功。实践证明，此工艺是提高产品质量极其有效的技术措施，运用双轮底发酵制作优质基酒和调味酒，对增加酒的香浓味、提高名优酒质量发挥了很大的作用。当时生产的"屈庙家酒""屈庙佳酿"除销往惠民县及邻近的阳信县、无棣县、高青县、邹平县外，还远销河北等地。

1989年，屈家庙酒厂改制为原第三堡乡乡镇企业，由时任第三堡乡分管企事业的副乡长耿长龙负责管理。酒厂占地面积1万平方米，职工100名。1994年，企业改制整顿。1995年，被滨州地区工商部门确认为"重合同，守信誉"企业，并获县"税收特别贡献"奖。1996年，时任第三堡乡乡长翟东华聘请惠民酒厂车间主任刘振良担任厂长，并聘请专业管理人员2人，专业技术人员3人，引进大中专毕业生5人，不断强化企业经营管理，保证了产品

□屈家庙酒厂窖池旧址　李延栋摄

质量与市场销售额同步增长，年创产值230万元。1997年创产值1260万元。1998年实行两权分离承包经营，生产经营步入良性循环，产品销售遍及省内外市场，出现供不应求的势头。1999年，酒厂由职工集资入股，成立"惠民县仲思酒业有限责任公司"，实收股金72万余元。生产"仲思老窖""仲思特曲""仲思王"等多款"仲思"品牌系列白酒。"仲思"酒酒体丰盈、清醇甘洌，深受广大消费者欢迎，除销往本地六县一区外，打进东营、德州、济南及京冀市场。

后期，由于各地兴建酒厂，白酒行业竞争激烈，酒厂效益日渐下滑。2000年，酒厂生产进行外包，承包给白洪刚经营。几年后，酒厂生产、销售状况日渐式微，最终停产。

▶▶ 教育事业

刘庙小学的前身最早是张家小学。张家小学是张董王村张洪林于20世纪40年代在自己家中创建的。校舍是张洪林家的4间北屋，老师由张洪林一人担任，采用复式教学，学生是附近村里的孩子。

□刘庙小学旧址　李延栋摄

20世纪50年代，由于生源增加，经商议，联村（屈家庙、罗家、鲁孙、张董王、刘庙）在屈家庙村南路东建成了屈家庙小学，路西是联村大队部。屈家庙小学有北屋7间，是学校教室，南屋5间是老师宿舍和伙房，房屋都是土坯房。吴同山曾任校长，老师有张洪林、罗书仁等。70年代末期，除招收小学生外，还开设了初中班。后来，由于校舍紧张，腾空路东大队部的房子用作教室。

1982年，在曾任联村书记、时任屈家庙村书记李延德的提议下，五个联村把原来联村大队部的房子拆除，新建了刘庙小学。刘庙小学大门朝南，门前路南是张董王村。学校有北屋一排，共14间，因生源增加，后又加建北屋6间，这20间北屋均为教室。东屋3间为教师厨房，南边建厕所12间。学校开设小学一至五年级课程（初中生到第三堡村的第三堡中学就读），学生最多时超过300人，生源以五个联村的学生为主，还有属于三堡联村的小纪村和小赵村的部分学生。吴同山校长卸任后，一直由张董王村的王建芳老师任校长，教师有王守俊、张洪林、刘曰辉、刘曰民、左修文等。2007年前后，因生源缩减，刘庙小学撤销，学生合并到刘庙学区小学（在龙白村）上学，学校校舍承包给三家村民使用。

▶▶ 村干部任职情况

历任村党支部书记一览

姓　名	任职时间
鲁家明	1965—1997
李连福	1997—2018
李维军	2018—2021
李连东	2021—

历任村行政负责人一览

姓　名	任职时间
李延仁（大队会计）	1965—1997
王有玉	1970—1982
李连亮	1982—1990
王有玉	1990—2002
李丙龙	2003—2011
王兴堂	2011—2018

1980—1983年，李连明、李延方、李延斋、王有玉、李连亮任东队小队长，李延朋、李希河、李连柱任西队小队长。

撰稿：李延栋

前牛村
QIANNIUCUN

前牛村位于辛店镇西南部,与林陈村相连,常把两村合称"陈牛庄",西侧为后牛村,东与洼里张村相邻,北距淄胡路1公里。全村133户,598人。汉族村落。姓氏以牛姓为主,占全村人口的80%以上,其余为彭姓。全村耕地1395亩,主产小麦、玉米。

▶▶ 历史沿革

据《牛氏族谱》记载,始祖牛敌,于明朝成化二年(1466年),由河北省枣强县迁居于此。因西北近处原有一牛家村,该村遂取村名为"前牛"。

民国年间,前牛村曾属第四区牛家乡。1971年12月至2001年3月,属第三堡乡(公社)。2001年3月始,属辛店镇(乡)。

关于牛氏始祖还有一段"破锅牛"的故事。传说牛氏兄弟牛清、牛敌、牛孪三人同时迁来,牛敌留在此地,其他二人前往他处落脚,为防止兄弟失散,他们就把随身携带的一口铁锅摔为三片,兄弟三人各执一片,待日后生活稳定，后辈凭借铁锅片相认。据说，目前牛清和牛敌的后代已经相认，但牛孪的后代尚未联系到。

▶▶ 烈士名录

● 陈廷香　1930年出生，1949年参加革命，1952年加入中国共产党，中国人民志愿军六十八军二〇四师高炮营班长，1952年牺牲于抗美援朝战争。荣立二等功一次。

● 陈月彬　1919年出生，中共党员，江西省江德县人武部副政委，1962年4月29日病故于江西。

▶▶ 村庄名人

□ 前牛村的东路梆子表演

● 牛洪林　系山东省非物质文化遗产——东路梆子传承人。自20世纪60年代跟老艺人彭秀林老师学唱东路梆子戏，主攻司鼓、花旦，一直未间断参与文艺演出活动。

演出的主要人物有《战洪州》中的穆桂英、《双锁山》中的刘金定等。他还完整保存了早年间流传下来的演出用枪、刀、挎剑、挎刀、马鞭、大靠、软靠、兵衣、蟒衣、纱帽、背后旗、高靴子、各类髯口及其他行头等。

近年来，他凭记忆，整理出东路梆子传统剧目《二进宫》《反徐州》《铡美案》《破洪州》《辕门斩子》《双座山》《龙虎斗》《武玉带》8个剧本，还培养出了两名学唱东路梆子的新秀。

▶▶ 教育事业

据前牛村牛洪魁老人回忆，新中国成立后的前牛小学在村西南角，原来是一个破败的寺庙院落，村里借用院落的位置建成了学校。学校有北屋、南屋各4间，其中一间北屋用作老师办公室兼宿舍，一间南屋用作老师伙房，其余房间均为教室。学校大门朝东，木制的校门，门外为操场。杭德伦任校长，老师有张洪祥、石长辉、陈延忠、宋传杰、魏丙贵等。

小学的生源除本村学生外，还有后牛村、西瓜陈村、西陈村和洼里张村的学生。后来，随着生育率提高和生源增加，原有的校舍无法满足需要，在原来的北屋位置向东加盖北屋5间，中间一间是办公室兼老师宿舍，其余四间用作教室。

1996年前后，因生源增加和乡镇教育布局调整，在村东南建新校，新校改名为"大车吴学区中心小学"，郭峰是第一任校长。1999年1月，郭峰被调到钟家营小学，白明山、陈兴明又先后在大车吴学区中心小学任校长。

大车吴学区中心小学除招收前牛、后牛、西瓜陈、西陈、洼里张五个村的学生外，还增加了夹河村的生源，建校之初还招收过三杭（西杭、中杭、东杭三个村庄）的四、五年级学生。

据郭峰校长回忆，大车吴学区还建有原大车吴联小和徐郭小学两个分校，招收官道徐、先锋郭、陈家庵、生金李和大车吴等村庄的学生。徐郭小学当时由吴尚岭任负责人，原大车吴联小由吴成昆任负责人，当时整个大车吴学区有学生770人左右，教师有牛公义、李兴木、徐刚等。各村都非常支持教育，除收取学杂费外，村集体还积极筹资向学校拨款，前牛大队、徐郭大队也从林场收入中拨付资金给学校。

2012年5月，大车吴学区中心小学搬迁到大车吴村南侧、淄胡路以南新建的辛店镇大车小学，原校舍闲置几年后卖给了村民。

□大车吴学区中心小学　李延栋摄

▶▶ 特色产业

上粮下鱼 2000年，前牛村两委针对村北200亩涝洼地、低产田，提出"上粮下鱼"的改良方案，把涝洼地挖成间隔的鱼塘，挖出的土壤加高中间的田地，形成鱼粮间作的种植模式，18户村民承包了鱼塘。二十几年来，这片田地的收益大大提高，实现了增收目标。

上电下鹅 2019年，村民牛学宝探索种养新模式，引进肉鹅散养技术，用收粮点过筛清理出的粮杂做饲料，养殖的肉鹅品质好，年出栏肉鹅1500多只，远销江苏、福建、东三省等地。2023年，他又与光伏公司签订合同，在水塘里安装光伏设备，实现了"上电下鹅"的新模式，光伏发电的同时为池塘里的鹅遮阴，使综合收益大大增加。牛学宝在村北淄胡路南侧开设嘉硕粮点，收储、外销玉米、小

□ "上电下鹅"新模式 李延栋摄

麦，规模不断发展壮大，年交易量超2万吨，极大地方便了本地农民粮食的销售，目前正在办理注册成立粮食收储公司手续，经营规模将进一步扩大。

断木生财 2015年，村民牛业河创办了木屑厂，收购树枝等原料进行木屑加工，日加工150吨左右，销往麻店镇等地的板材加工厂。村民彭坤开设了树兜加工厂，收购树兜，用机器打片，日加工70吨左右，主要销往惠民县国能生物发电厂。以上两家林木副产品加工厂，解决了树枝、树兜销售难题，增加了村民收入，开辟了一条增产增收的新路。

▶▶ 村干部任职情况

历任村党支部书记一览

姓　名	任职时间
牛洪生	1953—1961
牛公歧	1962—1978
牛洪林	1979—1989
彭学秀	1990—1995

姓　名	任职时间
牛洪树	1996—1999
牛业河	1999—

历任村行政负责人一览

姓　名	任职时间
牛日俊　彭秀喜	1953—1961
牛洪林　牛业明　牛天河	1962—1978
牛洪才	1979—1989
牛公利	1990—1995
牛公新	1996—1999
牛学宝	1999—2018

撰稿：李延栋

HUIMIN
XIANGCUN
JIYI

09

胡集镇
HUJIZHEN

□ 胡集镇航拍图

胡集镇

HUJIZHEN

胡集镇位于惠民县境东南部，距县城26.5公里。东与滨州市滨城区、滨州经济开发区接壤，西与清河镇、麻店镇为邻，南与魏集镇搭界，北与桑落墅镇毗连。版图面积137平方公里，2023年，常住人口5.9万人，辖9个行政村、100个自然村，总耕地面积11.4万亩。位于本镇的惠民县高效经济区拥有山东魏桥创业集团、山东创源集团等重点企业，铝产业集群初步形成；建有我国江北最大的标准化银耳种植加工基地，特色农业发展迅速；油气资源丰富，是胜利油田开发腹地；全国两大书会之一的胡集书会文化在这片底蕴丰厚的土地上兴起。胡集镇先后被授予全国重点镇、省级文明镇、省级旅游强镇、市级示范镇等荣誉称号。

▶▶ 历史沿革

镇人民政府驻胡集村。新中国成立前曾为惠民县第七区。1950年区划调整，划为第十区。1956年，改为胡集区。1958年7月撤区并乡，改为胡集乡。同年秋，人民公社化时改为胡集公社。1961年改胡集公社为胡集区，辖多个小公社。1968年撤区，改胡集区为胡集公社。1971年12月，全县划分公社时，原胡集公社一分为二，南部为魏集公社，北部仍名为胡集公社。1984年5月，经山东省人民政府批准，将胡集公社改设为胡集镇，辖区不变。2001年3月，调整乡镇区划，与陈集乡合并，称胡集镇。

▶▶ 文物古迹

路家遗址 位于胡集镇路家村，是省级重点文物保护单位。面积约5万平方米，地表以下0.5米即发现文化层，厚度在2.5米~4米，内涵极为丰富。现场采集到石器、陶器、骨器等，石器有石斧、石锛、石铲等，石锛通体磨光，刃部锋利，完整无缺。陶器多为磨光黑陶，其状黑如漆、明如镜、薄如纸、硬如壳；骨器有骨椎。经有关专家鉴定，此地是一处比较典型的龙山文化遗存。

张坊遗址 位于胡集镇张坊村西南，1974年被发现。东西30米，南北50米，出土有商代夹砂红陶鬲、东周灰陶豆残片和汉代灰陶俑、陶马。此遗址为商周至秦汉时期的遗址，是县级重点文物保护单位。

龙爪槐 在镇刘阮寺村，有一棵盘龙神槐，相传是明洪武年间移民建村时栽植。古树历经几百年沧桑，树干已经腐朽中空，沉重的树冠向四下弯曲，匍匐于地面。多枝多杈、弯曲扭转的巨大树冠，活像张牙舞爪的神龙。乡民认为生灵年高就变为神，于是众多祈福求子者慕名前来拜祭。每年农历二月二和六月十九日，举办神槐香火会，极盛时有三四百人来参加，其中赶来求子"拴娃娃"的香客最多，神槐的枝干上拴满了祈福的红绳。

▶▶ 名人乡贤

● **陈美常** 1935年生，全国敬老爱老助老模范人物，入选第三期山东好人，是胡集镇河沟陈村一位普通农民。他三十多年如一日，资助病人、学生、孤寡老人、困难户等，累计捐款63133元，向中华慈善总会、省市县慈善总会捐款、定向救助等累计捐款5270元。他助人为乐、无私奉献的行为，得到社会广大群众的赞誉和敬仰。

● **韩克顺** 胡集镇胡集村人，1949年10月出生，中共党员，高级编辑，山东省优秀新闻工作者，山东省作家协会会员。曾任《滨州日报》副总编辑。出版有散文特写集《渤海潮》《黄河儿女》《笔耕春秋》《流光碎影》，长篇纪实文学《淄水碧血》，长篇报告文学《渤海扬帆》《巍巍崇山》，长篇小说《九品乌纱》，纪实散文《畅游天下》《共和国同龄人》等共计300万字。为了记录家乡"胡集书会"这一非物质文化遗产的发展历程，他四方搜集书会相关资料，著成20余万字的《胡集书会》一书，受到家乡人们和广大读者的高度赞誉。

- 许同贵　1962年生，胡集镇人。现任职于辽宁省喀左民族文工团，是一位很有声望的曲艺名家，人称"关东山里红"。1979年拜兰尊侠为师学习说书，后又拜著名评书演员刘兰芳为师。擅说《小八义》《白马告状》《呼家将》《响马传》等曲目。2008年后他每年都前来参加胡集书会。
- 任立乐　胡集镇任家村人，1994年6月出生，中共党员，2013年9月入伍，二级飞行员，现任中部战区空军航空兵某旅飞行大队上尉中队长。2019年，他以总评第一的成绩分配到装备三代战机歼−10C的空军航空兵某旅。2022年，任立乐首次参加空军某演习任务，在与强手的激烈角逐中一举夺得歼击机飞行员至高荣誉"金头盔"。

▶▶ 特色产业

筛网业　惠民县胡集镇一直有做矿山设备配件——筛网的传统，该配件主要用于矿山开采的洗砂、筛分环节。经过20多年的发展，筛网销售网络遍布全国。但由于产品单一、经营模式偏小的问题，严重制约了该产业的发展。2010年后，浙江衢州的项目投资团队入驻胡集产业园，总投资12亿元，年产矿山设备耐磨配件等10万吨，使胡集镇矿山设备特色产业进入发展快车道。

种植养殖业　惠台专业合作社种植200余亩红宝石无核葡萄；任家村种植市场紧俏的金银花；东张村银耳生产面积达43200平方米；南王村蚯蚓大棚养殖，亩产值达3万元左右；种植养殖业的发展培育出"南王循环产业""东赵韭菜""滨州粮好""冠铭菌业"等一批示范点，成为打造乡村振兴的"胡集样板"。

▶▶ 经济发展

工业经济　20世纪后，胡集镇工业经济发展迅速。目前，境内有面粉加工厂、木板厂、棉花良种厂、纺织厂、酒厂、密目网厂、混合肥料厂及鲁北农机商城、鲁北二手车交易市场、砂石场、服装厂、电缆厂等数十家企业。中天食品有限公司占地面积66000平方米，资产5400万元，是集家禽屠宰、加工、销售于一体的农业产业化经营龙头企业，年产值15.69亿元，有员工1260余人。2023年，全镇规模以上工业产值完成17.55亿元，固定资产投资达到8.08亿元，技改投资完成5.78亿元。

农业经济 2023年，全镇粮食总产1104万吨，完成1.1万亩高标准农田建设，林木绿化率达33%，创建省级合作社2家，市级合作社5家，"冠铭银耳""东赵韭菜"等乡土产业持续做强，发展农业产业化专业村2个，家庭农场4家，农业产业示范联合体初显成效。

▶▶ 文教卫生

教育 镇区共有小学3处，中学1处。小学分别为明德小学、第一小学、第二小学，中学为胡集镇中学。2023年，小学共有教职工204名，在校生3680名；中学有教职员工160名，在校生2211名。2023年胡集镇中考成绩优生录取76人，录取人数和录取率均居全县镇办中学第一，普通高中录取率达到50%，高出全县镇办中学19个百分点。

卫生 镇区有卫生院1家，始建于1951年，业务用房面积3300平方米，床位设置93张。2023年有医务人员72人，其中中级以上职称30人，副高职称6人。自2021年起，与县人民医院建立紧密型医共体，打造"名医基层工作室"5个，开展诊疗3000余人次。

▶▶ 非遗介绍

胡集书会 始于宋元，兴于明清，与河南马街书会并称为中国两大书会。胡集书会分"前节""正节""偏节"三个阶段。前节就是在正月十二日胡集大集前，距离较远的艺人为了不误赶场，从山东各地区和江苏、安徽、河南、河北、辽宁等地提前几天赶到，在胡集村周围村庄设场演唱，行称"前节"。正月十二日至十七日是"正节"，是书会的高潮期，街头巷尾，艺人们设场说唱表演，方圆几十里甚至数百里内，会有许多村庄代表前来请书，双方达成协议，艺人即赶赴村里为村民演唱。十八日至二十一日是"偏节"，艺人多被请往较远的村庄演出。胡集书会盛时艺人多达200多档、400余人，听众10万余人。

"文化大革命"期间，胡集书会几近夭折，中共十一届三中全会后得到恢复。1980年后，惠民地区、县、镇各级党委、政府连年邀请全国曲艺家协会、北京曲艺家协会、山东曲艺家协会和济南曲艺家协会的负责人、艺

□ 胡集书会

术家、著名艺人莅临指导，参加表演，书会逐渐兴旺起来。1985年，镇建成了一座能容纳800名观众的曲艺厅。2006年，胡集书会入选第一批"国家级非物质文化遗产名录"；2008年，胡集镇被命名为"中国曲艺文化之乡"；2021、2022年，克服疫情影响，创新举办网络书会展播，胡集镇荣获"中国民间文化艺术之乡"称号；2023年，胡集书会以"赶黄河大集，品曲艺古韵"为主题，实现线上线下"双演"合璧。

▶▶ 领导更迭

胡集镇历任党组织领导一览

姓　名	职　务	任职时间
赵凤杰	十区委书记	1949年10月—1950年4月
芦成武	十区委书记	1950年4月—1950年6月
尹仲武	十区委书记	1950年6月—1951年11月
郑玉坤	十区委书记	1951年11月—1952年5月
孙秀德	十区委书记	1952年6月—1953年2月
满少卿	宣传部副部长兼十区委书记	1953年8月—1954年10月
秦培友	十区委书记	1954年10月—1955年9月
	区委书记	1955年9月—1956年12月
满少卿	副县长兼乡党委第一书记	1956年12月—1958年9月
高庆余	公社党委第一书记	1958年9月—1959年5月
满少卿	公社党委第一书记	1959年5月—1960年7月
	公社党委书记	1960年7月—1961年12月
	区委书记	1961年12月—1962年6月
尹仲武	区委书记	1962年6月—1964年1月

姓　名	职　务	任职时间
王晓明	区委书记	1964年1月—1965年5月
赵文郁	区委书记	1965年5月—1967年1月
牛立生	公社革委党的核心领导小组组长	1969年12月—1971年3月
	公社党委书记	1971年3月—1971年12月
康元水	公社党委书记	1971年12月—1973年1月
崔歧峰	公社党委书记	1973年1月—1975年4月
吉登科	公社党委书记	1975年4月—1976年4月
李政教	公社党委书记	1976年4月—1978年12月
张继普	公社党委书记	1978年12月—1981年6月
曹美祥	公社党委书记	1981年6月—1984年5月
吴佃军	镇党委书记	1984年5月—1985年12月
王占宝	镇党委书记	1985年12月—1987年2月
曹洪儒	镇党委书记	1987年2月—1987年11月
刘书礼	镇党委书记	1987年11月—1989年11月
魏学亭	镇党委书记	1989年11月—1990年5月
杨合舟	镇党委书记（代理）	1990年5月—1990年6月
张　彪	镇党委书记	1990年6月—1992年11月
孙思国	镇党委书记	1992年11月—1997年3月
康永彬	镇党委书记	1997年3月—1997年12月
贾慨君	镇党委书记	1997年12月—2001年2月
吴胜林	镇党委书记	2001年3月—2003年1月
左存金	镇党委书记	2003年1月—2006年2月
路灿新	镇党委书记	2006年2月—2011年11月
张文岭	镇党委书记	2011年11月—2015年2月
苏洪德	镇党委书记	2015年2月—2016年12月
吴表辉	镇党委书记	2016年12月—2020年1月
王赞海	镇党委书记	2020年1月—2022年11月
解鸿章	镇党委书记	2022年11月—

胡集镇历任行政领导一览

姓　名	职　务	任职时间
周连伦	十区区长	1949年10月—1950年5月
张炳寅	十区区长	1950年5月—1951年11月
李清溪	十区区长	1951年11月—1953年6月
孙佃美	十区区长	1953年8月—1954年8月

姓　名	职　务	任职时间
史树义	十区区长	1954年9月—1955年9月
	区长	1955年9月—1956年12月
李登文	乡长	1956年12月—1958年2月
纪日亭	乡长	1958年2月—1958年9月
史树义	公社管委主任	1958年9月—1960年10月
沈伯祥	公社管委主任	1960年10月—1961年5月
史树义	公社管委主任	1961年5月—1961年11月
赵文郁	公社管委主任	1961年11月—1961年12月
	区管委主任	1961年12月—1965年5月
霍长吉	区管委主任	1965年5月—1967年1月
牛立生	区革委主任	1967年4月—1969年3月
陈同元	区革委主任	1969年3月—1969年9月
	公社革委主任	1969年9月—1969年11月
牛立生	公社革委主任	1969年11月—1971年12月
康元水	公社革委主任	1971年12月—1973年1月
崔歧峰	公社革委主任	1973年1月—1975年4月
吉登科	公社革委主任	1975年4月—1976年4月
李政教	公社革委主任	1976年4月—1978年12月
张继普	公社革委主任	1978年12月—1979年5月
董寿和	公社革委主任	1979年5月—1980年4月
杨国胜	公社革委主任	1980年4月—1981年1月
	公社革委主任	1981年1月—1984年5月
王占宝	镇长	1984年5月—1985年12月
曹洪儒	镇长	1985年12月—1987年3月
王立三	镇长	1987年3月—1989年11月
杨合冉	镇长	1990年3月—1991年9月
王洪升	镇长	1991年9月—1994年2月
邢玉祥	镇长	1994年2月—1997年5月
李广仁	镇长	1997年5月—2000年1月
左存金	镇长	2000年1月—2003年1月
路灿新	镇长	2003年1月—2006年2月
石磊	镇长	2006年2月—2010年1月
吴振海	镇长	2010年1月—2011年11月
马增忠	镇长	2011年11月—2015年2月
李永新	镇长	2015年2月—2019年1月
高传伟	镇长	2019年1月—2021年12月
贺宝源	镇长	2021年12月—

胡集镇

HUIMIN XIANGCUN JIYI

□胡集镇人民政府办公楼

▶▶附：陈集乡

　　位于惠民县境东部，乡政府驻县城东南23公里处陈集村。北与桑落墅镇接壤，南与胡集镇毗连，西与麻店乡为邻，东与滨城区搭界。南北长8公里，东西宽9公里，总面积为73.42平方公里。新中国成立前后曾属惠民县第六区辖。1956—1971年先后属桑落墅区、桑落墅公社辖。1971年全县性公社规模调整时，由桑落墅公社析置陈集公社。1984年改陈集公社为陈集乡，辖5个办事处，44个自然村，2.77万人口。2001年3月，调整乡镇区划，与胡集镇合并。

历任党组织领导一览

姓　名	职　务	任职时间
张桂武	书记	1971年12月—1977年9月
韩振和	书记	1977年9月—1982年4月
高宗堂	书记	1982年4月—1984年5月
韩日文	书记	1984年5月—1987年2月
田广生	书记	1987年2月—1989年11月
宋兴武	书记	1989年11月—1991年3月
张永平	书记	1991年3月—1995年3月
田家辉	书记	1995年3月—1997年12月
曹洪涛	书记	1997年12月—2001年3月

历任行政领导一览

姓 名	职 务	任职时间
张桂武	革委会主任（兼）	1971年12月—1977年9月
韩振和	革委会主任（兼）	1977年9月—1979年10月
宓新泽	革委会主任	1979年10月—1980年11月
崔明才	革委会主任	1980年11月—1981年1月
	革委会主任	1981年1月—1983年10月
许同亮	乡长	1984年5月—1987年2月
杨德岭	乡长	1987年2月—1990年3月
张永平	乡长	1990年3月—1991年3月
庞风礼	乡长	1991年3月—1993年1月
张永平	乡长（兼）	1993年1月—1995年3月
陈风岩	乡长	1995年3月—1998年2月
孙仲玉	乡长	1998年2月—1999年10月
王儒林	乡长	1999年10月—2001年3月

撰稿：胡克欣

□胡集村航拍图

胡集村
HUJICUN

原名胡家，亦名胡家集。位于惠民县城东南 26.5 公里处，胡集镇政府驻地。村聚落略呈三角形，东接东李村，西靠河沟陈村，南傍西花赵村，北邻皂户杨村。村占地面积 900 亩，耕地面积 1400 亩。姓氏有胡、李、韩、赵、王、刘、曹、姜、张、尹、董、林等，以胡、韩姓居多。2023 年，380 余户，1319 人，人均年收入 2 万元左右。逢农历二、七日大集，市场繁荣，为县境东南部较大集市贸易。220 国道经此，又为乐（陵）胡（集）路终点。

▶▶ 历史沿革

相传，明洪武年间（1368—1398 年），始祖胡达吉，由河北省枣强县迁来，立村胡家。后因相继迁入李、韩等多姓，并立有集市，遂改村名胡家集。1949 年后，曾为惠民县第十区、胡集区区公所驻地。1958 年为胡集人民公社驻地。1984 年改设胡集镇，为镇政府驻地。

▶▶ 文物古迹

新中国成立初期，在村子的四周曾分别有4座庙宇存在，即村北的真武庙、村南的观音庙、村西的关帝庙和村东的浆水庙（土地庙）。20世纪60年代全部被毁坏。

▶▶ 非遗介绍

胡集灯节书会 胡集书会源于宋元，盛于明清。与河南马街书会并称为"中国两大书会"。

每年农历正月十二日，各地曲艺艺人相聚胡集，盛时，书会艺人达200余档、400余人，少时50余档、100余人；听众多时达10余万人，少时也在3万人以上。书会期间，艺人之间开展多种多样的活动，如相互拜年，畅谈友谊；交换书目，取长补短；将新招徒弟介绍给大家以示后继有人并希图照应；望空祭祀先师名辈；制定规章，消除纠葛；等等。

"文化大革命"期间，书会几近夭折。中共十一届三中全会后，书会恢复。恢复后的书会得到各级领导的重视和支持，山东省曲艺家协会副主席张军和秘书长石永灿曾亲临胡集书会指导。1983年，山东省文化厅、北京市曲协、省曲协及全省各地、市曲艺工作者60余人，于正月十二日莅临胡集书会，举行了隆重的开幕式。山东快书著名表演艺术家孙镇业出席开幕式，并现场献艺。1985年，胡集曲艺厅兴建，厅名由中国曲艺家协会主席陶纯题写。1987年1月9日，全国曲协副主席高元均、刘兰芳，著名相声表演艺术家郝爱民到胡集书会献艺。

2006年，胡集书会入选第一批"国家级非物质文化遗产名录"。

▶▶ 县立第一小学

1913年，绅董卢本汉、魏冠五、崔攀庚、周煦臣等捐款，在魏家集创立高等小学校，开办一年后即停办。1929年，由绅董张子谦、王增祥等，在县长齐问渠大力资助和支持下，多方筹资将魏家集小学移建到了胡集村。学校的校门呈"山"字形，坐北朝南，大门为木质，共6扇。正门平时紧闭，主要走两边的侧门，两边各有一个传达室。整个学校为四进院落，校门两旁有两排南屋，为学校的伙房与杂物间。第一、二、三进院落的北面中间各建有3间大堂屋（北屋），为学生教室，由青砖灰瓦建设而成，并建有歇山式房脊和花格棂的窗户。大堂屋两旁还各有3间小堂屋，中间是拱形圆门。第四进院落的北面为大礼堂，共5间，是学校最大、最高、最具代表性的建筑，也是召开全校师生员工会议的地方，有青砖铺就的小路与前面三进院落相连。

☐惠民县县立第一小学门楼

作为惠民县县立第一小学，这所学校为当时惠民县乃至整个鲁北地区最好的完全高级小学。中华人民共和国成立后，小学被划归胡集区所有，此后陆续成为区中心小学、公社中心小学、镇中心小学等。

▶▶ 胡集大集

逢农历二、七日的胡集大集，是惠民县东南部最大的集贸市场。早在乾隆年间，胡集村已成为一个领有政府司贴的重要集市了。到了清末、民国时期，胡集大集达到鼎盛，上市的商品种类繁多，尤以牲口、粮食、木料为主，市面大而活跃。其次农副产品、手工业品和多种土特产品应有尽有。平时上市人数五六千人，旺季达万人以上。每集日粮食上市量达四五万斤，大牲畜几百头，乃至上千头。1982年以后，随着胡集村落的逐步扩展，集市逐步由原先的南北商业街一带，迁到了村西空场。20世纪90年代，新的商业街建成，集市全部迁入新商业街。随着新形势和人们需求的变化，集市内容也逐渐变更，繁荣的牲口市和木料市消失了，留存下来的主要是日常生活用品市场，以青菜市最为兴盛。

▶▶ 民间传说

传说，宋朝末年，从南方某地一伙说渔鼓书的艺人与北方说落子的艺人，同时来胡集献艺，因互不服气，相持不下。第二年，各自带来更多的艺人欲一争高下。于是艺人越聚越多，几年后逐步形成了相互争艺的热闹娱乐场所。后来艺人们认识到来此献艺是好事，相互仇视对垒有害交流技艺。因此商定每年正月十二日的胡集大集，齐来聚会、畅叙友情，竞技卖艺。这样年年聚会、世代相传，规模越来越大，便形成了享誉四方的胡集书会。

▶▶ 特色产业

胡集村自古交通发达便利，古时曾有一条官道，南通青州府，北通武定府，且为武定府一带通往济南、北京的必经之路。另外，还有两条通往沾化下洼和利津刁口的大道。发达便利的交通使胡集的经商业自古繁华。新中国成立后，220国道与省道乐胡路分别从村南和村东纵横而过，再加上与人为善的村落风气，使胡集传统的商业得到了更快的发展。

该村的商业活动，分行商与坐商两类。行商，主要是做各种小买卖，如在集市上摆摊卖水果、蔬菜、炒货等；坐商，主要是在新开辟的商业街、门头房内从事经营活动，如饭店、食品、服装、日用百货、家具、建材等行业。其中最繁荣的是旅馆服务业。受历史上商业发展与往来人口多的影响，过去村内曾有大量的车马店、旅店等，如今旅馆业仍是重要产业之一。据统计，镇政府驻地范围内，有高、中、低档旅馆40余家，规模较大的有鑫隆、泰山、宏达、红星等。胡集村兴隆的商业经济带动了全镇经济的发展，成为一道亮丽的风景。

▶▶ 历史人物

● **胡鹏飞** 清末秀才，号之万，兄弟二人，大哥胡鹏祥，父亲胡含章，堂号"和成祥"。中华民国初期任山东省国民政府参议院议员，家道殷实富足，地有上百亩，开有票号、当铺、粮店等多家商铺。新中国成立前去世。

▶▶ 烈士名录

● **姜恩川** 1923年出生，民兵，1946年牺牲于张家坊村，1947年被追认为烈士。

- 胡延良　1927年出生，1947年参军，华东野战军战士。1949年4月，在渡江战役中牺牲。
- 胡鹏儒　1929年出生，1950年参军，中国人民志愿军六十八军二〇四师战士。1951年11月，牺牲于朝鲜战场。
- 韩秀岭　1932年出生，1951年参军，中国人民志愿军六十八军二〇四师战士。1951年6月，牺牲于朝鲜战场。

▶▶村庄名人

- 胡统珍　亦名胡同珍，出生于1930年，1948年春参加工作，在惠民县第十区（胡家集区）任文化辅导员。1948年9月，响应党的号召，带领全村十几名青年子弟参军入伍，入列华东野战军八兵团二十军五十八师。在抗美援朝战争中，胡统珍参与了第二次、第五次战役和粉碎敌人夏秋两次攻势。1952年10月回国后，入列华东军区第二野战军二十军五十八师。先后任文化速成学校副政治指导员、团政治处青年助理员。1960年晋升少校军衔；1965年任师政委，授大校军衔。1973年转业到湖北省沙市棉纺厂，任党委书记至退休。

- 胡同利　1957年出生，1978年担任胡集镇文化站站长，全程参与了胡集书会由民办逐渐转为官办的历程。2005年10月，胡集书会申请加入"国家级非物质文化遗产名录"，胡同利担负了填写申请书的重任。2006年5月，胡集书会被成功列入首批"国家级非物质文化遗产名录"。2008年，镇政府为使胡集书会得到传承与发展，实行"政府买单，送书下乡"的政策，胡同利从艺人邀请、考察艺人、评定书价到安排下村、督促检查，独当一面，被人们誉为"胡集书会守望人"。

▶▶村干部任职情况

历任村党支部书记一览

姓　名	任职时间
胡云阁	1960—1966
韩秀申	1966—1967
韩秀申	1969—1989

姓　名	任职时间
赵玉贞	1990—1995
胡同军	1996—1999
胡玉顺	2000—2004
韩寿卿	2005—2013
2013年5月至2014年，村党支部书记空缺。	
胡玉金	2015—2017
张　民	2018—2020
胡希河	2021—

历任村行政负责人一览

姓　名	任职时间
1945年12月，村成立"农救会"，韩秀梦任会长。1950年，"农救会"撤销。	
韩秀俊	1950—1953
胡增祥	1953—1953
尚清云	1954—1967
韩克赛	1968—1969

撰稿：成　璐

成官庄
CHENGGUANZHUANG

　　成官庄，习称"成官"。老村位于胡集镇政府驻地东偏北4公里处。全村分东、西、南、北四条大街（行政村），所以有"成官四街"的说法。因为西街除去西大街外，还有一条东西向的街道叫西小街（西前街）；村的西南侧习称西南庄。所以，成官庄又有"五街（四街加西小街）六处（五街加西南庄）"的说法。

　　2023年，全村497户，1989人，俗称"千家成"。耕地3954亩，以农为主，主产小麦、玉米、棉花、大豆。以汉族为主，近年迁入仫族、怒族，各民族和睦相处、亲如一家。现村内姓氏，以成姓为主，另有韩、徐、马、代、王、李、赵、路等十余个姓氏。

▶▶ 历史沿革

　　成官庄，曾名杨王庄，又名芦王庄。相传，成官庄为明代以前建村的惠民县古老村镇之一。明成化年间（一说为明洪武二年），成氏始祖成彦良从

□ 搬迁前的南街村貌

□ 搬迁前的十字街村貌

枣强迁来落户。延绵数代，人丁兴旺，逐渐成为村内第一大姓。又因村内有官府田庄（官庄）并曾屯军，遂更村名为成官庄。明、清设成官庄镇（武定州十六个镇之一），清代中后期先后属亲仁乡、纲字号、纲字约、纲字乡，民国时期属七区。民国十八年（1929年），成官庄改设兴隆镇并为镇驻地。稍后建立乡、村两级组织。新中国成立后，屡在一个行政村和四个行政村间调整；1956年12月至1958年2月，成官庄为成官庄乡（直隶惠民县，俗所谓大乡）机关驻地；成官庄在新中国成立后一直为成官管理区（乡、片、小公社、办事处、社区）驻地。村内有供销合作社（供销门市部）、学校、卫生室（药铺）等。

老村位置优越，商贾云集，长期为惠民东南部重要商贸中心，民国年间是鲁北重要的棉纱、布匹交易集散地。村中商业兴旺，有德盛和（药铺）、福祥昌（药铺）、济生堂（票号）、文礼斋（制伞泥塑店）、宏祥永（茶馆）、东盛馆（饭店）、德盛茂（旅店）、福泰东（布店）等十余个老字号。村里农历三、八逢集，东街青菜市，西街估衣市，南街牲口市，北街粮食市，尤以牲口市闻名遐迩。

新中国成立以来，为解决温饱、发家致富，成官庄人做了多方面的探索。曾试种水稻、杂交高粱、杂交地瓜、旱作水稻、彩色棉花等，推广深翻土地、开挖碱沟、覆盖地膜等耕作方式。20世纪80年代，一度形成外出卖呢绒绳子的热潮，村民足迹遍及全国各地。

2011年，随着惠民高效经济区建设工作的开展，成官庄的耕地几乎全被企业占用。2011年春，成氏开基祖成彦良古墓被迁安至老村西北的新建公墓。2017年4月，四街群众响应号召整体拆除。2018年11月，全村群众搬迁于老村西南方1公里处、220国道北侧的新建成官庄社区，按行政村集中居住，成官庄共拥有楼房35栋。2019年，原成官庄办事处各村合并为成官庄社区，设社区党总支部、社区村委会。保留原党支部及村、队两级集体经济组织。

▶▶ **文物古迹**

　　"福祥昌"炮楼　清代末期、民国年间，成官庄村内曾建有几座炮楼，其中规模较大的有十字街北侧路西"德盛和"药铺、十字街南侧路东"福祥昌"药铺各有一座砖木结构炮楼，西街成良杰家、南街成荣义家各有一座土木结构炮楼。这些炮楼虽规模不大，却起到了较好的防匪防盗的作用。

　　民国年间，南街乡绅成存刚在十字街南侧路东沿街建成一个方形炮楼（附带一个两进院落），名为"福祥昌"药铺。炮楼为二层，高约6米，木质楼梯，楼顶是全村的制高点。炮楼二层，内室长宽各4余米。楼顶建有垛口，四壁建有数量不等的瞭望窗和射击孔。炮楼内设置土炮一门，配有长枪、短枪、大刀、长矛等冷兵器。炮楼下的四合院青砖碧瓦，雕梁画栋，五脊六兽，古色古香。

　　炮楼下面的院子大门口两侧各有一只石狮子。两扇榆木大门包有铁皮，门上各有一个铜环。

　　1961年，炮楼先后成为先锋（高级）社、成官庄公社（小公社）办公地点。"破四旧"时，房屋门窗的木雕被拆除，炮楼上的石质、砖质雕刻被砸毁。以前没有喇叭，村里有事下通知时，村干部常常站在炮楼楼顶大声吆喝，村里听得很清楚。"文革"结束前，炮楼被拆除，村民成圣堂购置该地基建了住宅。药铺迁于他处。

　　大堰、影壁墙、古井、寺庙　成官庄过去古迹众多。村西古有南北向的盐道（南通青城、周村，北通武定府、天津）。为确保村民财物安全、防止黄河决口时淹没，村周围建有高大雄伟的大堰（墙围子），墙外建有宽阔的堰濠，四街出口有大门。四街村头都建有风水建筑——影壁墙，用以遮挡邪气。四街村头、线市街都有一眼水井、一个水湾，用以生活供排水。四街都有碾棚，便于群众磨面。

　　历史上，村民信仰佛教、道教、天主教。各街都建有庙宇，其中，东街有三官庙；北街有土地庙；西街有尼姑庵；南街有城隍庙（庙前有短工市场）。明代时，黄河南北的惠民、高苑、青城等县几十个村在成官庄村外西北角，集资建有龙王庙，该庙闻名遐迩，香火旺盛。1936年前后，麻店王家店子教堂出资，在成官庄建立天主教堂一处。教堂占地一亩，共三间，土木结构。成官庄教堂是神父传教布道举行礼仪及教徒过宗教生活的场所。以上寺庙，新中国成立前后，逐渐被拆除。只有四街的部分古井、影壁墙、碾棚，一直保留到老村拆迁。

▶▶ 民间传说

凤凰村　相传，成官庄的建设布局是一个古人精心构思设计的凤凰村，俯瞰整个村貌就像一只展翅翱翔的凤凰。村子四周建有护庄堰，四大街都有出村大门。全村以十字街为中心，四条大街向外辐射。十字街的水湾是凤凰肚子；南街南端是凤凰头，几条胡同像凤凰冠；南街长1200米，与北街直通，一览无余，像凤凰身子。北街北端几条弯曲的小巷构成凤凰下肢；东西大街两旁房屋相互交错，两条大街呈对称弯曲，像凤凰的翅膀。各条街道的顶端，都有一个水湾，湾边有一眼水井和一座古庙。因年代久远，古庙现已不复存在。

村子四条大街顶端，都建有一座高大的影壁墙。虽经数百年风雨沧桑，村子人丁兴旺，房屋越盖越多，但是总体布局拆迁前仍保持着完好的凤凰体形。

▶▶ 历史人物

● **成士科**　明代举人。明嘉靖三十三年（1554年）乡试中举，任陕西省西安府咸宁知县。成士科为官清廉，爱护民众，在陕西任职期间政通人和，社会安定，广受百姓拥戴。史载："（士科）仁以抚民，廉以律己，政治清平，百姓仰之，召父杜母之声，秦人至今犹藉藉焉。"

● **成应进**　清代贡生。清康熙二十年（1681年）辛酉岁贡生，授候选训导。

● **成鸿范**　清代举人。清康熙五十三年（1714年）甲午科举人。曾任教谕，掖县儒学正堂。成鸿范严格吏制，赏罚分明，得到掖县民众的广泛称赞。史载："（鸿范）士风有论，考课有论，士表人伦，陶冶后进，观风月课，严寒盛暑不倦，识韩慕蔺，望风造谒，沐浴于先生之化者，不知凡几，莱人至今犹俎豆不忘焉。"

● **韩道原**　清代举人。清道光二十九年（1849年）己酉科举人，授峄县训导，泰安县知县，家立牌坊。

● **成言训**　衍圣公府诗礼堂启事，署理知印，二十八村首事。清末惠民义和团大师兄。清光绪二十六年（1900年），鲁北义和团兴起，成言训发动本村及附近村群众1000余人组织起惠民县东南部义和团队伍。后来，被政府镇压。

▶▶ 烈士名录

- **成元泰** 1929年出生，东街。1947年入伍，山东渤海军区教导旅二团战士。西北野战军二纵队九旅十七团二营战士。先后参加云安、宜瓦、黄龙等战役。1948年牺牲于陕西某战场。

- **成春胜** 1926年出生，东街。1947年参加革命。华东野战军第十纵队炮团战士。1948年参加淮海战役，同年11月牺牲。

- **成恩岭** 1926年出生，又名成恩堂，南街。1947年2月入伍，1948年加入中国共产党，华东野战军第十纵队、第三野战军二十八军炮团战士，参加过济南、淮海、渡江、上海、福州等战役。1949年在福建为国捐躯。

- **成宣仁** 1919年出生，又名成印平，北街。1947年2月入伍，1948年9月入党，华东野战军第十纵队战士、第三野战军二十八军八十二师炮团一连班长。参加过济南、淮海、渡江、上海、福州等战役。1949年在福建莆田牺牲。

- **成芝芳** 1915年出生，又名成志方，西街。1947年参加革命，后为志愿军二十八军战士。1951年在朝鲜红山头战场牺牲。

▶▶ 村庄名人

- **成仕杰（1930—1978年）** 又名成士杰，西街。1946年3月入伍，山东渤海军区教导旅战士，西北野战军二纵独立六旅文书。新中国成立后，曾任兰州商业学校书记兼校长（正处）。

- **成立森（1930—2022年）** 南街，1947年5月入伍，先后参加济南、淮海、渡江等战役，原南京军区宣城弹药库政委（正团）。

- **成元林（1919—1994年）** 东街，1947年7月入伍，山东渤海军区教导旅战士。战斗英雄。新疆生产建设兵团农二师三十五团中学政治教导员，享受县级待遇。

- **成春友（1927—1997年）** 又名成景才，南街。1947年2月入伍，华东野战军第十纵队战士。泰安新汶矿务局华丰煤矿离退休办公室书记，享受县级待遇。

- **成焕杰（1924—1993年）** 西街，1947年2月入伍，华东野战军第十纵队战士。曾任滨县税务局、物资局副局长，享受县级待遇。

- **成振文（1929—2011年）** 西街，1947年6月入伍，山东渤海军区教导旅战士。新疆八一钢铁厂轧钢分厂工会主席，享受县级待遇。

●**成恩普**（1932—2010年） 南街，1948年6月入伍，山东新兵团卫生员。曾任浙江温州市乐清医药公司经理，享受县级待遇。

●**成学军** 西街，1985年10月入伍，曾任海军护卫舰第七大队545舰战士。1987—1990年就读于海军航空工程学院并留校，后任解放军海军航空工程学院某部副主任（副师）。

●**成印河** 东街，博士、教授、研究生导师、江苏海洋大学海洋技术与测绘学院副院长。国家自然科学基金通讯评审专家、广东省和浙江省自然科学基金通讯评审专家、教育部学位论文评审专家。主要从事海洋相互作用及低空大气波导研究。

▶▶ 文教卫生

文化 自古以来，村里文化活动丰富多彩。每逢节假日，村里四大街都有不同的文艺活动方式。南街踩高跷，西街跑旱船，东街打叉，北街跑花灯。村民们穿南逛北，游东奔西，分享艺演盛况。村里在正月十三前后都请说书艺人打场献艺。戏剧方面，南街唱京剧，西街唱吕剧和东路梆子。每逢过年、过节，村里一般有两台子戏同时进行，连演几天几晚。传说，许多村的女孩愿意嫁到成官庄，"不图宅子不图地，就图成官庄一年两台子戏"。除聘请专业戏剧、曲艺团体演出外，还自编自演剧目。1976年前后，每逢过节，四街自编自演《苏三起解》《都愿意》《审椅子》等京剧、吕剧，一连几天，好不热闹。

教育 成官庄历代有私塾教育。清光绪二十六年（1900年），惠民知县柳堂积极兴办教育，通过捐资或公田生息等方式，在全县创办义学33处，其中，在成官庄办起"正心义学"。民国后改为初等小学，设一至四年级。新中国成立初，零散的私立小学改为公办初级小学，1957年增设高级小学，1964年，村小学增设初中部，改称成官联（办）中（学）。1973年，成官联中取消小学部。成官庄四街各建一处小学；其中南街设一至五年级，其他三街只设初级小学。1981年，成官联中改为高小，只设五年级，在全办事处招生。成官庄四街各小学在全村统一招生并取消五年级。各街小学配备一名正式教师和一名民办教师任教，各街学生就近读书。其间在村里任教的公办教师、民办教师有成兴杰、赵京章、王元三、王殿英、路吉星、李儒林、陈美舜、赵国增、马先明、成元勤、成振生、王延田、赵国君、马承绪、成方孔、成振河、成振荣、成圣明、李炳坤、李炳叶、马洪沛、成立业、成良营、成印华、成良儒、成汝莲等几十名。还有来自青岛、老家四川的"右派"罗光弼老师拖家带口来村里任教十余年。1977年，村里在十字街办起了育红班，老师不发工资挣工分，老师都是有一定文化的妇女，第一批老师有东街成希荣、孙曰芳，西街李振荣，北街梅秀荣。80年代后期，撤除各村的零散教学点，整个办事处各村的孩子统一到村东北角新建的成官小学就读，2000年前后，小学撤除并入镇小学。

村里历来注重教育，长期以来培养了很多公办老师，如成元勤、成同轲、赵京水、成振生、成振荣、成振河、成印国、赵建成、成汝英、成印强、成良军、韩俊勇等几十名。

几十年来，村里先后培养了成印河、成印哲、路洁等20余名硕士、博士、教授，大多在各个城市服务当地经济社会发展。

卫生 清末、民国年间，村里的富户先后建有德盛和药铺、福祥昌药铺，治病兼卖中药。新中国成立后，全村各街都建有一处卫生室，分别配有一名经医院培训的专职赤脚医生和一名司药人员；卫生管理部门和公办医院还同时安排一名专职医生分片督导行医，如姚家村的姚恩华。医院和卫生管理部门也不断开展定期和不定期医疗会议和举办各种类型的医疗培训。使各村医生医疗水平不断提高。每个卫生室都有药材园地，根据季节采集药材，自己加工制成药品、药剂。不但减轻了村民医疗费用，而且提高了医疗效果。其间的乡村医生有成振海、成方孔、成汝起、蒋汉英、成美兰、成良英、韩俊祥、成忠明等人。

▶▶ 新居风貌

进入新时代的2017年春，村民响应上级号召，四街整体拆除。2018年11月，成官庄全村搬迁到新建的成官社区。近年来，为繁荣美化新居，社区自筹资金采集苗木花卉。在社区内栽植了观赏树和各种花卉，并在公共活动场所增设了篮球、乒乓球、亭子、长廊等设施。社区内建有新广场、办公场所、服务厅、卫生室、公共厕所、幼儿园、商铺、宴会厅、宾馆等配套服务设施。逢农历三、八集日，社区

□ 在新社区竖立的村碑

西边有集贸市场。2024年春节，成官庄四街村民集资竖立了新村碑。新的居住环境，使村民们获得了极大的满足感和幸福感。

□搬迁前的成官庄航拍图

▶▶ 村干部任职情况

1945年9月10日，成官庄解放。稍后，逐步设立乡、村组织（乡有党支部、人民委员会、联防队等，村有基干民兵队、贫下中农协会等）；随后，建立村党支部。1946年，成官庄成立基干民兵队，成希钵、成训之先后任队长。新中国成立初期，成泽浩任四街街长。1955年，成官庄成立高级社（先锋社），徐本明任社长。1956年，高级社改为管理区，成元华任管理区书记。长期以来，成官四街行政管理曾分分合合，各街都有自己的负责人。五六十年代，四街负责人为：

东街：成春华、成元星、李朝云；

西街：成德温、成忠仁、成荣杰、成曰明；

南街：成福田、徐振江、徐本明；

北街：王振德、成忠仁、成恩征、成宣同。

1963—1964年，成官庄四街合并办公。

书记：成德温

大队长：李朝云

1957年至1958年下半年，成官庄四街划分为四个大队。1971年，东街首先建立了大队委员会，成献功兼任大队长。年底，东街成立了大队党支部，成献功任书记。之后，其他三街先后成立党支部。1974年，西街支部书记为成德温。

1976—1984年，成官庄组建联合大队。

书记：成福禄

大队长：徐振江

1984年底，联合大队解散，恢复为东、西、南、北街四个大队。

历任村党支部书记一览

东街（1~5队）	
姓　名	任职时间
成献功、成元功	1985—1994
李贵章	1994—1996
成振民	1996—2011
成同普	2011—2017
纪振香	2017—
北街（6~7队）	
姓　名	任职时间
成恩刚	1985—1989
成恩翠	1989—1996
成宣达	1996—2010
成新军	2010—2018
成宣玉	2018—2021
成良滨	2021—
西街（8~10队）	
姓　名	任职时间
成德温	1985—1987
成振俊	1987—1992
成忠国	1992—1998
成印国	1998—2004
成爱民	2004—2011
成良强	2011—2012
成忠国	2012—
南街（11~14队）	
姓　名	任职时间
成福禄	1985—1992
成福祯	1992—2019
徐本义	1996—1997
成立克	2019—2021
成全海	2021—

历任村行政负责人一览

（一）1949—1976年四街大队长名单	
东街：成同朝、成增峨、成献功	
南街：成恩起、徐振江、徐本明	
西街：成荣杰、成训芝、成忠仁	
北街：马书圣、成宣同、成恩刚	

（二）1985年以来，四街村主任名单	
东街（1~5队）	
姓　名	任职时间
韩洪滨	1985—1994
成同普	1994—2011
纪振香（兼）	2017—
北街（6~7队）	
姓　名	任职时间
成宣达	1985—1996
成新忠	1996—2010
成印利	2010—2018
成宣玉（兼）	2018—2021
成良滨	2021—
西街（8~10队）	
姓　名	任职时间
成振俊	1985—1987
成克喜	1987—1992
成汝华	1992—1995
成举水	1995—1998
成印平	1998—2011
成忠国	2011—
南街（11~14队）	
姓　名	任职时间
	1985—1992
成立敏、代登刚、徐克吉、成立克	1992—2019
	2019—

撰稿：成芝泉　成忠明　成印强　康　瑞

河套孙村
HETAOSUNCUN

河套孙村又称河东村，北与桑落墅镇搭界，位于胡集镇政府驻地北 15 公里处。有李、贾、宗、吴、孙、寇等姓氏，汉族。2023 年，全村人口 1700 人，435 户。耕地 3831 亩，农业村，主产小麦、玉米、棉花。

▶▶ 历史沿革

据《孙氏族谱》记载，孙姓始祖（名失考）于明嘉靖年间（1522—1566 年），由河北省枣强县迁居于此，因立村于一条南北河河套两侧，故取名河套孙。1945—1949 年，该村曾为惠民县第六区（亦曾名河套孙区）区公所驻地。原设农历一、六大集，1988 年改为农历五、十大集。如今的河套孙村分为河东、河西、河北三个村，数河套孙（河东村）人口最多。

▶▶ 文物古迹

义和桥 清嘉庆时，为方便交通，有几大姓氏村民联合在南北河上架一

□ 在义和桥旧址重修的新桥

石桥，名"义和桥"，并立有"建桥捐款功德碑"，后被损毁。1976年，陈集人民公社投资对"义和桥"进行修缮。2022年，胡集镇政府联合县水利局，拨专款在原桥址修建了新的义和桥。

▶▶ 民间传说

传说，横穿河套孙村南北向的河（新中国成立后定名"南北河"），水脉旺盛，常年不涸，两岸土地非常适宜农作物生长。河岸上有通达天津、淄博的马路。孙姓始祖迁此立村后，人丁兴旺，特别是自清朝嘉庆时，在河上架设了义和桥，外村人纷纷迁入，河套孙村人口猛增，形成了拥有1700多人的多姓村。

□ 义和桥南侧南北河水闸

▶▶ 重要事件

1946年秋，我地方干部在河套孙地区与国民党地方匪特激战，区各救会主任尹振远、村农救会主任王全德、民兵李海明，在战斗中牺牲。

各救会主任尹振远原名尹继颜，1908年出生，山东省潍坊市青州市高柳镇东朱鹿村人，贫农出身，父母在家中务农，他是家中长子，还有一个妹妹、两个弟弟。参加革命后，为保密起见，直到牺牲已有4年半没有和家里联系。

▶▶ 烈士名录

● 王全德　1896年生，中共党员，村长，1946年牺牲于本村。

● 刘长庆　1902年生，农会主任，1946年牺牲于本村，被追认为烈士。

● 贾兆源　1913年生，1947年参军，华东野战军战士，1948年牺牲于潍县。

● 贾安宁　1916年生，1947年参军，西北野战军战士，1948年牺牲于陕西。

● 李福来　1919年生，1947年参军，解放军二十八军战士，1949年在金门战役中牺牲。

● 孙永和　1921年生，1947年参军，解放军二十八军八十二师战士，1949年牺牲于金门。

● 李福武　1922年生，1947年参军，华野十纵二十九师战士，1948年于济南战役中牺牲。

● 刘长绪　1923年生，1947年参军，华东野战军二十八军战士，1949年牺牲于金门。

● 李福祥　1923年生，1947年参军，华野十纵战士，1949年牺牲于厦门。

● 孙学成　1924年生，1947年参军，西北野战军战士，1948年牺牲于陕西。

● 贾书坦　1924年2月生，1947年参军，华野十纵二十八师战士，1948年在淮海战役中牺牲。

● 李洪发　1924年3月生，1946年参军，中共党员，华野八纵班长，1948年牺牲于开封。

● 李福贵　1928年生，1947年参军，西北野战军战士，1949年牺牲于陕西。

● 邓省三　1928年生，1947年参军，中共党员，西北野战军战士，1948年牺牲于陕西。

● 李福龙　1931年生，1948年参军，四野战士，1948年牺牲于淮海战役。

● 黄佃杰　1931年生，1949年参军，志愿军二十军战士，1951年牺牲于抗美援朝战场。

● 张士生　1933年生，1949年参军，志愿军二十军战士，1950年牺牲于抗美援朝战场。

▶▶ 村庄名人

● **李明信**　南下干部，1923年出生，转业于河南地质局，任局长。退休后，1985年至1987年担任河套孙村党支部书记。2003年病逝。

● **李欢欢**　1992年1月22日出生。上海复旦大学博士，毕业后考入山东大学任教，现任山东大学政治学与公共管理学院助理研究员、硕士生导师。

● **孙学森**　1968年9月出生，中共党员，山东省委党校研究生学历，现任山东省滨州市人民政府秘书长。

▶▶ 文教卫生

□ 河套孙村村委会

学校　1962年创建河套孙小学，于2012年并入陈集小学。办学期间，李名章、宗守仁、李玉祥、李玉田、杨泽田、李建忠，先后担任民办教师。1969年建立河套孙联中，吴加林任联中校长，朱洪胜、李玉琢任民办教师。1981年并入陈集中学。

卫生室　新中国成立初期，村内建有私人诊所。1968年改建为村卫生室。郑天仁、贾增泉、张洪亮、李长绪、王永生，先后担任卫生室赤脚医生。

▶▶ 村干部任职情况

1949年至1979年，河套孙村分为五个大队进行管理。

其间各大队村党支部书记名单：一大队，王发财；二大队，李明新；三大队，李泽增；四大队，杨连春；五大队，刘玉田。村行政负责人名单：一大队，贾树忠；二大队，李洪芳；三大队，李福寿；四大队，孙永财；五大队，李宝西。

1975年，全村五个大队合为一个大队。

历任村党支部书记一览

姓　名	任职时间
李培林	1975—1977
杨连春	1977—1980
李培林	1980—1985
李明信	1985—1987
贾增勇	1987—1993
李福增	1993—1995
李金阁	1995—1997
李福增	1997—1999
李金宝	1999—2007
宗少青	2007—

历任村行政负责人一览

姓　名	任职时间
贾树忠	1975—1980
李风林	1980—1985
1985年，因建村民委员会，全村分为河东村、河西村、河北村，因河东村人口最多，仍称河套孙（河东）。	
李玉忠	1985—1987
李福增	1987—1993
贾　敏	1993—2007
蔡青明	2007—2018

撰稿：朱　柠　苏　浩

□刘院寺村航拍图

刘院寺村
LIUYUANSICUN

刘院寺村位于胡集镇政府驻地东南 2.5 公里处，占地面积 66 亩。2023 年，全村共有 67 户，190 人，汉族，耕地 413 亩。农业村，主产小麦、玉米、棉花。有张、孙、冯等姓氏，以张姓人口居多。

▶▶ 历史沿革

相传，明成化年间（1465—1487 年），有刘姓和阮姓始祖由河北省枣强县迁居于此，因村旁有一个大寺院，遂取村名刘阮寺。后来将"阮"误传为"院"，一直使用。新中国成立前每年农历九月十五日有香火会，新中国成立后香火会逐渐消失。

▶▶ 文物古迹

龙爪槐 村内有一棵蟠龙神槐，相传是明洪武年间移民建村时栽植。现在树干已经腐朽中空，树冠虬枝错节，四下弯曲，匍匐于地面，活像张牙舞爪的神龙。乡民视为神树，众多祈福求子者慕名前来拜祭。新中国成立前村内每年举办"神槐香火会"，极盛时有三四百人前来参加，其中求子"拴娃娃"的香客最多。

□ 龙爪槐

土地庙 早年，村东南建有土地庙一座（建筑年代不详），供奉土地爷神像，后迁至村东。

村庙 2009年，村里的长者为了让村民们记住刘阮寺的历史和先人，捐款在蟠龙槐树边建立村庙一座，其建筑风格依据古寺庙大殿修建。

▶▶ 民间传说

大寺院的传说 明成化年间，有刘姓和阮姓两家迁居于此立村，村旁有一座大寺院，遂取名刘阮寺院。1886年3月，黄河在姚家决口，刘阮寺院被水淹没。民国初年，由12个村捐资在刘阮寺院原址以北重建了新寺院，从此门庭若市，香火不断。寺院大殿内正中是泥塑西天如来佛；东西两边各有九座罗汉；右边是观音如来佛，如来佛身后是各路神仙。大殿东三间供的是桃花仙姑（衣服粉红色）和缘桃仙姑（衣服绿颜色）；大殿西三间是方丈住的，两侧东屋和西屋多间，由和尚居住。寺院后面有独立花园小院，进寺院大门有迎宾墙，大门前是广阔的广场。往南是宽深的冯家沟，沟内可以划船，沟东南直通大清河，西北通徒骇河，沟两边大堤通马车，车人川流不息。寺院大门外每天门庭若市，香火不断。方丈每天做完寺院佛事后，用中医绝招给病人治病。当时刘阮寺名扬鲁北地区，家喻户晓。1947年6月，黄河发大水，刘阮寺院被拆除，其砖瓦石、木料被用于防汛物料，运到了五甲杨黄河险工地段。

蟠龙古槐的故事 据传，明朝洪武年间，山西洪洞县的老百姓被官府赶到某村边的一棵大槐树下，登记编号、编队，然后移民到山东等地。大槐树下的移民怨声载道，其中有冯氏亲兄弟三个，他们分别怀揣槐粒豆，三步一回头，五步一叩首，含泪离开了大槐树，离开了生身养身的故土。大槐树渐渐看不见了，身上带的槐粒豆，成了家乡的象征。当时官府规定，同宗同姓兄弟不能前往同一个村子。于是弟兄三个约定，到了新居住地，各自种棵槐树作为标记。其中一个兄弟来到棣州刘阮寺村安家落户，并在居住地寺院旁种上槐树。另外两个兄弟分别去了无棣和沾化。多年

□ 刘阮寺村村庙

以后，刘阮寺村冯姓始祖所种槐树灵性大发，长成了一棵虬枝交错、枝叶茂盛的蟠龙神槐。最旺盛的时候，冠满寺院，用了72根大柱子支撑。方圆几十里的老百姓都来槐树下上香、祈福、求子，每天车人川流不息。树枝上系满了祈福的红绸带，有的已经深深地勒进了树干里边。现在寺院已被损毁，但蟠龙神槐经历了数百年风雨沧桑，虽然树身已空，但枝叶依然茂盛，巍然屹立着。据说"文革"时期，有几个青年用大锯想把槐树身锯倒，结果费了九牛二虎之力，锯到多半处，锯条一下崩断，吓得几人落荒而逃。

▶▶ 重要事件

救助伤员 1943年6月，抗日战争时期，冀鲁边区挺进纵队某部，在魏集成家庙村遭国民党地方杂牌军袭击，损失严重。伤员被运送到蟠龙古槐下进行救治，村民们自发从家里带来干粮、鸡蛋等食品给战士们，并烧水、做饭、放哨，细心照顾伤员。把在战斗中牺牲的12名战士，掩埋在了蟠龙古槐树下。每逢清明等传统节日，村民们都到树下墓前祭奠。新中国成立后，县里把烈士们的遗骨迁至县烈士陵园。

▶▶ 特色产业

2014年，村民张仁增承包村东3亩土地，养殖蚂蚱，建有养殖棚12个，年收入5万余元。2022年，因受市场环境和疫情影响，不再养殖，改种农作物。

▶▶ **文教卫生**

村学校　新中国成立前，村内就建有私立小学，校址位于村内老祠堂。
新中国成立后，学校迁至原村大队大院。至1985年，在村西南建设了新学
校。期间，王占国、张仁生先后在学校担任民办教师。1990年后，由镇教委
统一派遣教师到学校任教。

村卫生室　新中国成立初期，村内建有卫生室，赤脚医生孙洪文在村里
行医近20年。1980年后，张孝常接任村内赤脚医生，默默无闻为村民们送医
送药，深受好评。

▶▶ **村干部任职情况**

历任村党支部书记一览

姓　名	任职时间
张仁树	1950—1978
张仁广	1978—

历任村行政负责人一览

姓　名	任职时间
张仁广	1950—1978
冯奎江	1978—2003
张增文	2003—2012
张增文	2013—2018

撰稿：冯卫乐　贾则正

□西郑村航拍图

西郑村

XIZHENGCUN

西郑村原名双井刘，曾名郑家。位于胡集镇政府驻地西北1公里处，东、北方紧靠"乐胡路"，西邻109乡道，与清河镇地域接壤，南与河沟陈村、道口张村相邻。2023年底，村内耕地700余亩。村民126户，406人，汉族。主产小麦、玉米、棉花，年人均经济收入3万~4万元，有郑、刘、宁、崔等姓氏，以郑姓人口居多。

▶▶ **历史沿革**

相传，清康熙年间（1662—1722年），刘姓始祖（名已失考）由河北省枣强县迁此立村，因建村处有两眼水井，遂取村名为双井刘。至清乾隆时，郑姓始祖郑思川从当地的桑家村迁入后，郑氏人丁兴旺，即改村名为郑家。1985年建村民委员会时，因有重名，更名为西郑家。

▶▶ 民间传说

西郑村原名双井刘。据传，刘姓始祖立村时，村里有两口井，相距六七十米远，一口井是甜水，一口井是苦水。后来郑姓始祖迁入村后，甜水井和苦水井从不干枯，干旱的年头用水井的水浇地，怎么用也不干枯。甜水井里的水，男人喝了红光满面，女人喝了俊俏无比，外地的姑娘都

□ 西郑村水井

愿意找双井刘村的小伙。方圆百里都知道双井刘村村西的甜水井，附近十多里之外的村民也常到这里打水，前来打水的人络绎不绝，风行一时。

▶▶ 整治村风村貌

2013年，全村集资15万元，在政府的财政补贴下，整修了村内街道。响应党中央全民健身的号召，在村内修建了1000多平方米的健身广场；成立了秧歌队、舞蹈队。每年各种节日，敲锣打鼓庆祝新生活、新时代。每天晚上，广场上灯火通明，健身的、跳舞的、锻炼的熙熙攘攘，非常热闹。三年疫

□ 西郑村指示牌

情期间全村捐款捐物5万余元，组织志愿者挨家挨户送油、肉、蔬菜等生活用品。几年来，每年的腊月二十三小年这天，村里为65岁以上的老人照相、送春节的酒肉和零花钱，孝道领先，树立了良好的村风。

▶▶ 特色产业

建材预制件 建材预制件是西郑村一大支柱产业，如预制梁、预制柱、

预制板、水泥预制件等。现已形成制造、批发、销售一体化发展，具有施工效率高、质量稳定、环保等优点。村内有西郑村建材预制场、西郑村建材预制总场等4家企业，有产业工人100余人，产品销往全国各地。

有机蔬菜瓜果大棚　2000年初，村内兴建有机蔬菜瓜果大棚10余个，实现了农产品质量和经济效益双丰收。大棚种植不仅为当地剩余劳动力提供就业岗位，还鼓起了村民的"钱袋子"，助力产业兴旺和农民增收。

合作社　2008年，村党支部书记郑玉飞面对社会经济发展的新形势，针对村里劳动力缺乏（年轻人大都外出打拼）的现实，联合村内几名老党员，成立了农业合作社。以高出市场价的价格承包村民们的土地，规模化种植不仅解决了村内劳动力不足的问题，而且大大提高了土地利用率和经济效益。

副业生产　大集体生产期间，村里从南方请来了佤族竹编师傅发展竹编产业。村里多半村民会制作竹篓、竹筐等生活用具，增加了经济收入。此外，利用当地资源，以副养农，大力发展养兔、养猪产业，使西郑村成为全镇的富裕村。

制作草纸　自清朝年间，西郑村就有制作草纸的传统。家家户户都熟悉草纸制作技艺流程，从废纸揉水到销售，环环相扣。产业销售范围主要是烟草业、饮食业、监狱手纸、乡村纸店等，为村民带来可观的经济收入。新中国成立后，制作草纸工艺曾在村内流传过一段时期。现在，该项技艺已近失传。

▶▶ 文教卫生

郑家小学　新中国成立前，村民郑光迎创办私塾，并担任教书先生。1958年，在村私塾的基础上，村集体创立郑家小学，陈守刚、王希福、陈美山、宁奎山先后担任民办教师。1974年，郑家小学合并至道口张小学。

卫生室　1958年，村集体创立郑家卫生室，郑振堂、郑延普担任赤脚医生。1983年村卫生室撤销。

▶▶ 村干部任职情况

历任村党支部书记（兼主任）一览

姓　名	任职时间
刘吉利	1954—1976
郑延军	1976—1995

姓　名	任职时间
郑振新	1996—2000
郑延新	2000—2010
段昌茂（市派第一书记）	2012—2014
2015年至2017年，村党支部书记空缺。	
郑玉飞	2018—

撰稿：毛丽君　刘泽龙

□路家村航拍图

路家村
LUJIACUN

路家村位于胡集镇政府驻地东北 4.5 公里处。北临西齐村，南邻 220 国道。2023 年，共有 313 户，1360 人，除有 4 名佤族外，均为汉族。多姓村，以路姓为主。居住呈方块状聚落，布局规整。耕地 2914 亩，以农为主，主产小麦、玉米、棉花。

▶▶ 历史沿革

据《路氏族谱》记载，明嘉靖年间（1522—1566年），始祖路启瑞由河北省枣强县迁居于此，立村路家。多姓村（十三姓氏），路姓略多，而村名路家未变。1990年发现村东有龙山文化遗址一处，面积达5万平方米。

▶▶ 文物古迹

路家遗址位于胡集镇路家村。1990年7月中旬，村民在挖鱼塘时发现该遗址。距今大约4000年，遗址东西长约200米，南北长约240米，面积50000

平方米，地表以下0.5米即发现文化层，厚度2.5米~4米，内涵极为丰富。现场采集到石器、陶器、骨器等。石器有石斧、石锛、石铲等，石锛通体磨光，刃部锋利，完整无缺；陶器多为磨光黑陶，有黑陶罐、黑陶盘和纺轮等，其状黑如漆、明如镜、薄如纸、硬如壳；骨器有骨锥。经有关专家鉴定，此地是一处比较典型的龙山文化遗址。该遗址1992年被列为省级重点文物保护单位，省政府立碑予以永久性保存。

□ 路家遗址出土黑陶

□ 路家遗址

▶▶ 烈士名录

●**路美芳** 1904年生，1934年牺牲于德州。

●**路克起** 1916年生，村基干民兵队长，1945年牺牲于本村战斗，安葬于惠民县革命烈士陵园。

●**路克龙** 1927年生，1946年入伍，西北野战军十七团战士，同年在战场失踪，1958年被追认为烈士。

▶▶ 特色产业

改革开放以来，绳网、筛网、造粒企业如雨后春笋般在路家村蓬勃发展。至2023年，已有注册公司16家，其中滨州非凡网业有限公司、杰阳塑料制品有限公司、义硕塑料制品有限公司等规模较大。它们不仅为村民们提供了丰富的就业机会，也获得了可观的经济效益。

□ 筛网

滨州市非凡网业有限公司 成立于2009年，位于山东省滨州市惠民县高效经济区，是一家专业生产聚氨酯筛网、钢丝筛网、钢制筛板、筛网配件等为一体的高科技企业，占地面积3万多平方米，企业注册资金1000万元人民币，有员工70多人，年产值2500万元。公司产品广泛应用于冶金、矿山、煤炭、建材、水利、筑路等行业，具有重量轻、筛分率高、不堵孔、抗摩擦、抗冲击、抗撕裂、寿命长、安装方便、噪声低、综合效益高等优点，受到国内外客户的一致好评。

▶▶ 文教卫生

路家小学　1940年，村里便建有私塾学堂，新中国成立后，改建为路家完小。1990年，路家完小进行了翻新与重建。2014年，转型为公办小学，更名为"路家小学"。

卫生室　1960年，村创办卫生室，孙玉霞任赤脚医生。四十余年，孙玉霞用她精湛的医术和爱心为村民们送药治病。同时也见证了卫生室从简陋的诊室发展到目前设施齐全的现代化卫生室。

集市　2004年，路家村兴起了一个独特的集市文化。每逢农历一、六日，村民们自发地聚集到南北走向的老街上，出售各类产品，多数为百姓自养、自产、自销，产品纯天然，物美价廉。新兴的集市不仅进行商品贸易，而且成为村民们传承和弘扬乡村文化的重要场所。

□ 路家村办公室

□ 路家村村委会

▶▶ 村干部任职情况

历任村党支部书记一览

姓　名	任职时间
路美杰	1949—1958
杨立清	1960—1973
路回德	1974—1983
路增贺	1984—1990
路克民	1991—1994
1995年至2012年，村党支部书记空缺。	
李太忠	2013—2017
田顺利	2018—2021
田　华	2021—

历任村行政负责人一览

姓　名	任职时间
王福堂	1991—2002
路明同	2002—2008
路立忠	2008—2011
2012—2016年，村主任空缺。	
路克强	2017—2018

撰稿：苏曼舒　袁　维

□ 夏桥村航拍图

夏桥村
XIAQIAOCUN

夏桥村曾名青龙镇，位于滨惠大道以北，济东高速以南，徒骇河东岸，与翟家村相邻，距胡集镇政府驻地东北6公里。2023年，村民160户，489人，村庄占地面积336亩。总耕地面积1138亩，主要种植小麦、玉米、棉花，2018年土地流转948亩。有夏、王、范等姓氏，以夏姓人口居多。

▶▶ 历史沿革

相传，始祖夏东林，于明朝洪武四年（1371年），由河北省枣强县迁居于此，因民房多用青灰砖瓦，沿徒骇河堤修建，宛如出水长龙，遂取村名为青龙镇。犹可借"龙能治水"之说，以防水患。后经十几年之

□ 夏桥村村碑

筹备，由夏姓者主持，将村头徒骇河上的小桥改建成较大的石桥，取名夏家桥。由此，青龙镇改称夏家桥。逢农历四、九日有集市，俗称夏桥集。

▶▶ 烈士名录

●夏延功 1925年生，志愿军战士，1953年在抗美援朝战争中牺牲。
●夏振魁 1929年生，志愿军六十七军二〇一师六〇二团战士，1953年6月在抗美援朝战争中牺牲。
●李福生 1930年生，1949年11月参军，中国人民解放军某部队战士，1955年1月18日在一江山战斗中牺牲。

▶▶ 村庄名人

●夏俊庆 2022年1月，任烟台市龙口市市委常委、宣传部部长。

▶▶ 夏家桥

1960年，在夏桥村徒骇河上建成一座较大石桥，取名夏家桥。1973年进行了一次修缮。2000年，在原桥址修建新桥，方便了两岸村民的生产和生活，发挥了交通枢纽的作用。2016年12月，途经夏桥村的济东高速、滨惠大道相继建成通车，现在夏桥村畔徒骇河上共有3座大桥。

□ 夏家桥

▶ 文教卫生

学校 1956年，村内创建一处学校，后改为夏翟联中，涵盖小学和初中，招收夏桥、翟家、南于、东董、冯家、南王等村的适龄少儿就读。1993年，夏翟联中搬迁至翟家村，称夏翟小学，有房屋10余间，占地15亩。2001年，夏翟小学合并入胡集镇陈集小学。原学校遗址成为胡集镇夏翟联村办公场所。村民夏传林、夏其珍分别在小学、联中任民办教师15年。

卫生室 20世纪70年代，村内建有卫生室，赤脚医生夏文武、夏传爱几十年如一日，为村民送医送药，治病救人，深受村民的敬仰和信赖。

▶ 村干部任职情况

历任村党支部书记一览

姓　名	任职时间
夏俊祥	1949—1952
夏延顺	1959—1980
夏延令	1980—1986
夏俊儒	1986—1992
夏其平	1992—1998
王跃生	1998—1999
夏延芳	1999—2007
夏俊民	2007—2018
夏其珍	2018—2021
夏俊峰	2021—

历任村行政负责人一览

姓　名	任职时间
夏延民	1952—1956
范汉三	1956—1959
夏延顺（兼）	1959—1980
王耀生	1980—1986
夏文武	1986—1989
夏其平	1989—1992
夏延芳	1992—1995
夏俊民	1995—1998

姓　名	任职时间
夏延芳	1998—1999
夏俊民	1999—2012
夏守合	2012—2015
夏俊民	2015—2018

撰稿：赵建凯

□粉曹村航拍图

粉曹村
FENCAOCUN

　　粉曹村原名宋刘庄，位于胡集镇政府驻地东南2公里处，属月杨社区，西邻西簸箕王村，北邻三甲赵村和甘露庵村，东邻张家集村，南邻魏集镇古村落；交通便利，紧邻桑王路。

　　2023年，有耕地1162亩。常住人口668人，231户。汉族，姓氏以曹姓为主，另有宋、刘、陈等姓氏。

▶▶ 历史沿革

　　相传，该村于唐武则天称帝年间（690—704年）所建，村名宋刘庄（含义不详）。至清康熙年间（1662—1722年），曹姓始祖曹伯颜由当地张家集村迁居于此，以做粉条为业，村名遂改为粉曹村。

▶▶ 烈士名录

　　● **刘青业**　中共党员，1919年出生，西北野战军十七团战士，1948年11

月，在陕西永丰镇牺牲。

● **曹成统**　中共党员，1927年出生，西北野战军战士，1948年11月，在陕西永丰镇牺牲。

▶▶ 村庄名人

● **曹希江**　中共党员，1928年8月出生，入伍后先后参加过孟良崮战役、淮海战役、徐州会战、渡江战役，1952年退伍返乡。1955—1958年，任月杨乡乡长。1958—1978年，任粉曹村党支部书记。1988年退休，2014年病逝。

● **曹希绅**　中国地质大学人文经管学院副教授、硕士研究生导师。参与"地矿部厅（局）级领导能力培训研究""淄博陶瓷琉璃工业园区发展规划研究""淄博市博山区产业规划研究"等课题。

▢曹希江军功章

▶▶ 特色产业

粉条业　清康熙年间，曹姓始祖曹伯颜以做粉条为业，后来村民也效仿做粉条，兴盛时期全村人都以做粉条为业。至民国初期，粉条业中断。

菜种销售　20世纪90年代，粉曹村以销售菜种子闻名，白菜种、芹菜种、西瓜种等，具有出芽率高、抗病能力强、抽薹晚等优点。菜种子不仅是蔬菜生产的根本，也是保障食品安全、提高产品质量、推动农业科研和创新的关键因素。销售菜种子为村民带来了部分相对稳定的工作岗位和可观收入。

▶▶ 文教卫生

2003年，村建立幼儿园，有学生70名，教职工6名。

1970年，村创立卫生室，曹成千担任赤脚医生。2021年，卫生室合并至任家村。

▶▶ 非遗介绍

　　刻纸剪纸是一种传统艺术形式，以其独特的镂空技艺，给人以视觉上透空的感觉和艺术享受。村民刘俊田和妻子魏道芹是民间手工刻纸艺人、非遗传承人。为把刻纸工艺传承发扬下去，他们创立了手工艺品小店，热情向村民们传授刻纸艺术。现在每逢节日或喜庆场合，村民便将刻纸剪纸作品贴在家中窗户、墙壁、门和灯笼上，营造出浓厚的节日氛围。

▶▶ 村庄发展

　　路网建设　村内道路硬化3700米，与进村主干道连接，并配套有高杆立柱路灯；全村自来水保障全覆盖；通信信号、宽带互联网、广播电视信号、动力电全覆盖；2015年5月，村内建成文化广场，占地1046平方米，有健身器材6套。

□村基础设施建设

　　治理环境卫生　全村共配备垃圾桶10余个，环卫人员2名。改造卫生厕所168户。

　　光伏发电　光伏对环境无污染、无危害，还可以出售剩余电力给电力公司，并获得政府补贴等。全村三分之一的农户，积极响应国家号召，主动搭建安装光伏设施，实行光伏发电，获得较好收益。

　　精神文明建设　村里重视精神文明建设，订有较完善的村规民约。村民们道德文化素养逐年提高。2021年以来，村党支部对全村38名80岁以上老人，每当寿日都送上生日蛋糕，陪老寿星们拉家常，吃长寿饭，祝福他们长寿安康。尊老敬老蔚然成风。

▶▶ 村干部任职情况

历任村党支部书记一览

姓　名	任职时间
刘青代	1956—1958
曹希江	1958—1978
曹成君	1978—1986
曹成波	1986—1988
刘青祥	1988—1999
曹国华	1999—2000
2001—2003年村党支部书记空缺。	
刘福田	2004—2014
曹胜武	2014—

历任村行政负责人一览

姓　名	任职时间
曹成坤	1990—1995
1996—1999年，村主任空缺。	
曹方堂	2000—2011
曹胜武（兼）	2011—2018

撰稿：李天文　胡文兵

□石槽朱村航拍图

石槽朱村
SHICAOZHUCUN

石槽朱村，原名大朱家，位于胡集镇政府驻地东 5 公里处。2023 年底，全村 352 户，1200 人，党员 31 人，均为汉族，姓氏以朱姓为主。总耕地 1850 亩，农业村，主产小麦、玉米、棉花。

▶▶ 历史沿革

据《朱氏族谱》记载，明永乐年间（1403—1424年），始祖朱彦清兄弟三人，由河北省枣强县迁出时约定：各自立村时，要在水井旁放一石槽做记，以便后世子孙取得联系。该村始祖遵约办事，在水井旁放一石槽，故村名被称石槽朱。

▶▶ 民间传说

明朝永乐年间，一年除夕晚上，村民们拿着纸香到井旁石槽边，虔诚地请老祖宗回家过年，有人拿了几个水饺放在石槽里，意思是让"井神和槽祖"保佑来年幸福平安。人们见你送他也送，水饺落了大半槽。到了年五更有人早起拜年时，看到有几头猪正在吃石槽里的水饺，天亮后，石槽里的水饺全没有了。到了春季，博兴曹旺庄的朱氏和米朱家村民来石槽村走亲访友，听说年五更猪吃石槽里水饺的事非常惊奇，说他们也在年五更看到过猪吃石槽里的水饺。据此，惠民、博兴三个村朱氏三兄弟的后裔们商定，都将村名改为"石槽朱"。取"猪"字的谐音为"朱"之意，把朱（姓）放在石槽后就不是猪了。从此，各地石槽朱村人丁兴旺，数百年不衰。实现了朱氏始祖兄弟三人井旁放一石槽的美好愿望。

▶▶ 烈士名录

- **朱乐信** 1927年生，中国人民志愿军六十八军二〇四师战士，1953年在抗美援朝战场牺牲。
- **朱乐礼** 1927年生，解放军八十二团战士，1949年牺牲于福建。

▶▶ 村庄名人

- **朱丕克** 1947年参加渤海纵队，作战英勇，1950年参加中国人民志愿军，在朝鲜战场战绩卓越，他所占领的高地，一个连就他一个活了下来，被誉为"独战英雄"，并授予金日成勋章。回国后，任胡集铁木厂厂长，后回村当大队书记几十年，为石槽朱的发展做出了积极贡献。
- **朱官成** 部队南下干部，转业后到青岛外贸公司任职，享受团级待遇。
- **朱方成** 某部团级干部，在解放战争中受伤致残，后转业任大连疗养院院长。
- **朱箫箫** 复旦大学博士生毕业，现任山东大学烟台分校讲师。
- **朱东水** 1976年7月28日唐山大地震发生后，被派往唐山救死扶伤，因贡献突出被授予"全国优秀大夫"。

▶▶ 文教卫生

基础设施 建有村党支部办公室、党建活动室、图书阅览室，面积150平方米；村内道路硬化、自来水、网络、通信信号等全覆盖，改造卫生厕所261户。2015年建文化娱乐广场1处，配有健身器材等。

村办学校 新中国成立后，村内建有石槽朱小学，至20世纪80年代，小学撤销。

卫生室　20世纪80年代，村内建有卫生室一处，占地面积45平方米。设有诊断室、治疗室、药房，有乡村医生2名，医疗服务能力达标。

▶ 特色产业

石槽朱村人重情重义，全村1200口人中有900余人姓朱，朱姓人对待其他姓的人亲如兄弟。大集体时六个生产队捐款买了一台"东方红50"拖拉机，提高了生产效率，村里的机师还为其他村子培养小拖拉机手，并为周围村庄耕作农田。石槽朱村是全县第一个和地毯厂挂钩加工地毯的村子，为发展村集体副业开了先河。木工组做的车盘远销青岛、淄博一带，做车盘的手艺美名远扬。当时村里有句顺口溜：自从村买东方红，地毯加工生意浓，车盘远销区内外，甩开膀子奔前程。

▶ 村干部任职情况

1958年，全村军事化编制，分为前街（八连）、后街（七连）。朱培可任前街党支部书记；朱兴奎任后街党支部书记。1960年，前街和后街合并为一个大队。

历任村党支部书记一览

姓　名	任职时间
朱乐忠	1960—1964
米召华	1964—1984
朱禄昌	1984—1990
朱乐坤	1990—1999
朱九军	1999—2013
朱延岗	2013—2014
朱九军	2014—

历任村行政负责人一览

姓　名	任职时间
朱东汉	1960—1964
朱乐忠	1964—1984

姓　名	任职时间
朱同庆	1984—1993
朱京南	1994—2002
朱乐胜	2003—2004
朱九军	2004—2007
朱乐志	2007—2014
朱九军（兼）	2014—2018

撰稿：罗冬云　孟　欣

□双人徐村航拍图

双人徐村
SHUANGRENXUCUN

　　双人徐村原名徐茅庄，亦曾唤作徐家，位于胡集镇政府东 5.5 公里处，西依言午许村，东临滨城区中戴村，南接石槽朱村，北面紧靠220 国道。交通便利，地理位置优越。2023 年，全村 120 余户，450 人，均为汉族，有徐、李等姓氏，以徐姓人口居多。总耕地 500 余亩，以农为主，主产小麦、玉米、棉花。除农业外，矿山设备制造业发展较快，已逐渐成为该村的支柱产业。2016、2017 年度，被评为县级文明村。

▶▶ 历史沿革

　　据《徐氏族谱》记载，其先祖原系江苏省昆山县（今为昆山市）人，曾随朱元璋反元兴明，流落到河北的枣强县。明成化年间（1465—1487年），始祖徐世风从枣强县迁徙至此。因以茅草铺设屋顶，曾被称为徐茅庄。村民们觉得这个村名不够雅致，至清光绪十四年（1888年），更名为徐家。1985年，建立村民委员会时，为与同音村许家区别，改村名为双人徐。

▶▶ 烈士名录

● 徐振毫　1929年生，中国人民志愿军二十军六〇师一八〇团二营四连战士，1950年牺牲于抗美援朝战场。

▶▶ 特色产业

全村有50余家注册企业，以矿山设备制造、筛网生产为主导产业，不少企业年产值达1000多万元。

山东惠民力盾筛网有限公司　成立于2012年9月18日，注册资金1000万元，注册地位于胡集镇徐家村，经营范围：金属丝绳及其制品制造、金属丝绳及其制品销售、矿山机械制造、矿山机械销售、金属制品销售等。有工人8人。

山东惠民鲁盛金属制品有限公司　2010年3月10日创办，公司地址位于胡集镇徐家村，主营许可项目：货物进出口。其他项目：金属丝绳及其制品制造、金属丝绳及其制品销售、矿山机械制造、矿山机械销售、机械零件等。注册资金600万元，有工人9人。

□ 山东惠民力盾筛网有限公司　　　　□ 山东惠民鲁盛金属制品有限公司

▶▶ 文教卫生

1962年，村创办双人徐村小学，2001年撤销。其间，成玉山、王希玉、赵秀平先后担任村小学民办教师。

1968年，村创立卫生室。村民徐振伦担任赤脚医生长达十五年，他对工作兢兢业业，其医术和医德深受村民们尊敬。1983年村卫生室撤销。

▶▶ 村干部任职情况

历任村党支部书记（兼村主任）一览

姓　名	任职时间
徐春造	1949—1978
徐振伦	1978—1982
徐振通	1982—2013
徐振嵩	2013—2021
徐丙德	2021—

撰稿：张茹月

□街北程村航拍图

街北程村
JIEBEICHENGCUN

街北程村位于胡集镇政府驻地东北 5 公里处，隶属成官办事处。北临徒骇河，南靠 220 国道，东傍县高效经济开发区。农业村，主产玉米、小麦、高粱、花生、韭菜、洋葱、豆类等，人均收入 2 万元左右。2017 年全村搬迁至兴胡小区。2023 年，全村 111 户，416 人，流转土地 580 余亩，姓氏以程姓为主。

▶▶ 历史沿革

相传，明洪武二年（1369年），始祖程思通、程立志由河北省枣强县迁居于此，因立村于成官庄街北，遂取名街北程。2017年，全村迁至胡集镇成官社区兴胡小区后，村民们都住上了楼房，生活、工作、孩子教育等方面均获得极大的便利，生活水平更加富足。

▶▶ 村庄名人

● **程九龄（1928—1989年）** 　原名程振龙，胡集镇街北程村人。1948年12月参加中国人民解放军，1950年11月入朝作战，志愿军二十军六十师一七八团四连战士。

1951年6月6日，程九龄与班长肖二云、新兵王昆斗一起在前沿阵地负责警戒。天刚亮，美军突然发起连以上规模的冲击，主阵地和前沿阵地被敌军炮火阻隔，眼看情势危急，程九龄和班长一起跳出了战壕，开始向敌军投掷手榴弹。杀伤十数个敌军，美军不敢再轻举妄动。但班长却被子弹击中牺牲，王昆斗也负了伤。美军第一轮进攻失败后，紧接着又是一轮炮击，一颗燃烧弹落到程九龄附近，致使他头部烧伤，但程九龄仍然忍受疼痛坚守在阵地上。他把王昆斗安排到工事隐蔽位置，自己冲到前哨阵地右侧。敌人的第二轮进攻开始了，程九龄孤身一人，将班长肖二云和王昆斗的武器弹药全部集中到一起。当美军离阵地稍远时用步枪点射，当美军接近阵地时，再用冲锋枪和手榴弹。程九龄用这种打法，抵抗住了美军的五轮进攻，美军见天色已晚，再度集结兵力发起第六轮猛烈进攻，此时程九龄只剩下了三颗手榴弹，他故意将美军放到十几米开外，接着将手榴弹依次扔向美军，击退了美军的第六次进攻。这一天，程九龄在前沿阵地孤身坚守了九个小时，用三十四枚手榴弹、十几颗手雷、三支枪，击退美军六次进攻，一人射杀四十余名美军，创造了奇迹！战后志愿军总部授予程九龄一等功、"孤胆英雄"称号。

□程九龄像

1951年8月，程九龄加入中国共产党，历任副班长、班长。1955年1月，参加解放一江山岛战斗，任排长。1956年1月授少尉军衔，同年10月复员回乡。1957年3月，任王惠理信用社主任。1959年4月回村务农，先后任生产大队长、村党支部书记等职。1989年11月病逝。

▶▶ 特色产业

合作社　1999年，新任村党支部书记程振良上任后，为解决村内劳动力不足（村年轻人外出打拼）的问题，联合村内一些老党员，成立了农业合作社，以高出市场价的价格承包村内土地500余亩，规模化种植，大大提高了土地利用率和经济效益。合作社还大力发展养殖业，养殖牛、羊、猪等，年收入5万元左右，带动村内50余人就业。

▶▶ 文教卫生

村小学 程家村小学解放前就已存在，新中国成立后迁入大队院内。李元领担任学校民办教师，1976年程家小学撤销。

卫生室 1958年，村集体创办程家卫生室，程兆林、程翠田担任医生，包药、打针、输液样样精通，很受村民们爱戴和称赞。1993年，村卫生室撤销。

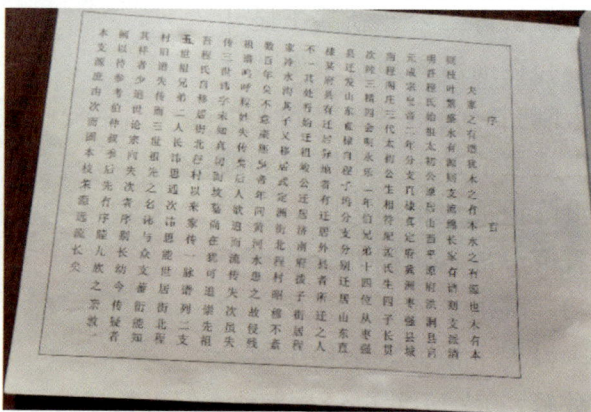

□ 街北程村村谱序

▶▶ 村干部任职情况

历任村党支部书记一览

姓 名	任职时间
程玉明	1954—1964
程玉芳	1964—1974
程九岭	1974—1989
程京贤	1989—1999
程银良	1999—2009
程振良	2009—

历任村行政负责人一览

姓 名	任职时间
程振西	1994—2000
程振良	2000—2009
程润堂	2010—2013
程紫君	2014—2017
程伟华	2017—2018

撰稿：刘培培 陈书秀

□陈集村航拍图

陈集村
CHENJICUN

陈集村原名陈家集，曾名陈二庄。位于徒骇河北岸1公里处，距胡集镇政府驻地10.5公里。村南紧邻滨惠大道，村西靠桑王路。2023年，全村2100人，635户，耕地3720亩。农业村，主产小麦、玉米、棉花。人均年收入15000余元。逢农历一、六日大集，行业齐全，市场繁荣。村内姓氏有周、赵、李、王、刘、陈、路、牛、桑、范等。

▶▶ 历史沿革

据《陈氏族谱》记载，明洪武五年（1372年），始祖陈二由河北省枣强县迁此立村，以陈二庄为名。至崇祯二年（1629年），村中立了集市，遂名陈家集。1949年前后，曾为陈于乡政府驻地。1972—1984年，为陈集公社驻地。1983年地名普查时，为别于本县梁家乡之同名村，去掉"家"字，简称为陈集。2001年3月，调整乡村区划，陈集乡并入胡集镇。

▶▶ 文物古迹

村南有一座土地庙，20世纪70年代尚存在。气派的大木门，门前有一口饮水井，曾为村里的小学学堂。

▶▶ 历史人物

●**周成木** 清朝末年，惠民县有一个很有名望的"黄河委员"，名叫周成木。当时黄河数次改道，周成木家大业大，自己出钱雇用民工修河堵漏；花钱雇人制作埽，埽是治河护堤堵口的器材，用树枝、秫秸、石头等捆扎而成。因为周成木无私奉献、护河有功，当地人尊称他为"黄河委员"。他所消耗的银两无数，致使家道败落。据说他去世时，前来吊孝的人排成了几里地的长队。

▶▶ 烈士名录

●**刘传贤** 1924年生，1946年参军，中共党员。1951年牺牲于临邑。
●**王风武** 1925年生，1948年参军，中共党员，西北野战军六师十七团战士。1948年牺牲于陕西。
●**周自远** 1926年生，1947年参军，西北野战军十七团副排长。1948年牺牲于陕西。
●**崔振才** 1928年生，中共党员，1947年参军，中国人民志愿军炮兵十一团一营五连战士。1951年11月牺牲于抗美援朝战场。
●**王风仁** 1928年生，1950年参军，西北野战军六师十七团战士，后参加抗美援朝战争。1951年牺牲于朝鲜。

▶▶ 村庄名人

●**李云祥** 抗日战争时期，村里有位说书艺人名叫李云祥。他为人正直，光明磊落，很有骨气。日本军部请他说书，他断然拒绝，却到胡集书会上说廉颇和蔺相如的段子，以此号召人民团结抗战。李云祥的行为激怒了日本人，派出宪兵和汉奸对他进行暗算，但他数次死里逃生。李云祥对日本人恨之入骨，发誓不再说书。直到抗战胜利，才重新拾起说书的老本行。李云祥的艺德深受人们敬仰。

▶▶ 文教卫生

　　村小学　新中国成立初，创办村小学，用古庙当教室，后搬入一所闲置民房，教师从2名增加到7名，成分有公办、民办和代课。1986年，投资50万元修建教室12间、办公室6间，购置课桌凳50套。告别"黑屋子""土台子"的历史。

□ 陈集村村碑

　　卫生　新中国成立初，村里利用民房开设了3处药铺和卫生室。1972年，在村西北角建起了陈集乡卫生院，占地面积9800平方米，村内药铺和卫生室撤销。

□ 陈集村大集一角

▶▶ 村干部任职情况

历任村党支部书记一览

姓　名	任职时间
1967年前,陈增良任村党支部书记。	
桑泰春	1967—1987
周阴林（代理）	1987—1989
崔明玲	1989—2001
王学民	2001—2002

姓　名	任职时间
崔连军（代理）	2002—2006
吴洪岩	2006—2012
路永利	2012—2017
周振忠	2017—

历任村行政负责人一览

姓　名	任职时间
1989年12月前，陈增安任村主任。	
李长坤	1990—1992
陈登庆	1993—1995
王学会	1996—1998
李顺田	1999—2001
李洪志	2002—2007
周洪儒	2008—2017

撰稿：李　捷

□王惠理村航拍图

王惠理村

WANGHUILICUN

王惠理村原名梨花王，位于胡集镇政府驻地东北 2.5 公里处，西邻 109 乡道，东临 104 乡道，南靠 220 国道，东与王肖村、南与张坊村、西与南辛庄村相邻。村庄占地面积 0.5 平方公里，2023 年，120 户，340 人，耕地 800 亩，以农业为主，主产小麦、玉米、棉花，人均年收入 3 万元。姓氏以王、周为主。

▶▶ 历史沿革

据《王氏族谱》记载，明洪武三年（1370 年），始祖王起长、王起安、王起远兄弟三人，由河北省枣强县迁来，各自立村，均自选一种花的名字，并与王姓结合为村名。王起安在此立村，取名梨花王。至清康熙年间，梨花王有一人名王惠理，与文华殿大学士李之芳是好朋友，故王惠理的声望也很高。他家住在梨花王村的桥西，后来这桥西的半个梨花王村自为一村，并以王惠理为村名。

▶▶ **村庄名人**

● **代华良**　1952年11月出生，1973年1月入伍，在新疆维吾尔自治区巴音郭楞蒙古自治州和静县某部队服役。服役期间在后勤部队工作，负责参与实验车辆和武器后勤保障工作，其受到嘉奖两次。1977年4月退伍，现享受专项补贴。

▶▶ **文教卫生**

小学　王惠理小学，于1982年由路家小学分迁，招收王惠理村、辛庄村、张坊村、菜园张村、贾庙村适龄儿童入学。1993年，各村相继建立小学，由此王惠理小学学生减少。王鹏、周玉刚、吴玉珍、王传英先后担任村小学教师。

卫生室　1970年，村卫生室建立，周玉山、王维丙、吴玉珍等人担任赤脚医生。

□王惠理村卫生室

▶▶ **村庄发展**

□ 王惠理村幼儿园

王惠理村土地肥沃，农作物稳产高产，是远近闻名的富裕村。党的十八大后，村子富裕步伐加快，村道路全部硬化，自来水管网和农村电网均已升级改造，建有600平方米的健身广场，人居环境焕然一新，多次被评为模范富裕村。

▶▶ 村干部任职情况

历任村党支部书记一览

姓　名	任职时间
吉长汉	1954—1976
周玉民	1976—1988
王维军	1988—1997
王洪水	1997—2006
张寿普	2006—2009
2010年至2011年，村党支部书记空缺。	
郭海英	2012—2018
王因利	2018—2021
郭海英	2021—

历任村行政负责人一览

姓　名	任职时间
王维军（兼）	1988—1997
王洪水（兼）	1997—2006
王维义	2006—2009
王守刚（兼）	2009—2012
王因利	2012—2018

撰稿：沈　哲　杨俊成

□南辛庄村航拍图

南辛庄村
NANXINZHUANGCUN

南辛庄村原名小刘家，后更名为南辛庄村。位于胡集镇政府驻地北2.5公里处。村落版图面积0.3平方公里，2023年，有220户，835人，汉族。耕地1500亩，以农业为生，主产小麦、玉米、棉花，人均年收入1.5万元。姓氏有王、李、刘。

▶▶ 历史沿革

相传，明万历十四年（1586年），始祖刘尚洞率领刘姓户五家，由当地刘家店子村迁于此立村，取名小刘家。因多年人丁不旺，民国初年更名为新庄，立意除旧更新，以期转衰为盛，后又改为辛庄。因当时位于原陈集乡境之南，遂名南辛庄。

▶▶ 村庄名人

● 刘曰令 1963年生，中共党员。1985年，因英勇杀敌、战绩卓越，荣立三等功。1986年1月28日，在一次攻坚拔点战斗中，再次展现了他的英勇和智慧，荣立二等功。转业回家后，在胡集镇中小学任教师，直到退休。

▶▶ 特色产业

条编业　该村曾有着传统的条编业。20世纪40年代，条编产品的编制和销售是村民们主要收入来源，几乎家家户户靠条编维持生计。他们的条编手艺出神入化，会编各种款式、不同型号的筐、篮、篓、粪箕子、鸡笼子等，随着全村人的参与，条编业成了村里的一种

□ 南辛庄村村碑

文化特色。十一届三中全会后，随着分田到户政策逐步实施，农业经济发展迅速，条编业由于制作工序复杂，带来的收入有限，故逐渐退出，这种祖传手艺现在已经失传。

▶▶ 文教卫生

小学　1960年，村创办南辛庄小学，吉洪悦任教师。1997年，南辛庄小学合并至王惠理小学，同年，建立了村幼儿园。2007年，南辛庄幼儿园合并到王惠理幼儿园，李延玲任幼儿园教师。

卫生室　1970年，村创办卫生室，崔吉峰任赤脚医生，由于她医术较高、医德良好，周围村庄的村民都前来找她看病治病。20世纪80年代，随着卫生室的合并调整，南辛庄村卫生室被撤销。

▶▶ 村干部任职情况

历任村党支部书记一览

姓　名	任职时间
李延文	1980—1989
王延常	1989—1995

姓　名	任职时间
李延坤	1995—2009
刘光滨	2009—2014
纪俊华	2014—

撰稿：朱利慧　李兴伟

□三甲赵村航拍图

三甲赵村

SANJIAZHAOCUN

三甲赵村原名赵家，位于胡集镇政府驻地东 2.5 公里处，东临刘院寺村，南依甘露庵村，西靠中惠路，北接刘家店子村。2023 年，92 户，372 人，党员 13 人，耕地 609 亩，林地 20 亩。农业村，主产小麦、玉米、棉花。姓氏以赵姓为主。

▶▶ 历史沿革

据《赵氏族谱》记载，始祖赵成瑞，于明成化二年（1466年），由河北省枣强县迁此立村，名赵家。至清乾隆三十年（1765年），贫苦农家子赵永媛，应乡试中举人；入京殿试，列布三甲第九十名，中进士。为将此事传于后世以光宗耀祖，遂改村名为三甲赵。因该村属小村，新中国成立以来村行政领导均由村党支部书记兼任。

▶▶ 历史人物

• 赵永媛　贫苦农家子弟，生卒年不详，于清乾隆三十年（1765年），应乡试中举人，后入京殿试，列布三甲第九十名，中进士。

▶▶ 烈士名录

• 赵洪理　1922年生，1947年8月入伍，二军六师十团八连战士，1948年11月，牺牲于陕西永丰镇。

▶▶ 村庄名人

• 吴学峰　女，1955年生，桥西赵村人。她勤劳善良，踏实肯干，操持家务，任劳任怨，把家庭打理得井井有条，与儿媳相处得非常融洽，感情深过母女。2020年，被县评为"十佳好婆婆"。

▶▶ 特色产业

肉牛养殖　2001年以来，村里涌现出一批肉牛养殖户，鼎盛时期，养殖大户占地500平方米，养殖肉牛50余头。肉牛养殖带动经济发展，给村民带来了实实在在的好处。

花卉种植　2020年初，村里涌现出一批花卉种植户，主要种杜鹃、仙客来、菊花、月季等。近年来，借助互联网的发展，种植户搞起了花卉直播带货，销往全国各地，收入高达两三万元。花卉种植产业不仅鼓了村民的腰包，而且使村集体经济越来越壮大。

▶▶ 教育事业

三甲赵小学　新中国成立初，村创办了三甲赵小学，占地面积430平方米，4间北屋，1间西屋，设立一至二年级，后增设幼儿园大班和小班4个班级。赵化吉任小学民办教师。2006年，三甲赵小学合并至任家村小学。2015年合并至胡集镇第一小学。

▶▶ 村庄发展

2000年前，村内道路都是土路，雨雪天气出行十分困难。2001年，在村干部的带领下，全村筹资3万元，将村内东西主干道铺设为柏油路面。2017—2018年，实施美丽乡村建设，政府拨款10余万元，将破损的东西主干道改造为混凝土路面，并对村容村貌进行重点改造：安装路沿石，修建排水管道，建起休闲走廊、村门、文化墙等。全村容貌焕然一新，村民心情舒畅、愉悦。

□三甲赵村族谱

▶▶ 村干部任职情况

历任村党支部书记（兼村主任）一览

姓　名	任职时间
赵春吉	1949—1956
赵振峰	1956—1971
赵化统	1971—1981
赵化国	1981—1996
赵建新	1996—

撰稿：马超越　赵芳晓

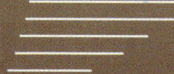

魏集镇航拍图

魏集镇

WEIJIZHEN

　　魏集镇位于惠民县境东南隅，镇政府驻魏集村，距县城30.5公里。东邻滨城区，南隔黄河与高青县相望，西与清河镇接壤，北与胡集镇相连，南北长8.34公里，东西宽10.6公里，总面积为53.89平方公里。2023年，耕地4.3万亩。人口31008人，党员1141人，下辖魏集、韩家、宫家、丁河、曹贾、老君堂6个联村54个自然村。镇文旅资源丰富、环境优美，拥有4A级景区一处，3A级景区两处，国家级、省级、市级重点文物保护单位多处；黄河文化、传统文化、红色文化交相辉映，形成了"两区双轴"的文旅发展格局。荣获全国文化旅游名镇、国家级生态乡镇、山东省旅游强镇、山东省"十大古镇"、山东省历史文化名镇、山东省精品文旅名镇、山东省旅游民宿集聚区、魏集古堡民居休闲旅游特色小镇等称号。魏集镇党委被省委、省政府授予"山东省脱贫攻坚先进集体""山东省人民满意的公务员集体"称号。

▶▶ 历史沿革

　　魏集镇地处黄河下游，是历史悠久的古老重镇。相传，公元644年，唐朝远征高丽，大批水军经大清河向莱州湾集结，沿河两岸因军事需要建立几十个兵驿站。驻守魏集驿站的士兵是大唐魏征的亲族，号称"魏家班"。战事结束后，"魏家班"人在当地结婚生子，建起了村镇，始称永安驿、魏家驿。到宋朝时改称永安镇。明朝大移民时，又有部分魏姓人家在此安家落户，永安镇人丁更加兴旺。民国时期，永安镇更名为大同镇。

　　1945年8月至1948年3月，为惠民县七区辖，1948年4月设立魏集区。1950年至1971年，先后属第十区、胡集区、胡集公社管辖。1971年，全县性调整公社规模时，原胡集公社析置魏集公社。1984年改魏集公社为魏集乡。1994年12月撤乡建镇，为魏集镇。

▶▶ 文物古迹

　　魏氏庄园　位于魏集镇魏集村，建成于清光绪十九年（1893年）。系晚清户部郎中魏毓炳四世孙、布政司理问魏肇庆的住宅。庄园主体由城堡、广场、水塘、花园四部分组成，呈长方形，南北84米，东西46米，占地5.7亩。城墙为砖墙，高10米，底宽3米，顶宽1.5米，内砌立墙，外垒垛口，四面临街，为封闭式宅院。院内东南、西北转角处建圆形碉堡，墙内侧上部及碉堡内遍布射击孔。围墙内以北轴线，分三进六院，共有房屋256间，前、

□魏氏庄园全貌

中、后院，各为厅厢回廊组成的四合院。正厅为二层楼，山墙辟门，设翻板吊桥与围墙连通。城门正方嵌有青石质地的门额，镌刻有"树德"二字。庄园布局严谨，房屋雕梁画栋，脊顶房檐有陶禽陶兽。颇具中国北方传统建筑特色。与栖霞市的牟氏庄园、四川大邑的刘文彩地主庄园齐名，并称为"中国三大庄园"。

1996年11月，魏氏庄园被国务院公布为第四批全国重点文物保护单位；1999年被列为山东省重点旅游景点；2005年7月被国家旅游局批准为国家AAA级旅游景点。

□魏氏庄园大门　　　　　　　□魏集古村落牌坊

丁氏故居　位于丁河圈村，南距黄河300米。它是由元朝至正年间官居大理寺正卿丁从政十七世孙，光绪戊子科举人丁衍堂修建，该宅院占地2326平方米，现保存建筑面积857平方米，分为南六院和北九院，中间有过街楼（土改时已毁）相连。2015年，丁氏故居被列入山东省第一批"乡村记忆"工程文化遗产名单。目前，丁氏民居北院"三义恒"已于2017年修复完成，南院"三义东"尚在施工修复。

魏集古村落　依托千年永安古镇而复建，是山东省旅发委重点打造的旅游休闲项目，国家AAAA级景区。

一期项目占地246.6亩，于2016年10月1日开园纳客，一跃成为滨州市乃至山东省旅游热门景点之一。拥有永安码头、芙蓉河、国学堂、风雨水车、定安古井、英雄故居、风雨长廊、绣楼等近30处景点，形成以特色小吃街、手工作坊街、民俗主题街、风情酒吧街、民宿农家乐为核心的五大业态消费地。推出游船演绎、水幕电影、萤火虫之夜和浪漫光影节等夜游活动。二期项目"世界民宿文化风情园"位于一期项目的北邻，占地面积218.8亩，由英式、法式、俄式、西班牙式等112套精品民宿组成，定位为"不出国门看世界美景，体验各地文化，感受异域风情"。同时充实完善旅游景点，包含玻璃栈道、摩天轮、滑雪场、步步惊心网红桥等多项趣味项目。三期项目"农耕文化体验园"位于二期项目北邻，项目占地面积320余亩，总投资5000余万元。项目主题为"亲近农业、乐享农耕"。主要种植苹果、梨、西梅、猕猴桃等40余种水果和黄瓜、西红柿等10余种蔬菜，供游客观光体验、品尝采摘。

▶▶ 历史人物

● **丁从政**　魏集镇丁河圈村人，丁氏一世祖。元朝至正年间（1341—1368年）考取进士，官居大理寺正卿。元朝灭亡后，丁从政作为元朝旧臣被废。明洪武年间，携族人由河北省枣强县迁居于丁河圈处。

● **魏肇庆**　1853年生，字燕昌，号吉云，魏集镇魏集村人，魏氏第十世孙，魏氏庄园主人。魏肇庆自幼深受嗣父、生父的影响，热心公益。清光绪七年（1881年）冬天，武定府遭遇大饥荒，民众食不果腹。魏肇庆捐银600两，捐谷1500石，并设粥场救济灾民。知县沈世铨题"好善乐施"匾额相赠。

光绪十二年（1886年），魏肇庆又捐银500两资助重修惠民县志。同年，魏氏家族大分家，魏肇庆承继了嗣父景晫和生父景昉的两份家业，经济实力更加雄厚，这也为他创建魏氏庄园"树德堂"奠定了雄厚的经济基础。光绪十九年（1893年），中国北方独一无二的城堡式高台四合院庄园"树德堂"完工。

光绪二十年（1894年），甲午海战爆发，海防戒严，清廷军饷入不敷出。魏肇庆耗费巨资的树德堂刚刚完工，家中财力并不宽裕，但他毅然捐出白银1000两。知县将他的事迹奏闻朝廷，朝廷恩诏"钦赏武定府同知衔"。1902年，魏肇庆病逝。

▶▶ 名人乡贤

● **魏炳波**　魏集镇魏集村人，1964年4月出生。1983年毕业于山东工业大学，1989年获西北工业大学博士学位。1992年后历任西北工业大学理学院院长、基础研究院院长、校长助理、研究生院院长、校党委常委、副校长。2011年当选为中国科学院院士。2016年获得陕西省基础研究重大贡献奖。

● **王加顺**　魏集镇老君堂村人，1949年12月生，1969年2月入伍，历任济南军区后勤部油料部助理员、副处长、处长。1999年底，任济南军区联勤部、物资油料部部长，武警黄金指挥部副主任。2005年7月晋升为武警少将警衔。

● **杨和荣** 魏集镇六甲杨村人，1925年5月生，1960年调入长沙铁道学院，先后任教务长、宣传部部长、院革委会办事组组长、组织部部长（行政12级）。1985年5月离休（厅级）。

● **魏鸿林** 魏集镇引黄崔村人。1956年至1986年，历任新疆农业厅农机总站主任兼农业厅办公室主任、厅党组委员、机械局供销处处长、新疆机电公司副经理、工会主席（副厅级）。

● **王加利** 魏集镇老君堂村人，2000年任山东省科技厅副厅长，已退休。

▶▶ **非遗介绍**

魏集镇六甲杨村圈椅子 魏集镇六甲杨村圈椅子制作约有300年的历史。杨姓的祖先从河北枣强县迁到这里。当时大清河发大水，人们生活无着。他们中有一人会制作圈椅子，用来卖钱。于是，村里人都跟他学。盛时，村里140户人家，家家户户都做圈椅子，销往天津、北京、济南等城市，甚至销往国外。2009年，"六甲杨圈椅子"被滨州市列入"传统技艺类非物质文化遗产"名录。

圈椅子由椅圈和底座、附件组成。制作椅圈的工序：1.选料。选直径5~6厘米、高170厘米的独根绵柳木，用大锅蒸50分钟，以增加韧性。2.用杠子、木叉等工具将煮过的绵柳慢慢弯成近圆形，两端用绳子拢住，放置10天，去掉绳子，这时叫生圈。3.用斧头砍出扶手形状，再上锅蒸2小时，压出扶手后面的弯，用刨子刨好，并在底下凿上卯眼，即成熟圈。

制作底座的工序：1.椅腿的制作：先将木头用锯解成长133厘米、宽6厘米、厚3厘米的木条，上锅蒸50分钟。2.在模具上压成形，两头用绳子拢好，弯10天，用凿子凿上榫卯。

附件的制作工序：靠背的制作：1. 首先用锯将木头解成长50厘米、上宽7厘米、下宽5厘米、厚1厘米的木板，用刨子刨平，上锅蒸1小时。2.取出后，用手弯成月牙形（弯度手里有数），放在太阳下晒1~2天，用大刻刀刻出边，用小刻刀刻出图案。图案有平刻和透刻。图案上边的是桃形，中间是鹿，下边是象山。寓意：福禄寿。

牙子的制作：选长5厘米、宽3厘米、厚1厘米的木片，用刻刀刻出花边。把制作好的椅圈、底座和附件拼装起来，精美实用的圈椅子就诞生了。

魏集烧鸡、驴肉 属于传统手工艺，代表传承人贾振辉。烧鸡，又名"肴鸡"，烧鸡、驴肉、金钱肉是贾氏第十八代后人贾怀尧流传下来的绝技，已有160年的历史，因驻地魏集村而得名。因用料讲究，老汤醇厚，卤出来的驴肉鲜香美味、肉质酥烂、唇齿留香，使得许多外地的客商纷纷驱车来采购。传说，南宋建炎二年（1128年），乐安城关帝庙大殿落成，盛筵之上佳肴繁多，肴驴肉被推为百味之冠。清同治十二年（1873年），魏氏驴肉作为贡品被举荐至京城。同治皇帝食之龙颜大悦，被钦点为御厨专用膳食。自此，魏氏驴肉进入京城宫廷御膳房，魏氏驴肉的名声在全国传扬开去。2014年，魏氏驴肉制作技艺被列入"滨州市第四批非物质文化遗产保护名录"；2020年，"魏氏驴肉制作技艺"被列入"山东省第五批非物质文化遗产保护名录"。

□魏集驴肉

□魏集烧鸡

▶▶ 经济发展

工业经济 2023年，魏集镇规模以上工业总产值15502万元，固定资产投资10738万元，工业技改投资4985万元，限额以上社会消费品零售额7632万元，一般公共预算收入809万元。

小区建设 永安新村一期安置区，总建筑面积47000平方米，建设"5+2"电梯楼房11栋，安置孙家圈村、苏家庄311户搬迁群众；永安新村二期安置区，总建筑面积25000平方米，建设"5+2"电梯楼房6栋，安置翟卜村126户搬迁群众；永安雅苑小区，建筑面积43000平方米，建设4栋住宅楼，总户数340户，已居住187户；阳光新城小区，建筑面积61530.5平方米，建设11栋住宅楼，总户数420户，已居住350户；阳光佳苑小区，建筑面积15061.4平方米，建设2栋住宅楼，总户数100户，已居住80户；阳光鑫庄园小区，建筑面积39707.84平方米，建设8栋住宅楼，总户数240户，已居住70户；教师花苑小区，建筑面积2200平方米，建设3栋住宅楼，总户数 90 户，已居住 63 户；魏集新社区小区，建筑面积 25000 平方米，建设 7 栋住宅楼，总户数 210 户，已居住 170 户。

▶▶ 文教卫生

卫生 全镇有卫生院1处，卫生室15处。

镇卫生院设床位43张，卫生技术人员60人，是一所集医疗、预防、保健、康复于一体的技术精良、设备先进、科室齐全的一级甲等医院，医保定点医院，群众满意乡镇卫生院，市级文明单位，滨州市"十佳乡镇卫生院""市级中医特色卫生院"，全县首家国家卫生健康委验审批准的社区医院。

教育 全镇共有中学1所；小学4所；幼儿园6所，其中公办幼儿园3所，民办幼儿园3所。共有专职教师155名，其中初中62名，中心小学46名，第二小学15名，第三小学15名，第四小学15名；自聘代课教师2名。共有在校生1727名，其中初中408名，小学1319名；幼儿园560名，其中公办幼儿园160名，民办幼儿园400名。

▶▶ 特色产业

旅游业 魏集古镇是集旅游、农耕、采摘、休闲、研学于一体的综合性文化旅游胜地。拥有魏氏庄园、魏集古村落、丁氏故居、山佳庄园、现代农业示范园、黄河沿岸风景带等独特的旅游资源。同时还有风味独特的饮食文化，魏集烧鸡、驴肉入选"到山东不可不吃的100种美食"。魏氏庄园是全国重点文物保护单位，"全国三大庄园"之一。魏集古村落集"吃、住、行、游、娱、购"等旅游元素于一体；新开发的永安码头、芙蓉河、国学堂等近30处文化景点，结合景区演艺场所，将皮影戏、古彩戏法、独台戏等10余种黄河元素的非遗文化和民间技艺活动作为演出剧目，实现传统文化与景区联动共赢。现代农业示范园是全省扶持的重点项目，是省级农业旅游示范点；在黄河沿岸风景带，游客既可以体验黄金梨采摘、水蜜桃采摘、品瓜果之香，又可以在黄河沿线生态廊道节点驻足感受母亲河，观黄河之壮美。

2016年至2023年，全镇累计接待游客800余万人次，带动就业2000余人次，带动周边注册工商业户增长率达到300%以上。2017年12月，魏集古镇获评国家AAAA级旅游景区。沿黄村庄、河套崔村成功打造国家AAA级景区。魏集镇荣获"全国文化旅游名镇"、山东省"十大古镇"、"旅游强镇"、"历史文化名镇"等国家和省级荣誉。已成为滨州市最主要的旅游目的地和山东省黄河沿线旅游的重要节点之一。

▶▶ 黄河浮桥

翟家寺黄河浮桥 翟家寺—高青常家乡，由惠民、高青两县交通局共同投资1000万元，于1999年10月建成通车；2013年11月19日，更新改造工程完工通车。更新后的翟家寺黄河浮桥全长334米，宽19米，由16对2011型双体

□ 翟家寺黄河浮桥

承压舟和2对岸边舟连接而成，载重量80吨。

引黄崔黄河浮桥 魏集镇桑王路—高青县木李镇。浮桥全长600米，车道宽11米，承压舟27艘，拖船2艘，铲车1部，载重50吨。

▶▶ 领导更迭

魏集镇历任党组织领导一览

姓　名	职　务	任职时间
耿次云	区委书记	1948年1月—1948年8月
朱新民	区委书记	1948年9月—1949年2月
赵凤杰	区委书记	1949年2月—1949年10月
崔士贤	区委书记	1956年12月—1958年2月
高庆余	区委书记	1958年2月—1958年9月

姓　名	职　务	任职时间
侯遵德	公社党委书记	1971年12月—1973年1月
杨乐修	公社党委书记	1973年1月—1980年11月
宓新泽	公社党委书记	1980年11月—1984年5月
董书彬	公社党委书记	1984年5月—1989年3月
王凤元	公社党委书记	1989年3月—1992年11月
康永彬	党委书记	1992年11月—1997年3月
路好林	党委书记	1997年3月—1998年12月
刘丙海	党委书记	1998年12月—2006年2月
魏桂芳	党委书记	2006年2月—2008年1月
张曰桐	党委书记	2008年1月—2009年8月
苏洪德	党委书记	2009年8月—2016年
张永军	党委书记	2016年—2017年
王赞海	党委书记	2017年2月—2019年
沈洪梅	党委书记	2019年—2021年12月
肖军伟	党委书记	2021年12月—2023年9月
付　军	党委书记（兼）	2023年9月—2023年12月
马镇镇	党委书记	2023年12月—

魏集镇历任行政领导一览

姓　名	职　务	任职时间
刘玉明	区长	1948年4月—1949年2月
周连伦	区长	1949年2月—1949年10月
林宝西	乡长	1956年12月—1958年2月
韩春山	乡长	1958年2月—1967年1月
杨乐修	公社革委会主任	1973年1月—1979年5月
彭同德	公社革委会主任	1979年5月—1980年7月
曹洪儒	公社革委会主任	1980年7月—1982年1月
张经明	公社革委会主任	1982年1月—1984年5月
李金禺	乡长	1984年5月—1985年5月
王凤元	乡长	1985年5月—1989年11月
闫增龙	乡长	1989年11月—1992年3月
贾清村	乡长	1992年3月—1992年11月
杨清泉	乡长	1992年11月—1995年8月
康永彬	镇长	1995年8月—1997年3月
刘丙海	镇长	1997年3月—1998年12月
贾同魁	镇长	1998年12月—2001年3月

姓 名	职 务	任职时间
王振华	镇长	2001年3月—2003年1月
魏桂芳	镇长	2003年1月—2006年2月
张日桐	镇长	2006年2月—2008年1月
刘其亮	镇长	2008年1月—2011年1月
马增忠	镇长	2011年1月—2011年11月
张永军	镇长	2011年11月—2016年10月
沈洪梅	镇长	2016年10月—2019年12月
李 鹏	镇长	2021年4月—2022年11月
赵 琮	镇长	2022年12月—

撰稿：孔德成

魏集村航拍图

魏集村
WEIJICUN

　　魏集村亦名魏家集，曾名大同镇。位于惠民县城东南30公里处，南距黄河大堤4公里，魏集镇政府驻地。主街东西向，呈长方形聚落。2023年，有552户，1662人，汉族，耕地2800亩。姓氏魏、贾、王居多，还有董、张、丁、周、韩、谭、吴等姓氏。

▶▶ 历史沿革

　　该村落起源于公元644年，大清河永安驿站。明洪武四年，魏氏始祖魏自显由河北枣强县迁居于此，与当地土著魏姓人融合，成为一家。因立有集市，即取名魏家集，简称魏集。1937年日军入侵前，曾为惠民县第七区大同镇驻地，故村名亦称大同镇。1945年后曾为魏集区魏谭乡驻地。1949年后，曾先后属胡集区、魏集乡、胡集公社魏集管区驻地。1972年，原胡集公社分为胡集、魏集两公社后，该村为魏集公社驻地。1984年建魏集乡，乡政府亦驻此。1994年12月撤乡建镇，为魏集镇政府驻地。

▶▶ 文物古迹

魏氏庄园　魏氏庄园系国家级文物保护单位，位于魏集镇魏集村，建于清光绪十九年。系晚清户部郎中魏毓炳四世孙、布政司理问魏肇庆的住宅。庄园主体由城堡、广场、水塘、花园四部分组成，呈长方形，南北长84米，东西宽46米，占地5.7亩。城墙为砖墙，高10米，底宽3米，顶宽1.5米，内砌立墙，外垒垛口，四面临街，为封闭式宅院。院内东南、西北转角处建圆形碉堡，墙内侧上部及碉堡内遍布射击孔。围墙内以北轴线，分三进六院，共有房屋256间，现存48间，均为砖木结构；前、中、后院，各为厅厢回廊组成的四合院。正厅为二层楼，山墙辟门，设翻板吊桥与围墙连通。庄园布局严谨，房屋雕梁画栋，脊顶房檐有陶禽陶兽，颇具中国北方传统建筑特色。1994年4月，开始维修倒座房、客厅前后院、东西厢房和复原倒座，总造价200余万元。至2005年，已三次维修，累计投资达500余万元。

古墓群　魏氏庄园家族墓群位于魏集村西约200米处路南，占地40亩。墓群中植有松树数百棵（横成排、纵成行），墓群偏东方，南北相对竖有两根旗杆，中上段设有升（古时称粮食用的量器），墓前多立石碑，碑高约2.5米，上有碑额（碑的上端），下有碑座，墓群有专人看管。该墓中石碑大部分于1947年被运往黄河大堤做维修黄河险工所用，现仅存魏毓柄墓碑一座。

该墓群在"文化大革命"中被挖掘。墓中出土各种金银首饰、珠宝瓷器等随葬品不计其数。坟墓修建非常坚固，墓穴用三合土夯实，内壁用约20公分厚的松木板镶砌（俗称套阁），套阁板用大漆漆成黑色，上画各种金色吉祥图案，棺材放入套阁后，先盖雕花天花板，再用厚木板盖严，而后用桐油和的三合土封顶。

出土的贵重陪葬品经村革委会变卖后，购置了"东方红"拖拉机，大型小麦、玉米播种机和脱粒机，魏集村当时成为全公社第一个农业生产半机械化村。

土地庙、关帝庙　土地庙位于魏氏庄园"树德堂"东北角约60米处路北。土地庙以东约50米建有一座关帝庙。土地庙建于清初，庙中供奉土地爷及小鬼神像。关帝庙中供奉的是关公。新中国成立后，两座庙均被拆除。

▶▶ 民间传说

魏五子乐善好施故事 魏氏庄园占地50余亩，由福寿堂、徙义堂、树德堂组成。福寿堂的第二代主人叫魏振菖，因为他在弟兄五个中排行老五，故人称"魏五子"。魏五子朴实厚道，好善乐施。相传，有一年秋，魏集一方大旱，庄稼颗粒不收，人们遭受到百年不遇的灾荒。魏五子看在眼里，急在心上。他吩咐家人，在门前架上大锅，熬上米粥，蒸上馒头来救济百姓。几天后，魏五子到门前查看，发现来吃饭的人寥寥无几，街上的行人也越来越少了。魏五子觉得很奇怪，他找来家人问其原因，家人说："老爷，许多人家平日里都受到您的施舍，现在看到您又开仓救济，都不忍心白白接受，纷纷携儿带女到外地逃荒要饭去了！"

第二天，福寿堂门外的墙上贴出了告示：因魏集文昌阁大庙以东湾堰需要加固，亟须招募劳工，百姓凡能用竹篮及其他工具运土者，不分男女老幼均可参加，按运土数量赏钱。消息传播开来，附近百姓纷纷赶来务工，甚至连儿童都手拿小铲，手挽小筐前来运土。人们运一趟土就从监工那里抓一把铜钱，场面甚是壮观、感人。魏五子为故意延长工期，对工程质量要求很高，直到第二年春才把"湾堰加固工程"完成，使村民们渡过了难关，避免了逃荒要饭之苦。

当时流传着一段顺口溜："魏五子，修湾堰，一担土，一把钱，拿回家买米面，买了米面度灾年。"

▶▶ 烈士名录

- **贾振利** 1921年生，1947年入伍，1951年牺牲于朝鲜战场。
- **谭桂林** 1926年生，1949年10月参军，二十军六〇师一八〇团副班长，1950年11月9日于抗美援朝二次战役中牺牲。
- **魏其亭** 1931年生，1950年6月参军，六十八军二〇四师战士，1951年牺牲在抗美援朝战场。

▶▶ 村庄名人

- **魏德俊** 1933年出生，1955年考入北京俄语学院留苏预备部学习，次年转入北京师范大学政教系学习，1960年毕业后留校任教。先后任哲学系党总支副书记、校总务处处长。1987年4月被调入北京舞蹈学院任党委书记（正厅级）。1996年退休。2005年病逝。

▶▶ 特色产业

旅游业　魏集村以魏氏庄园为依托，积极发展旅游业。2002年10月成立了"魏氏庄园"旅游开发有限公司，综合开发了以魏氏庄园为核心景区的"三堂"观光旅游、鲁北民俗游、黄河古道游为骨干景区，以生态休闲度假游、黄河岸线风情游为生态景区的三大旅游项目。2013年至2023年，共接待游客38万人次，带动了全村第三产业的蓬勃发展。

▶▶ 教育事业

魏家集省立高级小学　民国时期，魏家集有民国政府设立的初级小学。1937年，日军侵占惠民，魏集小学停办。1940年后，魏集初级小学得以恢复。当时只招收初级班，在校生最多达4个班、150余人，而且校舍破旧，老师短缺。

1941年春，山东省教育厅厅长何思源来到惠民，住在魏家集之"树德堂"。鉴于当时魏家集初级小学的落后情况，何厅长决定扩大魏家集学校规模，提高教学质量。于是从林樊村聘请了樊书田（字延浦）来魏家集初级小学任校长，同时聘请了9名有教学经验的教师任教。学校在原来的基础上增设了高级班，改建了校舍，增置了设备，学校也由原来的"魏家集初级小学"更名为"魏家集省立高级小学"。何思源厅长亲自为该校题写了校名，从此该校的教学经费直接由省教育厅拨付，当时凡是在魏家集省立高级小学读书的学生，其学杂费一律免除。

1947年秋，国民党军队进攻解放区，该校停办。1948年冬，对全县教育进行整顿，该校恢复上课，学校更名为"魏家集完全小学"。

私立培英小学　私立培英小学是魏集（地主）庄园后人魏骏翮在王平口村创立的私人义学。设有小学初级班和高级班，高级班设在王平口村的一座家庙里，王平口村和丁河圈村各设有两个初级复式班。聘请了魏洪谦、孙克章（中共地下党员）、赵秀亭、王丹庆、黄休三、王寿德、王训青等13名学历高、有一定教学经验的教师任教。招生范围除王平口村附近的村庄外，黄河以南高青县的董家沟、段王等村也有不少学生来上学，学生最多时达200

余人。每周一早晨举行升国旗仪式，丁河圈村初级班、王平口村的初级班和高级班学生全部参加，师生朗诵总理（孙中山）遗嘱。该校的办学经费均由魏骏翮筹办。

1942年至1944年，魏骏翮任校长期间共招收了三期学生，后来的高年级学生都穿上了军装，早晨进行军训。1945年春，魏骏翮在国民党山东第五区保安司令刘景良某部三营谋得营长职务，投军从戎。魏骏翮走后，私立培英小学改名为王平口中心小学。

▶▶ 村干部任职情况

历任村党支部书记一览

姓　名	任职时间
魏同春　魏仁明　王德云　魏学增　魏纯平　魏绍明	1950—1995
魏绍国	1996—2010
魏相普（副书记主持工作）	2010—2012
魏相普	2013—

历任村行政负责人一览

姓　名	任职时间
魏忠秀	1999—2007
魏林峰	2008—2010
魏忠秀	2010—2012

撰稿：魏相普

丁河圈村航拍图

丁河圈村

DINGHEQUANCUN

丁河圈村位于魏集镇政府驻地东南 4 公里处，南距黄河 1 公里。2023 年，有 330 户，1225 人。耕地 1880 亩，农业村，主产小麦、玉米。姓氏以丁姓为主，余为杨、崔、王等姓氏。

▶▶ 历史沿革

据《丁氏祖谱》记载，始祖丁从政于元朝至正年间考取进士，官居大理寺正卿。元朝灭亡后，丁从政作为元朝旧臣被废，在明洪武年间，携族人由河北枣强县迁此。因建村处河道弯曲，村三面环水，如同河围圈，故取村名丁河圈。

▶▶ 丁氏三义

丁从政（丁氏始祖），元朝官至大理寺正卿。元朝灭亡后家境败落，清代中叶，已沦为平民。丁氏家族的中兴，始于丁来兴一代。清咸丰年间，丁来兴与胞弟丁来隆、族人丁临洲靠合伙经营油坊起家，始创"三义号"，后三家分立：丁来兴创"三义东"、丁来隆建"三义恒"、丁临洲开"三义成"。历经几十年的苦心经营，丁氏兄弟的油坊生意日益兴隆。食油、豆饼畅销青城、周村、蒲台、滨州、惠城等地。财源茂盛，富甲一方。至清光绪年间，丁氏后人丁延棠考中举人，曾任齐东县儒学正堂。其子丁曰祥，清末贡生，曾任山东省黄河下游总段长，后被增选为省议员。丁曰祥与其在家经商的胞弟丁曰度、丁曰庭（字槐卿）被乡人尊称为"丁氏三义"。

丁曰祥为官，丁曰度理内，丁曰庭主管外部生意，在滨州、蒲台、惠民颇有名望。丁氏兄弟先后在惠城开设了"三义（棉）""三义（棉）花店""东胜居"酱园等三处门店；在胡集开设了"同义堂"药铺；在里则镇开设了"三义花店"。他们还在安徽设立货栈，收购茶叶，做起茶叶生意；"三义恒"的后人丁曰庚，在周村合资经营"三义恒"美服行，往西安等地贩运棉花、棉布。其子丁传讽在青岛外企"中兴号"任总经理，新中国成立后参加革命工作，成为海军机械管理师、工程师。曾于1959年进京开劳模会受到毛主席的接见。丁曰祥之子丁传训，曾任地方银行行长。民国时期，曾任惠民县商会会长，是丁氏三义家族的代表人物之一。后遭土匪抢劫，家道逐渐败落。

丁氏三义家族的发家之道，重在一个"义"字。清光绪四年九月，黄河白龙湾以东张家坟处决口，丁来兴兄弟慷慨捐资铜钱6000缗，用以治水赈灾。按当时的总价，折合白银5000两。知县杨卓云赐"乐善好施"匾，以彰其义。丁氏家族素来势不欺众，富不爱财，经商童叟无欺，处世仗义疏财，扶贫济困，有口皆碑。家中油坊每到年关，腊月至正月十五，贫穷人家打油概不收钱，乡人无不感动。曾任商会会长的丁传训，继承祖训，严守家风。在任银行行长和商会会长期间，为官清正，忠于职守；多行善举，口碑颇佳；调解商事纠纷，处理商事关系，世人无不称道。

▶▶ 文物古迹

丁氏故居　位于丁河圈村，是一处集军事防御、防洪、居住、生产作坊于一体的清代古建筑群，其主人是丁氏三义家族。清咸丰年间，丁氏家族在发家的同时，开始建造大型庄园，历时50余年，于光绪三十四年（1908年）建成。庄园分3个大院落，38个小院落，540余间房子，房屋均为青砖布瓦、坡顶、硬山、台梁式结构。大院均为石质大门和青砖雕刻的门楼，庄严豪华、坚固漂亮。其中，门楼高6.31米，宽

□ 丁氏故居

3.31米，进深5米，两层，气势宏伟，石雕尤具美学价值。门洞的上方嵌有石质匾额，镌刻行书"集义"两字。匾额两侧为浮雕，博古图案。门洞的上部为拱券形，顶部的图案刻着一只蝙蝠衔着一枚铜钱，寓意"福在眼前"。两边分别刻着花篮、荷花、笛子、宝扇，以及阴阳板、渔鼓宝剑、葫芦，都是暗八仙图案。门洞的两边分别刻有佛手瓜、寿桃、四季花卉、竹子、水仙、兰花、花瓶等图案，寓意"长寿、富贵、平安"。雕刻最为精美的是大门上方的荷花水鸟图案，莲花的叶子有卷有舒、阴阳有序，水鸟有动静之势，构成了一幅优美的图画，富有极强的艺术表现力。东西大街南、北的院子有过街天桥相连，气势十分壮观。

由于年代久远，丁氏庄园的房屋损毁严重，但其独特的建筑风格具有较高的文物价值。2013年，丁氏故居被山东省政府公布为省级文物保护单位，并于2016年、2018年耗资260万元，对"三义恒""三义东"院落进行了修复。

三元老爷大庙 又叫三官庙，位于丁河圈村西南角，元朝建村时建成的一处道教庙宇，当时仅有一个院落。供奉三元神像，即"天官"张角，正月

□ 三元大帝庙

十五日生，为"上元"；"地官"张鲁，七月十五日生，为"中元"；"水官"张修，十月十五日生，为"下元"。

康熙三十二年（1693年），因寺内有道长和住持居住，供养不便，村民集资在寺庙附近买了七亩六分好地作为寺庙土地，寺庙种粮菜自供自养。咸丰年间，寺庙在寺庙土地上扩建成四个院落，成为一处道教、佛教、儒教三教共存的综合性庙宇。

"三元庙"在新中国成立前仍保留有三元庙院、文庙院、僧人院和菜园四个院落。三元庙院内是道教院落，正殿为三元神殿，共有三间，里面供有三元神像。三元殿西侧为一间偏殿，为普著殿，内供有送子娘娘。东殿为一间，为土地庙，供有土地爷神像。院子中间设有一火池，用于善男信女烧纸。三元庙后面为文庙院，正殿三间为圣人殿，中间供有孔子像，两边为孔子四大弟子颜回、子路、子贡、曾参塑像，正殿两侧各有一耳房，供投宿人居住。

文庙东邻为僧人院，是后加的佛教院落。正殿三间为三尊殿，内供释迦三尊，中间是娑婆世界教化众生的释迦牟尼佛；左胁侍菩萨是以智慧闻名的文殊菩萨；右胁侍菩萨是以大行闻名的普贤菩萨。大殿东西各有耳房一间，为经房。院子东西各有三间偏殿，为僧人居所。院子东北角有一便门。僧人院前面还有一个前跨院，为道人和僧人的共有菜园。菜园东南角为厕所。

新中国成立后，三元大庙改为村小学，80年代初期，文庙院和僧人院被拆除，修建村办公场所，仅余三元殿。2016年，民间筹资对三元殿进行修复。

在三元殿西墙上，镶嵌着一块康熙三十二年的购地证明石碑，记载了当时村民为寺院集资买地供养寺院住持时的历史背景和占地规模。

▶▶ 民间传说

捐钱修建黄河坝　光绪十年（1884年）正月初四，黄河在丁河圈村西南4华里张家坟村（该村已被冲失）决口百丈，全县被淹村落近百个，四处一片汪洋。县太爷动员全县绅士捐钱修堤。丁氏三义捐钱6000缗，铜钱重量达10.5吨，折合白银5000两。为了送钱，丁氏三义套了二十一辆双马大车把钱送往县城。场景震惊全县，无不称赞丁氏三义乐善好施，义薄云天。

▶▶ 历史人物

● **丁来兴**　1830年生，因买卖公道、重义疏财，人称"丁氏三义"。弟兄

647

分家后，丁来兴创立"三义东"。1884年，黄河在白龙湾张家坟决口，丁来兴捐钱6000缗。1900年去世。

●丁衍堂　1850年生，光绪十四年科举人，任齐东县儒学正堂（县儒学堂教谕，官八品）。1911年去世。

▶▶ 村庄名人

●丁曰庠　1871年生，天资聪明。成人后参加省试，庠生报捐贡生，候选县儒学训导，光绪二十三年（1897年）任黄河道同知，民国时期任山东省议员。1940年去世。

●丁传训　1897年生，"三义东"后人。民国时期任惠民县商会会长，地方银行分行行长。

●丁应俊　1906年生，"三义成"后人。为追求救国真理，曾到苏联学习。1938年，任国民党刘景良部六旅少校秘书。同年冬，旅部被日军包围，他率一个警卫班断后，掩护旅长转移。最后子弹打光，被日军围到一个芦苇荡里。日军劝其投降，丁应俊拒不应允并大骂日军，被日军乱枪打死。

●丁传讽　1908年生，"三义恒"后人。曾任青岛外企"中兴号"总经理，新中国成立后参加革命工作，曾任（青岛）海军机械管理师、工程师。1959年，进京开劳模会，受到毛主席的亲切接见。

▶▶ 烈士名录

●丁传增　1909年生，1946年任村农会会长，同年被国民党特务队在清河镇小邵家杀害。1950年被追认为烈士。

●丁培新　1917年生，1947年入伍，所属华野九纵二十六师，1948年在淮海战役中牺牲。

●丁长增　1924年生，1947年参军，所属华野九纵二十六师，1948年在淮海战役中牺牲。

●丁连举　1927年生，1950年参加中国人民志愿军，同年牺牲在抗美援朝战场。

▶▶ 文教卫生

村办小学　1947年，在村中寺庙内开设公立小学，聘请赵洪瑞担任教师。新中国成立后，丁焕荣、魏俊恒先后任教。1957年，村小学从寺庙内搬到大崔村。1959年，村小学重新搬回了村寺庙中。丁焕荣、魏贵青、徐希平先后担任教师。1993年，在村西建成新学校。

村办卫生室 1974年村创办卫生室，经县统一培训后，丁会旭、丁会省、丁会章、丁传珍、丁建藏先后担任村卫生室赤脚医生。1983年村卫生室撤销。

▶▶ 村干部任职情况

历任村党支部书记一览

姓　名	任职时间
丁应德	1947—1953
丁惠普	1954—1960
丁培凯	1961—1970
丁冠鲁	1971—1980
丁培宣	1981—1987
丁洪河	1988—1993
丁传俾	1994—1995
丁兰锐	1996—1998
丁传俾	1999—2014
丁俊国	2015—

历任村行政负责人一览

姓　名	任职时间
丁培平	1956—1964
丁培宣	1965—1986
丁传俾	1987—1993
丁洪君	1994—1997
丁惠君	1998—2014

撰稿：丁俊国

河套崔村航拍图

河套崔村

HETAOCUICUN

河套崔村曾名大崔、崔家口，位于魏集镇政府驻地南 5 公里处，黄河堤畔。2023 年，有 180 户，648 人，汉族。耕地 1050 亩，主产小麦、玉米、棉花。村前黄河大堤上有引黄闸。姓氏以崔姓为主，其余姓氏为陈、王。

▶▶ 历史沿革

据民国二十一年《续修惠民县志》载：该村崔姓始祖于明成化年间（1465—1487 年），由白土邱迁此立村。因村址东、西、南三面环水，取村名河套崔。又因清光绪年间，黄河曾决口于此，村名改称崔家口。亦因其西邻小崔，该村又被称大崔。1985 年建村委会时，为避重名，复名河套崔。

▶▶ 文物古迹

吴王墓 位于河套崔村东 200 米处，据明末《武定州志》和清光绪《惠民县乡土志》记载，此墓为明朝朱高煦世子朱瞻壑之墓，明永乐十九年（1421

年）八月，19岁的朱瞻塈病亡，生前因被封为吴王，因此以王的礼数安葬，后人称其墓为吴王墓。整座墓用大青砖砌成，砖长50厘米，宽40厘米，厚16厘米。上面覆有3~4米高的封土。1958年，生产队建牲口棚用砖，去吴王墓扒取，由于砖砌得很结实，扒不出整砖，只扒了一个大窝子，因里面积水很深，便用土填平了。实行家庭联产承包责任制之后，人们平整土地，将吴王墓的坟堆铲平。2016年，吴王墓遗址被滨州市政府批准为市级文物保护单位，并立有石碑和碑文。

□ 吴王墓

□ 渡口原址

黄河古渡口　位于河套崔村南，清末开始兴盛，由村民合伙运营。有摆渡船数只，每天人车川流不息，由此摆渡到黄河南岸高青地。1947年，摆渡过解放军大批部队，其间遭受国民党飞机的轰炸，造成一条渡船沉没，20多位战士牺牲，有一颗炸弹落入村内，炸死炸伤10多个村民。至1998年，国家为保证水运安全，该古渡口被正式取消。

航运业　"靠山吃山，靠水吃水"。新中国成立前，航运业是河套崔村村民的生存之道。清末，全村有20多条木帆船，百余人参与航运业务。上到济南，下到利津，沿黄的很多码头停靠，其中包括泺口码头、胡家岸码头、白龙湾码头、北镇码头等。运送物资包括粮食、建材、生活用品、砂石料等。黄河水面上一度帆影片片，船只往来穿梭，形成了一道古朴美丽的风景线。

▶▶ 民间传说

金头　坊间传说吴王墓内有一"金头"，此为误传，因为河套崔迁徙到此地时，并不知道有吴王墓的存在。其实在吴王墓东南200米处有一于家坟，据说墓主人为高青县台子于村的于尔堂，此人在清朝做官，被奸臣所害，将其人头割下挂于城门示众。后皇帝为其平反，因其人头下落不明，皇帝赏赐金头厚葬。其家人怕因金头被盗墓人盗掘坟墓，从北京至高青县一路上隔一段修一座假墓，路过河套崔村时，也修了一座墓。1958年村里因在田间打井用砖，挖开了于家坟，但没挖到砖，墓室是用白灰黏土夯制，上面盖一青石板，出土了很多铅制文物（茶壶、茶碗、酒杯等），但没有发现金头。

吴王墓传说　传说新中国成立前，经常看到吴王墓前有磕头作揖的人，原因是他们家里有病人久治不愈，到吴王墓前磕头烧香求药，便能在土地中找到药丸。消息越传越远，不少外地人病急乱投医，也到吴王墓前磕头求药。至于结果如何，无人透露。

▶▶ 村庄名人

●**崔干卿**　1928年生，1947年入伍。1950年参加中国人民志愿军，在著名的上甘岭战役中，右眼被炸瞎，荣获一等功。复员后在生产队当队长，兢兢业业，任劳任怨。1980年因存留在头部的弹片引发炎症去世。

●**崔明月**　1962年8月生，中共党员，工商管理硕士学位。先后曾任惠民县财政局、地税局局长，县政府副县长，滨州市政府副秘书长兼金融办党组书记、主任等职。

●**崔良波**　1971年生，现任滨州医学院管理学院党支部书记。

▶▶ 特色产业

滨州山佳农牧科技有限公司2015年创建，由和美集团旗下山东和润农牧有限公司投资，该公司是集现代农业生产、农业体验、观光旅游、教育实践为一体的现代化农业综合体。至2023年，项目已完成投资3000万元，建成了800平方米的接待中心、农乐人家四合院、100亩精品水产养殖区池塘、4000平方米养殖大棚、600亩生态果园、1000吨果蔬冷藏库。二期工程规划设计

□ 上粮下鱼养殖模式

的"姜公垂钓园""黄河文化园""吴王历史博览园"等项目,将根据政府沿黄旅游整体规划的实施情况陆续开工建设。此外,园区配套建设同步进行,投资200万元修建了近千平方米的活动广场,新安装220kVA变压器2台,架设改造高、低压线路3700米,完成生产路建设750米。

在山佳公司的影响和带动下,河套崔村大力开展基础设施建设,绿化美化村庄道路,开发旅游业,先后被评为3A级景区、惠民县先进基层党组织、山东省乡村振兴"十百千"示范创建工程、"美丽庭院"创建示范村等。

▶▶ 文教卫生

村办小学 1947年,村农会创办一处村小学,用寺庙做教室,聘请崔舜田任老师,工资由农会用粮食结算。1953年,崔有通接任教师。1957年,寺庙拆除后,建造了6间新教室。1975年,村庄整体搬迁,在新村中新建10间教室,崔平田、崔明红任民办教师,工资用劳动工分结算。1998年,村小学合并到丁河公办小学。

卫生室 1974年,村里创办卫生室。村民崔国康、崔恩秀经参加赤脚医生学习培训后,担任卫生室赤脚医生。1983年,卫生室撤销。

▶▶ 村干部任职情况

历任村党支部书记一览

姓 名	任职时间
崔临溪	1947—1950
崔日尧	1951—1960
崔宪德	1961—1969
崔钦田	1970—2000
崔秀温	2001—2015
崔桂令	2016—2021
崔明训	2022—

历任村行政负责人一览

姓 名	任职时间
崔泽南	1951—1960

姓　名	任职时间
崔增田	1961—1978
崔惠令	1979—2000
崔秀温	2001—2018

撰稿：崔明训

李家庄村航拍图

李家庄村
LIJIAZHUANGCUN

> 　　李家庄村曾名茅根李，位于魏集镇东北部3.5公里处，东与苏家庄、老君堂和滨州市滨城区堤口赵、陶家堤口接壤，北与胡集镇的石槽朱、月杨村为邻，西与张家集、任家、陈家搭界，南与贾家、木匠景相依。2023年，334户，1350人，汉族。耕地2632亩，农业村，主产小麦、玉米、棉花。姓氏以李姓为主，还有高姓等（系土著）。

▶▶ 历史沿革

　　据《李氏族谱》记载，始祖李成玉明洪武二年（1369年）由河北省枣强县迁居于此，因建村处是一片茅草地，取村名茅根李。后来，茅草地改为良田，村名亦随之改称李家庄。

▶▶ 文物古迹

　　古庙　据说，新中国成立前村北建有两座大庙，其中一座叫土地庙，供有观音菩萨、文昌星君等，占地面积约15亩。何时损毁已无人说清，原庙址上有两棵高大的古松，1966年被锯掉，庙址存有高土台子。后来村民从此取土建房，被挖成大水湾，村民把水湾称"大庙湾"。

古树 据传，村西南部有一棵古槐，李阁老（李之芳）来茅根李放马时曾拴过马。后来古槐死去，村民在原地又种了一棵新槐，现此树胸径50公分，树冠直径8米，树龄没人说得清。2019年，县绿化委员会为此树授"惠民县古树名木"保护牌。

▶▶ 民间传说

清朝1688年，李之芳休致居家（惠城）养老。因他戎马倥偬，很喜欢马，故家中养了不少良种马。当他听说李家庄有片茅草地，便让侍卫赶着30多匹马，自己骑马随后，到李家庄放马，并且一待好几天。一来二去，李之芳与村民李永平（南支九世祖）交上了朋友。吃（自己带的饭）、住都在李永平家中，并且相互称兄道弟。通过李永平引领，李之芳与村里的长者混得很熟，村里人经常聚在一起，听李之芳讲他带兵打仗的事。

据说，李之芳骑的是一匹高头大马，膘肥体壮，吃草料不与其他马同槽。而且所用石槽也很讲究，马槽外侧四面刻有花纹图案，长1.5米，宽0.8米，深0.5米，底厚0.4米，重达2吨多。人世沧桑，后来马槽被卖到青城，直到新中国成立后才被重新买了回来。

▶▶ 烈士名录

• **李俊尧** 1917年出生，1944年8月参加胡集区中队，任司务长。1946年在胡集区西朱村遭敌伏击牺牲，葬于本村西北大庙湾北。

▶▶ 村庄名人

• **高云峰** 1945年10月生，中共党员。1965年3月应征入伍，任济南市公安大队一中队战士。1969年任山东省军区独立二师四团十二连排长。1975年4月任山东省军区独立二师四团三机连连长。1983年先后任武警济宁支队二大队副大队长，武警济宁支队后勤处政治协理员。1988年转业后，任济宁市房产交易中心科长。

• **李静** 女，1967年11月生，山东大学中国近代史硕士生，滨州学院人文学院历史学教研室主任。2002年被评为滨州市示范教学能手，2008年被评为滨州学院优秀教师，2014年被评为滨州学院优秀班主任。

●李守华　1968年10月生，胡集镇中学高级教师，山东省书法家协会会员，曾获得山东省书画展优秀作品奖。

●李守永　1970年9月生，魏集镇中心小学高级教师。曾获得山东省特级教师、滨州市优秀园丁、滨州市名校长等荣誉称号。2015年、2016年为山东省远程研修课程专家，教学成果获得山东省教学成果奖。

●李斐雪　1998年山东大学生命科学院生物系本科毕业。中国科学院动物研究所博士；美国伊利诺伊大学芝加哥分校、美国肯塔基大学博士后。现任杭州师范大学生命与环境科学学院副教授。

▶▶ 特色产业

2000年以后，村里逐渐兴起的建筑业和室内外装修业成了村民的主要收入来源。至2023年，全村有建筑（主要是处理地面）队伍7个，从业人员近百人，总收入超千万元。室内装修业常年从业人数达200余人，人均年收入达6万元以上。养殖业（养鸡、牛、羊等）发展也较快。人均年收入近万元，个别户收入高达百万元。

▶▶ 文教卫生

村办小学　新中国成立初，村借用村民李希刚家的房子作为教室，创办村小学，吴希领任教师。1970年后，借用村民李亿斋家的北屋做一年级教室兼办公室，陈秀亭任一年级教师；南

□ 李家庄村碑

屋为五年级教室，李俊文任教师。同时借用村民李振杜的房子：北屋是四年级教室，李玉福任教师；东屋是二、三年级教室，李印洪任教师。共有在校生120余人。1976年，将部分学生搬到村北的林场。1977年，在村东建设新学校，共建教室、办公室12间。2003年学校撤销，合并到老君堂小学。

村办卫生室　1965年7月，响应毛主席"把医疗卫生工作重点放到农村去"的号召，村里创办了卫生室。同年10月，赤脚医生李义和在家中西屋成立村卫生所，当时出资仅9.79元用于进药行医。后卫生所移到村民李振兰家

中。2014年8月，在村南新建卫生室，行医条件和医疗设备大有改观。

▶▶ 村庄发展

2021年，村各街道铺设柏油路长达1000米；建成了高标准文化活动中心，内有阅览室、棋牌室、健身房等，极大丰富了村民的业余文化生活。

▶▶ 村干部任职情况

历任村党支部书记一览

姓 名	任职时间
李云孚	1945—1956
李日渭	1957—1969
李秀章	1970—1976
李居贡	1977—1978
李俊文	1978—1984
李化武	1985—1995
李振亮	1995—2009
李佃勇	2009—2010
李振亮	2011—2014
李佃勇	2015—2017
李俊洋	2017—

历任村行政负责人一览

姓 名	任职时间
李龙孚	1946—1956
李银增	1957—1962
李银田	1963—1976
李化山	1985—1986
李振亮	1987—2005
2006年至2007年，村主任空缺。	
李佃勇	2008—2010
李俊洋	2011—2014
李俊平	2014—2018

撰稿：阮然然

翟家寺村航拍图

翟家寺村
ZHAIJIASICUN

翟家寺村位于魏集镇政府驻地东南 5.2 公里处，紧邻黄河，与滨州市滨城区接壤。2023 年底，耕地 170 亩，104 户，313 人，汉族，以农为主，主产小麦、玉米、棉花。农闲时村民外出务工，年人均收入 3 万 ~ 4 万元。姓氏以翟姓为主。

▶▶ 历史沿革

相传，翟姓始祖原居南京。明永乐元年（1403年）迁居于此，因建村处靠近香火圣地清凉寺，故村名称翟家寺。清光绪十八年（1892年），姚家口黄河决口，河道南移，将翟家寺一分为二，黄河南岸翟家寺归属高青县，黄河北岸翟家寺归属惠民县魏集乡。

因村庄在黄河滩区，每逢汛期村民屡受侵害，仅近60年间，黄河水就有6次漫滩淹村，群众损失严重。1996年，县、乡两级政府实施黄河滩区安居工程，在河堤外规划设计新村，占地65亩，注资84万元，历时60天，扶持建房83户，公费为特困户建房15间，共建新房410间。全村91户316名村民全部搬迁至堤外新村，滨州地区行署专员王宗廉题写了村名并为新村村碑揭幕。

▶▶ 文物古迹

清凉寺 翟姓始祖翟斌原居南京，明永乐元年北迁，于乐安州厌次县老君镇内香火圣地清凉寺附近定居繁衍，取名翟家寺。根据清凉寺碑记载，清凉寺内正面有佛殿，左右有　廊庑，院内有高大茂盛的树木。济水绕寺环流。明嘉靖五年（1526年），翟泰将庙宇加以重修，后庙宇历经风雨摧折损坏荒废。

翟泰的后人翟桐天性淳朴、乐行善事，看到清凉寺庙的荒凉，内心十分不安，急切地想加以修整，但因经费匮乏难以完成。于是，联合众人，立会积财，铸钟以报晨昏，购买石料以砌台基。坍塌的地方做了修缮。庙内的佛像全部做了修绘，改换了旧的椽柱及柱上的题词，涂刷了墙壁，恢复

□ 翟家寺新村村容村貌

了人物的相貌，绘画了飞鸟，庙宇规制如同新建。

为彰显翟桐等人修缮寺庙的功德，村里刻碑以作纪念。清凉寺垮塌后，石碑被冲入黄河，后被打捞上岸，立于翟家寺村黄河堤沿，至今犹存。

▶▶ 民间传说

传说清凉寺有一个神和尚设坛祈雨的故事。明朝建文年间，山东各地久旱成灾，四方百姓请高僧灵碧法师祈雨，定于六月十九日设坛施法，在祈雨坛场，万余民众按其安排，手捧盛有火药且插香的"升"或碗。近午时分，灵碧

法师登上百尺法台，诵经念咒，施法祈雨，在引香燃烧过半时，阴云涌起，暴雨骤降，点燃的引香被雨水浇灭，人们欢呼雀跃，对灵碧法师万分敬仰。

▶▶ 文教卫生

翟家寺小学 1969年创办村小学，先后聘请陈秀亭、胡希亮、吴志华担任教师。1996年，翟家寺小学合并到老君堂小学。

卫生室 1956年，创办村卫生室，先后有翟元堂、于秀云、翟克功担任卫生室医生。2012年，村卫生室合并至铁匠魏村卫生室。

▶▶ 传统造船工艺

翟家寺地处黄河滩区古渡口旁，家家户户制造船只，靠销售船只和航运收入维持家庭生计。新中国成立后造船业逐渐萧条，造船工艺今已失传。

▶▶ 翟家寺黄河浮桥

翟家寺黄河浮桥，位于惠民、高青两县交界的翟家寺渡口，由惠民、高青两县交通局共同投资609.5万元，于1999年9月建成通车。桥长400米，桥面宽12米，由33对87式双体承压舟和1只趸船组成，载重量40吨。此桥是鲁中地区过往黄河的重要通道。

☐ 翟家寺黄河浮桥

村干部任职情况

历任村党支部书记一览

姓 名	任职时间
1956—1973年，当时翟家寺村未成立党支部，翟吉连为村大队长。	
翟兴林	1973—1989
翟全财	1989—1997
翟 强	1997—2006
翟 永	2006—2012
翟胜林	2012—2021
张龙龙（县派第一书记）	2021—2023
翟克国	2021—

历任村行政负责人一览

姓 名	任职时间
翟吉连	1956—1973
1974—1988年，无行政负责人。	
翟吉刚	1989—1997
翟全财	1997—2006
2007—2011年，无村行政负责人。	
翟克国	2012—2018

撰稿：郑雪鹏

谭梁许村航拍图

谭梁许村

TANLIANGXUCUN

　　谭梁许村原名谭家，位于魏集镇政府驻地以南。2023年，有265户，807人。耕地1400余亩，主产粮棉。汉族，姓氏以谭、梁、许为主。

▶▶ 历史沿革

　　相传，谭姓始祖（名已失考）于明成化年间（1465—1487年），由河北省枣强县迁此立谭家村，后有梁、许两家相继迁来，在谭家村一左一右定居下来，三姓同住一村，故以姓氏改村名为谭梁许。

▶▶ 文物古迹

　　黄河古道　1886年农历三月初七，黄河姚家堤段决口，决口6处，宽200余丈。决口处位于姚家村西南隅龙王庙，黄河水经魏集村、成家庙、西朱家等村，向北流入徒骇河。故形成一条从姚家口村西一直到徒骇河、宽50余米、长30余华里的新河道，至今河道遗迹犹存。

该次黄河决口造成河道南移，使原高青县的翟家寺、东董口、西董口、阎王庄、杨王庄、芦家、三合李、孙家圈、前王寺、后王寺、大杨、双杨、宫家13个村庄由河南变为河北，时称高青县河北乡。1945年8月，上述13个村划入惠民县，现归魏集镇辖。

▶▶ 烈士名录

- 梁文美　1919年生，1945年入伍，1946年6月加入中国共产党，任东北野战军五十二团二连班长。1948年在四平战役中牺牲。
- 曹云中　1925年生，1947年入伍，渤海纵队战士。1948年11月牺牲于淮海战役。
- 梁文德　1926年生，1945年入伍，中共党员，后加入中国人民志愿军，任二十六军七十六师连指导员。1951年牺牲于抗美援朝战场。
- 谭福庆　1928年生，1947年入伍，西北野战军二军二师十七团战士。1948年牺牲于陕西永丰镇。

▶▶ 村庄名人

- 谭大中　1961年生，现任成都军区某部队师级军官。

▶▶ 文教卫生

村小学　1965年，村集体创办小学，丁焕里担任教师。1970年，村小学改造校舍、扩大规模，称谭梁许小学。1987年，谭梁许小学并入魏集小学。

卫生室　1968年，村集体创立卫生室，曹美玉担任赤脚医生。2009年，村卫生室撤销，并入魏集镇卫生院。

▶▶ 安置下乡知青

为响应党中央知识青年上山下乡的号召，1969年，济南市先后有30余名知识青年到谭梁许大队插队落户，接受贫下中农"再教育"。为了安置好下乡知青，大队在庄内设置知青点，新建宿舍、伙房、办公室等24间。知识青年在大队落户期间，为谭梁许村的农业生产发挥了积极作用，和村民们建立了深厚的友谊。1975年，根据国家政策，插队落户谭梁许村的知识青年陆续返城就业。

▶▶ **重要事件**

□ 村内长街　　　□ 村内广场　　　□ 村办公室

1939年除夕之夜，日寇勾结伪军攻打驻谭梁许村的国民党军薛守华部，双方激战了两个多小时，薛部伤亡惨重，村民谭书良、谭增福、梁成堂等七人和外村六名便衣死亡。

▶▶ **村干部任职情况**

历任村党支部书记一览

姓　名	任职时间
谭永泽	1950—1982
许长美	1982—1992
曹美洪	1992—1993
谭大华	1993—1995
谭林保	1995—2002
梁金华	2002—

历任村行政负责人一览

姓　名	任职时间
谭大军	1995—2015
许吉孝	2015—2018

撰稿：梁金华　许吉华

木匠景村航拍图

木匠景村
MUJIANGJINGCUN

　　木匠景村原名景家，位于魏集镇政府驻地东南 4 公里处，南距黄河大堤 1 公里，东与谭家村相邻。2023 年底，有 140 户，519 人，汉族。耕地 754 亩，主产小麦、玉米、棉花。村民都有木工技术，尤其做车盘是其传统的木工手艺，年人均经济收入 4 万元。有景、赵、马等姓氏，以景姓人口居多。

▶▶ 历史沿革

　　据《景氏族谱》记载，始祖景卜明宣德年间（1426—1435 年）由河北省枣强县迁此，立景家村。1985 年建村委会时，为避重名，更名为木匠景。

□ 木匠景村木材厂　　　　　□ 木匠景村村委会

▶▶ 民间传说

　　据传，木匠景村人自清朝末年开始，靠木工手艺外出打拼，不少村民在各地安家落户，从《景氏族谱》上看，流落到外地的景氏族人有2000多人。在修《景氏族谱》时还流传出一个小故事：1887年，因黄河决口，景家村被淹，家谱透水损坏，族人为补修家谱，花了不少银两。关于景氏始祖的名字难以考证，经修谱人商定，将始祖定名为"景卜"（"卜"为"补"的谐音），流传至今。

▶▶ 烈士名录

　　● 景振岱　1929年生，1951年6月入伍，共青团员，志愿军六十五军一九三师战士。1952年9月21日，牺牲于抗美援朝战场。

▶▶ 村庄名人

　　● 景学峰　1945年生，1963年入伍，升任团级干部，转业到滨州市委党校任副校长，现已退休。

　　● 景晨光　1965年生，法律专业院校毕业后，先后任滨州市中级人民法院民事一厅厅长，滨州市审判委员会委员。

　　● 景丙华　青年农民企业家，自主创业成立了舒尔顿家居有限公司。

▶▶ 特色产业

　　木工工艺　自立村以来，木匠工艺是村传统产业。村内木匠手工制作车盘、纺车、衣柜、桌椅、梁柱等，工艺精良，远近闻名。这一传统手工艺为非物质文化遗产的传承和发扬做出了贡献。新中国成立后，村里的老木工艺人为木匠的传承制定了公约，订立了木工业的发展计划。大集体时村里有4个生产队，每队都有木工组，党的十一届三中全会以后，实行产业结构调整，大力发展工副业，村里木匠怀揣绝技走南闯北，用木工手

□ 木匠景村养鸡场

艺发家致富。近十几年来木匠景村兴起了装饰产业，80%的劳动力外出干装饰、装修业，干得风生水起、腰包鼓了起来。村里开办了4个大型木板加工厂，实行了产业服务一条龙，效益可观。

▶▶ 长寿村

木匠景是县里有名的长寿村，2023年，105岁寿星1位，95岁以上的3位，90岁到94岁的3位，80岁到89岁的有十几位。寿星云集，是实实在在的长寿村。

▶▶ 文教卫生

小学 1965年创办，1998年因社区合并撤销。
卫生室 1965年，村创办卫生室，景学顺担任赤脚医生。

▶▶ 村干部任职情况

历任村党支部书记一览

姓　名	任职时间
景元会	1950—1963
景学章	1963—1967
景学华	1967—1976
景学先	1976—2002
景学宽	2002—2010
2010年至2012年，无村党支部书记。	

姓　名	任职时间
景乐美	2012—

历任村行政负责人一览

姓　名	任职时间
景元福	1950—1967
景元忠	1967—2002
景乐美	2002—2012
翟九凤	2012—2018

撰稿：谭耀远

孙家圈村航拍图

孙家圈村
SUNJIAQUANCUN

孙家圈村原名孙家庄，位于魏集乡政府驻地东南4公里处，南抵黄河1公里处。1945年曾属青城（今高青）县辖。2023年，有200户，630人，党员20名，汉族，姓氏以孙姓为主。耕地1400亩，以农为主，主产小麦、玉米、棉花。

▶▶ 历史沿革

据《孙氏族谱》记载，始祖孙江、孙海，于明天顺五年（1461年），由河北省枣强县迁居于此，立村孙家庄。后因河道变迁，该村正处于黄河转折的半环形包围圈中，村名遂被称为孙家圈。清光绪十八年，姚家口黄河决口，河道南移，孙家圈由河南变为河北，时称青城县河北乡孙家圈。1945年8月，归魏集乡管辖。

1946年，村民孙泽山由三合李村党员李玉田介绍入党，两村合建一个党支部。1951年，村民孙风山由孙泽山介绍入党。1959年，孙家圈村建立党支部。

□ 村领导班子合影

▶▶ 烈士名录

● **孙维学** 1923年生，1945年4月入伍，二军六师十七团三营战士。1948年11月，牺牲于陕西永丰镇。

▶▶ 村庄名人

● **孙克观** 1928年生，1946年参加革命工作，1949年加入中国共产党，先后任浙江税务局副局长、调研员。1989年退休。

● **孙克贵** 1932年生，1948年10月参军入伍，先后参加过渡江战役，解放上海战役，抗美援朝第二、五次等战役，荣立三等功一次。部队转业后任济南试剂总厂党支部副书记。1992年2月退休。

● **孙克宣** 1933年生，1951年2月参加志愿军，在抗美援朝战争中荣立三等功四次。1953年9月任中国人民解放军六十五军五七九团侦察参谋、组织干事等职。1970年7月退休，安排县军干所居住。

● **孙维友** 1936年生，1955年12月入伍，在陆军第三十二师先后任无线报务员、电台台长、通讯参谋、副营长、营长等职。1981年11月转业至惠民地区邮电局工作，历任组织科科长、纪委书记、调研员等职。1996年离休。

● **孙贵章** 1947年2月参加革命工作，在滨州市商业集团总公司先后任办事员、副科长、科长、主任会计师、高级会计师等职务。1992年5月退休。

●孙维东　1963年4月生，1980年11月入伍，在武警黄金第十支队，先后任技术员、司令部参谋、副股长、股长、副参谋长等职。2002年12月退役。

▶▶ 重要事件

1946年6月13日，该村民兵与国民党匪特张福和部在孙家圈交火，激战两小时，匪特逃遁，民兵王玉坤、孙平儒在战斗中牺牲。

▶▶ 特色产业

1978年实行农业结构调整，村部分粮田改植桑园，发展桑蚕产业，同时发展养殖业，建立室内装饰队10个。全村农副业年总收入达200余万元。人均年收入达3500元。孙家圈村被魏集镇委、镇政府评为"产业结构调整先进村"。

▶▶ 教育卫生

教育　1934年，村民自发筹资在村东创办第一所村小学，王延祥、孙克祥、孙德芳、孙克勇、韩增泉、路克鑫先后担任教师。1983年，因老学校教室年久失修，全村集资在村北建造了第二所村小学，占地5亩，教室10间，孙志成、孙维开、孙术琴、吴希平先后担任民办教师。1990年，村小学合并至镇中心小学。

卫生室　20世纪70年代，村集体创立孙家圈卫生室，孙江山、孙梅一、孙少华、孙德福、孙桂英先后担任赤脚医生。2019年，村卫生室撤销，合并到三合李村卫生室。

▶▶ 合村并居乔迁新村

为配合实施新农村改造工程，2019年6月30日，全村签署搬迁协议。2020年10月，200户村民搬入"永安新村"。该村总建筑面积47000平方米，电梯楼房11栋，村内美化、绿化、亮化，停车场、广场、商铺、娱乐厅及服务设施齐备，村民欢天喜地，心情愉悦。

□ 孙家圈新村风貌

▶▶ 村干部任职情况

历任村党支部书记一览

姓　名	任职时间
孙凤山	1959—1963
孙志城	1964—1978
1979—1987年，村无党支部书记。	
孙维凯	1988—1989
孙德刚	1990—2001
孙训一	2002—2019
孙克利	2019—

历任村行政负责人一览

姓　名	任职时间
孙维凤	1959—1963
孙训一	1964—2001
孙维芳	2002—2018

撰稿：成文勇　孙克利

后刘村航拍图

后刘村

HOULIUCUN

后刘村原名踩鼓刘，位于镇政府驻地西2公里处，属于韩家联村。2023年，有82户，354人。耕地面积600亩，粮食作物以小麦、玉米为主，经济作物以棉花为主。姓氏以刘姓为主，另有姚姓等。

▶▶ 历史沿革

据民国二十一年《续修惠民县志》记载，其刘姓始祖刘恩，明成化年间（1465—1487年），由河北省枣强县迁居于此，因有"踩鼓"（制作皮鼓）的技术，遂取村名踩鼓刘。至正德年间（1506—1521年），因黄河决口，把一村冲为两段，南段村名前刘，北段村名后刘。

▶▶ 非遗介绍

传统"踩鼓"工艺　后刘村始祖刘恩从枣强迁来后，就以踩鼓生意为生，距今已传承300余年。后刘踩鼓已列为"省级非物质文化遗产"。现有十六世传人刘春峰、刘春恕，十七世传人刘洪义、刘洪达。

踩鼓刘的鼓，品种多样，用料讲究，工艺精湛，鼓音纯正，美观耐用，远近闻名。经过历代传人的摸索，形成了独特的制作工艺。特别是大鼓的制作，鼓型高大威武、壮观，鼓音高亢、激越，具有极高的艺术价值，深

□ 后刘踩鼓

受广大爱好者的喜爱，是周围地区喜庆活动中最常见和最受欢迎的打击乐器。

皮鼓踩制是一项工艺非常烦琐的工艺。踩鼓刘村的艺人依然沿袭世代相传的手工艺技术和家庭作坊式的生产方式。踩鼓时，全家人齐上阵，分工明确。无论是做一面2米的大抬鼓，还是一面0.2米的小鼓，它的用料和工艺都非常讲究。鼓腔采用槐木和桑木作原料，加工成鼓腔板后放在炉子里烤干。鼓面的皮子，主要采用鲁北黄牛的新牛皮，泡在水里24小时后，再将皮上的余肉和毛刮掉，剪裁成样，这样的生牛皮不但没有腥味，而且韧性好，经久耐用。接下来的工序同样复杂，从画鼓腔样到拼接鼓身，从刨平鼓腔口到蒙鼓皮，从安好踩鼓架到踩鼓，每道工艺都要精雕细刻，精益求精。

踩鼓这道工序非常重要，人站在鼓面上反复用脚踩，使鼓皮松弛，勒紧皮子，然后继续踩，反复数次，直到鼓面绷紧为止。这样做出来的鼓音质清脆、洪亮，带有金属的韵味。制鼓所用的料非常讲究，牛皮先用瓮来糟，糟好脱净毛，用盐腌渍以防腐蚀，晾干备用。鼓腔用桑木最好，但当地桑木短缺，也可用槐木和榆木，但做出的鼓腔容易变形裂缝，且音质也不如桑木。故上好鼓的桑木都从外地购入，制作成本高于当地木材。为保证鼓腔的圆润、坚固，解料、放样及烘干、拼接、定型都得极为精巧。鼓面以当地牛皮为最佳，但价格高昂。新疆牛皮和水牛皮便宜，但做出的鼓质量、音质都不如当地牛皮。制作的皮鼓有腰鼓、手鼓、秧歌鼓、堂鼓、抬鼓等。各种鼓都是用料讲究、技艺精湛，以其声铿锵、其质耐用而闻名。

▶▶ 烈士名录

● **刘洪青** 原名刘春礼，1923年出生，1946年入伍，共青团员，志愿军

六十七军排长，1953年在抗美援朝战场牺牲。

▶▶ 教育卫生

村小学 1971年创办后刘村小学，先后有王汝庆、贾明轩、刘春武、刘春慈、刘洪魁、马成新、张训华、蔡希军、魏任銮、陈秀刚、朱安贵、刘春兰、梁文东、姚恩民在小学任教。1995年，后刘村小学并入韩家小学。

卫生室 1960年创办卫生室，刘凤梅、孙玉芬、魏俊珍先后任赤脚医生。2010年，在村西新建卫生室一处。

☐ 村内风景

▶▶ 村干部任职情况

历任村党支部书记一览

姓 名	任职时间
姚恩木	1962—1984
刘庆波	1984—1994
刘洪国	1995—1999
刘春贤	1999—2002
刘 坤	2002—

历任村行政负责人一览

姓 名	任职时间
刘景占	1949—1956
刘凤銮	1956—1962

撰稿：刘 坤

阮家道村航拍图

阮家道村
RUANJIADAOCUN

阮家道村原名芦家，曾名阮家道口。位于魏集镇政府驻地东南4.5公里，黄河滩内。1945年前属青城（今高青）县辖。2023年，有75户，300人，党员9人，汉族。耕地250亩，以农业为主，主产小麦、玉米、棉花。姓氏以阮、芦姓为主，另有于、王、翟等姓氏。

▶▶ 历史沿革

相传，明洪武年间，芦姓始祖由河北省枣强县迁至青城县东北二十华里处落户。当时由阮氏、芦氏、于氏、王氏、翟氏五家族协商起名芦家村。清光绪年间，黄河发大水，河道改道，芦家村成为黄河滩里村。民国初，阮氏家族造了一只渡船，在村边开设了渡口，遂改村名阮家道口。

▶▶ 村庄名人

- 阮智邦　中共党员，博士学位。现任武汉理工大学教师。
- 阮振邦　中共党员，研究生学历。现任北京中粮集团工程师。

▶▶ 重要事件

　　1976年秋，黄河发大水，地处滩区的阮家道村房屋倒塌90%以上，成为全县的特困村。1977—1978年，在县乡人民政府的帮助和村党支书阮守孟的带领下，在黄河堤外盖起了新的土坯房，使全村76户村民从滩区搬了出来。1990年，村里通了电，并陆续盖起了新的砖瓦房，修筑了柏油公路。

▶▶ 特色产业

　　全村实施光伏发电，村集体年收入约1万元。2018年，全村土地实施流转，年人均经济收入2万~3万元。

▶▶ 村庄发展

□ 入村大门

□ 村内大街

　　2010年，村重建了村委会，大力开展基础设施建设：加宽了村公路、修了地下水道、安了自来水、建了广场、村西路口建了牌坊。2021年，在村内建了阅览室，成立了积分超市，为村民交了财产保险，为70岁以上老人建了活动荣誉室，创立了美丽庭院示范户26户，村内公路两边进行了美化、绿化、亮化，村容村貌焕然一新。

　　2008年，阮家道村被授予镇"人口计划生育工作先进单位"；2015、2016、2017年，连续三年被评为镇"先进村"；2021年被授予"惠民县先进基层党组织"；2022年被评为"黄河人家特色精品村"；2023年被授予"惠

678

▶▶ 文教卫生

村办小学　1957年，在政府的支持下，村内盖起了5间平顶土坯房，创立了芦家小学，村民王风义担任教师。至1998年，刘玉生、董先贵、贾风兰、邢玉峰、王风秀、李天彬、于秀英、杨成武、霍冠京等先后担任民办教师。1999年，芦家小学合并至曹贾小学。

□ 村中广场

村办卫生室　1969年，村集体创办芦家卫生室，阮守礼、芦文成先后担任赤脚医生。1999年，村卫生室撤销。

▶▶ 村干部任职情况

1949年后，村分为东队、西队。1958年合为一个大队。1961年又分为东、西两个小队。1972年，始建村党支部。

历任村党支部书记一览

姓　名	任职时间
阮守孟	1972—2020
阮守明	2021—

历任村行政负责人一览

姓　名	任职时间
阮希祥	1949—1958
阮武贤	1958—1961
芦长梅	1961—1964
芦文忠	1964—1972

撰稿：杜文超　阮守明

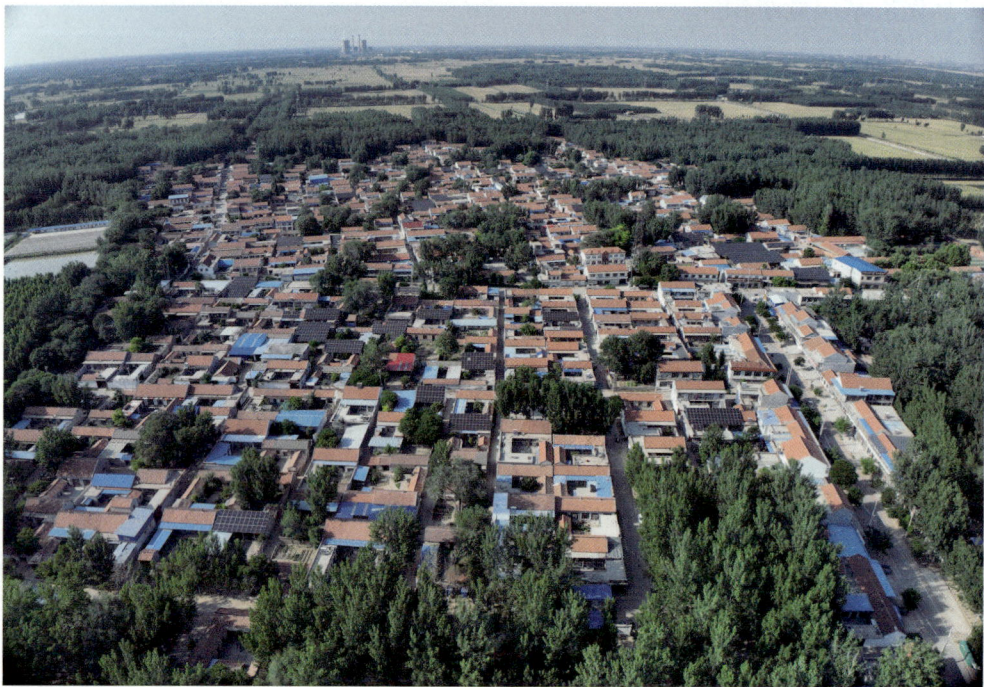

曹家集村航拍图

曹家集村
CAOJIAJICUN

　　曹家集村原名曹家（与贾家合称曹贾），位于魏集镇政府驻地东南3公里处，东与贾家集村相邻。2023年，有407户，1422人，汉族。耕地1800余亩，主产小麦、玉米、棉花，年人均经济收入4万元。有曹、荆、朱、姜等姓氏，以曹姓人口居多。

▶▶ 历史沿革

　　相传，明洪武二年（1369年），始祖曹伯汉由山西省洪洞县迁居于此，立村曹家。因与贾家村是近邻，两村又曾为一个行政单位，取名曹贾。1985年建村民委员会时，曹、贾分置，各自建村委会，为避重名，两村名后均加一"集"字，该村即名曹家集。每逢农历三、八有集市贸易。

680

▶▶ 民间传说

据《曹氏族谱》记载，曹家立村后屡遭黄河水侵害，曾搬家三次，村子被称为"阎王鼻子"。为祈福消灾、避水患，村民捐资修建了一座气势宏大的"泰安圣母庙"，而后黄河改道。据说圣母庙的鼎盛期曹家物阜民丰、人丁兴旺。每天香客千余人，通往村里的路上香客络绎不绝。曹家集民风淳朴，与相邻村庄自古和睦友好。1985年，曹家兴起农历三、八集市贸易，每集前来交易的商客成千上万，集市对本村和四周村庄人民带来了益处，也传承交流了文化和土产资源。

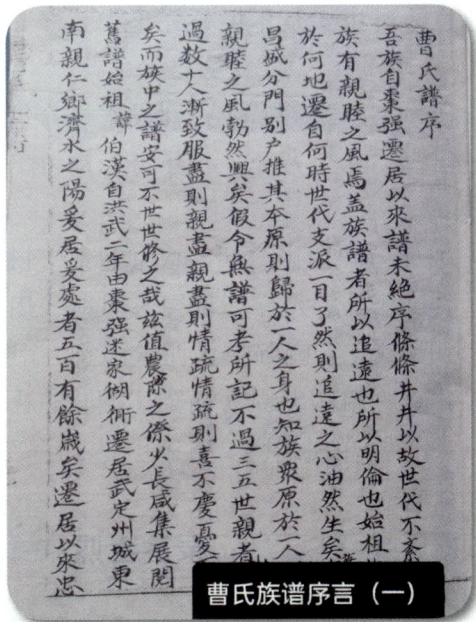

曹氏族谱序言（一）　曹氏族谱序言（二）

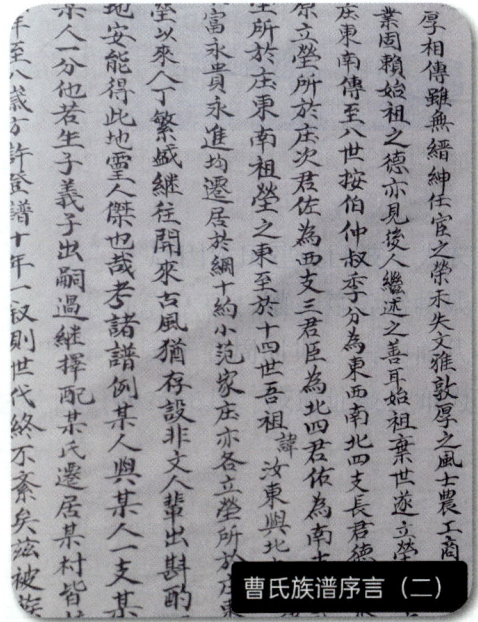

□ 曹氏族谱序言

▶▶ 烈士名录

●**曹玉路** 1930年生，1947年入伍，西北野战军战士。1948年在瓦子街战役中牺牲。

▶▶ 村庄名人

●**曹景殿** 20世纪30年代，毕业于北京大学工学院机械系，抗日战争爆发后投笔从戎，在黄埔军校高等教育班受训，结业后留校任教。抗战胜利后，曹景殿脱离国民党，投靠解放区，带着妻子四处奔走，宣传革命思想，后在省立中学、济南三中任教师。

681

●曹洪儒　1948年2月出生，大专文化，1974年入党。先后任麻店、申桥、胡集镇党委书记。1990年1月任惠民县纪律检查委员会书记。1991年3月任惠民县委常委、县政府副县长。1996年11月任惠民县委副书记，1998年1月后，当选为惠民县十四届、十五届人大常委会主任。2012年3月退休。

▶▶ 特色产业

土地流转　村党支部以每亩2400元的价格将30亩土地转包给养殖户，搞水产养殖、养鸭、养牛，带动了全村农业经济的发展。

装修产业　全村80%的村民靠手工艺生活，主要是木工、瓦工和装修等手工艺，自主创业，涌现出大小企业几十家。

水蛭养殖　村里与本土能人杨铠铭合伙发展水蛭养殖业，建设水蛭养殖池170个，林下套养金黄水蛭260万尾，年收益300余万元，每年可带动村集体稳定增收15万元。

▶▶ 村干部任职情况

历任村党支部书记一览

姓　名	任职时间
荆吉平	1964—1967
曹方东	1967—1976
荆建国	1976—1996
曹洪让	1996—2016
曹洪国	2016—

历任村行政负责人一览

姓　名	任职时间
曹景广	1949—1964
曹玉滨　贾洪友	1964—1967
1967年至1976年村行政负责人空缺。	
曹方东	1976—1996
曹振祥	1996—2018

撰稿：谭耀远

西朱村航拍图

西朱村
XIZHUCUN

西朱村位于镇政府驻地西北 2 公里处，属于魏集镇韩家联村。2023年，有 103 户，453 人。耕地面积 650 亩，粮食作物以小麦、玉米为主，经济作物以棉花为主。姓氏以朱姓为主。

▶▶ 历史沿革

相传，始祖朱得宁、朱得石兄弟，于明朝成化二年（1466年）由河北省枣强县朱家楼村迁来，分别于东、西各建一村，该村位于西，即名西朱。尚存石碣一方，志"朱氏溯源"文。

▶▶ 烈士名录

● **朱西文** 1923年生，1947年入伍，后加入中国人民志愿军二十三军六十九师二〇六团任排长。1951年12月在抗美援朝战争中牺牲。

● **朱丰永** 1929年出生，1949年入伍，在三野六十师一七九团服役，同年在战场失踪，1956年追认为烈士。

▶▶ 村庄名人

● **朱吉云** 1930年生，1951年加入志愿军二十兵团六十九军入朝参战。1951年9月因病回国，在天津休养。1953年，第二次入朝参战。1954年，回国后在江苏徐州野炮部队继续服役。1957年6月复员回家。

▶▶ 文教卫生

西朱小学 1975年，创办西朱小学，朱连星、朱连海、朱希功先后在学校任教。1995年，西朱小学并入韩家小学。

卫生室 1957年，创办村卫生室，朱希林、朱希海先后担任赤脚医生。2005年，卫生室撤销。

□ 西朱村主街

□ 村办公室

▶▶ 村干部任职情况

历任村党支部书记一览

姓　名	任职时间
朱希岩	1979—1987
朱希全	1987—1990
朱永堂	1990—2010
朱希洋	2013—2015

姓　名	任职时间
朱连华	2015—2021
朱丰晓	2021—

历任村行政负责人一览

姓　名	任职时间
朱延合	1957—1979
1980—1989年，无村行政领导。	
朱洪堂	1990—2005
2006—2009年，无村行政领导。	
朱梅武	2010—2013
2014年，无村行政领导。	
朱希全	2015—2018

撰稿：朱丰晓

HUIMIN

XIANGCUN

JIYI

11

清河镇
QINGHEZHEN

矗立于黄河岸边的陈毅粟裕塑像

清河镇

QINGHEZHEN

清河镇位于惠民县东南部，东连魏集镇、胡集镇，南隔黄河与淄博市高青县相望，西与李庄镇接壤，北隔徒骇河与辛店镇、麻店镇相邻。镇党委政府机关驻地位于220国道南侧清河镇文化路一号。全镇版图总面积68平方公里，耕地面积3527公顷，属黄淮海平原农业开发重点乡镇。辖6个联村，共59个自然村。2023年末，全镇总人口3.4万人。获“滨州市农业产业强镇”“滨州市数字乡村试点乡镇”“全市‘扫黄打非’进基层示范点”等荣誉称号，为全市唯一省级第二批衔接乡村振兴集中推进区。

全镇共有为国家、人民和民族牺牲了宝贵生命，做出过不可磨灭贡献的革命烈士80余名。

历史沿革

清河镇历史悠久，是惠民县五大古镇之一。民国时期属惠民县第八区。1948年4月，更名为清河镇区，区委区公所机关驻清河镇村。1950年5月，更名为第十一区，区委、区公所机关驻丁家庄。1955年9月，复名清河镇区。

1956年12月，清河镇区分化为清河镇、邵家两个乡，并分别建立乡党委、乡人委会，清河镇乡党委、人委机关驻清河镇村。1958年2月，清河镇乡、邵家乡合并为清河镇乡，并建立乡党委、乡人委会。1958年9月，改建为清河镇公社，并建立公社党委、公社管理委员会。1961年12月，更名为清河镇区，建立区党委、区公所。1967年1月，区委、区公所被夺权。1967年6月，成立清河镇区革命委员会。1969年9月，复名清河镇公社，成立公社革命委员会。1969年12月，成立公社革委党的核心领导小组。1971年3月，撤销公社革委党的核心领导小组，选举产生公社党委。1974年10月，党委、公社革命委员会机关住址迁至丁家庄南。1981年1月，清河镇公社革命委员会改称清河镇公社管理委员会。1984年，改建为清河镇乡，并成立乡党委、乡人民政府。1995年1月，改建为清河镇党委、镇人民政府。2013年11月，清河镇党委、镇人民政府机关住址迁至220国道南侧清河镇文化路一号。

▶▶ 文物古迹

棣州新城故址 棣州新城又称南旧州，位于今清河镇古城马村西北。唐太和二年，大水陷坏棣州城（今惠民县辛店镇先棣州一带，又称北旧州）。五代后梁开平元年，时任棣州刺史华温琪，为躲避水患，将棣州和厌次县治南迁于此。咸丰《武定府志》载："城周九里，南距大清河，西暨北距土河，各仅一里。宋大中祥符八年，河北转运使李仕衡奏徙之。甫迁而大水没古城丈余。"可知，古城于宋大中祥符八年（1015年）毁于水，州县治所址迁至阳信县乔家庄，后建为今惠民城。1957年，故址曾出土镰铸和锁链。

清河镇渡口旧址 位于清河镇南侧黄河北岸（白龙湾险工53#坝），下航1公里至南岸的高青县海里干村，是鲁北交通要津。渡口形成于清咸丰年间，一直以木船摆渡行人车辆。

1946年4月至1948年9月，承担并完成了重要的军运任务，为解放战争胜利做出了巨大贡献。

1947年，设清河镇渡口管理所，拥有能渡一营兵力的大船1只、小号船只100多只。1948年后，渡口管理所交惠民县治河办事处领导，渡口只有十几只小木船渡运来往行人。1956年，建立航运社，属惠民县交通局领导，当时码头为天然土码头。1966年，开始使用机船渡运。1970年，改为石码头，渡口砌石坡道宽8米，并建有候船室、售票室、饭店、商店等。1981年，由于黄河复堤工程，渡口候船室、饭店、商店被拆除。20世纪80年代中后期停运。1991年11月，清河镇承压舟浮桥建成，替代落后的轮渡。1999年，将原清河镇航运码头辅道拆除回填，按2000年设防标准改建为粗排乱石坝，后在其上建成红色广场。

陈毅粟裕渡黄河旧址　位于清河镇白龙湾风景区清河镇渡口旧址处，是县级文物保护单位。2022年11月，入选"山东省第二批不可移动革命文物名录"。1947年8月，华东野战军司令员陈毅和副司令员粟裕带着一个警卫排，从高青县过黄河经此来到惠民县城。在此旧址上建有党建主题广场，广场中央矗立着陈毅、粟裕雕像。

黄河清河镇航运港遗址　成立于1951年，位于黄河下游左岸白龙湾险工上首河滩，在清河镇渡口下首，时称"清河镇航运站"，隶属山东交通厅黄河航运局，担负着惠民、阳信、无棣、庆云、乐陵、商河各县工农业建设的水路运输物资的疏散任务及本港辖区梯子坝——刘春家各站点的船舶装卸和组织管理工作。20世纪80年代停止营运。1995年9月7日，山东黄河河务局以鲁黄管发〔1995〕30号文批复，同意惠民县黄河河务局接管清河镇黄河航运港，定名为"齐口控导工程"。

白龙湾引黄涵闸　坐落在白龙湾险工之上，建成于1983年8月，担负着6个镇337个自然村工农业用水的供水任务，设计灌溉面积约2.3万公顷。数十年来，该闸对保障沿黄乡镇粮食安全、改善灌区引水条件等发挥了至关重要的作用。2022年10月起，对该闸进行改建。

北一古槐　位于清河镇北一村，历经100多年风霜，屹立不倒。

除上所述外，还有香赵村基督教活动场所、袁化中墓、三义庙、天齐庙、钟楼等文物古迹。

▶▶ 历史人物

● **袁化中（1577—1625年）**　字民谐，号熙宇，明代官员，今清河镇袁家村人。万历三十五年（1607年）进士，历任内黄、泾阳知县，多有善政。泰昌元年（1620年）提升为御史。袁化中耿直、清廉，勇于扶正压邪。明熹宗时，上书论述时政八事曰"宫禁渐弛，言路渐轻，法纪渐替，贿赂渐章，边疆渐坏，职掌渐失，宦官渐盛，人心渐离"，均切中利弊要害；又与杨涟等上书弹劾魏忠贤，揭发崔呈秀贪污行径，魏党大恨，诬其受熊廷弼贿万金，下镇抚狱，受尽酷刑，1625年冤死狱中，与同遭冤杀的杨涟、左光斗、魏大中、周朝瑞、顾大章并称为"东林六君子"。崇祯初年，袁化中被平反，赠官太仆卿。南明弘光时，追谥"忠愍"。

● **袁溥**　生卒失考，今清河镇袁家村人，后迁居惠民城南门街，系明代

"忠愍公"（袁化中之谥号）八世孙。性格孤僻高傲，精通书法、文学。清乾隆年间（1736—1796年），受人举荐于荣城县，任过司铎（文教）。嘉庆二十四年（1819年）乡试中举人。道光十五年（1835年）中进士二甲第96名，入翰林院庶常馆，后由庶常提为礼部主事。咸丰二年（1852年）于京兆府（今西安市）任职。在校阅试卷中慧眼识士，晋升为郎中，在户部宝泉局任监督。任职数年中，直言敢谏，不避权贵，风骨凛然。公务之余，唯以书法为乐。因其两袖清风、刚直不阿而违逆、激怒高官显贵，终使其困顿成疾，卒于吏部给谏任上。

▶▶ 名人乡贤

● **王均合**（1920—1995年）　曾用名王涛、王展浩、鲁飙，清河镇人，1937年考入平原师范学校，1939年奔赴延安，1940年进入陕北公学学习，1941年3月加入中国共产党。曾任热河省文工团指导员，辽西支队一团政治处宣传股股长，热河荣军学校副校长，热河省民政厅荣军管理处副处长兼荣校校长、副厅长，辽宁省人委办公厅主任、省委办公厅副主任、省档案局局长等职。1983年12月离休。

● **孙秀德**（1927—2000年）　清河镇四村人，中共党员。曾任惠民县委宣传部部长、惠民地委宣传部教育科副科长、无棣县委副书记兼无棣县革委会副主任、惠民县政协主席等职。1987年5月离休。

● **梅恒起**　清河镇梅集村人，1937年9月出生。曾任山东大学副校长、山东万方科技有限公司董事长等职。

● **纪宗刚**　清河镇四村人，1951年10月出生。曾任大连海军舰艇学院主任等职。

● **马登雨**　清河镇古城马村人，1952年7月出生。曾任山东省纪律检查委员会主任等职。

▶▶ 经济发展

工农业经济　该镇主要农作物为小麦、棉花、玉米。1971—1980年，曾试种水稻，年种植面积最多达1.7万亩。1986年始，不断调整种植结构，在抓好粮棉生产的同时，逐步发展瓜果、植桑养蚕和蔬菜生产等。1997年后，粮棉种植面积及产量有所下降。此后，大力发展良种繁育、桑蚕、蔬菜等产业和胡萝卜、土豆、西瓜等特色农产品。近年来，完成覆盖全镇50%以上耕地的高标准农田建设项目3.3万亩，辖区内粮食规模化种植比重达80%，粮食总产值增加20%以上。有农业龙头企业3家、特色农业农民专业合作社67家。

20世纪80年代以来，该镇工业经济发展迅速，曾有窑厂、农具厂、被服厂、化工厂、灯具厂、地毯厂、面粉厂、预制件厂、苇板厂、聚酯瓶厂等企业。2001年，建成占地1100亩的工业园区。2023年，全镇固定资产投资完成1.74亿元，工业技改投资完成5102万元，规模以上工业总产值完成7040万元。

特色产品 杜桥豆腐皮，以质地细嫩、味道纯正、水质良好著称，其特色是口感醇香、煎炒不碎、咀嚼松软。2011年，杜桥豆腐皮入选"到山东100种不得不尝的美食之一"。

面塑 清河镇跑马刘村的刘增辉，拜师中国面塑大师李长根，系统学习山东面塑制作，成为面塑艺术山东"李派"第四代传承人。2021年3月，刘增辉创办"腾辉面塑艺术培训工作室"，在做好面塑艺术创作的同时，进行面塑技艺培训。其面塑作

□ 面塑龙头

品被收录进惠民县"山东手造"项目数据库。

清河镇的大白菜种植已有100多年历史。一直以来，清河镇大力发展白菜农业特色产业，精心打造绿色农产品品牌，"薛家口"白菜这一农产品品牌应运而生。"薛家口"大白菜产于黄河北岸，这里的土壤有机质含量高，温度和光照也适宜，种出来的白菜个大体壮、株型紧凑，烹饪时"汁白如奶、味甜可口、下锅易烂"。

富硒黄金梨，洗净后可直接食用，能生津止渴、清凉解暑，并有润燥清热、化痰止咳等功效。果实扁圆形，平均单果重350克，8月中下旬成熟，较耐贮藏。成熟时果皮呈黄绿色，储藏后变为金黄色。果皮极洁净，套袋时果皮呈金黄色、透明状。果肉呈白色，肉质脆嫩、多汁，味清甜，而具香气，含糖量可达17%。石细胞少，果心极小，可食率达90%以上。风味独特，品质极佳。

黄河鲤鱼，体延长呈纺锤形，侧扁，头宽吻圆钝，背部隆起，口位于尖端，成鱼须2对，后须较长，下咽齿3行，体被圆鳞，鳞片较大具金属

光泽，侧线完全垂直，贯穿尾部中央。背鳍、臀鳍各有一硬刺，硬刺后缘呈锯齿状，胸鳍圆，雄性胸鳍硬刺前缘有锯齿。背部为黄褐色，腹部为淡黄色，尾鳍显红色。肉质肥厚、细嫩鲜美、营养丰富。据《本草纲目》所述，此鱼还可入药，具有养肝补肾功能，可治疗孕妇水肿、月经不调、中耳炎、赤眼病等。

清河镇翟刘村"三红"胡萝卜种植历史可追溯至20世纪90年代。富含胡萝卜素、维生素等营养物质，清脆爽口，水分充足，味道甘甜，因红皮、红瓤、红心被赋予"三红"美誉。

▶▶ 教育卫生

域内有小学3处，分别是惠民县清河镇中心小学、惠民县清河镇林樊小学、惠民县清河镇油坊李小学，共有教职工87名，在校生1195名；中学1处，为惠民县清河镇中学，教职工57名，在校生520名；幼儿园6处，分别是惠民县清河镇中心幼儿园、惠民县清河镇林樊幼儿园、惠民县清河镇油坊李幼儿园、民办的惠民县大风车幼儿园、民办的惠民县贝伶贝俐幼儿园、民办的惠民县朔宇幼儿园，共有教职工88名、在校生629名。

域内有清河镇卫生院，医务人员52人，床位99张。卫生室9处，共有乡村医生25名。

▶▶ 非遗介绍

清河镇木版年画　始于清康熙年间，至光绪年间达到鼎盛。其表现内容主要有辟邪纳福、吉利瑞祥、历史故事、神话传说、戏曲传奇、瑞兽祥禽和社会事件等类型。其艺术特点主要是，在构图上均匀整齐，在画面上对称均衡，在色彩上色块对比强烈、刺激，在线条上优美匀称，刚则风骨犀利，

□ 清河镇木版年画

柔则圆润内敛，突出彰显了鲁北人谦恭朴实、外刚内柔的集体性格。2006年12月，清河镇木版年画被列入"山东省首批传统美术类非物质文化遗产名录"。

西路笛梆子　流行于清河镇一带。1888—1892年，由清河镇考童王村老

艺人王天堂传入薛家等村。演出剧目主要有《铡美案》《进宫》《火焰驹》《放粮》《算粮》《黑风洞》《赤桑镇》《金水桥》《三上轿》等。今已传至第六代。

主要以笛子作为伴奏乐器，辅之以梆子、板胡、笙、二胡、板、锣等。唱腔高亢激

□ 笛梆子表演照

昂、曲回跌宕，尤擅悲腔，咬字清晰、通俗易懂，唱、念、做、打形式多样，生、旦、净、丑行当俱全，具有鲜明的鲁北地方特色。2009年被列入"滨州市第二批传统戏剧类非物质文化遗产名录"。

杜桥豆腐皮制作技艺 于清朝末年由杜家桥村的杜洪禄在天津学成后发起。主要工序有选豆、浸泡、磨浆、煮浆、点卤、泼汁、压榨、揭皮、入味（调制）和摊凉等。2015年被列入"山东省第四批传统技艺类非物质文化遗产项目名录"。

▶▶ 领导更迭

清河镇历任党组织领导一览

姓　名	职　务	任职时间
姚洪君	十一区委书记（代理）	1949年10月—1949年12月
赵俊德	十一区委书记	1949年12月—1950年5月
邵力本	十一区委书记（代理）	1950年5月—1951年2月
孙秀德	十一区委书记	1951年3月—1952年5月
鲍延红	十一区委书记（代理）	1953年5月—1953年10月
	十一区委书记	1953年10月—1955年7月
陈兴忠	区委书记	1956年4月—1956年12月
	乡党委第一书记	1956年12月—1958年2月
王晓明	乡党委第一书记	1958年2月—1958年9月
	公社党委第一书记	1958年9月—1959年5月
张景刚	公社党委第一书记	1959年5月—1960年7月
	公社党委书记	1960年7月—1961年12月
	区委书记	1961年12月—1965年3月
高汉民	区委书记	1965年3月—1966年3月

姓　名	职　务	任职时间
骆宝崇	区委书记（代理）	1966年3月—1967年1月
芦义林	公社革命委员会 党的核心领导小组组长	1969年12月—1970年3月
李传月	公社革命委员会 党的核心领导小组组长	1970年3月—1971年3月
	公社党委书记	1971年3月—1980年5月
张靠山	公社党委书记	1980年5月—1984年5月
王连才	乡党委书记	1984年5月—1985年7月
杨福兴	乡党委书记（代理）	1985年7月—1985年12月
	乡党委书记	1985年12月—1987年2月
袁炳银	乡党委书记	1987年2月—1989年11月
宋书阁	乡党委书记	1989年11月—1992年1月
宋玉彬	乡党委书记	1992年1月—1995年1月
	镇党委书记	1995年1月—1997年12月
杜寿增	镇党委书记	1997年12月—2000年1月
王　忠	镇党委书记	2000年2月—2001年4月
康存水	镇党委书记	2001年4月—2003年3月
杲守增	镇党委书记	2003年3月—2006年2月
卢兆俊	镇党委书记	2006年2月—2008年1月
姚宪亮	镇党委书记	2008年1月—2011年1月
马元亭	镇党委书记	2011年1月—2016年12月
刘其亮	镇党委书记	2016年12月—2019年1月
李　赫	镇党委书记	2019年1月—2022年1月
石　涛	镇党委书记	2022年1月—2022年11月
李　鹏	镇党委书记	2022年11月—

清河镇历任行政领导一览

姓　名	职　务	任职时间
陶步宽	十一区区长	1949年10月—1950年5月
鲍延红	十一区区长	1950年5月—1953年5月
邢福臣	十一区区长	1954年1月—1955年7月
吕振清	十一区区长	1955年7月—1955年9月
	区长	1955年9月—1956年12月
陈连池	乡人委乡长	1956年12月—1958年9月
墨圣林	公社社长	1958年9月—1960年4月

姓　名	职　务	任职时间
韩相文	公社社长（兼）	1960年4月—1961年12月
	区长（兼）	1961年12月—1965年5月
王金山	区长	1965年5月—1967年1月
芦义林	区革委会主任	1967年6月—1969年3月
王含朴	区革委会主任	1969年3月—1969年9月
	公社革委会主任	1969年9月—1969年11月
芦义林	公社革委会主任	1969年11月—1970年2月
李传月	公社革委会主任	1970年2月—1971年3月
	公社革委会主任（兼）	1971年3月—1979年5月
张靠山	公社革委会主任	1979年5月—1980年5月
王连才	公社革委会主任	1980年5月—1981年1月
	公社管委会主任	1981年1月—1984年5月
杨福兴	乡长	1984年5月—1985年12月
袁炳银	乡长	1985年12月—1987年2月
武福功	乡长	1987年2月—1993年1月
宋玉彬	乡长	1993年1月—1995年1月
	镇长	1995年1月—1998年2月
丁惠东	镇长	1998年2月—2000年2月
呆守增	镇长	2000年2月—2003年3月
李吉新	镇长	2003年3月—2005年9月
李延民	镇长	2005年9月—2006年9月
时洪波	镇长	2006年9月—2009年2月
马元亭	镇长	2009年2月—2011年1月
李长宝	镇长	2011年1月—2013年9月
李霞（女）	镇长	2013年9月—2019年1月
石　涛	镇长	2019年1月—2022年1月
张明君（女）	镇长	2022年1月—2023年12月
陈志凯	镇长	2023年12月—

撰稿：刘　坤

牛王店村航拍图

牛王店村
NIUWANGDIANCUN

牛王店村位于清河镇政府驻地东偏南约 2 公里处，东临姜家村、董家村，南边是牛三村，北边与 220 国道相邻。1500 人，以王姓为主，还有李、闫、孙等姓氏。耕地 3400 亩，主产小麦、玉米。村内建有篮球场、公园各一处，健身器材齐全，文化生活丰富。

▶▶ 历史沿革

据《王氏族谱》记载，始祖王燧，于明洪武二年（1369年），由河北省枣强县迁此设立牛王店村。当时，村内只有"枣强王"和"坐地王"（土著王姓）两个家族，虽然同姓不同祖，但是两个家族互帮互助、相敬如宾，宛如兄弟，令附近几个村的王氏家族非常羡慕。是故，王东沙的"东沙王"、圈里的"圈里王"、清河镇的"清河王"先后迁入，形成了"五王共存"的和睦村落。再后来，李姓、闫姓、孙姓家族相继迁入。到明朝后期，牛王店村已壮大成为以王姓为主的多姓村庄。20世纪八九十年代，牛王店村分为牛王店一村、牛王店二村、牛王店三村三个村庄，分别简称"牛一村""牛二村""牛三村"。后来，牛一村、牛二村合并成今天的牛王店村，而牛三村成了一个独立的村庄。

民国年间，牛王店村曾属第八区三义乡。

▶▶ 文物古迹

牛王店村早就建有奶奶庙、大庙和马庙三座庙宇。清朝乾隆年间（1736—1796年），在原来的基础上进行了扩建。

奶奶庙 此庙供奉泰山圣母即"东岳泰山天仙玉女碧霞元君"，简称"碧霞元君"，俗称"泰山老奶奶"。

奶奶庙是牛王店村建的第一座庙宇，位于牛王店村前街中段。坐北朝南，正中最北边设有大殿，供奉着泰山圣母和王灵官的神像。两厢建有走廊，阴雨天气，人们可以从两边走廊进入大殿。相传，建庙时曾得到鲁班的指导。此庙于1960年坍塌拆毁，如今是一片空地。

大庙 位于牛王店村前街东端路北，长约65米，宽约25米，占地面积约1630平方米，是三座庙宇中最大的一座。庙中有三座大殿，分别供奉着老子、孔子和释迦牟尼。除了最北边一座大殿外，其余两座大殿两边各有一扇小门通向后殿。两廊建有许多小殿，供奉着许许多多的小神。在大庙的东南角，建有高大的钟楼，吊挂着一口大钟。钟高2.3米，直径1米有余。每到祭祀之时，香烟缭绕，古刹钟声可传至10里之外。大庙于1943年拆毁，大钟埋于地下。1958年将大钟挖出，将其投入炉中，化为铁水。

马庙 实乃关帝庙，坐落于牛王店中街东十字路口西北角。马庙坐北朝南，最北端是大殿。殿门两边书有"千古英名震宙宇，一世忠义满乾坤"的殿联。走进大殿，两匹高大的神马分列左右，正中是关老爷的神像，关平和周仓侍立两边。此庙于1952年被拆毁，后在其庙址上建成了牛王店供销社门市部。

▶▶ 民间传说

村名由来传说 据说，始祖王燧带领数十人从枣强迁徙来到大清河（黄河）北岸不远处，发现一座破旧的"奶奶庙"，"奶奶庙"北边有一大湾，湾中水深莫测。于是，便在旁边安营扎寨、搭棚挂帐、栖身而居。一天夜里，王燧忽然听到几声牛叫，蒙眬中睁开眼睛，探头向帐外张望，只见远处有两道亮光向自己照射而来。待亮光来到跟前，定睛一看，原来是一头黄得没法再黄的大黄牛立在门口。他急忙起身，用手轻轻地抚摸着牛的脊背，牛靠到他的身边，伸出长长的舌头，轻轻地舔着他一只手的手心，两只炯炯有神的大眼深情地望着他，好像久违的朋友重逢一般。王燧连忙牵牛去寻找失主，走着走着，牛"哞"的一声，踪迹全无。王燧猛然一惊，原来是南柯一梦。想到此时村子尚未取名，结合夜梦金牛的事，顿感此乃上天点拨之意。于是，便把村名定为"牛王店"，寓意这里是金牛和王氏家族休养生息的地方，是金牛和王氏家族安居乐业的"金殿"。自此，牛王店的村名就这样诞生了。

奶奶庙传说 奶奶庙前有一片水塘，其形如鼓，水清透底，从不干枯。水塘东北角有两棵三人合抱的大树，枝繁叶茂，大树旁边有两口水井，一口水清甘甜，一口水浊苦涩。据说，塘内藏有一头神牛，每当傍晚村民在水塘边饮牛时，这头金光灿灿的神牛，就时隐时现、游动不定。人们认定水塘就是神牛的身体，大树就是神牛的犄角，水井就是神牛的双眼，这头神牛一定能护佑族人平安富足、万事如意。这事一传十，十传百，被一位江南巫师知晓，便想盗走金牛，据为己用。于是他便施法在一家农户后院种下一株角瓜。这株角瓜蔓若井绳，叶如蒲扇，果实像一个枕头粗细的棒槌。一天夜里丑时，巫师从老农后院取走角瓜，来到了塘边用角瓜在乾、坎、艮、震、巽、离、坤、兑八个不同方向分别击打水面八下后，将角瓜掷入水塘中央，然后扬长而去。神牛在水中经受不住巫术折磨，猛地跃出水面，顺着水塘西边的大路向南逃奔出村。出村后，并没有跑向江南巫师的家乡，而是向东朝着大海的方向消失得无影无踪。

第二天早晨，众人到水塘边一看，两棵大树已经干枯，两口水井井水溢出，塘中之水浑浊不堪，水塘西边那高而平坦的大道也变成了一条深深的大沟，后人称之为"神仙沟"。

神牛消失后，恰逢那几年又遇旱、涝、虫等多种灾害，人们认为这是失去神牛佑护的缘故，因此，纷纷到庙中烧香求神拜佛，祈求平安。从此以后，牛王店村三座庙宇的香火就更加旺盛了。

▶▶ 历史人物

● **王永兴** 字天佑，生卒年月不详。清雍正七年（1729年）己酉科举人，授山西省孟泉县正堂。

- 王修和　字文质，生卒年月不详。清光绪二年（1876年）率村民修护庄堰，河决三次，苦斗四年，村无一人伤亡，竣工奖六品卿。

▶▶ 烈士名录

- 王近文　中共党员，1913年出生，1947年参加革命，生前为华东野战军二十六军七十二师二二六团战士，于1948年9月22日在济南战役中牺牲。
- 王近禹　1921年出生，1948年参加革命，生前为中国人民解放军某部队战士，1948年9月在济南战役中牺牲。
- 王延功　1921年出生，1948年3月参加革命，生前为中国人民解放军某部战士，1949年6月牺牲。
- 王近新　1929年出生，1944年参加革命，1946年加入中国共产党，生前为东北野战军一九二师司令部营长，1949年牺牲于湖北江陵县。
- 王崇合　中共党员，1929年出生，1948年参加革命，生前为中国人民志愿军二十军六〇师一七八团战士，1951年在抗美援朝战争中牺牲。
- 王洪业　中共党员，1920年出生，1947年参加革命，生前为中国人民志愿军二十七军八〇师炮团副排长，1952年2月在抗美援朝战争中牺牲。
- 王其合　共青团员，1926年出生，1951年参加革命，生前为中国人民志愿军一九四师五八二团战士，1952年在抗美援朝战争中牺牲。
- 王崇顺　1931年出生，1951年参加革命，生前为中国人民志愿军六十五军一九四师卫生员，1952年在抗美援朝战争中牺牲。

▶▶ 村庄名人

- 王占宝（1942—2013年）　1966年3月加入中国共产党，同年9月于山东农业大学毕业后分配到惠民县工作，曾任县委常委、组织部部长，县委副书记，县政协主席、党组书记等职。2003年1月退休。
- 王建民　1941年出生，中共党员，曾任滨州市供销社主任。
- 王其和　1948年出生，中共党员，曾任滨州市公安局纪委书记，已退休。

▶▶ 特色产业

供销社门市部　20世纪70年代，村内设立供销社门市部，主要经营各种日用百货，为当时群众的生活提供了极大的便利，后因体制改革被撤销，逐渐改为个体经营。

染坊 牛王店村曾开有一座染坊，客户遍布十里八村，当时就提供服务上门业务。

养蚕 20世纪90年代开始，牛王店村大力发展养蚕产业，村民负责

□ 牛王店供销社遗址

养殖，乡里统一收购，大幅增加了农民群众的经济收入。2010年前后逐步走向衰落。

▶▶ 教育卫生

牛王店完小 学校始建于1940年，位于原王氏祠堂处。毕业于济南纺织技校的王氏族人王仙洲等为发起人，公立，占地总面积近1800平方米。

学校坐北朝南，非常宏伟。迎门是一扇折叠式屏风。屏风两边建有耳房，供学校勤杂人员居住，后成为传达室。尔后是宽敞的院落，院落四周分布着老师的办公室和部分教室，院落东北角建有王氏祠堂，而后成为校长办公室。过通道进入学校后院，是一排整齐的教室，在教室上面建有二层阁楼，供住宿生安歇。后院西端设有舞台，供文艺演出和庆典之用。

□ 民国时期的牛王店完小大门

学校建成后，上级委派王仙洲任校长，并选派了资历较高的教师任教。1942年正式招生，至1966年，毕业生总数近2000人。1971年改建成"牛王店联办中学"。1982年，恢复小学教育，名为"牛王店学区小学"。1988年春，在村东建成新的校

□ 牛王店小学旧址

舍，当年秋季整体搬入，牛王店完小改建为幼儿园，2007年被拆除，在其原

址上建起牛王店村民委员会办公室。村东新建学校于2017年9月被拆除。

卫生室 20世纪70年代，王其生作为第一批赤脚医生回村工作。80年代，牛王店村设立卫生室，王立龙、王占玲在县医院进修之后，回村卫生室任职。

▶▶ 村干部任职情况

历任村党支部书记一览

姓　名	任职时间
王立彬	1949—1996
王其训	1996—2020
王如坤	2020—

历任村行政负责人一览

姓　名	任职时间
王立文	1996—2002
王晓东	2003
王立文	2004—2018

撰稿：刘　燕

吕王庄村航拍图

吕王庄村
LVWANGZHUANGCUN

吕王庄村隶属古城马联村，南邻黄河，西邻李庄镇杨家集村，北邻东郑线，东邻白龙湾总干渠。733人，以王、吕、翟、贾、刘、杜姓为主。耕地1270亩，主产小麦、玉米。多数劳动力外出打工。村内住房及交通情况良好，环境优美。

▶▶ 历史沿革

据民国二十三年《续修惠民县志》载，该村之吕、王、贾、霍四姓，均系土著，因吕姓人最多，故原名"吕家"。1985年建村民委员会时，为避重名，以其主要姓氏取村名"吕王庄"。

民国年间，吕王庄村曾属第八区和平乡。

▶▶ 文物古迹

白龙湾 九曲黄河过李庄行至清河镇吕王庄村南约1公里处，河水自西南而来突然折向东南奔流。此处，经河水数百年撞击冲刷，自然形成一处深潭，名曰"白龙湾"。20世纪90年代以来，经过精心打造，白龙湾已经成为惠民县的重要旅游风景区。景区自然资源和生态环境良好，总长约5000米，河道潭深水急，堤上花红柳绿。1983年8月建成、2022年10月起改建的白龙湾引黄涵闸和白龙马雕像坐落于此。广为流传的"小白龙"传说，更为整个景区增添了神秘色彩。白龙马雕像被安装在刻有"腾飞"二字的底座之上，是清河镇代表性建筑之一。真可谓"小小白龙神通大，黄河不再闹水灾；高高的闸门徐徐开，幸福生活流进来"。

大清河白龙湾修筑套堤功德碑 咸丰四年十一月（1854年11月），值大清河长堤之北新建月坝历经半载终告功成之际而立，原与吕王庄村西南之白龙庙相邻（又说原立于白龙庙内），现存于吕王庄村王金亨家院中，碑体被垒入一堵砖墙内。此碑高、宽约158厘米，厚约26厘米，碑下有坚固的石座。碑文为苏州人士顾启昆先生题写，分左右两个部分。右边部分，记录了咸丰二年夏"大水陡长，几与堤平""而堤身坍塌益甚，堤面仅存尺余"等大清河险情及祭拜白龙神的过程等；左边部分，记录了当地村民为修筑大清河险工背后套堤所献出的土地面积和位置。

古套堤旧址 修筑于咸丰四年的套堤，西始清河镇吕王庄村，东至魏集镇牛家村，全长约5公里，涉及12个村庄。该套堤把白龙湾险工整体包裹在内。后来，因长期弃用，大多垦为耕地，现基本不见踪影，只是个别堤段因用作墓地而保留下来。

龙王庙 该庙建于何时失考。庙宇面积不大，供奉龙王雕像。寺庙在"文化大革命"中被破坏，龙王雕像则被藏在了吕家小学，后来不知所终。

大王庙 该庙建于何时失考。四合院结构，庙宇面积相较龙王庙要大很多，庙内供奉泥质神像，是何神圣已无从考证。"文化大革命"中被破坏。

▶▶ 民间传说

相传，白龙湾向北约1公里，有一吕王庄。庄上有一花甲老人，无儿无女，弯腰驼背，人称"吕老弯"，种着二亩菜地聊以度日。这天，老汉家里来了一个身穿白衣的年轻人，自称是河对岸来讨生活的，只要管饭，不要工钱。吕老弯便收留了他。年轻人聪明、勤快，种菜、撒种、间苗、锄草，样样精通。三个月过后，情况有变，虽不见年轻人干活，可该干的一样没落。一天，老汉谎称赶集，却躲在树后瞅着。只见年轻人走到井边，一晃就不见了，接着从井里钻出一条银光闪闪的小白龙，龙头立在井沿上，身子顺在井里面，一晃龙头，井水就洒向菜地，眨眼工夫，就把菜地浇了一遍。第二天，吕老弯拿上半口袋麦子，对年轻人说："你在我这里干了三个多月了，也该回家看看了。"年轻人随手用草编了一个拳头大的小囤，说："你如果觉得过意不去，就把这个粮囤装满吧。"谁知二斗麦子装进去，草囤还是不满。年轻人笑着说："我这是个'无底囤'，你装不满的。粮食我不要。"又说："我马上就要走了，不再瞒你。我不是什么讨生活的，是住在黄河湾里的小白龙。"吕老弯问："龙是在天上行云布雨的，怎么到这里来了？"年轻人叹了口气说："我就是下雨下错了，才到这里的。"他对吕老弯说："我在这里住了快三年，见你孤苦，便来帮你。三天后黄河将要发大水，有一条大黑龙，借着涨大水抢占我的窝，想从这里决堤入海。黑龙在天庭就作恶多端，到凡间仍不悔改，他很凶猛，到时候还得你来助我一臂之力。"吕老弯说："我一个凡人怎么帮你？"年轻人说："你把麦子磨成面，蒸成馍馍，再准备一堆砖头。看见河水翻江倒海，你就念：'河水滚滚开了锅，黑龙要抢白龙窝，黑龙上来使砖打，白龙上来吃馍馍。'发现水中有黑东西上来，就向河水扔砖头，但见水里有了白东西，就向河里扔馍馍。"老汉点头称是。三天之后，天阴沉沉的，下着小雨。吕老弯蒸了两笼筐馍馍，准备了一大堆砖头，在大堤上等着。忽然，河水翻腾、波涛汹涌，便见水里一会儿浮上一个黑影，一会儿翻上一个白影，吕老弯赶紧念起小白龙教他的咒语，谁知紧张之下，竟然错念成"白龙上来使砖打，黑龙上来吃馍馍"。这一下不得了，只听"吱"的一声怪叫，大堤突然被冲开一道口子，河水一下子涌了出来——黄河决口了！河水像猛兽下山，朝吕王庄冲去。小白龙大喊一声："不好！"身子一转，在吕王庄前横躺下来。河水被小白龙一挡，从庄西向北冲去，直冲出一道十几里长的大深沟。吕王庄最终没让洪水冲毁。直到今天，吕王庄村南还有大土垒子，据说，那就是小白龙抵挡洪水的地方。小白龙救了吕王庄的百姓后又逆流而上，幻化成人，与成千上万的百姓一起

□ 夕阳夕照白龙湾

□ 白龙马雕像

奋力填堵决口，但不管投下多少东西，都被急流冲走，怎么也堵不住。于是，化身成人的小白龙跳进豁口，用身子挡住了河水。人们惊呆了，他却说："快向我身上压土！"于是人们眼含热泪，向年轻人身上压土，一筐，两筐……大堤合拢了、筑平了，沿岸的百姓得救了，可再也看不见年轻人。人们说，他就是帮吕老弯干活的那个年轻人，是一条小白龙。从此，这个水湾就有了名字，叫"白龙湾"。

该传说于2007年入选"滨州市首批民间文学类非物质文化遗产名录"。

▶▶ 烈士名录

● **吕学达** 1905年出生，1947年参加革命，生前为华野八纵战士，1947年牺牲于泰安。

▶▶ 文教卫生

吕家小学 成立于1954年，由王开宪老师执教，学校设一至四年级，约有50个学生。1972年，学校搬至大队部，有2间办公室和4间教室，学生数量达到100余人，由吕孝亨、王书琴、王元美、王西亨等老师任教。1988年，学校合并到古城马完全小学。

卫生室 1972年大队成立卫生室，王成亨、邢爱玲、王玉兰先后坐诊，为村民提供开药和扎针服务。1982年卫生室改制后解散。

京剧班 1950年前后，村里自发组织成立京剧戏班，主要演员有王其茂、王元寻等，表演曲目主要是京剧和样板戏，至20世纪90年代逐渐没落。

▶▶ 村干部任职情况

历任村党支部书记一览

姓　名	任职时间
王开思	1949—1953
王开忠	1953—1963
杜增银	1963—1971
王天标	1971—1980
王开水	1980—1993
王元发	1993—2001
王天良	2001—

历任村行政负责人一览

姓　名	任职时间
王天标	1963—1971
王开水	1971—1980
吕占增	1980—2001
王元明	2001—2018

撰稿：肖　飞

三村航拍图

三村
SANCUN

三村位于清河镇政府南约 3 公里处，与北一村、四村相邻。224 户，810 人，以张、王、纪、赵、孙姓为主。耕地 1054 亩，曾于 1966—1980 年种植水稻，今主产小麦和玉米。

▶▶ 历史沿革

清河为惠民县内五大古镇之一。《金史》中载：厌次（惠民县旧称），有五镇，曰归化，曰清河，曰达多（今址不明），曰永利（今桑落墅），曰脂角（即淄角）。

相传，明永乐时（1403—1424 年），王姓始祖王化三由河北省枣强县迁居于此，张姓始祖张道安由山东长清县迁来。此后，迁入者日增（今已达23姓之多）。至清咸丰五年，黄河决口，洪水夺入大清河道，使清水变浑，即成今之黄河。民舍沿黄河堤岸依势分布，呈点片不等的复合式散列状聚落，分别是一村、二村、三村、四村、五村等5个村落。1956年生产合作化后，为了生产方便，便把原来5个村中的一村分为南一村和北一村，五村分为西五村和东五村，于是5个村变成了7个村。而这相邻的7个村在当地习惯上被通称为清河镇村。

民国年间，三村曾属第八区和平乡。

▶▶ 文物古迹

郑公庙　三村曾建有郑公庙，建于何时失考。1955年拆除。后在郑公庙旧址盖了当时的供销社。

天齐庙　建于何时失考。由于黄河滩区居民迁建工作，天齐庙于1966年被拆除。

大祠　建于何时失考。由于黄河滩区居民迁建工作，大祠于1966年被拆除。

张家祠堂　据传为清朝顺治年间建立，1984年被拆除，在该位置建立三村林场小学。

两眼井　位于丁字街（后来慢慢叫成丁家街），一大一小，大井清澈甘甜，小井略带苦涩。后因黄河滩区居民迁建，于1966年拆除填平。

▶▶ 烈士名录

● **张传申**　中共党员，1920年出生，1938年参加革命，生前为八路军副连长，1945年牺牲于河南怀清。

● **王登友**　1925年出生，1951年参加革命，生前为中国人民志愿军六十八军二〇四师战士，1952年在抗美援朝战争中牺牲。

▶▶ 村庄名人

清河镇三村，有着悠久的历史，涌现出了不少在当地有一定影响的好人好事。有为国奉献的军人，如在抗美援朝战争中光荣负伤的残疾军人柳树合、张福生。有几十年如一日利用业余时间为村民义务送医送药的王忠连，他1929年出生，1949年入伍，曾任解放军某部第六炮兵学校教员，1955年退役回村后，自学针灸走村入户为村民义务行医，他还担任过本村和二村联合小学（清河镇渡口小学）民办教师，深得群众赞扬。还有省级非物质文化遗产——清河镇木版年画第二十一代传人王圣亮。《惠民县志》对王圣亮做了如下记载：

● **王圣亮** 字晨曦，号白龙居士，清河镇三村人。1954年5月出生，中共党员，书画师，当代木版年画名家，曾任清河镇乡文化站站长。为中国国学研究会研究员、中国书画家协会会员、中国中外名人文化艺术研究会会员、中国农民书画研究会会员、山东省书画协会会员、滨州市农民书画研究会理事、中国滨州惠民清圣堂书店二十一代传人和当代掌门人。其作品曾获天津大学举办的"二王杯"全国书法篆刻大展二等奖，第二届"红军杯"全国书画艺术展二等奖，"明星杯"全国书画展铜奖；参加中国农民书画展获创作奖，且在中国美术馆展出，多幅作品被新加坡、日本等国家和中国台湾、香港地区收藏。创作的木版年画相继参加滨州市民间艺术展、山东省民间艺术展、上海山东民间艺术展、滨州市首届民间美术展，孙子系列木版年画之《孙子圣迹图》有300套被赠予德国、法国、荷兰、马来西亚、意大利等外国友人。（《惠民县志》，方志出版社，2017年10月，第811~812页）

□ 清河镇木版年画第二十一代传人王圣亮在刻制年画木板

▶▶ 教育卫生

联办小学 20世纪40年代，南一村、北一村、二村、三村、四村、东五村、西五村七个村联合在清河镇天齐庙创办小学，王水村、纪洪修任学校老师。学校创办初期，设立一、二、三年级，一、二年级在一个教室上课，三年级在另一个教室上课，共2间教室。直至1953年，联办小学一至六年级才全部完备，成为完全小学。

清河镇渡口小学 1973年，联办小学被拆分，二村和三村由于人数众多，因此在原先联办小学的基础上，联合创办清河镇渡口小学。渡口小学创办初期有学生150余人，教师10余人。后来因为各种原因，渡口小学先后于1977年和1984年搬至拖拉机站和三村林场（现清河联村党群服务中心），学生减至80人左右。渡口小学于2019年正式合并到清河镇中心小学。

卫生室 1965年，张加树回村成为三村第一位赤脚医生，在当时三村大队部进行工作，当时医疗条件较为简陋，主要提供感冒等基础性疾病的药物售卖和预防针的接种工作。1972年，正式成立卫生室，位于十字街西侧当时镇政府水利站旧址，1986年撤销，合到镇卫生院。

▶▶ 风土民情

新年武术表演 过年时七个村联合举办晚会，三村以武术节目为主。

正月十五打捞子 竹竿上穿上铜钱，绑上红绳，四处甩打，寓意打掉所有的不好、迎来新的一年。

清明荡秋千 寒食节与清明节前后相连。清河镇三村一带有清明前后荡秋千的习俗。相传这是因为清明节要禁火寒食，为了防止寒食冷餐伤身，而增加人们锻炼身体的一种方式。又有一飞冲天、悠闲惬意的蕴意。

▶▶ 村庄发展

1955年设立供销社门市部。当时共有7间房子，主要售卖百货。后又向南扩建了5间，主要售卖铁器、酱菜等。据传，当时清河镇酱菜能与武定府酱菜相媲美。1984年改制。

2012年，三村采取集资筹资方式，将

□ 道路建设捐款光荣榜

村内道路集中翻新，全部翻修成水泥路。

▶▶ **村干部任职情况**

历任村党支部书记一览

姓　名	任职时间
杨广亮	1958—1962
张立厚	1963—1968
姜长荣	1969—1974
王圣堂	1975—1976
姜长荣	1976—1979
张士彦	1980—1995
张远财	1996—1997
张士新	1998—1999
张士彦	1999—2001
王康英	2002—2014
张士新	2015—

历任村行政负责人一览

姓　名	任职时间
纪增普	1949—1950
王荣斋	1951—1957
纪延彬	1969—1998
张士静	1998—1999
张其顺	1999—2001
张士新	2002—2004
孙忠华	2005—2006
张书勇	2008—2010
刘佃礼	2015—2018

撰稿：赵　坤

梅集村航拍图

梅集村
MEIJICUN

梅集村位于镇政府驻地正北 2 公里处，北与翟刘村相接，东隔刘清路和香赵村相望，北靠徒骇河，南邻古炉李村。314 户，1400 余人，中共党员 34 人，大学生 50 余名。耕地 2300 亩，主产小麦、玉米，之前曾种植花生、大豆、西瓜等农作物。

▶▶ 历史沿革

据梅集村《梅氏族谱》记载，始祖梅景太，于明洪武年间（1368—1398年），由河北省枣强县迁居于此。因村西靠近徒骇河上的桥，故曾取村名"梅家桥"。至清朝时（年代不详），村中设有集市，遂改称"梅家集"，简称"梅集"。小刘村，相传刘姓始祖（名失考）于清乾隆年间（1736—1796年），由堤上刘村迁居于此成村，因村小，名"小刘"。1990年经地名补查，由乡报县批准，小刘并入梅集，村名仍为"梅集"不变。

民国年间，梅集村曾属第八区公和乡。

▶▶ 文物古迹

关帝庙 建于何时失考。位于梅集村东。据传占地三亩，远近闻名。1950年前后，为支援黄河建设，梅集村将庙宇拆除。

土地庙 建于何时失考。位于梅集村西。相较关帝庙占地较小，只有一间庙宇。1950年前后，为支援黄河建设，梅集村将庙宇拆除。

▶▶ 民间传说

在清河镇牛王店村和梅集村盛传着一个美丽的故事——梅王一家，即梅集村的梅氏家族和牛王店的王氏家族本来是一家人。而这个故事却有着三个版本。

版本一：相传元朝末年，河北省枣强县境内居住着一大户人家，主人姓王，仁义忠厚、乐善好施，深受当地民众的尊敬。王员外膝下育有二子二女，家底殷实，加之夫人精打细算，日子过得十分美满。

明朝初年，大规模移民，王员外的两个儿子也在迁徙之列。在这次强制性的移民中，为确保社会安定，朝廷规定同姓同族人员不能迁往同地。此前，王氏兄弟就对这些规定有所耳闻。他们想，既然必须外迁，最好二人迁往同一个地方，也好相互照应。怎样才能实现兄弟二人同迁一地呢？他们苦思冥想，终于想出了一个主意：其中一人改名换姓，蒙混过关。那么改为什么姓氏才好呢？正在犹豫不决时，他们忽然看到了房中墙壁上悬挂着的花中四君子图。梅为花中四君子之首，傲而不俗，也正是王氏兄弟的品质所在。他们当机立断，由弟弟改姓为"梅"。

说来也巧，后来在移民大迁徙时，他们二人同时来到了鲁北大地，一个落户于牛王店村，一个落户于梅集村。最初他们并不知道各自的居住地，经过多年的打听，才知道两人相隔距离并不遥远，只有8华里的路程。当他们重逢时，唯恐官府追究，不敢兄弟相认，只能以朋友相称，并共同定下三条规矩：一是两家后代互不通婚；二是两家必须严格按辈分称呼，兄弟二人为一世，子辈为二世，孙辈为三世……以此类推；三是一家有难，对方相帮，一家富裕，两家共享。这些规矩一直延续到20世纪60年代。

版本二：元朝末年，河北省枣强县境内居住着梅氏兄妹二人，他们自幼父母双亡，兄妹二人相依为命。哥哥勤劳能干，妹妹心灵手巧，日子过得虽说不算多么富裕，但是也算得上丰衣足食。后来，哥哥娶妻李氏，嫂惠姑贤，亲如姐妹，受到邻里夸赞。

713

几年后，妹妹长大成人，到了谈婚论嫁的年龄。兄嫂便给妹妹物色对象，最后选中邻村的王姓小伙，择一良辰吉日为他们举办了婚礼，妹妹嫁得如意郎君，兄嫂也因此了却心愿。

又过了几年，妹妹生下二子，聪明伶俐，特别惹人喜欢。因两村相距不远，两个外甥经常到舅舅家玩耍，深受舅舅和舅妈的喜爱。

令人遗憾的是，哥哥娶妻多年，未有子嗣，眼见年逾中年，心中难免焦虑。夫妻商议，打算过继一个外甥为自己养老送终。他们把这一想法告诉了妹妹和妹夫，妹妹为报兄嫂的养育之恩，便满口应允。于是，妹妹的小儿子就随了舅舅的"梅"姓。

天有不测风云，已长大成人的兄弟二人，在明初的移民大迁徙时来到了山东黄河北岸的两个不同地方，落户以后，分别建立了牛王店村和梅集村，这才有了梅王一家的故事。

版本三：明朝初年，王氏始祖王燧随着移民大迁徙的人群来到了山东，在黄河北岸的不远处建立了牛王店村。在"坐地王"兄长的帮助下，开荒种地、建房修舍、娶妻生子，日子过得倒也清闲。过了几年，夫妻商议，由妻子操持家务，王燧打算到外边打点儿零工，以补贴家用。

在牛王店村西北8华里处有一村庄，名叫梅集。村内有一梅姓大户，有几顷的良田和一些商铺，算得上当地一富户。梅员外见在他家打零工的王燧勤劳善良、待人和气、处事干练，渐渐对他有了好感。经过一段时间的观察和考验，最后让他做了管家。

王燧虽然年轻，但处事稳重，深得主人的欢心。梅员外诚信待人，和蔼可亲，也深受王燧的尊敬。他们两人关系融洽，无话不谈，简直情同父子。

梅员外膝下无子，只育一女，年过二十，生得美貌聪慧。梅员外本想为女儿招赘，以此来继承自己的家业，但多年来并未寻得如意之人，因此心愿未了。如今见了王燧，正是他意中之人。怎奈王燧已经成家，也只好作罢。

后来，梅员外反复寻思：像王燧这样德才兼备的人世间少有，何不将女儿嫁与王燧做偏房，待育有儿女后随母姓来继承自己的家业？这样做名为嫁女，实为招赘，只是委屈了女儿。待与女儿提起此事时，女儿竟然满口答应。员外托人向王燧提亲时，王燧感恩员外，也答应了。因此就有了梅王一家的故事。

▶▶ 烈士名录

• **梅增喜**　1921年3月出生，生前为梅集村农会干部，1946年7月被特务杀害，同年被追认为烈士。

- 吴振秀 1924年出生，1946年5月参加革命，生前为中国人民解放军华野九纵二十五师战士，1948年9月在济南战役中牺牲。
- 梅振岳 1926年4月出生，1947年参加革命，生前为中国人民解放军二十八军战士，1949年在金门战斗中牺牲。

▶▶ 村庄名人

梅宝信 1946年12月出生，1967年7月毕业于惠民师范，1971年10月加入中国共产党，曾任惠民县委常委、宣传部部长，无棣县委常委、宣传部部长和无棣县委副书记等职。

▶▶ 特色产业

20世纪60年代始，梅集村设立供销社门市部，主要售卖各种生活用品和村内企业所产的梅酒、粉条等特产。后来随着体制改革逐渐演变为个体经营。

20世纪70年代始，梅集村开始创办村办企业，主要有酒厂、粉条厂、织布厂、养殖场、皮革厂、绳经厂、工艺厂、机械修理厂等，其中梅集酒厂生产的"梅字牌"白酒远近闻名，畅销河北、东北三省等地，粉条厂所生产的粉条也畅销河北、北京、天津等地。

2009年11月，该村注册成了"惠民县农乐玉米种植专业合作社"。

▶▶ 教育卫生

梅集小学 1935年建成。建校初期有两位老师，40多个学生。1946年，学校被丁振谦（丁振谦于1948年在林樊被枪决）所率领的还乡团（特务队）烧毁，学校搬至梅英仁家中，马承会、王天盼两位老师在此任教。1957年，学校搬至原复合号商铺处，学校规模也扩大至80多名学生，韩庭、刘兆增、梅启山等老师在此任教。20世纪60年代，学校重新翻修。1986年，搬至当时大队部。2023年，正式并入清河镇中心小学。

卫生室 20世纪60年代中后期始，村里成立卫生室，李云栋、梅云西先

□ 梅集中心小学旧址

□ 梅集村门市部旧址

后在卫生室工作。80年代后，卫生室解体。

▶▶ 风土民情

梅集庙会 之前，每逢农历三月初八日，在梅集村东头举办梅集庙会。庙会期间会有一系列的庙会活动，为渲染气氛，还会组织一些精彩的歌舞演出。后来，随着时间推移，庙会活动慢慢消失在历史长河之中，但是村里的老人们对其仍津津乐道。

四九大集 每月农历四、九日是梅集大集固定举办的日子，场景较为宏大，四里八乡的乡亲纷纷来此赶集。近几年来，集市虽在，但规模、热度大不如从前。

▶▶ 村干部任职情况

历任村党支部书记一览

姓　名	任职时间
梅希刚	1950—1955
徐延东	1955—1958
孙守海	1958—1974
梅开青	1974—1981
徐兆金	1981—1984
梅其棣	1984—1987
梅其义	1987—1999
梅开军	1999—2003
梅　涛	2003—2014
孙风庆	2014—2017

姓　名	任职时间
梅　亮	2017—2021
孙凤庆	2021—

历任村行政负责人一览

姓　名	任职时间
梅恒俊	1950—1958
吴振西	1958—1974
梅振坤	1974—1981
梅其棣	1981—1984
连德玉	1984—1987
梅振坤	1987—1999
梅　涛	1999—2014
梅增堂	2014—2017
魏仁永	2017—2018

撰稿：刘　强

杜家桥村航拍图

杜家桥村
DUJIAQIAOCUN

杜家桥村位于清河镇政府西北约 3.5 公里处，西邻徒骇河。人口 1430 人，以杜姓、崔姓为主，另有王、胡、高、苗、马、梅、孙七个姓氏。耕地 2168 亩，林木覆盖率为 7.41%。村内有 5 条东西向大街和 5 处健身广场。主产小麦、玉米、大豆，豆腐皮产业发展良好，享有盛名。

▶ 历史沿革

据《惠民县志》和杜氏族谱记载，杜家桥村杜姓始祖杜强，于明朝洪武年间（1368—1398年）由河北省枣强县移民于此地。因近村处的徒骇河上架一长 40 米的十孔石板桥，遂村以桥称，桥以村名，均称"杜家桥"，简称

"杜桥"。村南"小王村"始祖王元，于清顺治年间（1644—1661年），由今李庄镇索户王村迁居于此。两村多年近邻，几将连为一体。1990年地名补查时，由乡报县批准，小王村并入杜家桥村，村名"杜家桥"不变。

民国年间，杜桥村曾属第八区守信乡。

▶▶ 民间传说

相传，清朝年间，杜桥村有杜氏三兄弟，分别是老大洪福、老二洪禄、老三洪寿。弟兄仨以卖菜为生，家庭较为清贫。

老二杜洪禄，身材高大，自小习武，性情刚烈，行事仗义。19岁那年的一天，他挑着一担韭菜，行走在给大哥送菜的路上，突遭三人抢劫，他奋起反击，用扁担将其中两人击昏，另一劫匪逃走，看其昏者面目，方知是当地土匪，因怕连累家人，便孤身逃到天津，在那里学会了做豆腐。

三年后，大哥亲自去天津把他接回了家。回家后，他便凭着三年所学到的手艺和大哥、三弟在家开起了豆腐坊。

一天，老二、老三正在家做豆腐，突然接到消息，老大在外出卖豆腐的路上被那伙土匪绑架，声称不拿出大量钱财就撕票。老二、老三一听，顾不得锅中烧滚的豆浆，到处找人借钱救赎大哥。等他们救出大哥回到豆腐坊时，锅子上已隆起一层薄薄的皮。老三揭起这层皮正欲丢弃，老二连忙阻止道："三弟，先别忙扔，我尝尝好吃不好吃。"说着，便顺手将三弟手中的那玩意儿拿过蘸了点酱油送到嘴里，刚嚼几口，就兴奋地说道："这层皮的味道比豆腐还好！"老大、老三也尝了尝，齐声说："好吃！"

从此，兄弟仨试着做起了豆腐皮。经过长期的实践，豆腐皮越做越薄，质量越做越好，名气越做越大，生意越做越红火。他们把手艺传给了村里其他人，多年后，村里几乎家家户户做起了豆腐皮生意。后来，魏肇庆为建造魏氏庄园从京城聘请的宫廷御用建筑设计师返京时，带的礼品除了魏集驴肉外，还带了杜桥豆腐皮。豆腐皮进了皇宫，皇亲国戚品尝后大加赞誉。从那时起，杜桥豆腐皮盛名于世，经久不衰。

▶▶ 烈士名录

● **苗振生** 1895年3月生，1946年上半年入党，生前为杜桥村农会主席，1946年秋被国民党特务杀害，同年被追认为烈士。

● **杜存喜** 1896年生，生前为杜桥村农会会长，1946年被害，1947年被追认为烈士。

● **王兆东** 1927年生，1947年2月参加革命，生前为华东野战军战士，1947年10月牺牲于河南邓县战斗。

● **杜美仁** 1930年生，1951年参加革命，同年6月入团，生前为中国人民志愿军二十军战士，1951年9月在抗美援朝战争中牺牲。

▶▶ 村庄名人

● **杜美收** 1965年2月出生，1983年入伍，1986年入党，1998年退役。部队服役期间曾两次荣立个人三等功，现任惠民县东方豆制品有限公司总经理、惠民县清河镇为农服务中心总经理，系惠民县新联会会员、中国乡村旅游致富带头人、第六批省级非物质文化遗产代表性传承人、山东省优秀退役军人、齐鲁乡村之星。2011年，创办惠民县东方豆制品有限公司，注册"杜桥"商标，推动杜桥豆腐皮制作技艺入选"第四批山东省非物质文化遗产名录"，荣登"2023年度山东省乡村文化和旅游带头人支持项目入选人员名单"，带领企业获评"山东省农业产业化重点龙头企业""省级高新技术企业""山东省老字号""山东省旅游商品研发基地"。

▶▶ 重要事件

徒骇河覆舟事件 杜家桥村位于徒骇河东岸，而在徒骇河的西面有村里的300多亩耕地。架于河上的木质桥梁曾几度被洪水毁坏。每当此时，杜家桥村村民外出或到田间劳作时，就会用村里的一艘木船摆渡。

1961年8月25日，在河西劳作了一天的人们急需回家，收获的地瓜也需运到东岸。当满载地瓜、老人、妇女的木船行至河中心时，由于超载、流急、漩涡和船上人员的骚动等原因，渡船顷刻侧翻，地瓜和船上的人全部落水，幸有20余人获救，但仍有4人溺亡。

时至今日，杜家桥徒骇河覆舟事件遇难者的后人及家属仍对此铭记于心。

▶▶ 特色产业

豆制品加工 杜家桥村有生产手工豆腐皮传统，家家户户均能自主生产豆制品。

杜桥豆腐皮制作技艺于清朝末年由杜家桥村的杜洪禄在天津学成后发

起。该技艺于2015年列入"山东省第四批传统技艺类非物质文化遗产项目名录"。

其产品选用上等的绿色优质大豆和独有的天然纯净黄河水为原料，经选豆、浸泡、磨浆、煮浆、点卤、泼汁、压榨、揭皮、入味（调制）和摊凉等十几道工序精制而成，豆香纯正，筋道，口感微甜，风味独特，营养丰富，具有香、甜、醇、韧、食用方便等特点，曾入选"到山东不可不吃的100种美食之一"。在现存30余家豆腐皮手工作坊和惠民县东方豆制品有限公司的带动下，豆腐皮制作发展成为生产经营豆腐、豆泡、豆腐皮、腐竹、豆干等50余种豆制品的农产品加工产业，市场覆盖全国70%的省份。豆腐皮加工制作已成为杜桥村老百姓的致富项目之一，豆制品产业每年可为杜桥村带来100多万元的收入。

□ 晾晒中的杜桥豆腐皮

惠民县东方豆制品有限公司　由杜家桥村中共党员、第六批省级非物质文化遗产代表性传承人杜美收于2011年3月创建，是一家集大豆种植，豆制品深加工、销售于一体的省内大型豆制品生产企业。

该公司充分发挥对农民增收、产业转型的辐射带动作用，通过公司+基地+农户的模式，建立大豆生产基地27719亩，涉及清河镇、桑落墅镇、麻店镇、胡集镇等，并逐步向滨城区、沾化区、阳信县拓展，带动了整个滨州市大豆产业的发展。

公司拥有"杜桥"注册商标和5项国家专利，荣获"山东省农业产业化重点龙头企业""省级高新技术企业""山东省老字号""山东省旅游商品研发基地"等荣誉。

▶▶ 村干部任职情况

历任村党支部书记一览

姓 名	任职时间
王玉珍	1949—1966
杜君禄	1966—1976
王兆财	1976—1979
高振树	1979—1981
高洪青 高洪银 崔乃福 杜美龙	2000—2010
崔乃占	2010—

历任村行政负责人一览

姓 名	任职时间
杜君禄	1949—1966
王兆财	1966—1976
高振树	1976—1979
梅廷河	1979—1981
王学湖	1981—2000

撰稿：刘　强

高庙魏村航拍图

高庙魏村
GAOMIAOWEICUN

高庙魏村隶属于清河镇牛王店联村，紧邻 220 国道，与牛王店村、马庄村、跑马刘村接壤。人口 362 人，以魏、位姓为主。耕地 730 亩，主产小麦、玉米。

▶▶ 历史沿革

据村碑载文称，始祖魏忠，安徽省凤阳县人，明永乐二年（1404 年）迁居于此，因当时村中建一神庙，名玉皇阁，俗称阁庙，遂取村名为"阁庙魏"，后改称"高庙魏"。

民国年间，高庙魏村曾属第八区三义乡。

▶▶ 文物古迹

玉皇庙 修建时间已无从考证，今村内尚有庙基可辨，碑及底座尚在。据传，庙前旗杆上的夜明珠似的金马驹，在抗日战争时期被日本鬼子偷走。"文化大革命"时期，因黄河河水泛滥，河务部门为筹集筑坝防水物料，将玉皇庙拆除，拆下来的石块等被河务局征用来修筑堤坝。

家庙 家庙有3间屋，废弃得比较早。据村里老人们讲，相较玉皇庙，家庙更受孩子们的喜欢，闲暇时，多到家庙附近聚集、玩耍。家庙在20世纪80年代被拆除。

黑水湾 高庙魏村前不远处有三亩多地的黑水湾，湾内没有鱼鳖虾蟹，百年内湾水从没干过，湾内之水入口苦涩，不适合人畜饮用。湾旁有个口不大的井，湾井之水相通。据说，湾里水会随着十里外大清河水涨落而涨落。当时，村里人都说这是玉皇大帝的洗脸盆。1970年左右，黑水湾干涸。

大石碑 石碑大概立于乾隆年间，石碑上隐约可见"千龙"二字。据传，大石碑是高庙魏村为多生男丁在庙前立的。

▶▶ 民间传说

关于高庙魏村为何先叫阁庙魏，后称高庙魏，在当地流传着一个美丽的故事。

据传，很早很早以前，玉帝和妹妹曾为争夺泰山顶闹得好不痛快。最终玉帝占了泰山顶，泰山奶奶伤心至极，泪流满面，一气之下，来到牛王店（高庙魏村的邻村）一带降圣显灵，善男信女感其恩德，在村东南角，盖起了泰山奶奶庙，泰山奶奶便在此定居了下来，众人还在庙前挖出一个叫"金牛湾"的水湾，供泰山奶奶洗脸使用。由此，在泰山奶奶庙不远处便筑成一个高台。

高台上住着一户姓魏的人家，家中只有母女俩相依为命。

玉皇大帝听说妹妹在此有一块风水宝地，便决定前来察看端详。

这一天，天下着大雨，玉皇大帝降圣下界，亲自视察金牛湾。看过金牛湾，玉帝连声赞叹："金牛湾果然不凡！"想到当年与妹妹争夺泰山顶一事，玉帝深感愧疚，于是决定将金牛湾让给妹妹，做她的洗脸盆。但终归心有不甘，于是他想出了一个主意。

玉帝扮作一个乞丐，登上高台，到那户魏姓人家讨饭。善良的母女给乞丐吃的喝的，乞丐感激不尽，临走之时，留给姑娘一块画着楼阁的白色绸

□ 玉皇庙旧址

子，并叮嘱姑娘照图绣出楼阁。姑娘经过七七四十九天终于将楼阁绣好。晚上，姑娘梦见那座楼阁从天上落下来，在地上转了九圈，立在高土台子上，发出耀眼金光。后来人们才知道那个乞丐就是玉皇大帝。从此，高土台子上的楼阁就叫"玉皇阁"，俗称"阁庙"。再后来，高土台子上人丁兴旺，形成村落，便取村名曰"阁庙魏"。

又传，阁庙门前旗杆上吊斗中有一金马驹，每至深夜，闪闪发光，远在北50里外的府城南门可见。府衙曾派差役顺光查找，每至阁庙，光即不见，出村四望，光亮又闪。衙役将此情禀于知府，知府愕然曰："如此遥远，可见亮光，此一阁庙堪称高庙。"由此"阁庙魏"改称"高庙魏"。亦说由于神庙高大，又建于高台之上，故名。

▶▶ 烈士名录

● 位（魏）良田　1928年出生，1945年参加革命，生前为华东野战军战士，1947年牺牲在安徽省。

● 魏（位）洪田　中共党员，1928年出生，1948年参加革命，生前为华野十纵八十三团三营九连战士，1948年在淮海战役中牺牲于宿县四区张老庄。

▶▶ 教育卫生

学校　1952年建校，以家庙为校舍，魏方田老师在校任教，学生30名左右，虽然学生较少，但是家庙面积较大，也有5间屋子用来教学。1965年，学校搬到牛舍，条件十分艰苦。1968年，学校搬到原大队部。1984年村里盖了新学校。1993年，学校并入牛王店完全小学，学校改为村办公场所至今。

赤脚医生 20世纪六七十年代，魏得胜开始担任赤脚医生，在家里给病人看病，挣大队的工分，当时魏医生所能诊治的疾病大都是发烧感冒等寻常病，扎针或者大病都要去镇上或者邻村的卫生室。

▶▶ 风土民情

香火会 高庙魏村自建庙后，每年的正月初九，周边十里八村的人们都来赶香火会。香火会上有说书的、唱戏的、表演杂耍的等，各种表演形式让大家眼花缭乱。这天，高庙魏村每家每户都有亲戚朋友来作客游玩，好不热闹。自从拆了庙以后，正月初九的香火会也就销声匿迹了。

秋后祭祖 之前每逢秋后，村里便会请一些道士和尚，白天从玉皇阁将玉皇老爷请到家庙，晚上便在家庙念经，祈求玉皇大帝和列祖列宗护佑一年内平平安安、万事顺利。后来，随着时代的发展，这种活动慢慢消失。

说书唱戏 20世纪30年代，村内由魏福善、魏振锋、魏振奎等人组织唱山东琴书，由魏方田拉弦，20世纪40年代左右后继无人，不再演出。

▶▶ 特色产业

柳编皮货 之前高庙魏村的柳编和皮货都是比较出名的，虽然没有形成较大的产业，但在当时不管是产品的质量还是带给村民的收入都是值得回忆的。

饸面锅饼 早年间，高庙魏村和附近的坯古庄村都有不少手艺人手工制作饸面锅饼，当时深受人们喜爱。时至今日，村内尚有一户人家还在制作、售卖饸面锅饼。

▶▶ 村干部任职情况

历任村党支部书记一览

姓　名	任职时间
魏荣田	1976—1985
魏俊青	1985—1990

姓　名	任职时间
位俊虎	1991—2002
魏泰龙	2002—2013
魏俊柱	2013—2021
魏深田	2021—2023
位俊虎	2023—

历任村行政负责人一览

姓　名	任职时间
魏俊青	1960—1985
魏深田	1985—1990
位俊虎	1990—1991
魏泰龙	1991—1997
魏丰国	2010—2013
魏深田	2013—2016

撰稿：刘　燕

楼子孙村航拍图

楼子孙村

LOUZISUNCUN

楼子孙村位于清河镇政府东南 3 公里处，南邻贾家村，北邻姜家村，东边与降马李村相接壤，143 户，503 人，以孙姓、贾姓为主。耕地 776 亩，主产小麦、玉米。

▶▶ 历史沿革

据《孙氏族谱》记载，孙姓始祖孙功能，明朝成化年间（1465—1487年），由河北省枣强县迁来，赘于贾家，更为贾姓，生有贾刚、贾干二子。贾家长辈过世后，贾刚、贾干复为孙姓，立孙家村。至清嘉庆年间（1796—

1820年），为防河水之害，有多家建起了小楼（俗称楼子），由此，村名被称为"楼子孙"。

民国年间，楼子孙村曾属第八区东义乡。

▶▶ 文物古迹

楼子孙神庙　楼子孙村村东曾建有一座神庙，又称"大庙"，建于何时已无从考证。神庙占地三亩，前殿、后殿俱全，恢宏大气，庙内供奉各路神仙塑像，香火极盛。庙前立有两只一人多高的石狮，威武霸气。"破四旧"时，神庙被拆，两只石狮一只被砸碎沉入村中池塘，另一只被埋入村东路边。

贾庙　贾氏族人为了祭祀祖先修建了家庙，时称"贾庙"。此庙建于何年已无从考证。它坐落在神庙附近，规模不大，因坐南朝北，又称倒坐观，大概毁于"破四旧"。

九龙口　指村子边的一条小路，道路曲曲折折，共有九个弯儿，一直通向贾家的家庙——倒坐观。

古井　此井坐落在神庙门口和中心路的交界处，挖于何时失考。听村中老人讲，井内之水十分甘甜，村民日常用水都取自于此。2020年左右，镇政府出于对村民的安全考虑，派人将此水井进行了封盖。

▶▶ 民间传说

□ 大庙及古井遗址

清咸丰五年（1855年），黄河考城（今兰考）铜瓦厢决口，夺大清河河道由利津入海，一时间大清河两岸村庄黄水泛滥成灾，沿河百姓备受水灾之苦。那时候，孙家村出了一名秀才，家大业大，人称"孙百万"，一生扶危济困，乐善好施。据传，当时修筑从李庄到魏集老君堂共五六十里长的河岸，所用几千万土方，都是靠人力推、挑、抬、扛完成的。如此浩大的工程，所花的银两都由孙百万一人出资。为此，朝廷嘉奖了孙百万，并封他为这方河堤的督察使。据说，他死后人们在黄河边为他修建了大墓，以表敬重之意，大墓约在20世纪50年代被平掉。

▶▶ 烈士名录

● **孙立荣** 1925年出生，生前为楼子孙村民兵，1946年在本村被特务杀害，同年被追认为烈士。

▶▶ 重要事件

1946年8月7日，八区区委书记张建华、县妇联主任冯桂生（女）、区助理员房崇喜，偕同3名农村干部率区中队13人到楼子孙村开展工作。中午，被匪特张福和部百余人包围，激战半小时，张建华、房崇喜及村干部樊成敏、樊成美牺牲，幸县大队增援，冯桂生（负伤）等得以脱险。新中国成立后，为了纪念张建华书记，县政府将楼子孙及附近几个村改建为建华大队。后各村复归原村名。

▶▶ 特色产业

野金菊 野金菊适宜在旱能浇、涝能排的沙地种植，一般在10月底收获。清河镇地处黄河下游，气候温暖，能实现自流灌溉，很适合野金菊的生长。楼子孙村积极推广种植这种经济效益高、市场销售好的经济作物，并及时成立了"金春来"野金菊专业合作社。合作社积极发挥示范引领、辐射带动、技术支持等作用，有效促进了农业转型增效、村民致富增收，让越来越多的群众走上了共同富裕的道路。

▶▶ 教育卫生

学校 学校创建于清末民初。创建初期，学校里有100多名学生，1955年搬到了当时村子里一个地主的宅院进行教学。20世纪60年代楼子孙小学解散，合并到了油坊李小学。

赤脚医生 20世纪六七十年代，一直从医治病的孙恒福成为楼子孙村卫生室的赤脚医生。其子孙立国从部队退役回村后，与父亲一起在村卫生室工作。两辈人同为赤脚医生，一起为村民健康服务，成就了一段佳话。

▶▶ 风土民情

楼子孙大集　早年间，楼子孙村曾举办大集，每逢农历三、八日，便会开市，极大地方便了当地群众。

唱戏过大年　过去，每到春节，楼子孙村都要唱大戏，以活跃气氛、增强年味。演出戏曲种类也十分丰富，吕剧、京剧等应有尽有。其中孙心良先生表演的《三世仇》当时最受欢迎。

▶▶ 村干部任职情况

历任村党支部书记一览

姓　名	任职时间
孙玉龙	1964—1974
孙方青	1974—1993
孙立文	2001—2011
孙明柱	2011—

历任村行政负责人一览

姓　名	任职时间
孙恒祥	1949—1955
孙德明	1955—1959
孙心仟、孙含芬、孙玉瑞	1959—1964
孙立成	1964—1974
贾美福	1986—2004
孙佃海	2004—2018

撰稿：樊贵程

堤上牛村航拍图

堤上牛村

DISHANGNIUCUN

> 堤上牛村位于清河镇政府东南 3 公里处，南临黄河，隶属油坊李联村，与东五村、堤上刘村、庞家村相邻。740 口人，以牛、王姓为主。耕地 930 亩，主产小麦、玉米，之前曾有棉花种植。

▶▶ 历史沿革

据《牛氏族谱》记载，始祖牛兴，于明成化年间（1465—1487年），由河北省枣强县迁于秦堤（今清河镇北一带高坡）之北建村，以姓氏取村名"牛家"。后来，因村子常遭黄河决口水害，为避水患，牛家村由秦堤之下移于秦堤之上。由此，村名改称"堤上牛"。

相传，牛家村北有一个很大的水湾，上百年来从未断水，且湾内之水总是深而清澈，水中从未见过鱼、虾，水湾外周有榆树、松树环抱。凡遇干旱年月，四里八乡之人都到此取水，而湾内之水不减分毫。是以"牛家村"又被称"牛家湾"。

民国年间，堤上牛村曾属第八区东义乡。

□ 堤上牛村街景

▶▶ 文物古迹

秦堤 根据牛氏族谱记载，秦堤全长十几里，堤顶最窄处有3米~4米，最宽处10多米，最高处8米，堤中心由经过加工的大条石砌成，远远望去，犹如一道城墙，气势宏伟。其中一段，长近2公里，为秦堤最美的一段。北为渠田，渠比田要高出一截，为灌溉提供了方便。据清光绪十二年（1886年）《惠民县志》载，"秦堤樵唱"为县内八景之一。据记载：秦堤在大清河（黄河）北岸一带的高坡处。与滨蒲相接，村墟篱落，树木葱郁，樵夫、牧童经常出没其间，每当夕阳西照，樵歌牧笛。

关帝庙 堤上牛村曾建有一座面积很大的关帝庙，庙宇有10间左右的房屋，庙内供奉关老爷。具体建庙时间失考。1950年曾以此庙宇内房屋为校舍举办过小学。1988年，因为盖新学校被拆除。

龙王庙 堤上牛村曾建有龙王庙。当时，庙内供有一尊1米多高的泥塑龙王像。具体建庙时间失考。1966年，龙王庙被拆除。龙王像当时被安置在学校的西屋，后来遗失。

▶▶ 烈士名录

● **牛佃福** 1887年出生，1943年参加革命，生前为堤上牛村农会会长，1946年4月在堤上牛村被还乡团（特务队）暗杀。

● **牛宝胜** 1928年出生，生前为堤上牛村民兵，1946年4月在堤上牛村被还乡团（特务队）暗杀，同年被追认为烈士。

• 张洪林　共青团员，1932年出生，生前为堤上牛村儿童团团长，1946年4月在堤上牛村被还乡团（特务队）暗杀，同年被追认为烈士。

▶▶ 村庄发展

1966年前后，堤上牛村办起了供销社代销店，牛孝建任售货员。主要代销火柴、煤油、盐、酱油、醋等生活必需品，铅笔、本子、小刀、纸张等学习用品，毛巾、牙刷、脸盆、水桶等日用百货和小型农具等，为农民群众提供了必要的生产生活服务。20世纪80年代中后期至90年代，代销店变为个体经营。

□ 功德碑

2009年，在各级领导关心支持下，村两委广泛发动村民和在外工作人员为家乡修路捐献善款，加上该村在黄河工程期间售卖土方所得收入，共筹得资金70万元，修筑了宽4米、长2500米的混凝土路，为方便村民出行、推动经济发展、提升村庄形象发挥了重要作用。7月，值村内公路竣工之际，为永远铭记为此项工程做出杰出贡献的人士立功德碑一块，以示后人。

▶▶ 教育卫生

堤上牛小学　堤上牛小学成立于1950年，时以关帝庙之房屋为校舍，设一至四年级，在校生40人左右，苗玉顺等老师在此任教；1958年，堤上牛小学和附近几个村的小学统一合并至堤上刘小学。1959年，搬回原来的堤上牛小学。1988年，因校舍条件达不到镇上要求，需本村重建，故将庙宇拆除，动员全体村民将村办公室后面的大湾填平夯实，作为新校地基，修建了新的学校，有效改善了教学环境。2010年，堤上牛小学正式合并到清河镇中心小学。

赤脚医生　20世纪六七十年代，毕业于北镇中学的张洪安开始担任堤上牛村赤脚医生。张医生采取农忙时务农、农闲时行医或白天务农、晚上送医送药的方式，积极为村民提供医疗服务，有效缓解了堤上牛村缺医少药的问题。后转为乡村医生，继续为村民提供医疗服务。

▶▶ 村干部任职情况

历任村党支部书记一览

姓　名	任职时间
牛宝堂	1950—1966
牛佃孝	1968—1987
牛孝慈	1987—1991
牛孝建	1991—1999
牛孝海	1999—2011
牛宝军	2011—

历任村行政负责人一览

姓　名	任职时间
牛宝伦	1950—1966
牛佃方	1966—1968
王存明	1968—1976
牛宝太	1976—1982
牛孝慈	1982—1987
牛佃孝	1987—1991
王秀清	1991—2011
张洪芸	2011—2014

撰稿：樊贵程

考童王村航拍图

考童王村

KAOTONGWANGCUN

考童王村隶属于古城马联村，位于 220 国道西北方向，与丁家庄村、古炉李村、富刘村相邻。867 人，以王、张、曹姓为主。耕地 1301 亩，主产小麦、玉米。

▶▶ 历史沿革

考童王村，原名"王家"。相传，明朝洪武年间（1368—1398 年），始祖王景祥由河北省枣强县迁此立王家村。至明朝成化年间（1465—1487 年），村中曾连年有多名童生考中秀才的喜事，当时声誉很高，其村名即被称"考童王"。

民国年间，考童王村曾属第八区和平乡。

▶▶ 文物古迹

家庙　主要用于祭祖。具体建庙年份已无从考证。据传，1963年，考童王村对家庙进行了重建，共有3间屋，1间主庙，2间耳房。20世纪90年代，由于种种原因家庙被废弃。家庙带给考童王村村民的精神寄托和文化传承将始终留存在每一个考童王村村民心中。

□ 家庙遗址

▶▶ 烈士名录

● **王佃常**　1916年生，1947年参加革命，生前为华野战士，1948年牺牲在齐河县。

● **王开春**　1926年生，1952年参加革命，生前为中国人民志愿军六十七军二〇一师六〇二团战士，1952年在抗美援朝战争中牺牲。

▶▶ 村庄名人

● **王元彬**　1934年生，1957年考入北京矿业大学。大学毕业后，分配至四川攀枝花矿务局工作，曾任高级工程师，1997年退休。

▶▶ 特色产业

20世纪七八十年代，考童王村有一家规模不是很大的皮革加工作坊，主要从事牲口笼头、鞭梢、皮条等皮革产品的加工，一定程度上丰富了农业生产资料供应，增加了从业者收入。

2023年底，考童王村有两家绳网厂、一家混凝土厂、两家畜牧企业，对增加村民的收入、带动村集体经济发展发挥了较好作用。

▶▶ **文教卫生**

考童王小学　1948年，考童王村创办学校，教室为考童王村家庙，条件较为简陋。设一至四年级，有学生50人左右，所有学生都在一个教室上课，实行复式教学方式。校长是王元炳先生，王尧熙和林国峰在此任教。1961年前后，学校迁往村民王和元的住宅，办学规模大概有3个班。1973年，学校迁出，搬入新建的9间校舍，至1995年学校解散，办学规模稳定在5个班上下。后来，校舍用作村委办公场所。

□ 考童王小学遗址（现村委会办公室）

卫生室　20世纪六七十年代，考童王村建起了卫生室，王元鸿是考童王村卫生室的首位赤脚医生。据村民介绍，王医生医德高尚、医术精湛，一直致力于救死扶伤，深得村民信赖和赞赏。

京剧戏班　1965年开始到20世纪八九十年代，考童王村活跃着一个京剧戏班，每当过年的时候，就会扎台子表演，节目主要是《红灯记》《沙家浜》等京剧样板戏。王开鲁、王元玉、王开玉、王元福、王开亭、王开傲、王开清、邵明凤等都是考童王京剧戏班中有名的演员。虽然现在村里不再组织京剧戏班，但仍有不少人喜爱唱戏。

幼教班　村内现有幼教班1个，马云娥（女）任教。

▶▶ **村干部任职情况**

历任村党支部书记一览

姓　名	任职时间
王开贤	1972—1976
王开通	1977—1984
王开举	1985
王天刚	1986—1989
王元龙	1989—1993
王开香	1993—1994
王元广	1997
王开通	1998—1999

姓　名	任职时间
王元春	1999—2002
王信亨	2003—2021
王洪娥	2021—

历任村行政负责人一览

姓　名	任职时间
王开瑞	1949—1954
王开亭	1955—1968
王开波	1969—1972
王元龙	1986—1988
王开仁	1990—1992
王开香	1991—1992
王元香	1995—1996
王开雷	1997—1999
王元广	1998—2018

撰稿：肖　飞

坯子张村航拍图

坯子张村
PIZIZHANGCUN

坯子张村位于清河镇政府驻地西北 3.5 公里处，隶属梅集联村，东北与梅集村、西南与古炉李村相邻。人口约 300 人，以张姓为主。耕地 407 亩，主产小麦、玉米、大棚蔬菜。

▶▶ 历史沿革

相传，坯子张村始祖张立，于明嘉靖年间（1522—1566年），由河北省枣强县迁居于此，因以做坯子（坯，盖在锅上的草编盖子）出售，其产品坚固耐用，销路甚广，故村名被称"坯子张"。

古炉李村始祖李廷惠，于明洪武年间（1368—1398年），由河北省枣强县迁居于此，以卖烧饼为业，他做出的烧饼一鼓两盖，传说是用鼓炉做的，故村名被称"鼓炉李"。后人把"鼓"简写作"古"，即名"古炉李"。

1990年地名补查时，经乡报县批准，坯子张村与近邻古炉李村并为一村，新村村名由两村原村名中各取一字称"坯古庄"。2013年，坯古庄拆分为坯子张和古炉李两个自然村。

民国年间，坯子张和古炉李两村曾同属第八区和平乡。

▶▶ 文物古迹

关帝庙 村内曾建有关帝庙，位于现村委会所在位置。清朝时期修建，具体时间失考。面积比较小。"文化大革命"期间庙内关老爷泥质塑像被砸毁。

▶▶ 特色产业

张氏坯子 把高粱秸、芦苇用刀劈开刮薄刮平、用火烤软，进行编制，并用茅草、麦秸等坚韧性植物茎按压捆绑做成盖在锅上的草编盖子，称为"坯子"。这种产品保暖性强、坚固耐用，深受欢迎，销路甚广，坯子张村这种制作坯子的精湛手艺，赢得十里八乡的交口称赞。有一首歌谣形象地再现了坯子制作流程和功效。

> 秫秸芦苇劈匀编，茅草拧紧扎实连。
>
> 无缝扣式蕴蒸气，蒸馍做饭更保暖。

此手艺一直延续传承到20世纪80年代末。

饸面锅饼 坯子张的饸面锅饼师承古炉李村。据传古炉李村始祖李廷惠，以卖锅饼为业。坯子张与古炉李两村相距甚近，交往甚密，饸面锅饼手艺在两村得到广泛传播。经过数百年的传承发展，这种手艺不断得到完善，其产品名称更加响亮，称"清河镇五香杠子头锅饼"。制作工艺更加完善，其精髓是，纯手工制作，选用优质面粉，老酵子作为引酵，制作时使用一半死面、一半发面，仅添加香油、麻汁、秘制五香粉等调料，使用传统老模具在表面印制精美图案，烤制过程中反复翻烙，烤制时间半个小时以上。该锅饼经济实惠，耐受储存，老少咸宜，具有抗饿、健胃之功效。

张增合现年72岁，是锅饼制作技艺的第五代传人，其曾祖父曾经在惠民县城大寺商场有锅饼铺面，技艺流传至今。清河镇五香杠子头锅饼旺季日销售600~800个，现在魏集古村落设有销售店面。

窑厂　1955—1962年，坯古庄开设过窑厂，主要产品为青砖。因为村里有专业的技术人员，可以熟练掌握烧制技巧，当时窑厂烧制的青砖远销县内外，成为村集体经济的重要收入来源。

蔬菜大棚　近几年来，坯子张村人从传统制作坯子、饯面锅饼，种植小麦、玉米、棉花渐渐向大棚蔬菜种植产业发展。大棚主要种植甜王西瓜和西红柿，销往淄博、北京、天津等多个城市，每亩地纯收入有8000元~10000元。

▶▶ 教育卫生

□ 特色土产——饯面锅饼

□ 坯古庄小学遗址

坯古庄小学　坯古庄小学于1983年由村集体组织建成，当时条件较为简陋，都是土屋土桌子，设一至三年级，学生50人左右，开始时只有一个教师执教。后来，渐成危房，故采取村民集资方式筹集资金，对学校进行重建，新建教室6间，办学条件得到一定改善，学生约有70人。1991年坯古庄小学正式解散。

赤脚医生　1968年，崔邵福回村任赤脚医生。崔医生是一名中医，医术高超，医德高尚，热心为群众服务，深受村民敬仰爱戴。

▶▶ 村干部任职情况

历任村党支部书记一览

姓　名	任职时间
李春祥	1965—1993
张延友	1993—2005
张增福	2006—2017

姓　名	任职时间
张发涛	2018—

历任村行政负责人一览

姓　名	任职时间
李春祥	1949－1988
张延友	1988－1998
张文明 张延明 马海燕 张其林 张其水 张发胜 张其军 张秀利 郭克凤 张其桐 张发军 张文合 张发忠 张延平	1998－2008
张增福	2008－2018

撰稿：刘　强

HUIMIN
XIANGCUN
JIYI

12 李庄镇
LIZHUANGZHEN

□ 李庄镇航拍图

李庄镇
LIZHUANGZHEN

　　李庄镇地处惠民县南部，南依黄河与大年陈镇接壤，北与辛店镇接壤，东与清河镇、胡集镇接壤，西与姜楼镇毗邻，是惠民县的"南大门"，总版图面积100.8平方公里。境内为黄河冲积平原，地势南高北低，黄河从南部流过，徒骇河从中部穿境而过。北距惠民县城25公里，东距滨州市40公里，西行90公里到济南市，惠青黄河大桥跨越黄河，与淄博市紧密相连。

　　全镇耕地面积7.8万亩，辖8个新村105个自然村，常住人口6.12万人，镇区常住人口3.88万人，主要以农业、绳网加工业为主。

▶▶ 历史沿革

　　李庄镇在新中国成立前曾属惠民县第八、九、十区辖。1950年行政区划调整时，划为第十二区。1955年9月区改驻地名，又为李庄区。1958年2月撤区并乡，改为李庄乡。同年秋，改李庄乡为李庄人民公社。1961年改为李庄区，辖6个小公社。1969年9月改区为公社，复名李庄公社。1971年全县划分公社时，原李庄公社北部析置申桥公社后，仍名李庄公社。1984年改公社为乡镇，经山东省人民政府批准，将李庄公社改建为李庄镇。1984年改申桥公社为申桥乡。1994年改申桥镇。2001年3月，申桥镇与李庄镇合并后为李庄镇。

▶▶ 文物古迹

粉刘村王宗琳祖宅 在1870—1872年，筹建四合院一套。北屋七间，长21米，宽7.8米，为典型的二郎担山格局。中间三间是客厅；东西各两间，为对等的正方形，为起居室，它们的使用面积之和与中间的客厅相等，体现了儒家居中守正、不偏不倚的中庸思想。七间屋，八架梁，梁下都有木柱支撑，八梁十六柱，加上外面卷棚厦的明柱，共二十四柱，体现了框架结构的特色。卷棚厦大梁与支柱相连，梁与梁、梁与柱都有拉木相连，厦有明柱橼子相连，结构匀称和谐、美观、坚固，抗震防水。五登台阶全部用大条青石铺成，室内客厅与起居室隔断雕花镂空，异常精美。正房的家具也古色古香。条几、方桌、官帽椅、太师椅、条凳等，都是当年的老物件。

南配房为车库，长21米，宽5.5米，东山有车门，宽4.8米，马车可直接入库，进出方便。南配房与正房相对，比正房略低。东西配房相对，各三间，长8.8米，宽5.2米；东配房屋比西配房略高。东西配房的前墙，不冲正房与南屋的门和窗。在南配房与东西配房之间有供人进出的便门，便门与院落间有影壁。整座院，门对门，窗对窗，布局严谨，结构合理，现存房屋大部分完整。

□ 王宗琳祖宅大门

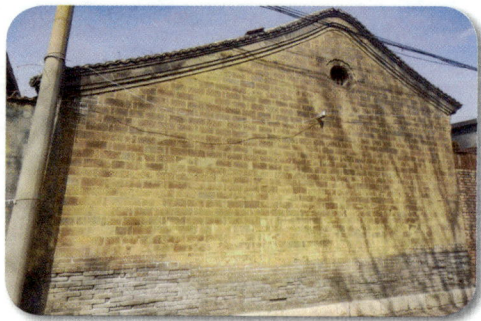

□ 王宗琳祖宅正房外山图

申家桥 初为石拱桥，建于明朝，原名固安桥，全桥11孔，中心跨度6

米，长60米，桥面宽3.5米，两侧设有石刻栏杆，栏杆顶有各种兽头装饰。桥两端刻有石狮，桥下侧有防洪标志。1937年，日军进犯，国民党军队撤退炸毁南端五孔。日军占领后，以木接补，1956年以木接补加长。1964年，因石桥墩倾覆，交通中断，1966年改建成大型钢筋混凝土灌注桩"T"形桥梁。2001年9月，第二次重建通车。

三官庙　位于申家桥北，与桥同时建成，明朝道人刘守阳募捐十五年，集金三千多两，在邑人陈琚的帮助下成此善事。庙宇宏大，分四院，有和尚道人数名。1938年，日寇修据点，毁掉大部。1946年全部拆除。

包公祠　在归仁村北大约20米处。据传归仁为宋朝定阳县遗址，包公曾在此任县令。该祠始建年代已失考。新中国成立前曾存砖瓦房三间，内有泥塑神像、石碑等。经考为清康熙年间重修。1946年春，该祠被拆除，旧址无存。

陈大官墓　在杨集村西，220国道以北，高4米左右，周围长约40米。据传为陈洪口—陈氏官员所建，青砖墓穴，1966年损毁。

▶▶ 名人乡贤

● **李心恕**（1840—1916年）　字强斋，李庄镇南北王村人。清朝廪贡生，候选教谕。他性情豪爽，热心公益事业，兴办黄河工程尤其尽力。在堵白龙湾、清河镇、白茅坟等处决口及修筑内外大堤时，他不仅出力，而且捐资。在数十年河务工程中，他始终是组织者之一。晚年在村中设义学，使本村和附近村庄儿童能就近入学。世人赠"耆年硕德"匾一块，以彰其德。沈子衡等数任知县，亦都赠匾，以旌其门。

● **张益堂**（1901—1977年）　名张纯谦，字益堂，李庄镇桥北张村人。天津南开大学预科班毕业，后任教。1928年，曾冒险送信救早期共产党员路雨亭、李士杰（共产党员）夫妇。1941年，正值日寇侵华，张先生克服重重困难，千方百计筹划资金，聘请名师，建成桥北中学（在前王村）。任校长期间，始终将日伪教育拒之门外，几次拒绝在校内建国民党的团体组织，对人情关系或权势入学者一律拒收。新中国成立后，率先参加渤海公演举办的教学研究会。1946年11月，参加惠民县议员大会，当选为县副参议长。之后，到原惠民地区农校任教。

● **刘云华**（1923—2008年）　李庄镇刘口村人。童年时代和兄长在广饶一带做车马挽具生意。杨国夫司令带骑兵团在广饶一带住了一年多，骑兵用的鞭、笼头、马镫等时常在他店里买。日子久了，这位军官看刘云华忠实、心灵手巧、机敏过人，便收作内线，让其传递情报，成了一位名副其实的地下交通员。时间长了，又与当时在广饶作战的将领杨得志取得联系，地下工作越做越大，但当时这里的人们只知道他是很有名气的车马挽具老板。新中国成立后人们才知道，刘云华是党的地下工作者。经杨得志介绍，在山东省统战部任副部长。

● **王德庆** （1932—2020年） 李庄镇前王村人。1949年1月参加工作，4月加入中国共产党。生前历任高青县政协党组副书记、副主席，惠民县政协党组副书记、副主席等职。1994年4月离职休养。生前曾任山东省书法家协会会员、滨州市书法家协会常务理事、滨州市舒体书法研究会会长、山东诗词学会会员、滨州市诗词学会名誉会长。1986年被舒同收为弟子，并书"奋进"赠王德庆。2008年，王德庆的书法被列为国礼用品，并赠送日本政府官员。

● **郭洪礼**（1933—2007年） 李庄镇北郭村人，中共党员。1956年1月参加工作，历任石庙公社党的核心小组长兼革委会主任，省屯公社党委书记，县委常委、组织部部长，县人大党组副书记、人大常委会副主任等职。1994年退休。

● **路福增**（1938—2006年） 系惠民县李庄镇大路村人。1955年参加工作，1964年加入中国共产党。历任惠民县委办公室主任、县委常委，县委副书记兼县纪委书记，县书法协会主席（兼），惠民棉纺织厂党委书记、厂长，惠民县人大党组书记、人大常委会主任等职。1998年退休。

▶▶ 经济发展

绳网产业 李庄镇绳网产业自车马挽具演进而来，拥有300多年的发展历史，经过多年的发展，李庄镇已成为全国最大的化纤绳网生产基地。李庄镇于1993年成立镇办企业兵圣网厂第一、二厂。1997年，企业转制，兵圣网厂拍卖变为私营企业。至2023年底，全镇拥有绳网生产及加工业户3600余个，有一定规模的绳网企业达756家，规模以上企业49家，年产值达160亿元。产品种类丰富，涵盖建筑安全绳网、体育用绳网、农业用绳网、渔业用绳网、军工用绳网、航天用绳网等8个系列300多种产品。在全国32个省、自治区设立办事处，绳网市场份额占全国80%以上，出口中东、欧美、日韩等70多个国家和地区，进出口交易额突破3.5亿元。李庄镇先后荣获全国重点镇、国家级体育产业示范基地、山东省绳网产业第一镇、省级特色产业集群、省"十强"产业雁阵形集群、省级县域次中心试点、省级特色小镇管理名单、省绿色能源发展标杆乡镇等40余项荣誉称号。

2015年，成立全县第一个电商办公室，投资2000万元建成占地1000平方米的电商服务中心。截至目前，全镇电商业户达3000余家，跨境电商业户达5家，李庄镇连续5年被评为中国淘宝镇，成功培育21个中国淘宝村，总数为全市第一、全省第三。2016年成立李庄镇电商协会。2019年，成功举办第七届中国淘宝村高峰论坛，其间接待游客达4万人。成功引进阿里巴巴国际站、亚马逊国际站等电商服务公司，全镇电商线上交易额突破25亿元。2022年李庄镇被评为山东省电子商务服务标准化试点，并成功申报山东绳网全系产品电商供应链基地。2023年申请国家级电子商务服务标准化试点。

2019年成立全国第一家绳网先进技术研究院、全省第一家绳网质量检测中心、全市第一家绳网生产力促进中心，取得发明、实用新型等各项专利300余个。2018年成立了全国唯一的新型绳网行业专业标委会——山东省绳网标准化技术委员会，并完成"密目式防护网"团体标准、"网球网"团体标准、"绳网术语"地方标准等10项标准制定。11家绳网企业注册马德里商标并通过28个国家认证，先后培育金冠、恒迈、八匹马等山东省知名品牌7个、山东省优质品牌4个。体育绳网成功打进奥运会等国际大型赛事。李庄镇被授予国家体育产业示范基地等荣誉称号。

"三辣"产业　李庄镇的大蒜、圆葱、辣椒种植历史悠久，具有"三辣之乡"的美誉。申桥大蒜自20世纪80年代初期由金乡、苍山等地引进，至今已有30多年的种植历史。目前全镇大蒜、圆葱种植面积在1.5万亩左右，能够实现产值4亿元以上，带动10000余名劳动力就业。2020年，辣三样商标完成

□ 客商收购蒜薹

注册，"申桥圆葱""申桥大蒜"两个国家级地理性标志在积极申报中。目前，李庄镇的"三辣"产品已畅销全国17个省市，更是出口到了中东、东南亚、南美洲等11个地区。

▶▶ 重要事件

1928年，共产党员路雨亭，时任中共绥远特别区地方组织代理书记，受中共山东省委的派遣来德州、惠民一带组织群众运动，因无落脚点，来李庄高小任教，寻机开展党的工作。11月，身份暴露，遭追捕，被迫离开。

1938年5月，侵华日寇在申家桥北建据点，修碉堡。据此祸害四乡群众。

1943年正月初八，日本鬼子去北郭村扫荡，把挨家挨户抢来的衣物、粮食、大车等堆积到场园里，放火焚烧，一片火海，连老百姓的耕牛也被赶到火海里烧死，并打伤群众多人。

1945年9月，八路军炸毁日军碉堡，拔除申家桥据点。

▶▶ 教育卫生

教育 新中国成立初期，有完全小学3处，除李庄完全小学（简称完小）于1948年建立外，1950年，前王完小建立（前身为桥北中学），1951年杨集完小建立。沿用"四二"（小学4年、高小2年）分段制。从1958年开始，境内已有完全小学8处，村级小学近100处，小学生2000余人。2023年，全镇有小学5处，教师190人，在校小学生2981名。

惠民第三中学，属县办中学，建立于1956年，校址为现镇政府大院，最初设有12个教学班，教职工30余人，为三年制初级中学，1969年秋开始招收高中班。70年后改为高级中学，2002年合并于现惠民二中。

李庄一中建于1982年，为三年制初中班，规模最大时，全校近30个教学班，教职工近百人，在校生1300人左右。李庄镇一中是"市级校舍维护优秀学校""市级规范化学校""市级教学示范学校"。

李庄二中（原申桥中学）始建于1976年，时称申桥高中。2001年两镇合并，改称李庄二中。李庄二中教学成绩曾一度闻名全县，1995—2001年，连续七年升学成绩居全县首位，是市级规范化学校。

2023年全镇初中在校生700人，18个教学班，教职工90人，教师学历全部达标。

卫生 新中国成立后，卫生事业迅速发展。1956年，把境内中药铺联合起来建立李庄诊所后，又建立保健站。1958年，将联合诊所与保健站合并为李庄卫生院，1973年，卫生院由李庄老南北街南端搬迁于李庄村西，当时有医生15人。

1969年，推行合作医疗，各村建立卫生室，卫生室1~2人，凡参加合作医疗的农村社员，每人每年交0.5元~1元的公益基金，享受大队卫生室及公社卫生院的免费就诊。1979年后，农村经济体制改革，合作医疗停办。1989年卫生院由县卫生局下放到镇政府管理。2023年，全镇有村卫生室23处，医护人员350名。

▶▶ 非遗介绍

车马挽具　车马挽具是骡马牛车上用具的统称，包括皮货、铁货、线货和木器。皮货主要包括皮鞭，加工流程最为复杂。车马挽具生产起源于明朝初年，由惠民县李庄镇茶棚张祖传，清朝初年传到附近南郭、齐口、刘口等30多个村庄，成为当地主导产业，清中期达到鼎盛。产品销往全国各地。历经明、清、民国，一直到20世纪90年代，长盛不衰。2015年被评为"市级非物质文化遗产"。新中国成立初期，县皮革厂在茶棚张建厂，后迁入惠民县城。

53岁的郭振珉是惠民县李庄镇南郭村村民，他是滨州市车马挽具手艺的传承人。郭振珉的祖父郭孝师、父亲郭兴昌都是当地出名的车马挽具手艺人。

▶▶ 领导更迭

李庄镇历任党组织领导一览

姓　名	职　务	任职时间
杨凤楼	区党委书记	1947年3月—1949年2月
周佩三	区党委书记	1949年2月—1950年5月
郑玉坤	区党委书记	1950年5月—1950年10月
白怀贵	区党委书记	1950年10月—1953年11月
崔竹林	区党委书记	1953年11月—1954年7月
林顺义	区党委书记	1955年2月—1957年2月
付万峰	乡党委书记	1957年2月—1958年9月
崔长吉	公社党委书记	1959年3月—1960年7月
宋传伦	公社党委书记	1960年7月—1961年5月

姓　名	职　务	任职时间
齐九武	区党委书记	1961年5月—1965年8月
赵向明	区党委书记	1965年8月—1966年3月
赵山水	区党委书记（代理）	1966年3月—1967年1月
	党核心小组组长	1969年12月—1971年3月
	公社党委书记	1971年3月—1976年10月
	公社党委书记	1976年10月—1978年12月
杜肇睦	公社党委书记	1979年5月—1983年1月
高加运	公社党委书记（代理）	1983年1月—1984年5月
朱振玺	镇党委书记	1984年5月—1987年2月
刘鲁生	镇党委书记	1987年2月—1987年11月
于学良	镇党委书记	1987年11月—1993年11月
王延明	镇党委书记	1993年11月—1997年2月
李　勇	镇党委书记	1997年3月—2003年7月
李爱民	镇党委书记	2003年7月—2006年2月
王　凯	镇党委书记	2006年2月—2006年11月
田洪健	镇党委书记	2006年11月—2008年1月
卢兆俊	镇党委书记	2008年1月—2009年7月
卞如新	镇党委书记	2009年7月—2010年3月
孙秀明	镇党委书记	2010年3月—2013年9月
孙卫东	镇党委书记	2013年9月—2019年2月
霍清林	镇党委书记	2019年2月—2022年12月
田永建	镇党委书记	2022年12月—

李庄镇历任行政领导一览

姓　名	职　务	任职时间
刘树生	区长	1947年6月—1947年11月
郑汉亭	区长	1947年11月—1948年4月
高化南	区长（代理）	1949年2月—1949年10月
周连仓	区长	1949年10月—1950年5月
崔承太	区长	1950年5月—1951年11月
邢福臣	区长	1951年11月—1953年12月
孙佃美	区长	1953年12月—1956年12月
李宝银	区长	1956年11月—1957年2月
郭德林	乡长	1957年2月—1958年5月
邵立本	乡长	1958年5月—1958年9月
翟长吉	公社社长（书记兼）	1959年3月—1961年5月

姓　名	职　务	任职时间
郭振堂	区长	1951年5月—1961年9月
王玉乾	区长	1961年9月—1962年6月
邢法珍	区长	1962年6月—1967年1月
张士友	革委会主任	1967年3月—1968年4月
赵山水	革委会主任（书记兼）	1968年4月—1969年3月
邱承宪	革委会主任	1969年3月—1969年11月
赵山水	革委会主任（兼）	1969年11月—1978年12月
杜肇睦	革委会主任（书记兼）	1978年12月—1979年5月
高加运	革委会主任	1979年5月—1981年1月
	管委会主任	1981年1月—1981年6月
刘昌芝	镇长	1981年6月—1984年5月
武福功	镇长	1984年5月—1987年2月
孔兆林	镇长	1987年2月—1993年1月
潘洪全	镇长	1993年1月—1994年2月
张连军	镇长	1994年2月—1995年8月
李　勇	镇长	1995年8月—1997年3月
康存水	镇长	1997年4月—1998年9月
张惠轩	镇长	1998年9月—2001年3月
石仁慧	镇长	2001年3月—2002年1月
李爱民	镇长	2002年1月—2003年3月
郭玉勇	镇长	2003年3月—2004年3月
刘书平	镇长	2004年3月—2006年2月
田洪健	镇长	2006年2月—2006年11月
郭兴文	镇长	2006年11月—2008年11月
宋全星	镇长	2008年11月—2011年11月
曹星伟	镇长	2011年11月—2015年2月
霍清林	镇长	2015年2月—2019年2月
肖云辉	镇长	2019年2月—2021年12月
田颖超	镇长	2021年12月—2023年12月
李　杰	镇长	2023年12月—

▶▶ 附：申桥乡

申桥乡历任党组织领导一览

姓　名	职　务	任职时间
温子良	公社党委书记	1971年12月—1976年12月

李庄镇

HUIMIN XIANGCUN JIYI

姓　名	职　务	任职时间
王洪明	公社党委书记	1976年12月—1980年4月
马金刚	公社党委书记	1980年4月—1982年11月
曲振水	公社党委书记	1982年11月—1984年5月
谭德胜	乡党委书记	1984年5月—1986年7月
梁其国	乡党委书记	1986年7月—1987年11月
曹洪儒	乡党委书记	1987年12月—1989年11月
钟达新	乡党委书记	1989年11月—1995年6月
曹佃海	镇党委书记	1995年6月—1997年3月
刘希安	镇党委书记	1997年3月—1997年12月
宋士星	镇党委书记	1997年12月—2001年4月

申桥乡历任行政负责人一览

姓　名	职　务	任职时间
温子良	公社革命委员会主任（兼）	1971年12月—1976年10月
王洪明	公社革命委员会主任（兼）	1976年12月—1979年5月
韩书江	主任	1979年5月—1982年1月
刘广法	主任	1982年1月—1984年5月
刘承源	乡长	1984年5月—1986年7月
钟达新	乡长	1986年7月—1989年11月
李吉成	乡长	1990年3月—1993年1月
钟达新	乡长（兼）	1993年1月—1995年7月
曹洪涛	镇长	1995年7月—1998年2月
刘善礼	镇长	1998年2月—1999年1月
石仁慧	镇长	1999年2月—2001年3月

撰稿：姜凯强

□ 彭家庙村航拍图

彭家庙村
PENGJIAMIAOCUN

彭家庙村位于李庄镇政府驻地东北4.5公里处，北与辛店镇境接壤，南与大周村、西与郭家村、东与西沟刘村为邻。截至2023年底，村内有299户，1108人，均为汉族，党员22名。村内耕地1911亩，主要种植小麦、玉米、棉花及大蒜、圆葱等，村民收入以大蒜、圆葱等"三辣"农作物种植为主，绳网加工为辅。村内共有周、张、马、彭4个姓氏，曾有一户肖氏现已改为张姓，以周姓人口居多。村庄先后获得全县村党组织书记乡村振兴"擂台比武"二等奖、李庄镇"2015年度先进村"、"2015年度农村环境综合整治工作先进村"一等奖以及"2022年度先进基层党组织""2023年度先进基层党组织"等荣誉称号。

▶▶ 历史沿革

据老人们讲，彭家庙村早年间叫爽耧李。村里有一姓李的木匠，制作的播种木耧，下种爽利均匀，不断垄缺苗，被四乡八镇的乡亲们誉为爽耧，小村得名爽耧李。村东北有一庙宇叫三官庙。清乾隆年间（1736—1796年），村里彭姓始祖彭久诚，由滨县彭家集逃荒至此，住在三官庙内，做了庙祝，几亩庙田归他们家自种自吃。传至二世祖彭立俭，家业渐兴，遂建房立家。庙里香火逐渐旺盛，附近村庄百姓都来烧香拜佛、祈福安康，道光年间重修三官庙宇。李姓绝嗣，遂更村名为彭家庙。

1929年，彭家庙村属八区泰和乡；1950年属于李家庄区大周乡；1961年属于李庄区大周公社；1969年，属于李庄公社大周管理区；1971年12月，全县公社分置后，属于申桥公社大周管理区。1984年属申桥乡大周办事处；1994年，属申桥镇大周办事处；2001年，申桥镇与李庄镇合并，属于李庄镇大周办事处；2018年，属于李庄镇大周社区。

▶▶ 文物古迹

三官庙　位于村东北，明朝道人刘守阳募捐十五年，集金三千多两，在邑人陈琚的帮助下成此善事。后于道光年间重修。1938年，日寇在申桥修据点，毁掉大部。1946年全部拆除。

▶▶ 烈士名录

● **周宝元**　1921年出生，1949年参加革命，华野九纵战士，1949年在淞沪战斗中牺牲。

● **周启增**　1924年出生，1947年参加革命，东北野战军战士，1948年在四平战役中牺牲。

● **周启恩**　1925年出生，1947年参加革命，华野十纵二十八师八十四团九连战士，1948年在鲁中战役中牺牲。

● **周珠臣**　1926年出生，村长，1946在彭庙村牺牲，1947年追认烈士。

● **周宝常**　1928年出生，1947年参加革命，华野二十八师八十四团副班长，1948年在淮海战役中牺牲。

● **张洪茂**　1931年出生，1946年参加革命，华野二十八军八十二师战士，1949年4月在上海战役中牺牲。

● **周宝银**　1940年出生，1956年参加革命，华东军区战士，1958年病故于青岛，1958年部队批准为烈士。

▶▶ 村庄名人

● **周增宝**　1966年9月生，李庄镇彭家庙人。现任惠民县政协党组副书记、副主席，历任惠民县委政策研究室主任，大年陈乡党委书记、人大主席，县水利局党委书记、局长，水务局局长，县人大常委会副主任等职。

● **周增章** 1970年3月生，李庄镇彭家庙人。现任滨州市委第一巡察组组长（三级高级监察官）。历任滨州市纪委监委第一监督检查室主任，派驻市公安局纪检监察组长等职。

▶▶ 特色产业

洋葱、大蒜种植是彭家庙村的特色产业。1985年彭庙村从商河购来蒜种，先是小面积种植，因蒜薹收入可观，比单纯种粮效益好，大蒜种植面积不断扩大，又逐步扩展至湾头孙、西沟刘等村，又发展到蔡冯办事处各村。1999年以来，洋葱价格连续几年走低，大蒜种植面积迅速增加遍及全镇，达1万余亩。

1994年后，大蒜种植初具规模，蒜薹收购在彭庙村初步形成市场，2001年镇政府在前王村北投资80万元建成蔬菜大市场。蒜薹收购季节，外地客商纷至沓来，每天收购量达1000余吨，按正常价格计算，交易额达300万元左右，蒜薹销往寿光、济南、淄博、东营、河北等地。收获蒜薹时间紧，用工多，各户都需雇工，由此形成劳务市场，每天劳力从周边乡镇甚至邻县早早赶来，人数最多时达7000人。为了提高单产效益，蒜农们大多实行蒜棉套种。2004年开始，对大蒜进行深加工，彭庙村办起小型蒜片加工厂，2005年又有发展，为大蒜生产拓宽了新路子。

彭庙是附近有名的养牛专业村。自1985年以来，群众将养牛以使役为主变为增加经济收入的一种方式，养牛头数逐年增加，彭庙村最多年养肥牛七八百头。镇党委为促进养牛业的发展，在该村举行过赛牛大会，全镇养牛发展到1万余头，肥牛曾远销东南亚、香港。时任山东省省长赵志浩曾于1992年9月10日亲临彭庙村视察畜牧业。

▶▶ 教育卫生

教育 20世纪40年代，村里建立彭家庙小学，借助民房用于教学，教师一名，为大王村王乃昌，有一至四年级，由各个村民轮流负责教师用餐。学生学费半年1.2元，一年2.4元，每半年收取一次学费。50年代后，大周村周连浩老师在小学开始授课，复式班教学。当时由国家负责发放工资。学校在大队部，7间北屋，都是平房，学校门东3间教室，门西4间，3间教室，1间教师办公室。随着本村学生的增加，20世纪60年代末，大队又在院子南边盖了3间尖顶瓦房，增加一教室，学龄儿童不断增加。1974年，学生搬进了新建的校园。北面是3间教室，9间尖顶瓦房；南面有2间教室，6间尖顶瓦房；学校门口有两间西屋是老师办公室。学生一至五年级每个年级一个班，高峰时学生总数近200余名。周连浩老师退休后，又有周生宽、邢宪亭、郭洪明等公办老师先后在彭庙小学工作。随着学生的增加民办教师逐渐增加，有周启温、周宝敬、周化恩、周增武、周增海、张连忠、周增庆、周宝花（女）、张洪堂、张任才、周全臣等教师，后来张洪堂转为公办教师。

卫生 在20世纪50年代主要由周增孝、刘振菊两名赤脚医生在村内行医，为村民看病开药，主要医治头疼脑热等小病，还可以进行针灸治疗。到70年代开始兴建卫生室，设在大队部（原小学腾出的房子），村内有周增秀（女）、周增海（重名）、周增静任过赤脚医生，实行工分制。后因医疗卫生整合，卫生室撤销。

▶▶ 村庄发展

为方便群众生活，20世纪60年代后期，村里在南街北侧与学校对面（隔道相望），建起3间瓦房，搞起日用百货代销点，货物价格与供销社同价，周曰增为售货员。20世纪70年代中期，村里买上了拖拉机搞农田作业，周化英（女）、周增芬（女）、张连忠、周宝奎四人任拖拉机手。土地包产到户后，拖拉机失去了作用，被卖掉。村内1986年通电，家家户户用上了电灯照明，结束了油灯蜡烛照明的时代。2014年进行电改。20世纪90年代通自来水，用的是村里东南角机井抽出的地下水。2016年，用上了孟家水库的黄河水，实现自来水全覆盖。2015年采用村投资与群众集资相结合的方式修建了村内混凝土浇制公路，4米宽，5000米长。由于彭庙村与辛店乡王营村有8里地的大洼。1975年，公社成立指挥部，公社书记亲自挂帅，指挥部设在彭庙村，公社、管区领导住在村里，大干秋冬建成了土地平整、沟路渠配套、旱能浇涝能排的旱涝保收的丰产方田，村民们称其为北大方，大周管区有6个村受益。与辛店公社的地界也确定下来，挖出一条宽大的排水沟，称为交界沟。2021年开展高标准农田项目建设，2022年硬化方田生产路，标准为1200米长，4米宽。2023年村北丰收桥破除重建。

2022年，投资150余万元在村委会原址上新建总面积约780平方米的两层村党群服务中心并投入使用，内置党员活动室、卫生室、康养服务中心、文化活动中心、残疾人之家等多个服务功能室，打造全镇功能最全、标准最高

□ 2022年11月村党群众服务中心建成启用。这是2023年春节，村里的党员干部与村民代表在服务中心前合影留念

□ 村党群办公室一隅

的村级综合服务中心。依托党群服务中心，高标准建成220平方米的村级卫生室。在全县第一个实现医保办理到村，让群众足不出村就可以实现就医报销，目前已投入使用，接待就医群众120人次。同时争取资金15万元，打造1000平方米的党建和科普一体的文化广场。

彭家庙投资80万元，拆迁旧宅基4处，建成2100平方米的红网工坊"共富"车间。A座800平方米车间建设绳网加工车间，与绳网企业对接，承接各类绳网手工加工零活，解决村内老人妇女就业问题，实现富民富村初衷。B座1300平方米车间整体出租，现有1家伪装网企业承租，每年增加村集体收入10万元。

□ 2023年5月26日，县人社局组织本系统相关人员观摩红网工坊共富车间，车间负责人向来观摩的人员介绍生产经营情况

□ 彭家庙村红网工坊"共富"车间

历任村党支部书记一览

姓　名	任职时间
张立道	1945—1950
周善臣	1950—1955
张孝红	1955—1960
周启祥	1960—1975
周宝汉	1975—1980
周启祯	1980—1986
周增恩	1986—1995
周宝奎	2000—2013
周迎晓	2014—

历任村行政负责人一览

姓　名	任职时间
周胡臣	1945—1950
张孝红	1950—1955
周俭臣	1955—1960
周宝汉	1960—1975
张洪峰	1975—1980
周启祯	1980—1986
张连忠	1989—1994
张洪刚	1994—1997
周增玉	1997—2000
张连忠	2000—2007
张洪刚	2007—2014
周迎晓（兼）	2014—2018

撰稿：姜凯强

□ 归仁村航拍图

归仁村
GUIRENCUN

归仁自然村，隶属于曲张新村，位于镇政府驻地正南方向 7 公里处，南临黄河大堤，全村 392 户，人口 1322 人，均为汉族，党员 36 名。村内耕地 1838 亩，主要生产小麦、玉米、棉花。海拔高度 20.7 米，人勤物丰，天蓝水清，人杰地灵。

▶▶ 历史沿革

相传，北宋天圣年间（1023—1032年），谷、陈两姓始祖（名失考）由河北省枣强县迁此立村。因村中有一美女被选为皇妃，遂尊称为贵人，村名即称贵人镇。皇妃死后，借"贵人"二字之谐音，改村名为归仁镇，简称归仁。因黄河淤背护堤，村中多数户已迁入于村西，尚有部分户居原址未动，故今有新、老归仁之称。

清朝咸丰五年六月十九日，黄河在河南兰阳铜瓦厢决口。夺了大清河水道，从利津流入渤海。忽然间大清河变成了黄河。宽阔水路河道，可畅行无阻跑三蓬两桅的大帆船，大清河畔北岸的古老码头——归仁码头，成了名满惠民南境的八大渡口之一，归仁也是惠民南境十大集镇之一。

归仁村隶属惠民县管辖。1947年，归仁村隶属李家庄区；1950年，李家庄区调整为惠民县第十二区，归仁村隶属惠民县第十二区；1955年9月，惠民县第十二区更名为李家庄区，归仁村隶属李家庄区；1958年2月，改为李家庄乡，归仁村隶属李家庄乡；1958年11月，李家庄乡更名为李庄公社，归仁村隶属李庄公社；1961年，李庄公社更名为李庄区，归仁村隶属李庄区；1969年9月，李庄区复名为李庄公社，归仁村隶属李庄公社；1971年12月，析北部地区置申桥公社，其余部分仍名李庄公社，归仁村隶属李庄公社；1984年，李庄公社改建为李庄镇，2001年申桥镇并入李庄镇，归仁村仍隶属李庄镇。

▶▶ 文物古迹

穿黄隧道 百年前，在归仁村附近还曾有座穿过大堰的桥，1976年修堤坝时曾发现其遗迹。那桥很窄，是单行道，一侧要通过先得敲钟，提醒另一侧暂时等待。这可能是黄河下游最早的"隧道"。

▶▶ 烈士名录

● **齐佃珍** 1929年生，惠民县归仁村农会委员，解放战争期间，积极参与土地改革，1947年被还乡团杀害，死后被追授烈士。

● **齐宗友** 1925年生，1949年参军，在抗美援朝时期，属中国人民志愿军二十军六〇师，1952年在抗美援朝战争中牺牲。

● **谷连发** 1928年生，惠民县归仁村农会委员，1944年被敌人杀害。1946年被追授烈士。

▶▶ 重要事件

归仁战斗 1944年，随着冀鲁边区与清河区的打通，惠民县抗日形势一片大好。当时的归仁渡口，从济南运来的粮食货物在此聚集，然后通过渡口运往河北、淄博等黄河南北各地，是南来北往的货物集散地，地理位置十分重要。农历二月十四日，八路军独立营（济阳县大队）想从归仁渡过黄河去清河区。天近中午，行至归仁村附近，由于信息泄露，日寇得知了消息，一场悲壮的遭遇战在这里打响。

李庄镇归仁村村民齐佃友当年14岁，他亲眼看见了这一场惊心动魄的战斗。"我在路上看见鬼子烧木炭的汽车停在黄河大坝上，汽车上架着机关枪，知道一定是打仗了。"87岁的老人说起当年的情景仍记忆犹新。

这个季节地里也没什么庄稼，能望出去很远。齐佃友看到鬼子的车队在黄河大堤一字排开，居高临下设了火力点，一挺挺机关枪吐着火舌，小钢炮砰砰直响，还有鬼子朝下扔手榴弹……八路军处在大坝底下的地里，由于当时地里没有庄稼，只能以王家坟村的几个坟头作掩护与敌拼杀，此刻交战双方仅距40余米。没有掩体，鬼子的瞄准率很高，机关枪冲着八路军不停地扫射，看着八路军战士一个一个倒下去……

八路军凭借王家坟的几个坟头护身，已难以对付这密集的炮火。接下来的一幕，令齐佃友终生难忘。"与鬼子们拼了！"随着一声喊，几个八路军战士猛然跃出王家坟，冒着枪林弹雨，冲入敌阵，与敌人短兵相接，展开血肉搏斗。有的战士用刺刀一连捅死几个鬼子后壮烈牺牲，有的冲入敌阵赤手连夺三次机枪，终因势孤力薄牺牲在阵前。还有的与敌人扭打在一起，与鬼子同归于尽。

激战两个多小时后，战斗结束了。鬼子拿枪逼着村民们去清理战场，看见活的，马上再补上一枪。齐佃友的二叔齐宗州被鬼子逼着抬尸体，他看到有个八路军战士的嘴动了动，想说话，齐宗州赶紧使眼色不让他出声。齐宗州偷偷把他放在一边，将柴草堆盖在他身上，想等到晚上再来救他起来。可等他晚上到地里，却发现这名八路军战士不见了。后来，得知这名八路军战士趁着没人的时候，自己爬到了邻村闫家村，被一位好心的村民收留救治，几天后，这个八路军战士就找大部队去了。这是唯一一个活下来的八路军战士，其他60多名独立营战士全部遇难。

村民们把战士的遗体拉到一起掩埋，坟头一个挨一个。从此，村民们习惯地称这里为"八路军坟"。

2009年，一块刻有"抗日英雄永垂不朽"的纪念碑矗立起来了。每逢清明、农历十月初一，每一个缅怀故去亲人的日子，都会有乡亲们来"八路军坟"祭扫。

▶▶ 特色产业

归仁村是绳网名村，建有夕阳绳网厂、山东鸿帆绳网有限公司等，据统计，村内绳网加工厂40余家，全村一半以上的群众从事绳网的生产与销售，人均月增收5000余元。归仁村的第二大支柱产业为电商，村内有50余户从事电商，2020年，被授予"中国淘宝村"荣誉称号。

▶▶ 文教卫生

新中国成立以后，归仁村在村东北角，办起了小学，设有一至五年级，共有两排土房子，由于村内的人多、孩子多，有时孩子们还会到农户家中学习。1977年，归仁村小学搬到了现文体广场南边，有四排砖瓦房。1992年，随着学校合并，归仁村小学搬迁到现在曲张幼儿园的地方。在当时命名为"曲张小学第二学区"。

村卫生室　在归仁村十字街口，当时有3间房子，有赤脚医生苏合亭、王秀文，村内的群众有个感冒发烧等疾病都来这里。2004年，对医疗卫生进行了整合，归仁村医疗场所关闭，群众都到南孟卫生室看病拿药。

东路梆子　自明朝时从山西同州传入本地，清嘉庆年间，老艺人张广成、张久成（惠民县淄角镇大湾村人）等，在当地组织东路梆子演出，盛极一时。经过几百年的传承演变，发展成当地的一大地方剧种，所以被当地群众称为"大戏"。

相关剧目有50多出。常演的有《铡美案》《高平关》《十二连营》《男女杀四门》《辕门斩子》等。伴奏乐器以板胡为主，也有二胡、月琴。行腔高亢有力。

民国时期，东路梆子由辛店老艺人"姚和兰子"传入李庄归仁等村，传承弟子有齐德荣、张秉贤、苏振堂等。本剧种在土改时期为我党所用，为土改的宣传做了大量的工作，推动了当地的土改工作。后有弟子韩文彬、张士武、付菊香等传承。

本剧种的现状，在当地只有归仁村还组织东路梆子演出，大翟、申桥、东翟等村已经行当不全、文武场不全了。归仁村能演出的演员大多七八十岁了。

▶▶ 村庄发展

1971年，黄河堤坝加宽，归仁村从黄河脚下，向西搬迁500米。1980年以后，由于黄河堤坝再次加宽，村庄又再次向西搬迁。2013年，由于老庄还剩下零星的几户，村庄组织剩余的几户，进行了搬迁，复垦成了麦田。2004年，村里修沥青路，2014年开始环境整治，建立活动广场，翻修公路，改变了村民的生产生活环境。

□ 归仁村街景一角

▶▶ 村干部任职情况

历任村党支部书记一览

姓　名	任职时间
李连币	1945—1955
张丙心	1956—1986
丁克林	1987—2004
岳长水	2004—

历任村行政负责人一览

姓　名	任职时间
张运荆	1945—1959
岳合寿	1945—1959
齐佃英	1966—1974
王振民	1975—1983
张士顺	1984—1997
张书杰	1998—2010
岳长水（兼）	2010—2018

撰稿：曹　蕊

□ 杨家庙村航拍图

杨家庙村
YANGJIAMIAOCUN

杨家庙自然村，隶属于曲张新村，位于镇政府驻地东南方向3公里，惠青黄河大桥北200米处。全村65户，人口276人，均为汉族，党员10名。村内有李、孟、杨等姓氏，以杨姓为主。村内耕地584亩。以农为主，主产小麦、玉米、棉花。这里风景如画，空气清新，四季分明。

▶▶ 历史沿革

据杨姓谱书记载，始祖杨合天，原是河北省枣强县人，于明永乐四年（1406年）迁居青城杨坊村（今属高青县），至明景泰年间（1450—1456年），由青城迁居于此。因当时暂住在庙里，取村名杨家庙。杨家庙村隶属惠民县管辖。1947年，杨家庙村隶属李家庄区；1950年，李家庄区调整为惠民县第十二区，杨家庙村隶属惠民县第十二区；1955年9月，惠民县第十二区更名为李家庄区，杨家庙村隶属李家庄区；1956年12月李家庄区分化为蔡冯、李庄、华李、邓家4个乡，杨家庙村隶属李庄乡；1958年2月，蔡冯乡（部分）、李庄乡、华李乡（部分）、邓家乡（部分）合并为李家庄乡，杨家庙村隶属李家庄乡；1958年11月，李家庄乡更名为李庄公社，杨家庙村隶属李庄公社；1961年，李庄公社更名为李庄区，杨家庙村隶属李庄区；1969年9月，李庄区复名为李庄公社，杨家庙村隶属李庄公社；1971年12月，析北部地区置申桥公社，其余部分仍名李庄公社，杨家庙村隶属李庄公社；1984年，李庄公社改建为李庄镇，杨家庙村隶属李庄镇。2001年申桥镇与李庄镇合并，仍属李庄镇管辖。

▶▶ 文物古迹

九庄庙 因年代久远，杨家村里的"庙"始建于何年何月，已经没有人能说得出来。据说此庙由当时的杨家、房家、潘家、李安、庞家、车子李、吴家、张佩环、曲张9个村出资修建，也被当地人称为"九庄庙"，占地十几亩，供奉碧霞元君，分前殿、后殿和后院，庙西侧与之相连的是看庙人的住所，看庙人由潘家、李安、张佩环等村轮流担任。1946年，大庙被拆掉堵在了南边的黄河大坝上。

▶▶ 烈士名录

● **杨子勋** 1911年生，任惠民县杨家庙村农会会长。解放战争期间，积极参与、领导土地改革。1947年，在杨家庙村被匪特杀害，后被追授为烈士。

▶▶ 村庄名人

● **杨志粮** 山东惠民胜利加固材料厂总经理，曾任李庄镇民营企业商会会长，在他任职期间，李庄镇民营企业商会荣获"全国四好商会"。1995年成立胜利加固材料厂，2006年企业产品被铁道部产品质量监督检验中心批准为合格产品，企业成功跻身于全国绳索检测合格单位。2009年，企业固定资产和产值均超过千万元，杨志粮成为李庄镇绳网业的大老板之一。

2010年9月17日，惠民县睿祥树脂有限公司年产3000吨氢化C9石油树脂项目正式签约落户李庄。投产后年实现利税4300万元，安置劳动力35人，对李庄镇产业结构调整起到积极的推动作用。

2008年春季，当杨志粮获知杨家、房家、曲张商议合资重修共用的这段公路并遭遇资金筹集难题时，他主动捐款3万元，填补资金缺口，使得公路顺利完工。

▶▶ **特色产业**

村内产业以绳网产业为主，主要经营体育网、盖土网、建筑安全网、合绳等绳网相关产业。比较大的厂子有两家：一是丰进绳网化纤厂，成立于2017年4月25日，经营范围包括化纤绳网的加工与销售（化纤制造除外），塑料颗粒的购销，产品远销英国、葡萄牙和东南亚等国家和地区，带动了村内20余名群众就业增收。二是惠民县胜利加固材料有限公司，成立于1995年，经营范围包括加工、销售化纤绳网和扭力弹簧、火车网、篷布网绳网、焦炭网的购销。同时，村内还有很多小型的绳网加工厂，大街小巷绳车响、家家户户干绳网是其真实写照。打工人有的看网机、有的叠网子、有的砸网眼，工种不同收入不一，多的一天能挣到200多块钱，少的也有50元~60元。

杨家庙村的第二大支柱产业为电商。杨家庙村干电商的就有10多户，约占总户数的20%。电商户魏世梅就是其中的代表，走进魏世梅家中，一摞摞按照客户要求加工好的棉麻绳墩和坐垫整齐地摆放在墙边。据她介绍，这种坐垫和墩子均是采用纯棉绳或麻绳做成，绿色环保，舒适耐用，且价格便宜，深受网友喜爱，每天差不多能卖400多个，一年可挣到60余万元。全村总电商销售额也早已突破1000万元。该村在2018年被评为中国淘宝村，成为全镇第二批获此殊荣的村庄。

□ 加工车间一角

▶▶ 教育卫生

教育 1960年，在杨家庙村西边，有2间土屋，是村里的小学，设有一至五年级，由杨尚道、杨尚明等在这里教书，采用复式班教学，村内的适龄孩子都来这里学习。1985年，杨家庙村对2间小土屋进行了改造，变成了4间宽阔的砖瓦房。1992年，随着学校合并，杨家庙村的小学取消，村内的孩子们都开始去曲张小学上学。

医药卫生 1992年，在杨家庙中心街路口，李宝友利用家里的3间屋作为医疗场所，为群众提供医疗服务，村内的群众有个感冒发烧等都来这里看。2004年，对医疗卫生进行了整合，李宝友的医疗场所关闭，群众都到潘家口卫生室看病拿药。

▶▶ 村庄发展

在杨家庙村西边，也就是现在丰进绳网化纤厂、胜利加固材料厂的所在地，原先是一片荒地，坑坑洼洼，一到下雨就泥泞不堪。2012年，村内对这块土地进行了修整，修建起了厂房。2013年，村内发动党员群众，自筹资金20万元，加上上级相关补贴，建设1600米水泥路，铺设路边沟1000米、栽植绿化树木200株、粉刷墙面7000平方米，村庄环境得到了明显提升。

产业的飞速发展，带动了杨家庙村整体提升。杨家庙村荣获多个奖项：2013年市级净化村居，2014年市级平安村居，2016年市级文明村，2017年被评为省级生态文明村，2018年土地规模先进村，2018年、2019年连续两年被评为李庄镇电商发展先进村。2020年被评为省级卫生村、省级文明村、全省基层社会治理"双星双优"网格，滨州市体育特色村、市级美丽乡村等荣誉称号。

▶▶ 风土民情

杨家庙庙会因"杨家庙"而形成，起源于清光绪初年，香火鼎盛时每年有两次庙会。一次是农历正月十五，会上有秧

歌、旱船、高跷、泥塑、面人等民间艺术、民俗表演、风味小吃等。村民们会提前打扫庭院，置办酒席，款待前来赶会的亲朋好友，此习俗延续至今，已有120多年的历史。现在，每年正月十五，周边村的群众都要到庙会上访亲友、赏民俗、听听老故事。另一次是农历四月初八，因为农忙的原因，现已被取消。

▶▶ 村干部任职情况

历任村党支部书记一览

姓　名	任职时间
杨怀荣	1970—1986
房振伦	1986—1991
李方鹏	1991—2005
杨怀敏	2005—

历任村行政负责人一览

姓　名	任职时间
杨尚泉	1954—1964
杨怀荣	1964—1970
杨尚芝	1970—1986
李方鹏	1986—1991
杨尚通	1991—2004
李方鹏	2004—2007
杨怀敏（兼）	2007—2018

撰稿：曹　蕊

☐ 沙珠邢村航拍图

沙珠邢村
SHAZHUXINGCUN

　　沙珠邢村，位于李庄镇政府驻地东北 1 公里处。北靠 220 国道（滨郑公路），西邻 233 国道（克黄路），东南临东邓村、索户王村，西南临东王村、马家村、李庄村，西北临菠菜陈村、塔子村，东北临陈于村、新兴街。截至 2023 年底，全村 390 户，1828 人，均为汉族。村内姓氏有刘、李、郭、陈、邢等，以邢氏人口较多。耕地 2000 亩，以农为主，主产小麦、玉米、棉花。

▶▶ 历史沿革

　　据《邢氏族谱》记载，先祖邢相、邢松、邢桐弟兄三人，于明永乐年间（1403—1424年），由河北枣强县迁居于此，立邢家村。明末清初，李、刘、郭、马、陈五姓氏，相继迁居此村。因村中多户经营以杀猪为主的屠宰业，即被称为杀猪邢。村中秀才邢君良、刘希福等人，嫌"杀猪"二字不雅，于清光绪十三年（1887年），改"杀猪"为"沙珠"，取"沙中明珠"之寓意，由此，即以"沙珠邢"为村名。

全村为东西长、南北窄的布局。主干道750米，东西贯穿全村。1965年，全村分为邢西、邢东两个大队，也就是现在的邢西村和邢东村。

▶▶ 文物古迹

庙宇 村东北有关帝庙一座，三间砖瓦结构，东西长10米，南北宽6米，1948年拆毁。

石碑 村西南有一石碑，高1.5米，宽1米。碑前有石桌、石香炉，后失去下落。有两说，一说因村中扩建，埋于地下；一说因黄河发大水，情况紧急，各村纷纷集石头加固大坝，其石碑被送去维护黄河大坝。

村西北有一块高地，面积100亩，四面环水沟，水沟向西连通陈家湾。传说是大禹治水时所筑，土壤为红土，土地肥沃，被称为"钓鱼台"。

▶▶ 烈士名录

● **李文尧** 1928年生，1946年入伍，华野十纵二十九师战士，1948年在淮海战役中牺牲。

● **刘荣亭** 1921年生，1947年入伍，华野十纵二十八师战士，1948年在淮海战役中牺牲。

● **陈德会** 1918年生，1947年入伍，四纵十二师战士，1948年在淮海战役中牺牲。

● **李文尧** 1924年生，1947年入伍，西北野战军二军四师战士，1948年在陕西省宝鸡牺牲，葬于宝鸡。

▶▶ 重要事件

参军热 1947年，全村有邢邦全、李文泉、李文显、邢邦田、李长达、李相元、刘吉绪、郭运忠、刘文田、陈立义、李相河、邢邦瑞、李宗泽、刘广忠（邢西）、李文尧、刘荣亭、陈德会等18名青年参加了人民解放军。

支前忙 村中成立支前队。邢大岭、刘文信为队长，共12人组成。自备小推车、担架等，奔赴济南战役和淮海战役前线，运送粮草、弹药，救护伤员，为解放战争做出了贡献。

▶▶ 教育卫生

教育 新中国成立后，全村积极开展扫盲运动。1952—1954年，村里举办了三期识字班，一时间在场院、地头，早晚劳动间隙，妇女、老人放下锄头，拿起书本，坐在马扎、板凳上认真学习，成了一道亮丽的风景线。识字班的教师是高庆玲。

沙珠邢小学，成立于1947年，共有5个年级，学生以本村为主，还有邻村东邓、塔子村的学生在此上学。

1972年，沙珠邢小学分为邢西小学和邢东小学，各设一至五年级。2003年，两学校并入李庄中心小学。

教师队伍中，有公办和民办教师。杨子俊、杨克棣、邢邦瑶、巩庆俊、王太福、周乃信、邢玉岱、郭延福、刘广宁、邢大德、邢广照、巩永法、邢大华、李世民等，先后在村中任教。

医药卫生 1956年，沙珠邢设卫生室，医生有高宝财、马清滨、徐克亮等，地点设在邢西大队部院内，负责沙珠邢、东邓、塔子村、陈于、索户王等村的医疗卫生防疫工作。1972年，撤并至李庄卫生院。本村先后还有邢玉梅、邢新华、邢邦秀、李相翠、李丰河等人，担任赤脚医生工作。

▶▶ 村庄发展

沙珠邢是当地有名的"买卖庄"。新中国成立后，随着经济条件的不断好转，老百姓的生活发生了翻天覆地的变化。现在全村普遍盖上了宽敞明亮的砖瓦房，有的建起了小洋楼，有的在镇、县、市买了楼房，户户买上了小轿车，群众的生活越来越好。

1974年，邢西一队首先接通了农业用电。两年后，全村通电，是李庄公社的第一个通电村。现在，随着农村电网的不断升级改善，户户电路通畅，夜晚路灯明亮，再也没有了过去漆黑的"夜孩子天"。

1976年，邢西大队买了第一台凯歌牌9英寸黑白电视机，播放时全村人来看。现在家家户户都购置了彩电、冰箱、空调和各种家用电器。

2000年，邢光远买了全村第一辆轿车。

2006年，全村修建了柏油马路，2014年，又投资了128万元（国家补贴

村委会大门

村庄街道掠影

42万元），对道路进行升级改造。主干、支道全部加宽为水泥路面，实现了路面硬化户户通，彻底告别了走黄泥路的历史。

2012年全村安装了自来水。2023年，又完成了自来水的全面升级改造。老百姓终于喝上了黄河水，再也不用喝苦井水了。

2013年，邢大法在原宅基地上盖起了6间楼房，是全村的第一户楼房，随着楼房越建越多，村民的生活也越来越好。

村两委一班人，大力发展乡村经济。先后兴起了车马挽具、屠宰、密目网、体育用品、绳经等多种行业，涌现了一大批民营企业，是惠民县南部闻名的经济强村。现在，村民们有的自主创业成了老板；有的经营网上业务，成了电商等。村中的经济结构初步完成了由传统农业向乡村工业化的转变。邢西村也先后获得了李庄镇颁发的2015年度、2016年度"先进村"，2022年度、2023年度"先进基层党支部"等多个荣誉称号。

▶▶ 村干部任职情况

历任村党支部书记一览

姓　名	任职时间
邢福臣	1945—1949
邢广会	1949—1954
邢福庆	1954—1960
王连芳	1960—1966
李相正	1966—1984
邢玉论	1984—1987
李丰田	1987—1996
邢国丰	1996—2002
邢帮强	2002—

历任村行政负责人一览

姓　名	任职时间
邢广玉	1959—1964
李相盛	1964—1989
邢国丰	1989—1996
邢帮强	1996—2011
郭孝果	2011—2015
邢志北	2015—2018

撰稿：张玥莹

□ 大孟家村航拍图

大孟家村

DAMENGJIACUN

大孟家村原名孟家，位于李庄镇政府驻地西 2.3 公里处，南邻 220 国道，西靠李庄镇利民水库。现大孟家村由小孟村、王玉湾村整合而来。2023 年底，村内土地总面积 2800 余亩，其中耕地 1000 余亩，水库占地 1700 余亩，大通产业园占地 100 余亩。村民 272 户，1080 人，汉族。主产小麦、玉米、棉花，年人均收入 6 万～7 万元。有孟、刘、翟、李、张等姓氏，以孟姓人口居多。

▶▶ 历史沿革

相传，明崇祯年间（1628—1644 年），始祖孟好问兄弟三人由河北省枣强县迁此立村，因建村时村内孟姓居多，遂取村名为孟家。1929 年全县改为 10 个区，大孟村属于九区大孟乡；1950 年新中国成立后，将周围的王玉湾村、小孟家村合并为大孟家村，属于李庄区大孟乡；1957 年成立大孟家小公社；1969 年改为李庄公社大孟家管理区；1971 年李庄公社北部析置申桥公社，仍归李庄公社大徐管理区；1984 年改为李庄镇大徐办事处管辖；2001 年申桥镇与李庄镇合并，属于李庄镇大徐办事处；2018年属李庄镇大徐社区；2021年属李庄镇大徐行政村。

▶▶ 烈士名录

- **孟召珍** 1920年生，惠民县大队战士，1947年在临沂牺牲。
- **孟庆财** 1924年生，华野九纵任连长，1949年在重庆牺牲。
- **刘泽祥** 1926年生，华野十纵二十八师战士，1947年牺牲于大别山。
- **李克贤** 1911年生，华野十纵战士，1947年牺牲于大别山。

□ 先祖孟好问墓

▶▶ 村庄名人

- **孟广帅** 出生年月不详，曾任热河省土地丈量局局长。

▶▶ 重要事件

1946年农历七月十四日。午饭过后，家家户户都准备好祭品、纸钱上坟祭祖。谁料想，还乡团头子张希仁突然率几十名匪徒杀气腾腾地闯进村来。原来是由于本村一名早已与匪徒相勾结的村民，事先向匪首告了密，并把基干队员、农会干部及家庭主要成员的相貌特征告诉得清清楚楚。幸亏大多数基干队员、农会干部得到风声后早已转移，所以没有造成过多的伤亡。

匪徒进村后，在村中央广场上架起机关枪，摆下三口铡刀，把全村的男女老少都赶去，逼问基干队员、农会干部的去处。全村民众无一人被匪徒的淫威所吓倒，没有一个人向匪徒报告实情。敌人气急败坏，将一个在湾边洗衣服的中年妇女踹入湾水中，几次爬出，几次踹入，最终活活被淹死（因这一中年妇女的长相和本村基干队长的老婆差不多，匪徒误认为是基干队队长的老婆。）基干队员、农会干部虽然逃了出去，但他们的家属没有来得及逃走。他们都被打得遍体鳞伤、血肉模糊，惨不忍睹。基干队干部刘泽全的母亲、妻子被打得满身是血，奄奄一息，有一匪徒抓起他的长子就要活活掼死，幸亏被几名妇女硬夺了过来。

区大队闻讯后从史田庄急速赶来，这帮坏蛋才狼狈逃窜。他们一边逃窜，一边丧尽天良烧杀抢夺，无恶不作。村民见到了自己的队伍才算放了心，把被打伤的群众抬回家、背回家、架回家，村庄才渐渐静了下来。

▶▶ 特色产业

窑厂 20世纪90年代以来，村西和村北两个窑厂烧砖生意红火，不少村民都进入窑厂打工。后期因为环保整治村西窑厂被关停，村北窑厂被和信集团收购，现在已经是一座现代化绿色窑厂。

绳网加工 2002年左右，村内绳网加工业逐渐兴起，家家户户都开始了绳网加工，绳网加工促进村民收入增加，截至2023年，人均年收入5万元，现在村内知名的网厂是山东滨州鲁京化纤绳网有限公司。

车马挽具 因为大孟家村离黄河较近，当时黄河是一条重要的航运通道，李庄镇黄河岸边码头很多，不少马车在此运输，因此车马挽具需求量大。新中国成立初期，大孟家人便开始了车马挽具的生产，因制作的车马挽具质量好，产品远销周围高青、济南等地。

柳条编织 改革开放后，大孟家村开始兴起手工柳条编织，当时每家每户都挖地窖，在地窖中进行柳条编织，极大程度保持了柳条的湿度，使编出来的筐、箩等产品质量上乘，销往省内青岛等地，远销韩国、新加坡等国家。正是因为孟广银带领村民干得有声有色，县里的艺品厂破格任命孟广银为厂长，在孟广银的带领下，仅用三年时间就还清了艺品厂所有外债，实现扭亏为盈。现在，村内60周岁以上老人仍掌握柳条编织的方法和技巧。

▶▶ 文教卫生

1951年大孟家成立了落子队，也就是锣鼓队，演出的节目十分精彩，受到周围村群众的欢迎，当时每逢红白喜事或者重大活动，都会邀请落子队参加，当时落子队的演出日程一般都排到1~2个月以后。落子队当时有一辆牛车，演出时就赶着牛车去，在这附近方圆20公里都很有名，申桥、姜楼、辛店等镇都有人邀请演出。

大孟家小学 1938年，村民孟昭度创办私塾，并担任教师，当时学校为半公益性质，每个学期每个学生只用交一斗粮食，一个学年两斗粮食，当时每年学校稳定有十四五个学生。1948年，在村私塾的基础上，村集体创立大孟家小学，旧址位于现村委会处，开始由济南下放来的邓军霞、高光鲁夫妻为第一任老师，在此支教两年。学校起初只有一至四年级，60余名学生，每天早上跑操，晚上设有晚自习课程。之后又有大徐村的王林贤，本村的孟先瑞、荆家的高华轩先后任教，直到1993年，大孟家小学撤销。

□ 大孟村卫生室图

卫生室 1938年，当时村民孟昭度在私塾的基础上兼职医生。1977年，村内有两名赤脚医生分别是牛洪翠和孟凡合，2013年村集体创立大孟家卫生室，占地100余平方米，卫生室一直延续至今。

▶▶ 村庄发展

大孟家村整治村风村貌开始较早，早在2002年，就邀请设计师对村庄进行规划，村内道路横平竖直，房屋鳞次栉比。2013年，在全村集资加上政府的财政补贴下，硬化了村内1.55公里道路。2023年再度翻修。村内1998年自筹资金打5口井，在村内通自来水，2012年水库建成后，自来水管网接入全镇自来水系统，喝上了黄河水。村内1982年实现了全部通电，改变了油灯蜡烛照明的时代，用上了电灯。在村内修建了300多平方米的健身广场，每天晚上，广场上灯火通明，健身的、跳舞的、锻炼的熙熙攘攘，非常热闹。三年疫情期间全村捐款捐物10万余元，组织志愿者挨家挨户送油肉蔬菜等生活用品，充分体现出良好的村风，孝道风气。近年来，每逢重阳节、中秋节、春节，村里为60岁以上老人送去米面油等生活物品，保持了良好的村风家风。

▶▶ 村干部任职情况

历任村党支部书记一览

姓　名	任职时间
孟庆丰	1949—1971

姓　名	任职时间
刘泽棣	1972—1979
刘长财	1980—1998
孟先民	1999—2007
刘维东	2008—2021
孟祥勇	2021—

历任村行政负责人一览

姓　名	任职时间
孟召和	1969—1984
孟先钧	1985—1990
刘维东	1991—1992
孟先民	1993—1995
孟先进	1996—1999
刘泽安	1999—2001
刘卫东	2002—2004
孟广财	2005—2007

撰稿：李自翔

□ 塔子村航拍图

塔子村

TAZICUN

塔子村位于李庄镇政府驻地东北 2 公里处，村子东靠御河新苑，北靠镇幼儿园、老年公寓，西靠国道惠青路，南临 220 国道。塔子村村东西长 410 米，南北宽 200 米，村居面积 120 亩。耕地 463.05 亩，以种小麦、玉米、棉花为主。截至 2023 年，有村民 61 户，人口 268 人，均为汉族，村内有李、陈、郭、马等姓氏，以李氏、陈氏人口较多。

▶▶ 历史沿革

据陈氏族谱记载，明朝正统年间（1436—1449年），陈氏始祖陈文利由河北省枣强县迁此立村，村西侧有一座古塔，故其村以塔子命名，塔子村村名一直沿用至今。

河北枣强迁来的还有李、郭、马三个姓氏（名失考）各怀绝技，有会做皮货的、有会做火石火镰的、有会抄纸的、有会做建筑的。在塔子村住下来后，凭着手艺各户干各户的：做皮货生意的走南闯北；会建筑的先把自己村的房子建好再到别的村献手艺；做火石火镰的虽然买卖不大但也名扬千里。

1929年全县改为10个区，塔子村属于八区顺和乡；1950年全县14个区改地名称谓，塔子村属李庄区李庄乡；1961年9月属于李庄区李庄公社；1969年9月全县区改公社后属李庄公社李庄管理区；1971年12月全县公社分置后，属于李庄公社李庄管理区；1984年全县社改乡后属李庄镇李庄管理区。2001年属李庄镇李庄办事处。2018年属李庄镇李庄社区。2021年属李庄镇李庄行政村。

▶▶ 文物古迹

古井 村里村外共有12口井，具体什么年代开凿的都不知情。村塔附近那口井和村东马云平家门口的井是甜水，最好的是马云平家门口那眼。村里保留下来这口"留念井"，至今完好无损，其他的因生产生活都填平了。

村塔 目前有两种说法，第一种说法是在惠民县档案馆资料中记载，1436年至1449年村西有一座古塔，建设年代不详，第二种说法是听前辈口口相传说在村口北50米左右是古塔遗址。是由青砖建造而成，在塔的内部，供奉了泰山奶奶和其他佛像，成为人们祈福和寻找心灵慰藉的场所。因黄河决堤，构筑临时防洪堤，而被拆除。

▶▶ 特色产业

火镰 塔子村祖先的火镰制作手艺是古代文化的一种传承。取火的火镰是我国古代一种取火工具，起源甚早，并流行于全国各地。塔子村古代先民制作的火镰、火石、火绒子，在方圆百里远近闻名，从而成为塔子村的小产业。

抄纸 塔子村自古就有抄纸（俗称端纸）手艺。新中国成立前，仍有几户村民为了生活，传承祖辈抄纸手艺，做起了抄纸生意。村民利用当地丰富的农作物秸秆资源，在没有电和机械设备的条件下，利用纯手工制作卫生纸张。从收柴到破料、扎料下函、洗料、踩料、蒸料、焙纸、端纸、阴晾，到抄出一张张成品纸，乃至捆扎打包，要经过25道工艺流程，历时近百天。塔子村人不断创新，生产出了新的卫生纸，并且和驻在申桥的县医院合作，所生产的卫生纸供应县医院使用，产品供不应求。

▶▶ 村庄发展

20世纪60年代，塔子村成立了植棉组、抄纸和皮货副业组，成为棉区先进集体。少数户才有自行车、驴、马，部分老人骑自行车去申桥载脚赚钱，还有的人推着小推车去章丘枣园推煤，推煤能推到800斤，再后来赶着马车去章丘普集拉石灰、拉煤倒卖。村里的生活用水用的是很早以前的地下深井，井口1.5米，深度四五米，村里有两口甜水井，多数人用扁担去挑水喝。到70年代后期，村里积极筹措资金使全村通上了电，从此告别了油灯蜡烛照明的时代。

20世纪80年代初，村里搞了农田水利基本建设，做好平整土地开挖沟渠路配套工程，使农作物旱能浇涝能排，旱涝保丰收。这时，塔子村有人开始买黑白12寸电视机，90年代村里开始有几户购置了电话、传呼机，2000年开始有的大哥大、老年手机、电冰箱、洗衣机、游戏机。2000年，村里修建了第一条柏油路。2011年，在第一书记的协调下，村里修建了健身广场，并安装了健身器材。2017年后，通过快手直播卖货，人们的生活更上一层楼。

1999—2001年，村委会贷款2万元，村民自发出工、出力修成了当时的"幸福路"。李德柱为修路捐款5000元、郭孝安捐1000元、李孝礼捐1000元、郭孝平捐600元、李孝义捐600元，在他们的爱心帮助下，圆满完成了村内"幸福路"的修筑任务。

2012年，由郭孝光、陈佃友、周永芬带头每人捐款2500元为村里安装自来水，马云堂、郭孝喜得知后也每人捐了2500元，共计12500元，为村里安上了自来水，让群众喝上了放心水，不再喝地下井水了。

2023年，村里修建了村碑及广场，户户通了柏油路，增加了一台变压器，进行了线路改造工程，让群众用电不再有后顾之忧。自来水管网也进行了升级改造。修路资金由村集体负担10%，李庄镇党委政府负担90%，镇老

□ 村广场

□ 村碑

年公寓康养中心陈院长为村修路捐款2000元，共投资约80万元，有力地改善了村民的生产生活环境。

▶▶ 村干部任职情况

历任村党支部书记一览

姓　名	任职时间
马德春	1949—1971
马振瑞	1971—1987
1987—1990年间无党支部书记。	
马云堂	1990—1999
2000—2003年间无党支部书记。	
郭振亮	2003—2005
马云堂	2005—2008
2008—2023年间无党支部书记。	

历任村行政负责人一览

姓　名	任职时间
1949—1971年间无行政负责人。	
李本才	1971—1987
李孝仁	1987—1990
陈孝岭	1990—1999
陈佃龙	2000—2003
李孝礼	2003—2005
陈佃友	2005—2008
李丰军	2008—2011
郭孝光	2011—2018

撰稿：张玥莹

□ 杨把式村航拍图

杨把式村
YANGBASHICUN

杨把式村原名坡南杨，紧靠徒骇河北岸。位于李庄镇政府驻地北 4 公里处。截至 2023 年底，有人口 560 人，均为汉族。有杨、盛、李、刘等姓，以杨姓为多。村庄面积 201 亩，耕地面积 1080 亩。经济以农业种植及务工为主，主产小麦、玉米、大蒜等农产品。

▶▶ 历史沿革

《惠民县地名志》记载，始祖杨守业于明宣德年间（1426—1435年），由北直隶枣强县迁此立村，因村北是一片坡地，遂取名坡南杨，后因村中有

□ 杨把式村村碑图

人武术较好，不少人被聘到外地当武术教师，俗称武术为把式，故村名被称杨把式，简称杨家。1985年建村委会时，因杨家有重名，复名杨把式。始祖杨守业因为在河北老家把式就相当有名，迁惠民后，他的子孙后代，包括女性也都会武术防身把式。

1929年全县10个区，杨把式村属于八区惠元乡。1950年属于李家庄区蔡冯乡。1961年属于李庄区蔡冯公社。1969年9月全县区改公社，属于李庄公社蔡冯管理区。1971年12月全县公社分置后，属于申桥公社蔡冯管理区。1984年全县公社改乡镇，属于申桥乡蔡冯管理区。1994年属于申桥镇蔡冯办事处。2001年属李庄镇（乡镇合并）蔡冯办事处。2018年属李庄镇蔡冯社区。2021年属李庄镇蔡冯行政村。

▶▶ 文物古迹

杨把式村内有一棵120多年的国槐，此树分为五大枝，村里人称它为"五指槐"，树身上挂有县林业部门制作的标示牌，五枝加起来的话，比三个树身子还粗。这"五指国槐"根深叶茂，成为该村的一道亮丽风景。

20世纪60年代到70年代，生产队把一口大钟挂到这棵古槐上，每次需要召集村民开会下发通知或商议事项都会敲钟传递消息，村民们听到钟声后便赶紧前来，钟声起到了通信的作用。

外村来的打铁匠、修鞋匠等也都会选择在这棵古槐下"安营扎寨"，等候顾客的到来，一是因为来来往往的村民都会路过古槐的位置，更能引起行人的关注和口口相传，二是因为夏天炎热，大树底下好乘凉，更能起到遮阳蔽日的效果。

虽然历经百年，村子里的这棵大槐树依旧保持着旺盛的生命力，依然枝叶茂密，村民们都说这个村子的风水好，住在附近的村民有好几个都考上了重点大学。人们都说"背靠大树好乘凉"，国槐附近的居民几代都在这古槐树下，伴着日出日落，聊天打牌，散步遛狗，喝茶下棋。

▶▶ 民间传说

据说杨家的盛姓还没迁入时，当时棣州官衙请杨家出镖局，去天津押送当地贵重物品，不知怎么走漏了风声，一进天津卫就有人抢劫，杨家去了五男三女，30多名劫匪也没抢走一两金银，这次押镖使杨把式在天津名声大振。当时杨家村又迁来了100多人，近400人的村子就有近300人学了防身术，那年月，杨把式村凭一技之长换回了丰厚的回报。为了扩大把式的套路和技艺，杨家村在东西南北四个角上建了三男一女四间拳房。因为武术只靠梅花长拳和双节棍是不行的，经族长们讨论，村里出资，派杨武飞、盛连继二位去少林寺学了两年真功夫。从此杨把式家的套路、功底、绝招又有了突飞猛进的进步。在山东、河北成了非常有名的镖局，据说由于女把式练武，致使生育上出现了问题，清末和民国初期，杨把式村的人口渐渐下降，所以族人不再让女子出镖，新中国成立后杨把式村的人口才略有上升。

▶▶ 烈士名录

● **杨玉田** 1930年生，1947年入伍，中国人民志愿军二十军六十师七十八团战士，1951年在抗美援朝战争中牺牲。

● **杨连玉** 1930年生，1947年入伍，华野九纵战士，1948年济南战役时牺牲。

● **杨连吉** 1929年生，1947年入伍，华野九纵二十五师战士，1948年济南战役中牺牲。

● **杨美珍** 1927年生，1947年入伍，华野九纵二十五师战士，1948年济南战役中牺牲。

▶▶ 村庄名人

• 杨佃元　1927年生，从惠民王店学校应征入伍，在部队任连指导员、营长、独立团团长，直至离休，现住江苏省镇江市老干部疗养所。

• 杨连泽（1927—2013年）　在学校应征入伍南下，曾在部队政治部任职，战争结束后，从广西南宁市转入桂林市，任市革命委员会主任，后任桂林市委组织部部长直至离休，病故于2013年。

• 盛明仁　1957年生，在胜利油田工作。先后担任钻井队技术员，定向井公司经理，钻井技术公司经理等职务，享受教授级、高级工程师待遇。荣获山东省劳动模范、山东省和石油部科技进步特等奖。2013年退居二线，2017年退休。

▶▶ 特色产业

村里多以种植洋葱为主，过去都种植玉米小麦，后因土地质量不佳，产量低于其他粮食种植区，十几年前逐渐改为种植洋葱。

洋葱种植经济效益可观，每亩地可以产6000斤~8000斤，市场出售价格稳定在1元~2元。

▶▶ 教育卫生

杨把式小学　20世纪70年代，村集体创立杨把式小学，周连杰、陈宗胜、高桐连先后担任村里的校长，杨玉萍、杨连忠、杨玉恩、杨玉禾、杨振亮担任过民办教师，后来杨玉恩和杨玉萍转为了正式编制的教师。1989年，杨把式小学合并至前王村小学。

杨把式卫生室　20世纪60年代，村集体创立杨把式卫生室，盛明文、张静先后担任赤脚医生，盛明文一直在村里的卫生室工作到了生命的最后一刻，后来村里卫生室撤销合并到了蔡冯卫生室，张静也随之过去继续工作。

▶▶ 村庄发展

2012年，村里通上自来水，村民们喝上了净化的黄河水。2010年后，村委逐渐硬化村内外道路，使村内路面更加宽阔平坦，为村民出行创造了便利的条件。

▶▶ 村干部任职情况

历任村党支部书记一览

姓名	任职时间
盛全道	1945—1975
杨连成	1975—1994
杨连发	1994—1996
盛明银	1996—2014
盛明贵	2014—

历任村行政负责人一览

姓名	任职时间
杨连发	1975—1986
盛明银	1986—1996
杨玉利	1996—2002
李丰山	2002—2005
杨明和	2005—2008
杨振堂	2008—2011
杨振华	2011—2014
盛明贵（兼）	2014—2018

撰稿：由传银

□ 苏家集村航拍图

苏家集村
SUJIAJICUN

苏家集村位于李庄镇政府驻地北 3.5 公里处，徒骇河北岸 400 米、庆（庆云）淄（淄川）路省道西侧。西邻杨把式村、西南为高唐村，东连李庄镇第二中心小学（原申桥中学）、233 省道，北为蔡家、后苏两村，全村现有 132 户，519 人，汉族，有苏、王等姓，苏姓居多。耕地 887 亩，主产小麦、玉米、棉花。聚落面积 228 亩。经济以农业种植、个体工商业及务工为主。

▶▶ 历史沿革

相传，明朝天顺年间（1457—1464 年），始祖苏毅由河北省枣强县迁居于此，立村苏家庄。随着人口增多，经济繁荣，为方便货物流通的需求，自立集市，改村名苏家集。1932 年废除集市。新中国成立后，合作社时期，因集市已废，改村名为前苏。1983 年第一次全国地名普查，因避重名，复名苏家集。

1929年全县10个区，苏家集属于八区惠元乡；1950年属于李庄区蔡冯乡；1961年属于李庄区蔡冯公社；1969年9月，全县区改公社，苏家集属于李庄公社蔡冯管理区；1971年12月，全县公社分置，属于申桥公社蔡冯管理区；1984年公社改乡，属于申桥乡蔡冯办事处；1994年申桥乡改镇，属于申桥镇蔡冯办事处；2001年申桥镇并入李庄镇，属于李庄镇蔡冯办事处；2018年属李庄镇蔡冯社区；2021年4月属李庄镇蔡冯新村。

▶▶ 民间传说

老辈人传说，苏家集村西有一水沟、一古井，老祖坟旁有一棵非常高大的杨树。此杨树生长在名叫"小红门"的祖坟旁，因坟的门是红色而得名，

苏家集村碑

为防盗，在坟门上设置了暗道机关、按钮控制。苏家庄人经过几十年的勤恳劳作，村里人的日子逐渐富足起来。美中不足的是人头不旺，有一天，从南方来了一位风水先生路过苏家庄，老人们讲，有一怪事，不得其解。每天清晨，赶着马匹到村西水井湾饮牲口时，就多一匹小马驹，回到家数一数又没多。风水先生听后给村人指点迷津，说你们村要想人头旺，就把村西河沟填了，人头就旺了。族人们为了让香火旺盛，人丁兴旺，就把大杨树砍了，填平了村西河沟。从此以后，人丁旺了，家家户户忙着照顾家里老婆孩子，花钱的地方多了，收入低了，最后村里人没了生活来源，就只好拖着棍子要饭了。从此以后，那匹小马驹再也没有出现过，再出武定府城南门，也看不见苏家祖坟的那棵大杨树了。

光绪十六年（1890年），沾化王见南村嘉庆进士苏兆登之子苏敬衡高中探花后，传帖告知苏兆登父子要来苏家集祭祖。信使告知，进士祭祖，鸣锣开道，加上随从有300余人。村人一听犯了愁，因为此时的苏家集已是一个家家没米没粮的要饭村，虽然信使带来了充足的银两，但银子不能当饭吃，于是与来人商定半月后来村祖坟举行祭祖仪式。为何要半月以后？就是要利用半月时间准备好招待口粮和所用物品。据老人讲，当时祭祖之时几天时间非常热闹，场面巨大，苏兆登来村续谱，唱对台大戏，还有杂耍班子也来凑

热闹。光喝水一项，就把村东头的井水都挑干了，还要到邻村去挑水。祭祖结束后，苏兆登父子为苏家集留下一个"状元及第"四字匾额和一对精雕细刻的宫灯，以后村里人有结婚办喜事的，都会用到这对宫灯，伴随着娶亲花轿的左右，可惜"文革"时被毁。

▶▶ 烈士名录

- **苏章贤** 1928年生，1947年入伍，华野二十七军战士，1949年攻克南京时牺牲，葬于南京。
- **苏增亭** 1926年生，1947年入伍，华野二十七军战士，1949年攻克南京时牺牲，葬于南京。

▶▶ 村庄名人

- **苏洪亭（1927—2003年）** 惠民县李庄镇苏家集人。原广西钦州军分区司令员，离休后在广西南宁军休所。新中国成立前参加革命，在辽沈战役中负伤，荣立一等功；解放天津战役时荣立三等功。1950年参加过解放海南岛的战斗。
- **苏章海** 1967年生，博士，1992年大学毕业后在山东农业大学任教，2003年获霍英东青年教师奖，校教学名师。升任外语学院教授、硕士生导师，副院长，分管学院科研工作。现任苏州科技大学外国语学院导师、教授。
- **苏章凯** 1968年生，理学硕士，现就职于中国科学院北京国家技术转移中心，是中科院科技成果转移转化基金筹备组成员。
- **苏恒湖** 1969年生，工商管理硕士，经济师。原华纺股份有限公司副总经理、董事会秘书。现担任上海卢拓国际贸易有限公司、山东铁雄冶金科技有限公司邹平分公司高管、法人代表。

▶▶ 教育卫生

苏家集小学 20世纪60年代，村集体创立苏家集小学，苏章玉、苏宪琴、苏贵章、蔡振彬担任过民办教师。1989年，苏家集小学合并至前王村小学。

苏家集卫生室 20世纪70年代，赤脚医生苏骏章创立卫生室，后来村里卫生室撤销合并到了蔡冯卫生室，苏骏章也随之过去继续工作。

▶▶ 村庄发展

2012年，村里自来水接入县镇自来水系统，村民喝上了净化的黄河水，改变了喝地下水的历史。2010—2020年，村庄道路逐渐整平硬化，使村内道路更加平坦宽阔，为村民出行创造了便利条件。

▶▶ 村干部任职情况

历任村党支部书记一览

姓　名	任职时间
苏登泰	1945—1953
苏登岩	1953—1962
苏元亭	1962—1975
苏善亭	1975—1977
苏先娥	1977—1978
苏煜亭	1978—1984
苏先祥	1984—1985
苏煜亭	1985—1994
杨振英	1994—1995
苏汉亭	1995—1998
方可友	1998—2004
刘红国	2004—2005
苏章爱	2005—

历任村行政负责人一览

姓　名	任职时间
苏登西	1959-1962
苏先全	1962-1977
苏先祥	1977-1984
苏先民	1984-1985
苏先恩	1985-1994
苏汉亭	1994-1995
苏章会	1995-2005
苏章爱（兼）	2005-2018

撰稿：由传银

□ 聂索村航拍图

聂索村
NIESUOCUN

聂索自然村隶属于聂索社区，曾名聂家口、聂埚、聂家镇、聂索镇，位于镇政府驻地西北4.5公里处，北紧靠徒骇河。村现有175户，人口701人，汉族。有周、马、齐、刘、邢、高、史7个姓氏，以周姓居多。聚落面积251亩，耕地面积1364亩。经济以农业种植、个体工商业及务工为主，农业主产小麦、玉米、大蒜、圆葱。

▶▶ 历史沿革

相传，明永乐年间（1403—1424年），始祖聂仲明与妻索氏，由北直隶枣强县（今河北省枣强县）迁此立村，并以夫妻姓氏，将聂家镇更名为聂索。后因村中设有集市，曾有聂索街、聂索镇之称。今仍名聂索。

1929年属惠民县九区聂索乡。1950年属李庄社区大孟乡，1961年4月属李庄区大孟公社。1969年9月区改公社，属于李庄公社。1971年12月，公社由13个调整为21个，属申桥公社聂索管理区。1984年公社改乡镇，属申桥乡聂索办事处，1994年属申桥镇聂索办事处。2001年申桥镇合并于李庄镇，属李庄镇聂索办事处。2018年属李庄镇聂索社区，2021年属李庄镇聂索行政村。

▶▶ 民间传说

聂索原名聂家口，位于徒骇河南岸，距小新城（新州城，今清河镇古城马一带）不足20里路，被官府选中设立埽场。那时候埽场都是手工操作，埽场要宽阔，人员要众多，官府要设置专门的管理机构，易燃物资更需要专门的安保管理，生活食宿，物资采办调配，一时间聂家口热闹起来。不几年的工夫，聂家口成了棣州南境工商业发达、街道整齐、经济繁荣的大镇。聂家口又在四乡八镇贴出海报，打会立集。十天两个集，逢三八就赶。成了棣州南境名扬四方的十大名镇之一。黄河的前身大清河在聂家埽这里两次决口，给棣州的百姓带来了无法估量的灾难，就是棣州的官署衙门所在的小新城，也没有幸免于难，最后只好北迁阳信县界乔子镇的八方寺另建新城（今惠民县城址）。到了南宋建炎二年（1128年）冬，东京留守杜充，在河南决黄河堤阻挡金兵。黄河改道南去，徒骇河减去了压力，棣州又陷入了战乱的灾难中。棣州正是战争中心，毛贵率领红巾军伐元东路大军与元军鏖战于此。明朝元帅徐达当年临清会盟，荡平元军也在此。鲁北棣州出现"春燕归来无栖处，赤地千里无人烟"的荒凉景象，兴腾了好几百年的古聂家镇也败落了。明朝建立后，为了恢复生产发展经济，就实行了史无前例的大移民，政府发给路费、耕牛、种子、农具和一定量的粮食，三年不征赋税。棣州是接受移民最多的地区之一。来聂家口定居的叫聂忠明与妻子索氏，建村的时候，村名取夫妻二人之姓为聂索。后来，他们村又迁来刘姓、马姓等，都觉得聂索的村名挺有意思，就一直沿用到今天。

▶▶ 烈士名录

• **齐光义** 1907年生，聂索村民兵队长，1946年在本村被匪特杀害。1946年被追认为烈士。

• **周振禄** 1908年生，聂索村民兵，1946年在本村被匪特杀害。1946年被追认为烈士。

• **齐光春** 1923年生，1945年入伍，渤海纵队战士，1945年9月在解放商河战斗中牺牲。

● **周连喜** 1919年生，1947年入伍，华野二十七军八十师战士，1949年在渡江战役中牺牲。

▶▶ 村庄名人

● **周连勇** 生于1970年7月10日，1992年8月加入中国共产党。现任山东师范大学外事办主任。

▶▶ 特色产业

聂索村最初种植的大蒜是苍山四六瓣，外观白色，形状圆且棱角分明，蒜头个头小但蒜瓣大，脆香汁多，辣度高。蒜薹薹条细长柔软，颜色深绿、薹苞小，薹梢顺畅，无黄斑无花条，耐储存，深受客商青睐，每年客户留库存空间，踊跃收购该村蒜薹。

□ 村民收获蒜薹

自2012年至今，因大蒜亩均产量低、收益低，村民种植转为以玉米、小麦为主。

▶▶ 教育卫生

聂索小学 1970年创办，公办学校，共一至五年级，其中一至三年级为一个教学班，四年级为一个教学班，五年级为一个教学班，每班7~8名学生，共三名教师（周生宽、马合利、马合兴）。2000年合并至聂索中心小学。

村办卫生室 1972年村集体创立聂索卫生室，起初张尚亮担任赤脚医生，后刘云平担任赤脚医生，2000年村卫生室撤销。

▶▶ 村庄发展

2008—2010年，村里通上自来水，当时每户缴纳200元费用，主管道由国家投资，入户管道由户主自费建设。

1982年聂索村正式通电。家家户户用上了电灯，改变了油灯蜡烛的照明时代。

1997年修建了村第一条沥青公路——聂索村中心路，资金来源为承包村集体土地，承包给第三方建设。村内其余3条南北路、1条东西路均为2015年修建，实现了村内道路硬化畅通，改变了晴天一身土、雨天两脚泥的状况。

▶▶ 村干部任职情况

历任村党支部书记一览

姓　名	任职时间
周振成	1954—1968
周仁功	1968—1982
周登坤	1982—1990
齐增河	1990—1994
史学平	1994—1996
马合恕	1996—1999
史学安	2000—2002
周振平	2002—2004
刘云兴	2004—2008
周振平	2008—2012
史学忠	2012—2017
马合顺	2017—

历任村行政负责人一览

姓　名	任职时间
周仁功	1954—1968
史佃禄	1968—1982
齐增河	1982—1990
史学平	1990—1994
周登山	1994—1999
刘云兴	1999—2002

姓　名	任职时间
齐增河	2002—2004
张国忠	2004—2005
齐增河	2005—2012
张国华	2012—2018

撰稿：刘　珊

□ 郭翰林村航拍图

郭翰林村
GUOHANLINCUN

郭翰林村，隶属于华李新村，位于李庄镇政府驻地西南方向 7.3 公里处。北邻华李村，南与桑树王村交界，东邻归仁村，向西与南朱村、南肖村相邻。村里全部为郭姓，现有 242 户，人口 790 人，均为汉族，党员 20 名。郭翰林村地势平坦，土地肥沃，村庄占地 17.32 平方公里，耕地面积 1462.49 亩，主要种植小麦、玉米等粮食作物，近年也有零散棉花、西瓜种植，但不成规模，灌溉水源为黄河水。

▶▶ 历史沿革

据村碑记载，郭翰林村，原名高家，又名郭家。据传，早年有高姓居此，系土著。至明朝末年，郭姓始祖郭进由河北省枣强县迁居此村，一直以种地为生。因高姓绝嗣，改村名为郭家。清朝时期，该村名人郭文林（号：孝文），曾官居翰林，郭家村遂改称郭翰林。当然流传更久的说法是这位翰林读书多年，屡试不中，到知天命的年纪终于高中，当时的皇帝认为其不辞劳苦，深受感动，特意封其为翰林。

▶▶ 文物古迹

古井 位于村东南田地中，开凿年代不详。这口井常年有水。因为时代的进步，古井现已不使用，为保证安全，村中人将原来村中庙的残垣盖在井口上，防止人掉落。20世纪80年代，因天旱取水浇地时在井内部发现遗有镌刻"高家"字样的砖头，因此确定了此井原为之前"高家"人所开凿。

轿杆 此轿杆据传为当时翰林郭文林（号孝文）的轿子所剩，轿子因历史久远未能保存，只保留了两支轿杆。经专家考证，轿杆为桑木制成，制成时间大约为清朝乾隆年间，这与流传为翰林郭孝文的轿杆能够对应，现收藏于村民家中。

□ 村东南古井现照

□ 清代轿杆照片

村庙 据老人回忆，村西头原有一村庙，又名村西庙，为清朝初年建成的祈福庙，主要祈求风调雨顺。庙整体由青石砌成，地基高约1米，为尖山式悬山顶建筑。"文革"期间被毁，现遗址位于村民院内。

▶▶ 烈士名录

● **陈传兴** 1918年生，1947年入伍，大年陈粮所会计。1948年于郭翰林村被匪特杀害，1949年追认为烈士。

▶▶ 村庄名人

● **郭经光** 1953年生，曾任长沙黄花国际机场客运部副主任。

▶▶ 特色产业

20世纪60年代，村内有3辆马车、1辆骡车，从事货运生意，当时的郭翰林老百姓勤劳能干，一时间成了方圆十里地最富的村庄。三年困难时期，路过郭翰林看到晾晒的地瓜干，就有人去偷，但郭翰林的老百姓善良友爱，在抓到小偷以后，看其可怜，在口头教育后还给予一些地瓜干，当时周围都称郭翰林为"善村"。同时因为村中的地瓜种植较多，郭翰林也是三年困难时期，没有因为饥饿而死人的村庄。

20世纪70年代村内产业以编筐为主，现在还有部分手工传承艺人，但产值较小也没有形成规模。

在经济建设方面，郭翰林村过去一直以农业为主。2018年，郭翰林村村集体大力推动土地流转，已流转土地600余亩，释放出了一批劳动力资源。村民开始开办自己的工厂或者外出打工经商，收入增长迅速，收入来源不再局限于务农收入。受李庄镇传统绳网产业影响，村民主要从事建筑用网、体育绳网加工销售。年收入百万元以上的就有郭守祥、郭成国、郭守忠、郭敬波等人，电商行业更是人才辈出，郭建、郭敬兵、郭浩、郭新勇等也干得风生水起。

▶▶ 教育卫生

郭翰林村私塾始建于清朝，位于村南，由翰林郭文林捐建，村内孩子上学不花钱，为公益性私塾。第一任私塾老师为郭宗祥，学校为土屋，砖包皮结构，共3间，20余名学生。新中国成立后，学校收归国有，第一任老师为郭传玉，学校当时也被叫作"完小"，设一至四年级，共有30多个学生，2003年学校合并至华李社区小学。

新中国成立初期村内有医生郭传右，直到20世纪90年代左右，社区建设卫生室，村内赤脚医生退出历史舞台。

▶▶ 村庄发展

1982年，村内电网开始建设，当年建成使用，结束了油灯蜡烛照明的历史。2000年自筹资金打井，每户集资180元，在村内建设自来水管网，村民不再用桶挑水吃。2012年村内自来水管网接入镇自来水系统，村民们喝上了黄河水。2008年开始，村内道路硬化，路宽3.5米。1997年铺设370米进村沥青道路，2014年翻修为水泥路，2014年又对村内1600米道路进行硬化，保障了村民出行顺畅。

2019年合村并居以后，搬入新居住区的村民享受到更好的居住环境，生活质量有了明显提升，就像城市居民，水、电、暖齐全，享受更加优质的服务。

▶▶ 风土民情

在节日方面，一般只庆祝春节、中秋，当然随着时代发展，也有些家庭开始庆祝元宵节、端午节等节日。大年三十那一天晚上，全家要聚在一起包饺子庆祝，正月初一要早起去上坟，在家族墓碑前烧纸放鞭炮，之后要挨家挨户拜年。一般是一个家族里的男性和女性分开拜年。过年期间，村中有村民自发组织的锣鼓队敲锣打鼓，庆祝农历新年，平常由于忙于工作，一般没有什么文体活动。

婚丧嫁娶方面，婚姻习俗变动不大。村里结婚要经过三项流程，介绍后小见面，如果双方都还满意，半年内进行大见面，大见面也就相当于现在的订婚，之后在达到结婚年龄后，就会挑一个皇历上的好日子举办结婚仪式。结婚当天早上去接新娘，回来的路讲究是不走回头路，回到男方家里后举行结婚仪式，中午吃完饭送走亲友就结束了。至于丧礼，以前村里都是要守灵三天，三天内下葬，直接土葬。自20世纪70年代开始，政府提倡火化之后，郭翰林村就统一修建了公墓，所有去世的村民必须火化之后才能进公墓。在提倡移风易俗、厚养薄葬的大环境下，守灵三天的习俗也已经取消了，现在一般去世之后一天内就通知亲朋好友吊丧，然后火化下葬。

▶▶ 村干部任职情况

历任村党支部书记一览

姓　名	任职时间
郭宗武	1945—1955
郭传水	1955—1958
郭振甲	1958—1960
郭传水	1960—1964
徐发胜	1964—1974
郭宗利	1974—1990
郭传伟	1990—

历任村行政负责人一览

姓　名	任职时间
郭宗恩	1945—1955
郭传温	1960—1964
郭传伟	1964—1990
郭宗祥	1990—2002
郭敬义	2002—2005

撰稿：李自翔

□ 大徐村航拍图

大徐村
DAXUCUN

　　大徐村，位于李庄镇政府驻地西 2 公里处，北邻 220 国道。大徐村现有 163 户，人口 542 人，汉族，12 名党员，耕地 800 亩。村内有徐、刘、张、卜、李、王、方等姓氏，以徐姓为主。村内主导产业有农业、绳网加工业。

▶▶ 历史沿革

　　据《徐氏祖谱》记载，大徐村原名徐家庵，相传，始祖徐松，于明朝由徐州郡迁来，因当时暂住广善寺内，古佛寺亦称庵，故村名徐家庵。至永乐时（1403—1424 年），徐氏三兄弟分居，二弟、三弟迁出后各自立村，长兄原地未动，因其是兄长，更徐家庵为大徐。

▶▶ 烈士名录

● **徐召红**　本名徐召宏，1914年3月生，1948年入伍，中国人民志愿军二十军六十师战士，1950年在抗美援朝战争中牺牲。

▶▶ 村庄名人

● **方绍飞**　1973年生于李庄镇大徐村，中共党员，研究生学历。历任中共惠民县委党校教师、惠民县信访局副局长、滨州市信访局科室主任、国家信访总局处长等，现挂任重庆市丰都县委常委、县人民政府副县长。

▶▶ 教育卫生

教育　新中国成立后，成立大徐村小学，借用徐氏家庙作为教学场地。大徐村小学是一所初级小学，由路佃玉一名老师任教，负责教授一至四年级的混合班，大约20名学生，授课方式为复式教学，逐年级上课安排作业。

"文革"时期转为联中，而后校址进行了搬迁，由大徐管理区进行管理，四五年后小学被取消，合并到镇中学。

医药卫生　20世纪60年代主要由徐召林、刘兴和两名赤脚医生负责村内医药事项，按工时给工分。主要通过扎针和药品销售来医治村内群众头疼脑热的小病。对于非常贫困的家庭，大队还承担一部分费用。

▶▶ 村庄发展

2011年村内通自来水，每户交纳200元费用，由国家投资建设。当时借助距离水库近的便利，且在大学生村官刘恒帮助下，市政府办公室的对口帮扶下，较其他村早两年通上了自来水。

1990年修建200米长的柏油路，1995年修建400米长的柏油路，实现了村内主干道全覆盖。1998年全村道路进行混凝土硬化，所有支路、所有胡同用砖块铺设，完成了全村的道路硬化使村民出行更加便利、顺畅。为村庄的发

□ 大徐村碑

展奠定了坚实的基础。

▶▶ **村干部任职情况**

历任村党支部书记一览

姓　名	任职时间
徐延林	1949—1951
徐庆汗	1952—1958
徐召凡	1959—1960
徐庆敏	1961—1982
刘宝恕	1983—1984
刘兴仑	1985—1989
徐庆汤	1990—1991
徐传水	1992—1994
周子良（挂职）	1995—1997
徐召俊	1998—2007
徐传玉	2007—

历任村行政负责人一览

姓　名	任职时间
刘宝恕	1972—1980
刘兴仑	1981—1986
徐庆远	1986—1992
徐庆利	1992—1994
徐召俊	1994—2007
徐传玉（兼）	2007—2018

撰稿：李自翔

□ 大王庄村航拍图

大王庄村
DAWANGZHUANGCUN

大王庄村，隶属于华李新村，位于李庄镇政府驻地西南方向 6.6公里处。截至 2023 年底，全村有 227 户，人口 709 人，均为汉族。党员 28 名。大王庄村地势平坦，土地肥沃，耕地面积 1803.18 亩，主要种植小麦、玉米等粮食作物。大王庄村北邻二分干渠，南与大路村交界，东邻 116 乡道，向西与姜楼镇相邻，高商高速从大王庄村西经过，村内有王、冯等姓氏，以王姓为主，冯姓仅有两家。

▶▶ 历史沿革

大王庄原称马家，在一场流行性传染病中，几百人的村子，死得没剩几个。明朝的成化年间（1465—1487 年），有王姓始祖王世成携全家自河北省枣强县迁居于此。王姓始祖迁来后，将马家改名为王庄，但是王庄村人口一直不多，当时村里的长辈非常着急，为了使村庄壮大发展，经过商议，在村名前加了一个"大"字，改为大王庄。改名之后，大王庄人口越来越多，真的变成了"大"王庄。后来大王庄王东和、王东沙兄弟二人分家，王东和留在大王庄，王东沙举家迁往魏集镇，但每年仍然走动，这个风俗一直延续到现在。

▶▶ 文物古迹

村内原有一处豪门大院，19世纪初，由当时在天津做地毯生意的王恩停修建，整体采用大青砖，建有门楼，内部装饰富丽堂皇，新中国成立以后归集体所有，"文革"期间被拆除。

□ 村委会大院

▶▶ 烈士名录

● 王恩荣　1903年生，惠民县武工队队员，1945年在惠民县双庙村战斗中牺牲。

▶▶ 村庄名人

● 王恩举　（1924—2020年）　曾任新疆维吾尔自治区八一钢铁厂厂长（正师级）。

▶▶ 特色产业

历史上，大王庄村民依靠做豆腐、炼硝为生，到现在有100多年的历史了。当时，因为村中有几口好水井，做出来的豆腐呈乳白色，给人一种清纯的感觉。吃起来口感丝滑、入口即化，受到周围村庄欢迎，因此当时村里八成以上的村民都做豆腐，挑着担子去大年陈、联五等地卖豆腐，可以说是家喻户晓。现在，村里还有几户做豆腐的人家。

随着村庄的发展，现在许多年轻人也返回家乡创业，有的专门经营棉花被加工销售，有的引入机器生产黄色透明胶带，还有的专门从事健身器材、游乐绳网的生产，涌现了山东盛鸿游乐有限公司、惠民县红亮家庭农场、滨州中百胶粘制品有限公司等优秀电商企业，带动了村集体经济发展。

▶▶ 文教卫生

教育 19世纪20年代，村内有两座学堂，分别位于村内的大小两座庙中，由王恩增创建，起初有20多名学生。新中国成立以后，在村内大地主王瑞停的房子内开办小学，只有1个班，4个年级的学生在一个教室里上课，采用复式教学，仅有王祖德一位老师。70年代后，又修建新的学堂，有4个教学班，有王大琛、王振阁、王恩昌几位老师，每年都有100多名学生，学校于2003年停办。

文化传统 大王庄一直有正月十八赶庙会的传统，这项习俗可以追溯到清朝后期。20世纪80年代之前，庙会都是连唱三天，由村中有才艺的农民自发组织节目，甚至有的村民在种完冬小麦以后就开始筹备节目，当时演出的都是"全本戏"，时间长、强度大，但村民都积极参与演出，就是观看的村民也是在庙会这几天换上干净的衣服，盛装出席。现在的大王庄村庙会早已褪去历史的外衣，演变成村里传承老曲艺、展示新风采、倡导新风尚、唱响主旋律的重要节会。庙会当天，村里会搭建舞台，邀请本村和邻村的文艺爱好者们相继登台，为赶庙会的群众表演吕剧、京剧、豫剧和东路梆子的经典选段，让群众过足戏瘾；还会邀请年轻的文艺爱好者表演歌曲、舞蹈、二人转等节目，尽情展示村民们朝气蓬勃、积极向上的新风貌，为庙会增加了更多的青春与活力。新中国成立以来，大王庄耍马叉的表演术，经常参加县和镇上的比赛，年来节到七八十个马叉男女走乡串村搞演出，自称"济东吕剧团"的演出从正月十八香火会这天连续演出三天。

大王庄村保留有续家谱的习俗，村内的大家谱为10年一续，一直从明朝延续至"文化大革命"期间，但遗憾的是家谱于"文化大革命"时被焚烧，但续家谱的习俗一直保留至今。

医药卫生 20世纪60年代的赤脚医生是王振俭，70年代中期由王贵英接任，并在村建立卫生室，90年代后卫生室搬至华李社区。

▶▶ 村庄发展

村内电网1986年开始建设，1989年正式建成使用，村民们用上了电灯。2002年村委自筹资金打井使用地下水，在村内建设自来水管道，2012年村内自来水管道接入县镇统一的自来水系统，喝上了净化后的黄河水。1992年开始村内道路硬化，铺设了水泥路5米宽的路面、1米的路肩。2008年开始对村内1800米道路和村外1800米道路翻修，2015年对其村内外的道路进行再度翻修。近年来，村里建起了村民活动广场，使村民有了休闲娱乐的地方。

▶▶ 村干部任职情况

历任村党支部书记一览

姓　名	任职时间
王天右	1945—1958
王恩宽	1958—1963
王大仑	1964—1976
王光忠	1977—1981
王恩孝	1982—1989
王光捷	1990—1999
王光胜	2000—2002
王恩丙	2003—2005
王光忠	2005—2007
王光捷	2008—2011
王光晶	2011—

历任村行政负责人一览

姓　名	任职时间
王振杰	1964—1976
王恩孝	1977—1981
王光捷	1982—1989
王鹏林	1990—1993
王光芬	1994—1999
王恩丙	2000—2002
王光忠	2003—2005

撰稿：李自翔

□ 南郭村航拍图

南郭村
NANGUOCUN

南郭自然村位于李庄镇政府驻地东 2.2 公里处，220 国道南，隶属于新兴新村。全村现有人口 174 人（党员 13 人），共 56 户，以郭姓人口为多，耕地面积 216 亩。村民以种植小麦、玉米及进厂务工为主要收入来源，村集体收入主要来源于土地流转、承包等。

▶▶ 历史沿革

南郭自然村原名郭家村，曾用名"小郭家村"。明朝万历年间（1573—1620 年），始祖郭清由河北省枣强县迁居于此，立村"郭家"。因村小，曾名为小郭家。1985 年建立村民委员会时为避重名，更名为"南郭"。以其在乡镇的南部故名南郭村。从明朝初年，至今有近 600 年历史，有做车马挽具、皮鞭的历史。1929 年全县十区，郭家属八区连五乡。新中国成立后属于李庄区南北王乡。1961 年属李庄区南北王公社。1969 年 9 月全县区改公社，属于李庄公社南北王管理区。1971年12月全县公社分置后属于申桥公社南北王管理区。1984年全县公社改乡镇后，属于申桥乡南北王办事处。1994年属于申桥镇（撤乡改镇）南北王办事处。2001年申桥镇并入李庄镇，南郭自然村自此隶属李庄镇。

▶▶ 村庄名人

● **郭振珉**　中共党员，现任南郭自然村党支部书记。滨州市非物质文化遗产传承人、市级车马挽具手艺的唯一传承人，制作牛皮鞭已近40年时间。

▶▶ 特色产业

20世纪60年代中期，利用老祖宗传下来的"车马挽具"手艺，成立了"副业组"，专做车马挽具产品，产品销往全国各地，大大提高了村集体的收入，当时达到每人每天1元的工费收入。20世纪80年代初，南郭村实行了家庭承包制，分田到户，家家户户都使用牲口，对车马挽具的需求大增。村民们家家户户都做皮鞭，成了远近闻名的皮鞭村，鞭子销往全国各地，当时很多外地客商到这里来购买批发，于是新兴市场形成，村民们的皮鞭生意就更加红火了。

近年来，玉米、小麦是南郭自然村的支柱产业。同时，在新思潮的影响下，村民从事个体经营、绳网加工产业以及年轻人在外从事第三产业的开发成效显著，村民收入较以前有了很大提高。

▶▶ 非遗传承

车马挽具生产起源于明朝初年，距今已有600余年的历史。车马挽具是骡马牛车上用具的统称。包括皮货、铁货、线货和木器。其中，皮鞭是皮货生产中最具代表性的产品。2015年，车马挽具（皮鞭）制作技艺被列入"滨州市非物质文化遗产项目名录"。

据传，康熙、雍正年间，李庄镇承担了皇帝御用马匹和作战骑兵所用的战马挽具。20世纪50年代，解放军杂志社为确定皮革发源地，来到惠民了解情况，经多方调研考察和专家论证，确定皮革加工就源自李庄镇。20世纪80年代初，土地承包到户，车马挽具的需求量猛增，村民们纷纷拾起加工车马挽具的营生。家家制作、人人参与，在南郭村的带动下，周围十几个村都在做车马挽具的生意。李庄镇的绳网产业就是由传统的车马挽具制作技艺发展而来，绳网衍生品涵盖8大类300多种，已成为全国最大的化纤绳网产业基地。

□ 非遗传承人郭振珉制作皮鞭

▶▶ 教育卫生

1973年成立南郭小学，孩子们在自己村就能上学，再也不用到外村上学了，学校内设一至五年级。当时的教师有郭振科、牛学芝等。1983年，该小学撤销，学生全部转去中心小学。

1960年后村内有郭兴旺当赤脚医生，为群众送医售药。现在村民小病小痛都去新村卫生室。

▶▶ 村庄发展

1975年，大集体时代的南郭村获得了全县"先进村"的荣誉。

1984年，村内购买一台12马力的"东方红"拖拉机，实现了半机械化生产，提高了生产率，也提高了粮食产量。

1986年，村民郭兴杰成为万元户，也是南郭村第一个万元户，并获得县政府奖励。

1987年，村民郭兴杰盖了村内第一座砖瓦房。从此村内有了砖瓦房，1992年全村家家户户告别了小土屋，住进了宽敞明亮的砖瓦房。

1992年7月，村民郭传友考入滨州医学院，成为全村第一个大学生，后考取了博士。1996年7月，郭传友的弟弟郭传水也考上大学，因兄弟俩的父亲去世早，家庭经济困难，在支部书记郭兴元和党员们的倡议、带动下，全村每家每户为兄弟俩捐钱，帮助兄弟俩上大学，完成学业。

1999年6月，村民郭兴亮办起了体育用品厂，也是村内第一个办理营业执照的人。在他的带领下，现在全村有7家体育用品加工户。

2006年3月，村内修了公路，从此村内没有泥土路，走上了平坦的水泥路。2012年7月，在其基础上加厚加宽重新修了一遍，使村内路面更加宽阔、平坦。同年还修建娱乐广场，安装了体育器械，群众有了休闲娱乐、锻炼身体的场所。

2015年4月，村内开始了环境整治，在村委会的领导下，群众积极配合，村内环境面貌得到改善。达到了亮化、绿化、净化、美化的标准，群众过上了舒适、美好、干净、明亮的生活。

合村并居以后，搬入新居住区的村民享受到了更现代化的居住环境，生活质量有了明显提升。例如，新居住区通常配备了完善的供水、供电和供气设施，还有整洁的环境和便捷的商业服务。村民的生产方式也因搬迁而发生了变化，传统的庭院经济模式，如家庭种植、家禽养殖等，不再继续，现在大多数村民以务工为主。

▶▶ 村干部任职情况

历任村党支部书记一览

姓　名	任职时间
郭兴杰	1966—1979
郭兴元	1979—1999
郭兴峰	1999—2003
郭振树	2003—2021
郭振珉	2021—

历任村行政负责人一览

姓　名	任职时间
郭兴利	1966—1992
郭振科	1992—1997
郭振忠	1997—2003
郭振岐	2003—2006
郭振树（兼）	2006—2018

撰稿：徐　燕

□ 大翟村航拍图

大翟村
DAZHAICUN

　　大翟自然村隶属于聂索社区，属于特色产业村居类型自然村。大翟自然村原名夹沟翟，亦名夹河翟。位于 220 国道北 2 公里处，紧靠徒骇河，镇政府驻地西北 3 公里处。截至 2023 年底，全村有 430 户，人口 1350 人，均为汉族。有翟、张、刘 3 个姓氏，以翟姓为主。土地面积 1900 亩，玉米、棉花、小麦是大翟村的支柱产业。近年来，村民从事个体经营、绳网加工产业以及年轻人在外从事第三产业的开发成效显著，村民收入较以前有了很大提高。

▶▶ 历史沿革

　　相传，始祖翟福，于明宣德年间（1426—1435年），由河北省枣强县迁居于此，因建村于徒骇河弯曲处，故名夹沟翟，亦称夹河翟。新中国成立后名大翟，因人口多于邻村周翟，故名大翟。大翟村始祖翟福迁入这里后。

徒骇河（早名土河）流入此地，来势汹涌。由于夹沟翟人的疏导，这里形成了一个弯道。东西向的河拐过村落弧状东去，翟氏族人安营扎寨后，利用这"土河"水的浇灌，庄稼长势非常好、人丁兴旺，几十年的时间，好多小村小户来夹河翟合并成了一个大村庄。所以这村人口连年增长，据大翟村家谱上记载，大翟村自从河北枣强迁来，100多年后已成了1000余人的村庄，那时就被称为城南第一大村。

1929年，全县改为10个区，大翟属于九区大孟家乡；1950年属于李家庄区大孟家乡；1961年属于李庄区大孟家公社；1969年9月，全县区改公社，属李庄公社；1971年12月，全县由13个公社改为21个公社，属于申桥公社聂索管理区；1984年公社改乡镇，属申桥乡聂索办事处；1994年乡改镇属申桥镇聂索办事处；2001年属李庄镇（申桥镇并入李庄镇）聂索办事处；2018年属李庄镇聂索社区；2021年属李庄镇聂索行政村。

▶▶ 文物古迹

该村有口200多年历史的古井。村内通自来水前，该井解决全村人的饮水问题。现已封存。

▶▶ 烈士名录

● **翟德秀** 1928年生，1947年入伍，华东野战军战士，1948年于潍县战役牺牲。

▶▶ 村庄名人

● **翟国辉** 1982年2月生，山东省惠民县李庄镇大翟村人，山东大学毕业，现任自然资源部处级干部。

▶▶ 重要事件

日本鬼子抓"八路" 据村里德高望重的翟德銮讲："听我父亲说在抗日战争期间，申桥据点的鬼子中岛带领汉奸，来大翟村逮游击队员，费尽了心思也没抓到，随后抓我父亲问询。父亲说你们问的几个游击队员不是俺村的，他们是李庄村西小翟家的。鬼子结果让他带路找啊找啊，到哪里去找呀？他主要是想引开敌人，结果鬼子找了两天也没抓到大翟家的游击队员。又来到杨家集也没找到。鬼子让他烧火做饭，一天到村南井上挑水，趁机扔掉水桶跑了，逃到高家亲戚家躲了半月才保住一条命。

民兵保家乡　惠民解放后，惠民城南以张希仁为首的还乡团组织，无恶不作，纠集了被打倒的土豪劣绅，为了破坏大翟村的革命组织，白天借徒骇河边上打鱼为由监视，深夜入户打探情况，据说为怕暴露目标，几天药死狗十几只。大翟村民兵得知此事，冒着生命危险保卫村子，并派人到县大队报信，一举生擒了十几个穷凶极恶的还乡团匪徒，县政府嘉奖了有功人员和村里领导。

知青安置　20世纪六七十年代，全国兴起知识青年上山下乡运动，深入农村锻炼，接受贫下中农再教育。1972年，村里向公社申请要了11个知识青年，八男三女，当时居住在居民家中或大队的屋里，都参加劳动。村里为他们另起小灶，村民勒紧裤腰宁肯自己吃的差一些，也让知青吃好喝好为村里扫盲，给适龄村民上课两年，为村里培养了许多高中生和大学生。记得一年惠民三中招生，大翟联中的升学率达到了70%。20世纪70年代末期，知识青年逐渐返城安排工作。

▶▶ 特色产业

大翟村绳网产业自车马挽具（牛马车上用到的绳鞭等物件，包括鞭子、笼头等）演进而来，已有300多年的历史，在集体经济时期，该村就拥有了专门的皮货组，也就是专门生产车马挽具的小型队

村绳网车间一角

伍，1985年前后，车马挽具生产进入全盛时期。经过多年的沉淀，绳网产业规模不断发展壮大，产品种类逐渐多样，成为村里的一项支柱产业。

▶▶ 教育卫生

大翟联中　20世纪60年代初创办的公办学校，共有一至七年级7个教学班，200余名学生。先后有崔兆华、刘成云、马延顺、牛红平、李振奎、翟

佃贵、翟学光、翟德尧、翟吉伦、刘佃山等20余名教师在此任教。80年代初合并至聂索初中。

村办卫生室　1958年，村集体创立大翟卫生室，翟学珍、翟佃银担任赤脚医生，1983年村卫生室撤销。

▶▶ 村庄发展

2008—2010年，通上自来水，当时每户缴纳150元费用，由国家投资建设。家家户户用上自来水，肩挑手抬吃水的历史结束。2000年以后，村里集资几十万元修了东、西两条主街，户户通柏油路。如今街心的功德碑就是大翟人的辉煌见证。

▶▶ 村干部任职情况

历任村党支部书记一览

姓　名	任职时间
翟吉刚	1954—1976
翟学贤	1977—1979
翟学林	1980—1981
翟德柱	1982—1985
翟佃圣	1986—1991
翟德珍	1992—1993
李希成	1993—1995
翟佃春	1996—2001
翟佃圣	2002—2005
翟学道	2005—2008
翟光辉	2008—2014
刘　伟	2014—

历任村行政负责人一览

姓　名	任职时间
翟永喜	1945—1956
翟德荣	1954—1976
翟德云	1971—1985
翟佃坤	1986—1991

姓　名	任职时间
翟学光	1992—1993
翟佃春	1993—1995
翟光辉	1996—2005
翟佃翠	2005—2008
翟佃才	2008—2018

撰稿：刘　珊

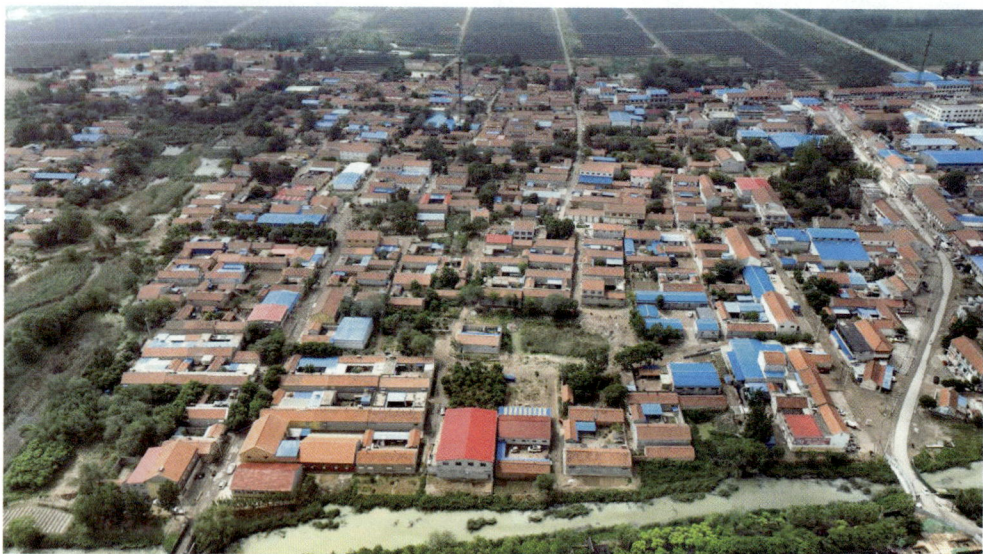

□ 大巩家村航拍图

大巩家村

DAGONGJIACUN

> 大巩家自然村位于镇政府驻地东 4 公里处，220 国道南，隶属于新兴新村，东与清河镇接壤，全村共有 254 户，人口 844 人，均为汉族，党员 28 人，耕地面积 1400 亩，村内现有孝善食堂 1 处。村民以肉牛养殖，绳网加工，种植小麦、玉米及外出务工为主要收入来源，村集体收入主要来源于土地流转、承包等。

▶▶ 历史沿革

据《巩氏族谱》记载，始祖巩启杰于明洪武二年（1369年），由本县巩家村（今辛店镇）迁居于此。村名南巩，后亦惯称巩家。1985年建村民委员会时，因避重名，改称大巩家，因其规模大于邻村故名。如今大巩家村街巷整洁，村风文明。

1929年全县分为10个区，大巩家村属于八区太平乡；1955年9月，全县区改地名称谓，属于李家庄区；1961年4月属于李庄区南北王公社；1969年，全县13个区改为13个人民公社，属李庄公社南北王管理区；1971年12月，全县公社分置后，属申桥公社南北王管理区；1984年公社改乡镇后属申桥乡南北王办事处；1994年属申桥镇（乡改镇）南北王办事处；2001年（申桥镇与李庄镇合并）属李庄镇南北王办事处；2018年属李庄镇南北王社区；2021年属李庄镇南北王行政村。

▶▶ 文物古迹

家庙 《滨州文物通览》介绍，大巩家家庙位于惠民县李庄镇大巩家村内，距惠民县城25.6公里。家庙是该村为祭祀祖先而建，从民国维修时留下的铭文以及建筑风格来看，应是清代建筑。2009年第三次全国文物普查时

大巩家庙碑

发现并登记；2010年12月被惠民县人民政府公布为第三批县级文物保护单位；2016年12月5日，被滨州市人民政府公布为市级文物保护单位，现为集体财产。

大巩家家庙现有北屋3间、柏树4棵、影壁1座，外有院墙构成一个完整的院落。房屋进深4.05米，出厦进深1.9米，房屋通高5米。整座房屋东西

□ 大巩家庙院侧面

长9.10米，南北宽6.1米，占地面积55.51平方米。房屋为砖木结构，抬梁式构架，坡顶，硬山。坡顶前坡长后坡短。屋顶已经过多次维修，早已换成了现代红瓦。有前出厦，房屋有一门四窗，门上的青砖上刻有民国维修时留下的铭文"民国拾贰年四月重修"。柏树分别在院子的东西南北四个角落。影壁，高2.07米，宽2.13米，厚0.4米。外有门楼，高3.45米，宽2.7米。院墙为后来维修。整个院落长21.9米，宽9.1米，占地面积199.29平方米。

▶▶ 烈士名录

• **巩凤梓** 1924年生，1947年入伍，山东省惠民县李庄镇大巩家村人。四野十二团一营一连战士，1947年四平战役时牺牲。

• **巩乃东** 1924年生，1947年入伍，山东省惠民县李庄镇大巩家村人。华野十纵队战士，1948年淮海战役时牺牲。

▶▶ 村庄名人

• **巩若良** 1944年2月出生，历任惠民地区革委会生产指挥部秘书、惠民地区行署办公室秘书；行署办公室副主任；惠民地区监察局副局长、局长；滨州地区纪检委副书记、监察局局长；滨州市人大常委会党组成员、副主任等职。

▶▶ 特色产业

大巩家村过去一直以种植业为主，主要种植小麦、玉米等作物，其他产业较少。前些年村中仅有7户养牛，以散养居多，规模不大。2020年，村里开始大力发展肉牛养殖业，鼓励村民养殖肉牛，经过几年的发展，现在大巩家村共有肉牛约2000头，涌现出了畜旺养殖场等优秀企业，带动了村集体经济发展。同时近几年随着电商产业的发展，村中年轻人涌现出一批电商户，主要以售卖遮阳网、防尘网、盖土网、安全带等产品为主，带动村中10余人就业，年营业额在1000万元左右，激活了村庄产业发展的活力。

▶▶ 教育卫生

村办学校 1975年，村内有巩家小学1所，共有5个年级。1984年，五年级迁到中心小学。1988年，巩家小学撤销，学生全部迁往中心小学。

医药卫生　1960年村内赤脚医生巩象升，经常为村内及周边村民看病，因医术高明，得到村内及周边村民的称赞。20世纪90年代土地承包到户后，卫生室包给个体经营。

▶ 村庄发展

1974年村内通电，村民从此告别了靠煤油灯、蜡烛照明的时代，进入了电力照明时代。2001年村内家家户户通上了自来水。2000年村内修了柏油马路，村民出行更加便利。2014年修建村广场，安装体育健身设施，村民有了娱乐场所。同年集资修建了大巩家村进村路，长度1400米。村内建有支部办公室、健身广场，配备健身器材、音响。2023年在村党支部的带领下，对出村道路进行了硬化，长度2000米，由村民集资修建。

近年来，积极参与环境整治、移风易俗、社会稳定等，干好工作成为大巩家村干部群众的自觉行动。2016年，年仅47岁的村民巩小军突发脑出血，被送到市里的医院后一直住在重症监护室。因治疗费昂贵，家人无力再筹集资金，村里的干部群众了解情况后，自发地开展了捐款活动。短短1个小时，就有170余位村民参与，共捐出爱心款26563元。该村整体工作不仅走在了全镇前列，还先后荣获市级"五个好"村党组织、县级文明村、县级模范村民委员会等多项荣誉称号。

▶ 风土民情

大巩家人勤奋耕作、勤俭持家，多日出而作、日落而息，男耕女织，靠传统的生产方式维持生计。他们以"三纲五常""仁、义、礼、智、信"等儒家思想作为家教内容，倡导子女后辈克己复礼，注重文化知识教育的同时还十分注重传统美德教育。新中国成立前，受传统风俗观念的影响，村人多以四世同堂、五世同堂为主，认为一家人和和美美在一起最好，因此村内院落为四合院样式较多，正房、厢房、偏房布局分明，家庭等级观念较深。新中国成立后，随着改革开放进程的加快，人们的思想也得到了进一步解放，自20世纪60年代起，村民们逐渐树立起了"要想方便，一家一院"的思想，老人一户、儿女一户，三人户、两口之家在村里越来越多。

▶▶ **村干部任职情况**

历任村党支部书记一览

姓　名	任职时间
巩乃通	1950—1960
巩相乾	1961—1976
巩乃通	1977—1979
巩相沛	1980—1983
巩永孔	1984—1999
巩永林	2001—

历任村行政负责人一览

姓　名	任职时间
巩象杰	1984—2002
巩永林（兼）	2002—2018

撰稿：徐　燕

XIANGCUN JIYI

13

姜楼镇
JIANGLOUZHEN

□ 姜楼镇航拍图

姜楼镇
JIANGLOUZHEN

　　绳网名镇姜楼镇，坐落于滨州市惠民县西大门，地处惠民县西南部35公里处，南邻大年陈镇，北与淄角镇衔接，西靠济南市济阳区、商河县，东与李庄镇接壤。全镇版图面积134平方公里，辖10个行政村、118个自然村，总人口5.9万。境内东吕高速、庆章高速、高商高速横穿全境且设有4个出入口，县道解陈路、省道大济路、220国道纵贯全镇。区位优势明显，是滨州对接济南的门户枢纽。

▶▶ 历史沿革

　　1929年，惠民县划分为10个区，姜楼镇归属第九区和第十区，第九区区公所驻田家集，第十区区公所驻榆林。

　　1944年10月，建惠、济、商三边县，原九区、十区合并为萧圣庙区，归三边县管辖；1945年9月，三边县撤销，原九区、十区归惠民县管辖；1946年12月，成立杨忠县，九区、十区归杨忠县管辖；1949年5月，杨忠县改惠济县，九区、十区归惠济县管辖；1950年5月，惠济县撤销，划归惠民县管辖为第十四区；1956年改为姜楼乡；1958年改为姜楼公社；1961年改为姜楼区；1969年9月改为姜楼公社；1984年改为姜楼乡；1994年改为姜楼镇；2001年3月，联五乡并入姜楼镇；2018年1月，办事处和行政村改设为10个社区；2021年4月，社区改为行政村。

▶▶ 名人先贤

● **路孝友** 1941年出生，双井路村人，高小文化程度，1965年加入中国共产党。曾在本村担任团支部书记、生产队长。1964年为支援边疆建设赴云南省当工人。1968年任村党支部书记。1983年、1986年两次被中共惠民县委评为优秀共产党员；1985年被评为惠民地区科普先进工作者。1987年始，他在本村大办企业，建成了"五四"丙纶厂，年产值百万元。1988年荣获惠民地区"优秀企业家"称号；1988年、1994年两次被中共山东省委评为优秀共产党员。1992年3月—1993年1月挂任副乡长，主管乡办企业。1992年11月挂任姜楼乡党委副书记至2003年离职。

● **朱安邦** 1924年出生，兰家村人，初中文化程度，1944年2月参加革命队伍，1949年2月加入中国共产党。1954年3月从部队转业。历任乡红昌初高级社社长，耕作区党总支书记、村支部书记、乡化肥厂和马具厂厂长等职务。在部队期间曾荣立三等功两次；1983年1月起承包本村果园，成为远近闻名的富裕户。1984年被省和惠民地区评为"双扶工作先进个人"；1985年荣获省、地区"勤劳致富奖章"；同年被惠民地委、行署授予"模范复员军人"称号，并被评为地区精神文明建设先进个人；曾荣获国家农牧渔业部颁发的"种植能手"证书。

● **宋玉泉** 1962年12月生，姜楼镇王判镇南街村人，1983年毕业于南京炮兵学院。历任参谋、连长、作训科科长、副参谋长。2000年至今，任某部队参谋长，是炮兵射击学会会员。在《解放军报》《战友报》《现代兵种》等杂志发表军事学术论文60多篇。研究课题荣获军队科技进步一、三、四等奖。获军区优秀参谋称号。

● **王各诰** 1962年12月出生，姜楼镇人。1980年11月入伍，历任武警黄金一总队司令部警务处参谋；指挥部司令部警务处参谋；指挥部矿业部办公室副主任；中国人民武装警察部队司令部警种部参谋；现任黄金森林处处长。

- **丁传虎** 1963年8月生，惠民县姜楼镇丁家村人。1980年11月入伍，历任武警黄金第四支队二连技术员；武警黄金第四支队装备股股长；武警黄金第四支队后勤处处长；1999年2月任武警黄金第四支队副支队长、支队长等职。

- **武希玉** 1947年生，惠民县姜楼镇武家村人。1968年，在坦克十三师服役。1974年后入油田工作，历任中原油田第三矿区副科长、科长、副厂长、主任。

- **李丰英**（武希玉之妻） 1948年11月生。1974年毕业于清华大学工程物理系。曾在585研究所从事科研工作，后到油田工作。历任中原油田采油三厂科长、副厂长、党委委员职务，高级经济师。

- **常修泽** 1945年8月生，姜楼镇常家村人。著名经济学家，国家发展和改革委员会宏观经济研究院教授，博士生导师。

- **李传忠** 1941年10月生，惠民县姜楼北盖村人、生于天津市，历任银川市政二公司经理、党委书记、董事长，获银川市人民政府"优秀经理"、宁夏回族自治区建设系统"先进工作者"、中共银川市委"优秀共产党"称号。

- **张本胜** 1955年10月出生于马家洼村，1976年参加工作。历任惠民县委办公室副主任兼信访科科长，惠民镇党委书记，县委常委、办公室主任，县委常委、组织部部长；滨州市中心医院党委书记，县政协党组书记、主席等职。1997年获"山东优秀党务工作者称号"。

- **路化伦** 1942年生，惠民县姜楼镇双井路村人，中学高级教师。现为中国书画人才研修中心一级书法师、客座教授，文化部文化市场发展中心特聘书画师、国际羲之书画院原副院长等职。他多次参与社会扶贫助残、赈济灾区等书法捐赠活动，他精心书写的"孙子兵法十三篇"书法长卷捐赠给了孙子兵法城。

▶▶ 经济发展

林业 新中国成立后，发展柳树是惠民县南部林业的重点。至1957年，已发展到1万亩，为山东三树（惠民柳树、菏泽桑树、微山蜡树）之首。至1975年，全公社柳树种植面积发展到6.3万亩，基本上村村有柳树。远销东北、内蒙古等地，成为当时集体经济的重要来源。1980年后，农田实行责任到户，各村出现毁柳树植果树的现象，柳树逐渐被砍伐殆尽。

农业　姜楼镇形成了以富硒联五西瓜、大庞村甜瓜、王集圆葱、史田庄菜花、姜楼花生油等纯天然绿色食品为依托的特色瓜果蔬菜农业产业，产品远销海内外，成为当地村民的致富产业。

至2023年，姜楼镇累计建成高标准农田6万亩，拥有省级农业龙头企业1家，市级农业产业重点龙头企业2家。现代农林业发展极大促进了农业增产增收。

□ 工厂车间内景

绳网　姜楼镇属全国三大绳网生产基地之一，化纤绳网业是姜楼镇的支柱产业。2023年，拥有绳网企业260家，国家高新技术企业23家，省级专精特新企业14家。获市级知名商标8件，拥有自营进出口权证绳网企业25家，进出口交易额达到2000万美元。从业人员3.5万人，其中营销人员8000人。绳网年总产量

□ 姜楼镇数字经济产业园

达102万吨，规上企业产值10.4亿元，其中出口交易额达2000万美元。全镇涌现出绳网专业村十几个，绳网专业加工户3000余个。2023年，全镇工业总产值近31亿元。姜楼镇先后获"发展民营经济明星乡镇""招商引资先进单位""培植骨干企业先进单位""小城镇建设试点镇"等10多项市级以上荣誉称号。

文教卫生

小学教育 1949年初，区政府在崔寨村建立完全小学。不久，完全小学由崔家寨迁至三皇庙村。大部分村都有初级小学。小学沿用"四二"分段制（初小4年、高小2年）。为培养小学教师，1951年，惠民专署在姜楼建立第一速成师范学校，时称姜楼速师。学制1年，1953年停办，共毕业学生150余人。

2000年，撤销村级小学，消除复式教育，小学改为六年制。随生源的变化，全镇小学布局逐步调整。2023年，全镇完全小学4处，小学教职工208人，在校学生3137余人。

中学教育 姜楼中学坐落于镇政府南3公里处的王判镇，建于1960年，开始被命名为惠民七中。校舍由建校初的15间发展到有教学楼、实验楼、宿舍楼、多媒体教室、高标准餐厅共计579间；学校共占地66700平方米。2023年，学校有24个教学班，在校生1100余人，学校教职工101人，任课教师87人，其中中学正高级教师2人、高级教师52人、一级教师25人，中老年教师占68%，学历达标率100%。

姜楼中学属滨州市规范化学校，先后获得了"国家级足球特色学校""国家级零犯罪学校""国家国防教育特色学校""市级规范化学校""滨州市德育示范学校"等荣誉称号。

医疗卫生 1958年建立姜楼卫生院（联合诊所与保健站合并），1967年改建为县医院分院，后成为惠民地区地段医院。当时占地面积10670平方米，建房75间，设病床40张，职工总人数35人。2002年，姜楼医院搬迁至姜楼镇驻地，下设防保站、药库及8个诊所，职工31人，其中中级职称7人，初级职称22人。1965年，各村开始建立卫生室，每室卫生员1~2人。2005年，全镇有农村卫生室75处，医护人员80名。2020年，县人民医院把姜楼分院交由姜楼镇管理。

文化艺术以及非遗 新中国成立到"文革"期间，每年的春节及夏收后农闲季节，群众自发组织戏班进行演出。舞台、道具、服装自备。主要剧种有京剧、吕剧、河北梆子、东路梆子、豫剧等。农村戏剧活动的特点是农闲（主要是冬季）排练，重要节日（尤其春节至元宵节前后）演出。一般以村为单位，聘教师或村内艺人开班教戏。主要是在本村演，好的还被外村聘请演出。节日演出一般演四晚上。乡镇政府一般每年正月十五前后组织会演。选出优秀节目参加县会演。1980年后，电影、电视普及，村办剧团（班）逐步减少。

境内的民间艺术还有评书、大鼓书、大鼓子秧歌、旱船、龙灯、落子、高跷、芯子、独狮子舞等。春节过后，群众自发组织巡回各村演出，并于正月十五日前后参加镇、县两级组织的艺术会演。

2004年，姜楼镇京剧爱好者自筹资金3万元购

□ 姜楼天主堂

置乐器、道具、服装等成立了姜楼镇实验京剧团，成员50人，年龄最大的74岁，最小的18岁。成立以来，不断利用业余时间排练剧目，逢重大节日为群众义务演出，演出形式多样，内容丰富，既有传统剧目，也有自编剧目，每年演出100余场。该京剧团还经常邀请省、市京剧团开展送戏下乡活动，在活动中接受戏剧专家的指导，不断提升会员们的京剧艺术素养。

姜楼镇非物质文化遗产名录

项目	类别	级别及批次	公布时间	传承人
东路梆子	传统戏剧	省级第一批	2006年	韩振斌（小宋家）
旱船	传统舞蹈	市级第一批	2007年	王宝光（田家集）
爬刀山	游艺与杂技	县级第一批	2008年	
舞钢叉	游艺与杂技	县级第一批	2008年	
疖痛膏	传统医药	县级第一批	2008年	
程派高式八卦掌	传统体育	县级第五批	2020年	

姜楼镇文物保护单位名录

名　称	级别及批次	公布文号
姜楼天主教堂、神父楼	县级第一批	惠政发〔1983〕39号
张八八路军烈士冢	县级第四批	惠政字〔2019〕114号

▶▶ 领导更迭

姜楼镇历任党组织领导一览

姓　名	职　务	任职时间
马玉林	第九区党委书记	1945年9月—1946年3月
宋祯祥	第九区党委书记	1946年3月—1946年12月
崔国兴	第十区党委书记	1945年9月—1946年7月
李成浩	第十区党委书记	1946年7月—1946年12月
陈一功	萧圣庙区党委书记	1947年1月—1948年7月
金兆恭	萧圣庙区党委书记	1948年7月—1949年1月
颜正非	萧圣庙区党委书记	1949年1月—1949年5月
李成浩	王判镇区党委书记	1946年12月—1948年4月
张希寿	王判镇区党委书记	1948年5月—1949年5月
张希寿	第十三区党委书记	1950年4月—1950年10月
郝志华	第十三区党委书记	1950年10月—1952年11月
杨子炳	第十三区党委书记	1953年1月—1955年6月
巩振洪	第十三区党委书记	1955年7月—1955年9月
颜正非	第十四区党委书记	1950年4月—1951年6月
满少卿	第十四区党委书记	1952年11月—1953年8月
林顺义	第十四区党委书记（代理）	1953年8月—1955年1月
朱永年	第十四区党委书记	1955年2月—1956年3月
巩振洪	姜家楼区党委书记	1956年3月—1956年12月
李玉堂	姜楼乡党委第一书记（兼）	1956年12月—1958年2月
林顺义	姜楼乡党委第一书记	1958年2月—1958年9月
张建新	萧圣庙乡党委第一书记	1956年12月—1958年9月
吕振清	崔寨乡党委第一书记	1961年12月—1958年2月
王近山	崔寨乡党委第一书记	1958年2月—1958年9月
林顺义	公社党委第一书记	1958年9月—1959年5月
单光明	公社党委第一书记	1959年5月—1960年2月
尹仲武	公社党委第一书记	1960年2月—1960年3月
尹仲武	公社党委书记 区党委书记	1960年3月—1962年6月
林顺义	区党委书记	1962年6月—1965年5月
贾云太	区党委书记	1965年5月—1966年3月
宋金声	区党委委书记（代理）	1966年3月—1967年1月
赵向明	公社党的核心领导小组组长	1969年9月—1971年3月
赵向明	公社党委书记	1971年3月—1973年10月

姓　名	职　务	任职时间
高国禹	公社党委书记	1973年10月—1976年9月
孙继先	公社党委书记	1976年9月—1981年6月
陈振杰	公社党委书记	1981年6月—1982年11月
周清利	公社党委书记	1982年11月—1984年5月
密新泽	乡党委书记	1984年5月—1987年2月
魏学亭	乡党委书记	1987年2月—1989年11月
刘书礼	乡党委书记	1989年11月—1992年7月
李英俊	乡党委书记	1992年7月—1995年1月
李英俊	镇党委书记	1995年1月—1997年12月
张绍勋	镇党委书记	1997年12月—2003年1月
马克英	镇党委书记	2003年1月—2009年
袁光新	镇党委书记	2010年3月—2013年9月
吴表辉	镇党委书记	2013年9月—2016年12月
姚先亮	镇党委书记	2016年12月—2020年12月
卢　勇	镇党委书记	2021年4月—2023年12月
李小涛	镇党委书记	2023年12月—

姜楼镇历任行政负责人一览

姓　名	职　务	任职时间
白楚珍	萧圣庙区区长	1944年10月—1948年6月
颜正非	萧圣庙区区长	1948年6月—1949年1月
张存正	萧圣庙区区长	1949年4月—1949年5月
刘树生	第九区区长	1945年9月—1946年12月
李秀峰	第十区区长	1945年9月—1946年12月
李秀峰	王判镇区区长	1946年12月—1947年4月
王晓忠	王判镇区区长	1947年5月—1948年5月
石振华	王判镇区区长	1948年5月—1948年10月
庞元吉	第十三区区长	1950年5月—1950年6月
李庆星	第十三区区长（代理）	1950年6月—1950年10月
李庆星	第十三区区长	1950年10月—1953年10月
巩振洪	第十三区区长	1953年10月—1954年9月
张存正	第十四区区长	1950年5月—1950年6月
郭克盛	第十四区区长（代理）	1950年6月—1953年2月
郭克盛	第十四区区长	1953年2月—1956年3月
郭芳芝	区长	1956年3月—1956年12月
孔庆俊	乡长	1956年12月—1958年2月

姓　名	职　务	任职时间
孙可兴	乡长	1958年2月—1958年9月
路培海	萧圣庙乡乡长	1956年12月—1958年2月
贾德成	崔寨乡乡长	1956年12月—1958年9月
孙可兴	公社社长	1958年9月—1961年12月
孙可兴	区长	1961年12月—1964年2月
宋金声	区长	1964年2月—1964年11月
高国禹	区长	1964年11月—1967年1月
陶永礼	区革命委员会主任	1967年3月—1969年3月
谢永祥	区革命委员会主任	1969年3月—1969年9月
谢永祥	公社革委会主任	1969年9月—1969年11月
赵向明	公社革委会主任	1969年11月—1971年3月
赵向明	公社革委会主任（兼）	1971年3月—1973年10月
高国禹	公社革委会主任	1973年10月—1976年9月
孙继先	公社革委会主任（兼）	1976年9月—1979年5月
陈振杰	公社革委会主任	1979年6月—1981年6月
熊永新	公社革委会主任	1981年6月—1984年5月
张登水	乡长	1984年5月—1989年11月
亓恒玉	乡长	1990年3月—1992年7月
朱云江	乡长	1992年7月—1995年1月
朱云江	镇长	1995年1月—1995年8月
李英俊	镇长（兼）	1995年9月—1998年2月
耿显民	镇长	1998年2月—1998年12月
张守尧	镇长	1999年1月—2001年4月
马克英	镇长	2001年5月—2003年1月
肖端奎	镇长	2003年1月—2004年3月
田洪健	镇长	2004年3月—2006年3月
王振刚	镇长	2006年2月—2007年1月
袁光新	镇长	2007年1月—2010年3月
孙传伟	镇长	2010年3月—2011年3月
李涛	镇长	2011年7月—2012年10月
姚先亮	镇长	2013年2月—2016年12月
卢勇	镇长	2016年12月—2020年12月
刘柏良	镇长	2021年12月—

附：联五乡

联五乡历任党组织领导一览

姓 名	职 务	任职时间
仇长清	联五公社党委书记	1971年12月—1978年12月
杨国胜	联五公社党委书记	1979年1月—1980年4月
王润环	联五公社党委书记	1980年4月—1982年11月
王惠英	联五公社党委书记	1982年11月—1984年5月
李吉堂	联五乡党委书记	1984年5月—1986年11月
张清坡	联五乡党委书记	1986年11月—1989年11月
郑天喜	联五乡党委书记	1989年11月—1990年9月
杨建兴	联五乡党委书记	1990年9月—1995年3月
张卫国	联五乡党委书记	1995年3月—2001年4月

联五乡历任行政负责人一览

姓 名	职 务	任职时间
仇长清	联五公社革委会主任（兼）	1971年1月—1978年12月
杨国胜	联五公社革委会主任（兼）	1979年1月—1979年5月
侯凤桐	联五公社革委会主任	1979年5月—1980年4月
王惠英	联五公社革委会主任	1980年4月—1982年11月
李寿星	联五公社革委会主任	1982年11月—1984年5月
朱希贵	联五乡乡长	1984年6月—1989年3月
郑天喜	联五乡乡长	1989年3月—1990年3月
孙所俭	联五乡乡长	1990年3月—1990年9月
康永彬	联五乡乡长	1990年9月—1993年1月
董延信	联五乡乡长	1993年1月—1995年9月
陈家泉	联五乡乡长	1995年9月—1998年2月
吴成增	联五乡乡长	1998年2月—2001年4月

撰稿：孔德智

姜楼村

JIANGLOUCUN

　　姜楼村，位于姜楼镇政府驻地东2公里处，东临彭屯村，南至姜楼镇老工业园区，西临兰家，北至刘冲还。截至2023年底，全村共有168户，约657人，村庄面积为0.45平方公里，全村有耕地约600亩。姜楼村的人多为教友，信奉天主教。有姜、江、崔、孟、李、郑、张、陈、尚、宋等姓，以姜、江姓居多，均为汉族。农业种植以小麦、玉米为主。

▶▶ 历史沿革

　　族谱记载，姜楼建村于康熙年间（1662—1722年），始祖姜元由河北省枣强县迁此立村。村以姓称，名姜家。至清末，美籍传教士到此传播天主教，建楼房，设教堂，此地也始有姜家楼之称。1985年建村委会时，因姜家有重名，遂以姜楼为村名。1949年新中国成立后，为惠民县第十四区。1951

年始，惠民地区第一速成师范设于此，1956 年行政区划调整时，曾改区为乡。1958年改姜楼乡为姜楼人民公社。1961年改姜楼公社为姜楼区。1968 年撤区为社，复名姜楼公社。1984年改姜楼公社为姜楼乡，乡政府亦驻此。每日有通往县城和滨州、济南的汽运客班经此。

▶▶ 文物古迹

教堂　尖尖的房顶、弯月形的小窗、浅蓝色的墙壁、红色的木质地板，一切都显得那么古朴而淡雅，透露出一种欧式的浪漫；温煦的阳光伴着和风吹卷着嫩绿色的柳条，应和着这座有着百年历史的教堂，柔情中不乏威严。姜楼天主堂作为姜楼镇一座地标性建筑，承载着姜家村500多口人的百年信仰。1983年5月被惠民县人民政府公布为第一批县级文物保护单位。

有诗单说姜楼天主堂：

> 白墙红瓦气势雄，虔徒攘攘钟磬鸣。
>
> 斋戒洗礼圣诞日，无限风光听诵经。

老槐树　距今已有140多年（教堂建设期间所种），树高10米左右，树干直径1米。它的树枝像不管怎样都伸不直一般，任由风吹过它那所剩无几的树叶。树皮也枯皱如老人的脸一般，仿佛随时都会倒掉。枝干虬曲苍劲，黑黑地缠满了岁月的皱纹，光看这枝干，好像早已枯死，但在这里伸展着悲怆的历史造型，就在这样的枝干中，猛地一下又涌出了那么多鲜活的生命，矫情而透明，顽强的生命流传至今。

□ 姜楼天主堂

▶▶ 烈士名录

● **江清元** 1900年生，惠民县姜楼镇姜家村人，1945年在姜家村被特务杀害，时任农会主任，1946年被追认为烈士。

▶▶ 村庄名人

● **姜涛** 1973年8月生，姜楼镇姜楼村人。现任省人大代表，惠民县人民医院副院长。硕士学位，毕业于滨州医学院。于1994年在惠民县人民医院工作至今。

▶▶ 特色产业

绳网 1974年，公社办磷肥厂、尼绒网厂、供销商店等分布于姜楼村南北大街两侧。1977年，公社又相继建立了农副产品加工厂、建筑公司。1986年220国道通车后，姜、彭两村瞅准开放的机会，在公路两边盖起了各式楼房，进行经商发展经济。全村经济每年总收入约5000万元，人均纯收入达12000元左右。绳网销售占全村经济收入45%左右，个体经营占35%左右，打工收入占15%左右，种植收入占5%左右。现在村内经济个体经营居多，又以化纤绳网加工销售等为主导产业，给村内提供了更多的就业岗位，增加了居民收入。

集市 1963至1965年，"文革"时期集贸市场被限制，全县曾规定十天一集，后改为全县集日统一为一、六。责任制后，集贸市场日趋活跃，姜楼固定农历逢五排十大集，延续至今，贸易繁荣。

▶▶ 历史记忆

姜楼镇天主教堂是山东黄河河务局位于农村的最后一处旧址。河务局成立之初驻蒲台县城，后根据革命形势和治黄工作的发展变化多次辗转。1949年3月25日，由滨县山柳杜村迁至惠民县姜家楼天主教

□ 山东黄河河务局旧址题记

堂院。1950年4月6日，河务局从姜楼天主教堂迁往济南市经五路小纬四路46号办公。在天主教堂办公时间共为1年零11天，时间虽短，但成就卓著。其间，时任山东黄河河务局局长是江衍坤，副局长兼党委书记钱正英等第一代治黄元勋成功地组织了迎战洪水的艰苦斗争。

▶▶ 教育事业

1926年天主教在姜楼村创办育英学校，后来附设中学班。1972年村内集资在姜楼村西南角建立新校。学校占地约700平方米，设有一至五年级，每个年级一个班，每个班10人左右，全校最多时共有60名学生。当时教师有胡清玉、董延亮、赵春荣、姜连光、刘明英、郑宝玉等人。1986年，旧址姜楼村小学学校卖出，学生均迁入老中心小学。

1974年由姜楼村、彭家村出地皮，周围各村赞助物资、资金、人力，共同建立了新的校区（现已改建幸福家苑小区），占地约6000平方米。在乡政府的支持下，1975年新校区开始招生，小学最多设有7个班级，四、五年级各有2个班级，一、二、三年级各1个班级，全校学生300~400人。公办教师有张立功、徐召平、赵敬辉、寇佃义、张万峰（曾任校长）等26人。1998年学校搬入姜楼村东北角中心小学（现姜楼镇党校）。

2007年12月姜楼镇明德小学竣工，由台塑集团捐资45万元，镇政府配套45万元，教委筹资90万元建成面积2100平方米明德教学楼一幢，投入使用至今，校址位于姜楼村西北角。

▶▶ 村庄发展

第二次鸦片战争后，随着八国联军的入侵，西方传教士来到中国，在各地建教堂、收教徒，利用教会向贫穷的农民施舍一些衣物食品，很多艰难度日的人士便加入了天主教成了信徒。信徒们四处奔走宣传，四乡不少人便相继加入。姜家村北四里远的河沟崔、西南边的黄新庄、李庄镇的大孟家等都是教友集散地。

后来因为外国神父在姜家修了教堂，又修了东院、西院两座楼，从此就叫起了"姜家楼"。改称"姜楼"，是新中国成立后集体化，人民公社时期的事，是姜楼公社的机关驻地，是人民政府办公的地方，称"姜楼人民公社"。

公社化时期，东楼、西楼是公社政府办公的所在地，是姜楼人民公社的政治中心，是人民办理事务、召开会议的地方。

1960年前后，村南开了一条东西河道，当时叫一干沟。那时还都是庄稼地，公社化时在一干沟的南边路西修起了拖拉机站。

通水 1978年前，村内有一口甜水井，村民用水挑着水桶挑或抬水。1978年后村民姜秀文，自己投资，为全村安装地下水井（压水机井），从此村民开始喝上地下水井的水。2012年，经县镇统一安排，全村开始安装了黄河水自来水。

通电 1978年，姜楼村当时为姜楼镇镇办驻地（变压器设于铁木厂），姜楼村成为姜楼镇第一

□ 2023年沥青、柏油公路

个全村通电的村庄，家家户户有电灯，明亮又卫生，结束了灯火昏暗且不卫生的煤油、蜡烛照明的历史。电力事业的发展，带动了全村的经济发展，电视机开始进入农家。电力省劲又方便，电冰箱、电空调，电动车等也随之进入千家万户。2000年后，电脑、小灵通电话的出现，村民开始用上高科技电子产品。农民的日常生活标准，逐步朝着城市化发展，电成为农村经济发展的主要动力。

道路住宅 新中国成立初至1970年，村内农民住宅多为砖基、土墙、草顶上覆泥土的传统式住宅，地势坑洼路窄。只有少数公共场所为砖瓦房。1985年，村内实行宅基计划，村街道开始展宽，传统式住宅被新式住宅所替，多为砖木、砖石混合结构。1986年后随着220国道，解陈路相继铺成沥青路通车，村内南北路上也铺上柏油路，2011年后，全村各条道路均铺成柏油路。

拖拉机站周边成了开发区，220国道两边高楼耸立，厂房如林。处处起工厂，机器隆隆响，街上车来往，建起绳网门市部，货栈装运忙，商肆相连，再无旧模样。

现在的姜楼街两纵四横，街道整齐，楼房新奇，商铺繁荣，买卖兴旺，家家有商道，户户有汽车，人人当老板，个个像外商。

▶▶ **村干部任职情况**

历任村党支部书记一览

姓　名	任职时间
姜连峰	1973—1980
姜义魁	1980—1985
姜连峰	1985—1989
孟凡明	1989—1995
江连明	1995—2004
姜义柱	2004—2010
姜贻田	2010—2014
姜义柱	2014—2017
王秀英	2017—

历任村行政负责人一览

姓　名	任职时间
李玉清	1973—1989
姜秀君	1989—1995
李吉义	1995—1998
姜连湖	1998—2004
孟凡生	2004—2010
姜连尧	2010—2018

撰稿：王　倩

□ 刘冲还村航拍图

刘冲还村

LIUCHONGHUANCUN

　　刘冲还村距姜楼镇政府驻地西北2公里，北距徒骇河5公里，东距县道解陈路1公里，西距幸福河2公里。截至2023年底，全村98户，694人，全部为汉族，姓氏有赵、刘、张、王、车、朱，其中赵、刘为大姓，赵姓为主。耕地1450亩，主产小麦、棉花、大豆、花生、玉米等。本村特产香椿芽，自古本村先民们习惯栽植经济树种香椿林，每年香椿芽盛产季，周围邻近市场销售者，本村占大半。

▶▶ 历史沿革

　　据县志史料所载，明成化年间（1465—1487年），赵、刘两姓始祖由河北省枣强县迁此立村，刘姓始祖（名失考）在此立村刘家、赵姓始祖在此立村赵家，后因村中立有集市遂更名为"赵家集"。至明朝末年，刘家村出一壮士名讳"刘冲"，高中"武举"。在一次大战中，武举刘冲血洒疆场，为国尽忠。据传，刘冲殉难时被敌人枭首带走了头颅，由于身首异处，无法下葬，众乡邻即佩以金首让英雄入土为安。为祈祷武举刘冲之亡魂早日回归家乡，从此刘、赵两村合二为一，并冠以"刘冲还家"为村名。

新中国成立前后至1961年，本村隶属于姜家楼区兰家公社。

1969年至1984年，本村隶属姜楼公社牛家管理区。

1984年至1995年，本村隶属姜楼乡牛家办事处。

1994年姜楼乡撤乡建镇，本村隶属姜楼镇牛家办事处。

2001年联五乡与姜楼镇合并，本村隶属姜楼镇牛家社区。

▶▶ 文物古迹

至于村庄古迹，就是作为第一所村办学校使用的古庙宇，只是限于当时条件没能留下图样，现已被纵向穿过的水泥街道覆盖了原地基。蔚为壮观的"围子墙"现在已被新式房屋地基所掩盖，没能留下图片痕迹。众所周知的刘冲墓不知是先民们确实因佩金安葬刘冲，又惧怕墓穴遭迫害故意隐蔽其踪迹，抑或是刘冲墓已被盗墓者破坏，现在也没留下痕迹。提起刘冲墓，据传在新中国成立前社会动荡的年代，不少坏人打过寻找刘冲金头发财的主意，到处掘地寻找过他的墓穴，究竟得逞没有后人不得而知，也只是作为一个传说流传下来。

▶▶ 烈士名录

● **刘心义** 生于1911年，1941年入伍，鲁北支队三大队战士，曾任连长之职。1956年追记烈士。

● **赵尚武** 生于1923年，1945年6月入伍，人民解放军二军四师十一团二营战士，任部队文化教员之职，1951年9月牺牲于新疆。

▶▶ 村庄名人

● **赵文惠** 中共党员，生于1928年，逝于2017年。1945年参加革命工作，1948年曾参加淮海战役、渡江战役，转入地方，历任万县市委青年工作委员会副书记、市委财政贸易部部长，西藏昌都地区洛隆县、芒康县常务副县长、万县地区财政局副局长等职，1988年离休。

● **王学锋** 女，1963年9月生。1986年1月加入中国共产党。在职研究生学历。历任滨州职业学院建筑艺术系副主任、工业工程系副主任、轻纺化工学院院长、成人教育学院党总支书记等职务，获第七届全国五好文明家庭、滨州市第二届道德模范等荣誉，并多次获得滨州市优秀党员、滨州市优秀教育工作者等称号。

▶▶ 教育卫生

教育　新中国成立前本村第一所学校诞生，因陋就简利用位于村中央的三间古庙办起学堂，生源来源于本村及周邻各村，仅能容纳30多位学生。王佃伍（王和普村）、王玉堂（田家集村）两位老师曾先后在此任教。

新中国成立以后，利用当时位居村西北方、被斗地主刘明兰的宅院作为第二所学校使用，当时能容纳本村及邻村五六十位学生在此就读，王玉堂、赵希诚、孟祥喜老师先后在此任教。1964年以后，人口增长迅速，光本村学生就达100多人，连同邻村当时学生人数多达一百二三十人，于是，刘冲还与小赵家两村联合出资出力，在村子中部距古庙西部不远的路南空场，建成第三所土木结构学校，当时有北屋7间，南屋3间，西屋2间，供小学一至五年级使用。孟祥喜、崔振言、宋全胜、路宗河、赵纯荣、齐光武等老师先后在此任教。1997年以后，村民赵在峰捐款10万元建了本村的第四所学校，砖石水泥结构，坐北向南、东西排列、一排10间，坐落在村东南方位（现今的幸福院前身），供本村与小赵两村七八十位学生，小学一至四年级使用。齐光武、路宗河两位老师在此任教。本村有两位民办教师工作多年。2000年，本村学生并入牛家社区小学，至此，刘冲还村村办教育中断。刘宝银，民办教师，在本村小学任教近30年，多次获上级表彰或奖励。赵在信，1953年参加工作（公办教师），1960年因家庭情况转为民办教师，工作至2000年退休。

医药卫生　本村卫生室有两位赤脚医生。赵敬关，1960年以后在牛家开办诊所从事医疗服务工作。1967年以后，负责牛家片防保工作，兼职本村赤脚医生。1995年，通过省级考核，职称晋升为"中医

□ 刘冲还村卫生室

师"，在职43年。张玉堂，1975年在本村任赤脚医生，服务3年后于1978年因参军入伍而离职。

▶▶ 村庄发展

现在刘冲还村，早已旧貌换新颜。低矮的土平房，逐步换成了土瓦房、砖瓦房、小楼房。1982年位于村西北角的刘宝珍家（现在刘善忠家）盖起了本村第一座砖瓦房，丈二的房梁，一排四间宽敞明亮，令众人羡慕不已。1984年，全村都通了电，当电灯亮起的第一天晚上，大队部雇来电影队以示庆贺。1998年左右，村民们自发捐款铺设自来水管道到达各户，结束了在井沿排队担水喝的历史。2010年以后随着李庄水库的建成，甘

□ "应善良路"路碑

甜的黄河水又输送到各户，淘汰掉了自发安装的地下自来水，令村民的身体健康有了更好的保障。

2015年，村民们又自发捐款修街铺道使村中大街、小巷全部硬化，那种"晴天路过尘飞扬，阴雨水滑满街泥"的景象已成为历史。经过村前的柏油路，贯通县道解陈路与省道大济路，成为现今东西交通大动脉，为人们出行带来极大便利。省直下派干部赵维宝书记于2017—2019年驻村三年，村前村后全部铺上了水泥路，与村内已硬化的街道连为一体、四通八达，条条街道整洁划一；一座座危桥换成了新桥，并打通了本村往南与镇政府驻地的连接，也就是现在的"应善良路"，为本村及邻村上班族提供了极大的方便。便利的交通使本村土地几乎尽数流转承包出去，令村民们专心上班、打工、经商。闲置下来的学校，建设成为全镇罕有的"幸福院"，旁边配有卫生室，集休闲、健身、娱乐、医疗保健为一体，成了欢度晚年的"宝地"。村前柏油路拓宽、绿化、美化多措并举，命名为"樱花路"。每年春季，道路两旁樱花盛开时节，花香四溢、沁人心脾、嗡嗡的小蜜蜂成群结队、奏响春天的乐章。

▶▶ **村干部任职情况**

历任村党支部书记一览

姓　名	任职时间
赵敬让	1953—1975
王光彩	1975—1980
赵敬岐	1980—1993
赵在禄	1993—1994
赵敬悦	1994—1997
赵凤明	1997—2005
赵敬喜	2005—2007
赵敬仁	2007—

历任村行政负责人一览

姓　名	任职时间
赵凤迪	1953—1975
杨淑英	1975—1980
赵凤明	1980—1994
赵凤明	1993—1994
赵天福	1994—2001
赵敬栋	2001—2004
赵宗玉	2004—2007
车新利	2007—2010
赵宗顺	2010—2018
赵敬玉	2018—2018

撰稿：赵宗勇

□ 联五赵村俯瞰图

联五赵村
LIANWUZHAOCUN

联五赵村原名常孙赵，亦称赵家。位于姜楼镇人民政府驻地以西5.8公里处。2023年底，村民365户，1234人，耕地3202亩。以农业为主，主产小麦、玉米、花生，配有运输产业和养殖业，有赵、王、姚、李、刘等姓氏，以赵姓人口居多，全村都为汉族人。

▶▶ 历史沿革

相传，明朝年间（1368—1644年），赵姓始祖（名失考）由河北省枣强县迁此立村，因与邻村常孙贾联名，故称常孙赵。清道光年间，又有郝、于、梁三村均名冠"常孙"二字，遂联合成5个村，称为联五村，取其中单一个"赵"字，称联五赵，惯称赵家。1985年建村民委员会时，因赵家重名，复名联五赵。新中国成立前后曾隶属惠民县第十四区。1956—1971年，先后属姜楼区、姜楼公社。1971年全县调整公社规模时，由姜楼公社析置联五公社。1984年联五公社改联五乡。2001年3月联五乡与姜楼镇合并，属姜楼镇联五社区。在2021年后更名为联五新村。

▶▶ 烈士名录

● **刘美坦**　1915年生，1945年参加革命，惠济商三边县大队地下工作者。1946年，在仁凤战斗打响之前，刘美坦秘密给当地解放军部队送情报，被敌人发现后，当地敌对武装势力把刘美坦逮捕。刘美坦在遭受敌人酷刑折磨后，始终没有屈服，气急败坏的敌人将刘美坦活埋于八大户村，时年31岁。

● **刘美松**　1925年生，是刘美坦烈士的亲弟弟。刘美坦烈士牺牲后，烈士唯一的亲弟弟刘美松继承烈士遗志，不畏牺牲，勇于报名参加了商河战斗支前大队。1946年解放商河战斗打响，刘美松负责抬担架运送伤员，在寻找伤员时，遭枪击牺牲，时年21岁。

▶▶ 村庄名人

● **刘丙海**　1964年1月生。历任魏集镇党委副书记、镇长、党委书记；县水利局党委书记、局长，水务局局长；县经济开发区党工委委员、管委会副主任；县政府党组成员、副县长；县委常委、政法委书记、二级调研员等职。从2022年5月起任惠民县关工委常务副主任。2024年1月退休。

▶▶ 特色产业

家庭牧场肉牛养殖　村内肉牛养殖产业兴盛，养牛户超过10户，肉牛超过100头，主要养殖鲁西黄牛，该品种主要产于山东省西南部的菏泽和济宁两地区，北自黄河，南至黄河中道，东至运河两岸的三角地带。家庭牧场以农户家庭为基本生产单位，以家庭成员为主要劳动力，自主进行养殖生产经营。鲁西黄牛特点是体躯丰满、增重快、饲料利用率高、产肉性能好、肉质口感好。肉牛不仅为人们提供肉用品，还为人们提供其他副食品，肉牛养殖的前景广阔。

种鸡、肉食鸭养殖　2019年秋，益生种鸡养殖场在联五赵村南投资1000万余元，建设种鸡养殖场，占地56亩。2020年建设完成投产，解决了当地50

余人的就业问题。养鸭子是一项广泛应用于农村和农场的养殖业，鸭肉和鸭蛋都是受欢迎的食品，而且鸭子对环境适应性强、繁殖力强，是理想的家禽养殖项目。2018年，联五赵村村民赵峰看中了鸭子的经济效益，开始肉食鸭养殖，到现如今鸭子已超过5000只。

□ 联五赵村肉牛养殖

货车运输 姜楼绳网产业发达，公路货物运输需求量多和运输量大。联五赵村年轻劳动力多，在新冠肺炎疫情之前，货车保有量超过40辆，现在仍有30余辆，这些货车司机常年往返于湖南、河南、陕西等地，经济效益较为可观。

▶▶ 文教卫生

教育 1960年，创建联五乡第一所小学和初中，公办性质，旧址位于联五赵西数第三条南北公路，设有一至七年级，配备19名教师，学生200人左右，校舍20余间，主要教师有王凤龙、孟祥宝、张振会、崔方希等，联五乡初中生都到联五赵上学。1978年，学校搬迁到刘官庄村。

文化 自20世纪50年代开始，联五赵形成了打鼓秧歌队，走乡串村表演，老艺人众多，打拳、敲鼓、扭秧歌兴盛一时，直到现在仍旧活跃在姜楼镇，代表联五赵参加各项演出活动。

医药卫生 1975年，创建联五乡第一所卫生室，医生有丁汉臣、高代山、孔庆荣。在当时医疗保障水平相对较低的农村，为村民提供了基本的医疗服务，例如，一些轻微的创口简单处理、突发情况下的急救，切实为村民提供了基本的健康服务，为村民带来了实实在在的获得感。2014年建立现联五赵卫生诊所。

▶▶ 村庄发展

1985年，村内开始通电，村民开始使用电灯泡，结束了用油灯照明的历史。

1985年，村民赵长田购置全村第一台彩色电视机。

2006年，建成以联五赵村为中心的高标准"林粮间作示范方"。

2007年，全村开始接入自来水，由水利局出资，从村北地打的机井，现已全部改用自来水。

2009年，村内开始修建油漆路面，建设资金为每个户的社员人均300元集资，还有一部分为公路局和水利局出资，共同筹措了联五赵公路的资金。赵希明、姚崇强等村民自发捐款帮助村内修路。

2018年，完成了高速绿色通道补植和林相调整。严密监测杨尺蠖、美国白蛾疫情，成功申报为滨州市森林村居。

▶▶ 村干部任职情况

历任村党支部书记一览

姓　名	任职时间
姚振金	1949—1952
刘景明	1952—1976
刘景明	1976—1997
刘景明	1997—2009
刘景明	2009—2012
刘景明	2012—2015
赵希军	2015—2018
姚崇强	2018—2021
寇尚国	2021—

历任村行政负责人一览

姓　名	任职时间
姚振汉	1949—1952

姓　名	任职时间
姚振金	1952—1976
王庆乐	1976—1997
王庆福	1997—2009
赵　军	2009—2012
刘如亮	2012—2015
赵龙柱	2015—2018

撰稿：王志远

□ 双井路村航拍图

双井路村
SHUANGJINGLUCUN

双井路村，位于姜楼镇政府驻地以东5.6公里处，东与李庄镇境毗连，南邻菜园李村，北邻油坊路村。属于王判联村。截至2023年底，全村共117户，490人，耕地860亩，农业以种植玉米、小麦为主，绳网产业为辅，全村以路姓为主，都为汉族人。

▶▶ 历史沿革

相传，明永乐年间（1403—1424年），始祖路居义由河北枣强县迁此立村。村南侧有相距5米许的两眼水井，便取名双井路村。路居义扎根于此，勤苦劳作，修宅筑屋，繁衍生息。荒田变绿，屋舍俨然，人口日盛。

双井路村，1929年属于九区三皇庙乡，1950年前后属于姜楼区；1969年属于姜楼公社；1971年12月，全县13个公社分为21个公社，仍属于姜楼公社；1984年属于姜楼乡管辖；1994年12月属于姜楼镇管辖。2001年，联五乡与姜楼镇合并，仍属姜楼镇管辖。

▶▶ 文物古迹

　　双井路村，庄形恰似一只凤凰，西南为凤头，东北为凤尾，凤身左侧是一个大水塘，水面开阔，名为凤池。凤池的东南侧，便是两眼井。两井一南一北，井水甘醇，别无二致，是村人的饮水之源。直至今日，外乡人不了解实情，误传一井甜水，一井苦水。双井乃是村人生命之源，

□ 双井路村风景古迹

爱井护井是村人职责。村内每年都要淘井，以保持井水清澈；或者修茸井沿四周，砌石垒砖，以便村人挑水吃水。凤池周围杨柳婆娑，绿树成荫，风景如画。

▶▶ 烈士名录

　　● 路佃武　1910年生，1946年入伍，服役于惠民县姜楼镇区中队，于1947年病故于双井路村，1946年区人民政府追认为烈士。
　　● 路成才　1923年生，1947年入伍，服役于西北野战军，1948年在陕西牺牲。

▶▶ 村庄名人

　　● 路孝友　1941年10月生。1970年担任村党支部书记，带领全村群众改土治水，发展工副业，推动了全村两个文明建设。1988、1994年获"山东省优秀共产党员"称号。

▶▶ 特色产业

　　改革开放的年代里，双井路村人曾经艰苦创业，共同建设了丙纶加工

厂、面粉加工厂，成为惠民县艰苦创业先进典型。后集体经济亏损，丙纶厂和面粉厂相继关闭。之后，路佃勇、路洪光、路传文、路传双、路传全、路洪建等先后办起了绳网加工厂，他们不断开阔思路、扩大规模，工厂从村里办到了镇上，产品远销全国各地，效益相当可观。他们吸引本村以及周边村庄的广大村民入厂工作，不但富裕了

□ 丙纶厂旧址

自己，也富裕了众人；他们与时俱进，不断更新办厂理念，扩充工厂设备，提高生产效率，提高经济效益，带动、促进了全镇的经济发展。

▶▶ 教育卫生

1962年创建双井路小学，殷成文任教师，设一至五年级，共有学生150余名，使本村文盲率大大降低。2008年因教育改革，学校统一集中到三皇庙红星小学上学，双井路小学由此取消。

1975年建立村卫生室，路洪九退伍后担任赤脚医生，为村民提供了基本的医疗服务，后因创建合作医疗，卫生室归到刘盘石村。

▶▶ 村庄发展

1986年，村内开始通电，村民开始使用电灯泡，结束了用油灯照明的历史。

2006年，全村开始接入自来水，再也不用肩膀挑水吃。

2014年，村民集资近20万元在村中修建公路。改变了村里的路况，没有了"晴天一身土，雨天两脚泥"的状况，使村民的出行更加顺畅便利，为电车、汽车等机动车的顺利出行提供了更加便利的条件。

▶▶ 村干部任职情况

历任村党支部书记一览

姓　名	任职时间
路孝友	1973—1994

姓　名	任职时间
路美忠	1995—1999
路恩仁	2000—2014
路洪强	2015—2017
路洪勇	2018—

历任村行政负责人一览

姓　名	任职时间
路孝友	1973—1994
路美忠	1995—1999
路恩仁	2000—2014
路洪强	2015—2018

撰稿：孙　波

□ 张八村航拍图

张八村
ZHANGBACUN

张八村位于姜楼镇政府驻地东北部3公里处，西与萧圣庙村搭界，东临解陈路，南与刘冲还村、北与王家集村接壤。截至2023年底，全村有村民158户，590人，土地总面积2200亩。有张、田、周、李、宋等姓氏，以张、田姓氏人口居多，均为汉族。主产小麦、玉米、大豆、花生。

▶▶ 历史沿革

相传，明朝永乐年间（1403—1424年），始祖张昊明自河北枣强县迁至此地，因张昊明先祖在家排行第八，故命名此村为张八村。现张八村土地肥沃，地势平坦，主要种植小麦、玉米等粮食作物。之前张八村环境恶劣，村北是一望无际的流沙岗，沙岗子到1986年还在。

张八村1958年隶属姜楼公社车集管理区，1984年隶属姜楼乡王集管理区，1995年隶属姜楼镇王集办事处，2018年隶属姜楼镇王集社区，2021年隶属姜楼镇王集新村。

▶▶ 文物古迹

张八村八路军烈士冢　在张八村北侧，有一处坟茔，原来的坟随着岁月流逝变得很小，且杂草丛生，这里埋葬的是八路军过姜楼时在张八村遭遇战中壮烈牺牲的20名烈士。2020年被山东省文化和旅游厅公布为山东省第一批革命文物名录，2023年11月滨州市文化和旅游局重新修筑。

1941年8月9日，八路军一一五师十七团在张八村与敌人发生了战斗。八路军战士边打边撤，在姜楼镇张八村北的树林沙岗子内和日伪军展开了激烈的战斗。敌人用机枪、小炮向我军进攻，八路军战士英勇还击，双方激战了3个多小时。张八村一战20多名八路军指战员为国捐躯。

▶▶ 烈士名录

● **秦在田**　济阳县太平村人，1938年8月参加革命，10月冀鲁边区抗日军政干校结业后加入中国共产党，任警备队大队长。1939年10月参与组建、发展济阳县第一支县大队，秦在田任县大队指导员，后部队接受改编至鲁北支队第二队。对外编称教导六旅十七团，秦在田任十七团三营连指导员。曾参加过毛旺庄战斗、夹河突围战等，在张八村遭遇战中英勇牺牲，年仅28岁。

▶▶ 教育卫生

教育　新中国成立以后，村里学校是原地主张明敬家里的一个小院，5个房间，陆续有10位老师教学，分别是纪华村和成连辉、宋全胜和张凤秀、张明功和张祖俊、成福忠和田宝银，

□ 张八村烈士冢

全是公办老师，后来有两个民办老师张德海和张永勤。学校一直保持着两个老师教学，当时学生用3个教室，设一至五年级，一年级用一个教室，二至三年级用一个教室，四至五年级用一个教室，除1年级外都是复式教学。1978年，村里学生越来越多，学校搬到了村东，新学校是由村集体出资建成，占地面积800平方米，建有5个房间，设一至三年级，当时陆续有6位老师教学，分别是牛振军和王文亮，张祖俊和张德海、宋德胜和史德坤，其中张德海是民办老师，也是一直保持着两个老师教学。1998年设幼儿园（时称育红班），代课的是民办老师刘贵平。2000年之后，由于村内适龄儿童减少，经教育系统整合，张八小学合并到王集小学。

医疗卫生 本村卫生室建立后，李军华（原名李德金）任赤脚医生，他18岁就开始在舅舅身边看诊学习、临床应用。后又在王判镇医院临床专业学习，于1989年取得了乡村医生业务技术资格证，开始在村里行医，把脉问诊。2008年医药卫生系统改革后村卫生室撤销，村里群众多去邻村萧圣庙卫生室就医。

▶▶ 村庄发展

1972年，公社领导和村干部商议对1600余亩农田进行方田规划，方田内挖了5条比较大的灌溉沟，其中东西4条，南北1条，以及众多条小排水渠，解决了土地碎片化问题，从而提高农业生产效率。2016年，又把刘冲还村北、张八村南的2000余亩方田间土路修成混凝土路，加宽沟渠、修葺过水桥。村民高兴地说："河里水大了，浇地不用愁了，政府给咱挖沟修路架桥，这片地以后真是旱涝保收了。"

通水 2003年村里捐款安装了用电抽地下水的自来水，比起原来用扁担到村边水井挑水减轻了劳动强度，特别是方便了老年人；2013年李庄镇兴修惠民县南部水库，经县镇统一安排，引水管到村，安装机械式水表、铸铁水龙头，群众喝上了黄河水；2020年换水表、主管道；2023年惠民县政府为农村实施自来水"千村万户"入户工程，补贴"村村通"统一更换磁卡式水表、PEN管道，水质得到提升。

通电 1987年，张八村开始通电，实现了家家户户有电灯，当时第一个变压器室在村西，安装50KWA变压器，120户全部接线通电表入户。后经多次改造提升，村里现有村东、村西、村中三个变压器，负载能力提高到150kWA。

通路 2015年，村内修建混凝土路，改变了"雨天出门一身泥"的状况。现在村里家家拥有小轿车、电动车等，出行很方便。

▶▶ 风土民情

　　1984年，张八村东有一个大广场，每逢过完年都会有文艺演出，主要是大秧歌、旱船等。村里男女老少都会去，整个广场一圈围满了人。

□ 非遗文化（跑旱船）

　　大秧歌分两队在乐队指挥下有节奏地行进，每项前有一花伞为领队，一黑伞为总指挥。跑剪子股、簸箩口，该项目大村小村都可组织，人多人少都可进行表演，所以普及面广。领队是一把花伞，手拿牛骨摇板，舞到高潮，两腿一蹲，花伞飞转，摇板响个不住。鼓手鼓点敲得很有节奏，敲一上午也不说累，打锣的震得心慌。一进场有花枪队打场子。耍枪的把花枪掷向天空，高得看不到，落下来双手接住。耍叉的光着脊梁，叉在手里，上下翻飞，放着刺眼的寒光。还有丑角扮的骑驴老婆，也有拿着鸟笼子、文明棍、长袍礼帽墨镜的，有人扮的"老姜背老婆"诙谐有趣，他扮成老婆，胸前是一个大葫芦，画上脸谱是男人的脑袋，背后扎的小脚，像背着女人。他到哪儿都引得人们的眼球围着他转。

　　从一开始是各村逐个表演，交情不错的、邻村、亲戚多的、关系好的发通知，几日去慰问演出，也有的村下请帖，邀请到他村表演。受到慰问的村子则组成接待团，敲锣打鼓地欢迎接待，礼物有花生、糖块。

　　旱船是张八村传统民俗舞蹈艺术形式之一，这是一种模拟水中行船的民间舞蹈。"旱船"是依照船的外观形状制成的木架子。在这种船形木架周围，围缀上绘有水纹的棉布裙或是海蓝色的棉布裙。在船的上面，装饰以红绸、纸花，有的地方还装有彩灯、明镜和其他装饰物，把这只或者十几只船装饰得艳丽不凡。"旱船"自然是陆地上的船。乘船者一般是一个人，有时也有双人、四人甚至七人共同乘用一只船的。乘船者所表现的多是姑娘结婚、媳妇走娘家等，也有扮演其他人物的。

历任村党支部书记一览

姓　名	任职时间
张祖香	1971—1972
张祖友	1973—1975
张永勤	1976—1977
张祖香	1978—2005
张祖冰	2006—2014
张义文	2015—2018
田广荣	2018—2021
田广荣	2021—

历任村行政负责人一览

姓　名	任职时间
周成立	1949—1955
张连奎	1949—1955
张传盛	1956—1963
张明忠	1964—1967
张德珍	1968—1986
张振东	1987—2005
张广国	2006—2014
张永宝	2015—2018

撰稿：张存福　纪秀刚

□ 杨柳庄村航拍图

杨柳庄村
YANGLIUZHUANGCUN

　　杨柳庄村，位于姜楼镇政府驻地西北方向。截至2023年底，全村有203户，常住人口760人，总耕地面积1300亩，本村坐落于幸福河西岸，西距大济路1000余米，南邻幸福胡，北邻坡刘村。主产小麦、玉米、棉花，年人均经济收入2万~3万元。有张、刘、王、宋、孔、韩、梁、陈、李、展等10余个姓氏，以张姓人口居多，村民均为汉族。

▶▶ 历史沿革

　　根据本村几大家族的族谱记载与描述，本村的由来是，明朝洪武年间（1368—1398年）由河北省枣强县人杨姓（名失考）迁移落户命名的。他是由于家乡遭荒，带着两个孩子和妻子一路沿途乞讨，落难到此。第二个来落户的是一李姓（名失考）难民，也是河北省枣强人。二人商议定村名为杨李庄。

至清朝光绪年间，县衙的银两账上把杨李庄误写为杨柳庄，遂沿用此名。现杨、李两姓均已绝嗣，而村民仍称杨柳庄。新中国成立后，杨柳庄原属姜楼公社。1971年12月全县13个公社改为21个公社后，属联五公社管辖。1984年，联五公社改名为联五乡，属联五乡管辖。到2001年3月，联五乡合并到姜楼镇，属姜楼镇管辖。2021年村两委换届选举后，杨柳庄隶属于姜楼镇季庄联村。

▶▶ 文物古迹

村子东部有一棵槐树，据老一辈讲得有百年的历史，现依旧苍劲挺拔、枝繁叶茂，高约8米，树干直径约有2米，覆盖面积约23平方米。

另据老年人讲述，村西部原先有土地庙一座，在"破四旧"时期遭到破坏，后年久失修，原来的遗址已消磨殆尽。村内族谱对这座庙宇也无记载。村内有几位高龄老人还记得土庙当年的位置。

□杨柳庄村百年老槐树

▶▶ 特色产业

自建村以来，由于地处风沙地带，缺乏水源灌溉，人们习惯以种植花生、大豆、西瓜等农作物为主。有一部分土地为了防风固土、抑制沙尘，从而种植名为柳叉和棉柳的树木，又增加了经济收入。柳叉可以砍来加工成打麦场使用的木杈，棉柳是每年到夏天入伏时节，把柳枝条子削下来，剥去皮，卖给周边的商户，进行工艺品加工，以此增收创收。该项目直到1980年，土地包产到户后不再有此类树木的种植。

土地包产到户责任制以后，沟渠、路基设施得以极大改善，人们的种植习惯有了较大调整，广大村民现在以种植玉米、小麦、花生、西瓜为主。

▶▶ 教育卫生

教育 新中国成立前杨柳庄村解放前没有私塾。新中国成立后，50年代村集体在村西创立杨柳庄村小学。1989年村两委迁址建立新的村小学，有教师办公室、教师宿舍共10间，校园面积2200平方米，招收中低年级学生，还接纳过坡刘村的学生。在校生一度超过100人，在此工作过的老师有宋全生、刘延平、王庆德，还有高宗亮、于世民夫妇，民办教师有刘延岭、姚秀云等。建校初期为完全小学，2000年村小学合并到季庄中心小学，杨柳庄村小学的使命结束。

医药卫生 村内原先没有卫生室。20世纪70年代开始，刘延杰、李敬明等为代表的赤脚医生为村民提供医疗卫生服务，解决了村民最基本的看病难、拿药难问题。1996年在张洪朋的积极筹办下，成立了杨柳庄村卫生室，更加便利了村民的医疗需求。

▶▶ 村庄发展

随着人们的经济条件日益提高，生活也越来越好。20世纪70年代村集体购买了第一辆拖拉机，进行运肥、拉庄稼、耕地等农田作业，分田到户后卖掉了。1978年，村里通了电，人们终于不再用煤油灯照明。1984年梁克方置办了村内第一台14寸黑白电视机。以前村里喝的是地下水，用的是压水机取水。2011年，村民集资，家家都安装了自来水，喝上了净化后的黄河水，摆脱了以前祖祖辈辈喝地下水的习惯。2013年，村委出资，加上级补助，在不收取村民一分钱的情况下，村里修了9条水泥路，巷道也已铺砖硬化，村民不再在雨后泥泞的道路上行走，街上全部安装了路灯，修建了一个1200平方米的健身广场，健身器材十几种，有篮球架、乒乓球台等，村民茶余饭后有了健身的好去处。

随着改革开放，国家政策越来越好，村民在土地种植、外出务工、绳网加工等领域都取得了不错的收益，人们的腰包也越来越鼓，村里又陆续安装净水机一台，使人们在饮水方面又有了更安全的保障。现在，杨柳庄已不再是以前那种单纯以种地收入为主的纯农业村庄，随着各种产业的兴起，村民的收入越来越高。

▶▶ 村干部任职情况

历任村党支部书记一览

姓　名	任职时间
成兴河	50—60年代
张清茂	60年代

姓　名	任职时间
王玉珍	60年代
刘松堂	60年代—1977
梁克祥	1978—1979
宋文宝	1980—1980
张进会	1981—2021
韩丙强	2021—

历任村行政负责人一览

姓　名	任职时间
安全仁	50—60年代
王玉珍	60年代
梁克方	60年代
王玉珍	60年代—1977
刘继俊	1978—1979
张进会	1980—1980
韩丙金	1981—1997
宋文玉	1998—2006
张金会	2006—2018

撰稿：韩丙强　李红星

□ 楼子冯村航拍图

楼子冯村
LOUZIFENGCUN

　　楼子冯村位于姜楼镇政府驻地北侧5公里处，东临苏家村，西临陈吉彦村，南临北侯村，幸福河在村西北呈西南—东北方向顺流而过。截至2023年底，全村120余户，人口540人，均为汉族。村有土地1100余亩，其中耕地900余亩，主要种植玉米、小麦、花生、大豆、圆葱等。村里居民以冯、李、张等姓为主，其中冯、李姓人口居多。

▶▶ 历史沿革

　　明洪武年间（1368—1398年），始祖冯上银由河北省枣强县迁此立村，因村旁有一棵大柳树，故名高柳村。在一次黄河决口时，洪水漫村，村人躲避于村中的楼上，方免水患，为纪念此事，遂更名楼子冯。1958年隶属姜楼公社车集管理区，1984年隶属姜楼乡王集办事处，1995年隶属姜楼镇王集办事处，2018年隶属姜楼镇王集社区，2021年隶属姜楼镇王集新村。

▶▶ 村庄名人

● **李新才** 1943年9月生，1968年泰安农学院大学毕业，到滨州市（原滨县）堡集镇参加革命工作。1971年2月7日加入中国共产党。历任公社副书记，乡党委副书记、乡长，滨县县委副书记、县长，滨州地区农科所党委书记、所长，直至退休。

1993年获地区"星火项目"二等奖。

1995年获地区"星火项目"一等奖。

1995年获省"星火项目"二等奖。

▶▶ 特色产业

村内以农业为主，种植粮食作物小麦、玉米，经济类作物大豆、花生等，特别值得一提的是村内种植的圆葱（因是外来引进品种，老百姓都称呼为"洋葱"）是一大特色。1992年，村里群众李庆堂从李庄镇（原来申桥镇）学习引进圆葱种植技

□ 楼子冯村村碑

术，1995年山东省"菜篮子""米袋子"工程推进，村民广泛种植，获得较好的经济效益，村民富裕后建设新的砖瓦房，购置家具家电，村里百姓安居乐业。

1990年姜楼镇建立绳网专业市场，主产建筑业用密目网、安全网，拉动当地经济，促进群众就业。2003年本村青年冯立春看到商机，购置加工机械生产绿色密目网，带动本村群众6~10人勤劳致富，产品远销北京、天津、广州、成都等大城市。

▶▶ 教育卫生

教育 1959年，楼子冯村设立公立小学，开设一至四年级小学课程，最

多时学生30余名，教师2~3人。附近村北郭、苏家和本村适龄儿童都在楼子冯小学就读。第一任公办教师郭忠民，当时用的是村中的祠堂（惠民当地百姓都称为"庙"，是重大节日祭祀祖先用的地方）5间北屋作为教室，现在已经拆除建设为村篮球场。公办教师先后有崔文芳、许瑞青、李后顺（现为王集小学校长）、李新军、李新伦，民办教师有崔立刚、冯大同、田秀英，代课教师有孙秀河（现为车集村党支部书记）等。1985年学龄儿童数量减少后经教育系统统筹，楼子冯小学合并到萧圣庙小学。

医药卫生　新中国成立初期，医疗条件相对落后，1966年夏天村集体设立村卫生室为群众治疗疾病，当时采取工分制。本村村民李丙安、李丙兴两人担任赤脚医生，背着医药箱走街串巷为群众治疗疾病，无论春夏秋冬、风霜雨雪，历尽艰辛，深受当时四邻八乡群众欢迎。1990年医药卫生系统改革后，村卫生室撤销，村里群众多去邻村萧圣庙卫生室就医。

▶▶ 村庄发展

通电　1979年底，在姜楼镇变电所工作人员李新友的积极沟通下，楼子冯村作为姜楼镇较早实现引电入村的村，实现了家家户户有电灯，油灯蜡烛照明时代结束。当时第一个变压器室（现仍然在，已停止使用）在村北，安装50kWA变压器，110户全部接线通电表入户。后经多次改造提升，村里现有村北、村中两个变压器，负载能力提高到100kWA。

通水　2005年村里群众自行组织，打地下水深井接管道实现自来水入户，比起原来用扁担到村边水井挑水减轻了劳动强度，特别是方便了老年人；2013年李庄镇兴修惠民县南部水库，经县镇统一安排，引水管到村，安装机械式水表、铸铁水龙头，群众喝上了黄河水。

通路　1999年惠民县"村村通"公路工程，环乡柏油路穿村而过，2022年姜楼镇为环乡路扩宽，公路两边各浇筑1米宽的混凝土。村里集资、捐款等修建3条村内混凝土路。现在村里年轻人家家拥有小轿车，出行得到很大改善。

▶▶ 村干部任职情况

历任村党支部书记一览

姓　　名	任职时间
冯大成	1949—1952

姓　名	任职时间
冯正文	1953—1955
冯正才	1956—1988
冯新杰	1989—1991
李丙星	1992—1995
冯立全	1996—2005
冯立全	2005—2021
李庆堂	2021—

历任村行政负责人一览

姓　名	任职时间
李丙春	1953—1955
张曰芳	1956—1988
冯大龙	1989—1991
李丙章	1992
李厚福	1993—1997
冯立全	1998—2005
李庆堂	2005—2018

撰稿：纪秀刚

□ 闫大庄村航拍图

闫大庄村
YANDAZHUANGCUN

闫大庄村，位于姜楼镇政府驻地以东3.7公里处，属于王判联村，北与小冯家村、官道冯村相邻，东与双井路村接壤。截至2023年底，全村共158户，有630人，耕地1080亩，以种植玉米、小麦为主。全村还有张姓、王姓、宋姓、姜姓等，以闫姓为主，均为汉族人。

▶▶ 历史沿革

明嘉靖年间（1522—1566年），阎姓和马姓始祖（名失考）由河北枣强县迁居于此，村以两姓氏名庄立村，故名阎马庄。至清末，马姓绝嗣，阎姓已成为大户，该村遂名为阎大庄，简写为闫大庄。新中国成立前后曾隶属惠民县九区三皇庙乡；1956年到1971年先后属于姜楼区、姜楼公社；1971年12月全县调整公社规模后属于姜楼公社；1984年，公社改乡为姜楼乡，属于姜楼乡管辖；1994年乡改镇为姜楼镇管辖；2001年联五乡与姜楼镇合并后，仍属姜楼镇管辖。

▶▶ 烈士名录

● 张传仁　生于1912年，1944年入伍，惠民县大队干事，1945年在本县李毛家战斗中牺牲。

▶▶ 文教卫生

传统手工艺　闫大庄的绣花手艺是有名的，也是有传统的系列、品种，传承都有讲究。绣花市场上，卖绣花的人在平地铺上一个布单或绵纸，上面就可以摆花片：有鞋面、枕头顶子、花兜肚、床檐子、裙子花样、桌裙上的麒麟、和合二仙，枕巾套、压嫁妆的喜上眉梢、鸳鸯戏水，妆盆里的百鸟朝凤、龙凤呈祥、大喜字、大鸡图……

闫大庄的龙灯舞得很好，龙头是竹子扎的，扎的功夫也好，形象、结实、有神，两眼用两只大手电筒安装的，能射出好远，晚上远观，风驰电掣有点吓人。1965年三皇庙会还演出过，20世纪70年代后龙头还保留着，以后就消失了。

教育　1965年创建村办小学，张传德、张维明、张士明、张为动任教师，设有一至五年级，共有学生150余名，提高了当地的教育水平，使文盲率大大降低。1990年在现村办公室原址，建立由闫大庄、官道冯、小冯家组成的三村学校。2001年因政策调整，三村学校取消。

卫生　1975年建立村卫生室，张传恩担任赤脚医生，为村民提供了基本的医疗服务。1990年村卫生室改造，2008年因成立合作医疗，闫大庄卫生室取消。

□ 闫大庄村村碑

□ 新建村委办公室

▶▶ 村庄发展

1987年开始，全村通上电，每家每户也安上了电灯。

1989年，村里开始大搞水利建设，开始挖沟渠，使农田旱能浇、涝能排，为大力发展农业奠定了良好的基础。

1993年，根据镇党委、政府安排，全村共征地150亩，建设工业园区，为姜楼镇发展工业做出了贡献。

2014年，通过村内全体党员和各队群众代表，推荐七人小组负责修公路。通过捐款，共收集款项13万元。加上上级的补助，于同年6月底完成了南北2条、东西3条路的路面硬化。同时，在道路两旁加装路灯，极大地方便了群众，改善了村庄环境。

▶▶ 村干部任职情况

历任村党支部书记一览

姓　名	任职时间
张世俊	1958—1981
张德河	1982—1989
张维功	1989—1992
张维功	1993—2001
张士伦	2002—

历任村行政负责人一览

姓　名	任职时间
张德河	1958—1981
张维功	1982—1989
张世金	1989—1992
张士伦	1993—2001

撰稿：孙　波

□ 三皇庙村航拍图

三皇庙村

SANHUANGMIAOCUN

三皇庙村位于姜楼镇政府驻地东南方，紧靠县道解陈路，南与殷家村为邻，隶属王判镇社区。截至2023年底，全村102户，人口345人。耕地643余亩，主导产业以农村种植业、个体经营业、绳网加工为主。全村以路姓、周姓为主，都为汉族人。

▶▶ 历史沿革

建村于明宣德年间（1426—1435年），始祖张子谭由河北省枣强县迁此立村，因村内曾有一座用茅草盖顶的庙宇，故原村名草庙张，至清康熙年间，草庙拆除，另建新庙，内供天皇、地皇、人皇三尊神像，原村名草庙张改称三皇庙。"文革"时期，为使村名有政治含义，曾改名为红星，1983年经地名普查，复名三皇庙。新中国成立前后曾属于九区三皇庙乡；1956年到1971年先后属于姜楼区、姜楼公社；1984年改公社为乡，属于姜楼乡管辖；1994年改乡为镇，属于姜楼镇管辖。

▶▶ 文物古迹

三皇庙正门向南，在村子的前街最东边路北，中间是大门，两边有便门，平时大门是不开的。大门两侧是廊房，配带南屋东西各3间，冲大门是一座硕大的影壁，转过影壁就是正殿，内供三皇老爷，据说，他们都长着角。两厢是娃娃殿，千姿百态的娃娃，逗人喜欢。刚结婚的夫妻，来求送子娘娘喜送

□ 三皇庙村村碑

贵子。转过大殿是中院，一排北房正中有走廊，耳房各1间。东西北房，两边各3间，走廊上高搭钟鼓楼，那钟有一人多高。旁边有一磬，有人进香，庙里主持诵经必敲，非常悦耳。

厢房里布满塑像，都是因果报应，劝人向善的。那些行好的、向善的、救人的、修桥铺路的、怜悯穷人的、造福地方教化人民的，则是另一景象，来世生在帝王家，儿女孝顺，衣食无忧，飞黄腾达，人才兴旺，好运亨通。

正房是二十四孝图，百善孝为先，先贤们的孝行在百姓中是一种默守的道德规范。另一正房是十八罗汉塑像，显示着佛法无边的威力。

▶▶ 烈士名录

● 周汉刚（1978—1999年）　1978年9月生于惠民县姜楼镇三皇庙村，1996年12月入伍，历任海南省公安边防总队海警二支队战士、班长，中士警衔，1999年7月加入中国共产党，在部队期间5次受到嘉奖，1次被评为优秀士兵。1999年11月9日，在执行海上缉私任务时光荣牺牲，时年21岁。

▶▶ 教育卫生

民国年间，庙宇改成了学堂，最后一任校长名字失考，因一口牙有点特别，人送绰号"马大牙"。1947年惠民县解放，学校由人民政府接管，影壁上写着"教育为无产阶级政治服务，教育与生产劳动相结合"的教育方针。

新中国成立后在庙址上改建的"三皇庙完全小学"是姜楼周边影响力最

大、设备最齐全、师资雄厚、档次最高的一所学校，"文革"中改为"红星小学"，村名也随之改为"红星大队"，后恢复三皇庙。徐瑞青、袁翠峰等校长都是在当地深受人民爱戴的教育工作者，是三皇庙学校的好校长。

1970年成立村卫生室，路英俭、路秀云是赤脚医生，后因成立合作医疗，卫生室取消。

▶▶村庄发展

2015年修路，每人集资800元，共集资约35万元，成立修路委员会，路孟山牵头，还有6位成员。修建了宽4米、长约2100米的村内外水泥路，极大地方便了群众的出行。

1978年通电，村民开始使用电灯泡，结束了用油灯照明的历史。

2012年全村开始接入自来

□ 三皇庙村支部委员会办公室

水，村民们喝上了孟家水库的黄河水，村民的生产生活环境得到较大的改善。

▶▶风土民情

三皇庙每年三次庙会，分别为：三月三三天，端午节一天，重阳节三天。

当地农村以农业为主，春天比较清苦，三月三的庙会就显得冷清些。主要是妇女、老太太进庙还愿烧香为多。市场商品多为杂耍、面食、古衣、青菜、粮食、犁耙绳套、车马挽具、木材等。五月五日多在芒种，麦收大忙，就只有一天。

庙会最盛要数九月九，秋收已毕，若赶上个好年景就会异常红火。在前三天序幕就已经拉开，南、北、东、西4条街两侧就已布满了商铺、摊案。"七月核桃八月梨，九月柿子来赶集"，邹平、章丘南部山区的山货：鲜红的柿子、乌黑的软枣、紫红的山楂。那山楂穿成一串串，像老和尚的佛珠，小孩子挂在脖子上显得很神气。卖"欢喜团"、冰糖、麻花、烧饼、馃子、芝麻糖等风俗小吃的更受欢迎。卖防冻防裂"万能膏"的摇着响铃，新兴的"万金油""蛤蜊油"，女人们更是羡慕不已。

这时的村子周围和空地里都是市场：有粮食市，卖五谷杂粮的；木料市，卖梁的、卖檩条的、卖棺木的、卖屋架子的；家具市，卖箱子、抽屉、妆匣子、木盆（水盆）、水筲（家中担水用）、盘条方桌、大椅子、条山几；牲口市里马嘶驴叫，进行牛羊骡马交易；还有说书的、唱戏的等等。

三皇庙的庙会，1965年春季的三月三是最后一场，"文革"开始，庙会就结束了。

▶▶ 村干部任职情况

历任村党支部书记一览

姓　名	任职时间
路孟山	1973—1999
路光宝	2000
张兴宝	2001—2002
路美德	2003—2014
路孟臣	2015—2020
路光伟	2021—

历任村行政负责人一览

姓　名	任职时间
张洪文	1956—1959
路美仁	1960—1973
路孟山	1973—1999
路光宝	2000
张兴宝	2001—2002
路美德	2003—2014
路孟臣	2015—2018

撰稿：孙　波

□ 石人王村航拍图

石人王村
SHIRENWANGCUN

石人王村位于姜楼镇政府驻地以南3公里处，隶属于姜楼镇石人王社区现有231户，902人，均为汉族。耕地2200多亩，种植业主要生产小麦、玉米、花生、大豆，是典型的农业村庄，民风淳朴，宜居宜业，生态优美。全村王姓占八成，与杜、冯、李、张、韩、庞等姓氏和谐共生。

▶▶ 历史沿革

相传石人王村始建于元朝，村庄原名楚家，至明朝末年（1644年），王姓始祖（名失考）由河北省枣强县迁入。村庄现在还有保存完好的一部王氏族谱，可追溯到500年前由河北省枣强县迁入的记述。因其族中有人曾为"御前带刀侍卫"（皇帝的卫士），死后在墓地里，竖有石碑、石人、石马、石猪等物，故特以石人为记，改村名为石人王。新中国成立前的几百年，天灾战乱不止，石碑、石人、石马、石猪等物均被填于黄河险工处，至今无踪可寻。直到新中国成立初期，村子的西方还有一大片坟地，松柏葱葱。

1929年全县分为10个区，石人王村属于九区沙窝乡；1956—1971年先后属姜楼区、姜楼公社；1971年12月全县调整公社规模后属于姜楼公社；1984年公社改乡，属于姜楼乡管理；1994年乡改镇，属姜楼镇管辖。2001年联五乡与姜楼镇合并后，仍属姜楼镇管辖。

▶▶ 文物古迹

20世纪80年代以前，在村子的东南方有一眼大井，年长的村民都知道它叫"楚家井"（80年代后期随着村庄的整改已经填平）；现在在村西仍有一水塘（相比80年代以前缩小了一半还多），本村村民都唤它"石人湾"。

村四周土围墙（俗称村大堰），高大敦实，主要功能是：抵御外侵匪患、防御无情水灾，现在都已被整齐的民房和街道抚平，不见了踪影。"大堰""大湾""大院子（生产队的集体场所）""村林场"等，都成了老年人的谈资。

▶▶ 烈士名录

● **杜洪村**　1915年出生，1946年入伍，姜楼区中队战士。1947年在联五西胡村光荣牺牲，1950年10月被省政府追认为烈士。

▶▶ 村庄名人

● **王延芬（1922—1998年）**　早年参加革命，逐渐成长为中国人民解放军的高级干部，现在其家人居住于国防大学第二干休所。

▶▶ 教育卫生

教育　石人王村前期的学校在现在的联村驻地附近。

校名变化　石人王联中，存在年限为1977—1984年；石人王高小，存在年限为1984—1999年；石人王小学，存在年限为1949—2000年。

公办教师：宋天恕、杜庆兰、陈乃贵、闫耐明、李安东、徐延龄、李洪军等，民办教师：王庆玉、杜庆星、王传刚、杜寿柱、李安明等。当时学校设有8个班，学生最多时300人左右，60、70、80年代的中年人大部分就读于此，印象深刻。随着经济的发展，在2010年左右合并至姜楼镇中心小学，现在孩子们从幼儿园到初中，都在校车的接送下上学和放学，他们是很幸福的一代人。

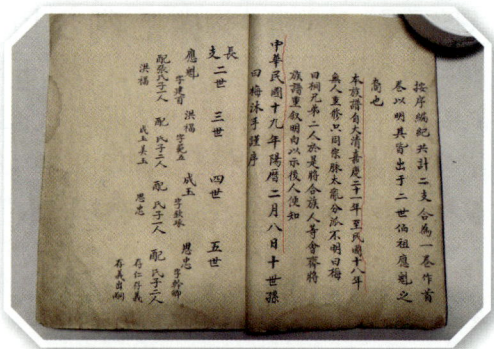

□ 石人王村族谱

医药卫生　20世纪90年代以前村庄的医疗室、学校和办事处都紧邻着，王传顺（已去世）和王淑芳（在东营胜利油田中心医院退休）是卫生员，小病不出村，再严重一些的病情就去村东500米的惠民县人民医院王判镇分院，现在王判镇分院改为了王判联村卫生室，石人王联村的卫生室也搬迁到了村北500米的沙赵村。

▶▶ 村庄发展

1982年，石人王村通上了电，为后期的发展奠定了基础。2000年村内进行了线路整改，变压器由80kVA增加到100kVA，2016年再次安全整改扩容为3组变压器600kVA。村庄道路四通八达，村内呈

□ 石人王村社区服务中心

"田"字形大路均已于2008年和2014年两次硬化和再翻新，代步工具也换成了现代的新型电车和家庭乘用轿车。2014年，户户安装了自来水，结束了吃地下土井水的生活，2023年村庄饮用自来水又进行了升级改造。村庄水电路俱全，新时代的农村雏形跃然而成。

2015年石人王村被滨州市评为市级文明村、2018年被评为治安稳定先进村等称号。分田到户、取消农业税、外出打工、现代高效农业、各项惠农政策，让人们的钱袋子鼓了起来。一直以来，石人王村在村党支部的引领下，经历了缴纳公粮（农业税2006年取消）、开河清淤（俗称上夫，每年的春

冬农闲季，农村18~50岁的男工参加，人工搬运土方，平地里开河或清淤，直到1995年才逐步用机械取代了人工）、抗洪抢险（2018年台风和历年暴雨季）、方田建设（1994—1995年）、美丽乡村创建、三年抗疫、高商高速迁占、大桥路迁占等重大工程和事项，民心向党，进展顺利，并多次受到上级的表彰。

▶▶ 村干部任职情况

历任村党支部书记一览

姓 名	任职时间
杜京江	1982—1984
王延合	1985—1999
王洪忠	2000—2008
李安祯	2009—2014
王蓉全	2015—2017
王佃军	2018—

历任村行政负责人一览

姓 名	任职时间
王传书	1982—1984
杜庆保	1985—1999
李安祯	2000—2008
李安祯	2009—2014
王蓉全	2015—2018

撰稿：王 纬

□ 北李村航拍图

北李村
BEILICUN

　　北李村原名李家村，位于姜楼镇政府驻地西北方向约8公里处，西临季庄小学，距大济路约500米，东与陈吉彦村相邻，东南、西南分别与西坡刘、季庄村相邻，交通便利，出行方便。2023年底，全村耕地面积570亩，村民71户，236人。主产小麦、玉米、棉花，年人均经济收入2万~3万元，有李、王2个姓氏，李姓为主。村民均为汉族，无宗教信仰。

▶▶ 历史沿革

　　明宣德年间（1426—1435年），李姓始祖（名失考）由河北省枣强县迁此立村，村以姓称，村名李家。王姓家族为20世纪初并于李家村，村里为李、王2个姓氏。

　　新中国成立后，李家村原属姜楼公社；1971年12月公社分置后，改属为联五公社管辖；1984年联五公社改为联五乡，属于联五乡管辖，因村子位于联五乡北部，故村名称为北李村；2001年3月，联五乡合并到姜楼镇，属姜楼镇管辖。

▶▶ 文物古迹

水井　村子内外在20世纪初挖掘了多口水井，用作饮用、生活和灌溉田地。改革开放后，随着人们生活水平的日益提高，水井失去了原有的用途，因为容易造成溺水事故，大多已被回填。田地中回填的水井已失去方位。村内现存的两口水井，一口在村北部，早期被村民用木板遮挡住井口，一口在村西南的小树林。这两口水井见证了李家村的历史变迁。

▶▶ 村庄名人

● **李克峰**　1968年8月出生，大学毕业后曾在原惠民县第三中学执教，后考取北京师范大学研究生，毕业后留京工作，于2022年调任北京大学附属中学海口分校工作，现任该校执行校长。

▶▶ 重要事件

抗日战争时期，1941年，村民保护受伤的八路军，日本鬼子得知消息后，把村子包围，村民没有把八路军交出来，遭到日本侵略者惨无人道的轰炸。20世纪80年代还出土过手枪与没有爆炸的炮弹，都是当年日本鬼子围剿李家村的铁证。

□北李村村碑

八路军教导六旅兼冀鲁边军区政治部主任杨忠将军，奉党中央的指示，为打通与清河区的联络，来到惠民县，当时黄河以北正是鬼子的中心地区，防守很严。部队驻扎在徒骇河以北夹河村和相隔4里地的陈牛庄。鬼子得到情报，集结2000多兵力，分六路悄悄包围了我军部队，当时力量悬殊，敌众我寡。

战斗中，杨忠将军身受重伤，他为了不连累战友，慢慢地爬进了庄稼地。李家村的农民李振荣、李九来等四人发现了将军。人们把杨忠将军抬进村里，日本鬼子知道后，围剿李家村，让交出杨忠将军，村民不交出杨忠将军，还与日本鬼子抵抗，造成村民死伤十几人的惨剧。日本鬼子撤退后，才发现杨忠将军已经战亡，村民们怀着悲痛的心情掩埋了杨忠将军的遗体。

▶▶ 特色产业

以农业为主，主产小麦、玉米、花生、西瓜。20世纪60—80年代，村内生产的柳杆、柳杈、柳编筐曾畅销山东北部。1991年开始积极响应退林还耕，农田中种植的矮柳树全部清除。目前农业以粮食种植为主，种植的无籽西瓜供不应求。村里有几个小厂子，村民在农闲时节到开办的私人企业做工，多余的劳动力外出务工、经商。经济收入整体来说比较殷实。

▶▶ 教育卫生

教育　新中国成立后，在村北的两间土屋里，办起小学。20世纪80年代村集体在村中东部建起5间土坯房，3间为教室，另2间相通，分别作为教师的办公区和生活区。李家小学为复式教学班教学，师生人数最多时达到23人。村内民办教师有王恩顺，先后从事教学的老师还有刘祥合、王立德、王庆德、王庆浩、王庆祥等人。学校还有300多平方米的院子来保障学生的文体活动。80年代末，村小学中高年级学生陆续转移到季庄中心小学，到1996年，村内剩余一、二年级全部合并到季庄中心小学。

医药卫生　20世纪60年代末村民卫生室成立，李文森在王判镇卫生学校学成后回村行医，后因身体问题退出。李兆亮有医学经验，一开始在季庄村北坐诊，后回村卫生室行医问诊，位置在村北部，现已改建成民房。村民李召绪在卫生室边帮忙边自学，70年代中期村卫生室合并到闫家村卫生室定点工作。李召绪在工作之余，为乡亲们提供了最基本的医疗卫生服务。村子距社区卫生室500余米，每户村民都有相应的医疗档案，村民日常的看病拿药极为方便。

▶▶ 村庄发展

新中国成立后，人民翻身做主人，当时村里没有中共党员，与邻村季庄村合并成一个大队，北李村李召全、李召荣、李光玉等加入中国共产党后，村里在 20 世纪 60 年代成立党支部，与季庄村分开办公。

20世纪六七十年代，开办榨油厂，从事花生榨油，提高经济收入，是当时的富裕村，经常受到上级部门的表扬，也是各地来参观学习的榜样。因紧靠黄河的决堤口十几公里，每年的春秋时节，都是风沙满天飞，为了防风固沙，遍地种上茂密的柳树，远远望去，无边无际，犹如林海，春夏一片绿，暑假用柳条编筐，增加村集体收入，各户能补贴家用。秋收柳杈及锄、镰、锹、镐杆等，有树不怕风沙大，还能卖钱花。改革开放后，分田到户，抓经济促发展，村民都种好自家的责任田，缴足国家的公粮，剩下的都是自己的。村民李克顺一开始贩卖白铁，又逐步开办劳保用品厂，生产安全网，自产自销，解决了村里数十人的就业，成为村里第一个万元户。

□北李村办公室

土地联产承包责任制后，村党支部组织村民上西北采购耕牛，家家户户都有牛，粪便还田，合理利用，促进农业生产，提高粮食、瓜果产量。同时平整土地，组织挖沟，使田地旱了有水浇地，涝了能排出，大大提高了农作物的产量。

20世纪90年代，经过全体村民同意，把村内道路加宽，清除路障，把部分户多占的街边道收回，全村按照人头集资买砖铺路，过去的土路成了砖铺路。后来实施户户用上自来水，旱厕改造，极大改善了村居环境与居民生活质量。

2021年初，村委与群众代表协商，在不集资的情况下，通过增加村集体收入，于2022年花费8万多元，修建了村内的首个村委会办公室，虽然只有3间，但它结束了本村一直以来无办公场所的情况。

村内砖铺路经过多年使用，已经坑洼不平，多处积水。2023年6月，经姜楼镇党委、政府的大力支持，把原来用砖铺的路，改造成了柏油路，大大提升了村内交通条件，人居环境也大为改观，村民的幸福指数也大为提高。

▶▶ 村干部任职情况

历任村党支部书记一览

姓 名	任职时间
李召全	1960—1975
李光玉	1975—1980
李克福	1981—2000
李加敏	2001—2003
李爱民	2004—2009
李克江	2009—2021
李加强	2021—

历任村行政负责人一览

姓 名	任职时间
李兆太	1960—1975
李文瑞	
李兆荣	1975—1980
李兆荣	1981—2000
李凤生	2001—2006
李克江（兼）	2009—2018

撰稿：李红星　李加强

□ 陈大卦村航拍图

陈大卦村
CHENDAGUACUN

陈大卦村原名陈打卦，隶属姜楼镇，位于姜楼镇政府驻地东北3公里处，西邻解陈路，南靠220国道，与大赵村、彭屯村相邻。截至2023年底，该村共有90户，人口332人，汉族。土地面积870亩，有赵、刘两姓氏。以赵氏人口为主。该村经济收入主要以农业为主，主产玉米、小麦，工业以绳网生产销售为主。

▶▶ 历史沿革

相传，这是一个较为古老的村庄，早年只有陈姓独居于此。后因村里打了算卦先生，此算卦先生告到官府，官府判定不罚银两，村子更名陈打卦，明朝末年，陈姓渐绝后。赵姓由河北省枣强县迁此，将村名中的"打"字改为"大",即今名陈大卦。

赵姓迁来之后,感觉陈大卦这村名挺好记,还有些来历故事,所以村名一直未改。

▶▶ 烈士名录

● **赵传孝**（1928—1949） 惠民县姜楼镇陈大卦村人。1944年参加革命,时任原属渤七师战士,1949年牺牲于黑龙江省。

● **赵广元**（1940—1962） 惠民县姜楼镇陈大卦村人。1960年参加革命,1962年6月17日于青岛市即墨县去世,时任人民解放军某部队八连副班长,现葬于本村。

▶▶ 村庄名人

● **赵传恕** 晚清时期的秀才,民国期间在商河任水利局长,也为惠民地区的水利建设做了许多有益的事情。

● **赵习勇** 1968年7月出生,2000年7月21日凌晨2时许,偷牛贼作案时被发现,在人们"抓贼"的叫喊声中,赵习勇被惊醒,当偷牛贼举起自制土枪威

□赵习勇见义勇为荣誉证书

胁众人安全时,赵习勇冲上前去,牛虽然被抢回,但赵习勇却中铁砂弹30余粒,医院从其身上取出12粒铁砂弹,此后,失去劳动能力。次年2月,赵习勇被授予"山东省见义勇为先进分子"称号,并受到时任山东省委书记吴官正的接见。

● **赵光军** 1980年出生,先后就职于惠民县检察院、滨州市人民政府、沾化区人民政府,现任沾化区委常委、区纪委书记、区监委代理主任。

▶▶ 特色产业

绳网 陈大卦村自改革开放以来,在安全带、安全网、编织绳等领域,涌现出一批创业青年,从业人员近百人,极大地带动了村里的经济发展和

村民就业。1986年，19岁的赵纯来作为村里第一个绳网从业人员至广西壮族自治区南宁市开展绳网业务，同时在村内开办绳网加工作坊。后来带动了村内青年外出发展绳网业务的高潮，截至目前，年销售额过百万元的有：

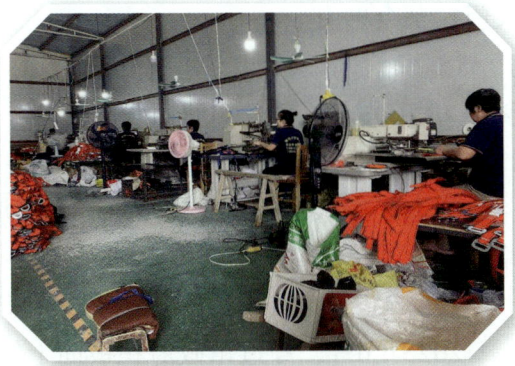
□陈大卦村安全带加工车间

• **山东博伟化纤绳网有限公司** 主产安全带，厂房面积600平方米，工人20余人，年销售额近千万元。法定代表人赵伟于2023年6月光荣加入中国共产党。

• **山东恒发化纤制品有限公司** 法定代表人赵彬，从事编织绳生产销售，有厂房600平方米，工人10人，年销售额300万元。

• **山东大褂工贸发展有限公司** 法定代表人赵嘉帅，从事布绳生产销售，目前自有厂房600平方米，工人10人，年销售额100万元。

• **陈大卦粉条作坊** 20世纪80年代，陈大卦村生产大队大面积种植地瓜，由于产量太多，导致积压。村民赵传旺、赵习林、刘振发、赵广顺等人组织生产队社员将大队场院内的三间房屋，改造成生产作坊，主要将地瓜加工为粉条、粉皮，在周边的集市、村庄销售，深受当地百姓的欢迎。既解决了地瓜的积压问题，又增加了收入，成为村集体收入的主要来源。

▶▶ 教育卫生

教育 1985年，村委投资1.6万元新建陈大卦村小学，主要服务于村内适龄儿童小学教育，设有育红班1个班，小学一至三年级3个班，4名教师，其中韩义刚、王万青是公办老师，赵秀英、刘秀凤是民办老师，学生高峰人数达40余人。1998年，村小学合并至姜楼镇中心小学（现姜楼镇明德小学），至此结束了陈大卦村小学的历史。

卫生 20世纪70年代，村内的卫生室是由生于中医世家赵光新负责，后在自家经营中医诊所，擅长针灸，曾在出差途中，在火车上遇一老人晕厥，现场施针救治，用其精湛针灸医术令病人当场苏醒，一时传为佳话。20世纪80年代末赵光新受改革开放影响，开始经营丙纶原料，面向姜楼镇绳厂批发原料，兼营中医诊所。至赵光新去世后，其子赵钦祥继承其衣钵，数年之后，受经济发展大势影响，弃医下海经商。至此陈大卦村诊所关门，至今再无。

▶ 村庄发展

陈大卦村从建村以来，村内道路都是土路，2014年，对村内的主要街道路面进行了硬化。

1986年，村内开始通电，村民赵习明当年购买了村内第一台黑白电视机。

2023年6月，经过镇政府积极向上级协调资金，重新对村路面进行了改造，铺上了沥青路。

2008年，村内接通自来水，结束了吃水肩挑人拉的时代。2012年给村内家家户户接通自来水，进入了吃水足不出户、饮用黄河水的新时代。2023年9月，将村内每户的自来水水表全部升级为刷卡式水表。同年村内安装直饮水机一台，可将自来水净化为直饮水，实现村民饮用水质的又一提升。

2023年11月，村委协调当地电业部门实施村内用电线路整改，村两委趁热打铁，组织村民将村内老化损坏的路灯及灯杆全部更新安装，提升了村内道路照明环境。

▶ 风土民情

赵姓家族自河北省枣强县迁此以来有家谱传承，陈大卦赵氏族人每年正月初一都要在村里按时举行隆重的祭祖大典（俗称拜谱），敲锣打鼓放鞭炮，上香焚纸，行跪拜大礼，追根溯源，传承家风。

▶ 村干部任职情况

历任村党支部书记一览

姓　名	任职时间
赵习刚	1949—1978
赵光奎	1978—1980
刘振明	1981—1986
刘维山	1987—1991
刘振明	1992—1993
赵传友	1994—1996
赵光平	1997—2007

姓　名	任职时间
赵传友	2007—2017
赵广生	2017—2021
赵传友	2021—

历任村行政负责人一览

姓　名	任职时间
赵维友	1949—1978
刘维山	1979—1980
赵传文	1981—1983
刘维山	1984—1986
赵习刚	1987—1989
赵光平	1990—1991
赵习伦	1992—1999
赵习章	2000—2002
赵纯元	2003—2004
赵钦军	2005—2006
赵习章	2007—2011
赵传友	2011—2014
赵习章	2014—2018

撰稿：江　震　于伟山　照片提供：赵传友

□史官庄堡村航拍图

史官庄堡村
SHIGUANZHUANGPUCUN

史官庄堡村曾名六十里堡，亦称第六堡。位于姜楼镇政府驻地以东3公里处，南邻220国道，环乡公路由村中贯穿南北，交通十分便捷。该村现共有130户，498人，土地面积1500亩，有张、王、李、董四姓，以张姓为主。该村经济收入主要以农业为主，主产玉米、小麦，工业主要以绳网加工为主。

▶▶ 历史沿革

相传，明成化年间（1465—1487年）始祖张玉由山西太原府大槐树旁张家胡同迁居此地，当时发现此处有一棵巨大的槐树，酷似山西太原府大槐树，倍感亲切温暖，就在此处作为安家立身之地。在明代，顺官道每10华里设一堡（驿站），该村位于州城武定府（今惠民县城）南60华里处，故村名第六堡，又名六十里堡。

清初，村中曾有人做了朝廷的"史官（古代主管文书、记述的官）"。由于这一重要的历史身份，村庄的名字也随之更改为"史官庄堡"，简称"堡上"。这个名称不仅是对这位史官的致敬，也象征着村庄与历史的深厚渊源。新中国成立前后，史官庄堡村属于九区梨行宋乡，1961年属于姜楼区堡上公社，1969年9月全县13个区改为13个人民公社，属于姜楼公社管辖，1971年12月全县13个公社调整为21个公社后，仍属于姜楼公社；1984年公社改乡属于姜楼乡管辖；1994年乡改镇，属于姜楼镇管辖。2001年联五乡与姜楼镇合并后，仍属姜楼镇管辖。

▶▶ 文物古迹

古树　史官庄堡村拥有丰富的历史文化底蕴，当年迁至此地时的大槐树如今还在，仍然枝繁叶茂。树干形状奇特，中间为空，树枝犹如数条长龙盘绕，尤为壮观。据当地老人介绍，早年间树冠之大难以想象，为防止树冠下垂，用柱子支撑就有72根之多，被当地百姓视为"吉祥之树"。这棵古

□ 史官庄堡村古槐现状

槐树不仅见证了村庄的沧桑变化，还承载着村民们的信仰和希望。据说当年，古槐"南至山门北遮庙、东遮钟楼西至官道，大柱子七十二根、小柱子多如牛毛"。

那古槐有几年几近枯萎，后来又焕发青春，树身有半圈发绿，竟又发芽抽枝，重新生长起来，而且长势很旺。村干部领人在四周垒起了花墙，保护起来。天有不测风云，人有旦夕祸福，某村的一个精神病患者，竟把古槐仅有的半边皮，砍掉了三分之二。然那老树犹如顽强的老人，竟没有屈服，至今仍以坚强的毅力，抽枝发芽，开花结豆。

古庙、庙会　在新中国成立前村中有三座庙，当地人称南头庙、中间庙和北头庙，分别位于村的南北两端和中间，尤其南头庙香火最为旺盛。据说里面供奉着泰山碧霞殿的"碧霞元君"，也称为泰山老奶奶。每有节庆，初一、十五，村民们和游客都会前来许愿祭拜，泰山奶奶是中国汉族传统文

化中道教里非常著名的女神。

四月八日泰山奶奶生日，村里举办庙会。庙会期间唱大戏，早年间村里有戏班子，庙会期间唱大戏7~10天。

村里民谣："堡上村两头翘，中间有个钟家庙。"钟家庙，肯定有钟姓人家。庙址为泰山奶奶娘家的，地址不能占，占必家破人亡。这样看来，钟姓就是泰山奶奶之娘家了，这可是一大发现。庙会一直到1950年后断断续续，规模大减。

康熙年间，据传村里出了一个进士，在陕西当官，后在朝升任史官，娶的是阁老李之芳的女儿，只因无后，没有资料，失去详情。"文革"期间扒一古坟，有铁门，带龙头，有暗销，内堂很大，出土银镜子一面，据说是史官其墓。

▶▶ 烈士名录

- **张曰祥**　1928年生，惠民县姜楼镇史官庄堡村人。1948年参加革命，1950年牺牲于抗美援朝战争，时任志愿军六支队九十七大队战士，现葬于朝鲜。
- **张曰俊**　1918年生，惠民县姜楼镇史官庄堡村人。1948年参加革命，1950年牺牲于抗美援朝战争，时任志愿军二十军六〇师二七八团战士，现葬于朝鲜。

▶▶ 村庄名人

- **张佃美**　1942年5月生，大学学历，姜楼镇史官庄堡村人。1959年12月入伍，六十七军一九九师五九七团通信连任班长。1965年3月转业至新疆生产建设兵团农垦科学院任处长，2003年3月10日退休。
- **李连祥**　1957年3月入伍，并随部队进入朝鲜，驻地直下里，1958年9月回国，继续服役。1966年，任解放军第一军第二师高炮营教导员，随部队入越参加抗美援越战争。战争结束回国，于1981年转业至河南省商丘市技术监督局工作，后任局长至退休。
- **张曰林**　1965年生于史官庄堡，本科学历。现任山东省农业农村厅一级调研员，曾在脱贫攻坚战中做出突出贡献。

▶▶ 特色产业

原生产队集体时期，就有副业组生产车马挽具。自从实行生产责任制以后，村民们办起家庭作坊，制作各种车马挽具。村民们脚蹬着加重的两轮自行车，载着200多斤重的货品，远行于阳信、无棣、乐陵、沾化、庆云、临邑等各大农贸市场进行交易。史官庄堡的车马挽具由这些县、市市场中转，行销到全国各地。

□ 史官庄堡古井

随着机械化的发展普及，车马挽具市场开始下坡，一部分村民开始着手绳网生产和营销。

从事绳网产业10余年的张超，创办了村里的第一家民营企业，截至目前，生产厂房扩建至近2000平方米，主要生产销售安全带、安全平网等，员工20余人。在其带动下，目前村内绳网加工户7家，直接带动村内就业人员50余人，带动村内绳网从业人员近百人，年产值近千万元，使得绳网产业成为村内主要的收入来源。

▶▶ 文教卫生

文化活动 2023—2024年，在乡镇政府各级领导的支持下，利用空闲院落，建立起了乡村记忆馆，将旧时留下来的纺车、风箱、煤油灯、菜坛子等物件收集陈列，让每一个体验者都能驻足、品味和感受乡村的历史与文化。同时把村里池塘也进行了改造升级，在池塘边种了果树，修建了花园长廊凉亭，成为附近乡村的特色景点，吸引了大量游客慕名而来。为丰富村民的业余生活，还创办了老年活动中心以及活动广场，让人们闲暇之余可以锻炼身体，放松心情。

2023—2024年夏季连续两年成功举办了"古槐文化节"，纪念泰山奶奶诞辰，其间组织本村及周边秧歌队、广场舞团体、锣鼓舞狮队等民间艺术团体以及淄博市吕剧团来演出，丰富了村民的夜间生活。

教育 新中国成立后，村里组织建学校，学生起先在村北关帝庙上课，后来庙拆迁，学生们又到私人住房就读。1970年，村大队出资8000元于村北建新学校，教室5间，宽敞明亮。高峰期1977年有5个班级，学生人数65名，公办老师王宪政、民办教师张曰花两位老师负责教学。1998年秋，村大队又出资2万元，于村南路东重建新学校，任教老师还是两位：公办教师杨佃平、民办教师田秀英。后随学校合并，学生们都去梨行宋村小学就读，时至今日都坐校车去姜楼明德小学学习。

医药卫生 20世纪70年代，赤脚医生是经过短期的培训走向了工作岗位的医护人员，大大地解决了当时农村最大的就医问题。张曰宝、李兴双就是堡上村的赤脚医生。随着医疗改革，村卫生室并入梨行宋，村民享受着更加现代的医疗服务。

▶▶村庄发展

饮水提升 以前从村东水井担水，至2005年由村出资，于村南自建自来水房，2010年后正式饮用李庄水库黄河水。

用电改造 1984年，村中开始接通火电。村中经过三次线路改造，于1999年更换一次变压器，街上电线杆由矮换高。至2020年又进行线改，以前的线路重新更换，都换成了现代化的数码电表。以前收缴电费由村电工代收，现如今实现智能手机缴费。

道路改造 1992年，把环乡土路改造成现代化的沥青路。2011年，镇政府出资把村东街改造成水泥路。2019年，堡上村被评为"省级美丽乡村"，由山东省政府投资对村内道路整体提升，全部改为沥青路，对村整体实施硬化、绿化、美化工程。对村内损坏路面、边沟全面进行整改，修整路灯、提升绿化、粉刷墙壁，极大地改善了村民居住环境。

▶▶村干部任职情况

历任村党支部书记一览

姓　名	任职时间
张曰仁	1949—1965
张清坡	1966—1977
张曰孝	1978—1983
张曰三	1984—1986
张曰孝	1987—1989
张佃国	1990—1992
张学军	1993—2001
张玉祥	2020—

历任村行政负责人一览

姓　名	任职时间
张佃胜	1965—1977
张全安	1978—1980
张曰三	1981—1983
张士俊	1984—1986
张曰三	1987—1989
张士俊	1990—1995
张曰三	1996—2003
张军营	2004—2014
张佃华	2015—2018

撰稿：江　震　于伟山

□张杠子村航拍图

张杠子村
ZHANGGANGZICUN

张杠子村，位于姜楼镇政府驻地西北1公里处，东临朱旺庄，南至姜楼镇统筹示范区，西接姜梁路，北至牛瓦匠村，属于农村居民点。截至2023年底，全村共有80余户，约350人，村庄面积约为0.08平方公里，全村有耕地800余亩。姓氏以张姓为主，另有王、刘、冯各一家。全村均为汉族。种植业以生产小麦、玉米、花生、大豆为主。

▶▶ 历史沿革

据张氏家谱记载，张杠子村原来叫康家，康家最早建村于宋朝末年，始祖名失传。古老的祖先企盼过和平安康的日子，故立村康家。明朝初期因自然灾害，有张姓从河北省枣强县迁入这里。因为迁址位于黄河故堤之上，康家从此过上了安康太平日子，人口也开始逐年增多，后来康姓因富足兴旺迁入他处。张姓独居在此，遂更名张杠子家，其意为张姓似顶门的杠子，张氏门牢不可破。

谱书中记载：张玉锡为张杠子村立村的张姓第一世。每年的正月初一，族人都到祖辈家挂幕跪拜。张姓弟兄三个的分支都有谱书保存，虽然大体一致也各有千秋。

▶▶ 特色产业

村民的主要经济来源是种植业，主要种植玉米、小麦等。有村民开始承包土地，也有村民出门打工，增加家庭收入。村民张宗民，承包土地400亩左右，占全村耕地50%，小麦亩产1000斤左右，玉米亩产1200斤左右，收获颇丰。全村经济年总收入能达4000万元左右，人均纯收入达1万元以上。

▶▶ 教育卫生

教育 根据村内老人回忆，第一所民办学校在1968—1970年开始创办，民办教师有张风云、张立堂、张宗树、张宝仙、张宝海等人。据村民回忆，当时一、二年级在同一间教室，三、四年级在同一间教室，共有2间教室上课，五年级就去其他村庄上课了，全校学生50名左右。1990年，学校合并至朱旺庄村，学校原址在现村广场位置，占地大约700平方米。

医药卫生 第一间卫生室始建于1960年，在学校旁边，共同占用广场面积。乡医张立森负责给群众看病拿药，1974年张宝朋加入，与张立森二人共同守护村民的健康。

▶▶ 村庄发展

回想50年前，农村的生活还是比较艰苦的，吃的是玉米糊加野菜，穿的是有补丁的衣服，住的是土房子，出门靠步行。那个时候，土地还没有分配到户，都是搞集体大生产。农民干活都是以工分制，按劳分配，男劳力一般都是九分或十分，女劳力一般都是七八分，小孩子一般都是五分，甚至更少。累积到年底，用工分来换取粮食、肉、鸡蛋等一些食物。虽然那个年代贫穷落后，但是大家是非常开心的。有时候生活有些困难，但大家依然干劲十足，他们的这种精神更值得我们现代人学习。

现在几乎天天都能吃上肉，穿的都是新衣服，住的不只是砖瓦房，还有楼房，出门连自行车都几乎淘汰了，家家户户都有汽车。

1982年，村内实行分田到户，集体大生产时代结束。1984年，村里开始接通电线用上了电。家家户户开始告别了煤油、蜡烛照明的历史，迎来了亮堂堂的电灯时代。

2006年，全村开始接入自来水，由水利局出资。

2011年，村民集资修建柏油路。

□ 张杠子村荣誉

2013年2月，张杠子村被评选为市级生态文明村。同年9月滨州市农村环境综合整治村庄净化工作达标。2015年村里建起党支部办公室。

▶▶ 风土民情

过年民俗　初一，早上开门大吉，先放"开门炮仗"，爆竹之后，碎红满地，称为"满堂红"。这一天不能动扫帚，否则会扫走运气、破财，而把"扫帚星"引来，招致霉运。初二，嫁出去的女儿带着夫婿与孩子回娘家。初三，有姑姑的去走姑姑家。初四、初五，亲朋好友有时间约一起，团聚一下。

亲戚走得差不多的时候，娱乐活动也就开始了，跑秧歌，俗称办闹玩。村子里称这是"义举"，村村办，人人参加，不能落后。2010年以前，村里办的秧歌是很出色的，有旱船、大秧歌，等等。"鼓子大秧歌"为山东三大秧歌之一，是秧歌中的珍品，张杠子村的梆子腔也是出名的。

孝老队　张氏族人以孝为先，代代相传，把孝敬老人放在第一位。2016年开始，张杠子村把65岁以上的老人组织起来，每周末一顿午餐，过年和重大节日照常不误。从2020年开始，建起了"孝善堂"，村里拨出专款

□张杠子村孝敬老人活动

盖了几间房，添置了炉灶、桌凳、餐具等，每月除节日外，隔5天就请老人们到孝善堂吃一次饭。村里妇女自发地组织"孝老队"，按期到老人家里理发，拆洗被褥，帮老人学文化，教老人操作智能手机。

▶▶ 村干部任职情况

历任村党支部书记一览

姓　名	任职时间
张文玉	1949—1959
张洪梓	1959—1982
张文祥	1982—1992
张洪武	1992—1995
张宝尧	1995—2017
张立升	2017—

历任村行政负责人一览

姓　名	任职时间
张立江	1949—1959
张立聪	1959—1982
张立聪	1982—1992
张宝尧	1992—1995
张宗堂	1995—2018

撰稿：王　倩

□ 沙窝赵村航拍图

沙窝赵村

SHAWOZHAOCUN

沙窝赵村位于姜楼镇政府驻地南2公里处，东与徐家村搭界，南与石人王村相连，北与香胡村为邻。全村现有土地总面积3300亩。截至2023年底，有村民249户，1018人，均为汉族；有赵、王、曹等姓氏，以赵氏人口为多。主产小麦、花生、大豆。

▶▶ 历史沿革

据道光六年（1826年）编修《赵氏族谱》记载，原名赵村，祖茂翁，于明朝成化七年（1471年），由枣强县城南康帮赵家庄迁居惠民邑，原以姓定村赵家，后因黄河几次决口，此处积沙甚多，故村名被称"沙窝赵"。新中国成立前后属九区兰家乡；1956年至1971年属姜楼区、姜楼公社；1971年12月全县公社调整后仍属姜楼公社；1984年公社改乡，属于姜楼乡管辖；1994年乡改镇，属于姜楼镇管辖。

▶▶ 文物古迹

据老年人讲述，村中原先有庙两座，在
"破四旧"时期拆除。村内族谱对这两座庙宇也
无记载。村内现存百年以上的老屋一座，在村中
靠南位置，因无人居住已年久失修。

□赵氏族谱

▶▶ 烈士名录

● **赵希信** 1923年生，1944年2月参加革命，隶属于姜楼区中队队员，
1945年10月在本村被匪特杀害。

▶▶ 村庄名人

● **赵玉昇** 1929年6月生，姜楼镇沙赵村人，1946年10月参军，参加过济
南、淮海、长山、舟山等战役，参加过抗美援朝，荣立过二等功一次、三等
功一次，国家授予解放勋章一枚。1962年转业到江西省运管局，历任党委委
员、副局长、纪检委副书记等职，1989年退休，享受副厅级待遇。

▶▶ 特色产业

20世纪80年代，赵光蕊、曹曰峰等人创办姜楼镇化纤一厂、化纤二厂等
龙头企业。现在村内经济还以绳网加工为主，现村内生产安全平网厂家有3
家，安全网加工户有4家，民用绳生产户有4家，网店经营户10余家，在外从
事绳网销售人员达20余人。村内以绳网加工、销售等为主导产业，提供了更
多的就业岗位。

▶▶ 教育卫生

教育 新中国成立前夕，沙赵村没有学校；新中国成立初期，在村五福堂
的庭院里，办起沙赵小学，设有一至五年级，附近村庄儿童基本来沙赵上学。

1984年，在村西盖校舍22间，组建起沙赵小学，设有一至五年级，学生
最多时有200人左右，当时设有5个班，教师6人，民办教师3人。当时代表教
师有侯振堂、刘祖才、杜寿柱、赵钦策、徐庆熙、庞秀英、赵钦增、刘宝金

等，民办教师有张世尧、赵钦平、赵甲利等。2004年，沙赵小学合并至姜楼中心小学。

1984年，沙赵村开始设幼儿园（时称育红班），园址在当时的沙赵小学，当时幼儿园的教师有民办教师赵习华等。2004年，沙赵村幼儿园合并至姜楼中心幼儿园。

医药卫生　自新中国成立初期以来，村内就有私人诊所，起初以赵钦福为代表的赤脚医生为村民服务，90年代赵习波、赵甲松等赤脚医生为村民服务。2008年根据当时卫生政策，在沙赵村成立卫生室，为沙赵村、徐家村、石人王村、庞家村等村服务。代表乡医：赵习波、丁维贵、王庆民、李光财等。

▶▶ 村庄发展

20世纪80年代沙赵的大籽西瓜在十里八村尤为出名。后期因品种老化加上新式品种抢占市场，而使沙赵大籽西瓜逐步淘汰，直至现今已再无沙赵大籽西瓜，主要是以种植小麦和玉米为主，少量种植西瓜、花生等经济作物，棉花亩数缩减为70亩左右。村群众的主要经济来源为附近工厂务工，村集体土地流转费用等。

自改革开放后，土地承包到户，群众生产生活积极性提高，群众的收入水平也有所提高，村内建筑自90年代以来，全部由砖瓦结构取代以前的土坯结构。现有的土坯结构房2~3座，土坯房也逐步退出历史舞台。村中现仅存一座百年历史老房。

1981年春天，随着改革的春风，在村委领导下，村民自筹资金全村通上了电，家家户户开始用电灯照明，为提高群众的生活打下基础。1984年村内赵光爱同志首先购买21寸彩色电视机，同年购买摩托车1辆。

2003年，村委尊重老百姓的意愿，顺应当时"要想富，先修路"的口号，理顺了村内两条重点道路的建设，拆除房屋20余座，建设了村内2条1300余米的道路，解决了群众出行难的问题。

2005年，村委整合村内800余亩地，租赁给沾化冬枣公司用于种植冬枣，年底统一给群众分红，当时每个人口可以分配到手的土地金额有450元左右，从而使村民的整体收入又上一个新的台阶。2015年，冬枣公司不再承包土地，又和天禧牧业达成共识，将土地租赁给天禧牧业公司，用于蛋鸡的繁育。

▶▶ 风土民情

　　赵氏族姓十世以前，未创立谱书。自道光六年（1826年）以后，赵姓各村带头人员约各地族众，追本溯源，自上而下开始创立赵氏族谱，分别保存于各族，至今赵氏族谱已续10次，现在沙赵保存的族谱只有从第二次续写开始至第十次续写的族谱。第一次族谱原本已遗失。

▶▶ 村干部任职情况

历任村党支部书记一览

姓　名	任职时间
赵习全	1963—1973
王延年	1973—1983
赵纯法	1983—1993
赵光温	1993—2018
赵习勇	2018—2021
赵甲松	2021—

历任村行政负责人一览

姓　名	任职时间
赵光温	1983—1993
曹曰岐	1993—1997
曹曰田	1997—2010

撰稿：王　玮

HUIMIN

XIANGCUN

JIYI

14

大年陈镇
DANIANCHENZHEN

□ 大年陈镇航拍图

大年陈镇

DANIANCHENZHEN

> 　　大年陈镇位于惠民县西南部，东、南濒临黄河，隔河与高青县、邹平市相望，西与济阳县东南部接壤，北与李庄镇、姜楼镇毗连。镇境东西长约12公里，南北宽约6.7公里，区域面积83.5平方公里，耕地面积77万亩。全镇共10869户，总计3.4万人，姓氏以王、刘、张、陈姓为主，另有蒋、逯、司、卢、许、庞等姓，汉族为主，另有少数苗族、满族。

▶▶ 历史沿革

大年陈，原名大碾陈，大年陈镇因驻地在大年陈村而得名。

1950年，属惠民县第十三区；1956年，撤区并乡划为大年陈乡；1958年，改为公社；1961年，改为区；1968年，复为公社；1984年，复为乡；

2010年，改为大年陈镇。今辖大年陈、孙家、商家、榆林、郭口、大崔6个联村，83个自然村。

▶▶ 文物古迹

□知青点旧址

市级文物——大年陈先锋知青点　惠民县大年陈先锋知青点，是惠民县现存的唯一知青劳动点，当年的男女宿舍、伙房、饭厅、代销点、牲口棚、发电机房、农具仓库、晒粮场、粮库等保存完好。先锋知青点的前身是先锋生产队，成立于1958年，可耕地880亩，建设用地30亩，这些土地大多是由孙家、苏巢、任家、弭家、蒋郑、大韩家、许家等村提供，主要种植大豆、小麦、高粱、谷子、玉米、果树等。1962年先锋队正式成立了党支部，由李延祥任党支部书记。

1965年至1966年先锋队成立了农业中学，学员主要有李延安、毛遵江、李纪明、唐胜金、唐文春等30余人，邀请专业林果技术老师为大家授课。

1967年至1968年又成立了"五七干校"，有党委书记侯遵德、组织委员庞成芬、团委书记徐俊阁、妇女主任刘荣等带领大家劳动学习。

1971年新建了篮球场，成立了篮球队；1972年又建起了乒乓球台，成立了乒乓球队，定期开展友谊赛活动，丰富了知青们的业余文化生活。

1974年是变化最大的一年，先锋队迎来了上山下乡的第一批知识青年，共40名，至1978年一批又一批的知青先后入住先锋队，最多时达80余人。

1975年新添置了25台拖拉机，并进行自磨电照明，有195型机器多台、小拉车10辆、小推车40多辆。绵羊60余只，生猪50余头。工值多年保持在一元以上。苹果产量达到了万斤以上，一棵国光树结果就能装满20筐，总重超千斤。先锋队农业、林业项目多次受到省、县级表彰奖励。

1981年初，先锋队资助孙家办事处（现在的孙家联村）实施了村村通电工程、村村通水泥路工程及村村通自来水工程。1980年响应中央号召，停止上山下乡，全体知青陆续返程。1982年，大年陈先锋队正式解散。

大年陈先锋队历届主要领导有：任传典、李延祥、庞光亭、弭宪仑、孙连清、任敬芝等。果树技术员有李守福、孙纪荣等。

□闫家抗日烈士纪念碑

县级革命文物——闫家抗日烈士墓 1944年3月6日，地方武装济阳县独立营300余人在执行任务途中获悉，驻青城日军即将从邹平码头渡河来惠民清乡扫荡，遂决定予以迎击。独立营请王元龙、王明福作向导带领两个大队绕至闫家村北准备抢占闫家渡口，即将接近大堤时发现日军已抢先登堤。日军凭借有利地势和先进武器向我方狂扫滥炸，我方战士暴露于旷野，靠几个坟头做掩护，数次向日军发起冲锋，均被敌人强大火力压回，后来由闫家村东北角几户人家做掩护，在村民的帮助下用浸透水的棉被蒙在方桌上顶着方桌分组强攻，冲上敌阵赤手连夺三挺机枪与日军肉搏拼杀。从中午激战至黄昏，日军未能前进一步，遂仓皇逃窜。我方多人受伤，60余名将士壮烈牺牲。2009年清明立碑纪念，并于2020年8月投资约4万元进行改造，占地约900平方米。

县级文物——张龙泉古遗址
张龙泉遗址是汉宋时期遗址，位于大年陈镇张龙泉村西北50米。据村内百姓传说是汉、宋年代间的驻兵驿站，当时村内设有马棚、粮草屯等，由于兵马众多，村内饮水无法满足需求，只能到4公里之外的黄河取水饮马，极为不便，为方便战马饮水，修建了直达黄河的一条道路，称饮马

□闫家渡口抗日战斗遗址

道。张龙泉遗址平坦，0.5米以下是文化层，保存良好，采集标本有泥质灰、

红陶盆、罐和宋白釉瓷器残片。1992年7月1日，被惠民县人民政府以惠政发〔1992〕42号文件公布为第二批县级文物保护单位。

▶▶ 历史人物

● 郭传璋（1912—1990年） 大年陈镇斜郭村人。1929年师从祁井西、李鹤筹学习山水、花鸟画，并临习宋、元、明、清各代名作。生前为北京画院画家、中国美术家协会会员。郭传璋先生是当代掌握"北宗"山水画传统技法最深厚的少数画家之一。他不仅继承了"北宗"的用笔肯定、点画严谨、结构明确、工整劲利、简约痛快、飘逸隽爽等优点，并能糅合"南宗"笔致含蓄凝重、墨色融合多变等长处。在长期的写生和

□郭传璋

创作实践中，逐步形成了自己的独特风格，在继承优良传统的基础上又有了新的发展。

▶▶ 名人乡贤

● 董欣武（1919—2005年） 名希文，生于大年陈镇北董村。著名书法家、天津市文史馆馆员、中国书法家协会和天津市书法家协会会员、中国翰墨文化促进会会员。从小酷爱书法，学习和工作之余临池不辍，先学颜真卿，继习华世奎，晚又临朱熹等先贤，数十年如一日，终成雍容大度、雄强恣肆之体，享誉当今书坛。今津沽商厦匾额多出其手，达五六百之余，有"华世奎

□董欣武

第二"之称。其书法被书画界同人尊称"董体"。其作品被北京人民大会堂、毛主席纪念堂、中国博物馆、天津博物馆等有关部门收藏。先后出版发行了《董欣武书法集》《董欣武书法楹联》。

▶▶ 重要事件

大年陈镇黄河滩区居民迁建安置 2017年12月26日开工建设，工程涉及

刘家圈、东郭、河下禹王口、东刘旺庄4个村，集中安置141户503人（其中随迁安置20户60人）。设计6+1多层住宅楼7栋，住房192套，建筑面积2.5万平方米。2019年3月28日搬迁入住。

大年陈镇美丽宜居乡村建设 2020年8月开始，涉及大年陈、前段两个自然村，规划占地204.13亩，建设安置楼房58栋499套，其中6+1多层住宅楼6栋192套；两层联排住宅楼52栋307套，共安置474户1609人。建设沿街商铺和党群服务中心2栋，安置原大年陈村内商铺。2021年10月，群众入住。

▶▶ 经济发展

2023年，大年陈镇完成固定资产投资4.39亿元、规模以上工业总产值1.99亿元、外贸出口1800万元、社会消费品零售额1759.9万元；完成一般公共预算收入634万元，土地使用税征收71.83万元。

大年陈镇蜜桃产业 自20世纪90年代起步，经历了萌芽、发展、壮大、兴盛四个阶段。"惠民蜜桃"品种1969年发现于大年陈镇西张村一农家院中，是大年陈镇独有的中熟品种，果实发育期115~130天，每年8月上中旬成熟，平均单果重357克，最大约750克，外观艳丽、肉质细腻、品相极佳，成熟时甜脆，完全成熟时能用吸管吸食，硬溶质、可溶性固形物达13%~15%，是美容保健之佳品。

1995年被列为省科技攻关项目；1997年8月11日通过山东省科委组织的专家技术鉴定，其综合开发技术达到"国内领先"水平；1999年通过山东省农作物品种委员会的品种审定，正式命名为"惠民蜜桃"；2000年申请注册商标"惠蜜"；2001年大年陈乡又被农业部命名为"中国蜜桃之乡"；2003年该品种被国家林业局品种审定委员会定为"开发大西北的优良树种"；2004年通过省标准化体系认证；2018年8月惠民蜜桃通过农业部地理标志农产品认证。

2022年，在山东省果树研究所张安宁书记的大力支持下，建立起了惠民蜜桃研发基地，建设了10公里的林果长廊和200亩蜜桃示范基地，引进了锦绣、早霞、锦香、黄金蜜4号、中油4号、瑞蟠11号等11个蜜桃新品种，形成了早、中、晚熟合理搭配的品种体系，每年的6月到9月陆续有"惠蜜"牌蜜桃上市，满足了广大消费者的需求。

大年陈镇按照建设黄河绿色长廊和"两线四园"工作目标，每年发展林果面积300亩，建设梦轩、刘圈、郭口、榆林4处林果示范基地，全镇果园面积稳定在1.5万亩左右。与北京化工大学聚宇能自然科学研究院合作，研发"有机硒桃"新品，打造蜜桃产业新的经济增长点。结合生态旅游开发，建设采摘观光果园和精细化管理果园，加快生态农业及现代化服务业的发展。

▶▶ 非遗介绍

赵坊龙灯　据高洪祥老人说，赵坊的龙灯是以前一个闯关东的人从东北扛回来的，那时曾是一截龙头，回来之后又根据记忆扎了龙身和龙尾。现在的龙头基本都是蛇形头，像赵坊龙灯这样的龙头，几乎没有。

□ 赵坊龙灯中幡表演

赵坊龙灯表演距今已有100多年的历史，早年间，赵坊龙灯在附近几个县都比较闻名，堪称一绝。赵家坊村的龙灯表演形式多样：有金龙出洞、金龙戏珠、滚龙盘柱、飞龙腾空、苍龙摆尾等舞蹈动作。其间，穿插中幡表演，更具特色，有童子拜佛、苏秦背剑、燕子衔泥、头顶金塔、二郎担山等。每逢二月二"龙抬头"之际，村民们便锣鼓齐奏、鞭炮齐鸣，挥舞着长龙，高举着中幡，一起来到黄河岸边，举行"龙取水"仪式，祈福来年风调雨顺、五谷丰登、国泰民安。2007年，大年陈赵坊龙灯中幡表演被列入"滨州市非物质文化遗产项目名录"。

▶▶ 领导更迭

大年陈镇历任党组织领导一览

姓　名	职　务	任职时间
巩振洪	区委书记	1955年9月—1956年3月
霍长吉	乡党委第一书记	1956年12月—1958年2月
郭芳芝	乡党委书记	1956年12月—1958年2月
巩振洪	乡党委第一书记	1958年2月—1958年9月
	公社党委第一书记	1958年9月—1959年5月
	公社党委书记	1959年5月—1960年7月
高汉民	公社党委第一书记	1959年5月—1960年7月

姓 名	职 务	任职时间
高汉民	公社党委书记	1960年7月—1961年12月
	区委书记	1961年12月—1965年3月
辛汝顺	区委书记	1965年5月—1966年3月
侯遵德	区委书记（代理）	1966年3月—1967年1月
郑法敏	大年陈公社革命委员会党的核心领导小组组长	1969年12月—1971年1月
	公社党委书记	1971年1月—1975年4月
李青山	公社党委书记	1975年4月—1977年9月
王观庆	公社党委书记	1977年9月—1978年12月
赵维欣	公社党委书记	1978年12月—1981年6月
吴佃军	公社党委书记	1981年6月—1984年5月
张清坡	乡党委书记	1984年5月—1986年11月
李金罱	乡党委书记	1987年2月—1989年11月
房加福	乡党委书记	1989年11月—1995年3月
李宗林	乡党委书记	1995年3月—1997年12月
曹曰青	乡党委书记	1997年12月—2002年12月
周增宝	乡党委书记	2002年12月—2009年2月
朱安江	镇党委书记	2009年2月—2015年2月
汤 涛	镇党委书记	2015年2月—2018年12月
黄 涛	镇党委书记	2019年1月—2021年12月
孟宪伟	镇党委书记	2021年12月—2023年12月
张保建	镇党委书记	2023年12月—

大年陈镇历任行政领导一览

姓 名	职 务	任职时间
尹俊海	乡人民委员会乡长	1956年12月—1958年2月
侯遵德	乡人民委员会乡长	1958年2月—1958年9月
	社长	1958年9月—1961年5月
张希惠	社长	1961年5月—1961年12月
	区公所区长	1961年12月—1963年12月
赵山水	区公所区长	1963年12月—1964年11月
温子良	区公所区长	1966年5月—1967年1月
辛汝顺	区革命委员会主任	1967年3月—1968年4月
侯遵德	区革命委员会主任	1968年4月—1969年2月
崔长河	区革命委员会群众代表	1969年2月—1969年9月
	人民公社革命委员会主任	1969年9月—1969年11月

姓 名	职 务	任职时间
郑法敏	人民公社革命委员会主任（书记兼）	1969年11月—1971年1月
	人民公社革命委员会主任	1971年1月—1975年4月
李青山	人民公社革命委员会主任（书记兼）	1975年4月—1976年10月
	公社革命委员会主任（书记兼）	1976年10月—1977年9月
王观庆	公社革命委员会主任（书记兼）	1977年9月—1978年12月
赵维欣	公社革命委员会主任（书记兼）	1978年12月—1979年5月
马金刚	公社革命委员会主任	1979年5月—1980年4月
侯风桐	公社革命委员会主任	1980年4月—1981年1月
	公社管理委员会主任	1981年1月—1981年5月
曹连峰	公社管理委员会主任	1981年6月—1982年1月
韩书江	公社管理委员会主任	1982年1月—1984年5月
王凤元	乡人民政府乡长	1984年5月—1985年4月
李金罴	乡人民政府乡长	1985年5月—1987年4月
孙所俭	乡人民政府乡长	1987年4月—1989年11月
潘广祯	乡人民政府乡长	1990年3月—1993年1月
贾清村	乡人民政府乡长	1993年1月—1998年2月
李方杰	乡人民政府乡长	1998年2月—2001年3月
乔福民	乡人民政府乡长	2001年3月—2003年1月
刘云华	乡人民政府乡长	2003年1月—2004年2月
马金祥	乡人民政府乡长	2004年2月—2006年2月
朱安江	乡人民政府乡长	2006年2月—2009年2月
吴表辉	镇长	2009年2月—2011年11月
汤 涛	镇长	2011年11月—2015年2月
黄 涛	镇长	2015年2月—2019年1月
孟宪伟	镇长	2019年1月—2021年12月
刘建林	镇长	2021年12月—

撰稿：郭 月

□李家坊村航拍图

李家坊村
LIJIAFANGCUN

　　李家坊村位于大年陈镇政府驻地东北2公里处，东邻大崔村，西邻刘德元村，面积约160亩。共170户，550人，姓氏以李姓为主，另有陈姓、董姓、朱姓。

▶▶ 历史沿革

　　明宣德年间（1426—1435年），始祖李光明、李光兰、李光辉三兄弟一家，由河北省枣强县迁此，与当地李氏俗称"坐地把"。后来李氏先人做起一些小作坊，如豆腐坊、粉坊、铸造工坊，于是取名李家坊村。

　　明清时属武定府惠民县，民国时期改区县制，本村属第十区，全区分8个乡，即忠、爱、孝、仁、信、义、和、平。李家坊属平乡所辖。

1944年10月，李家坊属惠济阳抗日民主政府十区管辖。1946年6月，李家坊隶属李家庄区管辖。1950年5月，全县分十三区，李家坊属惠民县大年陈区管辖。1956年6月，大年陈与姜楼合并称姜楼区，李家坊属姜楼区管辖。1956年12月，区全部撤销，设40个乡，李家坊隶属大年陈乡管辖。1958年2月，全县将40个乡调整为17个大乡，同年9月又将17个大乡调整为13个人民公社，下设耕作区，李家坊属大年陈人民公社大崔耕作区管辖。1961年大年陈公社又改为区，大崔耕作区改为大崔管理区，李家坊属大崔管理区管辖。1969年又改为大年陈人民公社。李家坊属大年陈公社大崔管理区管辖。1980年后，撤销人民公社改为大年陈乡。2014年后又改为大年陈镇，李家坊属之。

▶▶ 文物古迹

李氏宗庙　据考证，本村有三座庙，其中两座是家庙，一座是大佛爷庙。因本村有"坐地把"一支和外迁一支，因此分东西两座家庙。东庙坐落在村东首前街，坐北朝南，独立成院，土坯结构，有前出厦，地势较高，房内有许多台架，上面摆放多尊佛像。佛像前有供桌，庙前左方立一石碑，刻有村里为修庙而捐款捐物的人名及款物。另一座庙坐落在村西首（现在李汝太房址）。庙门朝东，结构摆设和东边家庙相差无几，庙门上有一副对联，上联：念经能超度难道阎王怕和尚；下联：纸钱能续命菩萨分明是贪官。对联是文人李汝梅所作，体现了警示人们不要信鬼神的先进思想。

大佛爷庙建在村西堰外，现址为大队办公室。庙屋一间，坐北朝南，只供大佛爷一尊佛像。庙虽小，但香火很旺。

大瓦房　从前村前街西头路南，矗立着两座清朝年间的建筑，人们俗称"大瓦房"，两座房子虽然建造年代不一样，但从外观看一模一样，并排两座瓦房中间有一个胡同，瓦房高10余米，长20余米，宽5米左右。墙全是用青砖白条石灰垒砌成的，房顶用一色的小青抱瓦铺成，从外面仰头看上去气势恢宏，十分壮观。外墙用几十颗蘑菇形铆钉加固，坚不可摧，隔一段还镶有拴马石。两屋中间胡同长50多米，由北向南分别建有三道门楼，地基向南逐步增高。第一道门楼在两座瓦房中间沿街而建，两旁各有一座石狮，门楼雕龙画柱，上方雕刻着各种花纹和飞禽走兽，看上去非常气派壮观。第二道门楼略低于第一道门楼，构造也比第一道简单些，中间门额挂一牌匾，上面镌刻"德隆望众"四个镏金大字。第三道门，镌刻"□□昌□"四个镏金大字，同样苍劲有力。过了第三道门，南边有一个大院子，并有大车门，里面有车棚、马棚、磨棚及长工、短工、用人居住的地方，生产生活用品样样俱全，可算是家大业大，村里俗称"大院子"。发家之人是李克桐，两座瓦房分别于20世纪70年代和2013年扒掉。

围堰 村围堰又俗称"围子墙"，建于何年已无记载。围墙的作用，一是在兵荒马乱的旧社会，用来抵御外来抢劫；二是发生大水，可囤四门，抵御洪水。据老人讲，最早见到的围堰高约4米，顶宽3米左右，围墙外壕沟有2米多深。起初围堰门分六个方位，分东南门、西南门、东北门、西北门，外加东、西两个门，各门上方都盖有简易"更房"，以备打更人遮风避雨之用。现在村东北角还有围堰和壕沟的痕迹。

土台子 村后街中间路北（现在李素贞、李清洋居所处），有一座土台子，原来有六七米高，因为村地基逐年抬高，显得没那么高了。土台子是李佩成、李佩宣两家祖辈合力共建而成，主要作用是防洪。原来还有几间偏房，后来倒塌。土台子为村民躲避洪水发挥了重要作用。

▶▶ 历史人物

● **民国抗洪英烈李法铨** 字衡甫，毕业于民国交通部立唐山铁路大学，就职于京奉铁路局。因老父亲李连华年老多病，电告回家，侍奉左右数十年，并在本村创立义务学堂。1928年，公推李法铨为黄河河务段长。1930年黄河水盛涨，李法铨带领百姓昼夜奋战，抢护得力，化险为夷，受到黄河河务局多次嘉奖。当年，王枣家出现巨大险情，李法铨因抗洪物资不济，情急之下，回家赶自家马车赴清河镇河务局搬运料务，不幸马车出险，马蹄伤及面部，抢救无效，因公殉命。

● **早期共产党员李清峰** 又名李象山，民国初年出生，一说毕业于燕京大学，又说毕业于天津武备堂大学。李象山在山东省立第四中学任教时就是地下党，是省立第四中学早期的共产党员，后学校南迁，因局势混乱与党组织失去联系。到四川后，通过学生代表、共产党员李英介绍后，经组织审查又重新入党。李象山1961年去世，生前一直从事教育工作。

● **神针桐奶奶李玉芝（1893—1975年）** 李玉芝娘家是李庄镇华李村，她十几岁嫁到李家坊，会用针灸疗法，但所用的针不是银针，而是做衣服用的钢针，对小孩黄疸病、转肠痧、痢疾等各种急难杂症能做到针到病除。李玉芝的丈夫李法恒的乳名叫桐呢，因此村民都尊称李玉芝为桐奶奶。

● **风箱大师李佩文** 1904年出生，12岁正式拜师学木匠。拿手活一是嫁妆活即居室内的家具，如箱子、柜子、桌椅抽屉等，不仅结实耐用，而且花纹精美；二是制作风箱，他的风箱风大、结实、美观，不仅在本地闻名，济阳、商河及黄河以南也有慕名而来的客户。

●李清溪（1914—1968年）　1960年任惠民县副县长，1966年1月，调任惠民行政公署水利局副局长兼潮河工程指挥部指挥。

▶▶村庄名人

●李遵和　1923年出生，1980年任中共惠民县委常委、宣传部部长，1981年任惠民县人大常委会副主任。

▶▶重要事件

1956年，全面掀起了大办高级农业生产合作社的热潮。10月底全区共有合作社5483处，入社农户达96.9%，其中高级社5264个，入社率占农户的96%。

李家坊村在形势的推动下，积极响应党和政府的号召，自愿参与了各个时期农村体制的各项改革，李家坊村民先后进行了互助组、初级社、高级社的变革。从1955年到1956年，基本完成了从初级社到高级社的过渡。

李家坊、刘德元、冯仙华、董家、陈旺庄5个村联合成立了高级社（即联村农业生产合作社），名称：耀光农业生产合作社。高级社下设生产队。从陈旺庄开始，陈旺庄设2个生产队即1~2队，董家村设2个生产队即3~4队，冯仙华村、刘德元村各设1个生产队即5~6队，李家坊设4个生产队即7—10队，这就是10个生产队名称的由来。

▶▶村办教育

有史记载，民国初期，李法铨就在本村创建了义学。李法铨去世后，村里聘请李遵道及外来教师任教，学校地址不变。

1937年，日本鬼子进驻大年陈后，学校基本停办。1945年，日本鬼子无条件投降，学校恢复了上课，又请了教师来本村教书，外聘教师待遇均由学生负担。人民政府建立后由政府发放150余斤粮食，以粮代薪。

▶▶ 风土民情

六月六 李家坊村农历六月初六过节，据查资料有好多说法，叫"晾经莒""洗晒节"。李家坊村的人们大都在这一天到大佛爷庙里去焚香烧纸，拜大佛爷求平安。随着人们生活水平的不断提高，大佛爷的香火越来越旺，同时也引来了不少外村人，人们提出请说书、唱戏的来助兴，"六月

□ 李家坊村六月六民俗艺术节

六"的村节就这样慢慢地发展延续下来了。也有人说"六月六"是大佛爷的生日，各有其说。

据老人讲，当时有说书、唱戏、耍场子、拉洋片、变戏法的等，同时也引来了不少小商小贩。前街、后街卖东西的摊子挤得满满的，有吃的、喝的、用的、小孩玩的，如欢喜台、捏泥人等等。搭棚张彩，设临时茶棚、小吃摊，如同赶庙会一般，车轿人马如潮，观者如蚁，好不热闹。

▶▶ 知青安置

当时下乡的知识青年有两种情况：一种原籍是本村，户口在城市的知识青年，如李惠起、李月起、李遵虎（李遵虎后来去了大年陈先锋队知青点插队）；另一种是济南市知识青年。第一批共11人，被分配到第一生产队和第四生产队，第一生产队三男两女，分别是玄诸环、李金昌、刘建秋，王桂英、刘福兰；第四生产队6人都为女同志，分别是刘希香、梁桂芹、张志杰、丛丽、解淑华、张萍。1969年1月8日又有济南市4名知识青年落户李家坊村第二生产队，分别是周荣福、王家祥、赵金华（女）、王秀芝（女），这样共计15名同学落户李家坊村。

第一生产队知青3名男同志暂住在李遵峰家，2名女同志住在李秀云家，第二、四生产队的知青住在生产队办公室，当时他们户口落在所在生产队，国家发给一定数量的口粮指标，按人数拨给生产队知青生活费和住房补贴。

▶▶ 村干部任职情况

历任村党支部书记一览

姓 名	任职时间
李庆会	1983—1984
李洪俊	1984—1994
李遵宝	1994—2002
李清森	2002—

历任村行政负责人一览

姓 名	任职时间
李佩村	1983—1987
李遵增	1994—2002
李龙岩	1994—2002
李贵斋	2002—2007
李洪刚	2007—2018

撰稿：李遵峰

□ 孙家村航拍图

孙家村

SUNJIACUN

孙家村位于大年陈镇政府驻地西3公里处，西临幸福河，西、北与姜楼镇搭界。土地2400亩，农田水利设施齐全，土地肥沃。全村205户，840人，以孙、任姓居多，还有赵、李、王、冯、于、肖等姓氏。

▶▶ 历史沿革

据孙氏家谱记载，明朝洪武年间（1368—1389年），孙姓始祖孙胜由河北省枣强县迁居于此，以姓立村，由于方圆几十公里内没有村庄，地势较洼，故取名洼里孙。因新中国成立前簸箕李村处，黄河多次决口，经历了洪水的沉淀，形成了两米多深的沙质土壤，自此不再低洼，成了宜耕宜种的良田，于是改名孙家村。

新中国成立前，一村三辖，北面属于惠民县，西南面属于济阳县，东南方向属于齐东县，是三县交界地，也叫三不管地区。新中国成立初期，孙家村设立了初级社、高级社、曙光社，后改为乡、管区、片、社区，社区在2018年迁至村南六股道上。

▶▶ 文物古迹

清朝末年，该村名人孙相吉，是孔府的管家（卷帘生），擅长中医偏方，曾治好了主人的疑难病，被赐封为"武德骑尉"，匾额挂于家中，院内有两层小楼，楼上镶有哈巴狗子、张口兽，据说张口兽只能安装在有功名人家的楼顶上，没有功名的，不管你势力多大，也只能安装闭口兽，任何人不能破坏这个规矩。盖楼的时候，由于原来的宅基小，需要向外扩展，而后邻不让，孙相吉就说，你要多少钱给你多少钱，后邻说，用铜钱摆吧，摆到哪里就盖到哪里。孙相吉拿来铜钱开始平铺，而后邻又说，这样不行，必须把铜钱竖起来摆。就这样，孙相吉用铜钱竖着摆，向后扩展了二尺，有五间屋长，从这件事看来，孙相吉家在当时相当富裕。

□孙家村石碑残块

由于此楼经历了多次洪水，淤泥把一楼淤积在地下，只剩下二楼露在地面以上，直到新中国成立后被拆除。

孙相吉家有两块坟地，就在村西300米处，每座坟地都竖有一块石碑。石碑由三块垒起来，有一米半宽、四五米高，整块石碑刻有二龙戏珠的花纹，最底下有一只石龟，

□孙氏家谱

背着石碑，十分壮观。经历了几次洪水后，下面两块都埋在地下，只剩下碑头，露在地上，东西两边的石碑被推倒运走，村里人盖房做了基石，西边的坟墓被扒，有少量瓷器、锡质灯盏及衣物出土。

▶▶ 村庄名人

● **赵宝庆** 20世纪60年代入伍，营指导员，部队转业后，调入滨州地区教育局任党委书记，现已病故。

● **孙连湖** 1979年高中毕业后入伍，曾任北京市卫戍区后勤处处长，正师级，现已退休，在北京居住。

▶▶ 风土民情

京剧戏班 商河县邪庙村的赵光礼，1949年左右来村里扛活打工，长期住在村里，他酷爱京剧艺术，是个内行，文武场、九龙口、唱念做打、生旦净末丑头头是道。村民们利用休闲时间，向他学戏，他教的形式叫盘桌子腿，中间放张桌子，大伙围桌而坐，支起家伙儿，也拉也唱，十分热闹。

后来大伙认为这样唱比较单调，没有动作，不能登舞台，1952年又从河北省请来了于兴俭师傅。于兴俭是科班出身，靠把老生，据说是言菊朋的弟子，戏行的事样样精通，且武功深厚，鲤鱼打挺、打旋子、飞脚、二起蹦子那叫一绝，有了老师的加盟，大伙儿的劲更足了，在村东挖了地窖，晚上在里面学戏，冬天既暖和，又不扰民。几年的工夫下来，排演了20多出传统戏，有《打渔杀家》《四进士》《追韩信》《空城计》《李逵下山》《收姜维》《杨家将》等。大伙儿感到能出门了，就在附近村庄给娶媳妇的、祝寿的、生男育女的去唱戏助兴，也能混顿饭吃，一来二往，名声大振。在县城举办的戏曲会演中，演出了自编自演的京剧《抓舌头》获得了一等奖。

1968年，又排演了全本的《沙家浜》和《智取威虎山》两台现代革命样板戏。这时正是鼎盛时期，演出阵容强大，包括灯光、道具、音响，全体演职员达到40多人，武场有任传贤、孙长亮、孙连村、孙纪同、孙念友、孙纪荣等人；文场有孙纪鹏、孙念吉、孙吉孝等人；演员有于兴俭、孙连恭、孙吉昌、孙书清、孙念祥、王德功、孙念忠、孙世杰、任敬汝、肖翠娥等人。他们不只在本村，还去王判镇、李家坊、张文台等村演出，他们村的戏迷也过来演出。

□ 老艺人流传下来的部分乐器

八极拳 新中国成立前，村里就有练

"八极拳"的习惯，据说"八极拳"是中国的十大拳种之一，以其刚猛爆裂、近身短打的技术风格，深受武术爱好者的喜爱和推崇。当时，村里年轻人个个身怀绝技，人人都有两手，既能强身健体，又能看护家园。

秧歌 扭秧歌也是老传统了，每逢过年，村里人就组织起来，成立秧歌队，队旗是两面三角黑旗，白色背旗镶边，中间镶一个大大的"傩"，代表秧歌舞步有节奏，动作有力，是古代的一种风俗，以迎神灵，祛除鬼疫，祈盼来年风调雨顺。主要演出内容是梢子棍、跷秧歌，善于表演撒枪和六节鞭。大黑旗十分显眼，被风一刮，呼啦呼啦作响，老远就知道这是孙家的秧歌队，直到现在，大黑旗还保存着。

鱼头顶儿 现在的十字街，修了大广场，过去这里叫"鱼头顶儿"，新中国成立前有集市，有"孙家集孙家赶，孙家不赶二五眼"的说法。说书的、卖艺的、剃头挑子、拨浪鼓、算卦的、磨剪子戗菜刀的等，都会在这里集中，每到晚上，小孩们都来这里捉迷藏、呱啦鸡。村里还经常在此召开社员大会。"文化大革命"时期"斗地主""破四旧"，很多小佛像、大花瓶等文物被打烂，埋在这儿的东南角。

▶▶ 教育卫生

村办教育 旧年间，村东建有土地庙，供奉着土地神位，供人们祈求国泰民安和五谷丰登，村里老人也到庙里送浆水。1962年之前，人们只记得庙台子上有两行大松树，之后在此建了4间新房，开设了小学。1966年，设立了孙家联中。联中老师有王明喜、卢宗

□孙家联中旧址现幼儿园

利、孙连良、孙记花、孙长海、高学海、徐多奎等，小学老师有孙长林、孙念岭、孙述文、孙连泉、李广木等。1976年联中搬到南边，1982年撤并到大年陈中学，老校址现在是幼儿园。

医疗机构 1968年以前，由李医生在孙家东头学校的门口旁，开设了药铺，到1968年后，实行了合作医疗，出现了"赤脚医生"，卫生室就设在大队部的院里，由李医生、孙念君、孙书玲坐诊行医，他们身背药箱、走街串户，一根银针、一把草药为患者治病，方便群众，排忧解难，大大提高了农

村医疗水平。至80年代，大队部解散，孙念君把卫生室搬到家中。

▶▶ 知青安置

1958年，大年陈成立了人民公社，社长任传典带领10个自然村的劳动力种四五千亩地。但有一片千余亩的荒洼位置偏远，离最近的村都有8里路。那里荒无人烟，杂草丛生，尤其春天风沙四起，种地非常困难，任传典就与各村队长商议，从各村抽调20多人在荒洼里建立了一支"先锋队"，这就是"大年陈先锋知青点"的前身。

1969年，毛主席发出"知识青年到农村去，接受贫下中农再教育很有必要"的伟大号召，大批有志青年到农村"上山下乡"，先后有十多名知识青年来到这里，他们有理想、有文化、有朝气，以"一不怕苦二不怕死"的精神，和社员们一起干活，把课堂上学到的知识应用到实践中，实行科学种田，练就了一身为人民服务的硬本领，为农村发展做出很大的贡献，也成为那一代人永不忘记的美好回忆。

▶▶ 供销社信用社

新中国成立初期，村里就有供销社，后来搬到了村东头，直到1980年左右实行责任制才解散，当时为农业农村发展发挥了重要作用。

□ 新建文化大院

信用社也是新中国成立初期建立的，比较稳定，如今还在运行，为村里的经济贡献不小，主要成员有孙记河、任传福。

▶▶ 村干部任职情况

历任村党支部书记一览

姓　名	任职时间
苏万兴	1969—1980
孙吉昌	1980—1984
任传武	1984—1994
孙吉柱	1994—2005
孙念兴	2005—2008
段长友	2008—2018
孙念兴	2018—2021
任增栋	2021—

历任村行政负责人一览

姓　名	任职时间
任连庆（农协会主任）	1955—1969
赵宝善（大队长）	1969—1984
孙吉柱	1984—2005
李成贵	2005—2018

撰稿：孙念祥

□ 弭家村航拍图

弭家村
MIJIACUN

弭家村位于大年陈镇政府驻地西偏北2公里处，耕地1970亩。全村198户，892人，以弭姓为主，另有崔、熊、董、司、李等姓氏。

2007年荣获中共惠民县委"五个好"村党支部。

2008年荣获中共惠民县纪委"廉政文化建设示范村"。

2010年荣获惠民县精神文明建设委员会县级"文明村"。

▶▶ 历史沿革

相传，张姓先人于明朝洪武年间（1368—1398年）由河北省枣强县迁此立村，村名张家庵，后来米、崔、司、董、李姓先人先后来村内落户，米姓族人一直不兴旺，据传是西边邻村任家村"人吃米"的影响，后来"米"改为"弭"，随后弭姓人丁兴旺起来，张姓绝户后，村名改为弭家村。

新中国成立初期，弭家村设立了初级社、高级社、曙光社，隶属大年陈乡孙家管区，2008年大年陈撤乡设镇，孙家管区先后改名片区、社区，2022年成立孙家联村。

▶▶ 文物古迹

弭家窑　弭家窑在弭家村东南，大约建于200年前，是烧制青砖的，在新中国成立后烧制工艺的规范发生变化，老窑就慢慢废弃了。现在的老窑，只剩下占地一亩左右的土台子，上面长满了杂树杂草。

塔　弭家村一位老人受高人点拨出家，圆寂后，他的儿子用两个瓮把他的真身装殓起来，埋葬在村

□ 弭家窑

南自家地里，按照出家人的习俗，在上面给他建了一座九层青砖塔，每层大约2米，塔门朝南。在塔建成后的几年里，附近的成家村人丁零落，村里常发生青壮年横死的怪事，成家村人考虑是塔影响了风水，于是在一天夜里，成家村人把塔给拉倒了。塔被拉倒后，引起弭家村的公愤，全村一起到成家村去评理，经过协商，成家村在原址重建了新青砖塔，塔高七层，塔门朝东南。

传说，这个塔和东边的弭家老窑，被后人誉为"笔杆子"和"砚台"，自此后，村里能人辈出，教书先生、做生意的、出门做官的比比皆是。到"文化大革命"期间，在"破四旧、立四新"的运动中，塔被红卫兵拆除。

▶▶ 烈士名录

● 弭召池　1893年出生，任弭李村村长，1946年在本村被反动派杀害，同年批准为烈士。

● 李丙政　1891年出生，任弭李村农会主任，1946年在本村被反动派杀害，同年批准为烈士。

● 孙秀英　女，1906年出生，区妇女主任，1946年在本村被反动派杀

害，同年追认为烈士。

● **李守文** 1951年出生，1970年参加革命，中国人民解放军六六四九部队战士，1972年8月29日在福州牺牲，部队批准为烈士。

▶▶ 村庄名人

● **弭惠宾** 云南省部队某部，正团级。
● **弭　良** 天津市政府，副县级。

▶▶ 特色产业

从1995年开始，全村发展果树种植，苹果、桃子收入占主导地位，2004年，镇政府在村北建设镇工业园区，占地1350余亩，村民收入以地租和打工为主。

▶▶ 村庄发展

2012年，在村委一班人的带领下，全村集资修路，完成长1450米、厚0.15米的混凝土路。

2014年，结合全市"户户通"要求，全村铺砖到每家每户门口，在村委办公室前，建混凝土广场600平方米，安装各种娱乐设施，铺砖篮球场500平方米。

2023年，全村道路升级为6米宽的混凝土公路。

▶▶ 村干部任职情况

历任村党支部书记一览

姓　名	任职时间
弭召庆	1950—1961
弭宪运	1961—1968
李光恒	1968—1970
弭庆路	1970—1978
弭庆财	1978—1991
弭宪明	1991—1995

姓　名	任职时间
弭庆财	1995—1999
弭善兰	1999—2005
弭善文	2005—

历任村行政负责人一览

姓　名	任职时间
弭宪珠	1950—1961
弭庆路	1961—1970
弭庆财	1970—1999
弭善兰	1999—2005
弭善文	2005—2008
王继航	2008—2018

撰稿：弭庆财　弭善寿　弭庆平

□ 毛旺庄村航拍图

毛旺庄村
MAOWANGZHUANGCUN

毛旺庄村位于大年陈镇政府驻地西南10公里处，东邻环乡路，西邻幸福河，南邻油坊村，北邻苏巢村。全村476户，1620人。以毛姓为主，另有刘、高、史、于、卞、逯、董、肖、王、张、马、李、苏等姓氏。

▶▶ 历史沿革

相传，明宣德年间（1426—1435年），毛姓始祖二人（名失考）由河北省枣强县迁居于此，以姓立村毛旺庄。"旺"表示兴旺发达之意。

▶▶ 文物古迹

堰屋子 20世纪50年代至21世纪初，黄河两岸的大堤上都有堰屋子。南岸的堰屋子坐南朝北，北岸的坐北朝南，门窗都朝黄河边，拐弯处的大堰堰屋朝河滩。毛旺庄有三座堰屋子，坐北朝南，间距500米一座。护理段曲线总长1362米，直线是1301米。堰屋子是护堤员的居所，护堤员的责任是：下雪后及时清扫堤顶，保证人员车辆安全通行；下大雨后要垫平浪窝；另外春季栽树、夏季管理、冬季防火。人民公社时期护堤员的报酬按工分计算，每人每天8分，大队开条子回本生产队参加分配。堰屋子也是黄河防汛期间防汛人员的暂住地。随着形势的发展与变化，河务局对堤防段的管理也有了新变化，过去的堰屋子已扒掉，昔日的护堤员也取消了，但堰屋子与护堤员将永远铭记在历史的长河中。

▶▶ 烈士名录

- **毛尊忠** 1931年出生，1949年参加革命，人民解放军〇〇八〇部队战士，1955年浙江黄岩江山战斗牺牲。
- **于德兴** 1935年出生，1953年参加革命，1960年加入中国共产党，人民解放军徐州部队股长，1973年在徐州牺牲，部队批准为烈士。

▶▶ 村庄名人

- **毛永温** 正师级，海南黄金部队，现已退役。
- **毛遵江** 正团级，一三八部队，济南军区武警军区后勤处处长，现已退役。
- **李林海** 国家林业局处长。

▶▶ 特色产业

2022年，毛旺庄村成立初心粮食种植专业合作社，在合作社稳步发展的前提下，于2023年3月与青岛粮新农业有限公司达成农户+合作社+公司的发展合作模式，顺势打造了村农产品展厅一处，从而构筑了产品与外销的桥梁。2023年8月与惠民县农投金惠种业签订了225亩的农大753优质小麦种植合同，2023年10月与江苏省连云港市马亮果蔬种植基地签订30亩的豆丹种植合作协议。

毛旺庄村地处幸福河畔，借助丰富的水土资源和优越的地理位置，对毛旺庄村幸福河东岸的400余亩土地进行了改造，依托大年陈镇乡村共富公司进行了土地整合，打造了彩色林果产业片区——河水果香果品合作社，以种植桃树为主，一年中从3月开始到11月"月月都有桃"。以种植苹果树、梨树、樱桃树为辅，这样可以起到果品多样化和采摘旅游双重产业化发展的效果。

□ 毛旺庄合作社产品展示区图片

▶▶ 村庄发展

2021年，开展环境整治工作，初步改善全村的村容村貌，为后续工作打下了基础。

2022年成立合作社，同步开展耕地保护工作，保障村里的粮食生产，托管面积已达1000余亩。

2023年开始实施大规模土地托管，借助上级政策帮扶完成主干道路的拓宽，同步实施美丽乡村建设，制订村内道路统一规划方案。

▶▶ 风土民情

传统过年民俗

辞灶　毛旺庄人的过年，是从腊月二十三的"小年"开始的。"小年"，旧时称为"辞灶日"，传说这一天是灶王爷上天向玉皇大帝汇报一家人工作、学习、生活情况的日子。这一天，家中还要进行一次彻底的大扫除，称为"扫尘"。

贴春联、贴福　贴春联、福字，在毛旺庄一般都是年三十上午进行的，早饭后，长辈们开始了包水饺、炸年货的各种准备，小辈们开始四处贴福，吵吵闹闹，贴正了，贴反了，各种欢笑，表达了人们一种辟邪除灾、迎祥纳福的美好愿望。

包水饺、炸年货　在毛旺庄，包水饺、炸年货是大年三十重要的年事活

□ 联合收割机收割小麦

动，家家户户包水饺、炸年货。早饭后，孩子们贴春联、放鞭炮，女性包水饺，男性炸年货。

放鞭炮　在毛旺庄，放鞭炮也是有矩可循的，一般在年三十晚上吃团圆饭前、年三十凌晨12点、初一清晨、初五、十五之时。除夕夜、初一晨放鞭炮分别名曰"辞旧"和"迎新"，初五放鞭炮叫"破五"，十五放鞭炮则是"送年"。其中，年三十"团圆饭"前的那一挂鞭炮，必须在全家人团圆的前提下才放，意思则是在告诉邻居人等：我们家人已团聚，事事大顺，开始"过年"了！如果家中有人未回家，这时是不放鞭炮的。

包水饺　毛旺庄年俗，除夕水饺是有讲究的，水饺一定要排满整"盖垫"，中间绝对不留空余，否则，来年会"亏大财"。

除夕守岁　团圆饭吃完，一家老少围坐一起，嗑瓜子、聊天、看电视，通宵不眠，此即谓之"守岁"。到"年五更"新旧岁交替时刻，再吃"更岁饺子"。

初一大拜年　除夕夜是自家小辈给长辈拜年。到了初一就是街坊邻居互相拜年，恭贺"新春吉祥"。一般早上4点钟开始，就陆续有登门拜年的了。

初二回娘家　年初二这天，是已出嫁的姑娘回娘家的日子。女儿携姑爷回家拜年，娘家要盛情款待。初二闺女回娘家的习俗至今流行不衰。

集市

自清朝末年开始，村中就有集市。那时多以交易食物为主，后经历抗日战争、解放战争停集，在1950年左右恢复集市交易，集市日期为农历每月初

一、初六、十一、十六、二十一、二十六，规模较小，主要为本村农产品交易，位置为村委办公室街口。

▶▶ 村干部任职情况

历任村党支部书记一览

姓　名	任职时间
刘传经（社长，后来是支部书记）	1945—1983
毛振庆	1983—1995
毛遵功	1995—2003
李家光	2003—2004
毛遵禄	2004—2021
翟玲娣	2021—

历任村行政负责人一览

姓　名	任职时间
毛振武、李家栋	1996年前
毛永彬	1996—2003
毛遵功	2003—2004
毛永彬	2004—2018

撰稿：毛遵清

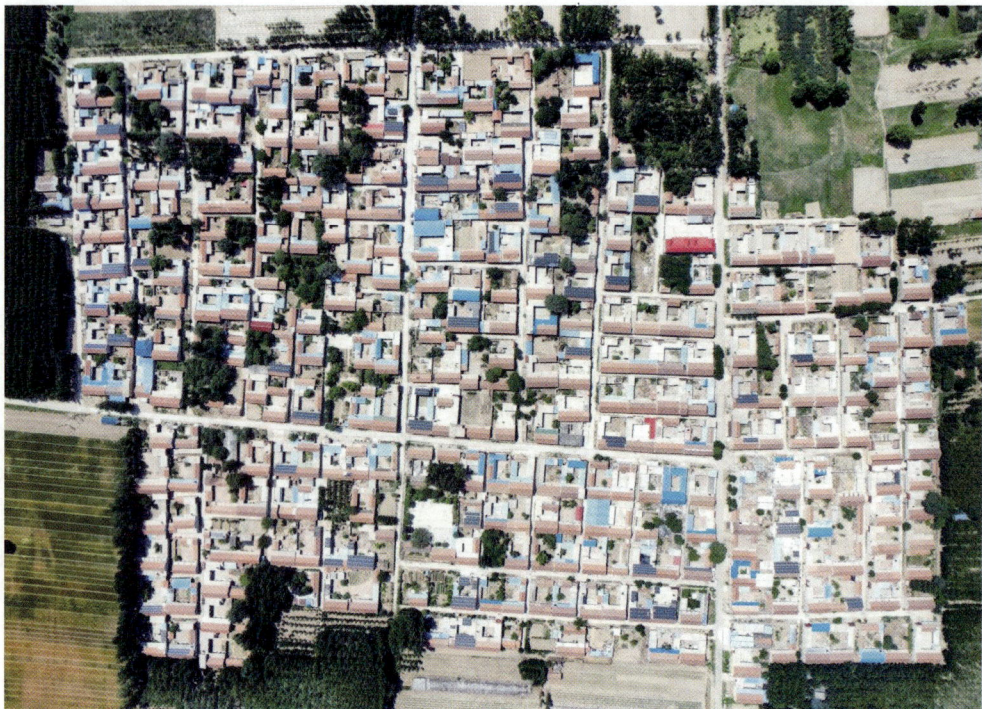

□ 西刘旺庄村航拍图

西刘旺庄村
XILIUWANGZHUANGCUN

西刘旺庄村位于大年陈镇政府驻地西南9.5公里处，东邻大年陈镇老唐家村，西邻济阳县码头村，南邻黄河，北邻商家林场。耕地2690亩。全村363户，1296人，以刘姓为主，另有王、李、吕、董姓。

▶▶ 历史沿革

洪武年间（1368—1398年），刘泉携二子（文敬、文义）由河北枣强县迁徙至山东济南府、武定州之西南乡，南临济水河（今黄河）定居。离城90

余里，以姓立庄"刘王庄"。后"王"改为"旺"表示人丁兴旺之意。

▶▶ 文物古迹

古楼 刘旺庄村东，老唐家村南，道口上半截的西侧，黄河大堤堤顶北坡一平坦处，有一用莎木搭建的木楼，高40米~50米，建楼年代不详。据老唐家村唐崇树老人口述，他少年时曾爬上过木楼，该木楼的顶尖下5米处框架内有一约3平方米大的平板，平板中心有一圆眼，可供爬上去的人通过圆眼进入平板稍坐休息。站在平板上的人，向北能望到惠城以南有一座和这座一样的木楼，向北数座连北京，站在木楼平板上向南瞭望，能看到章丘城北山子附近也有相同样式的木楼，座座通南京。木楼南北连接是20世纪双京路的早期标记点，站在木楼平板上向西能看到曲堤闻韶台，向东看到黄河内过往的白帆点点。木楼于20世纪70年代初被特大级风刮倒，莎木料除被老唐家一队盖生产队饲养院屋用一些外，其余的均被河务局运走。

堰屋子 滨州市黄河北岸第一村刘旺庄有三座堰屋子，由西向东排列为1、2、3号，坐北朝南，间距500米一座。护堤员分别是：1号堰屋子，刘传珍、刘善温、刘希江、刘家生；2号堰屋子，徐来红、张敬义、刘传德、刘传亮；3号堰屋子，唐圣杰、刘传典、刘家书、刘长行、刘善明。

□堰屋子

▶▶ 村庄名人

• **刘传周** 生卒年月已不可考，1910年前后出生，年轻时便出门闯荡，到河北、天津生活，以面食白粽闻名，发迹后举家搬迁。

▶▶ 重要事件

1888年7月9日，黄河漏决口于刘旺庄。

1902年8月，黄河漫决口于刘旺庄。清朝政府堵口子用银68.6万两。

1934年春，重修刘氏族谱，贺谱唱大戏。是年瘟疫病毒传染严重，死亡人口很多。

1937年11月，日本鬼子扫荡进刘旺庄村。

1947年2月，党的干部白金亭，系河北省南皮县五马营区白九包村人，回族，牺牲于刘旺庄村。

1952年11月，刘旺庄村造册填写各户土地房产所有证。1953年土地改革运动开始，简称"土改"。

1954年，成立互助组。

1955年，互助组转为初级社，同年冬天，初级社改为高级社。农户的车辆、牲口、农具、种子等统一作价，连土地一起入社。随后按街或片户数、人口多少，划分成多个生产小队。

1958年，成立人民公社，有青壮年拉大兵团，外出集体劳动大生产，还有部分青年去博山煤矿。是年7月黄河涨大水，滩区土地、庄稼全部被淹。是年秋后掀起打砖井高潮，刘旺庄的井多数是那年打的。

▶▶ 村干部任职情况

历任村党支部书记一览

姓　名	任职时间
刘高行	1981—1984
刘培中	1984—1988
刘家亮	1988—1992
刘传纪	1992—1996
刘家武	1996—2000
刘家茂	2000—2004
刘伦行	2004—2008
刘家杰	2008—2012
刘善河	2012—2016
陈宝广	2016—2017
刘庆军	2017—2020
徐云霞	2020—

历任村行政负责人一览

姓　名	任职时间
刘光行	1980—1990

续 表

姓　名	任职时间
刘善河	1990—2000
刘庆军	2000—2010
刘培岭	2010—2018

撰稿：刘传福

□ 大高村航拍图

大高村
DAGAOCUN

　　大高村位于大年陈镇政府驻地西南4公里处，东接浮桥路，西与逯家堰村搭界，南接西榆林村。村庄占地面积540亩，村内有耕地1130亩。全村192户，729人。以高姓为主，另外还有刘、张、李、闫、路等姓氏。

▶▶ 历史沿革

　　大高村，历史上由大高和李自石两部分组成，紧邻黄河。据说200年前，黄河泛滥，人们为了生计高筑堤坝，淤区土壤肥沃，有人在此居住耕作。据《高氏族谱》《李氏族谱》载，两姓始祖均由河北省枣强县迁来。高姓始祖高原、高德，于明朝嘉靖年间（1522—1566年）迁此立村高家。据村里87岁的宋永全、高氏19世传人高读祥老人描述：始祖高原、高德带领近百人迁到此地后，顺堰而居，遂被称为高家堰。李姓始祖李自石，于明朝宣德年间（1426—1435年）至此，借人之名称为李自石村。两村早年就有共事基础，1985年合建一个村民委员会。1990年地名补查时，经县府批准，并为一个自然村，以大高为村名。

▶▶ 民间传说

武术与毡帽　据传说，高氏祖上迁来时带来了防身武术和做毡帽的技艺，高家人和外村人结识后，无偿教授武艺，这也为刚建立不久的村庄带来了机遇，顺流而下的商旅也顺道学习武术，经济交流多了起来。男人传武，女人做毡帽，自此高家村人告别传统男耕女织的生产方式，这在方圆百里传为佳话。直到抗日战争时期，由于日寇入侵，大高村的防身武术和世代相传的毡帽生意难以为继。新中国成立以后武术不再教了。毡帽生意在东北和胶东开有两家毡帽分店，20世纪90年代以后逐渐销声匿迹。

小庙　70年代之前大高村内曾有两座小庙，坐落于村东西两侧，东面为关帝庙，西面为观音庙。关帝庙有三间房屋，内有大小两座关帝塑像，每逢农历六月二十四为关帝庆生。每遇到大旱之年，村民自发到关帝庙备下贡品，祈求大雨，祈求丰收。西面观音庙内有一观音铜像，高约50厘米，村民常常到此为家人亲朋祈求平安。每逢农历六月十九这天，村民聚集于观音庙为其庆生。

▶▶ 村庄名人

● **高英培**（1928—2002年）　出生于天津市，祖籍山东惠民县大年陈镇高家庄，相声演员。1948年，正式拜赵培茹为师。1951年，开始撂地演出，后参加天津"连兴茶社"演出。1963年春，向郭荣启学艺，以师生相称。1966年下放，骑三轮车负责运输。1976年重返舞台。1985年，被评选为"全国十大笑星"之一。1994年，参加中央心连心艺术团到少数民族地区的慰问演出，被授予"天山奖""贺兰山奖"，受到了国家领导人的接见。

▢高英培

▶▶ 村办教育

新中国成立后村内建学校，尚不成规模，不能实现真正意义上的现代教育，直至20世纪60年代，建成真正意义上的学校，为四年制初小，初小毕业后升入高小（今榆林小学）。据本村老人回忆，外来教师有武兴师、刘思温、赵光华、王良信、郭树仁等。

▶▶ 村庄发展

1983年通电，解决了用电难的问题，2018年进行了线路维修整改，保证了用电安全。

1984年，村内修建第一条柏油路，东接大年陈村，西至村西头，2000年公路修建延伸至单家，2002年村内公路加宽，2015年对老旧公路进行维修。

2007年，村内通自来水，解决了群众吃水问题。

2017年，新建村委办公室及活动广场，方便群众开展文化活动。

2017年，在驻村书记的带领下修建了节流灌溉工程，同年打机井一眼，解决了群众农耕用水难问题，极大地方便了农业生产。

▶▶ 风土民情

婚嫁民俗　大高村是一个非常传统的小村庄，每遇婚嫁全村人都到场帮忙，民风淳朴，邻里和谐，婚嫁按照传统分为小见面、大见面、抄号、下聘和结婚几个阶段。

小见面：适婚男女双方互不相识，在媒人的指引下约定时间地点见面，大多是在集市上，两人远远相望，互不言语。有小问题时媒人在中间进行撮合，两人无异议后进行下一步。

大见面：男女双方已有一面之缘，这次是正式见面，双方相互了解，双方无异议后，男方要给女方赠送见面礼一份，类似于定情之物。

抄号：即交换双方家长兄弟的名讳，这里不是大名，常常是非正式的小名或号，由媒人从中传达，男方常常为女方准备布匹、烟酒等礼品供媒人上门换号使用。经过换号后双方即成为亲戚。

下聘：待男女双方到达适婚年龄后，经双方家长同意后下聘礼，具体数目由双方商定。而后由男方择良辰吉日结婚。

结婚：女方提"上头"，即女方亲友举办宴席，这一天男方派人送食盒，携肉、酒、鱼、馒头等到女方家与女方家长商议结婚注意事项。男方提前三天盘锅修灶，炖肉，炖鱼，炖鸡，备菜，准备桌椅餐盘碗筷器具，以候宾客。结婚前一天张贴喜联搭建喜棚，结婚当天由男方组织锣鼓队伍接亲。在女方吃完饭后将筷子或酒杯偷偷带走，意为"快生子"，而后接新娘回家，下轿后拜天地完成仪式，礼成大宴亲友。

□ 大高村村容村貌

▶▶ 村干部任职情况

历任村党支部书记一览

姓　名	任职时间
高洪彦	1982—1983
高宗信	1983—1987
高洪彦	1987—2001
高礼树	2001—2003
宋修峰	2003—2006
高礼明	2006—

历任村行政负责人一览

姓　名	任职时间
闫贺荣	1975—1998
高继平	1998—2003
高世武	2003—2018

撰稿：李成龙

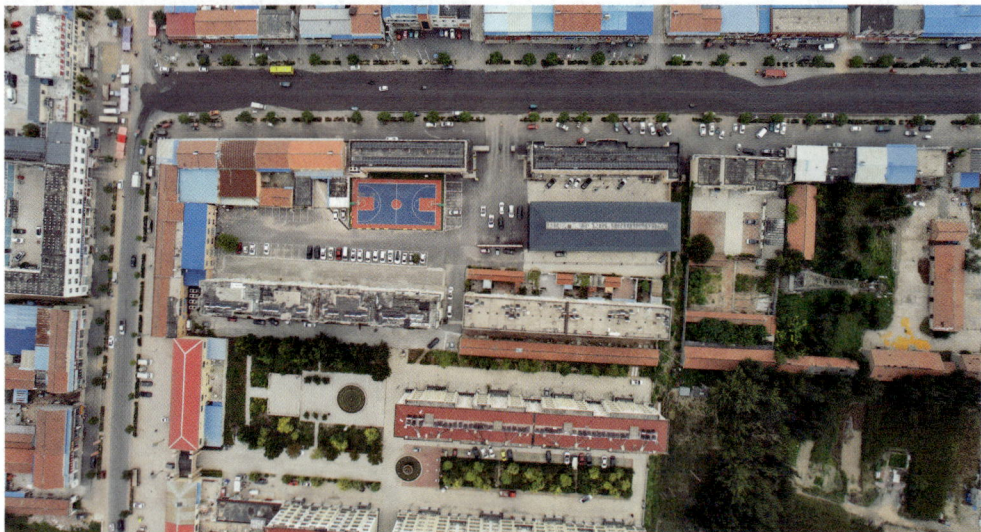

□ 大年陈村航拍图

大年陈村

DANIANCHENCUN

> 大年陈村地处镇政府驻地，北与李木匠村地域相连，东与张龙泉、吕家村接壤，南与张文台、杨柳、熊家村相近，西与大邢村相连。村有耕地1616亩。村民310户，1074人。有陈、王、焦、丁等姓氏，以陈姓人口居多。

▶▶历史沿革

大年陈，原名大碾陈。明建文年间，皇帝诏令移民，陈龙、陈虎兄弟一家从河北枣强迁来。因村中曾有一大碾，又系陈姓建村，故名大碾陈，民国时期村人仍用此名，后来逐渐将"碾"改为"年"，是为大年陈。

从前大年陈村被叫作"小天津卫"，主要原因是在天津的人多，200多户人家有300人在天津谋生，有的干脆全家搬到天津，村里人多让孩子念几年"四书"，能写一手毛笔字，会打算盘，十四五岁，就托人送到天津学买卖（学营业员），在学习买卖期间（试用期2~3年）得侍奉店中所有正式职工，先掌柜，再正式职员，做一些搭铺叠被、盛碗端菜、打扫卫生的杂活，每天工作时间达十五六个小时。但有一条，吃的是细米白面，顿顿有两三个菜，过年过节更好，比起在家吃红高粱和糠菜好多了。如果孩子精明又讨得掌柜喜欢，晋升到账桌上当先生（会计）那更为理想了。再则，有能力讨得东家信任，晋升成掌柜（业务经理），那可是人上人了，家长们盼的就是这一天。村中有些大户，就是从掌柜起来的，如东全居、源茂染厂等，都是沿此路成为资本家的。

大年陈村在周围十里八乡是有点名气的村子，村内有10余米宽的街道，店铺开设两旁，有的户在房后盖有一米多宽的商厦，以备赁于赶集商人出摊时挡风避日。每月逢二、七大集，七日集中心在村西首，二日在东首。中街有杂货店"德兴厚"，药店从西至东依次为"长春堂""毓德堂""万年春"等。药店大都平时卖药，逢集日有中医坐诊，另外有几家饭铺，有的在集日营业，有的常年经营，后院兼住客商等。在物资十分匮乏的年代，农村一切都闭塞的岁月里，也算得上比较繁华了，所以呼曰"小天津"。

2010年，撤销大年陈乡，设立大年陈镇，大年陈村属之。

▶▶ 文物古迹

碑楼 始祖陈龙、陈虎墓地在村西南半华里许，墓前建有碑楼，高4米左右，碑文对祖上生平事迹记录非常翔实，以示子孙孝敬之德。古碑今在何处？一说为迎黄河大汛，杨忠县政府号召群众献石献料，此碑运往黄河作筑坝之用，一说匿埋地下，事实真假难辨。

大碾 大年陈原名大碾陈，因村中有一大碾而得名。据说大碾十二个膘肥体壮的骡子都很难拉起。因年深日久，后人已不知它的去向。

围堰 村堰，大约始建于清末民初期间。堰高5米多，顶宽约2米，上有女儿墙，高1米多，四个方位有灰砖垒成的大门，大门上有谯楼，门上方有用砖铭刻的大字。围堰四角，即东北、西北、东南、西南均盖有土坯"更房"，以备打更人避风遮雨之用，堰外有3米深的壕沟，以加强防护。

四门外有纵向通道，直通外村。路宽3米左右，中间是大车道，两边是人行道。村东道路笔直，两边绿柳成荫，达"东花园"（一大户人家花园）。东门外南面是一片较大的树林，高大的榆、杨、柳、槐等，遮天蔽日，郁郁葱葱，农忙时短工市（劳务市场）设在这里，村中大户人家，大都住在东首，所以瓦房较多，街道整洁，别有一番景象。

1941年秋，刘良禹的部队驻扎在本村，重修了村堰。围堰高达10米左右，堰顶5米许，女儿墙近2米，中上方有射击孔。原来的谯楼改成城楼的样子，门外左右各建一灰砖小屋做防护哨位。围子四角建有炮楼，高两层，顶层半露天式。堰外的壕沟，挖成护城河的样子，深度近8米，壕中有水。1942年正月，刘良禹部队投降日寇，围堰遂遭破坏。

民国初年至二十年间，村西部常有土匪进村抢掠财物和"绑票"，这期间村堰起了很大作用。一到夜晚，四门紧闭，村人轮流打更、巡逻。东首一些大户拿出自购的钢枪、土枪组成一支自卫的队伍，多年来未再发生被抢或"绑票"事件。

▶▶ 历史人物

● **陈西林（1867—1946年）** 字荫东，原名陈敬翰。陈西林生长于大年陈村的耕读世家。光绪十三年（1887年）中秀才。光绪十五年（1889年），考录北洋武备学堂。毕业后，考列优等，赏五品顶戴，被李鸿章派往北洋铁轨官路总局实习。1905年，清政府决定兴建京张铁路，詹天佑任总工程师，陈西林任副总工程师。陈西林与詹天佑携手合作，配合默契，终使京张铁路于1909年9月全线通车。因为痛心当时政府的贪腐横行，1932年，陈西林自请退职，拒任伪职，用陈家酱菜园子照顾去天津闯荡的大年陈人。1946年在北京逝世，享年79岁。

□陈西林

▶▶ 村庄名人

● **陈永玲（1929—2006年）** 生于青岛，祖籍山东惠民大年陈镇大年陈村，原名陈志坚，京剧名旦。海外报刊评论他是"集梅、程、尚、荀、筱绝技于一身"的"中国名旦"。

● **陈召军** 大年陈镇大年陈村人，曾任北京市中医药大学附属医院副院长。

□陈永玲

▶▶ 特色产业

农副业　大年陈镇拥有红富士苹果和惠民蜜桃 3 万余亩，有着"中国蜜桃之乡""全国优质果菜生产龙头乡镇"的美誉，目前单是种植的桃子就有果丰王、春雪、上海水蜜桃、惠民蜜桃等八九个品种。大年陈村惠民蜜桃尤为出名，它个大，平均果重 257 克，最大 750 克，底色黄白，外表为鲜艳红色，品质极佳，于 1997 年通过山东省科委组织的专家技术鉴定，其综合品质达国内领先水平。2002 年在山东林产品博览会上获金奖，2023 年，又获国家农产品地理标志登记，产品远销新加坡、斯里兰卡、俄罗斯等国家和地区。

每逢 8 月举办"赛桃会"，瓜果飘香美食多，是大年陈的"老本钱"。这里有"惠民蜜桃"和"惠民短枝红富士苹果"两个地理标志著名商标。

旅游业　从 2003 年起，大年陈每年举办桃花旅游节和蜜桃采摘节，是有名的花海果林。改革开放后，大年陈镇立足沿黄河 35 华里的优势，重点打造以黄河大堤为核心的生态旅游长廊，开发了休闲钓鱼、自行车骑游、自助烧烤、休闲采摘等休闲运动项目和生态休闲产业园。2016 年底，被授予"山东省旅游强乡镇"。

每年花季，也是大年陈旅游的高潮。赏花外，还可以欣赏民间戏曲、杂技绝活、诗歌朗诵会，参与摄影大展等活动，还可以体验农家乐风味餐饮等。

▶▶ 村干部任职情况

历任村党支部书记一览

姓　名	任职时间
陈敬秋	1966—1974
陈宗芳	1974—1985
丁汉林	1985—1988
陈以树	1988—2020
陈加友	2020—

历任村行政负责人一览

姓　名	任职时间
陈宗芳	1966—1974
丁汉林	1974—1985

姓　名	任职时间
陈以树	1985—1988
陈加友	1988—2018

撰稿：朱自强

□河下禹王口村航拍图

河下禹王口村

HEXIAYUWANGKOUCUN

河下禹王口村位于大年陈镇政府驻地东南1.5公里处，东邻黄河，西到黄河大堤仅1华里，南邻莫家村，北邻毛家口村。经济作物以玉米、小麦、棉花和花生为主。耕地1300亩，人均耕地2亩。村民165户，657人。主要有李、徐、王三大姓氏。

▶▶历史沿革

相传，该村建于明朝初期，名为禹王口。其村旧址原有西禹王口、小禹王口两个村，均在黄河堤内。为防水患，于1976年春，村民在堤外建房居住，立村新禹王口。1985年建立村民委员会时，因邻村有一河上禹王口村，故更名河下禹王口村。

▶▶ 文物古迹

台子 居住在这里的村民利用冬春农闲时节，用篓子或者小推车担土来保护自己房屋的下围，久而久之就形成了台子。

▶▶ 民间传说

王八炕上 1976年前的河下禹王口有个不雅称号——"王八炕上"。关于称号的来源，一说是每到黄河发大水的时候，乌龟总会爬到堰顶上去晒太阳，这种现象传到了河岸外面的村庄，有些人到此观看，就把河下禹王口村改叫"王八炕上"了。另有一说是很早以前村子驻地就在河边，村民为了防止建的房屋被河水冲垮，便将房子建成圆锥形，周边用高粱秆围成篱笆墙，房屋顶上加盖圆顶，用泥土挂墙护顶。每次黄河涨水时，房子的墙经过河水的冲刷，周边的泥土都已经冲掉，只露出屋顶被高粱秆给撑着，太阳光照在水面上，从远处看屋顶圆圆的，像极了一个个"王八"趴在水面上，由此得到这样一个称呼。

父子庄 据村民讲村旧址中心就在现黄河河道中，由于河道的形成，将原本一个村庄的村民分到了黄河两岸，至今还有很多家庭父亲住一边，孩子住对面，好多村民在黄河对面还保留有田地，同时这边也有对面高青村民的农田，后经过兑换和调整流转等方式，将两岸农田进行了调整，基本解决了村民种地难的问题。

▶▶ 历史人物

• **徐安歧** 1915年出生，1931年参军，加入了国民党部队并招收为黄埔军校学员，毕业后荣升为独立营营长，而后带全营战士起义加入了中国人民解放军，转业后在河北邢台市任供销社主任。

▶▶ 村庄名人

• **伊茂方** 1929年出生，抗美援朝老兵，转业后曾任滨州市煤建公司总经理和公安局局长。

▶▶ 重要事件

1976年9月秋种时节，黄河汛期涨水，群众无法在原来的房子内生活，当时的党和人民政府就先把群众安置在邻村的居民家里或投靠亲友，然后又用本村的耕地在大堤外给村民兑换了宅基盖房子，村民有了稳定的住所，但是群众为了生产生活方便，在洪水退去之后，又陆续回到了原来的住所。1996年秋，黄河又一次涨水，党和政府又帮助安置到了滩外，但还是有部分群众因人口多或生产不便等原因，仍住在黄河滩内，直到2014年才彻底搬出了滩区，把原来的台子复垦成了良田。

▶▶ 特色产业

在1976年搬迁之后，政府帮助成立了炼油厂，以保障群众生活所需，再后来村民还利用水资源成立了冰糕厂，后因各种原因厂子慢慢解散。村民主要种植小麦、大豆、花生和棉花，因土地肥沃，每年的庄稼长势和收获都非常喜人，家家户户都仓满囤溢，邻村都非常羡慕，也因此本村姑娘有不出村的传统。

▶▶ 村办教育

禹王口小学，新中国成立前，马成文任禹王口小学校长兼老师，另有袁容广老师。新中国成立后，伊丕征任校长兼教师，另有党希鹏老师。1958年李凤春任校长，另有张洪亮老师。1958年之后，学校合并迁至村外。1976年迁至滩外改名东方红小学。

□ 禹王口小学学生合照

▶▶ 村干部任职情况

历任村党支部书记一览

姓　名	任职时间
王泽木	1949—1954
王遵声	1954—1980

949

姓　名	任职时间
王云德	1980—1983
李振禄	1983—1990
李桂传	1990—1993
曹延亮	1993—1997
王书亮（代理书记）	1997—1999
李桂传	2000—2008
曹延亮	2008—2012
莫振福	2012—2021
陈淑芬	2021—

历任村行政负责人一览

姓　名	任职时间
徐安礼（会长）	1949—1958
王遵柱（村长）	1949—1958
徐安和（大队长）	1958—1964
徐安富（大队长）	1964—1976
王遵柱（大队长）	1976—1983
王云德	1983—1990
李桂兴	1990—2000
李凤兴	2000—2004
李桂传	2004—2007
尹桂爱	2007—2008
李凤兴	2008—2010
李凤远	2010—2014
徐亮祥	2014—2017
李　涛	2017—2018

撰稿：韩福忠

王枣庄村
WANGZAOZHUANGCUN

王枣庄地处大年陈镇政府驻地东北4公里处，东与淄博市高青县隔黄河相望，西邻东崔、大崔两村，南与郭口社区把子村、大年郑村接壤，北边与刘景新村连接，紧邻商高高速和庆章高速，距离220国道约8公里。现有土地1800余亩。村民共380户，1200余人，以王姓为主，另有李、朱、闫、梁、刘等姓氏。

▶▶ 历史沿革

明朝末年，约1644年，王枣、王和兄弟二人由河北省枣强县迁居于此地，立村王枣庄。

王枣庄旧址原在黄河大堤内，因当时河道管理不善，河水连年泛滥，居住困难，于清光绪年间（1875—1908年）由堤内迁于堤外，一部分迁入堤顶一侧，因地势条件所致，居民分为三段，形成南段王、中段王、北段王三个自然村。

▶▶ 烈士名录

• 刘元强　1926年出生，南段王村人，志愿军二十军六〇师战士，1950年抗美援朝牺牲。

▶▶ 村庄发展

王枣庄地理位置优越，村庄道路布局科学合理，实现自来水"户户通"，提供了符合要求的给水设施和饮水设施，自来水普及率100%，村庄内广播、电视、电话、网络、邮政等通信设施齐全。土地紧邻黄河岸边，土地富足，土壤肥沃，地势平坦，水利灌溉条件便利。王枣村现有土地1800余亩，以农业为主，主产小麦、玉米、棉花。通过土地流转，解放了大部分劳动力，村民通过土地流转取得土地租金和分红收入，其中部分劳动力去附近乡镇务工，提高了自己的收入。另外通过规模化和集约化的种植，不仅降低了生产成本、提高了农业生产效率，同时增加了群众和村集体收入。部分青年凭借地理位置优势和资源优势，创办绳网企业，增加就业岗位。部分村民与李庄绳网企业洽谈做绳网加工，带动村内闲散劳动力在农闲时候做绳网加工，增加村民的收入。

▶▶ 风土民情

六月十九　王枣庄最隆重热闹的节日莫过于每年的阴历六月十九日，这个节日开始是王枣庄独有的，后来邻近的东崔村、刘景新村、河头闫村也跟着王枣庄人一起欢度这个传统节日。据老人们说，100多年前，黄河经常泛滥成灾，河道不像现在这样固定，经常造成堤坝决口。有一年黄河在王枣庄地界决口，虽经王枣庄人奋力堵决口，但决口仍在不断扩大，关键时刻，一位巡视堤防安全的县官，便奋不顾身跳入水中堵决口，只见他进入水后变成一条青龙钻入洞中，刹那间河水停流，乡亲们的生命财产保住了。为了纪念这位县官大人的功德和神的保护，朴实善良的王枣庄人便在中段王村的中心位置，即村的西头，捐款捐物修建了"大王庙"。每年的这一天人们自发在

"大王庙"前举办盛大庙会，周边几十里的老百姓赶着大车带着供品前来祭拜大王，扎舞台、搞演出，感谢县官救命之恩，并盼望风调雨顺有一个好的收成。多少年来，每到六月十九这天，亲朋好友都带着孩子赶着大车前来做客，家家户户宾客满座，胜过过大年。

武术梢子棍 传说王枣庄先辈，为了强身健体，同时本着保护家园和财产的想法，继承了祖辈的"武术梢子棍"打斗绝技，使其发扬光大，附近如有打架闹事的武斗事件，武力弱的一方便请王枣庄的"梢子棍"队前去帮忙调解或武力镇压，促使双方和解。

过去堤防管理较为混乱，黄河河道始终不能固定，王枣庄人与河对岸的人因河道冲刷土地矛盾不断，时常发生人员斗殴伤人的恶劣事件。有一次河对岸纠集百余人前来闹事，前辈们闻讯出动"梢子棍"前来应战，对方见王枣庄"梢子棍"阵容强大，只好乖乖收场，避免了一场流血事件。由于"梢子棍"的名气，周围村庄举行大型活动，都邀请王枣庄"梢子棍"前去献艺镇场，帮助维护秩序，保障活动顺利进行。可惜此项绝技并未传承下来，成了散失在岁月中的传说故事。

▶▶ 搬（拆）迁情况

1952年，因连年黄河泛滥，大堤需加宽加高，因此政府决定，居住在堤顶的居民必须全部搬到堤外。居民分批搬入了新区。南段王与梁家村合并，经梁王两大家族协商改村名梁王庄，新中国成立后人口普查改名南段王；中

□ 收割小麦场景

段王原居住此地的居民与新搬入的居民协商叫新王家，后经人口普查改叫中段王；北段王的居民与迁入的居民叫北段王。至此，南段王、中段王、北段王三个独立成村，又统一称为王枣庄。

▶▶ 村干部任职情况

历任村党支部书记一览

姓　名	任职时间
王明刚	1977—1984
王明林	1984—1986
王玉利	1986—2001
王乐广	2001—2005
王良生	2005—2008
王乐信	2008—2020
王明福	2020—

历任村行政负责人一览

姓　名	任职时间
王明林	1986—1988
王乐广	1988—1996
王明轩	1996—2002
王良生	2002—2008
王明连	2008—2014
王良锋	2014—2018

撰稿：王乐广

□张文台村航拍图

张文台村

ZHANGWENTAICUN

张文台村地处大年陈镇政府驻地西南偏东1公里处，北与大年陈村相邻，东与熊家接壤，南与张旺庄相望，西与杨柳相连。全村有耕地1132亩。村民共171户，632人，有张、李、尹、陈等姓氏，以张姓人口居多。

▶▶ 历史沿革

张文台村，曾名张良殿。据传，汉将张良曾路经此地，并驻于此，故名张良殿。至明洪武年间（1368—1398年），又有张姓由河北省枣强县迁此定居。后来，村中有一叫张文台的人，爱管闲事，周围吵架之类的小事都找张文台调解，在当地颇有声望，遂改村名为张文台。

▶▶ 文物古迹

石碑　石碑位于村内十字街路西，石碑雕刻的主要内容是张文台如何坐落于现在的位置的，石碑只保留了上半部分，下半部分不知所踪。

百年大树　百年大树位于翠花超市向南50米处，约1920年时被当时的主人种下，为笨槐。至今枝繁叶茂，被人们视为美好的象征。

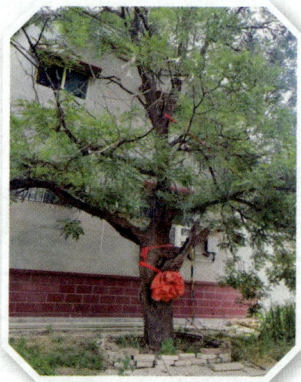

□ 张文台村百年大树

▶▶ 民间传说

张良，字子房，秦末汉初杰出谋臣、政治家，西汉开国功臣，与韩信、萧何并称为"汉初三杰"。晚年随赤松子云游四海。相传张良在云游四海时，曾在张文台村这里住过几年。

▶▶ 历史人物

● 张敦纲　清朝翰林院大学士。

▶▶ 烈士名录

● 张春庆　1928年出生，1949年参加革命，华东野战军第二十军战士，1949年在上海战役中牺牲。

▶▶ 村庄名人

● 张玉春　15岁参加八路军，济南战役时任连长，渡江战役解放上海后一路南下，在福建安家。新中国成立后，任广州军区某部独立营营长（正团级）。

● 张希武　1986年参加对越自卫反击战，后任北京军区某汽车独立营营长（副团级），天津市河西区交警支队退休。

● 张清友　曾任皂户李镇党委书记、惠民县副县长、滨州市供销合作社主任（正县级），已退休。

● 张希忠　武术教练，1958年参加全国民间武术大会荣获一等奖。

● 张玉星　天津武馆教练，中国无极门副掌门。

● **张希秋** 中国石油大学组织部部长，积极推动石油学科的发展。

□ 张希秋

▶▶ **教育卫生**

约1924年，建立第一所学校，名为张文台小学。约1974年，建立第一所卫生室，名为张文台卫生室。

▶▶ **村庄发展**

2014年，加宽了道路，解决了道路拥挤问题，减少了安全隐患；铺设自来水管道，使居民用水、喝水更加方便；拉电线，使居民的日常生活得到保障。2023年，加装了三相电泵，解决了群众浇地用水的问题。

▶▶ **村干部任职情况**

□ 张文台村石碑

历任村党支部书记一览

姓　名	任职时间
张为信	1954—1974
张希平	1974—1987
张启勇	1987—1993
张希强	1993—

历任村行政负责人一览

姓　名	任职时间
张金明	1954—1974
张玉仁	1974—1987
张启力	1987—1993
张春民	1993—2018

撰稿：郑聪聪

□崔常村航拍图

崔常村
CUICHANGCUN

　　崔常村位于大年陈镇政府驻地南3.5公里处，南临黄河大堤，与大崔社区、榆林社区、郭口社区、商家社区、孙家社区、大年陈社区相邻。共80户，340人，均为汉族。有张、崔、刘、王、于等姓氏，以张姓人最多。

　　2017年荣获"山东省森林村居"称号；2019年荣获"山东省乡村振兴示范村（社区）"称号；2022年荣获"第三批全省景区化村庄"称号。

▶▶ 历史沿革

　　相传，在300多年前，村位于黄河堤内，有崔、常两姓，均由河北省枣强县迁居于此。为避水患，村民曾迁居堤顶，1950年因修黄河大堤迁于今址，村以崔、常两姓称为崔常。1985年建立村民委员会时，因其邻村有西常，即更名为东常。在1990年地名补查中，该村认为村名还是以崔、常两姓称好，故又复名崔常。

▶▶ 民间传说

状元湖　状元湖位于崔常村广场东边，面积200多亩。近几年，该村以打造"体验黄河风情"为发展方向，发展垂钓、水上乐园等项目，并在湖中修建风车、小桥等设施，使状元湖成为一道亮丽的风景线。

状元湖的来历有一段传说，据说在乾隆年间，有一个姓蒙的年轻书生，老婆被一恶霸霸占，父母也被杀害，书生沦落成了乞丐。后来他流浪到大年陈崔常村，被一个老板收留，并且支持他读书科考，终于功夫不负有心人，来年科考，书生高中状元。

书生做官之后，奉皇上的命令回乡治理黄河，知道这次的治理黄河方案中，需要崔常村搬迁，为了报恩，便找人改变了治理方案，才使崔常村保留下来。为了记住这段历史，当地政府把此湖起名叫"状元湖"。

状元的事情未必是真实的，但在清末时候修筑黄河堤坝的时候，黄河河堤拐了很多弯，跟河道弯度完全不一样，有很多在当年治理黄河时本应该拆迁的村子都得以幸免，或许因为是朝中有人当官，而状元湖可能就是因为崔常村朝中有人才幸免。

▶▶ 烈士名录

- **崔德孝**　1921年生，1946年参加革命，华东野战军三十三军九十九师战士，1949年上海战役牺牲。
- **常玉行**　1921年生，农会干部，1947年被害，同年批准为烈士。

▶▶ 特色产业

大棚芹菜　大年陈镇是远近闻名的芹菜主产镇，这里拥有得天独厚的生态环境，光照充足、水质优良以及独特的弱碱性富硒土壤，孕育了芹菜这一自然的美味。崔常村张敏全种植大棚芹菜已有20个年头，种植面积100余亩，

□ 芹菜种植基地

是该地大力发展特色种植业的一个缩影。近年来，惠民县大年陈镇借力乡村振兴，以"一村一品"为主导，坚持实行土地流转，引进种植专业户发展种植，不仅盘活了闲置资源，还帮助群众拓宽了增收渠道，同时解决了"十助、常陪、四解"等相关群体的就业需求，此外每年缴纳的土地承包费也增加了村集体经济收入。

▶▶ 教育卫生

村办教育 崔常中心小学，1976年建立，位于村中心街道。崔爱香、于长财、王宪英先后担任民办教师，1983年取消。

村卫生室 1958年刘光元、高秀荣担任赤脚医生，1960年建立村卫生室，1986年取消。

▶▶ 村庄发展

□ 村集体荣誉

2015年全村集资34万元，在政府的财政补贴下，整修了村内14条道路，在村南建了两个广场，总面积2000多平方米，并安装路灯70盏。现已形成"二纵三横"的道路分布模式，主次分明，主干道及次干道硬化率达到100%，次干道及宅间道采用了多种形式硬化，修葺排水沟3000米；崔常村内安装高清监控探头14个，实现村内监控全覆盖；在主干道和运动广场等公共场所全部安装路灯35盏，照明条件优良，为村民提供了良好的居住环境。

▶▶ 村干部任职情况

历任村党支部书记一览

姓 名	任职时间
刘洪堂	1954—1976

姓 名	任职时间
崔洪祥	1976—1990
崔洪义	1990—1993
王宪顺	1993—1996
于会云	1996—2000
张敏全	2000—

历任村行政负责人一览

姓 名	任职时间
常本兴	1954—1976
王照东　张云才	1976—1990
于会云	1990—1996
张贞君	1996—2000

撰稿：韩福忠

□皇路陈村航拍图

皇路陈村
HUANGLUCHENCUN

皇路陈村位于大年陈镇政府驻地西南5.5公里处，南临黄河大堤。耕地614亩。村民89户，327人，均为汉族。以陈姓为主，另有常、成、段等姓氏。

▶▶ 历史沿革

原名陈家、西陈，亦称油房陈。皇路陈村名的由来，盖因明朝洪武年间立村时，村西是南北两京运粮通衢之道，村东为盐道（时为皇家官道）而得名。据陈氏族谱记载，明朝洪武年间（1368—1398年），始祖陈玉，先由原籍东京百户陈迁居河北省枣强县，后由枣强迁居于此，立村陈家。至明永乐时期（1403—1424年），此地是南京、北京运粮通衢，故曾被称皇路陈。

1945年惠民解放后，因与近邻油坊村联合办公，曾称油坊陈。因其在本区之西部，又曾名西陈。1985年建村委会时，因有重名，复名皇路陈。

▶▶ 文物古迹

庙宇 历史上村西北建土地庙，村内西头路东建关帝庙一处，西邻南北大道，后依湾塘。20世纪60年代左右被破坏，现已无从考究。

▶▶ 民间传说

梢子棍 梢子棍作为一种具有悠久历史和独特魅力的古代兵器，不仅在军事领域发挥了重要作用，而且在文化、艺术等方面也产生了深远影响。本村梢子棍常用来热场，即锣鼓秧歌、舞龙灯前热场助兴，具有观赏价值。

▶▶ 烈士名录

● **宋公路** 新中国成立前，在一次联村大会上，振臂高呼"毛主席万岁！中国共产党万岁"！后被还乡团杀害。新中国成立后追认为革命烈士。

▶▶ 重要事件

陈氏谱书中记载，皇路陈姓始祖陈玉迁到此地前，是皇上钦点的十名锦衣卫中的一员。

□ 陈氏宗谱

洪武年间先祖陈玉兄弟5人及侄男丁33人，在锦衣卫总指挥陈翱处当差，均是习武之人，原籍京东百户陈，后迁居河北枣强，又迁于此，居住至今。时至清乾隆年间，六世祖陈继祖，乡试中武举，在江苏任运粮千总，因政绩卓著，连任两届，其间奉旨回家省亲，立祖庙，主持建庙宇，修族谱等事宜，定规本庄不允许有十字街。打井5眼，湾塘一处，村庄东头是凤凰头，西北角为凤凰尾。本村有习武之长，至今尚有十六世孙陈昭湘为八极门一代宗师，

□ 皇路陈麦田

现在传承下来的也只有梢子棍。文化传承莲花落。亦有武术名人十世祖陈学清曾在旧城立擂台百日，十世祖陈学伟在京都曾打败过洋鬼子。

▶▶ 村庄发展

□ 生产队旧址

1951年，全村一个生产队。为油坊陈逯联村管理，村设有乡公所、花生站、粮所、杆子点、供销社，有集市贸易，甚是繁华。1961年前后分为东西两个生产队，东队有豆腐坊、木片场，西队有粉坊，做香炉生意。

"文革"前后，与逯家合并管理，吃食堂至入社。70年代与赵坊合成一个大队。

1985年，拉电线，解决了用电难的问题。

2021年，拓展了生产路，解决了麦秋收难的问题。

2022年，重新铺设了自来水管道，解决了村民喝水难的问题。

▶▶ 村干部任职情况

历任村党支部书记一览

姓　名	任职时间
逯光歧	1956—1958

姓　名	任职时间
陈敬仁	1958—1961
苏日福	1961—1977
董长荣	1977—1985
陈兴利	1985—2005
陈龙明	2005—2021
陈连顺	2021—

历任村行政负责人一览

姓　名	任职时间
陈可福	1948—1950
陈召贵	1950—1953
陈召华	1953—1956
逯光歧	1956—1958
陈敬仁	1958—1961
苏日福	1961—1977
董长荣	1977—1985
陈连俊	1985—2005
陈连厚	2005—2018

撰稿：陈连顺

后记

2024年4月，县政协开始启动《惠民乡村记忆》编纂工作。4月19日，召开了由各镇（街道）、县直有关部门参加的动员大会，安排部署各镇（街道）组织专人进行撰稿。经编纂人员的共同努力，《惠民乡村记忆》一书现已付梓，即将与读者见面。该书展现了惠民的特色和优势，展示了惠民乡村的精神风貌和社会进步。

不忘传统，记住乡愁，铭记历史，开启未来，是新时代赋予我们文史工作者的责任。惠民县历史悠久，文化底蕴深厚，2003年被山东省政府命名为"省历史文化名城"。这里有忆不完的乡愁，这里有说不尽的故事，历史的辉煌展现着惠民人的勇敢、坚毅、勤奋与智慧。《惠民乡村记忆》一书从基本情况、历史沿革、文物古迹、民间传说、烈士名录、村庄名人、经济发展、领导更迭等方面记述，多角度、多侧面展现了14个镇（街道）和近200个自然村庄的社会、文化、经济、人物、民生等情况，让更多惠民人更深入了解惠民，记住惠民乡村社会发展进程，更加热爱惠民，更好地运用成功经验，汲取精神食粮，激发斗志，砥砺前行，为建设现代化幸福美丽新惠民而努力奋斗。

《惠民乡村记忆》一书的编辑工作是在县政协党组、主席会议的领导下进行的，分管主席靠上抓，文史委的同志具体负责，领导高度重视。县政协党组书记杨宝亮出席动员大会并作具体部署，在撰稿期间又参加调度会议，对各镇（街道）工作人员提出严格要求和殷切希望。县政协全员参与，各科、室、委的负责同志深入镇（街道）进行指导督促。各镇（街道）按照县政协的统一部署，组织专门班子，选定村庄，确定撰稿人员，研究工作方案。撰稿人进村入户，广泛深入了解历史资

料，多次到编辑部沟通交流，不辞劳苦到档案馆、史志办、军人事务局、民政局等查找资料，核实情况，撰写稿件。各位编辑更是认真负责，加班加点、集思广益、修订稿件。为保证该书的质量，确保史料真实、记载全面，认真查阅《县志》《民政志》《地名志》《军事志》《党史组织史》《通史》等有关志书，力争做到文章全面而真实地反映乡村状况。在此，我们向关心支持本书编纂工作的领导、作者和镇（街道）、部门（单位）及组稿编辑、审定人员表示衷心的感谢！

在编辑过程中，根据内容要求，我们对来稿进行了不同程度的增删和修改，敬请作者谅解。

我们虽然加倍努力编写此书，但水平有限，书中难免会有漏误和不足之处，敬请领导和读者批评指正。

编　者

2024年9月